世界传世藏书

图文珍藏版

世界百科全书

王艳军⊙主编

线装书局

图书在版编目（CIP）数据

世界百科全书：全4册／王艳军主编 .-- 北京：
线装书局，2012.11（2022.3）
ISBN 978-7-5120-0649-2

Ⅰ. ①世… Ⅱ. ①王… Ⅲ. ①科学知识－普及读物
Ⅳ. ① Z228

中国版本图书馆 CIP 数据核字（2012）第 232680 号

世界百科全书

主　　编：王艳军
责任编辑：高晓彬
出版发行：线装书局
　　　　　地　址：北京市丰台区方庄日月天地大厦B座17层（100078）
　　　　　电　话：010-58077126（发行部）010-58076938（总编室）
　　　　　网　址：www.zgxzsj.com
经　　销：新华书店
印　　制：北京彩虹伟业印刷有限公司
开　　本：710×1040 毫米　1/16
印　　张：112
字　　数：1360 千字
版　　次：2022 年 3 月第 1 版第 2 次印刷
印　　数：3001-9000 套

定　　价：598.00 元（全四卷）

线装书局官方微信

· 探索篇 ·

宇宙是如何产生的？其他星球是否存在生命体？神秘的黑洞是怎样捕捉星云的？恐怖的黑竹沟是怎样形成的？"天外来客"真的是外星人吗……？本篇将为你揭开这些问题的神秘面纱，来满足大家的探索欲望。

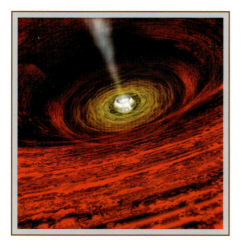

神奇的黑洞

恐怖的黑竹沟

· 地理篇 ·

你知道七大洲名称的由来吗？你知道尼泊尔人的"吻脚礼"吗？本篇将为你介绍世界各地风土人情，解读一个个鲜为人知的地理谜题，足不出户便可纵览世界壮美山河，了解相关人文地理知识，享受一次快乐的环球旅行。

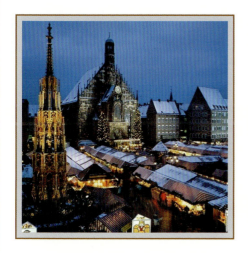

法国的"浪漫之都"巴黎

世界上最美的山——梅里雪山

· 自然篇 ·

恐龙为什么会突然灭绝了？食蚁兽为何"钟情"于蚂蚁？人类在大自然面前如同一个懵懂的孩子，我们惊叹于其个性之美的同时，更应该知道保护大自然的必要性。本篇通过美轮美奂的大幅图片和明白晓畅的语言，展现了多姿多彩的动植物世界。

"完美的猎手"豹

"沙漠美人"仙人掌

· 历史篇 ·

恺撒大帝、亚历山大、拿破仑……一个个震古烁今的名人用不朽的功绩描绘了历史的画卷，这画卷中蕴含宝贵的经验与真知，因而对历史的重温便显得尤为重要。本篇把世界几千年来发生过的重大事件进行了全面而清晰地梳理。

哥伦布发现新大陆

社会主义国家之父——列宁

· 军事篇 ·

希波战争、十字军东征……一场场耳熟能详的战争后玄机几何？汉尼拔、查理大帝……一位位家喻户晓的军事领袖如何驰骋疆场？本篇通过独特的视角为读者展现了军事的魅力和特殊风格。

利比亚战争

航空母舰

· 文化篇 ·

作为信息、知识和工具的载体，文化是社会生活环境的映照，带给我们以历史感、自豪感，其主要内容涵盖：知识、信念、艺术、道德、法律、风俗以及其他能力。本篇带你领略世界文化的博大精深，感受文化的力量和魅力。

英国下午茶的来历

新娘礼服史话

· 艺术篇 ·

　　艺术的诞生与发展，是人类勤劳与智慧的结晶。艺术已成为人类社会一项重要的文化构成，艺术素养也已成为人类精神境界的重要内涵。本篇以"艺术是零食，生活是正餐"为口号，带你进入浩瀚的艺术世界。

音乐之父巴赫和《勃兰登堡协奏曲》

达·芬奇《蒙娜丽莎》的神秘微笑

悉尼歌剧院——悉尼的灵魂澳大利亚的标志

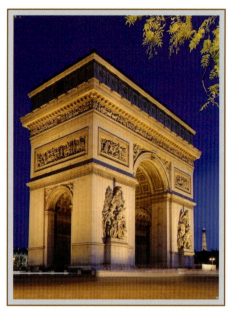

凯旋门——胜利的标志巴黎的象征

科技篇

　　阅读深入浅出又充满科学态度的科技百科故事，可以了解世界前沿的研究成果，最大程度地激发阅读兴趣和创造力、想象力，并提高自身的科学修养。本篇以科学探索为宗旨，启迪读者对世界万物的拓展认知能力和全面缜密的思考能力。

火　箭

人造卫星

使人类免受雷电干扰——避雷针

人造"人"乐死人——机器人

　　"知者乐水，仁者乐山。"几千年前的古人对旅游做了最好的诠释。珠穆朗玛峰、乞力马扎罗山，一座座高山层峦叠嶂；尼罗河、亚马逊河，一条条河水九曲回肠。学习、工作之余不妨外出旅行，纵览世界风光。

乞力马扎罗山

贝加尔湖

马尔代夫群岛

香榭丽舍大街

前　言

　　百科全书是人类知识的总汇,是全面反映现代科学文化成就的完备的大型工具书,是一座人人可进的大学。在发达国家,百科全书早已进入家庭,成为重要的知识读物。美国前总统克林顿在其自传《克林顿传》中回忆了在他小时候,他的外婆给他读《世界百科全书》的情景。他还在访问中国,接受中央电视台记者采访时说:"我对中国最初的认识,还是小时候从《世界百科全书》中读来的。"比尔·盖茨也在回忆童年时说:"我是读着《世界百科全书》长大的。"从这些名人的回忆中,足可见《世界百科全书》对青少年影响之大。

　　"古往今来曰世,上下四方曰界",在这个世界上,不同民族的人民所建立的国家和地区千姿百态,具有不同的文化传统与自然资源,形成了各具特色的文明形态。这就是世界的美丽和人类的伟大。了解世界、认识世界才能感悟世界。自人类诞生以来,一扇通往神奇殿堂的大门便打开了。自亚里士多德开始,科学家们就把认识世界,揭示其无穷奥秘视为自己的神圣责任。但结果常是伴随着一个奥秘的解开,另一个奥秘又随之产生了。我们知道的越多,就会明白我们不知道的也越多。因为就科学整体而言,我们已知的事情是极为有限的,而我们未知的东西却永无穷尽。我们所能做的,就是坚持不懈地探索,永远保持强烈的好奇心。所以寻求知识和探索奥秘对于我们人类来说是一件极富有意义的事。有鉴于此,我们将《世界百科全书》呈献给大家。

　　本套丛书文字生动,深入浅出,通俗易懂。超越了作为工具书的刻板的话语方式,而是一套追求生动、有趣的图书。它体例新颖,图文精彩,内容上囊括了历史、地理、军事、文化、艺术、科技、探索、旅游以及自然九大部分的奥秘知识,涵盖面极广。对于致力于探索奥秘世界的朋友们来说,这是一个生机勃勃、变幻无穷、具有无限魅力的世界。它将以最生动的文字、最缜密的思维和最精彩的图片,与你一起畅游瑰丽多姿的奥秘世界,一起探索种种扑朔迷离的科学疑云。

《世界百科全书》是一座知识的仓库,你可以从中了解你想要了解的知识,查找你想要的资料;《世界百科全书》又是一所没有围墙的大学,它会为你系统自学提供便利。

《世界百科全书》是一扇了解大千世界的窗口,你既可从中看到世界的广阔无垠,又可以了解到它的深奥玄妙;《世界百科全书》更是一座美丽的大观园,五彩缤纷,若出其中,心旷神怡,若出其里。

目 录

探索篇

2

地理篇

4

世界百科全书·目录

自然篇

历史篇

世界百科全书·目录

世界百科全书·目录

世界百科全书·目录

探索篇

宇宙与地球

宇宙大爆炸假说

宇宙大爆炸仅仅是一种学说,是根据天文观测研究后得到的一种设想。大约150亿年前,宇宙所有的物质都高度密集在一点,有着极高的温度,因而发生了巨大的爆炸。大爆炸以后,物质开始向外大膨胀,就形成了今天我们看到的宇宙。大爆炸的整个过程是复杂的,现在只能从理论研究的基础上描绘远古的宇宙发展史。在这150亿年中先后诞生了星系团、星系、我们的银河系、恒星系、太阳系、行星、卫星等。现在我们看见的和看不见的一切天体和宇宙物质,形成了当今的宇宙形态,人类就是在这一宇宙演变中诞生的。

人们是怎样推测出宇宙大爆炸的呢? 这就要依赖天文学的观测和研究。我们的太阳只是银河系中的一两千亿个恒星中的一个。像我们银河系同类的恒星系——河外星系还有千千万万。从观测中发现那些遥远的星系都在远离我们而去,离我们越远的星系,飞奔的速度越快,因而形成了膨胀的宇宙。

对此,人们开始反思,如果把这些向四面八方远离中的星系运动倒过来看,它们可能当初是从同一源头发射出去的,是不是在宇宙之初发生过一次难以想象的宇宙大爆炸呢?

大爆炸的假说诞生于20世纪20年代,在40年代得到补充和发展,但一直寂寂无闻。40年代,美国天体物理学家伽莫夫等人正式提出了宇宙大爆炸理论。该理论认为,宇宙在遥远的过去曾处于一种极度高温和极大密度的状态,这种状态被形象地称为"原始火球"。所谓"原始火球"也就是一个无限小的点,火球爆炸,宇宙就开始膨胀,物质密度逐渐变稀,温度也逐渐降低,直到今天的状态。这个理论能自然地说明河外天体的谱线红移现象,也能圆满地解释许多天体物理学问题。直到50年代,人们才开始广泛注意这个理论。

20世纪60年代,彭齐亚斯和威尔逊发现了宇宙大爆炸理论的新的有力证据,他们发现了宇宙背景辐射,后来他们证实宇宙背景辐射是宇宙大爆炸时留下的遗迹,从而为宇宙大爆炸理论提供了重要的依据。他们也因此获得1978年诺贝尔物理学奖。

20世纪科学的智慧和毅力在英国科学家史蒂芬·霍金的身上得到了集中体现。他对于宇宙起源后10~43秒以来的宇宙演化图景做了清晰的阐释:宇宙起源于比原子还要小的奇点，然后是大爆炸，通过大爆炸的能量形成了一些基本粒子，这些粒子在能量的作用下，逐渐形成了宇宙中的各种物质。至此，大爆炸宇宙模型成为最有说服力的宇宙图景理论。

然而，至今宇宙大爆炸理论仍然缺乏大量实验的支持，而且我们尚不知晓宇宙开始爆炸和爆炸前的图景。

什么是黑洞

黑洞是密度超大的星球，吸纳一切，连光也逃不了。黑洞不让其边界以内的任何事物被外界看见，这就是这种物体被称为"黑洞"的缘故。我们无法通过光的反射来观察它，只能通过受其影响的周围物体来间接了解黑洞。

与别的天体相比，黑洞显得太特殊了。例如，黑洞有"隐身术"，人们无法直接观察到它，连科学家都只能对它的内部结构提出各种猜想。那么，黑洞是怎么把自己隐藏起来的呢？答案就是——弯曲的空间。我们都知道，光是沿直线传播的，这是一个最基本的常识。可是根据广义相对论，空间会在引力场作用下弯曲。这时候，光虽然仍然沿任意两点间的最短距离传播，但走的

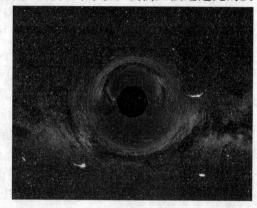

黑洞

已经不是直线，而是曲线。形象地讲，好像光本来是要走直线的，只不过强大的引力把它拉得偏离了原来的方向。

在地球上，由于引力场作用很小，这种弯曲是微乎其微的。而在黑洞周围，空间的这种变形非常大。这样，即使是被黑洞挡着的恒星发出的光，虽然有一部分会落入黑洞中消失，可另一部分光会通过弯曲的空间绕过黑洞而到达地球。所以，我们可以毫不费力地观察到黑洞背面的星空，就像黑洞不存在一样，这就是黑洞的隐身术。

更有趣的是，有些恒星不仅是朝着地球发出的光能直接到达地球，它朝其他方向发射的光也可能被附近的黑洞的强引力折射而到达地球。这样我们不仅能看见这颗恒星的"脸"，还能看到它的侧面甚至后背！

"黑洞"无疑是最具有挑战性也最让人激动的天文学说之一。许多科学家正在为揭开它的神秘面纱而辛勤工作着，新的理论也不断地提出。

恒星表面的金属来自何方

　　天文学家在观察那些拥有行星的恒星时,发现在矮星(一种质量、体积相对较小、光亮度等于平均水平或低于平均水平的恒星,如太阳)的表面经常表现出富含铁,而巨恒星(光度极大的、异常巨大的恒星)却没有这样的情况发生。天文学家认为这是由于行星岩屑崩坍时的碎片落到恒星的外表面,污染了恒星的表面,而在巨星上,这种污染被稀释了,混合到它的内部。但是由于无法测量恒星内部的结构和化学成分,这种看法一直是一种推测。直到最近,欧洲天文学家测量了红巨星表面的化学成分,才为这个假设找到了依据。

　　天文学家对这个问题十分关注,是因为从第一颗外行星被发现后只有几年,科学家们已经证明在富含铁元素的恒星周围更容易发现行星,含铁元素少的恒星周围行星少,并证明拥有行星的恒星比没有行星的恒星金属含量高两倍左右。

　　那么,人们就会提出一个问题,在恒星和行星的演化过程中,谁起主导作用?到底是恒星的金属促进了行星演化呢? 还是行星的存在导致了恒星金属含量较高呢? 这是一个典型的鸡生蛋还是蛋生鸡的问题。如果是前一种情况,那么恒星内部也应当含有丰富的金属;如果是后一种情况,那么只有恒星表面富含金属,而内部没有。在观察恒星和测量其光谱的时候,天文学家们只能了解恒星外层,而无法确定其整体构成成分。当行星的碎片落到恒星上时,这些碎片将停留在恒星的外表面污染恒星,并在光谱中留下痕迹。所以,天文学家可以了解行星和恒星表面的化学成分,而无法知道它们里面的化学成分,也就无法知道恒星表面的铁来自何处。

　　为了解决这个问题,一支国际天文学家团队决定另辟蹊径,他们企图通过另一种类型的恒星来研究这个问题,他们选择了红巨星。红巨星是一种已经消耗尽核心氢元素的恒星。恒星在发光几亿到几十亿年后,中心内部的氢含量将消耗殆尽,由于热核反应的能量供应不足,恒星整体开始收缩,收缩使温度增高,紧贴在核心外面的薄层开始氢聚变为氦的热核反应,这时外层温度增高,体积逐渐变大。膨胀时,恒星的最外层变冷,并发出红光,最后生成"红巨星"。红巨星的体积很大,它的半径一般比太阳半径大 100 倍。有的更大,例如,红超巨星参宿器的半径约为太阳半阳的 900 倍,食双星仙王座中的红超巨星半径约为太阳半径的 1600 倍。所以,红巨星是步入老年期的恒星。

　　天文学家研究了 14 颗拥有行星红巨星表面的化学成分,发现它们与太阳和类日恒星最大的不同点是处在演化过程中的红巨星并不含有丰富的铁,甚至是当它拥有一些行星的时候。这说明恒星表面的铁是外来的,不是恒星自己的。

　　为什么类日恒星与红巨星表面铁含量不同呢? 天文学家们认为最合理的解释是红巨星与类日恒星的对流层大小不同,太阳的对流区仅占其质量的 2%,而红巨星的对流区很大,比类日恒星大 35 倍。也就是说,如果行星的碎片落到红巨星上,将会被稀释35倍。这证明类日恒星上含有丰富金属的原因是由于行星的碎片污染了它,而不是由于恒星本身所具有的。当恒星被原始行星包围的时候,行星上富含较重金属的物质会掉落到恒星上,污染其表面。在类日恒星上这种金属污染很明显,而这种"污染"在红巨星上被稀释,并融入了红巨星内部。这个发现解决了天文学家多年来对于有行星的恒星表面含有丰富铁的困惑,原来它们是行星碎片落到上面造成的,怪不得那些没有行星的恒星表面含铁量很低。

"行星连珠"会引发灾难吗

"行星连珠",即太阳系的八大行星运行到一条直线的现象。这一现象成了人们关心的话题:发生"行星连珠"的时候会不会在地球上引发什么灾害呢? 换言之,发生"行星连珠"的时候就算不会有什么天变地异的灾害,总不会一切都风平浪静吧? 那么"行星连珠"究竟是怎么回事呢?

其实"行星连珠"的现象并不少见。科学家根据计算结果,选出了近300年间(1850~2150年)7个以上行星的"行星连珠",这种现象共有17次,距现在最近的一次"七星连珠"发生在1965年3月6日9时,水星、金星、地球、火星、土星、天王星、冥王星(已降为二级行星)排列在9.3度的范围内。

科学家指出,"行星连珠"发生时,地球上不会发生什么特别的事件。不仅对地球,对其他行星和小行星、彗星等也一样不会产生什么影响。当然,来自行星的引力会作用于各种天体上,无论行星的相互位置怎样排列,都不会带来什么可以察觉的变异。

为了便于直观的理解,不妨估计一下来自行星的引力大小,与来自月球的引力相比,来自其他行星的引力小得微不足道。就算"行星连珠"像拔河一样形成合力,其影响与来自月球和太阳的引力变化相比也小得可以忽略不计。

由于太阳系内其他天体引力的影响,地球表面会发生什么现象呢? 在这种情况下,必须考虑起潮力。由于月球和太阳的起潮力,地球表面海洋会出现潮汐现象。来自行星的起潮力比起太阳和月球来太小了,而月球的起潮力是太阳的两倍多。"行星连珠"使它们对地球的起潮力变大,但这种变化与月球和太阳作用于地球的起潮力相比,也是微不足道的。

由此可见,即使发生"行星连珠",地球上也不会发生什么特殊情况。从科学角度看,"行星连珠"并没有什么重要意义,不过就"行星连珠"来说,实在只是一种饶有趣味的天象而已。

奇异的流星之声

流星竟然会发声,似乎闻所未闻,然而这确是事实!

伊西利库尔是一座小城,位于俄罗斯辽阔的西伯利亚平原。那是许多年前的一个寒冷的冬夜,城里的大街小巷堆满了积雪。在这片雪原的上空是繁星闪烁的天宇,四周一片寂静。

突然,从天宇的某个地方,传来了一声尖锐刺耳的裂帛声。人们翘首远眺,只见一颗璀璨的流星,散射着金黄色的光芒,像箭一般掠过长空。流星留下了一条长而发亮的轨迹。与此同时,那种裂帛似的声音也随之消失了,小城的雪夜又重归寂静。

人们对于流星是不会陌生的,然而有一点却使人感到困惑不解:伊西利库尔人是先听到了奇怪的声音,然后才看到流星的,这到底是怎么回事呢?众所周知,流星以飞快的速度进入大气层后,和空气发生剧烈的摩擦,很快便烧成一团火球。绝大多数流星在60~130公里的高空就已燃烧殆尽,只有极少数到20~40公里的高空才烧完。而声音在大气中的传播速度是每秒330米,因此从那么高的地方传送到我们耳边的时间至少需要1分钟,更准确地说要在三四分钟之后。可问题是,当流星飞过天空的同时,人们听到了它所发出的刺耳的声响。它就好像在看见闪电的同时就听到雷声,表明这个雷就落在你的身旁。难道这颗流星竟是在离你的头顶不过几十米的空中飞过去的吗?这显然是不可能的!

流星

1938年8月6日,飞行员卡谢耶夫在鄂木斯克上空看到一颗明亮的橙黄色流星,"它飞到半途中时,传来了刺耳的'吱吱嘎嘎'的响声,好像一颗缺油的车轴在干转"。

有趣的是,著名的通古斯陨星和锡霍特阿林陨星陨落时,许多目击者都听到了类似群鸟飞行的嘈杂声和蜂群鼓翅的嗡嗡声。这些不寻常的声音在被人们听到之前都走过了大约50~200公里的一段距离,最多的可达到420公里,"正常的"声音大约要经过21分钟才能传送到,实际上,等不到它们到达我们的耳边,就会在路途中衰减乃至消失了。可奇怪的是,在许多情形下,电声流星的"信号"甚至还要早于流星本身而率先出现。目击者们往往都是听到声音之后,循声望去,才看见空中出现了流星。

目击者们对流星之声的描述也是形形色色,甚至是千奇百怪的——嗡嗡声、沙沙声、啾啾声、辘辘声、刺刺声、淙淙声、沸水声、子弹炮弹火箭飞过时的啸声、惊鸟飞起的扑棱声、群鸟飞起的拍翅声、电焊时的噗噗声、火药燃烧时的哧哧声、噼噼啪啪的响声、气流的冲击声、钢板淬火和枯枝折断时的声响……

最叫人感到难以理解的是:有些人能够听到流星的声音,而另外一些人则什么都没听到。例如1934年2月1日,一颗流星飞临德国时,25个目击者中有10个在流星出现的同时听到了啾啾声,其余的人则称流星是"无声"的。还有一则报道说,1950年10月4日,在美国密苏里州出现流星时,只有孩子们听到了流星飞过时发出的啸叫声。简直令人不可思议！尽管科学家们都承认电声流星现象是客观存在的不可否认的事实，但其秘密至今没有解开。有些专家认为，所有这一切的谜底就在于流星飞行时所发出的电磁波。这些电磁波以光速传播，有些人的耳朵能以某种我们目前还不知道的方式把这种电磁振荡转换成声音，转换的方式因人而异，各人听到的声音自然也不相同。流星之声的形成机制究竟如何，至今仍是一个谜。

到太空去采矿

宇宙中的许多小天体含有比地球丰富得多的矿藏。据天体物理学家研究，距地球较近的"阿波罗"小天体，约有直径 100 米的小行星 1000~2000 颗。它们当中有一些几乎是纯金属球，除铁外，还有丰富的镍、钴、铬、锰、铝、金、铂等。1986 年发现的一颗编号为 1986DA 的小行星，直径不足 2 公里，却贮藏有 1 万吨黄金、10 万吨铂、10 亿吨镍、100 亿吨铁！所以，科学家们想到宇宙去开矿，以解决地球资源的不足。

到宇宙开矿，科学家们设想出两种方法：一是在小天体上直接开采，然后用宇宙飞船或"天梯"将矿石源源不断地送至地球，这种方法必须在月球建造中继站，通过月球的仓库，实现矿藏的储存和运输。二是用人为的力量将较小的天体改变运行轨道，然后以极小的速度降落到地球指定的地点。科学家们认为，让小天体改变轨道并不难，宇航员甚至可以用绳索将小行星捆绑，用飞船将它拖离轨道。困难的是如何克服小行星降落时的加速度，让它平安地降落，避免陨石撞击地球的灾难。目前，科学家们认为较为可行的是第一种方案。科学家们设想，可以用运载火箭或飞船先将一套重约 60 吨的自动化机器送上月球。这在技术上是可行的，因为人类已成功发射过 90 吨的太空实验室。这套自动化机器有一台小型号的电磁采矿机，它能自动采集月球表面的稀土，将它加工提炼成硅，机器人将这些硅装配成一组组太阳能电池，作为月球工作站的启动能源。智能机器人将电源通入自动化生产的工作母机，工作母机按指令生产出一代又一代的采矿机和太阳能电池，月球站就有了足够的能源和动力。这时，工作母机启动其他程序，生产各种建筑材料，机器人按要求建造仓库、道路和各种运输设备。一个个宇宙矿产中继站在月球上建成了，它们有不同的分工，有的负责储运铁，有的储运铝，还有的储运金和其他贵金属。

将在小行星上采到的矿石运到月球仓库，再运到地球，用飞船或航天飞机当然是可行的，但是成本太高，每公斤要花费 2000 美元。用这种方法运金或铂也许还行，如运其他金属就不合算了。因此，有科学家提出了一种新式的"天梯管道运输法"。大家知道，有一种同步卫星，它环绕地球时旋转的角速度与地球自转的速度是一样的，看上去就像悬在空中不动似的。如果从同步卫星上用一根绳索和地球上的一点对接，然后用航天飞机运送机械设备和装置，沿绳索装配出一个巨大的管道，管道中装上电梯，让卫星和地面连接起来，来自月球、小天体的矿藏、人员、设备就可以在管道中来来往往。科学家们认为,这种运输天梯能用月球或卫星太阳能电站电力作运转动力,成本很低,运输量大,只要机器不出故障,就可以不间断地运来运去。但是,从同步卫星到地面有几万公里的距离,有什么材料能经得住狂风的袭击?月球的自转速度与地球不同,从月球到同步卫星的管道怎样设计才能同卫星到地球的管道相协调?这是一大难题。因此,运输天梯的设想似乎是不可行的。

正当科学家们为矿石从宇宙运向地球的难题苦恼时,有一位科学家提出了电磁通道的设想。向空间轨道发射足够多的电磁环,利用电磁环的相互感应原理,叠成一个超长的空心管道。再用一根导线穿过管中央,让其首尾连接,形成回路。通电后,导线的磁场推力将足以维持空心管的中空姿态。在磁通道中装上电梯,就能进行矿石的空间运输。很多人认为,磁通道的设想比直接建管道要现实得多,但是,用什么材料做环?怎样发射?会不会带来环境问题和空间通信的干扰?投资如何解决?等等,都需要进行几十年的可行性研究。

还有不少科学家对天梯的两种设想都持怀疑和否决的态度,认为都不切实际。到目前为止,人类开发月球和火星的计划还在探索之中,所有的设想还只是纸上谈兵,只有空间发射器、飞船和太空舱已成为现实。最可靠的空间运输技术,还是使用飞船,空间科学家的任务是如何大幅度降低飞船的运营成本,使宇宙采矿有利可图。

飞向太空,移民太空,开发利用宇宙的能源和矿藏,是人类的共同理想。人类对客观世界的认识是不断深入的,在宇宙探索上也是一样。两千年以前,人们只知道月亮上有嫦娥,有月宫,有吴刚和玉兔。两千年以后,人类却登上了月球,准备开发月球。在几十或数百年之后,空间技术将有突飞猛进式的发展,使用太空矿藏产品,在将来会是一件十分平常的事。

其他星球上有生命吗

长久以来,人类一直关心着除地球以外是否还有外星生命。2001 年 2 月 26 日,美国国家航空航天局宣布,科学家们发现了在火星上可能存在原始微生物的新的有力证据。航天局在一份声明中说,一个国际研究小组对一块在南极发现的火星陨石进行了检测,在陨石内发现了呈长链状排列的磁晶体,这样的排列形状只有在微生物的作用下才会形成。

如果没有有机体的作用,这种磁性长链就会立即因磁力崩塌,链中的每个磁晶体都是一粒非常细小的磁铁,而磁铁是铁的氧化物,就像铁锈一样。然而,美国生物学家佩斯谨慎地认为,在火星找到生命的可能性不大。因为在人类所处的太阳系,除了地球以外,还没有哪个星球拥有适合生命存在的条件,但他补充说,或许火星奥林匹斯山下的土壤,可以帮助地下水进行循环,这是火星生命可能存在的最好地方。

人类探索其他星球上的生命形式一直在进行。2001 年 4 月 7 日,"奥德赛"火星探测飞船顺利发射升空,开始了又一次漫长的火星之旅。除配备辐射探测装置外,"奥德赛"还载有用于测定火星化学成分和矿物质分布的仪器,并肩负着确定火星上是否有水存在的探测任务。2001年10月,"奥德赛"号火星探测器在历经200天、航行2.86亿英里之后正式进入火星轨道。另外,2008年,另一个探测器"凤凰"号预计登陆火星,其使命也是探索火星上是否有生命。它将对火星土壤及表面的冰层进行分析,通过加热使化合物蒸发或燃烧,然后测量能量的吸收和生成。当然,这些探测器能否找到火星上生命存在的直接证据还是一个未知数。

不过,对于这种执着地探索其他星球上的生命的行动,2007年7月10日,美国国家研究委员会提出了另外的意见。在该委员会完成的一份名为"行星系统有机生命的限制"的研究报告中,核心话题是讨论"生命构成是否有别的形式"。最值得注意的是,报告对以地球生命为中心的惯用思考方式进行了反思,提醒人们应当用崭新的眼光来理解"生命"。

当然,多数研究人员并不否认其他星球上可能存在生命,但认为那只是一种低级生命,如简单的微生物。如果存在像土豚和斑马那样复杂的物种,那么就更像地球生物了。原因在于,生物的复杂性依赖于神经系统,而神经系统需要氧气,神经细胞是出了名的能量消耗大户。地球上的那些厌氧微生物虽然能以二氧化碳或铁矿为生,但它们从每分子消耗物中获得的能量还不及每分子氧气的一半,有时还不到5%。因此,在一个适宜于脊椎动物的世界中,多数生命还是离不开氧气,而温暖的气候才使快速的新陈代谢成为可能,这又增加了水的必要性。

但是,即使水是生命的必要条件,其他星球上的生物未必需要水。研究人员对工业生产中使用的酶进行研究,发现这些基本的生物催化剂在以液态烃(如乙烷)为溶剂的条件下也能发挥作用。也就是说,对于一些生命而言,水可能不如我们想象的那样至关重要。在一个比地球温暖的星球上,也许硫酸就能扮演同样的角色,而在寒冷的环境下,这种液体则可能是甲醇、氨,甚至甲烷。

实践证明,好多物质都可以取代水的作用而成为生命的催化剂。比如氟化氢、硫酸、氨和过氧化氢等,都能像水一样传递作为重要催化剂的氢离子,因此它们都被视作"生命之泉"的来源。已经有人推测火星的土壤可能被依赖过氧化氢的微生物占领,而金星上则可能居住着喝硫酸的外星生物。生命存在于非水溶剂世界并非不可能,至少因为酶还能够在无水环境下正常工作。

另外,由于不需要水,其他星球上的生命的遗传物质和结构会与地球上的不同。地球上的生命遗传物质是DNA,是双螺旋结构。哈佛大学的分子生物学家杰克·索兹塔克认为,其他星球上一个依靠氨或甲烷生存的生命的"DNA"必然具有迥然不同的结构。DNA中的带电磷酸基团必须被一种油乎乎的东西(比如链烃或芳香烃)所取代。

当然,也有人认为,其他星球上的生命也与地球上的相似。西雅图华盛顿大学的天文生物学家彼得·沃德说,即使我们发现了一个基于完全不同的化学体系的生命形式,比如基于硅而非碳化学,这种生命可能还是看起来很眼熟,就算它们由完全不同的原子构成,"我敢打赌它们的细胞机理还是和人类的相似"。

总之,关于生命的形式有非常激烈的争论。目前的研究结果让多数人相信,即使有很多不同的生命形式,那也只是低级的生命。在高级的生命形式,即真核生物类别中,还没有证据证明有不同于地球上传统的生命形式,即使其他星球上有高级的生命形式,也与地球上的相似。

然而,焉知未来的科学探索会不会发现与地球上的高级生命完全不同的生命形式呢? 一切皆有可能!

地球大气从哪里来

大家都知道,地球已经有大约 46 亿年的历史了。至少从 35 亿年以前,生命就开始出现了。但是,在地球刚刚形成的时候,其实并没有大气。那么,这些大气是从哪里来的呢? 答案是从地下冒出来的,是火山喷发的结果。直到今天,地球上的火山仍在不断活动之中,但在地质历史上的某些时期,地球上的火山活动要比今天猛烈得多。那么,火山活动都喷发出一些什么样的气体呢? 就以夏威夷火山为例,其火山气体的成分是:水分占 79.31%,二氧化碳占 11.61%,二氧化硫占 6.48%,氮占 1.29%。

可以猜测,过去的火山活动与现在的火山活动所喷出来的气体在成分上应该是大体一样的。但是,如果把这些火山气体与现在的大气一比较,立刻就会发现一个非常重要的区别,即在火山喷发出来的气体中,并没有氧气。

原来,火山气体从高温高压的地底下喷发出来后,必然会发生物理和化学上的急剧变化。例如,水蒸气冷却以后,就会凝结成水,汇集成了大洋;大部分氢气因为比重小而上升,终于挣脱了地球的引力而撒向了太空;二氧化碳则与地表的其他矿物发生化学作用,变成了含碳矿物和岩石。但是,所有这些变化,都不可能生产出为生物所必需的氧气。那么,空气中的氧气又是从哪里来的呢?

事实上,地球形成以后,在最初的几百万年里,大气中是没有氧气的。这有几个很明显的证据:第一,最早的物质很少氧化。例如,沉积在古老地层的加拿大盲河地区的铀矿,在地下时保存完好,一旦暴露在现在的大气里,立刻就会被氧化。第二,在自然界中,没有任何已知的氧气来源存在。第三,对古生物的研究表明,地球上最初的生命,是在没有氧气的环境中演化出来的。

那么,后来的氧气到底是怎样产生出来的呢? 有两种理论对此做出了解释:一种理论认为,大自然中的水,是最大量也是最现成的含氧物质。在强烈的紫外线的照射下,大气中的水蒸气就有可能发生光化分解,产生出大量的氢气和氧气,公式如下:

$$2H_2O + 紫外线 = 2H_2 + O_2$$

但是,这种理论有一个缺陷,因为在这种光化分解的过程中,必然产生大量的氢气,而要使这么多氢气都挣脱地球的引力跑到太空里去,显然是不可能的。因此,这种光化作用即使存在,也不可能是氧气的主要来源。

另外一种理论认为,氧气可能正是来自生命本身,正是由于光合作用所造成的。在光合作用中,二氧化碳和水化合,产生了碳氢化合物和氧气,公式如下:

$$6CO_2+6H_2O=C_6H_{12}O_6+6O_2$$

科学家分析的结果表明,大气层中的氧气,有99%是由光合作用产生的,只有1%是由光解作用产生的。但是,这又产生了另外一个问题。如上所述,是电离层中的氧和平流层中的臭氧,把太阳辐射来的紫外线的绝大部分反射回了太空。如果大气中根本就没有氧气,太阳的紫外线就会直射地面,可以杀死所有的细胞。那么地球上最初的生命又是怎样生存下去的呢?对此,科学家们解释说,最初生物都是生活在水里的,因而有效地避开了紫外线的照射。但是,它们又不可能完全生活在黑暗之中,还需要一定的光线来进行光合作用。由此可见,地球上最初的生命,生存环境是非常严酷的,因为没有氧气,太阳辐射来的紫外线可以一直照射到水下10米。由此可以猜测,那时的生物,可能就是生活在这个深度以下,由于光的照射量很少,光合作用也很微弱,产生的氧气就很少。后来,随着时间的推移,大气中积累氧气的浓度愈来愈大,照射到地面的紫外线也就愈来愈少。于是水里的生物也就渐渐上升,接受的阳光也就愈来愈多,产生的氧气也就愈来愈多,后来终于浮出了水面,并且爬上了陆地,使大地披上了绿色。最后,大气中的氧气愈积愈多,终于达到了现在的浓度。这就是地球大气从还原性大气转换成氧化性大气的历史。正因如此,我们才有了今天这样可以自由呼吸的空气。

就这样,地球像是一个伟大的母亲,用了大约10亿年的时间,积累起了足够的大气,凝结成了大量的水分,冲刷出了江河,汇聚成了海洋,为"生命"这个婴儿的诞生,奠定了丰厚的基础,创造了优越的条件。

地球的"腰围"在变大

如果把赤道比作地球的"腰",那么它的周长可以看作地球的"腰围"。美国研究人员的最新观测显示,地球近几年来呈现出"发福"的趋势,它的"腰围"正在慢慢变大。

地球其实并非标准球体,而是赤道略鼓、两极稍扁,形状有点像南瓜。2002年,美国宇航局戈达德航天飞行中心的研究人员在《科学》杂志上的报告说,他们对卫星观测数据进行分析后发现,地球"腰围"从1998年以来以极其缓慢的速度持续变"粗"。他们在研究中借助了9颗卫星在过去25年间所收集的数据,其中包括地球引力对这些卫星的运行轨道所产生的影响,以及地球自转轨道出现的变化。此前的研究曾表明,地球的"腰"一直在变细,据分析这是上一个冰期以来地球极地冰盖的融化所致。极地冰盖的融化会使得其下面的陆地隆起,地球质量出现重新分配,从而导致地球的地幔出现某种"反弹"效应,结果是地球"腰围"不断缩小。但是这个趋势在1998年发生了逆转。

地球"腰围"近年来突然变大的原因目前尚不清楚。研究人员的测算表明,无论是全球海平面的上升，还是冰川的加速融化，都无法解释地球为什么会"发福"。他们推测说，这一现象有可能与地球的地核和地幔交界处质量发生转移有关。

星际大碰撞会发生吗

1994年7月17日3时半起，一颗名叫"苏梅克——利维9号"的彗星，在木星引力的撕扯下分裂为21颗彗核，并逐个与木星相撞，至7月22日16时方告结束。这是人类历史上迄今为止在太阳系里首次观测到的星球与星球相撞事件，是20世纪惊心动魄的天文奇观。

这次彗木相撞释放的能量更是惊人！每颗直径为2公里的彗核撞击木星，就可释放出相当于5万亿吨TNT的能量。而这次撞击木星的直径在2公里以上的彗核就有6颗，此外还有15颗较小的彗核。据专家测算，撞击产生的总能量相当于几十万亿吨TNT，亦即相当于几十亿颗美国1945年投到日本长崎的称为"小胖子"的原子弹所释放的能量。

人们在惊悸之余自然会问：木星上发生的一幕也会在地球上重演吗？地球会在一次大爆炸中毁灭吗？科学家的回答是：由于地球和木星同是围绕太阳公转的行星，不能排除有朝一日某颗小行星或彗星撞击地球的危险。一旦此类事件发生，其后果是不堪设想的。

事实上，人类已经多次走到毁灭的边缘。

1937年10月的一个夜晚，当人们呼呼入睡的时候，一颗小行星悄悄地从地球身边擦过。人们只是事后从天文望远镜的照片中才发现这一危险。德国海登堡天文台的天文学家卡尔·利斯及其他天文学家将这颗小行星命名为海木斯，其直径为1073米，飞行速度为每秒22公里。如果它与地球相撞，那么将会释放出相当于1000亿吨黄色炸药的能量，也就是相当于在地球上引爆500万颗投在广岛那样大小的原子弹。

1989年3月底，一颗前所未知的小行星差点与地球相撞。后来这颗小行星被命名为1989FC，它的直径为1600米。如果它晚6个小时穿过地球轨道，那就正好与地球相撞。如果不幸成为事实的话，那么地球将会到处是熊熊烈火，连续高温，地震、海啸此起彼伏。可怕的类似"核冬天"的惨景也会出现：地球被厚厚的尘埃和浓烟所笼罩，见不到太阳，大地一片漆黑，气温急剧下降，洪水泛滥成灾，飓风肆虐，大批动植物被冻死，人类也将面临灭顶之灾。

多年来，关于小行星撞击地球的警讯不绝于耳。2006年12月24日，英国《星期日泰晤士报》报道，一颗名为"阿波菲斯"（希腊语，意为"毁灭之神"）的小行星已经进入了美国宇航局（NASA）的视线。这颗小行星将于2029年运行至离地球只有3.5万公里处，在地球引力的作用下很有可能撞向地球。

另外，小行星的"弹子游戏效应"可使更多的小行星靠近地球，增加了它们碰撞地球的机会。在火星与木星之间有一个小行星带，这些小行星分成数个环运行。

这些小行星互相撞击之后,即掉到距地球更近的一个环上,这就是所谓的"弹子游戏效应"。由于这个效应,使很多小行星不断来到地球轨道上,这样就大大增加了它们与地球相撞的机会。

据美国航空与宇航局 1992 年统计,运行路线与地球轨道交叉,直径大于 800 米的小行星有 1000~4000 颗,直径在 90 米以上并与地球轨道交叉的有 30 万颗之多。其中还有 50 颗直径在 5~50 米的小行星,它们与地球的距离比地月距离还近。除小行星外,太阳系中还有数以亿计的彗星。地球在分布如此众多的小星星的空间中穿行,发生偶然的碰撞就毫不奇怪了。

至于遍布世界各地的陨石坑,则是地球遭到小行星、彗星撞击的证明。在美国芝加哥以南 100 公里处,可以看到一个直径为 13 公里的陨石坑。经测定,这是 3 亿年前一颗小行星撞击地球所造成的。在艾奥瓦州曼森附近的一片庄稼地里,也有一个直径为 35 公里的陨石坑。其中最著名的是 20 世纪 90 年代找到的位于墨西哥尤卡坦半岛冲积层下的陨石坑,直径 180 公里。根据撞击物理学原理,对于较大的撞击坑来说,坑的大小是撞击物的 20 倍,由此推算出这颗小天体的直径约为 10 公里。这次撞击产生的能量约为 160 万亿吨 TNT 爆炸所产生的能量,相当于地球表面上每平方公里爆炸一颗氢弹,从而造成物种大量灭绝。据不完全统计,全世界找到的这种大陨石坑不下 100 处。

总之,地球在广袤幽远的宇宙中漫游,犹如一叶扁舟飘忽在无边无际的大海之上,时而会遇到风暴,时而又会碰到暗礁、水雷。地球之旅,也绝非永远都是平安的。

怎样避免小行星和彗星撞击地球呢?这是一个难题,科学家在这方面的工作才刚刚开始。随着科技的进步,人类一定会有更多的办法来拯救地球和人类文明。

神秘 UFO

飞碟出现时的 8 种现象

飞碟出现时的特点如下：

①外形如碟形、雪茄形、草帽形、球形、陀螺形等等，其外形尺寸小者如乒乓球或指甲，大者(雪茄形)长达数千米。

②高速。飞碟不仅可垂直升降，悬停或倒退，还可做高速飞行。有的时速可达24000公里（即 20 马赫），有的甚至更高，这是现有的人造飞行器所望尘莫及的。

飞碟

③高机动性：能"直角"或"锐角"转弯——反惯性。

当飞机在做高速飞行转弯时，其巨大的惯性使得飞行员头晕目眩甚至丧失知觉，因此当代机动性能要求最高的格斗战斗机(如美国 F-16)，即使是训练有素且身着抗 g 服的乘员，也只能在短时间内承受最大的过载为 8g，而且飞机本身的结构强度，也无法承受太大的过载（如 F-16 的设计最大允许过载为 9g)，否则飞机将散架！但据目击观察，飞碟却可以在高速飞行时不减速作"直角"或"锐角"转弯（这里当然不是真的直角，否则转弯半径为 R＝0，则过载为无穷大，这将使任何飞行器及其乘员全都完了！）。当飞碟速度仅为 v＝1 马赫，实际转弯半径为 R＝30 米时，则相应的过载为 372.65g，在如此巨大惯性力的作用下，飞碟的飞行照样轻松自如。但这却是任何地球人和人造飞行器都绝对承受不了的！当它转过来 90 度时，所需时间仅为 0.14 秒，即在不到 1/7 秒的一瞬间就完成了这一动作，这就在视觉上给人以"直角转弯"的印象！而在现代即使是速度为 2~2.5 马赫的高性能战斗机，在实际作战中也只能是在亚音速 0.8~0.9 马赫时才能取得最大转弯率为大约每秒13 度，要转过 90 度则需 6.9 秒（这是上述 0.14 秒时间的 49 倍)！由此对比可见，飞碟的机动灵活性是飞机所无法比拟的，再加上其速度远大于飞机，这就难怪当有人想用飞机去跟踪飞碟时，结果总是徒劳，反而被飞碟所跟踪！

④能时隐时现，隐形时有以下几种情况：部分人能看，而另一部分人可能看不

见;人的肉眼能看见,而雷达却侦测不出来;有时眼见它降落在某地,但走近去看却什么也没有。总之它想让谁看谁才能看。

⑤发光。飞碟发光有单色不变光、多色随变光、常态光、固体光(即光束能任意收缩或弯曲,甚至出现锯齿状),有的光束有透视能力(即照射物体后能使其变成透明),有的能将人吸入飞碟,有的能使人瘫痪或致残。

⑥有的有放射性现象。当飞碟在低空飞过或者着陆时,常会发现如使动植物灼伤、泥土不吸水、种子不发芽、母牛不产奶,或者使人恶心、呼吸困难、失眠、暂时失去知觉、中枢神经瘫痪或定身等现象。

⑦有的有电磁干扰。在飞碟所过之处出现强烈的电磁干扰现象,使电气系统处于瘫痪,如工厂停电,仪表和雷达失灵,无线电通信中断,车辆和飞机发动机熄火,导弹发射不出等等,等到飞碟远去以后,一切又自动恢复正常。

⑧地球的武器对它束手无策

如1942年2月25日上午10时美国洛杉矶东郊某炮兵连阵地上空,出现了列队的24个圆盘状不同飞行物。美国人以数十门高射炮开火,2000多发炮弹喷出一朵朵灿烂的火花。但UFO仍在空中有条不紊地编队,毫发未伤。

1948年1月7日,美军上尉曼特尔率4架喷气歼击机,从肯塔基州的诺克斯·刘易斯维尔空军基地起飞,他们的任务是跟踪并击落一艘UFO,过了不久,上尉向基地指挥塔报告说:"……它一刻也不停地急速旋转,高度12000米。我试图靠近些开炮……它突然加速,向东北方向逃去,速度极快,现在我必须……"。这个英勇善战的飞行上尉是想说"现在我必须开炮"。但报告到这里戛然而止,紧接着上尉连同他那身经百战的战鹰轰然坠地,燃起一堆熊熊大火。他的友机只看到东北方有一个微弱的亮点在闪光。

1956年10月8日,日本冲绳岛附近突然出现一个UFO,恰好一架西方盟国的战斗机在附近实弹打靶,反应迅速的炮手立即向它开炮,令人不解的是炮弹爆炸后UFO纹丝未损,"先下手为强"的战斗机却碎成残片,机毁人亡。

1966年8月的一天,一艘UFO长时间滞留在美国西部某导弹基地附近,精明的美国人充分地拍摄了录像之后,启动了该基地的几乎所有的导弹发射装置,奇怪的是UFO安然无恙,而所有的装置却同时瘫痪。其中一套最先进的装置突然被一束神奇的射线"熔为一堆废铁!"美国科学家闻讯赶来研究,他们的结论是,把先进的导弹发射装置还原为废铁的,可能是一种类似于人类的高脉冲的东西。

1957年9月24日,苏联在远东库页岛屿的一个高射炮营向3艘UFO开火,3具"怪物"在炮火中不躲不避地悬停在空中,任凭苏联人那玩具般的炮火射击,却未损片羽。

另一次,在中亚地区的一个导弹基地上空出现了一个UFO,具有自动跟踪目标的导弹瞄准了这个UFO,在发射的一刹那,导弹竟自行爆炸,让苏联军人尝了一杯自酿的苦酒。

在经历无数次失败之后,那些对UFO进行研究的科学家们发出忠告:当你有幸或不幸遇上UFO时,你不要试图"先下手为强",因为你是在用弹弓向一辆坦克显示你的勇敢,将是无畏的,甚至会丢掉生命!

有关飞碟的这些异常特征都是现代的科学技术所无法解释的,由这些异常特征所显示的令人惊叹的高度科技水平,表明绝对不是当代地球人所能制造出来的,那么它们是由谁制造和控制的呢? 对此合乎逻辑的推理只能解释为:飞碟是由比地球人具有更高度智能的生物所制造和控制的。

UFO 为何掳走地球人

1961 年的某一天,苏联一架安-2P 邮政飞机从斯维尔德罗夫斯克机场起飞,飞往库尔干,机上搭乘 37 人。当飞机离开斯维尔德罗夫斯克 130~150 公里,飞行员刚刚与地面控制站通话完毕,就突然从雷达屏幕上消失了。地面站想尽办法也未能再恢复与飞机的通讯联系。于是开始了搜索,派出了数架直升飞机和大批特遣小队。因为最后一次通话时,机长曾用无线电通报了方位,所以没多久就发现了飞机。

飞机是在森林中一小块空旷地上找到的。没有任何道路可到达那里,也不可想象飞机是如何降落在那一小块地上的,官方人员说看上去它仿佛是从空中平稳放下去的。但最令人不解的是机舱内竟然没有任何人的踪迹,全部邮件完整无缺,检查发动机,它一下就启动起来了。现场四周没有任何痕迹和脚印,只是在距飞机 100 米的地方发现了一个直径 30 米的圆形凹坑,里面的青草都已烧焦,毫无疑问那儿曾停留过一个不明飞行物——UFO。

另外,据科学家们的查证,在美国有一对夫妇曾被太空人俘虏过。男的是波士顿的邮务员,叫班尼;女的叫蓓蒂。他俩曾有过一段非常离奇的遭遇,时间是 1961 年 9 月 19 日午夜,当时夫妇俩由度假地返回美国,途经莱卡士特镇时,忽见夜空中有个摇摇晃晃的光亮,而且越来越大。夫妇俩于是停车观看。蓓蒂认为这是飞碟,而班尼根本不信"飞碟"之说。他用望远镜观察,发现那是个圆饼形的古怪物体,边缘有窗户,闪着憧憧人影。这时蓓蒂也看清了。两人即被吓得魂飞魄散,慌忙开车逃走。

夫妇俩抵达家乡时,亲友们已经多等了他们两个小时。后来他们将这次奇遇报告给了华盛顿市国家空中异象调查委员会。专家们经过一番研究后,注意力集中到那"两小时"里,班尼夫妇干了什么? 但后者已丧失了关于这段时间的记忆,怎么也想不起来在这两个小时里干过了什么。于是,由著名精神分析医生西门来主持催眠疗法,帮助班尼夫妇回忆。他把他俩隔开,分别进行催眠回忆。随后,研究者们在从这对夫妇那儿录得的 100 多卷录音带里,发现两人所回忆的内容竟然完全吻合。原来,他俩正想驾车逃走时,就已被那古怪物体里的人拦截了,并被捉到那个物体里。他们看到的人像黄种人,但没有耳朵,褐色眼珠,皮肤灰色,很丑陋。他们对班尼夫妇作了人体检查。他俩紧张极了,怕被活活解剖杀死作标本。全部检查过程约费去两个小时,而这正是他们失去记忆的那两小时的内容。

蓓蒂回忆说,她记得太空人用意念告诉她,墙上那张是"星座图"。她就凭着记忆把这张图画了下来,后由西门医生刊登出去。这在当时遭到人们的讪笑,认为是无稽之谈。有位 29 岁的天文爱好者玛佐莉对此进行了深入研究,用 4 年时间查阅了上万件资料,奇迹出现了——证实了那幅"星座图"中 12 颗星中的 9 颗,而且证明了其所画位置十分准确。又过了 5 年,其他 3 颗星也陆续被天文学家找到,且方位、距离与蓓蒂画的一模一样。这简直是不可思议的事,因为蓓蒂只有初中文化程度,不可能画出天文学家花了近 10 年功夫才制出的星球关系图。整个西方被震动了,因而促使了对所谓"飞碟"的研究。但那个古怪物体是不是就是飞碟,那些奇怪的人是不是就是来自外星球的所谓"太空人",却是至今仍在探索之中,没有获得定论。

访问地球的 UFO 类型

将目击者所看到的飞碟以大小来分类,从小型迷你型飞碟到大型飞碟形状各异。飞碟如果是外星人所乘坐的飞行器的话,那么可能依照用途的不同,而有各种形状、大小的分别。依照目击案例可由大小分类如下:

①超小型无人探测机:直径 30 厘米左右较多。大的飞碟会飞进房屋内,在标准大小 UFO 出现前先发现此大小飞碟的情况居多,通常为球形或圆舟形。

在马来西亚也曾发现迷你型 UFO 载有体型小的外星人的报道,所以也不能断定迷你型 UFO 为无人探测机。

②小型侦察机:直径在 1 米到 5 米左右,曾有人目击到此大小的飞碟着陆,并由飞碟中走出外星人,外星人还在降落点周围进行各项调查。

③标准型联络船:直径在 7 米到 10 米以上,以圆盘形较多,像最常见的 UFO,可能是民外太空及地面调查的飞碟互相联络用,地球人被绑架到飞碟的事件,也几乎都是此型飞碟的杰作。

④大型母船:直径由几百米到几千米以上大小的飞碟,以圆筒形及圆盘形居多。由几千米到 1~2 万米高度被看到的情况较多,降落在地面的目击案例则没有。

除了上述形状的以外,还有类似直升机形的飞碟。最近有云状 UFO 或发光体型 UFO 在世界各地出现,假若 UFO 是外星人飞行器的话,那以此形状的飞碟应是最适合宇宙飞行的,所以从事研究的人很多。但也有研究人员指出,云状 UFO 可能是圆筒形或圆盘形 UFO 等所排放的云状物,而非 UFO 机体。

UFO 的第一次媒体露相

尽管人类的史册中很早就有关于"飞碟"的记载,但是第一次把它们描述为

"飞碟"的报道则始于 1947 年 6 月 24 日。曾经是美国空军飞行员的尼恩·阿诺德,退役后经营一家灭火器材公司。这天,他驾驶一架私人飞机飞临罗切斯山脉附近,去寻找并援救一架在此地失踪的海军陆战队 C-46 型运输机。在海拔 4391 米的雷尼尔峰附近,一束十分抢眼的光线射入阿诺德的眼帘。"我观察到,在我机翼的左侧,北部方向,有 9 个明亮的物体编队从邻近的贝克山飞来,它们贴着山顶飞,飞行速度极快","我跟踪不上它们,它们的形状不像是飞机。我从未见过这样的飞行器……像一种碟子,就像打水漂玩的那种碟子。"

阿诺德是有经验的飞行员,他根据盘上的秒表,计算出了这群不明飞行物的速度——2700 公里/时。这在当时是不可思议的,任何飞机都不可能达到这个速度。

与此同时,处在同一地区的地质勘探人员弗雷德·约翰逊也目睹了同一景观,回公司后还激动地讲述了当时的情景。

第二天,新闻媒介用"飞碟"一词报道了阿诺德的发现。从此,"飞碟"一词为全世界的公众所接受,成了不明飞行物的同义词。

自此之后,美国的各电台、报社不断接到人们的电话,都声称自己目睹过飞碟。一时之间,"飞碟"成了美国各大报刊竞相报道的头号新闻,并且很快扩展到加拿大和澳大利亚。

阿诺德一夜之间成了风云人物,他自己还编了一本小册子《飞碟目击记》,十分畅销;加上美国其他作家推波助澜,终于迎来了一场席卷全球的飞碟狂潮。

一般的飞碟观察报告都是一人或几人,观察的时间也极短,涉及的地域也不广,但有的"飞碟"报告,观察的人甚多,涉及的地域也广,丝毫没有作假的可能。

1950 年 3 月 17 日夜,素来宁静的美国新墨西哥州的法明顿小镇突然沸腾了起来。在夜空中,一大群像碟子一样的东西静静地悬在那里,流彩烟熠,纹丝不动。云彩正在它们身边移动。

面对这一从未出现过的奇异景象,人们惊慌失措了,不知道该怎么办才好了。人们纷纷涌上街头,翘首仰望天空,人数多达 5000 余人。一种不祥的阴影笼罩在人们心头,妇女在祈祷,小孩在啼哭。市长格劳为了证明这不是梦,他大声地数着那些碟形物,天哪,居然有 500 个之多。突然,似乎是接到统一的命令一样,悬停在夜空中的"飞碟",组成一个挺美观的队形,倏然向东而去。

UFO 真的着陆了吗

关于 UFO 的目击报告有很多,但有些可能是人为的错把飞碟状的云彩看成了 UFO。世界上存在着 UFO,人们越来越相信这一点。每年都有一些发现 UFO 的报告,有些人甚至拍了照片。一些 UFO 的形状怪异,令人无法解释。

1973 年,在美国洛杉矶附近,有两位 17 岁的中学生发现了着陆的飞碟。当时,他们正在穿越一片小树林到一片空地上去玩。突然,他们看到空地上有个东西停在那里,他们用手电照了照,那个灰色的东西立刻发出了一种金属撞击的声音,而且开始发出红色的光。同时,这个怪物垂直上升了1米多,四周闪烁着绿色的光芒,并且越来越快地像陀螺一样旋转了起来,旋转的速度很快,绿色的光芒一明一暗地闪烁着,然后就很快地飞走了。

美国研究飞碟的一位专家很快就来到了那片空地,向那两个中学生问清情况后,又仔细检查了地面上的痕迹。他发现场地上留下了三个方形的小洞,边长和深度都是15厘米,而且三个洞连在一起是一个等腰三角形。空地上有一圈杂草看上去明显发黄,而且朝着逆时针的方向倒着。地面上的泥土变得又干又硬,而上面的洞却是需要一个非常重的物体才能挤压出来的。

为此,俄罗斯的科学家们组织了一个考察团,专门调查和研究UFO的着陆点。他们来到一片古老而荒僻的山区,经过几年的详细调查,认为这是最有可能发现神秘痕迹的地区。在一条林中大道旁边50米的一片草地上,他们发现了一处直径为8米的圆形痕迹。科学家立刻用仪器进行探测,结果发现圆形痕迹内有一个很强的磁场,并且发现圆形痕迹内还含有一种对人体有害的放射性物质。在圆形痕迹内进行的实验结果更令人震惊:在圆形痕迹内部,时间非常缓慢;而在圆形痕迹外,时间明显加快;在离开圆形痕迹20米以外的地方,时间则完全正常。这真是UFO的降落点吗?UFO又是通过怎样的技术手段对这一地点造成如此巨大的控制和影响呢?在这次考察结束时,科学家们发现了一个圆形发光的不明飞行物。它在低低地盘旋着,并向下方射出一股强大的光柱,大约1秒钟之后就消失了。

英军战机追杀 UFO 内幕

谈论外星人和飞碟(UFO)光临地球的话题常常会受到严肃人士的嘲笑,然而美英两国的飞碟迷们发现,不仅是他们,就连英国皇家空军也曾受过飞碟事件的严重困扰,并且还驾驶战斗机在英国上空跟不明"飞行物"展开紧张的追踪和"激战"!

这起发生在英国的飞碟事件引起了美国军方的高度重视,并将其详细记录在案。据新解密的美军文件显示,这起"飞碟"事件发生在冷战时期的1956年8月13日,地点是英国东部的莱肯希思。当日,英国皇家空军和当地警方接到无数个居民打来的电话,称在莱肯希思的天空中到处飞满了发着亮光的不明飞行物。莱肯希思的英国皇家空军接到电话后,立即派出10多架战斗机冲上天空,在军事雷达屏幕上,英国战斗机飞行员成功地捕捉到了这些不明飞行物的痕迹,并花了至少7小时的时间试图追踪并击落这些不明飞行物。

据美军解密文件显示,当时在英国空军雷达屏幕上显示的不明飞行物大约有"12个到15个左右"。为了追上这些不明飞行物,英军战斗机飞越了至少50英里(约81公里)的距离。其中一个不明飞行物被记载为"飞行时速超过4000英里(5600公里)"。这简直是一个让人震惊的速度,解密文件写道:"雷达屏幕专家相信,这绝不是什么雷达机械故障造成的幻象,而是天空中的确有某种极高速飞行的不明物体在移动。"

文件披露,英国空军飞行员在雷达屏幕上注意到,发出白光的不明飞行物以令人难以相信的速度穿越在英国的天空。有时候,这些物体会组成奇怪的编队飞行,有时候,这些物体会来一个突然的急转弯,以目前科学所知的动力学观点来看,这种高速飞行下的急转弯是人类的水平根本无法达到的。其中一个不明飞行物被一架英军战斗机雷达跟踪了长达 26 英里(约 42 公里),它在空中盘旋了足有 5 分钟,就在英军战斗机快赶上的时候,这个不明飞行物突然消失了。

事实上,大多数所谓的"飞碟现象"都可以归结于云彩现象、气象气球和不同寻常的大气现象等。对于英国莱肯希思"飞碟事件",一些研究者也认为是出于同样的自然原因。据一些研究者称,在 1956 年 8 月 13 日左右,气象学家们曾汇报过那些天流星现象曾不同寻常地活跃。而流星在穿越天空时留下的踪迹,在雷达屏幕上看来和高速飞行的不明飞行物相当近似。

此外,大气异常现象也被考虑为另一个可能的原因。据一名参加这场追踪拦截任务的英军飞行员称,他感到自己仿佛在"追踪一颗遥远的星星",另外一些飞行员则称,这些不明飞行物能够用雷达系统进行自动锁定跟踪,但是靠近目标时,这些物体又忽然消失得无影无踪,仿佛根本不存在一样。

尽管如此,美英的飞碟迷们还是愿意相信当年发生在莱肯希思的一切是一次真正的"飞碟事件",美国军方的解密文件提供了足够的证据,证实了外星飞碟其实早在 50 年前,就让英国皇家空军们大吃一惊,甚至英军还派战斗机追踪射击。飞碟研究者、《UFO 杂志》编辑格雷厄姆·波德塞尔对记者说道:"我完全相信当年有一些外星飞行机器穿越了我们的领空。"

专门研究不明飞行物现象的作家戴夫·克拉克称,莱肯希思飞碟现象不仅能够从雷达屏幕上看到,更重要的是还能通过地面上的肉眼看到。因此很难将同时用肉眼和雷达观察到的这种奇特变幻的不明飞行物奇观简单地归结于陨星落地或气候现象。克拉克称,事实上连美英军方本身也不相信这种说法,莱肯希思飞碟事件引起了新一度的冷战安全恐慌。因为在 1956 年,英国皇家空军莱肯希思军事基地——也就是英国空军战斗机追踪飞碟的地方,事实上正是冷战期间的军事前哨,莱肯希思军事基地不仅配置着当时最先进的美国 U—2 间谍侦察机,而且还是一个原子弹储存区。

解决莱肯希思飞碟秘密的线索也许仍然藏在尚未解密的美军军事档案中,不明飞行物研究专家戴夫·克拉克要求美国军方解密更多的此类文件,但却被告知军方已没有更多有关英国莱肯希思飞碟事件的秘密档案。不过,克拉克在美国国家档案馆查找资料时却意外发现了一个新的文件目录,其中提到美军关于莱肯希思飞碟事件还藏着更多的秘密文件,目前克拉克已向美国军方提出申请,要求解密更多的秘密档案。

尽管克拉克也曾请示英国军方出示相关文件,但英国军方称,有关莱肯希思的飞碟文件在该事件发生后 5 年,就在一场意外大火中全部烧毁了。但克拉克认为,显然这是英国军方的推托之词,他认为这里面肯定还有着不为人知的秘密。克拉克说道:"尽管我是个飞碟怀疑论者,但这件事始终让我感到相当困惑。有时候我怀疑那些不明飞行物可能是苏联的间谍飞机,但显然没有一架已知的苏联间谍飞机和那些不明飞行物的神秘性能相符。"

窃听外星人的广播

在宇宙中,我们是孤独的吗？要回答这个问题,我们必须去搜寻其他恒星周围的生命,或者去窃听它们的动静。

在 2007 年 1 月 10 日召开的美国天文学年会上,美国哈佛史密森天体物理中心的天文学家提出了一个新方法,能够检测 1000 颗最靠近我们的恒星周围,是否存在着类似地球的智慧文明。

以前对地外文明所做的搜索(例如 SETI 计划)都建立在这样的假设之上:外星人想让我们找到他们,因此会有意地发出高强度的、特定波长的无线电信号。不过近 50 年来的搜索都一无所获。新提出的这项计划寻找的则是外星文明无意间泄露出来的信号。换句话说,我们打算窃听他们的电视信号、调频广播,甚至是军用雷达发出的信号。

正在澳大利亚兴建的米卢拉广角天线阵(MillearaWide-FieldArray),就能完成这项任务。它有能力窃听方圆 30 光年以内,大约 1000 颗恒星(包括周围的智慧文明,假如他们存在的话)发出的无线电波。更强大的射电天文台,比如正在筹建中的平方千米天线阵,将有能力窃听方圆 300 光年以内的智慧文明,覆盖的恒星总数将达到 1 亿颗。

与外星人接触的瑞玛计划

这是一例史前与外星人接触的重要经历,在美国几乎是鲜为人知的。事情的起源应从秘鲁说起。1973 年,一伙年轻人在那里开始了一系列惊人的活动,旨在与来自"莫尔峻"星球(该星球为木星的卫星,即人们常说的"木卫三")上的外星人接触。49 名外星人向导被指派参加了"瑞玛计划",他们是为了配合来自"莫尔峻"的先都有奥柯索克。"瑞玛"一词含有一个震颤音,它在 4200 年前就已定名。"瑞"代表太阳或阳光照耀,而"玛"则是指地球母亲。"瑞玛"作为一种符咒,意思是阳光照耀在地球上。"瑞玛"计划是由宇宙高层集团设计的一系列辅助项目中的一项,目的在于帮助诸如地球(也叫"莫尔拉")一类的星球转型进入四维空间模式。

莫尔峻起初是外星通过猎户星座上星系统建立起来的"国中之国"。目前它拥有 6 座城市,来自各个世界的人们(包括地球人)居住在这里。其他与"瑞玛计划"有关的星球分别是:金星、大犬星座区域里的塞皮坎 2 号以及属半人马星座区域的阿普星。阿普星在秘鲁也为人们所熟知,一些人还同阿普星人建立了往来关系,但他们是以何种方式同"瑞玛计划"相联系的,却不得而知。

西班牙裔美国人比美国的其他少数民族更为了解"瑞玛计划"。因为,语言障碍限制了许多美国调查者,然而从另一方面来看,这种障碍从精神上激发了他们探索与外星人接触经历的决心。这种接触经历最初只发生在秘鲁,随后其他国家也陆续出现。尽管很多研究小组是从美国开始活动的,但大多数的集体活动是以西班牙语进行交流的,因此,许多对 UFO 领域很感兴趣却又不谙西语的人只好坐失这些宝贵的信息。

UFO 落下的"仙发"

有关"仙发"的最早记载,见于 18 世纪英国作家怀特写的《索尔邦博物志》。怀特在书中说,1741 年 9 月 21 日黎明前,他走到田野中,发现青草上有一层层的"蜘蛛网"。后来他发现:许多蛛丝从高处落下,连续不断地落下至日暮时分。这些蛛丝并不是仅在高空中四散飘浮的细丝,而是联结成片,有些宽约一英寸,长五六英寸,下落时相当迅速,显然比大气重得多。

怀特还写道,降下这些丝絮的地区包括布莱特列、索尔邦和艾里斯福,这三处地方构成一个三角形,最短的一边长约 12 公里,虽然怀特用了"蛛丝"的称呼,但他明确地记录了这些丝絮是从天空中降下来而非蜘蛛吐出的。后来,人们就把这种从天空中降下来的丝状纤维叫作"仙发"。

"仙发"的外形很像蛛丝、蚕丝或棉絮,一般呈白色,闪闪发光,十分柔软,但所有的记载都指出只要人们把它拿在手里,它就会很快融化消失。这是它与蛛丝、棉絮等物质的根本区别。

1952 年 10 月,在法国西南部的奥罗伦圣马利,当地中学总监普利尚正和儿女一起吃午饭,忽然一个孩子叫道:"爸爸,快来看,真奇怪啊!"普利尚抬头望去,只见一排飞碟循着弯弯曲曲的之字形路线从空中飞过,更奇怪的是:那些异物全拖着串串柔丝状物质,柔丝散开后慢慢下降,落在树木、电线和屋顶上。

当天下午 5 点,在 240 公里以外的法国盖雅克镇上空,也出现了类似的情况。当时目击者约 100 余人,他们看到 20 个飞碟在阳光下缓缓向东南方飞去。飞碟飞过后也有同样的"仙发"落下,但这些"仙发"很快就分解、消失了。

有些热衷于飞碟的人们据此认为"仙发"与不明飞行物有关。但也有未见不明飞行物而有"仙发"落下的情况。1960 年 10 月,英国船长佩普曾就他在加拿大蒙特利尔看到"仙发"一事请教了著名的博物学家、伦敦自然博物馆馆长克拉克,克拉克认为那可能是蛛丝,但他也承认,"我无法解释这些丝缕为什么一握在手中就立即消失……"蛛丝不会融化,因为热力对它没有影响。事后有人指出,除了是否会融化的区别之外,克拉克还忽视了一次重要的反证:在那许多飘浮的丝絮中,并没有发现一只蜘蛛。

由于"仙发"总是在发现后很快融化,无法保留,到现在人们掌握的资料只有几幅照片,因此也就难于进行科学的检测。可以说,人们到现在还没有弄清"仙发"到底是什么,以及它与不明飞行物有何关系。

扑朔迷离的目击

这是 1998 年多次遭遇不明飞行物事件中比较典型和可信的一次。据当地有关部门统计,那天晚上目击这个不明飞行物的群众约有 160 人之多。

在此之前一个多月,澳大利亚内陆一个小村庄的居民不容置疑地向媒体报告,他们目击一个不明飞行物。法新社报道了这则消息。这个小村庄叫奎林代村,位于悉尼以北,距离悉尼大约 4 小时车程。

尤尼斯·斯坦菲尔德是这个村庄目击不明飞行物的村民之一。她说,她最先注意到蛛网状物质落在她女婿的身上,"后来我们看到天空大约有 20 个银白色的物体"。她说,当人们移动位置和加快脚步的时候,这种蛛网状物质就从身上落到地面。还有一些蛛网状物质挂在了电话线上。澳大利亚 UFO 协会发言人罗斯·杜威说,奎林代村大约有 20 名村民通过热线电话向协会报告了他们看到的情况。

罗斯·杜威解释"那些银白色物体可能是优质鱼线",这实在令人大感意外,因为作为一个岛国的澳大利亚,人们最熟悉的东西恐怕就包括鱼线,不管多么优质。

1997 年 10 月 4 日,美国工业巨头、88 岁的劳伦斯·洛克菲勒在他纽约附近的豪华住所,举办了一次关于不明飞行物的研讨会。他得到了斯坦福大学天体物理学家彼得·斯特罗克的帮助,有 10 位科学界的权威人士听取了来自世界各地的 8 位不明飞行物学者的发言。在这次研讨会后,与会者草拟了一份报告,题为《不明飞行物观察物证》。这份报告在媒体上公之于众后成为赞成不明飞行物确实存在的第一份科学文件。或许是"潘多拉盒子"。

曾在劳伦斯·洛克菲勒家中参加过不明飞行物研讨会的斯坦福大学教授冯·埃舍尔曼认为,"我们这份报告的发表等于打开了潘多拉盒子"。出席这次研讨会的 10 位科学界权威人士相信,有些迹象是应当认真研究的。由斯坦福大学天体物理学家彼得·斯特罗克等署名的这份报告,要求对不明飞行物继续进行研究。

这些科学界的"大腕"们坚持主张研究不明飞行物的 5 点理由是:

①存在一些清晰的不明飞行物照片。应当说明的是,以往大部分有关不明飞行物的照片由于不够清晰而无法进行研究利用。专家们要确定飞行物的距离、尺寸、颜色以及它释放的能量。53 岁的法国专家弗朗索瓦·卢昂热的研究表明,有些照片用来说明不明飞行物的存在是确实无误的,但这样的照片不多,正因为如此,才值得对它们进行更多的研究,而不是把它们存档了事。

②无法解释的电器故障。不明飞行物出现的时候,往往会干扰附近电动机的运转,在《不明飞行物观察物证》这份报告中,彼得·斯特罗克教授举出这类事件达 441 起之多。在每起事件中,所有当事人都声称在见到不明飞行物的同时,他们的汽车的照明线路也发生了故障。在这类事件中,美国警察刘易斯·德尔加多在

1992 年 3 月 20 日的遭遇有很强的说服力。事情发生在佛罗里达州海恩斯城,当一个飞行物在他前面离地面 3 米高的地方飞行的时候,他的汽车的电力系统失灵了,甚至连他的对讲机也不再工作。这个飞行物消失以后,情况又恢复了正常。这类情况也涉及飞机。在美国,据统计,关于飞机驾驶员遭遇不明飞行物,飞机电力系统被干扰的事例达 120 起。1977 年 3 月,一架往返旧金山与波士顿之间的联合航空公司班机上的驾驶员,突然发现飞机的自动驾驶仪改变了航向,这时他看到空中有一个奇异的发光物体掠过,只能用存在着一个非常强大的磁场来解释这种干扰。除了一场核爆炸外,目前还没有任何已知的东西能够产生如此强大的磁场。

③雷达捕捉到目标。空中警戒系统发现不明飞行物的事例同样令人不安,尽管这类情况并不多见。一般只有先进的军用雷达发现过不明飞行物。从 1969 年以来,美国空中指挥系统一直不愿公布这些事例,以免公众了解和怀疑美国军队的空中监视能力。在法国,军人和科学家在共同研究不明飞行物。1994 年 1 月 28 日,一架法国航空公司 A320 班机机组在巴黎上空看到一个直径达 250 米的红色圆盘状物体飞过,地面雷达却没有发现它。但在瓦尔德瓦兹省的塔韦尼,空军证实了法国航空公司班机人员的发现,美国"蓝皮书计划"的研究文件透露,在飞行员肉眼看到的不明飞行物的五分之一,也已被雷达发现。

④留在地面上的奇特痕迹。这次研讨会上提出的 4 个事例中,法国普罗旺斯特朗地区的事例,最能打消科学家对不明飞行物的怀疑。1981 年 1 月 8 日,在瓦尔省的一个村子里,一个工人看到一个卵圆形的金属物体下降到地面,30 秒钟之后,这个金属物体又以极快的速度飞走了。法国空间研究中心所属的一个研究小组的专家证实,那个工人指认的不明飞行物停留过的地方的地面曾受到高压,一个大约 1 吨重的物体确实在这个地点停留过。宪兵在不同地点采集了一些土壤和植物的样品。法国全国农艺研究所生物化学家米歇尔·布尼亚对这些样品进行分析研究之后发现,这些植物的化学成分随着离不明飞行物距离的不同而有了变化。这是怎么回事呢? 各种能够想象到的解释都提出过,比如化学污染、放射性辐射、微波辐射等,但最终都被排除了。直到目前,这个谜团依然没有解开。

⑤在人体上留下的离奇印记。不少声称目击过不明飞行物的人都反映他们当时曾被烧伤。加拿大一位勘察员在 1967 年 5 月 20 日见过两个不明飞行物,其中一个就停在离他几十米远的地方,发出刺鼻的臭氧气味并发出蓝光。当这位勘察员走近不明飞行物时,他的面部、手和腹部都被灼伤。直到几个星期后,留在他腹部的一些奇特且无法解释的痕迹都还没有消失。

UFO 攻击军事设施

UFO 开始攻击军事设施! 直径 30 米的圆形物体来袭,两位哨兵眼睁睁地看着浮在空中的巨大飞行物体,没有任何反应。本来一遇到紧急状况就必须向指挥室报告的,但一看到这种现实的景象,他们两人根本失去了平常的判断力。

起初,物体看起来只是在大西洋水平线上的一个光点,所以他们以为是星星或是别的东西,并不太在意。

但仔细一看,那个光点正逐渐接近过来,并极迅速地来到碉堡上空,在 300 米高的空中停了下来,然后摇摇晃晃地慢慢降落。橙色的光线照亮了炮塔,使得四周呈现出可怕的气氛。

光体在离炮塔 50 米高的地方停止不再下降。两个人看到这个直径 30 米的圆形怪物靠得这么近时,才意识到自己身陷险境。虽然两人身上都有步枪,但不仅没有射击,连声铃也没有按,因为他们觉得在这个庞大的怪物体之下,自己的装备和抵抗都是没有意义的。

两位哨兵被看不见的热波所袭击!

接着有种像是机械声的隆隆声传到这两个吓呆了的哨兵耳中。

同时两个人觉得身上一阵热,皮肤好像要被烧焦似的。但是他们并没有看到任何光线或火焰,两个人痛苦地哀号着,想要逃离热波的攻击,但其中一个已经昏倒在现场,另一个则躲到碉堡的阴影下。其他哨兵听到他们的惨叫,知道出事了,很快便进入备战状态。然而就在此刻碉堡内的灯火全部熄灭了,电梯、转动炮身的马达也完全失去了作用。连急备用电源也失灵了。

而且,热风也吹进了碉堡内,这使得原本相信铁石做成的碉堡是永不被摧毁的其他哨兵,心中也不禁开始担心了。更奇怪的是,原本闹钟也应该因停电而不动了才对,但却比预定时间提早了三个小时铃声大作,使得碉堡陷入一片恐怖之中。数分钟后,那些可怕的机械声停了,所有的灯也大放光明。

当时,有几名士官也看到那并不是战斗机而是全身发出红色光辉的庞然大物,在垂直上升之后很快就消失不见了。

在四处搜寻之后,只见一名哨兵已经昏迷,另一名躲在炮塔阴影下的哨兵也已经神经错乱。他们立刻被送到医务室去,经过军医的检查,发现二人全身二级灼伤。在这两人可以详细地说出这件事的始末时,已经是好几个星期后的事了。

民航运输也看到 UFO

事后接到报告的巴西陆军司令马部马上请空军在伊泰勒普碉堡上空实施哨戒飞行。而在空军大范围的搜索之后,并没有找到任何飞行物体所留下的痕迹。

巴西政府相当重视此事件,便经由美国大使馆的联络,请求处理 UFO 事件经验丰富的美国空军协助秘密调查。数日后,美国空军的军官们就到了碉堡,马上组成一个调查小队。在这里得到很多有关此事件的重大情报。

伯鲁多阿雷克雷机场也在碉堡受到攻击之前看到过奇怪的飞行物体。在伊泰勒普碉堡被袭击之前两小时左右,在距首都 1000 公里左右的里欧格兰达多斯鲁州的伯鲁多阿雷克雷机场有一架民航机起飞前往圣保罗。那是巴里达航空的 C46 型运输机,凌晨一点左右在桑达卡达里那州的阿拉卡上空朝北东方向飞去。

当时高度 2100 米,视野非常好。就在这时,贝伊克机长看到左前方有个红色光点正逐渐向他们接近过来。听多了 UFO 事件的机长在好奇心的驱使下改变航线朝那光点飞去。

UFO 一直向输送机飞过去。忽然整个飞机内部充满烧焦的味道,机长吓了一跳,马上检查各项仪器,发现自动方向测知机和无线电都已经被烧坏,右翼的引擎也在冒烟。就在他们忙于灭火之时,UFO 已不见踪影了。机长也不能到圣保罗去了,只好失望地回航。就在这件事的数十分钟后,怪物体便袭击了伊泰勒普碉堡。调查小队认为由发生的时间和地点来看,两个事件很明显是有所关联的。

但到底 UFO 为什么要攻击碉堡呢?

一位美国士官根据空军的资料做了以下的说明:"自从今年十月,人类发射史普多尼克 1 号人造卫星之后,就相继的发生 UFO 事件。这代表外星人对地球人类进出宇宙已经提出警告。但是这假设在有人提出为什么科技远胜地球人的外星人要对人类提出警告呢?又为什么不攻击发射史普多尼克卫星的苏联呢?"的疑问后便被推翻。但从十二年后人类便登陆月球,实现了宇宙旅行这件事来看,这个警告来得并不算太早。

地心飞碟基地

地心有飞碟基地,这听起来简直是天方夜谭。然而曾是美国海军少将的拜尔德却在不久前公开了他驾机探访地心飞碟基地的神奇经历,使外星人和飞碟再次成为美国人谈论的热门话题。

拜尔德的日记里说,他曾于 1947 年 2 月率领一支探险队,从北极进入地球内部,并发现了一个庞大的飞碟基地和地面上已绝种的动植物,在这个基地里还居住着拥有高科技的"超人"。但这一信息却一直被美国政府长期封锁着。

拜尔德飞行日记所载,探险队驻扎在北极地区某一基地内。1947 年 2 月 19 日,一切准备就绪后,他们朝北方进行飞行探测。圆形六分仪和指南针均经过再三检验,无线电通信也正常。

他们到达飞行高度 707 米时,东风带来轻微地展动,下降到 518 米时,飞机又趋于稳定,但尾风增强,后又产生展动,爬升到 610 米时则又一切平稳。这时,他们看到地面上覆盖着无尽的冰雪,呈现出微黄色的光泽,但奇怪地分散成直线状,还略微透出微红色和紫色。

拜尔德除将此奇景立即电告基地外,又环绕飞行两圈。这时,他发现指南针和六分仪不停地旋转抖动,无法测出飞行方向,接着,他又看到地面不再有冰雪,远方出现了山脉。那些山脉的范围并不大,但绝不是幻觉。此时已飞行 29 分钟。爬升至 900 米时,拜尔德的飞机遭遇到强烈地震动。继续朝北飞越这些山脉后,他竟然看到了绿意盎然的山谷,山谷中有小溪流过,左边的山坡上分布着茂密的森林。此时罗盘又开始旋转,并在两点之间来回摆动。于是他下降至 427 米,向左急转,以便仔细观察这个山谷。他看到青苔或稠密的青草覆盖着地面,但这里的光线却非常奇特,因为并没有看到阳光。

他还看见了似乎是大象的动物,再下降至 305 米,在望远镜中他吃惊地发现了地球上本已经绝种的猛犸!继而又看到绿色的起伏山丘,外面的温度为 27℃,各种仪器恢复正常,无线电通信却失灵了。

地面更趋于平坦,拜尔德发现竟然有城市存在,而空中的飞行器似乎具有奇特的浮力。在舱门上端和右侧出现碟形发光飞行器,上面有无法形容的符号。结果,拜尔德的飞机被一股无形的力量所吸住,无法加以控制。

更不可思议的事情随即发生,无线电发出的哗哗声中竟然传出带着北欧语言或德语音调的英语:"欢迎将军的光临",并称不必担心,7 分钟之后将安全降落。

接着,飞机的引擎停止运转,飞机在轻微地震动中平安着陆,好像是由看不见的升降机支撑着。几位金发碧眼、皮肤白皙、体形高大的人出现了,这些人并没有携带任何武器。而这座城市闪闪发光,有规律地发出彩虹般的色彩。

拜尔德和无线电通信员受到热诚地款待,他们登上了没有轮子的平台车,急速奔向灿烂的城市。城市似乎是用水晶修筑而成。随后,他们走进一座巨大的建筑物里,饮用风味绝佳的热饮料。10 分钟后,拜尔德暂时离开通信员,进入一架升降机,向下运转数分钟,后来升降机的门朝上无声地开启,他走过充满玫瑰红色的走廊,光线似乎是从墙壁上放射出来的。

他在一扇巨大的门前停下,门上有奇特的文字。在进入该房间之后所发生的事情更具有震撼性。拜尔德一再使用"前所未有""不可思议""难以形容"等词汇来描述他亲眼看到的华丽精致的房间,那些人的声音既悦耳又热诚,他们告诉将军,因他具有高贵的素质,并在"地表"世界有一定的知名度,所以让他入境。

那些人还告诉他,这个地下世界名为"阿里亚尼",自从美军在日本广岛投下两颗原子弹以后,他们才开始关注外面的世界,并在那个危机四伏的时代,派遣许多飞行器到地表展开调查。他们表示,地下世界的科技和文化要比地上世界进步数千年,原先他们并没有干涉地上世界的战争的想法,但因为不愿再见到人类使用原子武器,因此派出密使访问超级大国,可未受重视。这次借邀请将军的机会,传达地上世界可能会走上自我毁灭的信息。那些人抱怨说,他们派出的人在地上世界受到了不友好的待遇,而飞行器也常遭战机恶意攻击。人类文明之花惨遭蹂躏,明暗的幕罩已经降临,全世界将陷入极度的不安之中。黑暗时代将出现,但新世界将从废墟中再生,地下世界的人类会协助地上世界的人类重建家园。

拜尔德在结束会晤后,沿原路返回,与满脸狐疑的通信员会合。在两架飞行器的引导下,他们升至 823 米,然后平安返回基地。临行之前无线电传来德语"再见"的声音,27 分钟后着陆。

1947 年 2 月,拜尔德出席美国国防部的参谋会议,所有的陈述均有详细的记录,并且向杜鲁门总统做了汇报。会议历时 6 小时 40 分钟,他还接受了最高安全部门及医疗小组的调查,后被有关方面告知严守机密。拜尔德身为军人,只能服从命令。但他仍在 1965 年 12 月 24 日的日记中写道:"那块土地在北极,那个基地是一个巨大的谜。"

飞碟研究专家们认为,飞碟的来源大致可分为三类:外层空间、内太空、未来的人形生物通过时光隧道"来访"。而所谓的内太空即指地球本身,从地心至大气层均有可能。人类出现在地球这个蓝色行星上,至少已有300万年的历史,但对地球本身到底了解多少呢?

黑色不明飞行物

乌克兰空军一架苏-27战斗机在进行特技表演时突然失控,它掠过附近一片树丛的树梢,并将停机坪上的一架伊尔-76客机机身刮掉一块,最后冲向观看表演的人群,造成83人死亡、116人受伤的特大惨剧,成为世界航空史上最严重的飞行表演事故。

调查的结果是,一个先前没有被发现的不明飞行物可能是导致乌克兰飞行表演坠机事故的原因。

根据乌克兰飞行事故当天的图像资料慢镜头显示,事发前,一个黑色物体以弧形路线从利沃夫"斯克尼洛夫"机场附近的树丛里升起,并向正在进行低空飞行表演的苏-27战斗机靠拢。

乌克兰紧急情况部一名官员说,他看到了独立电视台的报道,但拒绝就此发表评论。另据报道,乌克兰国家安全委员会负责人马尔丘克说,对事故的初步调查"几乎肯定的"排除了发生飞机技术故障或与鸟类相撞的可能。

集体失踪谜案

天上有飞碟?飞碟是否是天外物体?这在当今还是个谜,而当代科学解释不清的问题还远远不止这些。历史上曾发生过若干起集体神秘失踪案,至今杳无原因。公元1711年,4000名西班牙士兵驻扎在派连尼山上过夜,等待援军到来。第二天早晨援军到达这个宿营地,只见军营内炉火依然燃烧,马匹、大炮原封不动,但却没有一个人。军方派人四处搜寻了几个月,仍全无踪影。此事件在西班牙军事史上记载入案。

1915年,在土耳其嘉里坡里地区发生了一桩奇妙的集体失踪案。在一个夏日,一个团的美国士兵攀上了一个山岗,走进山巅的云雾中,但人们再也没有看到他们走出来。云雾消散后,全团士兵踪影皆无,人们寻找数百日,毫无结果。

1930年春季的一个夜晚,居住在加拿大北部一个小村庄里的100多名爱斯基摩人突然失踪了。更奇怪的是,不仅活不见人,连墓地也被掘开,里面的尸骨也不翼而飞,但生活用品却完好无损。

有人认为是被天外来人掳获了。这些目前还无法解释的现象,尚待人类今后探索。

25 名宇航员都遇到过月球 UFO

1973 年，NASA 第一次公开了登月任务的一些结果。在一份秘密声明中，NASA 称，所有 25 名参与"阿波罗"登月任务的宇航员都曾在月球上空遭遇过不明飞行物 UFO。美国前登月计划负责人韦赫·冯布朗生前称，数次"阿波罗"登月任务都遭到某种地外神秘力量的监控。1979 年，美国 NASA 前通讯主任莫里斯·查特连称，宇航员在月球上空和不明飞行物相遇是一件"平常事"。

"恐惧"使美苏 30 年没有再登月

一种阴谋论观点认为，人类所有"载人登月任务"在 30 年前突然中止，是出于对在月球上存在的外星力量的恐惧。阴谋论者认为，月球是外星智能生物研究地球的最好平台，它距离地球不算太远，并且月球的一面永远面对地球，这意味着外星生物可以安全地栖身在月球的另一面。UFO 专家称，月球黑暗的另一面有好几个外星生物基地，日本天文学家就在月球表面拍摄到了好几个 500 米到 1000 米长的黑色物体，它们以 Z 字形的运行轨迹快速穿过月球表面。

NASA 档案证明月球"空心说"

苏联科学家亚历山大·柴巴可夫和米凯·瓦辛甚至认为月球是"空心"的，他们认为月球是经过某种智慧生物改造的星体。NASA 一份解密档案显示，月球在某种程度上可能真是"空心"的：1970 年 4 月，"阿波罗"13 号飞船服务舱里的液氧贮箱突然过热导致爆炸，接着一截 15 吨重的火箭金属部分坠向了月球表面，设置在月球上的地震仪记录到了长达 3 小时的震荡余波。如果月球是实心的，这种声音只能持续一分钟左右。

稀有金属引各国重燃探月热情

尽管月球上存在许多谜团，然而月球上同时也存在许多贵重的稀有金属，让人类很难抑制探索月球的欲望。月球上充满了钨、钛、铝、镁和其他地球上罕见的稀有金属。此外，月球上还富含氦 3 同位素，这在地球上是非常昂贵的产品，氦 3 同位素是未来能源工业的完美元素，科学家称，在氦反应堆的帮助下，人类甚至能够进行星际旅行。因此不难解释在沉寂了 30 多年后，世界各国终于在长远利益和科学前景的驱使下，再次燃起了探索月球的热情。

奇异民族

地球上的怪异人种

达尔文在他著名的《物种进化论》中提出这么一个论点：一切物种都是在进化中求生存，人是由猴子进化而来的。达尔文的观点在今天看来也许不完全对。人是由猴子进化而来，那为什么猴子并没有都变成人或与人接近？为什么世界上的人种分成了3种截然不同的外观肤色呢？

从体质人类学来看，白人与黑人很相近，而黄种人与他们不同。从这个角度来考虑，黄种人与白人或黑人的分化从远古的时代就开始了。

正如日本东京大学教授老孟司所说："关于人种的差异，至少可以指出这样或那样的不同。至于为什么不同，回答是：完全不清楚。"

而且据英国生物学家赫胥黎的发现证明，人与高级猿类之间有一个缺环，就是说，从高级猿向人过渡中缺少有力的证据。近代日本人类学家也认为，在猿与人之间应该有一种"类猿人"的过渡阶段。这一看法也是当今科学研究中的一大悬案。

还有，在6400万年前，曾在地球上大量繁殖、横行一时的恐龙突然灭绝，可据考证，在同一时期的猿类却没有消失。这就令人产生一个疑问：是谁对恐龙斩尽杀绝，而对猿类手下留情呢？答案似乎有一个：有"人"要这么做。可这个"人"是谁呢？为什么要这样做？以下的这种假设能回答以上的问题：当年有一批外星球人来地球考察，不幸的是，他们的宇航器损坏了，无法再离开地球，他们便将能威胁他们生命的恐龙逐渐杀掉，并在多种动物身上作人工授精试验，并对这些动物产下的后代进行观察、对比，直至选留下几种他们较为满意的后代再进行优化。由此而大胆推测，黑种人是外星人与黑猩猩产生的后代；黄种人是外星人与猴子产生的后代；白种人是外星人与一种高大白巨猿产生的后代。

除了以上3大类人种，外星人在与其他动物做试验所产生的后代，可能在智力、体力方面都达不到要求，而最后都被淘汰了。

如今在太平洋的岛国上还有许多棕色人种，可能属于幸存者。

在此基础上，便有了人类起源的"外星说"。

"外星说"即"人类的始祖来自外星球"，是一位来自北大西洋公约组织的科学家马莱斯提出的新见解。他认为大约在6500年前，一批有着高度智慧和科技知识的外星人来到了地球。他们发现地球的环境十分适宜他们居住。但是，由于他们没有携带充足的设施来应付地球的地心吸引力,所以使其改变初衷,决定制造一种新的人种。

这种新人种是由外星人跟地球猿人的结合而产生的。当时地球十分原始,最高等的生物只是猿人,尚未发现火种。外星人选择具有高智力和精力充沛的雌性猿人作为对象,设法使她们受孕,结果便产生了今天的人类。

马莱斯提出了证据,他对最近在圣地亚哥发现的一个5万年前的头骨的研究结果表明,后者的智慧远远高于今天的人类,从而推断他就是当时来到地球的外星人之一。

马莱斯认为目前唯一的问题是找出他们来自哪个星球。他指出,安第斯山脉的巨型图案,有可能是外太空船降落地球的基地。

最后,马莱斯下结论说,人是由外星高级生命和地球的猿类相结合而产生的。当然,在这方面进一步的深入研究有待于各学科专家的通力合作。这里只是联系神话中的"处女生殖"现象做些探讨。

在各民族早期的英雄神话中,英雄或者圣人常常表现为处女所生,这是一个比较普遍的现象。就我国古代神话来看,这方面的材料也不少。如《太平御览》中保存有一种古老的传说,书中记载了禹的母亲"见流星贯昴,梦接意感"而后又"吞神珠"生下了禹。关于黄帝的记载也是如此,《初学记》说,黄帝的母亲"见大雷绕北斗,枢星光照郊野"然后"感而孕"。对于诸如此类的神话记载,古人有一个重要的结论性观点,那就是先秦典籍《春秋公羊传》所说的:"圣人皆无父,感天而生。"

19世纪末,英国著名的生物学家赫胥黎说过:"古代的传说,如果用现代严密的科学方法去检验,大多像梦一样平凡地消失了。但奇怪的是,这种梦一样的传说,往往是一个半醒半睡的梦,预示着真实。"

德国语言学家史密特神父在研究中发现,在印、欧民族的宗教中,上神(天主)一词的语根是"照耀"的意思。而且《圣经》中"上帝"一词在古希伯来语中的意思更明确,它是"来自天空的人们"。

当然,马莱斯的新论断还待论证,不过,近来许多发现似乎可以为他做出例证。

据美国《新闻周刊》报道:在墨西哥一个孤独的村庄里,发现了一个不可思议的狼人人种。科学家们闻讯后大为震惊,吵吵嚷嚷地要对这个奇异的种族进行研究。

狼人除了身体上下(包括脸部)都覆盖着黑色的卷毛以外,这个奇怪的种族从各方面看都像人。

专家们不能明确地解释这些狼人是怎样形成的。但在关于他们来源的理论中,也包括了这样一种可能性,即他们是外星人的后裔!

他们总共有16个,即15名儿童和1名成人,共同生活在扎卡铁斯州的劳列托村里。他们都是一个名叫玛丽亚·露伊莎·迪亚兹的老妇人的子孙。孩子们绝顶聪明,但是,有关他们的情况却知道不多。这些狼人都是贫苦的农民,他们不喜欢抛头露面。

科学家们研究了遍体长毛的孩子,不少人因而得出结论说,他们的情况是遗传

世界百科全书·探索篇

的。狼人家庭里的孩子并不都是这种情况,但却使那些看起来正常的孩子,也可以在下一代中生出长毛的后代。

另一些看到过狼孩的人认为,他们可能真是一个新的种族,由来自另一个行星的父亲繁衍而来。

支持这种理论的事实是,玛丽亚·露伊莎·迪亚兹对自己的身世一无所知。

几年前,有一支考察队在非洲北部的一个与世隔绝的山区中竟发现了一个庞大的蓝色皮肤人的家庭。他们不但肤色发蓝,而且血液也是蓝色的。在这件事公开之后不久,美国的加利福尼亚大学医学院的著名运动生理专家韦西到南美洲智利安第斯山脉探险时,在奥坎基尔查峰海拔 6600 米高处,也发现了适应力极强的浑身皮肤都发蓝光的人种。韦西说,在这么高的山峰上,空气含氧量比海平面少50%,连身强力壮的登山运动员都感到行动吃力,但是这种奇异的蓝色人却能进行各种剧烈的体力劳动和奇特运动,真令人称奇。

另外,在喜马拉雅山脉,美国生理学家也在空气稀薄的 6000 米以上高度曾发现过一些蓝皮肤的僧侣。令人吃惊的是,这些蓝皮肤的僧侣都能做一些笨重的工作。

对于这种蓝色人现象,科学家经过旷日持久的讨论,但仍众说纷纭。有的说是缺氧;有的说是缺铁;有的说是缺乏某种酶;还有的说是基因变异。蓝色人种究竟是一种退化,还是一种为适应环境的变异? 都无定论,仍有待探索。

有一种可能是,蓝色人种是一种再现外星人某特征的返祖现象。

在我国古代传说中,大都有一种"从天而降"的黄色脸的瘦脸人,他们个个大脑袋、矮个子。对于他们的由来,由于历史条件限制,现代人了解得太少。

半个多世纪以来,我国的考古学家在西北、华南、西南、东北等地的古洞穴中相继发现过这个特殊人种的残骸,可令人遗憾的是,由于某些原因,至今还没有将这些头骨复原成头像,因此人们也就无法一睹这种人的真正风采了。

综上所述,我们可以这样推论人类的起源,通常从考古学和人类学出发,把知母不知父的古时代称为母系氏族社会,并且认为是由群婚现象所造成的,而所谓处女生育的问题只是表示一种禁忌。"处女生殖"的确是上古时代的一个事实。最初的人类根本就没有今天我们所认为的那种"人类父亲"。人类的"父亲"可能就是外星人,而所谓的"母系"实际上就是地上的母猿。因此,人一方面作为物质生命体,具有动物性的欲求和局限;另一方面,作为精神生命体又具有一种潜在的特异能力。

奇特的种族

尽管我们每个人的外表形态和内部构造基本相同,然而在茫茫人海中也有不少例外,在这些人身上,存在着某些常人所不具备的奇特的特征,有些种族则有着他们独特的体质特征。

通常,成年妇女的臀部比较大,也比较丰满。可是,南非的霍屯脱妇女却与众不同,她们臀部的脂肪异常集聚,屁股圆滚滚的,成斗形,又大又凸,既向外凸出,又向上翘起;背部则颇显弯曲。这种奇特的臀部,简直令人难以想象。然而,这确实是他们种族的一大体质特征。

更为奇特的是,不管哪个种族,都有臀部长尾巴的人。1959 年,我国沈阳某医院曾发现一个 6 个月的女婴,有一条长达 12 厘米的尾巴,上面还长着少量黄褐色的毛。

同样,国外也有报道,1884 年,巴特尔斯曾报道过 125 例有尾人(其中男 52 人,女 16 人,性别不明的 58 人);1892 年,夏菲又增加了 24 例。1885 年,李士纳记录一女孩,有一条真正的尾巴,长 12.5 厘米,是脊柱的继续;爱立西夫报道一女孩尾长 36~45 厘米,上覆长毛;1983 年 12 月 27 日,马来西亚发现一个刚出世的男婴,长有一条长达 7.6 厘米的尾巴。

更离奇的是,在我国西藏和印度阿萨密之间,有一片辽阔而人迹罕至的地方,叫作巴里柏力区域。近来有人发现,那里住着一个奇异的小族群,几乎每个人都托着一条猩红色的、已经退化的短尾巴呢!

我们两只眼睛的颜色(指虹膜的颜色)理应一样的,或至少是很接近的。奇怪的是有的人左右眼色却大相径庭,一般是一只眼蓝色,另一只眼却是褐色。

对于以上这些奇特的体征如何解释呢? 一般认为,是遗传基因发生突变而引起的。比如,造成一双眼睛颜色各异有几种可能,一种可能是,这个人从近亲遗传到一个褐眼基因和一个蓝眼基因,如果在发育早期,原始细胞中褐眼基因在一侧发生了问题,它的地位就让给了蓝眼基因。另一种可能是,两侧最初都是蓝眼,因为某种病理原因,使一侧眼的色素增加了。再如,蓝绿皮肤的人,尽管他们的生理生化机制还没完全搞清楚,但是引起蓝绿皮肤的原因可能是某种"与世隔绝的基因"造成的。

需要指出的是上述解释仅仅是初步的,有的甚至很肤浅,许多原因尚未搞清,如是什么东西引起遗传病变?"与世隔绝的基因"又是什么? 若要进一步追究下去,还有很多问题有待探索和解决。

"小矮人"人种为什么矮小

当今在地球上,还生活着一批被称为"小矮人"的人种,例如,在非洲刚果河畔的热带森林中的俾格米人,身高只有 1.3 米左右,他们生活在森林中,居住的屋棚只有 1 米多高,棚子的顶上盖着树叶,地上铺着芭蕉叶。丛林中还有布须曼人,是个以狩猎和采集为生的民族,尽管他们身材矮小,但是,他们能用自己制作的弓箭,涂上森林中的一种毒箭木的毒汁,用来杀死大象。他们过着迁移性的生活,他们常被捕捉,然后送到别的种族的王宫中作为杂役,或成为供人玩笑的小丑,他们有着自己的语言。

目前,布须曼人一共只有大约 5.5 万人,生活在博茨瓦纳、纳米比亚和安哥拉沙漠中的干旱地区,文化上仍然处于旧石器时代晚期。

在美洲也有小人国。不久前在南美洲哥伦比亚和委内瑞拉的交界处发现了一个叫作耶瓦的小村庄,这里住着原始的小人种,名叫尤卡斯人,这种人身高只有 80~90 厘米,最高的也只有 1 米左右,他们世代住在森林里,以野果、兽肉为生,穿的是树叶和兽皮,他们有自己的语言,也有自己的原始宗教,他们崇拜太阳、月亮、星星和高山。

在亚洲也有小人国的居民,在隋炀帝时,就有过一个机智的矮人被进贡到皇宫中。

从化石来看,人类不同时期的祖先,身高虽然有一定的差别,但是,从来没有发现过只有 1 米左右的矮人的化石,就是说,人类历史上还没有发现存在过如此矮小的人种,小矮人是怎么形成的、是什么时候形成的、是由什么样的祖先形成的? 这些都还是人类学上没有解开的谜。

有些科学家提出营养说,认为小矮人是营养不良引起的人种退化造成的。例如布须曼人在历史上曾受到力量比较强大的邻近民族的压迫,他们被赶入森林,由于没有种植业,加上森林条件较差,他们长期营养不良,使人种退化。他们有一种别的民族所没有的进食现象,他们很能吃,也很能挨饿。探险家们在考察中发现,他们一顿饭能吃好几斤肉、几十个香蕉。进食这么多的食物,只能躺着让食物慢慢消化,人类学家认为,这种暴食现象正是对食物缺乏所造成的一种适应性行为,吃不饱的时候就挨饿、有东西的时候就尽量地吃饱,这样,就比较容易渡过饥荒。同时,由于自然选择的作用,在食物贫乏的情况下身材矮小的人反而因消耗较少而容易生存,因而身材矮小的人就得到了选择,但身材较高的人因容易饥饿而被自然所淘汰。总之,身材矮小是一种自然的适应,是食物不足所造成的退化现象和选择现象。

有些科学家提出小矮人是由于其内在的生理机制所造成的。美国盖莱恩斯维尔大学的梅里米研究布须曼人身体中的一种生长激素 IGF-I,发现这种激素与人类的生长发育有很大的关系,小矮人血液中这种生长激素只有一般人的 2/3,梅里米认为,这种生长激素的分泌量的减少,正是他们成为小矮人的直接原因。但是,小矮人身体内部的生长激素为什么比较少,是种族原因还是营养原因抑或是生存环境的原因,还不得而知。

有些人类学家认为小矮人是古代就存在的。他们认为,在非洲南部和偏东地区考古挖掘中个子较小的古人类化石代表着小矮人的祖先,民族学家乔治·西尔鲍埃认为,小矮人的祖先在遥远的古代就生活在南非和东非。但是,问题依然很多,小矮人经过多少历史年代才变成了小矮人? 他们祖先的身高情况如何? 这些都是人类学家迫切希望解开的谜。这些问题的解开,不仅将使小矮人的历史大白于世,而且将对人种形成和变化年代提供深入的认识。

巴斯克人是欧洲最古老的民族吗

巴斯克人,这个居住在西班牙北部的古老的民族,以让西班牙政府颇伤脑筋而闻名于世。一些巴斯克人为了争取他们的权利,采取了包括暴力在内的一切手段,常在国内制造流血恐怖事件,使西班牙陷入惶恐不安的境地,他们的这些举动给自己罩上了许多神秘的色彩。然而,世人很少知道,比这更神秘的却是巴斯克人的身世来源。

巴斯克人是生长于欧洲本土的一支有着悠久历史的民族。据说,他们从史前时代起就已生活在今天西班牙和法国交界处的比利牛斯山以西地区。"巴斯克人"这个名称最早出现在古罗马时代的编年史中。据史籍记载,在778年,这个弱小的民族曾在龙塞斯瓦列斯山口打败了当时不可一世的法国查理曼大帝的军队。所以,在历史上,巴斯克人素以勇武、顽强和质朴著称。然而,令人奇怪的是,一些学者的研究结果表明,巴斯克人不属于印欧人种,在血缘关系上,他们与相邻的西班牙人、法国人和其他欧洲人没有丝毫联系;在语言上,尽管由于长期与相邻民族交流融合,巴斯克语已吸收了不少西班牙语、法语等外来语,但巴斯克语中的基本词根、语源与任何一种印欧语系都不相同,它是一种完全不同于印欧语系的具有极强独立性的民族语言。因此,不少学者认为,巴斯克人是一个在种族、血缘和语言等许多方面,与欧洲其他民族有着严格区别的特殊的民族。

既然如此,那么巴斯克人是什么时候进入欧洲的呢? 对于这个问题众说纷纭,尚无定论。一些学者认为,巴斯克人的祖先早在7万年前就已进入比利牛斯山地区。而另一种观点则认为,巴斯克早期居民的历史可以追溯到克罗—马格农岩洞居民创造洞穴壁画的旧石器时代。大多数学者认为,巴斯克人是在公元前5000年进入比利牛斯山定居的。上述观点虽有不同,但可以确定的是,巴斯克人是远在"印欧人",也就是雅利安人进入欧洲之前,便在欧洲本土繁衍生息的一支最古老的民族。

巴斯克人虽然世代居住在欧洲,但让许多研究者百思不解的是,数百年前就在北美洲流传着不少巴斯克人善于航海的传说。在这些传说中,巴斯克人个个都是航海专家、捕鱼能手,甚至早就掌握了在大海中捕杀鲸鱼的技术。由于查无实据,直至20世纪70年代前,大多数研究者只把它看作捕风捉影的无稽之谈。首先证明这些传说确有其事的,是加拿大女学者萨尔玛·巴克汉姆。她从1965年起,整整耗费了10年时间,考证出巴斯克人曾在16世纪到过北美洲,并且还考证查实了巴斯克人在现属加拿大的拉布拉多半岛沿岸活动过的红港、卡罗尔·科夫等12个港口的名称。她还吃惊地从1540~1610年的原始材料中发现,这一时期的巴斯克人已经掌握了捕鲸技术,并以捕鲸作为谋生的主要手段之一。巴克汉姆的考证被20世纪70~80年代的考古发现所证实。由加拿大皇家地理学会等机构组成的考古队在拉布拉多半岛沿岸、萨德尔岛和特温岛等地,发现了许多巴斯克人的墓葬、捕鲸工具和生活用具,这些考古成果进一步验证了"巴斯克人是世界上最早的捕鲸能手"的传说言之不谬。

目前的研究虽然证明,巴斯克人的确是一个素有航海传统和高超航海技术的民族,他们早就凭借依傍比斯开湾沿海的自然条件开创了具有民族特色的航海业,但依然让人们困惑的是,在16世纪那样落后的技术条件下,巴斯克人究竟靠什么使它的航海技术,尤其是捕鲸技术达到了即便是在如今的高技术条件下也堪称一流的水平?也许,随着历史研究和考古发掘的不断深入,笼罩在巴斯克人头上的迷雾将会慢慢驱散!

米纳罗人是希腊军团的后裔吗

在喜马拉雅山南麓克什米尔的赞斯卡谷地,至今仍生息着一个属于印欧人种的土著民族米纳罗人的部落。由于当地山高谷深,交通极其不便,几乎与世隔绝,至今这个部落依旧保持着原始社会的形态。

生活在喜马拉雅山南麓的这些米纳罗人,具有非常明显的印欧人种的特征:高鼻蓝眼。眼睛除了蓝色外,还有黄、棕、绿色,就是没有大多数亚洲民族的那种黑色。米纳罗人没有文字,他们的语言可以分辨并记录下来的约有600个单字,明显属于印欧语系。和大多数土著部落一样,米纳罗人的主要生产活动是狩猎,狩猎用的弓是用羚羊角剖成条后做的,和2000年前欧洲斯基泰人的弓几乎一样。猎物是他们赖以生存的主要食物。他们也会种葡萄,而且能用葡萄酿出一种味道不错的酒。米纳罗人尚处于母系社会,实行一妻多夫制。妻子在家中享有绝对的权威,丈夫多数是兄弟。这种婚姻制度在米纳罗人中并未造成性别的不平衡,原因大概是这个部落中妇女人数较少,由于卫生条件太差,妇女在分娩时的死亡率很高。米纳罗人的住房是平顶的,夏天喜欢露宿在屋顶,冬天则住在地窖里,全家人和牲畜同处一室。

使人惊奇的是,这个米纳罗人部落还保留着十分古老的习俗。这些习俗多与欧洲民族新石器时代的习俗十分相似。例如,他们喜欢在石上作画,其风格同欧洲几个著名石器时代的洞穴中的壁画十分相近;他们也像欧洲的史前居民一样,在山顶上建起用于判断季节的石桌、石棚,在山崖

米纳罗人

下建起祭神用的石桌、石棚;他们的墓葬也保持着欧洲原始时代的样式,土葬的尸体呈蜷缩状,双臂弯曲,两手托腮。

米纳罗人是印欧语系诸民族中唯一处于原始生活状况的一支。他们对于自己民族的历史有着惊人的记忆。先民的生活,他们道来栩栩如生。这大概是依靠整

个部落的集体记忆而保存下来的。但是,迄今为止,还无法确知米纳罗人究竟是怎样从欧洲来到亚洲喜马拉雅山南麓的。学者们就这个饶有趣味的问题提出了种种假说。有的认为,他们就是历史上著名的下落不明的以色列部落。有的则认为,他们是亚历山大大帝远征时留驻的希腊军团的后裔。这后一种说法是很有意思的。因为根据希腊史书记载,当亚历山大大帝率军到达这一带时,便已发现有白种人居住。当时的传说认为,他们是酒神狄俄尼索斯的后裔。看来,要揭开这个谜团,还有待于进一步的探索。

“灌木人”的祖先是谁

布须曼人是生活在非洲南部地区的一个原始狩猎采集民族。在西方殖民主义者到达非洲南部之前,布须曼人至少有20万,而今只剩下5.5万人了。现在,他们之中的一半以上生活在博茨瓦纳,其余则生活在纳米比亚和安哥拉。

直到20多年前,布须曼人依然处在史前时期,几乎无人知晓。他们生活在最贫瘠和荒芜的沙漠地区,像旧石器时代那样,以狩猎和采集植物的根、茎及野果为生。为了获得生存所需要的水源和食物,布须曼人在夏季常常聚族而居,而到冬季,当水和食物不能满足需要的时候,便开始以家庭为单位向不同方向迁移,四处寻觅食物和水源。但也有些布须曼人在冬季最干旱的时候被迫集中在唯一的水源周围。

在布须曼人部落中,男人负责外出狩猎,他们常常两人一组,每星期外出2~3次,所捕获的动物在亲戚和朋友之间分享。女人们则负责采集,她们通常以4~5家为一组外出采集一切可食用的植物的根、茎和果实。布须曼妇女在集体和家庭中有一定的地位,受到重视,同时也享有决定权。这也许是因为她们的采集常常提供了布须曼人每年60%~80%的食物,而男人们在狩猎季节里只能提供全年食物的20%~40%。

20世纪70年代以后,文明之风吹到了布须曼人部落中,几千年来的传统迅速遭到破坏。今天,布须曼人的传统绝大部分已属于回忆中的往事,也许在某些早已被遗忘、处于沙漠中心地带的小部落中还存在,但他们还能坚持到什么时候呢?

然而,令人困惑不解的是,从人类学的角度来看,布须曼人属于什么人种类型,直到今天仍是一个没有揭开的谜团。布须曼人身材矮小,最矮的女人只有1.38米左右,而男人最高也不超过1.60米。布须曼人有着黄里透红的皮肤,蒙古人的眼睛,高高的颧骨,浓密而卷曲呈颗粒状的头发。“布须曼人”这一称呼,实际上源自当年的荷兰殖民者,意为灌木丛中的人。至于他们的祖先,谁也不知道。

近年,一些民族学家根据考古发现认为,在旧石器时代中期和晚期生活在南非的制造石器的原始人有可能就是布须曼人的祖先。他们继续做出推论说,布须曼人的祖先曾经占据过卡拉哈里的绝大部分地区,后来由于文化比较发达并已使用铁器的班图人祖先的入侵,才被驱赶到贫瘠和荒芜的沙漠地区。当然,这在目前还仅是一种假设,还有待于得到各方面研究的进一步证实。

埃尔莫洛人是非洲人的祖先吗

在非洲东部肯尼亚境内的图尔卡纳湖东南岸,居住着一个称作"埃尔莫洛"的神秘而又古老的原始部落。这个部落人数极少,总共才300多人,过着与外界完全隔绝的孤独生活。

至今仍然处于原始社会父权制氏族阶段的埃尔莫洛人,与邻近的一些土著部落不同,既不狩猎,也不养蜂,而是与湖为伴,以捕鱼为生。他们用装有木柄的鱼叉和棕榈纤维织成网下湖捕鱼,乘坐的则是用棕榈树干扎结成的十分简单的木筏。捕鱼归来,居住在坐落于湖边用湖草搭盖的草棚中。埃尔莫洛人不种庄稼,专食鱼和兽肉,体魄强健,精力充沛。历史上曾有外族入侵,但都遭到顽强的反抗,不得不败退而去。人们普遍认为,埃尔莫洛人正在消亡之中,然而事实并非如此,他们的人口在缓慢地增加着。近一二百年来,埃尔莫洛人也顺应了邻族的变化,吸收了邻族文化中的某些成分,少数人还养起了牲口,但他们基本的生活方式并没有变。

20世纪60~70年代,随着图尔卡纳东部有关石器和人类化石的重大考古发现,许多考古学家和人类学家断定,东非是人类的发源地之一。就是说,今天埃尔莫洛人生活的地区,在200万~300万年前曾经是早期猿人生活过的地区。于是,有学者做出推测,这种早期猿人是埃尔莫洛人的祖先?然而使人感到惊奇的是,根据人种学的分析和考察,埃尔莫洛人不属于非洲的任何一个种族。谁也不知道这个神秘的部落来自何处。这样,埃尔莫洛人究竟是不是非洲土著居民?如果不是,他们又是在何时何地迁徙到非洲来的?这些问题成了至今无法解开的谜。值得庆幸的是,由于这个谜关系到人类起源,关系到非洲远古文明的历史真相,它已引起各国考古学家和人类学家的重视。

俾格米人与黑人有渊源关系吗

俾格米人是生息在赤道非洲森林中的矮小土著民族。有关他们的记载,最早见于公元前3000年古埃及的铭文中,稍晚见之于古希腊时代的荷马史诗中,而后在十六七世纪一些西方人的游记中也经常提到。然而,直到19世纪,俾格米人的存在才为欧洲的探险家所证实。20世纪上半叶,随着欧洲学者对非洲俾格米人的考察的逐步开展,人们才开始了解这个独特的非洲土著民族。

非洲俾格米人是一种非常独特的人种类型:身材矮小,成年男子的平均身高仅142~143厘米;皮肤呈暗黑色,有时黑里透黄或透红;鼻子宽宽的,鼻梁低而窄;唇薄,上腭没有凸畸形,头发为黑色卷发,全身毛被极为发达;身躯大而手脚短。非洲俾格米人曾经是非洲中部地区的主要居民,后来被大多数讲班图语的黑人挤走了。

估计现在生活在卢旺达、扎伊尔、中非、喀麦隆、加蓬的森林中的非洲俾格米人不会超过 10 万人。

非洲热带森林中的俾格米人至今仍过着原始生活。他们以采集、狩猎为生,不知农耕和畜牧,也没有石器工具,但他们能使用喂过毒的铁制箭头的弓箭进行狩猎,铁器是从邻近部落交换来的,毒液则是自己从植物中提取的。他们的住屋非常简陋,先用木棍搭成棚架,再盖以树皮或兽皮。他们的服饰也极为简单,一般成年人只在腰间围以树叶、树皮或兽皮做的短裙,装饰也很简单。

非洲俾格米人部落一般分为若干松散的集团,每个集团包括几个家族。设有酋长、祭司或首领。由夫妻及其子女组成的一夫一妻制家庭,是他们社会组织的唯一形式。尽管俾格米人 7 岁时随着性机能发育成熟便开始过毫无约束的性生活,但婚后(通常是 10 岁)却实行极为严格的一夫一妻制。他们还通过祈祷和献祭,崇拜一种神灵,并把它看作是全能的主宰和一切法律道德的创始人。俾格米人没有自己的语言,几乎所有的俾格米人部落都采用与自己保持有关系的周围部落的语言。

自从非洲俾格米人被发现以来,有关非洲俾格米人的人种类型,更确切地说,他们与非洲黑人种族之间的关系问题,始终成为人类学家所关注的问题。自 20 世纪以来,一种广泛流行的观点认为,非洲俾格米人人体构造独特,诸如个头不高、身体比例特殊、毛被发达,等等特征,足以与黑人区别开来。他们似乎更是人类发展的"童年"阶段和现代人种的祖先,其文化则是远古"纯"文化的残余,这种文化的突出点是一神教、一夫一妻和从远古起就存在的私有制。与此恰恰相反,现代更多的人类学家却认为,上面提及的人类学的特征是次要的。根据有关生物发生的标志来判断,俾格米人与黑人非常接近,而生态特征可以用外部环境、与世隔绝和生活类型等有选择的资料来加以解释,在这些条件下隐性基因明显地表现出来。当然,即使是目前占优势的后一种观点,也很难说已经成为定论,尚有待新的材料和新的研究成果来加以证实。

恩加诺人的"球籍"还有多久

恩加诺人是生活在位于印度尼西亚南苏门答腊西侧 100 公里的恩加诺群岛上的土著居民。自 19 世纪末 20 世纪初以来,恩加诺人闭关自守的状态受到破坏,人口日益减少。10 多年前的一次统计表明,恩加诺人已不足 400 人,仅占该岛总人口的 10%左右。他们在地球上还能生存下去吗?

值得注意的是,恩加诺人的物质文化和精神文化也在迅速消失之中。时至今日,有关恩加诺人的文化传统,只能根据 16~17 世纪西方旅行家文集中的片段记述来加以推断了。当时的恩加诺人还处于刀耕火种的原始农业社会。他们用长柄铁刃手斧开垦森林地段,用削尖或烧尖的木棒翻掘土地,主要种植芋头、木薯之类的块根作物充作粮食,也种植芭蕉树、椰子树和莎面树。除了种植作物外,沿海捕鱼也是恩加诺人的传统作业。家庭手工业中最能代表恩加诺人传统文化特点的是竹木加工。他们用植物韧皮制作衣服、睡席,用竹篾编制筐篮,尤其善于木器雕刻,能在木器上雕刻出奇妙的图案。恩加诺人居住的,是建在木桩上的圆形房屋,这是一种与其原始生活方式相适应的住所形式。

恩加诺人社会是母系氏族社会。但任何一个氏族都没有统一的住地,各氏族的人们分散居住在岛内各地。即使是到了 20 世纪 60 年代,当小家庭已经成为恩加诺人社会的基本细胞时,按母系继承仍是这种小家庭的主要特征。恩加诺人的传统宗教观念的基础是万物有灵论。他们供奉家神,祭祀祖先。但到了 20 世纪 60 年代,早已改信伊斯兰教和基督教了,传统的宗教仪式只有老一辈的人还记得。

恩加诺人在地球上生存的"球籍"问题,引起了人类学家们的关注。有的认为,这个民族的迅速消亡是由于本身所具有的明显的退化特性。有的认为,恩加诺人急剧减少是由于传染病流行和缺医少药所致。也有的认为,是由于缺少新鲜血统。因为恩加诺人盛行近亲通婚,严禁同外族人联姻,尤其反对与前来岛上做生意的马来亚、爪哇和米南卡保商人发生两性关系。或许,这种种意见还远未能把问题解释清楚,但可以肯定的是,随着研究的深入,不仅对于恩加诺人,而且对于现今世界上所有的原始土著部落,都将具有重要的意义。

高山极地探索

在人类的历史长河中,神奇的探险家,用他们的探险行动,改变了整个世界!在今天看来,这些可怕的经历更像一部系列剧。英勇无畏的探险家们,用他们的满腔热血,勇敢地面对一切,最终发现了地球上那些原来没有人知道的地方。让我们知道了在地球的最极端,还有憨态可掬的企鹅、凶猛硕大的北极熊……走进本章,让我们跟探险家们一起去再现当年的漫漫求生路……

征服地球之巅

珠穆朗玛峰是喜马拉雅山脉的最高峰,也是世界最高峰,海拔 8848 米,位于我国(在西藏)和尼泊尔的边境上。

珠穆朗玛是藏语,意即世界母亲女神,尼泊尔语称它为萨加玛塔,意即高达天宇的山峰。

珠穆朗玛峰终年披挂着冰雪,云雾遮绕,活像一位戴着面纱的神秘女神站在蓝天下。这里岩壁陡峭,粉状积雪深厚,大风狂烈,严寒刺骨和空气稀薄,并且随时都可能发生冰崩、雪崩。就这空气稀薄来说,它可致人缺氧,而缺氧可导致呼吸急促、脉搏加快、恶心、视觉模糊、头晕目眩、乏力和思考力减退、萎靡不振的高山反应。几十年来,许多人想一睹女神的真面目,但都没有成功。在此罹难者近百人,还不算那些失踪的攀登者。北坡的登山大本营附近,排列着八座坟茔,里面埋葬着中国、日本、英国的登山勇士,另外还有一位美国姑娘。

1950 年以前,尼泊尔禁止外国人进入,所以对珠穆朗玛峰的攀登的全部尝试活动都是在我国西藏珠峰的北坡进行的。19 世纪里,没有一个探险队能够攀登到 8000 米高度,到了 20 世纪,一支英国探险队于 1922 年首次登上 8326 米的高度,然而在这次攀登过程中,西藏夏尔巴族的七个搬运夫和向导全部死于一次雪崩中。1924 年,英国人诺尔顿登上了 8572 米的高度,但是诺尔顿探险队的两个队员——末格利和埃尔文却死于同一路线上的同一高度。

从 1950 年开始,尼泊尔政府允许外国人自由出入,于是从南坡,即从尼泊尔境内攀登珠峰的活动开始了。1951~1952 年,一支英国队取得了显著成就,新西兰著名的登山家爱德蒙·希拉里参加了这个探险队的攀登活动,1952 年,一支由法国和瑞士组成的探险队登上了更高的高度 8600 米。这个队的领导人之一就是夏尔巴人丹增·诺盖。至此,珠峰并没有被征服,但是很快征服它的正是希拉里和诺盖。

爱德蒙·希拉里,1919 年生于新西兰。年轻时就产生了爬山的兴趣。曾参加过新西兰组织的喜马拉雅山远征队,后又成为英国勘察队员,以及前面介绍过的攀登珠峰的活动,他终于被选中参加 1953 年英国组织的珠峰探险队,并被誉为“有潜力的攀登绝顶者”。

丹增·诺盖,1914 年生,喜马拉雅山区夏尔巴族人,他目不识丁,是一个富有经验的登山家,外号叫作“雪虎”,他从 1935 年起曾多次担任过不同登山探险队的搬运夫和向导。他在成功地登顶活动中发挥了极为重要的作用,也是他的第 12 次攀登珠峰之行。

1953 年,42 岁的约翰·亨特被皇家地理学会和登山俱乐部任命为英国探险队队长,他从上百名报名参加珠峰登山的登山运动员中选择了十名,希拉里与诺盖在中选之列。

1953 年 3 月初,探险队在加德满都集中,除登山者外还有一个医生,一个生理学家,一个摄影师,以及买到报道登山消息专利权的伦敦泰晤士报记者。3 月 10 日探险队开始了 260 公里的艰苦跋涉,前往第一根据地营地。

探险队到达第一营地后,开始了严格的练习和适应气候的锻炼。练习爬山技巧,扩大肺活量和增强肌肉力量,并且熟记到达顶峰的七道难关的弯弯曲曲、布满碎石的昆布冰川、悬崖峭壁上的冰布,西峡谷(一个在隆子山和珠峰之间的冰谷)骇人的、接近垂直的隆子山正面山坡,海拔 7940 米,被风冲击着马鞍形南山口,高耸 8700 米的南高峰,最后一个是通向顶峰的山脊,那里人迹未到,只是在飞机拍的照片上曾看到过它。

到 4 月份的中旬,基地营再一次升高,为了保证开路训练,生活之必需,探险队还增加了一批准备担任高海拔地段工作的有经验的夏尔巴人和 350 名临时搬运人员。在进行开路工作的过程中,希拉里和诺盖之间开始形成一种卓越的伙伴关系。他们是外貌古怪的一对:一个是高个子而骨瘦如柴,另一个是矮小而又结实。希拉里在冰上开辟道路时的不知疲倦,使别人感到有神魔的力量,而诺盖的外号就叫“雪虎”,4 月 26 日,他们第一次在一起爬山,希拉里在前,诺盖在后,用绳索捆在一起前进。当希拉里在冰上鲁莽地跳越一个裂缝时,冰缝的边缘由于受力过大而突然断裂,裂块带着站在上面的希拉里一起向裂缝落去。希拉里描述这件事时说:“我没有很多时间去想,只知道必须避免被碎块挤压致死,所以我用穿了钉鞋的双脚顶着一边的缝壁,用肩膀顶着另一边,接着是冰块落了下来,而我被吊紧在绳索上,诺盖的反应是非常迅速的。虽然他的冰上技术可能不是非常特殊,但他的绳索功夫却是一流的,这一点已在这次事故中表现了出来。他很强壮,果断并能很好地适应新环境。”回到基地后,希拉里承认“如果没有诺盖,今天我已经完了”。

六天以后,希拉里与诺盖二人带着开路氧气设备,从基地营到前进基地做了一次往返的试爬。原定计划是三天,但是希拉里和诺盖却不顾暴风雪,在当天傍晚就完成任务返回了基地营。这个非凡的成就,显示出他们是整个探险队中的一对主力。

5月28日，以亨特为首的五个队员登到8500米的高度，然后在这个高度留驻了一夜。5月29日早晨6时30分，希拉里和诺盖开始向珠峰的顶端冲刺，11点30分，他们终于登上了地球之巅。他俩握手、拥抱。诺盖在峰顶竖起了四面旗帜——联合国、联合五国、印度和尼泊尔的国旗，希拉里为他拍照（诺盖不会使用相机、无法为希拉里拍照）。

他们经过5个小时的下山时间，平安地回到设在7000米山坡上的主要基地。虽然已经疲惫不堪，但是他们感到无限的幸福。

虽然只有希拉里、诺盖到达峰巅，但是，它是在以亨特为首的包括数百名支援队员、运输人员在内的共同努力下取得的。而且他们吸取了前人的经验，正如瑞士登山家莱蒙·拉姆贝尔所说："每个探险队都是踏着先行者的肩前进的。"确实，这话不错。

青藏高原无人区探秘

中国的西南有一片高耸辽阔的大高原，这就是世界闻名的青藏高原。青藏高原是世界上最高的高原，素有"世界屋脊"之称。它北起昆仑，南至喜马拉雅，西迄喀喇昆仑，东抵横断山，总面积超过200万平方公里，平均海拔达4500米左右。青藏高原是一个由一系列高山大脉组成的大高原，由北向南，主要的山脉有祁连山、阿尔金山、昆仑山、唐古拉山、横断山、念青唐古拉山、冈底斯山和喜马拉雅山等。许多山岭的高度在海拔6000米以上，其中喜马拉雅山的最高峰珠穆朗玛峰，海拔8848.13米，成为地球之巅。

在这片辽阔的大高原上，雪山连绵，谷地坦荡，湖泊众多，草原成片，以及无边无际的原始森林、山岳里还埋藏着丰富的矿产资源。可是这里人口稀少，平均每平方公里只有4人，在高原的腹地，几乎没有人烟，极富神秘感。

这个无人区，大致位于昆仑山以南，喀喇昆仑山和唐古拉山之间。地面起伏缓和，除少数高度很大的冰山雪岭外，一般相对高度只有数十米至百米；湖泊星罗棋布，而且大多是咸水湖。

无人区内，不仅气候严寒干燥，而且天气变化无常，往往在一日之内，频繁交替地出现晴、雨、雹、雷、风、雪等多种气象奇观。刚才还是阳光绚丽，一会儿出现漫天风雪，转眼又是晴空万里；有时白云缓缓飘动，但刹那间，满天变得灰白一片，接着落下雪霰夹着冰雹；而同时，在不远的地方，仍是阳光明媚，白云悠悠，两地相距不远，但天气情景，判若两个世界。

此外，还经常出现"雨"和"夜雨"等气象奇特的现象。这是由于高原大气中的水分含量少，朵朵云彩，似有雨，又不见雨，"只有空中雨，不见落地来"。也就是说云中的雨滴，还没有降落到地面，就在空中被蒸发掉了。这种现象称为"雨幡"。在高原上，即使是多雨季节，白天出门也可以不带雨具，也绝不会遭到雨淋，可是，晚上出门雨具就必备无疑了。因为白天常常万里无云，阳光普照，但一到傍晚，乌云就滚滚而来，而且愈来愈厚，愈来愈低，一会儿，雷雨大作，午夜三四点钟达到高峰，待东方发白，雨渐渐停止，中午前后，云开日出，天空又呈现一片湛蓝。这种现象称为"夜雨"。在青藏高原及其无人区，夜雨量约占总降水量的一半左右。"夜雨"的形成，主要与局部地形条件有关。在高原上，白天强烈的光照，引起空气的对流，在天空形成一片片浓厚的积云，因气温较高，云层中的小水滴容易蒸发、消散，所以白天以晴空或少云为主。但到了夜晚，地面温度骤降，山坡上冷空气迅速下沉，导致空气交换，水气又较充足，为成云致雨提供了条件。云层内的不稳定，使水气饱和凝结，同时加速小水滴的碰撞合并，最终形成降水。

青藏高原无人区位于中纬度的内陆，地势高亢，属于高寒气候地带。这里四季如冬，年平均气温比同纬度的东部地区要低 $10\sim18$℃，最热月的平均温度低于 8℃，甚至 6℃，几乎同北极圈内夏季的温度相当。因此，即使在七八月间，高原上仍有雪花纷飞，山峰上还是白雪皑皑，银装素裹。

每年 11 月到次年 3 月，整个高原上被一股自西向东的气流，即气象学上所称的"西风急流"所控制。"西风急流"，风速超过八级，有时狂风大作，从高空到地面，尘土滚滚，飞沙走石，天昏地暗，十分可怕。但当沙暴过后，晴空万里，碧云铺天，透明度特别好，有时还会变成一种十分柔和而明亮的水蓝色，格外诱人。

青藏高原无人区，受高寒气候的影响，地下布满了永久冻土，永久冻土又称多年冻土，它埋藏在地表以下一定深度内，多年连续保持在 0℃ 以下，即使在暖季也不融化，一直呈冻结状态，厚度在 100 米以上。

高原上的山峰，终年积雪，年长日久以后形成冰川。冰川是一种沿地面缓慢流动的巨大冰体，有的在平缓的山顶上，像一顶雪白的帽子，叫冰帽冰川；有的在陡坡悬崖上，似银色盾牌，叫悬冰川；有的在山谷中，如一条晶莹的绸带，叫山谷冰川……在冰川集中的地区，有几条山谷冰川相汇，像条条玉龙，在山间盘绕。喀喇昆仑山和西昆仑山是冰川最多、规模最大的地区，十几公里至数十公里长的冰川比比皆是。其中世界第二高峰乔戈里峰的音苏盖提冰川，长达 42 公里，是我国最大的冰川。冰川是巨大的固体水库，是高原上重要的淡水资源。

在暖季，冰雪融化的水，在冰川表面汇成河流。河流越过冰崖，飞泻而下，形成壮丽的瀑布，或遇到冰川中的裂隙，潜入地下，成为冰下河流。冰下河融穿冰层，沿途塑造出阴森可怕的冰井、冰隧道、幽胜迷人的冰洞和绚丽壮观的冰水喷泉。

在阳光、冰雪融水和风的作用下，冰川表面出现差别融化，形成冰蘑菇、冰桥、冰墙和冰塔等神奇无比的美丽景色。

青藏高原无人区，湖泊众多，数以百计，海拔都在 $4500\sim4700$ 米以上，在地球上恐怕再也不会找到比它更高的湖群了。但是，由于气候干燥，湖泊在不断缩小，多数湖泊已发展到了晚年阶段。湖泊不断退缩，在湖滩上留下了一道道古湖岸线，它们像运动场四周的看台一样，一圈圈整齐地排列在湖泊的四周。科学工作者发现，在盐湖中蕴藏着丰富的钠、钾、硼、镁、铯、锂等矿产资源。其中硼、钾、铯资源分别占世界资源总量的 10%、12% 和 26.7%，钾资源占我国资源的 14%。另外在盐湖中，首次发现了盐湖大面积嗜盐菌藻。新发现的藻类含胡萝卜素极高，每公斤达

10万毫克,有着重大的经济价值。水质较淡的咸水湖,一般都盛产鱼类。湖滨水草丰美,是各种珍贵禽兽的生活场所,常被人们称为高原天然乐园。

有趣的是,在高原腹地见到一种特殊的生态适应现象——鸟鼠同穴。这是因为在广阔的青藏高原腹地没有森林树木,甚至灌木也难以看到,鸟类常常无处筑巢,只能借宿在鼠洞、旱獭洞,以洞为巢。据说,鼠、兔、旱獭与鸟同穴,可借助鸟的羽毛取暖,覆护幼仔生存、繁衍。不但鸟类如此,一些两栖爬行动物和一些昆虫也是这样。

在严寒的青藏高原无人区,既没有挺拔屹立的参天大树,也难见到低小的灌木,但却生长着种类繁多的花草。在裸露的岩石和石块上,生长着五颜六色的地衣,构成许多美丽的图案。不要小看这些地衣,它们分泌出来的地衣酸,溶解和腐蚀高寒山地上的岩石,使岩石风化破碎,逐步转化为土壤,为其他植物的生长提供必要的条件。地衣分布在雪线附近几百米的地带,被称为高山地区的"先锋植物"。在石缝间积聚的土粒上,生长着一些高等植物,其中最惹人注目的是雪莲花。雪莲全身密被白色绒毛,远远看去就像一只只白色的玉兔,所以又叫"雪兔子"。雪莲分布在雪线附近,它抵挡着凛冽寒风的袭击,在皑皑白雪中傲然屹立,成为高山严酷环境中争娇吐妍的斗士,它那扎根千仞冰峰的性格为人们赞颂。当花朵盛开时,有小碗那么大,特别是雪后初晴,蕊叶上的水珠晶莹,尤为逗人喜爱。雪莲有较大的药用价值,有除湿热、止汗和活血的功效,治疗风湿很有疗效。在高寒无人区还有许多开花植物,不过除报春花和绿绒蒿株枝稍高外,一般都是 10~20 厘米的矮小草本。据植物学家考察,在无人区可可西里就发现 250 种植物,世界四大野花卉之一的紫菀类就多达三十几种。科学家特别推崇一种叫红景天的药物花卉。它含有很多种化学成分,是天然的保健药物,抗疲劳、益智、健身、抗寒、抗缺氧,对神经系统和心血管系统疾病有一定的疗效。据说,红景天这种药物花卉资源,我国青藏高原居世界首位。

高原植物的花朵特别鲜艳,这与强烈的太阳辐射,尤其是强紫外线有关。此外,这些植物的叶片小,而花型相对较大,花株分枝甚多,相互交织成球状,花朵遮住茎秆,成了一个艳丽的花球,有的花朵在茎上长满一层绒毛,以防止水分蒸腾,避免太阳的辐射;有的是腊质叶或肉质叶,角质层发达,栅栏组织比较紧密,既可减缓水分蒸腾,又能傲霜抗雪,耐干旱,从而保护了叶片。植物的根系发达,深深扎入地下,便于吸收水分和养料,并把水分和养料储存在根部,维持自己的生命。总之,植物为了适应高寒的自然环境,经过长期的演化,成为高原上种种奇花异草,构成了独特的高原植物区系。

为了探索高原的奥秘,我国科学工作者曾多次组织大规模的科学考察队,踏遍了青藏高原每一个地区,深入到高原腹地无人区进行科学考察,获得了极为丰富的科学资料,揭开了青藏高原特别是高原腹地无人区的奥秘。

人们从平原初到高山环境里,就会产生轻重不同的高山反应。因此,刚上青藏高原的考察人员,个个出现头晕、头痛、恶心、心慌、气喘、食欲不振、乏力等高山反应。生理学家认为,在高原恶劣的自然环境中,引起高山反应的根本原因是空气中氧气含量降低。据研究,世居高原的人,他们的机体形成了对缺氧环境的适应。在我国登山队攀登珠穆朗玛峰峰顶的运动员中,大多是世居高原的藏族人。他们长期生活在低氧环境中,心血管系统存在一些特殊的生理表现。首先他们的肺活量较大,从外界吸入肺部的空气较多。其次,心脏功能较强,肺内进行气体交换的血量较多。另外,血液氧容量增大,即运氧的功能增强。因此,世居高原低氧环境中的人,能保证对机体组织的氧气供应,没有高山反应。

在青藏高原腹地无人区考察,最困难的是饮水。高原地区淡水匮乏,这里的湖泊也大多是咸水。有些泉水和河水也有一定的含盐量,不经测试,不能随便饮用,所以在青藏高原上特别是在高原腹地无人区,水比食物显得更为重要。在无人区的考察队员们,也经常面临断水的考验。有时,他们渴得难受,便在一堆砂石堆中翻来翻去,当翻到一块底面有点潮湿的石块时,大家忙抢镐开挖一个小坑,等上半天才有一碗水,常常来不及澄清大家就喝了。

在海拔5000米上下的高原上,煮饭不是一件容易的事,虽然用上高压锅,但因气压低,氧气不足,火力不旺,以及风力大,火力不易集中,所以煮一锅饭也得花不少时间。

在青藏高原无人区考察,人马车辆时常有陷入泥潭、沼泽的危险,这对考察人员是一个极大的威胁。特别是在夏季,冰雪融化,地面解冻,到处是泥潭和沼泽,稍不小心就可能进入陷阱。

青藏高原无人区是人类的一个谜,对它的探索也一直在努力。

北极探险

公元前325年,亚历山大时代的一位天文学家、航海家毕塞亚斯最早进入北极圈,进行有目的的考察,测量了纬度和地磁偏差。

至8~10世纪,北欧海盗在迷途中发现了冰岛。后来,开始向冰岛移民。

到了15世纪末,刚萌芽的西方资本主义迅速发展,为了掠夺东方的富饶资源,迫切要求寻找通往东方的海上捷径,即取道北冰洋的"北方航线",去攫取这些地区的丝绸、香料和宝石等宝贵财富。根据这一设想,西方各国的探险家们,便组织探险队进行北冰洋探险。可是,他们进入北冰洋时,往往在冰块的迷宫中航行,经常陷入冰块的重围之中,度过漫长的北极冬季,甚至因无法脱身而在此丧生。

到19世纪中期以后,他们加快了向北极挺进的步伐。1846~1848年,英国人约翰·富兰克林深入到加拿大北海一带的岛屿区,顺利地探察了"北方航线"。可是,在他完成了这次探险任务之后,航船被封冻在海上,他们只得弃舟登岸。上岸之后,又遇到不幸,129名船员无一生还。

在征服北极之前,探险工作中最有成效的人,要算是挪威探险家弗里蒂奥夫·南森。1893年南森等一行13人乘"弗腊姆"号船沿亚欧大陆北岸航行,向新西伯利亚群岛进发。在这之前,他根据探险遇难者的一些残物漂流的路线,推断在西伯利亚群岛以西有一股洋流,向北流过北极,再流到格陵兰东岸,进入大西洋。于是,他们到达新西伯利亚群岛之后,将船冻结在浮冰上,随浮冰一起,向北极漂流。1895年,"弗腊姆"号漂流到北纬85°57′的海域,这是有史以来人类第一次到达北冰洋中心区,北冰洋神秘的面纱终于被揭开。原来大洋中心区是一片冰雪海洋,没有任何陆地,北极是在大洋之中。他们还发现在冰层和极地冷水下面,有一股大西洋暖流,同时还探测了大洋中心区的水深。"弗腊姆"号随冰漂流,方向不定,路线曲折,速度缓慢,前面又遇到了一望无际的冰野挡住去路,看来难以漂流到北极极点了。于是,南森决定让其他队员按原计划行进,而自己则与约翰逊二人乘坐狗拉的雪橇,毅然向北极进发。南森在重重叠叠高低不平的乱冰中前进,当他们到达北纬86°14′,东经86°时,面前冰山林立,难以通行,而且人畜都已疲惫不堪,食物匮乏,不得已,只好返回。在途中,由于洋面上冰、水交替出现,他们只得有时在冰原上架起雪橇滑行,有时放下皮艇在水上划行。1895年8月到达法兰士约瑟夫地群岛。冬天到了,他们找到了一个洞穴,在里面过冬,食物吃光了,北极犬也杀得只剩了两头,他们靠打捕北极熊和海豹充饥,度过了漫长的极夜。南森和约翰逊流落荒岛,过了10个月的原始生活,完全变成了一个"野人"。后来,他们连野兽也很难捕捉到了,只得乘浮冰漂流到经常有人出没的斯匹次卑尔根群岛去。途中,他们幸运地遇上了英国极地探险家杰克逊,便搭乘他们的船回国。而一星期后,南森的"弗腊姆"号船,经过三年零三个月的漂流,也安全回到了挪威。南森之行,第一次证实了北极有一个北冰洋,他撰写了许多生动的北极区探险著作。

19世纪后期,人们越来越希望能穿越北极,开辟一条直接航线。但是对北极中心区的情况,仍然了解很少。因此,去北极中心区和北极极点的探险,便成为当时地理学界的首要任务。解决这些问题,不仅有实践意义,而且也是一个民族自尊心的表现。

长期以来,人们认为,美国著名探险家罗伯特·皮利是最早到达北极的人。为了锻炼体力和适应恶劣的自然环境,皮利多次乘雪橇横穿格陵兰岛,在冰天雪地里,经受暴风雪的侵袭,被冻得全身是伤。20世纪初,皮利三次向北极冲刺,在第三次向北极行进中,终于打破了南森所保持的纪录,到达北纬87°6′处。1908年,皮利最后一次向北极探险,他乘"罗斯福"号船到达靠近埃尔斯米尔岛北端过冬;1909年3月,他带领一支雪橇队,从这里启程,向极地进发。这里距北极约766公里。据皮利说,他们于1909年6月4日到达北极极点。为了证实这一事实,皮利在北极极点附近海区纵横穿越了30多个小时,然后返回营地。他在归途的日记中写道:北冰洋洋面"真是十足惊人",而且从格陵兰岛到北极之间的洋面,至少有9/10是由"破碎的冰块"所组成。9月6日,皮利发出了一份到达北极的电报,其中有这么一句:"星条旗已在北极升起"。然而,当皮利回到美国后,一个名叫弗雷德里克·库克的美国医生已经宣布,他于1908年4月21日已经到达北极。于是,在北极探险史上,谁最早到达北极,夺取了这项王冠的大争论就此开始了。参与这场争论的不仅有科学研究者,还有政治活动家、报界以及舆论界。

库克在青年时代就迷上了北极探险的书籍,他曾经参加过皮利的第二次北极地区探险,同皮利一起,在格陵兰北部度过了 1891 年和 1892 年的冬季。

1907 年,库克说服了一位有钱的朋友,帮助他秘密探险北极。于是,他便组织了一支探险队,开始了向北极极点的进发。他们经过格陵兰岛,到达阿克塞耳——海伯格岛的最北端。1908 年 3 月,库克决定精编探险队员,只带上两名爱斯基摩人和 1 架雪橇、26 只狗,向北极冲刺。这一段冰路有 900 多公里,他们整整走了 35 天,于 1908 年 4 月 21 日到达北极极点。1909 年春,库克等返回格陵兰岛,为了保存好探险中运用的导航仪和记载的日记等资料,库克把这些重要的东西收藏在格陵兰岛的土拉附近,待以后再运回美国。然后,他到达丹麦,于 1909 年 9 月 1 日,向《纽约先驱报》编辑部发了电报,宣告他到达北极的消息。

皮利得知库克比他早一年到达北极后,十分生气,指责库克在撒谎。库克一回到美国,马上遭到“北极皮利俱乐部”成员的攻击。他们要求库克拿出证据来。可是,库克唯一能够作证的用具和资料,都放在了格陵兰岛上。他十分焦急,后悔没有把这些东西带回来。后来,连这些东西也找不到了。库克受到了报界和社会舆论界的巨大压力,得了神经衰弱症,愤然离开了美国。皮利的地位得到了巩固,他向国家地理协会出示了自己的笔记和用具。从此,皮利被认为是最早到达北极极点的人,而库克被人们遗忘了。但是,近年,一些研究北极的专家,开始注意到库克对北极的许多论据。原来,他在北极探险归来之后,做过关于北极探险的报告,在报告中描述了许多现象,而这些现象通过近期的考察和飞机、卫星拍摄的照片分析,得到了证实。例如,库克描述了极地不是一块大陆,而是向西漂流着的浮冰岛。这符合如今称之为“冰块向西漂流”的海洋学现象。他还发现了埃尔斯米尔岛附近的一个“冰群岛”。近年,空中摄影证实了“冰群岛”的存在,而且正好在库克向极地进发途中穿越过的地区,缓慢地按顺时针方向漂流。因此,许多科学家认为,这些符合事实的描述,对论证库克首先到达北极是很有利的。

于是,库克的一些拥护者要求消除对库克的不公正行为,而且在纽约州成立了“库克协会”,主张正式承认库克的北极探险功绩。同时,协会成员们在纽约州立历史博物馆开设了一个纪念库克的陈列馆。

库克去世后,支持他的人越来越多。其中有一位物理学家、天文学家戴利斯·罗林斯,他研究了皮利发表的资料后认为,皮利根本没有到达北极。因为皮利确定去极地的路线和返回经过漂流的浮冰群路线,并没有计算磁偏离(正北与磁北之差);又认为,皮利确定的纬度,没有经过天文观测,因而是极不准确的。皮利是否首先到达北极,争得了这一荣誉,使越来越多人产生了怀疑。

继库克和皮利之后,考察北极的人仍络绎不绝。1926 年,挪威人卢阿尔·阿蒙森等组成的国际小组第一次乘飞艇抵达北极上空。1929 年,美国人查理·伯德第一次乘飞机飞越北极。1937 年,苏联人沃多皮诺等第一次乘飞机降落在北极冰面。1958~1959 年,美国先后有两艘核潜艇从冰下航行到达北极。1977 年,苏联“北极”号核动力破冰船首次到达北极点考察。1978 年,日本人藏村植美第一次乘狗拉雪橇单人到达北极。

长期以来,西方各国的探险家和航海家,为了寻找“北方航线”,前仆后继,奔向北冰洋和北极。但是,人类开始征服北冰洋和北极,还是近百年来的事。近几十年来,北冰洋近海大陆架相继发现了储量丰富的石油和天然气资源,而且它又地处欧亚大陆和北美大陆、大西洋和太平洋之间,因此,它在战略上和国际航空运输上的地位日益重要。

冰海绝地漫漫求生路

这是航海史上一个非常壮烈的死里求生的故事。那是 1914 年 8 月 8 日,当皇家南极探险队驶离英格兰的普利茅斯港,恰逢第一次世界大战爆发。沙克尔顿的船是一艘三桅木船,它特别适于经受冰的撞击,船名叫"北极星",这是挪威最有名的造船厂建造的,造船的木料是栎木、枞木以及绿心奥寇梯木,都是十分坚实的木头,须用特殊工具才能加工。沙克尔顿用他家庭的箴言"坚忍制胜"将船重新命名为"坚忍"号。

一路向南驶去,探险队最后一个停泊港是南乔治亚岛,这是不列颠帝国在亚南极区的一个荒凉前哨,只有少量的挪威捕鲸人住在那儿。离开南乔治亚岛后,"坚忍"号扬帆驶向威德尔海,这是毗邻南极洲的、有大量流冰群出没的危险海域。在6个多星期里,"坚忍"号闯过一千多英里地漂着冰群的海路,距最后目的地还剩大约 100 英里路程,然而就在此时,1915 年 1 月 18 日,大片流冰群包围了船,急剧下降的温度使海水结冰,结果将船周围的冰块冻结成一体,"坚忍"号被卡住了。

一些船员是来自皇家海军的职业水手,另一些是粗犷的拖网渔民,他们曾在北大西洋的酷寒中工作过。还有一些是刚从剑桥大学毕业的学生,他们是作为科学家参加探险的。还有一个人——船上最年轻的人,名叫布莱克博罗,是从布宜诺斯艾利斯港偷偷搭船混进来的。所有人都怀着不同的希望聚到一起,而现在,这些希望都化成了泡影。

对沙克尔顿来说,失望得更是到了悲伤的程度。他已年届四十,筹划此次远征耗去了他的大量精力,欧洲正忙于一场大战,往后很难再有这样的探险机会了。船上每个人都知道,最终结局无非是二者必居其一:要么坚持到春天到来,浮冰自行融解,使他们得以脱身;要么是浮冰所产生的挤压力决定船的命运,极大的可能是船会像蛋壳一样被碾碎。

第二天,沙克尔顿下令弃船,大伙钻进帐篷,在冰上度过了一夜。帐篷薄得能让月光射入,温度低至华氏零下 16 度,弃船后的第二天,沙克尔顿召集大伙,平静地宣布,队伍将进行冰上行军,目标是西北方将近 400 英里远的 PAULET 岛。然而奔向陆地的行军是不切实际的:拖着满载货物的救生船(每只重一吨以上)翻越巨大的冰块,穿过深深的积雪,是不可能的。于是沙克尔顿下令在冰上扎营。冰海上的营盘成了大伙的新家,食物从半沉没的"坚忍"号上打捞了上来。南半球正值夏季,气温攀升到了华氏 33 度,半融化的松软积雪使行走变得十分困难,大伙的衣服总是湿漉漉的,然而每晚气温骤降,又把湿透的帐篷和衣服冻得硬邦邦的。主食是企鹅加海豹,海豹脂肪成了唯一燃料。

到 4 月份,营盘下面的冰开裂了,沙克尔顿知道,等待已久的化冻时刻已经来临。4 月 9 日,他命令 3 艘救生船下水。28 个人带着基本口粮和露营设备挤上了小船。气温降至零下 10℃,海浪倾泻在毫无遮掩的小船上,他们连防水服装也没有。

夜以继日,时而穿过漂着流冰群的危险海域,时而穿过大洋上的惊涛骇浪,每条船的舵手都奋力控制着航向,其余的人则拼命舀出船中的水。船太小,难以在劲风中把握,在几次改变方向后,沙克尔顿下令朝正北方挺进,背靠大风驶向一块小小的陆地——ELEPHANT 岛。

这是连续七昼夜未能合眼的可怕的冒险航行,衣服都冻成了一层厚厚的冰甲。透过漆黑的大海,伴随着有节奏的爆发性呼吸声,白喉虎鲸从船舷旁探起头来,用它狡猾的小眼睛打量着船上的人。霍尔尼斯,这个曾在北大西洋的拖网船上见过世面的人,吓得捂着脸哭泣。年轻的偷搭客布莱克博罗叹息着说:“我的脚不行了。”沙克尔顿也感到筋疲力尽了,但他每日每夜都坚持站立在船尾,为的是让大伙知道,他还在控制着局面。直到 4 月 15 日,救生船终于在 ELEPHANT 岛陡峭的悬崖下起伏颠簸,接着就开始了登陆。可是他们很快就发现,在这个被上帝遗弃的、风雪横扫的荒岛上根本无法生存。时速达 80 英里的怒号着的狂风吹过冰川席卷而来,撕破他们的帐篷,卷走他们仅有的一点家当——毯子、铺地防潮布和炊具。水手们一窝蜂地逃上小船隐蔽,还有一些人则趴在地上,湿冷的帐篷倒在一边。破碎的篷布遮挡着他们的脸。

沙克尔顿明白,外面的世界决不会来到这座孤岛。唯一可行的办法,当然也是很可怕的办法,是由他带上最大的救生船“凯尔德”号,以及几名精干船员,划过南大西洋上 800 英里长的一段世界上最危险的海路,前往南乔治亚岛上的捕鲸站去求救。

“凯尔德”号是一艘 22.5 英尺长的小木船。沙克尔顿挑选了 5 个最牢靠的人:沃斯利,他将担任领航员,在困难条件下他的领航技术已经帮了沙克尔顿的大忙;两名爱尔兰水手卡锡和克林;以及克尼斯和文森特。

出发后的第二天起,“凯尔德”号便陷入了困境。在连续 17 天的航行中,有 10 天碰上 8~10 级的大风。冰冷的海浪把人浇得透湿,在帆布搭的船舱里,下了班的船员躺在又湿又烂的驯鹿皮睡袋中,舱内漆黑狭小的空间给人以活埋在里头的感觉。几天过后,文森特便垮了下来,而克尼斯的情况也不妙,虽然他还在硬撑着。所有 6 个人都发现,他们的双脚一直以来都是湿的——已经肿胀得发白,表皮已失去知觉,此外,他们的身体也被充斥着盐渍的冰硬的衣服磨破擦伤了。但是“凯尔德”号依然固执地、机械地穿过一切狂风激浪,他们坚持在舱面上望,坚持做饭,坚持将舱里的积水舀去,坚持扬帆落帆,并始终把握着方向。

正如曾经担心的那样,沃斯利几乎没法使用六分仪,只能凭经验和本能的直觉来测算风向与潮流,他主要依靠航位推算法——即水手对方向和距离所做的估算来导航。他们拟议中将要出现的那块陆地——南乔治亚岛,在几千英里的航线上只是一个小小的点，稍有偏差就会错过。他们极不情愿地将航向对准该岛无人居住的西南海岸，这样即使是偏离了该岛，盛行风还会把他们向东吹往别的陆地。反之，如果航向是朝着该岛东北海岸线上的居民点，那么一旦错过了，不利的风向就会把他们吹向无边的大洋并湮没在那里。

5月7日临近黄昏时，这是第14天，一大片海藻从船旁漂过。他们兴奋地朝东偏东北方彻夜划行，到第15天，午后云雾散时，卡锡嚷起来，他看见了陆地。

这不仅是水手的技能与意志的胜利，而且也是领航技术的胜利。即使在能够用六分仪导航的5次机会中，沃斯利也要依赖某种程度的猜测，因为船颠簸得太厉害，以致他无法给太阳准确定位。似乎是老天爷存心和他们过不去，呼号的风暴使当天的所有登陆尝试都归于失败。除此之外，他们发现仅存的给水也已稍带咸味，他们已渴得难耐。到5月10日夜晚，沙克尔顿领着他们的小分队用尽最后的力气，总算使"凯尔德"号冲上了南乔治亚岛满是沙砾的海滩。

如果走海路，最近的捕鲸站也有大约150英里远，这对破烂不堪的船和筋疲力尽的船员来说，实在是太遥远了。于是沙克尔顿决定，由他率领沃斯利和克林径直穿过南乔治亚岛的内陆前往斯特姆尼斯湾的捕鲸站。如果像乌鸦一样飞过去的话，这段距离只有22英里，但是要跨过崎岖嶙峋的山岩和危险可怕的冰隙。

沙克尔顿最担心的是天气，但是在5月19日凌晨3点钟，天气很好，还有一轮满月挂在空中，正好能用来导向。

冰川上反射出明亮的月光，沙克尔顿、沃斯利和克林离开同伴，从哈康国王湾的岬角出发，向捕鲸站挺进。他们三次试图翻过横卧在面前的陡峻山岩，但都失败了。第四次终于翻了过去，却白昼将尽。越过最初的一个陡坡后，与另一边的地面还隔着一个又长又陡的雪坡，它的底部掩藏在薄雾中。随着深夜来临，在这样的海拔高度有可能把他们冻僵。沙克尔顿镇静了一会儿，"我们滑下去"，他最后说。三个人依次坐下，每人都坐在另一人的后面，并用胳膊缠住前面的人。绳索绕在他们身下，沙克尔顿坐在最前面，克林殿后，他们朝下面漆黑的深渊飞速滑去……

清晨6时30分，沙克尔顿觉得他听见了汽笛声。他知道，捕鲸站的人总是在每天的这个时刻起床，假如自己的听觉没弄错，那么下一次汽笛声将在30分钟后响起，是召唤人们开始上班。三个人激动地望着、等待着。就在7时整，他们果然听见了汽笛声。此时此刻，他们才确信自己成功了。

在5月20日下午3时，经过不休息的36小时跋涉后，3个人来到了斯特姆尼斯捕鲸站附近，他们的脸又黑又脏，这是被海豹脂肪燃料的烟熏的。他们缠结成一团的乱发几乎拖到肩头，且沾满了盐渍，他们显得狰狞可怕。

这些挪威捕鲸人完全被吓呆了，继而还是热情地接待了这几个落难者，他们用肩膀把沙克尔顿等3个人扛进了捕鲸站。一艘船被立刻派去接应"凯尔德"号及另外3人。

ELEPHANT岛上，这一天的黎明来得晴朗而寒冷。这已是1916年的8月30日，自"凯尔德"号出发后已过去了将近5个月，威尔德已开始私下准备另一个救援行动了。

食物储备已经告急。其中一人严重冻伤的脚已经被探险队中的两名外科医生做了手术处理,但出现了骨头感染,状况很糟。自从来到了 ELEPHANT 岛,他一直一声不吭地躺在湿透了的睡袋里。

午后 1 时,威尔德正在准备一道浓汤,这是用潮水洼中捡来的帽贝炖的汤。突然,探险队中的画家乔治·马斯顿,在两艘小船搭成的庇护所里兴奋地探出头来,"威尔德,有一条船。"他说着,"点一堆火好吗?"威尔德还没来得及做出反应,所有的人就翻滚到了一块,他们手握盛着浓汤的缸子,一起涌向庇护所的帆布门洞,结果把门洞挤碎了。

在外面,那条神秘的船越驶越近,当它升起智利商船旗时,大伙一时都糊涂了。离岸不到 500 英尺时,它放下一条小船,也就在这时,大伙认出了沙克尔顿强健魁梧的身影,接着是克林的身影……

原来,智利政府为帮助沙克尔顿,便将这艘小型钢壳拖船拨给他使用。

在经历了近 20 个月的流浪与磨难后,沙克尔顿竟没有丢掉一个人。真是奇迹!

8 年以后,沙克尔顿又踏上了去南极探险的征途。但在他踏上南乔治亚岛之后的一天,因心脏病突发而死去,时年 47 岁。沙克尔顿的妻子将丈夫的遗体埋在了南乔治亚岛。今天,他依然安息在岛上小小的墓地里。

世界上最难到达的地方

早在两三千年前,就有人猜想在南方有一块未知的大陆。为了寻找这块神秘的土地,无数的勇士纷纷南下。1772~1775 年,英国探险家詹姆斯库克率领"冒险"号和"果敢"号两艘帆船,到南大洋探险。

到了 19 世纪 20 年代初,更多的人加入了南极探险的行列,并且发现了南极大陆。确切地说,这些勇士登上的都是南极大陆北部一个狭长的半岛,国际上公认的名称是"南极半岛"。到了 21 世纪初,更多的探险家奔向了迷人的南极,这其中,英国人斯科特的事迹令人难忘。1901 年 8 月,斯科特率领一支探险队远征南极,他们沿着和当年罗斯相同的路线,驶过罗斯海,在罗斯冰障西侧的罗斯岛登陆,并且在那里度过了南极漫长的冬夜,天气转暖以后,他们开始向南极大陆内地进军。1902 年,他们经过一番苦斗,来到了离南极点只有 350 公里的地方,胜利在望了,却遇到了极为恶劣的天气,食物和燃料也将耗尽,队员病倒,只好败退回来。执着的追求使斯科特又做了 8 年的准备,1910 年 6 月,他又率领一支 65 人的探险队离开英国直向南极。谁知,这时挪威极地探险家阿蒙森也奔向了南极,他们谁能首先到达南极点呢?一场历史上著名的"探险竞赛"就这样开始了。

阿蒙森是挪威人,他小时候读过一本书——《约翰·富兰克林探险记》,这本书叙述了英国探险家约翰·富兰克林乘船去北极探险的真实故事。小阿蒙森读了这本书以后深受感动,立志征服北极,到达北极点,登上难达之极。阿蒙森长大以后,3次率队进入北极地区,还参加过南极探险。在漫长的北极探险生涯中,阿蒙森经常乘坐爱斯基摩狗拉的雪橇,并且学会了驯服这种狗的办法。这种狗在-50℃的低温中仍然活蹦乱跳。阿蒙森准备让这种狗拉着雪橇到达北极点。1909年夏末,阿蒙森正筹备向北极点进军,猛然传来了美国人皮尔里到达北极极点的消息。阿蒙森当机立断,把矛头指向南极,加入了南极探险的行列。

1910年斯科特率领的探险队到达罗斯岛,在埃文斯角登陆时,阿蒙森的小型南极探险队也来到了罗斯冰障另一侧的鲸湾。阿蒙森探险队只有5个人,驾着由52条爱斯基摩狗拉的4架雪橇。他们在鲸湾建了营地,每向南一个纬度(110公里)便设一个仓库,存贮了大量的食品和燃料,为了防止迷失方向,他们每隔一段距离就在雪地上插一个标杆。阿蒙森探险队进入南极腹地之后,遇到了重重困难。有一次,一架雪橇掉进了一条冰缝,费了好大力气才把它拖上来。在离南极点550公里的时候,出现了上坡路,暴风雪又不停,怎么办?阿蒙森决定,把活着的42条狗中的24条体弱的杀掉,由剩下的18条壮犬拖3架雪橇。只带两个月的口粮,向南极极点冲刺。"一定要赶到斯科特之前!"阿蒙森的队员们互相勉励着。1911年12月14日下午3点,阿蒙森探险队到达了南纬90度,站到了南极极点上,5个人的5双手共同抓住一根旗杆,把一面挪威国旗升到了极点上空。科学没有国界,但是科学家有自己的祖国,他们唱起了国歌……

当挪威探险队员在极地庆胜利的时候,斯科特的队伍还在暴风雪中挺进。斯科特是驾西伯利亚矮种马拉雪橇的,这种马适应不了南极的严寒,又都陷入雪中,一匹一匹地死去了,最后只好用人力拉雪橇。暴风雪、冻伤、体力下降,打击一个接一个地向斯科特袭来。1月16日,已经胜利在望了,队员们却发现了挪威的旗子,显然,对手走到了他们的前边。这是极为沉重的精神打击,有的队员精神几乎要垮下来了。"前进!"斯科特吼着。1月18日,斯科特探险队到达了南极极点,他们在挪威人的帐篷里看到了阿蒙森留下的信。他们把英国国旗插在帐篷旁边,他们成了到达南极极点的亚军。第二天,精疲力尽的斯科特队踏上归途,他们按照科学探险的惯例,仍然沿途收集各类岩石标本,书写探险日记。他们的口粮不足了,有的队员手指甲冻掉了,狂风咆哮着,两名队员牺牲了。3月29日,斯科特在日记中写道:"我们将坚持到底,但我们的末日已经不远了。这是很遗憾的,但恐怕我已经不能再记日记了。"8个月后,搜索队找到了他们的帐篷和遗体,人们在斯科特身边发现了18公斤岩石和各种化石标本——他们在死亡降临的时候仍然没有丢下科学,仍然为人类保留着科学财富!

对南极的考察和探索依然进行着。

1986年10月31日,我国南极科学考察船"极地"号载着12名考察队员,驶离青岛,奔赴南极,于12月28日到达乔治王岛民防湾。那里有1985年我国在南极洲建的科学考察站——长城站。到1987年我国南极考察队又在南极大陆的拉斯曼丘陵上开始建中山站,1989年2月26日中山站建成。

1989年7月28日,在南极探险史上揭开了新的一页。由中国、美国、法国、苏联、英国和日本等国6名队员组成了一支徒步南极考察队,这一天他们从南极半岛的海豹冰原岛峰出发,开始了人类历史上第一次由西向东徒步横穿南极大陆的壮举。我国的冰川学家秦大河便是 6 名队员之一,他是世界上第一位徒步跋涉南极点的中国人。他这次考察采集了许多有重要价值的标本,为南极考察事业做了重大的贡献。

经过探险家和科学家的考察,人们发现,南极地区是一个巨大的资源宝库。那里的矿物资源有 220 多种,南极海域的生物资源也十分丰富,仅磷虾就多达几十亿吨。南极是我们地球的巨大冰库,对地球的气候有很大影响,如果南极的环境遭到破坏,宝库的冰融化,海平面就会大大升高,我们的许多陆地就会被淹没。科学家发现,在南极上空的大气出现了臭氧空洞,南极的冰山有了断裂,保护南极已经迫在眉睫。考察和开发南极已成了当前地球科学的重大课题。

梅里雪山之难

梅里山又称山太子,位于我国云南省德钦县东北约 10 千米的横断山脉中段怒江与澜沧江之间,主峰卡瓦格博峰海拔高达 6740 米,是云南的第一高峰。

在藏民的心中,卡瓦格博峰是他们保护神的居住地。人类一旦登上峰顶,神便会离开他们而去。缺少了神的佑护,灾难将会降临。

在宗教信仰者的眼中,梅里雪山是极乐世界的宫殿,是至高无上的神灵;在地质学家的眼中,梅里雪山是印度洋板块撞击欧亚板块的杰作;在生物学家的眼中,梅里雪山是生物多样性的王国;而在登山探险家的眼中,梅里雪山则是他们大显身手的用武之地。不过,梅里雪山不愧为神山禁地,它屡屡挫败了人类企图爬到它的头顶蹦蹦跳跳的尝试,包括卡瓦格博、缅茨姆在内的诸多雪山,至今仍是万众瞩目、无人染指的处女峰。

梅里雪山

1902 年,英国一支探险队首次向神山梅里雪山挑战受挫。

中国抗日战争期间,一架美国飞机误闯神山禁地,结果坠入冰川,机毁人亡。40 多年后,1988 年 6 月,遇难飞行员的儿子克里奇率领一支美国登山队想寻回父亲的遗骸,结果这支登山队爬到海拔 4200 米的高度时就筋疲力尽,无功而返。

1989 年 10 月,中日联合登山队沿着西北山脊首次攀登卡瓦格博峰,竭尽全力到达主峰北侧海拔 5300 米处,路遇无法逾越的大冰河和大断层。1990 年,中日联合登山队决定改由主峰南侧的雨崩线登顶。12 月 1 日登山队进驻笑农大本营,于 12 月 8 日在海拔 4600 米处建立了 1 号营地。13 日,进驻海拔 5320 米的 2 号营地。

19 日,建立并进驻卡瓦格博峰的 3 号营地,此处海拔 6100 米。12 月 25 日,登山队跨越了一堵近 90 度的大冰壁,打开了通向登顶的最大障碍。12 月 26 日,登上主峰右肩,建立并进驻海拔 6300 米的 4 号营地。12 月 28 日,5 名队员组成第一梯队,从 4 号营地轻装突击顶峰,但因天气原因未能前行。翌日清晨,中日 7 名队员组成的第二梯队,配合第一梯队向主峰发起最后的冲击。这一天,附近村镇的藏民获悉即将登顶的消息,几乎倾城出动,聚集在飞来寺一带的滇藏公路上,齐声祈祷:不要让登山者爬上去! 13 时 50 分,暴风骤起,卡瓦格博霎时被乌云笼罩。登山队员被迫撤回 3 号营地。从 1991 年 1 月 2 日起,梅里雪山连降大雪。1 月 3 日,3 号营地及 17 名中日登山探险队员一夜之间消失得无影无踪! 此次山难事故的原因至今仍为未解之谜。

卡瓦格博如此"高不可攀",除了坡度陡和相对高差大等因素,地理学的解释是:梅里雪山属于海洋性冰川,有运动变化快的特点,冰川不断地运动变化使冰层非常不稳定,容易发生雪崩。

雪山飞人

有着 100 多次高山陡坡滑雪的纪录,曾经滑越包括令人生畏的埃格尔峰、塞维诺峰、白朗峰的东北坡、大贝奈尔山的北坡,以及喜马拉雅山的马卡露西坡在内的巴莱鲁斯,现年 34 岁,被世界公认为最富有冒险精神的滑雪家。不过,在他所有的冒险经历中,最精彩、最危险的一次壮举是从阿尔卑斯山脉的萨索隆哥山飞泻而下。

1986 年 5 月 1 日凌晨 3 点,浓重的黑幕笼罩着大地,巴莱鲁斯被一阵清脆的闹钟铃声从梦中惊醒。今天,是他去征服萨索隆哥山的日子,他已经盼望很久了。他在黑暗中从床上一跃而起,匆匆穿好衣服,背起沉重的登山滑雪装备,其中有 1 米长的雪橇、雪杖、登山皮靴、靴钉、冰斧和一个塞满其他登山用具的背包。他在和妻子吻别时说:"只有我在日落时还没回家,才可以对外请求救援。"

汽车朝着寒拉山隘进发,穿过这个海拔 2240 米的山隘,开始驶下布满急转弯的窄路。几个小时后,在淡淡的黎明微光中,一个巨大模糊的轮廓出现在眼前,那就是萨索隆哥山。

海拔 3181 米的萨索隆哥山,全部由白云岩构成,远远看去,犹如一个尖形模样的庞然大物,尤其是东北坡更是令人望而生畏,一道参差不齐的石壁足有 1600 米高,突出的岩石和积雪散乱交错在一起。这座山在意大利的攀山等级中被列为最高级,有人曾做过调查,在 100 万人之中,最多只有 1 个人会考虑去攀登它。而巴莱鲁斯不仅仅要登上峰顶,更令人难以置信的是还要从峰顶滑雪而下。

早上 6 时,巴莱鲁斯背着沉重的装备,匆匆上路了。黎明的光线还很昏暗,在这空寂无人的雪山中,巴莱鲁斯独自一人像幽灵似的穿过一片高原,然后迂回曲折,爬越过无数岩石。他选择直上峰顶的路线,坚持这样一个原则,那就是向上攀登时必须有几乎不可能办到的难度，否则，即使下来也感到毫无意义。

当然，什么叫不可能，并没有明确的答案，用巴莱鲁斯的话说："可能与不可能的区别，不在于山坡的表面陡度，而在于自己的头脑和体力。尽管面对的山壁也许看来光溜溜的，但总会有一个或两个可攀附的地方，只要你具备足够的经验、体力和勇气去寻找。"

在5年前，巴莱鲁斯就曾梦想滑下萨索隆哥山东北坡，并为此而仔细察看了地形。山坡左边全是一落几百米的峭壁，右边是无数的石灰岩柱，中间有两条拉长的"S"形白线。那是两条陡峭无比的峡谷，峡谷中间有无数冰雪不顾地心引力，附着在峡谷两壁，从那两条悬空的雪线上滑行，危险异常，一失足就必死无疑。

对巴莱鲁斯而言，那白色的雪线就是一个梦想的开始，一个准备用生命做赌注来实现的梦想。当巴莱鲁斯被问及为什么要去冒这样巨大的风险时，他回答说："我之所以这样，就像一些人立志要绘一幅举世杰作，或者独自扬帆环绕地球一样，我也想展示我的天赋，把它运用到没有人敢去的地方。其实，在我们每个人的心里，都有一支特别的歌曲，唱出这支歌曲，便是展露了人生的真谛。如果一个人抑制内心的曲调，简直生不如死。对于我，死亡固然令人可怕，但虚度此生则更令我害怕。"

此时此刻，巴莱鲁斯的梦想就要实现了，他显得非常激动，开始攀登。越接近顶峰，攀登便越困难，积雪填塞了所有裂缝和空隙，以致攀登点非常难找。但是，他经过了7小时的努力，萨索隆哥山顶已经触手可及了。

下午两点，他终于跨上了峰顶。那是一堆带有红色斑点的白岩石。天公作美，晴朗的天空一片深蓝，在和煦的阳光下，雪层将变得比较松软，这样，下滑时积雪容易在岩石上形成一层软垫，有利于高速滑行。

时间不容浪费，巴莱鲁斯匆匆地往肚子里塞了几块干粮后，立即检查所有的装备。一切已经准备就绪，他沿着一条异常陡峭的雪沟，开始了惊险异常的急速下滑。由于速度太快，扑面而来的冷气流像刀割一般。然而，此刻的巴莱鲁斯根本顾不上这些，只是两眼紧张地瞪视着前方。突然，前方的斜坡猛地下削，毫无疑问，斜坡的尽头处一定是个悬崖，刹那间，他的视野全被天空包围了。

巴莱鲁斯下滑的速度越来越快，离悬崖只有1米远了。这时，他看清崖下的正前方，是高低不平的岩石区，假如笔直冲下去肯定会粉身碎骨，只有右边显得比较平坦，雪层也较厚。然而，不管崖壁下的情况怎么样，带着巨大的惯性从悬崖上冲下，其危险的程度是可想而知的。

这很可能是巴莱鲁斯的最后一次滑雪。这位勇敢的险坡滑雪家，到了眼下的生死关头反而十分镇定。因为他身上有一种独特的气质，那就是善于在自我对抗时取胜，而不善于与别人对抗。比如他的滑雪技术，足以达到世界超一流的水平，但他从未在滑雪大赛中拿到奖杯。有时候，他在选拔测验时表现得十分出色，但到正式对抗的比赛中却一败涂地。一次又一次的失败，使巴莱鲁斯了解到，他永远不可能成为一名优秀的滑雪比赛选手，若想出人头地，就必须选择别的途径。从此以后，险坡滑雪便成了他终生为之奋斗的项目。

说时迟，那时快，就在泻下悬崖前的瞬间，巴莱鲁斯猛地将雪橇向右急转，改变了前冲的方向。大约半秒钟之后，巴莱鲁斯已经飞过了悬崖，这时，他犹如坠入到一个无穷无尽的空间，不仅没有任何恐惧，反而感到自由奔放，心中涌起一股难以表达的喜悦。他的思想和动作已合二为一，自己的身体仿佛变成了高山和天空的一部分，就像在梦境中飞翔一样。

当然这不是梦，这确确实实是在飞行。当飞泻而下的身子快要着陆时，巴莱鲁斯收起了幻想的翅膀，回到了现实之中，竭力使自己保持平衡。他的每一根神经都绷紧到了极点，因为一旦失去平衡，落地时将带来不可挽回的灾难。幸好，灾难没有发生，雪橇落下时，带着与积雪尖利的摩擦声，下坠力化为前冲力，使巴莱鲁斯死里逃生，继续向前滑去。

巴莱鲁斯正沿着雪沟下滑，蓦地，附近传来一阵震耳欲聋的轰隆声。巴莱鲁斯凭借着丰富的经验，知道可怕的雪崩发生了，前方的征途将充满危险。

他用力撑动雪杖，尽量加快速度，同时警惕地观察四周动静。山顶上的大雪块不停向下崩落，稍不注意就有可能被埋葬在深雪中。当巴莱鲁斯穿过一条狭窄的山峡时，头顶响起了令人恐惧的雪块摩擦声。他抬头一看，不禁倒吸一口冷气，右上方的积雪已出现一条条大裂缝，小山似的大雪块缓缓向下移动，几分钟，甚至几秒钟内就可能坠落，巴莱鲁斯如果在最短的时间内，不冲出山峡危险区，必将葬身雪中。

巴莱鲁斯使出了全部的生命潜力，拼命滑行，就在他刚刚离开危险区边缘时，身后传来了一连串天崩地裂的巨响，犹如一幢高楼突然倒塌，大块的积雪带着怒吼直泻而下，卷扬起漫天的雪雾。巴莱鲁斯回头一看，刚才还是好端端的一条山峡，现在已被积雪全部填满，值得庆幸的是，他先到一步，现在已置身其外，仅仅被碎雪洒得满头满脸，经过几分钟的紧张之后，他终于松了口气，恐惧过去了，回想刚才那可怕的一幕，令人不寒而栗。

向前望去，前面的山坡比较开阔，但有不少参差不齐的岩石突起，成了笔直向前滑的障碍。巴莱鲁斯不愧是滑雪高手，只见他左旋右回，在岩石障碍中优美地进行着曲线滑行，最危险的路程已经过去，现在每绕过一块突起的岩石，每下降 1 米，就离成功近了一步。

在大功即将告成之际，也就是在离山脚还有 200 米的地方，巴莱鲁斯遇到了最后的考验。那是一段倾斜约 50 度的坚厚冰墙，根本无法从如此陡峭的地方下滑。巴莱鲁斯权衡再三，决定放弃毫无希望的冒险，最后，借助于绳索滑下山脚。

下午 5 点，巴莱鲁斯站在山脚下，久久地仰望这座庞然大物，连自己都不敢相信，这座看似不可能征服的大山竟被自己征服了。虽然，梦想已成为现实，但他并不兴奋得忘乎所以，因为他的脑海中又在酝酿新的计划，在考虑如何去实现下一个梦想。

三登帕米尔高原

中国的帕米尔高原被称为"万山之祖",峰峦叠嶂,气势恢宏。喜马拉雅山、天山、昆仑山、喀喇昆仑山和兴都库石山山脉都是从这里延伸到四面八方的。所以攀登它的难度可想而知。可是有个年轻人却前后三次登上了帕米尔高原,他就是英国军人兼探险家——弗朗西斯·爱德华·扬哈斯本。

1887年4月4日,扬哈斯本从北京出发,横跨中国,到1889年他历经重重艰险,终于回到印度的部队驻地,他的第一次帕米尔之行宣告结束。

可第二次就没有第一次那么轻松了。

1889年6月,扬哈斯本接到命令,探险通过喀喇昆仑山主脉可能遇到的主峰。这次没有士兵护卫。值得欣慰的

帕米尔高原

是,他有一位同行的朋友乔治·马卡托尼,马卡托尼是个好翻译,他的中国话很流利。

他们和其他两位探险家从印度出发,途经许多座大大小小的山。走了960公里之后,到达了中国的新疆。

11月15日,马卡托尼和扬哈斯本离开驻地开始向帕米尔高原进发。他们成功地翻越了高原周围的群山。一路上,他们喝泉水,吃野果,艰难地向目标迈进。有几次,在他们因找不到食物而焦虑的时候,眼前出现的一些小村庄常常会令他们兴奋不已。可是,当他们跑进村子,才发现村子里空无一人。当他们非常失望的时候,扬哈斯本就会想起他的舅舅——伟大的探险家罗伯特·肖。

在一个晚上,扬哈斯本给马卡托尼讲了一个关于他舅舅的故事。罗伯特·肖是一个富有冒险精神的人,1868年,他为了到新疆去探险,竟化装成商人与海沃德一起向新疆前进。他们从列城出发,穿过喀喇昆仑山口到达喀什噶尔。一路上,罗伯特不顾劳累艰辛,积极与居民交流,还进行各种测量,根据掌握的材料绘制了地图。他是最早到这一地区探险的英国人。并为此获得了美国皇家地理学会的奖章。听完这个故事,两个年轻人失望的情绪一扫而光,第二天一早就精神饱满地出发了。

12月中旬,扬哈斯本尝试着翻越昆仑山口。要知道,12月是一个万物萧条、冰天雪地的季节呀!他们两人手冻僵了,脸冻裂了。可是,风雪并没有阻止他们的步伐。令人敬佩的是他们竟然坚持下来,一直走到了青藏高原的边缘。

旅途上,扬哈斯本首次发现了格萨布尔木冰河和乌尔特库冰河,发现了水温高

于 60 摄氏度的温泉,看到了许多珍稀动物。虽然旅途中又苦又累,可是也有许多意想不到的收获。

1890 车 6 月,扬哈斯本再次登上帕米尔高原。对扬哈斯本来说,帕米尔高原再也不是高不可攀,而是一块美丽而又神奇的土地。

火山探险

在菲律宾一个宁静的小镇,有一个叫罗尔丹的男孩。罗尔丹从小就听爷爷讲皮纳图博火山的故事。爷爷说,天上有一个力大无比的火神叫武尔卡,掌管人间天上的火,没有人敢惹它,皮纳图博火山就是火神在人间休息时的样子。皮纳图博火山就在小镇附近,小罗尔丹经常好奇地眺望它。

一天,小罗尔丹独自爬上了一座高山,兴奋地望着不远处的火山。他发现火山口一直在冒白气,不一会儿,大地开始剧烈震动,成片的火山好像一块幕布,把天都给遮住了,白天一下子变成了黑夜。小罗尔丹又惊又怕,心想是不是火神醒了。他一动不动地趴在地上,后来就迷迷糊糊睡着了。等他醒来的时候,小镇已经被火山灰埋没,家人全部遇难了。从此,小罗尔丹一个人孤独地生活在皮纳图博火山附近。

过了几年,有一天,一支探险队来到了这里,罗尔丹积极地报名当向导。自从上次火山喷发之后,罗尔丹就非常想知道这可怕的火山到底藏着什么秘密。

山路非常陡峭,而且很不稳定,明明看上去很坚硬,可只要暴雨一冲刷,它马上就会变样,像沙丘一样不可捉摸。罗尔丹感到既新奇又害怕,探险队员们也都一边小心翼翼地往上爬,一边密切注意天气的变化,因为天气的一个小小变化对大家来说都会威胁生命。

两天过去了,天气还算晴朗,火山口已经近在眼前了,探险队员们累得腿都软了。最后,罗尔丹和探险队终于来到了火山口。罗尔丹惊奇地发现,那竟然是一个非常大的湖,深不见底,水面上不断地冒着泡泡。探险队员们大概测了一下湖的宽度,便开始在沙滩上搭起简易帐篷。菲律宾的火山学家达格和他的同行则去测量碎石了,这样可以估计出下次泥石流会冲下去多少碎石。罗尔丹看见法国火山学家米切尔·哈布瓦赫斯把一个小小的装置放进了火山口的那个大湖里。哈布瓦赫斯说,那是个水中扩音器,它能听见水泡的声音,只要水泡的声音速度加快,它就会发出警报。

这天,天气突然变得有些阴暗了。罗尔丹赶紧带着探险队员逃到了地势较高的地方。果然,他们刚撤走,山洪就爆发了,队员们的帐篷全被洪水冲走了。居住在山下的人们都慌慌张张地逃跑。罗尔丹站在山上,想起了自己的家,心里难过极了。

过了几个小时,天气又突然转好了,探险队正好趁机下山。山路已经变样了,原来陡峭的地方变得平坦了,原来平坦的地方又变成了深沟。探险队员们费了很大的劲才下了山。罗尔丹回想起这几天的生活,感慨地说:"爷爷的话是对的,火神是不可侵犯的。"哈布瓦赫斯笑了,说:"明年我们再来这儿的时候,你还愿意跟我们一起上山吗?"罗尔丹点点头说:"会的,先生! 我会一直住在这里,直到驯服火神为止。"

坐轮椅的登山探险家

朋友,你听说过这样的事吗? 一个双腿完全瘫痪的人,却发誓要攀登世界最高峰——珠穆朗玛峰。这确实让人难以置信,但是,下面要介绍的却是一个真实的故事。

1972 年,法国年轻作家帕·塞加尔不幸因车祸跌入峡谷。当他战胜死神,奇迹般地活下来时,却永远失去了行走能力,成了一位双腿瘫痪的残疾人。这对他的打击真是太大了。

当他战胜了自卑与痛苦之后,决心要做一个意志坚强,抱负远大的人。以重展生活的风帆,向美好的未来远航。

被称为世界最高峰的珠穆朗玛峰,从小就在他的心灵上打下了深深的烙印。他向往,迷恋着它。

自从他残废后,他决心要写一本关于登山探险英雄攀登珠穆朗玛峰的书。他想,如果自己能亲自攀登这座世界最高峰,亲身感受一下探险的经历该有多好啊!

有人听说他的想法后,禁不住失声而笑。说他不可思议,是幻想主义者。也有个别人说他精神不正常。

可是,帕·塞加尔却力排非议,对自己的抱负充满信心。他摇着轮椅找到登山队长雷蒙,恳求能随登山探险队去攀登珠穆朗玛峰。雷蒙队长知道他绝不是在开玩笑,被这个残疾人小伙子的精神深深感动了。他决定吸收这个特殊的登山队员。并为他特别设计了一副适合于在攀越冰峰雪地上滚动与滑行的座椅。

登山队从法国来到了位于尼泊尔境内的喜马拉雅山下。当地人听说在登山队中有一位双腿瘫痪的队员,都惊呆了。个个都向他投去了敬佩的眼光,赞叹他的顽强精神。

攀登开始了。帕·塞加尔坐在雷蒙队长为他特别设计的轮椅上,队员们有的推,有的拉,艰难地向上攀登。帕·塞加尔自己也在用着力,以减轻队员的负担。为了鼓励自己,他还大声朗诵起诗歌来。

在数天的艰苦攀登中,他们遇到多次暴风雪的袭击,也面临着雪崩的威胁。这些并没有使帕·塞加尔惧怕与退缩。

经过艰苦的攀登,他和队友们终于攀上了 6856 米被称为"吉祥姑娘"的阿玛达布拉姆峰。他兴奋地将一面残疾人协会的旗帜插到山顶上。当他通过云霄,眺望到珠穆朗玛峰峰顶的雄姿时,他高举双臂,向长空大声喊道:"全世界的残疾朋友们,我成功了!"他热泪盈眶地充满了胜利的喜悦。

他为实现自己的理想自豪、骄傲!

荒野沙漠探索

无论是在极地终年白雪覆盖的大地上,还是在荒无人烟、炙热无比的荒野沙漠里,探险家的足迹依然不会停止。走进本章,让我们去荒野沙漠感受一下恶劣无比的环境,当然也会从心底油然而生一种对探险家敬佩。

走进卡拉哈里大沙漠

1947 年,马克·欧文斯和他的妻子迪莉亚·欧文斯带着换洗衣服,在没有任何国家和组织支持的情况下,进入了南非卡拉哈里大沙漠中人称"焦柘地"的禁猎区,在荒无人烟的动物天地里整整生活了七年。他们与地球上最恶劣的气候抗争,与最凶猛的食肉动物成了朋友,每天都有奇遇和危险发生。

有一天,欧文斯和迪莉亚驾驶着越野汽车,循着狮子的吼叫声追踪狮群。但在凌晨 3 点的时候,狮吼声突然停止了。欧文斯夫妇失去了追踪目标,只好就地住下来。

次日早晨,当旭日的光辉映照着欧文斯睡袋上露珠的时候,一声低沉的咆哮声惊醒了他。他从睡袋里探出脑袋时一下子惊呆了:一头巨大的雄狮从离他不到 5 米远的地方大摇大摆地朝他走

卡拉哈里大沙漠

来,它显得悠哉悠哉,尾巴上的绒毛抖动着,宽大的爪子用一种近乎完美的韵律抬起,又落下,再抬起,再落下,露珠串缀在灰色的胡须上,琥珀色的眼睛直勾勾地盯着他。终于在离他不到半步的地方转过身子,走开了。

"迪莉亚!快,快醒醒!"马克全身止不住地发抖。

他紧张地轻轻叫着妻子:"这里有狮子!"

迪莉亚·欧文斯也从睡袋里露出头来,突然,她一下子抓住了马克的手臂,马克疼得差一点叫出声来,但顺着迪莉亚所指的方向看去,马克惊呆了,半晌说不出话来。在他们的周围,竟有 9 头狮子,不过它们多数还在酣然大睡。

1974 年的雨季,在卡拉哈里地区降下了一次前所未有的大雨。此后上百平方公里的地域内青草发疯似地生长,风吹草动,宛如一望无际的"麦浪"。但到了旱

季,沙漠里的太阳就把"麦浪"变成了"麦秆",又把"麦秆"变成了干燥的"柴禾"。只要角度适当,一束通过露珠聚焦的阳光便可点燃这些"柴禾"了。

一天早晨,马克看见东方地平线上升起了一股古怪的灰色云柱,几百米高直入云霄。在烟柱的顶端,强劲的狂风把它剪成了一条向南飘动的尾巴。

卡拉哈里沙漠的燃烧持续了整整两个星期,从南到北,卡拉哈里沙漠上便形成了一条长达80多公里的火龙!这天早晨,马克起来的时候,发现天空中飘满了灰黑色的叶灰,它们轻轻地落下,覆盖在了大地的每一件东西上。

马克把一棵死树系在汽车后面,拖着它围着营地打转,碾扫出一条防火带。接着又用铁锹和斧子尽力地清除四周的青草和死树。迪莉亚随后放倒了帐篷,把它放在水罐附近。马克则割了一些树枝准备扑打火舌。然而,这一切努力,在这荒原之火的巨大声势面前是那么的渺小和徒劳。

一条又一条火龙乘着一股强劲的沙漠风窜了上来,并以惊人的速度朝着马克夫妻的营地长驱直入。马克见状又跳上汽车,拖着死树,一圈又一圈地重新拓宽防火带。但是,大火只在防火带面前停留了片刻便如潮水般涌来。他挂满车挡飞速疾驰,扑打着步步逼近的火头。很快,靠近营地的一块青草地着火了,马克开车直接冲进了火中,发疯似的来回疾驰。火线终于被撕开了一个缺口,马克乘势扩大战果,打开了一个又一个缺口。

突然,迪莉亚朝着马克的车子跑来,拼命地叫喊并挥舞着手,她的脸煞白。"马克,马克!汽车着火啦!快跳车!它就要爆炸了!快跳呀!"

马克回头一看,车后的死树、麻绳以及汽车底全盘都燃起了熊熊的火焰。在马克的座位背后,有一个50加仑的储油箱,它若是爆炸,其威力可与一枚炸弹相当。马克立刻刹车,火舌立刻窜到了车身的两侧,他猛地拉开车门跳了出去,跑出好几十米,随即紧紧搂着吓坏了的迪莉亚,他们等待着那一声巨响!忽然,迪莉亚喊了起来:"资料!我们的全部资料和照相机在里面!我们的一切都在里面!"

马克被她这么一喊,突然想起,汽车前座顶板上还夹着一个老式灭火器。他马上冲了上去,钻进车内,取出了灭火器。但是,灭火器的扳机生了锈,现在根本无法喷射。无奈的马克又启动了汽车,着火的车子左摇右晃地向前驶去。这时,奇迹发生了,绳索和死树脱离了车身,燃着的草绝大部分也被抖落。随后车子开到了一片裸露的沙地上。

无情的大火烧到了营地周围,马克和迪莉亚用一罐水弄湿了小帐篷,用树枝和废弃的汽车内胎扑打着逼近的火焰。黑黑的浓烟几乎让他窒息,马克和迪莉亚只能听天由命了。

不知过了多久,大火最终是烧过去了。马克和迪莉亚这时已是精疲力尽了,他们的嘴唇、额头和双手都被烧起了水泡,眉毛和睫毛也都烧光了。

一个月后,一架蓝色的小飞机带来了国家地理学会的一封信和一笔资助款。这对夫妻真诚无畏的科学精神感动了国家领导人,他们这个个体考察研究户终于成了国家承认的真正的科研小组。

第一个进入罗布泊核心区的中国科学家

彭加木,第一个进入罗布泊核心区的中国科学家。26 年前,他在那里神秘失踪。这段历史悬案,直到现在也没有最终答案。在 2005 年,一个农民在罗布泊东缘发现一具干尸,而他是不是"彭加木"?"干尸"的出现,使人们再次聚焦 26 年前的这次神秘考察。

26 年来很少有人知道考察队陷入困境的细节与原因。26 年前,一切是怎么发生的?

1980 年 5 月 2 日,考察队从乌鲁木齐出发,直奔新疆军区马兰基地。"考察队几乎所有的东西都在马兰基地准备。军队专用的午餐肉罐头、酸辣荽白罐头、榨菜、大米、挂面、面粉等等全部从部队上买。"担任行政总管的陈百录说。没有部队的帮助,考察队无法在罗布泊里活动。马兰基地为考察队配备了一部电台。这部电台由 4 名战士负责,在一个代号为"720"的地方,放下 3 名战士建立一个电报接转点,战士萧万能背着发报设备,跟随考察队。出发之前,彭加木和司机陈大化之间产生了分歧。"彭加木很生气的样子来找我,说陈大化不走了,让我去解决解决。"陈百录回忆说,他去解决问题,一看是没法解决的超载问题。

考察队有 3 辆车,一辆 212 五座吉普车,王万轩开车主要拉彭加木等科考人员;另一辆 8 座 212,拉人和电台设备等,陈大化开;第三辆车是一辆苏联嘎斯 63,拉水和汽油等辎重,包继才驾驶。嘎斯 63 的载重量是 1.5 吨,但车上装了 8 个大汽油桶,每桶装 200 公升,分别装 4 桶水、4 桶油,加上帐篷等生活用品早超过了载重量。8 座 212 拉着电台的几个大箱子,也超重了。司机陈大化认为罗布泊的路谁都没有走过,汽车超重很危险,磨着不走。"我当时拍着胸膛对陈大化说,出发! 出了问题我负责!"陈百录说自己凭着"当兵的"一股愣劲和对罗布泊的一无所知说下了大话。

考察队伍里除了彭加木到过罗布泊西北岸外,没有一个人对罗布泊有什么概念。陈百录被找来参加考察队的时候,被问道:"一个风很大的地方你敢不敢去?""那有什么不敢去! 还有比'老风口'风大的地方?"陈在部队上待的"老风口"是新疆著名的风口,在他的印象里,没有再比这里风大的地方了。除了陈百录外,王万轩等三个司机对罗布泊也没有概念,在科学院他们的车常出野外,但谁也没有来过罗布泊。研究植物的沈冠冕、研究动物的谷景和、研究水文地质的王文先和研究化学的马仁文、闫红建也对罗布泊一片空白。

不仅如此,这还是一个临时组建起来的队伍,大家平时并不相熟,还需要磨合。"5 月 8 日,我们从马兰基地出发了,第一天到达'720',这里住着一个排的士兵。从马兰到原子弹爆心 280 公里,'720'到爆心只有 20 公里。我们又向前走了 18 公里,在一个岔路口向左拐了弯。"王万轩说,在这里他和彭加木发生了争议,彭加木急着赶路,王说要等后面的车,因为电台在后面。等陈大化的 8 座车跟上来后,不见了彭加木的 5 座车,他便错误地右拐,直奔一颗原子哑弹而去:"走到跟前,一看是严重污染区,吓坏了,拔腿就往回跑。返回了'720'。""就这样把电台丢了。"王万轩说。再也没有跟上队伍。"野外经验丰富的人都有常识,就是每遇拐弯的时候,一定要等后面的人,只有让对方清楚地看到自己时,才可以再往前走。"沈冠冕说。没有电台的配合就行动应该是个致命的错误,但这一次罗布泊不动声色地放过了考察队。人坐在车里穿越罗布泊中心湖盆是这次考察的中心任务,夏训诚把这次考察叫作"探路",为以后的考察积累经验。

第二天天一亮就开始分头找入湖的河道,借着一条干河道,"假戈壁"被甩在了后面。但好像是突然之间,四周撤换了舞台布景。身后的北塔山不见了,前方的阿尔金山不见了,天和地不知什么时候粘在了一起,一切可以作为参照物的东西都隐身而去。"人就像是坐在井里,没有目标,天连着地,地连着天,那情景很恐怖,我心里一个劲地打鼓,为了没有跟上来的电台。"王万轩此时看到坐在副驾驶位置上的彭加木也有些紧张,手里握着罗盘,不断地修正方向,两辆汽车蛇形般前进,只要向南,不停地向南,就能穿越湖盆。

6 月 11 日早晨,米兰农场食堂提前开饭,考察队三辆车匆匆向东出发了。

陈百录回忆说,错误起于一张苏联的地图,这张图在库木库都克的位置清楚地标出了一眼泉井。但是考虑到车子只能拉 8 只汽油桶,多了也带不了,这一次决定带 5 桶油,3 桶水。"彭加木把希望寄托在库木库都克的水井上。在维吾尔语里,库木库都克的意思是'沙井子',彭加木相信在那里可以找到水的补给。就是不成,再向东到八一泉,也可以补充到水。"陈百录说。

从地图上测算距离,到库木库都克只需要三天的时间。

但是罗布泊是难以测算和想象的,况且这是一条完全没有人迹的路。第一天,遭遇"假戈壁",土很虚,正面虚实深浅不清,车子不敢走,"一小时只能走 4~5 公里,耗油却很惊人。一连三天,走了不到 200 公里,水和油消耗快一半了。"王万轩说。按照约定,应该返回了,前路漫漫,大家都有些动摇。这天夜里,一场大风乘机"打劫"了考察队的营地。

"大风掀走了帐篷顶,大家伙一人抱一根帐篷杆在风中摇晃,彭加木就抱着帐篷杆在大风里给大家打气。"所有人都对这一幕记忆深刻,沈冠冕、陈百录、王万轩、包继才,所有的人在回忆中都加重并强调了这个大风的晚上。

"彭加木在风里连喊带叫:'科学精神就是探险,最困难的时候,就是胜利将要到来的时刻,大家要挺住,决不后退一步,风不会永远刮的!'风刮了一夜,那一夜没有人能睡着觉。"他们说,彭加木的勇敢鼓舞了大家。

但是罗布泊却使出各种手段折磨着彭加木和他的考察队。王万轩说,到第 6 天,后面两个车都跟不上了,一开始等半小时,后来一等就是一两个小时,根本没有办法前进。油、水已经只剩下四分之一了,大伙的信心随着油、水的减少而减少。"一边吃饭,彭加木一边开动员会,已经动员了三次了,他说,现在还不是山穷水尽的时候。"

绝望的是考察队花了七天时间到达库木库都克的时候,发现在这里找不到沙井子。这比原计划超出了四天,油已经不够三辆车返回了,水只剩下半桶,而且经过长途摇晃,混杂了很多铁锈,已经变成了红色。

先是彭加木和王万轩、陈百录开着车出去找了一圈,没有找到沙井;接着搞水文地质的王文先再出去找,回来做出一个判断:根据地貌判断,这里根本就不可能有水。是地图的错误,还是民间的误传?为什么这里会留下一个叫沙井的名字?

罗布泊的水是最不可靠的水,偌大的一个罗布泊都干了,何况一眼泉水?陈百录讲,1980年他去寻找彭加木,看到八一泉里还有水,而到了他陪伴"望长城"剧组和彭加木夫人夏叔芳到罗布泊时,八一泉也干了,尽管他们向下深挖,还是没有水。水,只是罗布泊的一个幻景,这个幻景欺骗了考察队。

6月16日的傍晚,考察队最沮丧的时刻,王万轩和彭加木都在5座车上,"我说,这样下去,你会把考察队带入绝境。"

"彭大声地说,'怎么连你也怕死了?'"

"怕死?怕死我就不来了!要不咱俩下车比比,看谁更怕死!"王万轩激动地说。

彭加木低着头,沉默着,很难受的样子。十几分钟后,彭向王道了歉,但还是闷闷的。

就在这时,一群野骆驼出现了,十五六头,"野骆驼!"有人喊了一声。此时的彭加木一下子从车座上蹦起来,激动得浑身发抖,大叫,"追、追!"野骆驼受到惊扰,大群一溜烟地窜没了,只剩下一大一小两只。

8座车很快截住了小骆驼,5座车向前直追大的。彭加木在车上不停地激动地说:"中国到目前为止还没有野骆驼的标本,罗布泊野骆驼的标本都在国外。"在绝望之中,他还在想着科学事业!

"我开着车围着它兜圈子,彭加木在拍照。又追出去六七公里,拿它没办法,彭加木就说,打死吧,国家还没有野骆驼标本。(当时没有相关法律)"王万轩说。"开枪"野骆驼倒下了。

彭加木说不能损坏了野骆驼的骨头,于是亲自就地剥皮取肉。因为车装不下,捕住的小骆驼又被放了,彭加木命令一定要再捉回来,"这是难得的活体野骆驼,求都求不来呢!"于是又捉了回来,并腾空了一辆车拉回了营地。

彭加木亲手解剖完大骆驼之后,疲惫的老科学家又为大家准备晚饭。吃饭的同时,彭加木做出了决定:当晚向马兰基地救援,在水和油送来之前,就地休息,停止前进。很快,基地回电:停止前进,原地待命,等待求援。"当时的回复非常明确,先送水,因为直升机严禁运送汽油,并答应水第二天就送到。"陈百录说,"我和彭加木商议,第二天一早,由王万轩开车,他和王文先继续去找水。"

这一天大家都累极了,找水、追骆驼、吃饭,一直到第二天凌晨两点钟,最后累得帐篷都搭不起来了。在陈百录的印象里,彭加木这一夜似乎也没怎么入睡。

"我往东去找水井,彭17/6 10:30"彭加木留下的纸条被拿去做了字迹鉴定,它确实是彭加木留下的。在确定日期上,彭好像犹豫了一下,最后将16改为17。这句话像一句巫师的咒语,又像是一个丢失了谜底的谜,26年无法解开。

"罗盘在沙漠里定位有一个致命的问题,就是只能定一个大致的方向,无法定出你所在的位置。""老沙漠"夏训诚说。比如,你拿着罗盘在 A 点上测出北的位置,你向西移 5 公里到 B 点,再测,面向的地方还是北,你再向西移 5 公里到 C 点,再测,面向的方向还是北。"在沙漠里你失之毫厘,就能差之千里,虽然你一直在向北,但你再也回不到原来的位置上了。"夏训诚说。

从彭加木留下的最后脚印来看,他曾经做过向东,再向北,再向西的徘徊,他是在思考应该向哪个方向走,还是迷失了方向?

而以后也没有找到他,这位杰出的老科学家就这样消失在茫茫戈壁中!

111 天用双脚征服撒哈拉

位于非洲北部的撒哈拉沙漠是世界上最大的荒漠之一,气候条件恶劣,是地球上最不适合生物生长的地方。跑步穿越世界上最大的沙漠这个举动听起来有点疯狂,但是居然有人完成了这项被认为不可能完成的任务。

2007 年,中国台湾的林义杰和美国人查理·恩格尔、加拿大人雷·扎哈布一共花了 111 天的时间,成功长跑跨越了非洲的撒哈拉沙漠,成为人类历史上最先用双脚征服这个沙漠的人。

从 2006 年 11 月 1 日开始,他们一行三人从塞内加尔的圣路易斯港出发,一路经过了毛里塔尼亚、马里、尼日尔、利比亚和埃及六个国家。当地时间 2007 年 2 月 20 日,三人抵达埃及的红海。他们把手伸进海水,标志着这段 6500 千米路程的结束。

在沙漠跑步,时间的掌握与平常不同,为了躲过沙漠中最热时段,三人每天早上 4 时半醒来,一小时后开始跑步。他们每天要跑 71 千米到 80 千米的距离,这相当于每天跑了两个马拉松。中午,他们在临时搭建的帐篷里吃一顿简易的午餐,午饭内容基本上是意大利面食、金枪鱼和蔬菜。在开始下午的行程之前,他们会躺在垫子上小睡一会。晚上 9 时半是他们结束一天任务的时刻,也只有到了这个时候他们才开始吃晚饭。

在广袤的撒哈拉沙漠上,他们经受了冰火两重天的考验。沙漠里昼夜温差极大,他们白天要忍受太阳无情的炙烤,夜晚则被冻得直哆嗦。此外,他们还要面对沙漠里突如其来的狂风,狂风来时他们不仅看不清方向,而且连呼吸都困难。除了恶劣的自然条件,在这 111 天的时间里,他们还要饱受肌腱发炎、腹泻、抽筋、膝盖受伤等各种病痛的困扰。

三餐没变过,千篇一律。吃饭时还得跟苍蝇抢,沙漠中的苍蝇很准时,只要吃饭时肯定出现,而且一出现就是一大群,赶都赶不走。

沙漠中有风也有雨,只要风一刮,就是沙尘暴,滚滚黄沙漫天铺地,不要说眼睛张不开,连人都站不住;沙漠中的雨也是狂暴不已,一来就是豆大的雨点杀过来,全身淋湿了不说,还伴随着点点疼痛。

地雷一直是缠绕他们心中的一大患,北非国家连年战乱,沙漠中埋了很多地雷,勘查队来勘查路线时,就因为误触地雷而造成三人死亡的惨剧。插在地上的竹子头部喷了红漆,就代表那个地点有地雷,林义杰一行人一路上大约穿越了数十个雷区,没出事也真是幸运。

原本的计划是在85天内穿越六国,跑完6500千米的路程,但各种临时发生的状况,包括签证没过、绕道躲地雷等,让他们多跑了1000千米的路,也多花了25天时间。

除了挑战自己,他们长跑跨越撒哈拉沙漠还有另一个重要目的:提醒世人关注全球正在出现的水危机。

尽管三人都是久经考验的马拉松好手,但是他们不约而同地表示,撒哈拉是最考验他们体力和精神的地方。

探索非洲

一种虔诚的信仰、一只药箱外加持之以恒的一种友善态度,可以造就一个在揭示世界许多现象超过历史上任何人的人,他就是大卫·利文斯顿医生。

无论大卫·利文斯顿医生在未经探索的非洲何地旅行,他总是热心地为一些非洲人治病,甚至把那些巫医称为"职业上的兄弟"。

利文斯顿是因一次偶然的机会来到非洲的。他1813年出生在苏格兰的布兰泰尔,10岁便来到当地一家纺纱厂做工。他每天工作12小时,以支付他在格拉斯哥一所医校的学习费用,以便日后能到中国当一个教会医生。可他的希望因鸦片战争的爆发而破灭,1840年27岁的他决定转往非洲。

在19世纪,面积多达3030万平方公里的非洲完全未被认识。在欧洲人和美洲人眼里,它是一块黑暗的大陆,一块不可知的,在茂密的丛林中藏匿着许多凶猛野兽的地方。

利文斯顿第一次到非洲时,对探险并不感兴趣。他的旅行仅仅是出于他的基督教使命和提供医疗方面的援助。可待了几年之后,他却迷恋上了旅行。正如他后来写的那样:"在这片原始混沌的土地上,仅仅是观赏动物就乐趣无穷了。"

靠步行、乘独木舟他旅行上千公里,游历了非洲大陆南部三分之一的地方。他总是随身携带着一只药箱、一本《圣经》和一个用来解释教会课程的粗糙的移动式幻灯。

利文斯顿具有非凡的观察力和洞察力。凭借聪颖的头脑,利文斯顿掌握了多种语言,这也得益于他与非洲人很多的联系。这些能力使他能够从外部的世界得到第一手知识,并且感受到非洲的文化。

他有时也遇到阿拉伯人和葡萄牙人进行的贩卖奴隶的勾当。他对所看到的一切深恶痛绝,激愤地报道这些事,并鼓动欧洲采取果断的行动来结束这种罪恶的行径。

此外,利文斯顿每到一处,便绘制出该地区的详细的地图,事后他将地图和有关的地理报告给设在伦敦的皇家地理协会寄去。同时他也记录了一些奇异的病状及健康情况。他报道了被采采蝇叮咬的牛、马及狗患的一种昏睡病,并且观察到"大量蚊子大概一直便是疟疾传播的媒体"。他自己靠服用奎宁从一场疾病中死里逃生。

利文斯顿不久就认识到,如果要使非洲人信仰基督教,就得靠非洲人自己来完成。他感到白人的责任在于引入商业贸易,这样可能有一天会取代有利可图的贩奴业。

利文斯顿从不曾完全放弃他作为教会医生的角色,可他于1851年关于赞比西河的发现却成了他一生的转折点。

他于1844年娶了位教会里的姑娘,他们生了几个儿女,其中一个死于高烧。为了不受拖累和免于牵挂,他将家人从开普敦送回英国。

在一个人的世界里,没有牵挂的他学会使用了六分仪和天文钟。为了引入基督教和商业贸易,他积极探索可连贯非洲和欧洲的通航水路。在以后的几年中,他从大西洋的安哥拉海岸旅行到莫桑比克海岸,他成为第一个横穿非洲大陆的白人。1856年,他乘船返回英国,受到了人们的狂热欢迎。他的第一本书《传教旅行和探索南非》立即成为最畅销书。

不久,利文斯顿回到了他所热爱的非洲,这次是以"陛下领事"的身份来到东非。他已脱离了传教团体而领导了一次旨在以开发当地工业为目标的大规模探险。

但是利文斯顿在处理探险中出现的一些问题时,却陷入了困境。他对处理各种运输工具、成吨的器材及大型英国船舶的调遣感到十分棘手。他缺乏领导能力,而且爱发牢骚、性格执拗,这使得他和英国同事的关系日益紧张,这些灾难般的因素遂使这次探险于1863年终结。随后,他在1866年受皇家地理协会之托,再次出发去寻找尼罗河的源头。

习惯于独立行事的利文斯顿感到很兴奋,于是带着非洲人组成的随从就出发了。可是他又遇到了麻烦,一些挑夫病倒了,而另一些人因害怕成为奴隶而跑掉,而且他还碰上了坦噶尼喀(如今的坦桑尼亚)几个好战的部落。他的药箱被盗,不久他自己也病倒了。

此时他饱受多种疾病的折磨,但是他仍坚持寻找尼罗河的源头。他探查了坦噶尼喀湖的大片流域。最后,供给和体力都已耗尽,他和几个随从在坦噶尼喀湖东岸一个叫尤济济的村子里病倒了。

此时,人们已感到不太妙了,他的信件不再出现,没有人知道他在何处以及是生是死。1871年2月,记者亨利·莫顿·斯坦利受《纽约先驱报》的派遣,出发寻找利文斯顿。

斯坦利个人的发展也可谓一波三折,但斯坦利自己也是一个卓越的人物。他从前是一个一文不名的威尔士流浪儿,曾在"新奥尔良"号当过船舱服务员,而后在航行中从事新闻写作并成为一位著名记者。

斯坦利带着一支庞大的队伍和充足的供给从桑给巴尔出发。

他顺着道听途说得来的医生的行踪走了将近 9 个月,并于 11 月 10 日到达了尤济济村。在那里,斯坦利看见了这位面容憔悴的探险者,他穿戴整洁地站在帐篷前,惊异地盯着这支来营救他的人马。两人的见面带有传奇色彩——其中还掺有喜剧性。但正像斯坦利在他的自传里所记叙的,这具有历史意义的时刻充满了压抑的情绪:"我向他走去,脱下了软木遮阳帽,点点头,以询问的口气说:'我想你就是利文斯顿医生吧?'"

"他真诚地微笑着,向上抬了抬帽子并简略地答道:'我就是。'"

"这样便消除了我所有的疑问,我伸出手,脸上露出了真诚的满足:'医生,感谢上帝,我可见到你了。'"

"他热情地握住我的手。从他的热忱回答中,我感到他也同样充满了真诚:'我能在这里迎接你感到非常愉快。'"

斯坦利到后不久,利文斯顿就得了重病,他拒绝了斯坦利邀请他回伦敦参加一个等着他的欢迎仪式。他说:"我还有大量的工作要做。"4 个月后,斯坦利离开了。如今利文斯顿有了充裕的药品和食物,坚持要继续探查尼罗河。可是他的生命似乎已经走到尽头了。以后的几个月里,他身体非常虚弱,只得躺在担架上。环绕了几圈之后,他来到位于伊拉拉地区一片沼泽地边缘的一座村庄。1873 年 5 月 1 日清晨,挑夫们发现他以祈祷的姿势跪在床边,头贴在双手上。他们谁也唤不醒他了。

这个消息从一个村庄传到另一个村庄。成千上万的非洲人来此表示他们最后的敬意。他的贴身仆人苏斯和朱马知道医生的家人要埋葬他的遗体,可他们首先将他的心脏埋在了属于他的非洲大地上。

苏斯和朱马护送着利文斯顿的遗体,在历经数月的危险行程后到达了海边。在桑给巴尔岛,一艘英国轮船将遗体载回了他的家乡。他长眠于西部大教堂的修道院中。可以这样说,利文斯顿将自己最美好的青春都献给了非洲,他探险过程中所获得的各种资料、信息帮助人们更加了解熟悉非洲,对于人们早日揭开非洲的神秘面纱起了一定的作用。

利雅迪三角之谜

因为据历史记载,从十月革命前到现代,共有不下 20 人在此无声无息地消失了。但最令人奇怪的是,利雅迪三角只针对步行的闯入者,骑马或是乘车进入的却安然无恙。为了解开这个谜团,两名年轻的记者深入利雅迪三角,危险似乎离他们越来越近……

在利雅迪村,萨沙和尤里隐瞒了记者身份,在与村民的谈话中了解到村里有一位 67 岁的老人叶甫盖尼是闯入鬼谷的幸存者,于是他们找到了老人,询问他的经历。

2003 年 7 月,叶甫盖尼在村子附近采鸡油菌,误入了鬼谷,而且迷了路。带着警犬的士兵们在谷中搜了个遍也见不到老人的身影,而老人此时却一直不知所措地在谷中转着圈,甚至产生了不少幻景,最后,被来寻找他的一个年轻人发现了。

利雅迪三角

在老人的讲述中,萨沙发现了几个疑点:一是士兵们带着警犬在谷中搜索时,人喊犬吠的声音老人居然一点都没有听到? 二是鬼谷的范围并不大,警犬居然一点儿也嗅不出老人的气味,反而只会痛苦地呜咽,是什么让警犬如此恐惧? 三是谷中并没有人工建筑物,老人幻觉中产生的一个被遗弃的营地是怎么回事呢?

不管怎么说,在叶甫盖尼的叙述下,鬼谷变得更加扑朔迷离。萨沙去买了一个最好的国产流体指南针,尤里去采办足够两人用 10 天的干粮,又买了一根 5 公里长的尼龙绳。这种绳子是采蘑菇者专用的,一端拴在固定物上,带着绳子向深山里走不会迷路。虽然这样的设施并不是很先进,但尤里却否决了萨沙向总部要求全球卫星导航仪器。

尤里年轻气盛,对于要在一座小小的山谷中动用高科技很不以为然,萨沙也认为当地人有些言过其实。于是尤里和萨沙带齐了装备,向传说中的鬼谷出发了。

进入谷地后不久,尤里就发出了感叹:"天啊,好美的景色,这哪里是鬼谷,分明是仙境。"谷地虽小,风景却优美,沟壑纵横,仿佛大自然的鬼斧神工。清晨的雾霭朦朦胧胧笼罩在那些奇形怪状的百年老树上,如蹲伏在半空中的巨兽,引人遐思。湍急的溪水欢快地流淌,忽而自山坡上"哗哗"飞泻,忽而在沟壑中隐隐潜行,惹得尤里和萨沙目不暇接。

早上出发时还是艳阳高照,但他们入谷后不久,天气就变得阴沉起来,看不到太阳。尤里和萨沙只顾着欣赏谷中的景色,当他们感到饥饿时,居然已在谷中走了 5 个小时。

萨沙掏出了指南针,向南笔直穿越谷地后就能到达另一侧的塔谢斯克村。但古怪的事情发生了,指南针不老实起来,仿佛抽了筋般向四面八方乱转。尤里一急,把指南针抢了过来晃了晃,指南针竟像着了魔一样不再起作用了。

指南针事件给他们的探险带来了第一个危机。由于阴天,太阳也无法指示方向,尤里记起了中学时自然课老师曾经教过辨别方向时可以寻找苔藓。

苔藓在野外是很常见的植物,长苔藓的地方永远是北方。但是尤里按照苔藓的位置反方向行走,走了一个多小时后仍然没有走出谷地。而此时,他们的手机都失去了信号。

危机接二连三降临,尤里和萨沙都有些紧张。进入密林深处后,那些茂密弯曲的树梢连接成了树网,将天空切割成了无数碎片,光线越发阴暗起来,张牙舞爪得仿佛无数怪兽在阴影中潜伏,尤里和萨沙对这座谷地最后一丝好感也消失了。而且最重要的是,他们找不到出谷的路了。

尤里恼怒地对着身边的树拳打脚踢,却一不小心踩到了一片青苔,身子一歪,竟然从一条斜坡上滑了下去,伴随着"扑通"的水声,尤里陷进了斜坡下的沼泽中。萨沙也跟着滑了下来。尤里感觉脚底下好像有什么东西擦过,这让他毛骨悚然,他尖叫着:"快把我弄上去! 这里面有蛇!"萨沙捡起一根粗树枝,努力将尤里拽了上来。

惊魂未定的尤里和筋疲力尽的萨沙躺在地上喘息了半天,终于决定不再继续穿越谷地去对面的塔谢斯克村,他们开始沿着一路放出的尼龙绳往回走。

这次由于有绳子这个醒目的目标,尤里和萨沙前进的速度很快。但老天仿佛在跟他们开玩笑,当他们走到绳子的尽头时,并不是他们来时入谷的路口,那绳子像一条死蛇一样躺在路上,绳子断开了,仿佛被什么磨破了,而绳子的另一头却无影无踪,与谷地入口处的最后一线联系也失去了。

尤里无力地坐倒在地上,萨沙却还不死心,在附近转来转去寻找那半根断掉的尼龙绳。这时,萨沙突然目光一亮,指着前方说:"瞧! 那是夏令营营地!"

萨沙硬是拖着尤里向那个所谓的夏令营小屋走了过去,最后发现竟真的是萨沙的幻觉。天逐渐黑了下来,尤里和萨沙只能就地过夜,不敢在林中乱闯。尤里和萨沙睡得并不踏实,第二天天刚亮就急忙起身,希望能摆脱目前的困境。

不久,他们就发现了一条小路,被灌木和乱草掩盖着。有路就有人迹,路的终点或许就是村庄! 尤里和萨沙大喜,沿着小路向一端走去。

到了中午,他们终于发现了村庄,可此地距他们要考察的谷地已有20多公里之遥,他们竟在不知不觉中转出了鬼谷!

赶回莫斯科后,他们将自己的遭遇写成了报道发在报纸上。这篇真实的探险报道引起了巨大的反响,一时间人们都在议论利雅迪三角里到底存在着什么?

一个星期后,萨沙接到一个电话,一个神秘男子声称他希望尤里和萨沙能再次前往利雅迪村,他会当场揭开他已破解的利雅迪三角人员失踪之谜。

在利雅迪村,尤里和萨沙见到了这个神秘男子。他大约40多岁,衣着有些邋遢,但当他报上名字时,却让两位记者大吃一惊,他是俄罗斯科学院历史学、博物学和工程学研究所研究员、工程学博士亚历山大·克赖涅夫。

亚历山大不等记者们开口询问,就晃了晃手中的金属仪器:"请跟我来。"说完带着他们进了谷地。

进入谷地后不久亚历山大手中那把细长并带着圆头的仪器就"嘀嘀"响了起来。亚历山大越向前走,声音越响。尤里和萨沙迷惑起来,不肯再陪亚历山大向更深处走。亚历山大哈哈大笑起来,从包里掏出一个指南针,他的指南针跟萨沙带进谷地中的那个一样,发疯似的乱转不停。亚历山大解释道:"我手中这是金属探测仪……"

萨沙马上醒悟过来:"难道说,这谷地里充满了磁铁矿?"亚历山大点头:"谷地里的磁铁矿储量必定十分丰富,金属探测仪才会发出这样尖锐的响声,也正是受这些磁铁的影响,指南针才会乱转,无法指示正确方向。"

"而且,"亚历山大又说,"这座谷地四面被山坡包围,有大量的磁铁矿聚集,所以谷地里的磁场足以影响到人的大脑,让人辨别不出正确的方向,再加上人类独特的生理行为……"他对着尤里眨了眨眼,"小伙子,你闭上眼向前走一百米。"

尤里依言而行,但走了一会,萨沙就叫道:"尤里小心,你快撞到树上了。"尤里睁开眼,发现自己竟然偏离了原定的路线,歪斜了很大的角度。

他们终于明白了。人在行走时,右脚迈的步子总会比左脚大一些,在有参照物的比照下,人会在不自觉中纠正这左右脚迈步的差异,达到直线行走,能正确地走到目标前。

但在利雅迪三角中,由于磁场影响人的大脑,让人辨别不出正确的方向。在找不到正确的参照物下,他们的行走与闭眼行走没有什么差异,所以在不自觉中他们就会逆时针在5~12公里的半径内转来转去。但如果他们开车或是骑马则不会出现这种问题,毕竟车或是马行进的步伐是一致的,即使在人的控制下也不会出现一步大一步小的情况而变成兜圈子的局面。

海洋河流探索

在人类的探险史上,人们在探索地球的"内部太空"上所投入的时间、金钱和精力远不及花在太空上的多。然而,海洋却拥有激发人们想象的独特力量。走进本章,让我们一起去探索海洋中的世界吧!

港湾的稀世珍宝

13 世纪意大利的马可·波罗离开威尼斯,穿过西亚和中亚,来到世界东方的中国和中国的邻国。东方之游回国后,他口述东方见闻,由一个叫罗斯蒂谦的人记录下来,成为名著《马可·波罗游记》一书。书中别有一番风味地描述了中国及东南亚、南亚各国金碧辉煌的宫殿,巍峨耸立的佛塔,特别是中国的富庶景象,繁华的城市和众多的人口。说到那里怎样富有黄金、白银、珠宝、钻石、丝绸,香料……简直是天国仙境,甚至夸张地宣传那里"拥有黄金,其数无限","皇帝有一个大宫殿,屋顶全部用黄金制成,宫殿地铺金砖,以代替石板地……"《马可·波罗游记》对东方的渲染,使欧洲人垂涎三尺,做梦都想到"黄金遍地"的东方来。

紧接着新航路被开辟出来,欧洲殖民主义者对亚非拉地区开始了掠夺,而打先锋的是葡萄牙和西班牙。

葡萄牙通过海上航道,在亚非拉美澳世界各地都建立了侵略据点,到处制造恐怖,成为"海上霸王"。

17 世纪初,荷兰国家崛起。荷兰拥有雄厚的海上力量,它有一万六千多只商船,它的商船航行在世界的海洋上,被称为"全世界的海上马车夫",并参加到葡萄牙、西班牙海上争夺的行列中。特别是葡萄牙和荷兰两国,掠夺东方各国的财富是它们的共同目标。荷兰极力排挤葡萄牙海上势力,两国的矛盾产生了,并且两国船队多次发生武力冲突,双方各有伤亡。

1613 年,一艘荷兰的大商船,名叫"白狮号"从欧洲的西海岸出发,经过遥遥万里的海路,战胜狂风暴雨,惊涛骇浪,经过好望角,来到了印度尼西亚。商人都爱惜时间,他们购得了大批名贵香料、万袋胡椒和大量丁香等等就赶紧启程回返。贪婪的殖民者们沿路又以低价购买了 1311 颗荧光闪烁的钻石。

我国景德镇的瓷器著称世界,很受世人的喜爱,而且经营景德镇瓷器又很能赚钱,因此,尽管船长监督很严,仍有船员乘机偷偷将一批中国景德镇瓷器塞进胡椒袋中准备运回荷兰高价销售。

谁知，当他们驾驶"白狮号"绕过好望角，路经南大西洋圣赫勒纳岛的詹姆斯港湾时，竟遭到由远及近驶来的不速之客——葡萄牙全副武装的两艘大船的重炮袭击。"白狮号"一边反击，一边千方百计保护船身的安全，结果还是被炸毁，连人带物一起沉入海底，而且是深度竟达3110英尺的海底。

美国有位年轻的学者，名叫罗伯特·史坦纽脱，他好学上进，风度翩翩，很有一股绅士派头。他不仅是位考古专家，还是个历史通，他用了三年时间苦苦研究当年两个海上霸主，葡萄牙和荷兰为争夺世界市场所发生的海战历史，对1613年荷兰商船在圣赫勒纳岛的詹姆斯港湾被葡萄牙重炮击沉的情况了如指掌，虽然360多年过去了，这个悲惨的事件尽管已被人们所遗忘，但史坦纽脱却铭记在心，他决心去海底冒险探查那些沉入海底的1311颗钻石的下落。为此，史坦纽脱于1975年乘一艘远洋客轮来到南非开普敦港，准备实施这一深潜探查计划。

史坦纽脱购置了多项潜水工具，招聘了三位强有力的潜水员，一切深潜探险准备就绪后，1978年6月，他们来到了南大西洋圣赫勒纳岛詹姆斯港，开始了深探海底的壮举。

可是真正实施起来阻力重重，危险性很大。海底太深，80英尺以下什么也看不清，很难确定"白狮号"精确地点，真是大海捞针，难上加难。史坦纽脱凭着勇敢、毅力和智慧，每天坚持下水摸索，查遍了詹姆斯港湾水底，这样机械地作业了整整两个月，什么收获也没有。有时发现了一些多年的沉积物，提上来一看又是空欢喜一场，与他们的探索毫不相干。海湾是个风角区，常常刮起骇人的狂风，大雨也不时地倾注，更增加了深潜海下的困难，随时都有生命危险，他们的体重下降，感到疲惫、劳顿。

为了完成这个具有万分难度的计划，史坦纽脱认为必须休息、整顿、恢复体力、总结经验教训，修订原有的计划。一天，他找到了一份詹姆斯港航海图，对照图上的方位，这里几乎都已被他们探查过了，只有一个地方尚未去过，因为那里不易抛锚，史坦纽脱突然间茅塞顿开，啊！这里一定是"白狮号"沉睡的地方！他高兴极了，带着三位潜水员一个猛子扎进水里，四人在水底摸来找去，心里时有失望之感，突然触到一个硬硬的东西，体积不小，是什么东西？他们把它吊出水面一看，是个金属圆形物体，上面清楚地刻有"荷兰东印度公司"的外文字体，原来是具炮身。史坦纽脱确认这是被葡萄牙重炮击毁的"白狮号"船上的大炮，随同大船、船长、海员、货物一起沉入海底的，这表明"白狮号"就要找到了。

他们信心百倍，情绪高昂，四人一起下水。不久，真相大白。"白狮号"终于找到了，只是身体已经毁坏，所载万袋胡椒被压成胡椒饼，丁香和其他物品也已与坏损船体混杂在一起。他们顺着船身由前到后仔细地搜寻，在船下污泥中挨排儿摸索、打捞，可是始终未找到一颗钻石。这是因为"白狮号"中炮时，冲击的力量很大，钻石体小量轻，被崩散于宽阔的大海之中，加之年深日久，海浪冲刷，都已深埋海底了。

史坦纽脱仍抱有幻想，在乱物中一点一点地寻找，意外地在胡椒袋中摸到了坚硬的东西，在海底很难判断是什么东西，等到他们把它提到海面上来一看，失望中带来了惊喜,这是一批中国明朝的景德镇生产的高雅精细的瓷器。瓷器上绘有多姿多彩的图案,有美丽袅娜的少女,鲜艳夺目的花卉,活灵活现的游鱼飞鸟……这些世界著名的景德镇青花瓷器虽不如钻石昂贵,但也是稀世古董。由于某船员将它安全地藏在胡椒袋中,在海底存放三个半世纪而没有破碎。

史坦纽脱几个月的艰苦探索,不畏艰险,不顾生命安危,排除了数不清的艰难险阻,得到了奇迹般的收获,丰富了考古学的知识宝库。

史坦纽脱是一位有作为的青年考古学家,也是一位勇敢的探险家。

飘越大西洋的勇士

在人类探险史上,有首次乘船横渡大西洋的奇迹,也有首次驾机飞越大西洋的壮举。从19世纪下半叶起,探险家们纷纷尝试乘热气球飘越大西洋,以创造出新的世界纪录。

自1873年的首次试飘失败以后,各国探险家仍跃跃欲试。在总共17次的尝试中,未有一名成功者,还有七人丧生。

在时隔一个世纪之后,美国探险家阿布鲁佐和他的两位伙伴决心再次进行挑战,征服大西洋。

1978年8月11日晚8时43分,他们驾驶着热气球缓缓升入空中。还没来得及飘飞到海洋上空,就遇到了惊险。从空中南面方向突然飘来一股热气云团,向他们紧紧逼来。由于热气云团造成空气浮力剧减,致使气球向地面坠落。直至摔进地面的一个卵石坑中。幸好,没有造成伤亡。不久,他们驾驶的气球又重新升入空中,开始飘向那浩瀚的大西洋上空。他们沉着而准确地驾驶着气球,并通过人造卫星和美国地面一个空间飞行中心保持着联系。

乘热气球横越大西洋,已是人类一个多世纪的梦想。他们决心要战胜各种困难获得成功。他们没有心思去欣赏舱外那神话般的星月,因为稍有疏忽,就有可能坠入海中而葬身鱼腹。

终于熬过第一个夜晚。黎明过后,太阳从东方升起。阳光把一望无际的海面照得闪闪夺目,好像在为他们的成功祝愿。

连续三天的飘越顺利过去了,但在后几天的飘越中却屡遭险情。15日,他们在飘越中突遇暴风的袭击,气球竟被吹到近6000米的高空,稀薄的空气迫使他们开始使用氧气罩。16日,由于前一夜的高寒天气,气球外表结了厚厚的冰层,气球增加了额外重量,使它从原4000多米的高度开始下落,直到1200米时,险情仍未缓解。这可把三位探险家急坏了,中午,太阳悄然出现了,融化了气球表面上的积冰,终于化险为夷了。

正在他们刚刚松了一口气的时候,危险又降临了,风停止了。狂风不利于飘越,但失去了适度的风力,就等于失去了气球飘越的动力。无风,气球就有坠入大海的危险。

不久,天空顿起微风,他们再次解脱危难。为了保持正常的飘越高度,他们决定扔掉舱内所有的东西,包括导航用的电脑和通信联络设备。时至17日下午,他们成功地降落在巴黎郊外,以5天17小时6分钟的时间,完成乘热气球首次飘越大西洋的壮举,把人类一个世纪的梦想变成了现实。阿布鲁佐在接受记者采访时说:人类社会要进步,就得不断地向现有的疆界挑战。

海底探险

深海的诱惑

海洋尽管幅员辽阔,资源众多,但大体上海洋探险还是无人问津的。人们在探索地球的"内部太空"上所投入的时间、金钱和精力远不及花在太空上的多。然而,海洋却拥有激发人们想象力的独特力量。关于失去的城市、秘密的财富、奇怪的失踪和可怕的海兽的故事曾经唤起祖先无穷的遐想,并一直吸引着当今世界的人们。

长久以来,海洋一直是地球上最难于探索的部分。没有人工供气装置,人类无法在水下长时间生存,而不使用可在水下航行的船舶,人类就不能潜到深海。有史以来,人类一直没有潜海的技术手段,直到20世纪,人类才开始对海洋的真正探索。

水下调查包括很多方面,首先是海洋测量,包括测量潮汐和洋流,其次是研究水下生命、海床的自然性质及陆地与海洋之间的关系,最后是海洋考古学,即分析人类的遗迹,比如在怒涛之下沉陷的房屋和帆船等等。

海洋探索的起步

古代的探险者对海洋深度知之甚少。希腊哲学家亚里士多德认为海洋就是地球表面沉降贮水而成,但他不能说明海水为何是咸的。公元前4世纪马其顿的国王亚历山大大帝曾坐在桶中潜水观鱼从而声名大噪。虽然从中世纪晚期开始,人们逐渐绘出了世界上大片海洋和陆地的地图,但是在17世纪以前,人们几乎没有探索过海洋表面以外的海域。

1002年,英国皇家学会这个科学机构,出版了《海员出海指南》,要求船长们尽可能定期地记录海洋深度数据。但是,当时的仪器除了用在浅水之外毫无用场,而且得到的读数过于零散,有失精确。由于当时人类不具备实地深水探测的技术,早期的研究者只好有什么用什么。

第一个尝试对水下世界进行有条理的科学研究的人是意大利的路易·费迪南·玛希格利伯爵(Louis-Ferdinand Marsigli)。1706年~1708年,这位前军事测量员仔细地研究了地中海海岸线的各区域。

研究海洋生命

19世纪海洋生命和海洋测量的研究同步进行。当时不少国家的海军都发起远征,通过挖泥或用网捕捞深海动物进行科学分析,科学分析通常包含商业目的。当时最完整的一次考察活动是在1872年~1876年间由英国政府的"挑战者号"船完成的。

"挑战者号"的这次航行奠定了现代海洋学的基础。它航行了68890英里(110870公里),回声探测492次,海床挖泥133次,151次用拖网捕捞海洋生物。此次航行中发明了一种新型温度计,可以精确地计量出水下温度。"挑战者号"的50卷报告至今仍为科学家们所参考。其发现之一就是中大西洋岭,这条水下山脉把大西洋明显地分成两个区域,每一个区域都有其独特的生命形式。

潜入深海

几百年前人们就尝试潜入深海并在下面停留一段时间,在洋底直接进行研究工作。但只是在不久以前,技术发明才把潜水员从自身肺部的局限中解放出来。这些发明包括呼吸器具和潜水艇。

公元前5世纪时,希腊的历史学家修昔底德(Thucydides)记载了希腊的潜水员围攻地中海海边的锡拉库扎城(Syracuse)的经过。城边水中竖立着阻挡战船进攻的木制障碍物,潜水员们竟然从水下把它们锯开了。爱琴海边的罗德市(Rbodes)曾立法规定了潜水员的付酬比例。潜水员享有他本人在水深12英尺(4米)处所发现物品价值的33%,享有水深24英尺(8米)处发现物价值的50%。

这些早期的潜水员不得不依靠肺活量来完成工作,很少有人能在水深60英尺(18米)以下工作,原因是作用在人体上的水压能导致气体迅速被消耗和耳朵出血。无人能长时间呆在水下,需要一种设备使潜水员可以借助水面的帮助在水中较长时间地工作。

公元4世纪,罗马的军事作家维格蒂(Vegetius)曾在他所著的《军事事件》一书中提到一种潜水用的头盔,它非常紧贴合身。上面的一支皮管通到水面,气囊浮在水面上。但潜水员无法从头盔中排出浊气,同时管的长度也制约了潜水的深度。

风箱和皮装

17世纪和18世纪取得了进展。1679年意大利数学家和哲学家乔瓦尼·博利(Giovanni Borlli)使用风箱把空气压入管中,使得潜水员到达更深的深度。1715年英国的约翰·莱思布里奇(John Lthbrldge)发明了一种与现代潜水服相似的、连为一体的潜水服装。服装的躯干部是皮制的,防水,但潜水员的四肢露在潜水服外面,因而行动起来方便。由于潜水员身穿这种潜水服可在深达30英尺(9米)的水下工作30分钟,莱思布里奇从中赚了一大笔钱。

1797年德国发明家克莱因格特将此技术向前推进了一步。他发明的潜水服包括一个合身的皮上衣和及膝短裤。一个装有观察孔的金属圆顶罩住头和双肩,并与皮装紧密贴合在一起,起到了防水的作用。潜水员可以通过一支管子把新鲜空气吸入头盔,由另一支管子呼气。第一支管子与潜水员口部相连,而当潜水员吸气时,使用过的气体从与鼻子相连的第二支管子排出头盔。潜水员取下挂在潜水服上的铅砣,就可以升到水面。

希波的敞开式和封闭式潜水服

1819 年德国发明家奥古斯图·希波(Augustus·Siebe)发明了"敞开"式的潜水服,从而又向前迈了一大步。金属头盔和胸甲与宽大的防水上衣装在一起,潜水员可穿衬衫,绑护腿。希波的这种设计要求从水面向头盔压入新鲜空气,持续不断地为潜水员提供可呼吸气体。潜水上衣和衬衣之间的空隙充满了空气,可阻止透水。

但是,头盔并不防水。如果潜水员滑倒,头盔里会很快充满水,潜水员将溺死。于是,希波在 1830 年推出了一种"封闭"式潜水服,他在头盔上又增加了一个释放废气的阀门,并确保一体的潜水服完全防水。潜水员的靴子、背部和胸前挂有铅块。虽然潜水员在水中的行动仍受到进出气管的限制,但是这种新的潜水服还是安全多了。

肯定地说,希波的潜水服很实用。19 世纪 30 年代,潜水员们穿着它去检查1782 年沉没的"皇家乔治号"英国战舰的残骸。这种装备大体上现在还在使用,与希波的原设计不同的是,现代的装置材料更结实,机械更灵巧,更重,下潜更深。

"自由"潜水,即脱离水面供气进行水下工作,最初基于与辅助式潜水服相似的服装,只是潜水员的后背上绑上了压缩氧气圆筒。潜水员呼出的二氧化碳进入一个苛性碱圆筒后被吸收,同时加上氧气,这种被处理过的气体就可被吸入了。然而这种潜水服相当沉重。

战时的潜水员

二战期间,对更为有效的潜水设备的研究得到发展。紧贴皮肤的服装由橡胶制成,后来又改用氯丁橡胶(一种合成橡胶),氧气罩和鳍状肢取代了沉重的头盔和靴子,潜水员可以更加自由地在水下行动。

1943 年取得了飞跃式的发展。两名法国人雅克·伊夫斯·古斯害(Jacques·Yves·Cousteau)和艾米勒·加南(Emile Gagnan)发明了"Scuba"(自携式潜水呼吸用具),其更改后的样式在今天仍被使用。

这种用具由三个充满压缩气的圆筒和一个调节器组成。一对管子将调节器和一个接口相连,供给潜水员的空气的压力与其所处深度的水压相同。这种用具十分简单,几乎傻子也会用。起先它使水下探险者能在水下约 180 英尺(54 米)的深度工作,后来又加以改进,潜水员们能够在更深的水下工作。

毕比的深海观测用球形潜水器

但是,潜水钟也有一些不足。潜水员在水下工作时不得离开潜水钟,故而不能在很深处工作,而且钟与水面绞车相连,不能自行移动。人们需要一种能够在更深的水中工作的潜水艇。

美国的自然学家威廉·毕比(William Beebe)接受了这一挑战。1934年,他第一次置身于一个装有石英可视门的钢球,潜到3000英尺(900米)的深水中。他发明的钢球潜水器把他带到一个无人涉足的地方。透过潜水器的玻璃,他看到一个未知的黑暗世界和在此生活的种种生物。

继钢球潜水器之后又出现了深海潜水器,这种先进的设备允许潜水员独立行动。在深海潜水器的开发中,先驱人物是瑞士物理学家奥古斯特·皮卡德(Auguste Piccard)教授,他在20世纪30年代初就曾经乘坐气球升至大约10英里(16公里)高的地球高层大气中。

皮卡德的第一个深海潜水器"FNRS-2"(国家科学研究基金的缩写)形似气球,由一个处于下面的大浮箱和悬在其上的观察室组成。利用由电磁固定到位的重铁球使"FNRS-2"下降。关闭电磁,丢弃铁球,潜水器就能升到水面。借助一个小型电力推进器,这种潜水装置也能够慢慢地水平移动。

具有变革意义的"的里雅斯特号"

虽然"FNRS-2"很先进,但也有一些缺点,因此毕比又计划建造更为先进的深海潜水器。

1954年2月15日,"FNRS-3"潜到13284英尺(450米)的深度,从而证明了自身的价值。

皮卡德对深海探险的参与远没有结束。在意大利的支持下,他建造了一个更为成功的潜水艇"的里雅斯特号(Trieste)"。1953年"的里雅斯特号"在意大利海岸边首次潜水。它没有采用常规的球形设计,而是由个大型的雪茄烟形状的浮舱和下面的窄小观察室组成。"的里雅斯特号"的成功为世人瞩目,美国海军尤其羡慕不已。1958年美国海军买下了这艘潜水艇,然后在波卡德的设计基础上进行了全面的改进。

1960年深海潜水进入了一个新纪元。1月23日发明家的儿子雅克·皮卡德(Jacques Piccard)与唐·沃尔什(Don Walsh)一起登上了美国军用潜艇"的里雅斯特号",成为历史进程中的一件大事。他们的潜水艇在上午8:15分从支持船上解缆下水,潜入西南太平洋中的马里亚纳海沟。下午1:06分潜水艇触及海底。他们到达了水下35800英尺(10900米)的世界,即使现在这里也鲜为人知。不到25分钟,他们开始上升。将到下午5点时潜水艇浮出水面。这次到未知世界的旅程持续了将近10个小时。

"的里雅斯特号"获得成功后,深海探险中开始经常性地使用潜水艇。1972年至1975年,法国和美国有关部门承担了对沿大西洋中洋岭的地壳的研究项目"FA-MOUS"(法国和美国海洋中部水下研究的缩写)。潜水艇几十次下到水底,把1.5英里(2.4公里)水深下发现的山岭和裂缝绘制成图,进而证明小小的潜水艇对于增加人们对地球地质和自然进程的了解发挥了极具价值的作用。

马里亚纳不再黑暗

在世界之最中,珠穆朗玛峰是地球上最高的山峰。在世界之最中,马里亚纳海沟是地球上最深的海沟。

马里亚纳海沟是世界最深的海沟,它位于菲律宾东北、马里亚纳群岛附近的太平洋。

马里亚纳海沟位于日本岛东南关岛附近。多少个世纪以来,人们对深蓝色的马里亚纳海沟视为无底深渊,许多探险家冒死去探测它的深度,但始终没有成功。马里亚纳海沟的另一个名字之所以叫"挑战者深坑"就是为了激励全世界英勇无畏的探险家向这个莫测的深渊进攻,揭开它的秘密。

美国著名教授奥古斯特·皮卡德是一位了不起的科学家,也是深潜界卓越的专家。他1884年出生于瑞士,一生致力于科学,取得一项又一项的成功纪录。

当探险家们不断地实践,一次又一次地探险,可是潜水深度始终在1000米左右徘徊时,奥古斯特·皮卡德倾全部心血,以其儿子雅克·皮卡德为助手,废寝忘食地研究,终于在1947年研究成功自航深潜器,打破了原来潜水深度的记录。

1948年,64岁的皮卡德,冒着极大危险亲乘"FNRS-2号"潜入海底探测海的深度,五年后,年近古稀的皮卡德仍壮心不减,他同儿子雅克·皮卡德共同驾驶"FNRS-3号"来到地中海探险。这次他们竟潜入3150米的深水中,是1947年下潜深度的三倍多,对人类潜水探险事业做出了重大的贡献。

奥古斯特·皮卡德的儿子雅克·皮卡德生活在这样一个致力科学事业的家庭里,深受父亲的熏陶,所以从小就爱学习、爱研究,酷爱潜海探险事业。由于他与父亲共同设计成功深潜器,父子又亲自入深海探险,因此他在理论和实践上都有相当厚实的功底,并且已经成为深海探险界的名人。

为了探知马里亚纳海沟的海底秘密,美国决定对它进行首次深潜探险,由雅克·皮卡德和美国海军中尉唐·沃尔什一起承担这个神圣的使命。

他们首先采取这样的办法来确定深潜位置,先向海中投放了70吨的炸药,而后,通过炸药爆炸后海底反射回波到海面的时间来计算深度,最后他们确定在深度为11000米之处为下潜的地点。

1960年1月23日上午8点23分,38岁的雅克·皮卡德和唐·沃尔什驾驶着由雅克·皮卡德和他父亲奥古斯特·皮卡德共同设计的耐压球直径为2米,壁厚127厘米,能承受1500个大气压,能潜入11000米深处的优良的"的里雅斯特号"深潜器,由"温达克号"船送到海岸,于是他们开始了巨大风险的下潜地球上最深处——马里亚纳海沟的征程。岸边欢送和观看的人高声欢呼,祝他们探险成功!

11点30分,下潜仅仅半个多小时,它就深入到7900米的深处,打破了皮卡德自己创造的深潜7315米的世界纪录。皮卡德抑制不住心中的喜悦,不时地打开照明灯,想好好看看海底世界,可是他什么也没看到,他心里明白,这一层没有海中动物与植物的生长。

这时，"的里雅斯特号"继续向下潜入，突然，一声爆裂声在他们耳边响过，他们断定是从深潜器里发出的，是出了故障还是碰到海底了？他们的心在怦怦地跳。

当他们已经潜入 9900 米深度以后，皮卡德透过观察窗突然发现一些生命迹象，这些活着的东西虽然躯体不算太大，却在忽扇忽扇地飘游，大概是海蜇，或许是水母。

中午 12 点 6 分，皮卡德他们清楚地感到"的里雅斯特号"触到了什么，无法再深入下去，原来他们真的到达海底了，那海底并不硬，而是浅黄色的软绵绵的泥沙。皮卡德惊喜若狂地大声喊道："我们到达海底了！我们到达海底了！"他们一把抓起电话，想把喜讯通知给水面上的人，可是电话早已断了。

皮卡德和沃尔什勇敢地到达了马里亚纳海沟，这又是一个世界之最——最先到达世界上最深的深渊。

他们抓紧时间测试了海底水的温度为 3.3℃，测试了海底的放射性，没有发现海底水流；海底的深度是 10916 米，他们借着座舱里的灯光，透过有机玻璃向外观察，发现这里生活着鳊鱼，慢悠悠地游来游去，他估测了一下，长有 30 厘米，宽有 15 厘米。万米深海里到底有没有鱼类生活问题是长期以来海洋生物学家争论的问题，现在皮卡德探险的结果做了肯定的回答。

等他们再次用电话向水面报告他们在海底测定的情况时，电话接通了。一个小时前，电话中断是因为一群密集的海洋浮游生物挡住了电话发出的声波，现在他们深入海底摆脱了那些浮游生物，所以电话里的声音清晰可辨。

原计划在海底停留 30 分钟，但由于幽深的海底与陆地完全不同，海底的压力太大，深潜器耐压球在 1100 个大气压的海底中要承受 15 万吨的压力，使金属球体直径被压缩了 1.5 毫米，观察窗上的有机玻璃也被压得出现了裂纹，在这种危险情况下，他们只得提前 10 分钟返回水面。

皮卡德把潜水器里装载的铁球统统倾入海底，这样潜水器体重变轻，开始返程。三个小时后，他们安然无恙地浮出水面。

马里亚纳海沟被征服了！

万米深海的奥秘被揭晓了！

皮卡德的探险成功了！

探险太平洋的路

1802 年，虽然取得了独立战争的胜利，但其他国家的势力并没有完全撤离美国。美国从拿破仑手中购买了路易斯安那地区，但取得一块土地不代表就能统治它。

为了扩大在中西部的影响力，当时的美国总统杰斐逊派出刘易斯和克拉克领导的探险队对美国西部进行了第一次探索，希望能够找到一条从美国东部直通太平洋的水路。由于当时美国人对密西西比河以西的大面积土地的认识还一片空白，因此杰弗逊总统要求刘易斯和他的探险队，在寻找水路的同时，还要认真记录下这片土地生长的一草一木以及那里的风土人情，让美国人能够通过这次探险认识到他们国家的全貌。

1804 年 5 月，这支 40 人的探险队最终离开他们熟悉的城市，进入到西部广袤的原野和丛林——一个对于他们来说就像月球一样陌生的世界。1804 年 11 月，探险队到达今天的北达科他州。他们与当地的曼丹苏人和睦共处，在那里度过了漫长的秋天和冬天。在这段时间里，探险队与当地印第安人建立了友谊，这些印第安部落是美国中西部大平原的统治者，自称是"勇者之王"。曼丹苏印第安人部落的一位首领描述了一条大河，克拉克和刘易斯认为那一定是流入太平洋的哥伦比亚河。一位法裔加拿大捕兽者和他的肖肖尼印第安人妻子萨卡加维亚，也加入了他们的队伍，充当向导。到了春季，一行人继续溯密苏里河而上，进入落基山脉，然后开始步行。大风呼啸，寒冷刺骨，食物也快吃完了。但他们在肖肖尼印第安人的帮助下，到达了哥伦比亚河，并顺流而下，于 1805 年 11 月 7 日终于抵达了太平洋。

1805 年春天，探险考察队雇用法裔加拿大人夏博诺和他的印第安妻子为翻译，继续向西行进，来到密苏里大瀑布前。在这里，他们意识到，从东部不可能有一条直通太平洋的水路，他们必须骑马翻过大陆分水岭，到达克利尔沃特河河源。在印第安人的帮助下，探险队员们自制独木舟，顺流而下，最终抵达了他们向往已久的太平洋。历时 18 个月，行程 4000 多英里(1 英里约等于 1.6 千米)，克拉克中尉在描写他看到太平洋时的情景写道："大洋就在眼前，哦! 太高兴了。"

经历了为期 28 个月艰苦卓绝的探险后，梅里韦瑟·刘易斯和威廉·克拉克带领队伍完成了美国历史上最伟大的军事开拓。刘易斯和克拉克在这次探险结束后带回了珍贵的日记和地图资料，大大丰富了人们对于西部地区的认识，使更多的美国人了解了西部的风土人情。杰弗逊总统以边疆土地的丰厚礼物来奖赏克拉克和刘易斯。克拉克被任命为密苏里州的州长，他一直任职到 1838 年逝世。刘易斯则成为路易斯安那州的州长，他在 1809 年一次例行的旅行中神秘地死去。无人知道他究竟是被谋杀，还是自杀。

蓝色海洋里的"绿色魔鬼"

海沿洋中生活着许许多多的生物，海藻便是其中的一种。这些为人类提供丰富食品的藻类各有各的用途。大西洋某个海域还被一大片绿藻覆盖着，这里却往往是航海者的葬身之地。数百年来，这片美丽的绿色世界曾引来许多航海者的好奇，但随之又把这些探险者葬身千海底。久而久之，恶名传开，令海员们闻之丧胆，望之却步尽管人们美其名曰"海上绿野"。但更多的人则视它为"航船的坟墓"。

1492 年大航海家哥伦布率船队航经此处附近洋面。一日，海上狂风大作，恶浪滔天，小山似的排浪，时而把帆船推上浪尖，时而把帆船摔进浪谷，就连哥伦布也吓倒在地,不断祈求上帝保佑。正在此时,有水手报告,前方好像有一座小岛。众人听了欣喜异常,全体船员都合力掌舵张帆向目标驶去。不久,一道白色水线清晰可见,人们断定那是海岸,帆船可停靠暂避风浪。

可是唯独哥伦布一人摇头不止。以他多年的航海经验来判断似乎不像。如果是海岛,怎么不见悬崖冈峦?还有一点就是,此处虽呈绿色,怎又不见树木?他疑虑再三,心中暗想,莫非这里是一座水下浅滩?又想这虽不及海岛可靠,但比任由风浪作践要好得多了。这样想时,就令众人奋力前行。

帆船到了绿色边缘,仔细看时才明白此处既不是岛屿,也不是浅滩,而是一望无际的海藻王国,各种各样的藻类植物相互交织成一片绿色世界。在巨大风浪的推拥下,此起彼伏,就像波浪一样。众人都说奇怪,为何这里如此"太平"?很快地,帆船已驶入藻区,但速度大为减慢,也不再颠簸。大家不觉心中一喜,感叹道:世界真奇妙,海面长青草能抗风,是座天然避风港。看看天色已晚,哥伦布除派五六个海员值班外,其余海员生火做饭,待风浪过后继续东行。黑夜,值班海员见帆船平稳,又想此处不是海岛,没有土人、海兽上船威胁,于是放心大胆地躺在甲板上打起瞌睡来。到了后半夜,风浪已大为减弱,从云缝中还不时透出一丝月光。突然,甲板上一名船员发出几声惨叫,然后发疯般地在船前船后狂奔不止,两手胡乱挥舞,在身上又抓又扯。

他的叫声惊动了众人,大家以为发生了什么事,都纷纷起来。最前面的一名船员,在乳白色之中忽见前方冲来一头怪物。但见怪物全身上下披挂着长长的飘带和许多绿色树枝,两眼射出亮光,显得异常狰狞可怕。人们正要躲闪,忽听怪物大叫一声:"救救我呀!"便倒了下去。人们听得清楚,这是水手亨利的声音,便纷纷上前。只见亨利满身都是海带、紫菜、石花菜、龙须菜等海藻植物,众人来不及多想,七手八脚在他身上拉扯了一阵,总算把人救活了。

这一场无声的、莫名其妙的偷袭,搅得他们心惊胆战。待到天亮,人们看到甲板上还有许多在夜间上船偷袭的藻类植物就连船体周围也都爬满了。令人不可思议的是,有些竟能像蛇一样游上甲板,哥伦布一见此情景,不觉心头一紧。以前他曾听说,此类海藻不是魔鬼,胜似魔鬼,人和船只一旦被其缠住,就几乎没有活的可能。想到此,他立即拉响警铃命令全体船员急速起锚开航。

然而,此时起航为时已晚,风帆已经驻足,但无论海风如何劲吹,帆船除了摇晃几下,简直一动不动。人们细细察看,只见船体四周海藻像无数根缆绳拖拉住了船体。于是海员们拿来一切可以使用的工具,有的捞拔,有的砍斩,忙了好一阵帆船总算朝前走了,但速度非常缓慢,因为吸附在船底上的藻类是无法除掉的。

这样航行了半天,人人精疲力竭,几乎已无力支撑。正在这时,一幅恐怖景象呈现在人们眼前。只见前方不远藻面上露出一根帆船桅杆,杆上爬满了已经晒干的海带。再看四周,见船头和船尾时隐时现。可见此处遇险者已非少数,人们看了一阵,个个惊恐不已,奋力加油,企求早日驶出这死亡海域。

屈指算来,哥伦布已在"海上绿野"航行半月有余,但前方依然一片绿色茫茫,何日才能看到"绿野"的尽头,谁也不得而知。就在这度日如年的时刻,他们又遇到了一次新的风浪。那天,烈日当空,海藻被阳光照射后发出一股股腥臭味,熏得大家呕吐不止,许多人都以为这次得葬身藻底了。谁知天无绝人之路!天边涌起云山,瞬间风浪四起,下起了暴雨。众人精神为之一振,心想,当初为避风浪误入魔区,今日为何不再趁风浪闯出魔区?于是大家奋力合作,经过几天的努力终于死里逃生,驶出了魔藻海域。

基洛斯探险之谜

　　葡萄牙探险家基洛斯在梅达诺探险失败后,并没有灰心丧气,他决心再闯太平洋。他先试着游说秘鲁的总督及西班牙给予他财政上的支援,但是未能获得同意;于是他在1601年前往罗马,出席了由当地数学家、天文学家及航海家所组成的委员会会议,回答了许多有关航海探险的问题,博得了会员们对他一致的推崇,因而得以谒见罗马教皇。

　　得到罗马教皇的支持后,基洛斯回到了西班牙宫廷,他开始热衷于寻找南方大陆,而且使当地人改信基督教。这时候的他似乎怀着满腔传教的热情。1605年,他终于被赐予指挥舰队的权力。

　　他的舰队有3艘船:圣贝特罗·伊·保罗号、圣贝特里克号及洛斯·托列斯·雷艾斯号,还有一艘和现在的汽艇一般大小的毕尼斯船(小型帆船)。

　　洛斯·托列斯·雷艾斯号的船长是一位西班牙的航海家,名叫路易士·华艾兹·得·托列斯,圣贝特里克号的船长则是一位著名的西班牙贵族德恩·迪艾格·得·普拉特·伊·特巴尔,向导则为磺·奥鸠亚·得·毕尔巴奥,基洛斯说这位向导是个非常固执的人,他"常常跟我意见相左,却又硬要我依照他的意见去做"。此外,基洛斯还带了一位诗人兼秘书的青年——路易斯·贝尔蒙迪斯同行。

　　1605年12月21日,船队停于喀姚港准备出发,除了33位士兵和船员外,还有四位专门照顾病患的圣若望教会的修道士以及6位法兰西斯可派的传教士,船上没有一个女人。基洛斯在港口宣称,所有的士兵都必须准备修道士的服装。国旗升到上空,船上的人及岸边的人都跪下来祷告,枪炮齐鸣,拥挤在岸上的群众大声欢呼,然后,船队就出航朝着西方前进。

　　船队最初是向西南方前进,基洛斯计划如果一直没有发现陆地,就改向西北方航行,到达纬度10°之后,才向西南方前进,然后再折向西北方。如果这样曲折航行后还是没有发现陆地时,就准备朝向圣大克卢斯群岛前进。基洛斯对船员的管理非常严格,他禁止船员打桥牌或赌博,还下令将所有赌具都抛进大海。

　　此外,他还令所有的船员都必须参加礼拜祷告以加强精神锻炼,并禁止抱怨和亵渎神的言辞。对那些粗野而暴躁的士兵,予以严格的管教。

　　基洛斯计划在航途中遇到了土著,也将以和平方法和土著们交往,因此船员们奉命必须"以父亲对待子女的方式来对待土著",但是有些船员则认为,所有的异教徒都具有强烈的偏见,如果以友善的态度去对待他们,很难保证不会受到土著们的侵犯。

1月22日以后，也就是到达南纬26度之后，天气就逐渐转坏，船员们在暴风雨的侵袭下，开始不愿听从托列斯的指挥，于是基洛斯将航线改向西北。也就是因为这项决定，使得探险队丧失了重大发现的大好机会。

他们发现的岛屿只有土摩图群岛中的一些无人环礁而已。如今我们已知道土摩图群岛中还有许多岛屿，例如：度西岛、亨达森岛、马尔迪亚及哈奥岛等。2月10日，基洛斯在哈桑岛登陆，和当地土著们交换物品。九天后又前往鱼量和椰子产量很丰富的另一个岛屿去探险，这个当时被梅达诺称为"鱼岛"的地方，后来被改名为加罗林岛。

3月1日的夜晚，探险队发现了远处有像针尖般的营火在跳动着。第二天早上，在朦胧的晨曦中出现了一片陆地，这座地势较低的岛屿上，很明显的有人居住。果然不久就看到土著们乘着独木舟，边唱着歌边划过来。但由于他们似乎来意不善，船上的士兵便开枪，将他们打退了。

在登陆时又发生了冲突，西班牙人杀死了几名土著，但他们载着宝贵水壶的小船却沉没了，探险队便不敢在此久待。由于该岛的土著长相俊美，因此基洛斯便将该岛命名为汉迪·奥尔摩沙岛，也就是现在北科克群岛中为人所熟悉的拉卡汉加岛。

天气逐渐转好了，但是饥渴的问题仍然困扰着探险队。基洛斯病倒了，但他仍然不允许船员们玩桥牌或掷骰子等对上帝不敬的娱乐。由于向导有许多反抗性的行为，因此被解除武装，还被加上脚镣移送到圣贝特里克号，接下来的三周里，更令人高兴的是水平线上出现了陆地的影子，到了4月7日，船队便停靠在一片环境优美的港湾里。

这里的土著表现得非常友善，令人称奇的是首长托麦竟然精通西班牙的各种枪炮。托麦还指示基洛斯如何正确地向前航行，同时告诉他在南方的海面上有一片广大的陆地，基洛斯立刻猜想那一定是他长久以来所要寻找的南方大陆。他们将新发现的岛屿命名为奴艾斯特拉·薛组拉·梭克罗即现在达呼群岛中的塔乌玛克岛。然后在岛上停留了10天，补给充足的饮水和粮食后继续出发。

5月1日，船队进入广阔的海湾，经过托列斯先行侦查了两天后，才在新的海湾下锚，托列斯在他的日记中写着"这片海湾非常广阔，几乎可以停泊世界上所有的舰队"。基洛斯将这个海湾命名为圣菲利培湾与圣哈美湾。

海湾的两侧是一片有森林、山脉的陆地，登陆队伍探测的结果，认为这是一片富庶的新土地。宽广的河流注入海湾，沿岸有高低起伏的平原、森林，物产丰盛，到处可见土著们饲养的家禽家畜。但由于当地土著对登陆者非常敌视，探险队便先射杀了几名土著，以收恐吓的效果。基洛斯认为自己是到达了长久以来所要寻找的陆地，他更认为自己已经拥有了这片广大的大陆，能将土著们从异教的地狱中拯救出来。

基洛斯举行了一个很奇特的仪式，钟声、鼓声响彻云霄，烟火照亮了夜空，船上的人通宵达旦地狂歌欢舞。

5 月 14 日,是庆祝圣灵降临的大节日。当天早上,托列斯先率领了一队人员登陆,然后基洛斯和所有士兵部属也跟着登陆,在王旗和探险队旗迎风飘荡中,基洛斯跪下来亲吻这块土地,口里大声喊着:"啊!美丽的大地!人们长久以来所梦想的,而且试图发现的土地,终于被我找到了,啊!这是我梦寐以求的大陆!"

于是他宣布这块土地为圣职者、奥地利大公兼西班牙国王菲利浦三世所拥有,而命名为澳大利亚·德尔·艾斯比利特·山德。流经附近的河川则命名为赫尔坦河(约旦河),而且将预备建立的殖民地称为"新耶路撒冷",然后举行弥撒,祝福这一片大陆,在对空鸣枪声中,仪式终告结束。

但是基洛斯的部属却对他的做法冷嘲热讽。德恩·迪艾格就毫不掩饰地嘲笑基洛斯所举行的仪式,认为他所发现的只不过是拿着毒矢的黑色恶魔所居住的地方而已,被监禁的向导毕尔巴奥也认为这一片环境无法聚积财富。虽然如此,但基督圣体的仪式仍然照常举行,基洛斯还是唱着对基督的赞美歌"多美丽呀!健康而且肥沃的土地"。诗人贝尔蒙迪斯也写下了许多优美的诗篇赞美新发现的土地。

探险者中,也有人怀疑这块"大陆"或许只是太平洋中的一个岛屿——正确地说应该是两个岛屿——其实此地正是后来被称为新赫布里的群岛中的大岛圣艾斯比利特,简称为圣岛,还有位在南方,乍看之下仿佛属于同一块陆地的第二大岛——马雷克拉岛。

在圣体祭日后,基洛斯病倒了,许多船员也都生了病。尽管他们对土著们采取怀柔政策,但是毫不起作用,土著们随时都可能发生暴乱,因此,基洛斯采取的温和政策,只得有所改变。

6 月初,也就是登陆 3 星期后,3 艘船再度出发,目的是想在上游地区发现更多的陆地。这一次出发有 2 名年轻土著随行,有一位少年土著不断恳求基洛斯放他回去,但是基洛斯声色俱厉地对他说:

"闭嘴!年轻人,你自己都不知道你所要寻找的是什么?更大的幸福正在前面等着你哪!这种幸福比你回去和你那异教徒的父母、朋友相见还可贵!"

但是这两个可怜的年轻土著始终无法体会基洛斯所谓的幸福是什么,他们一路上连惊带吓不久后就去世了。

基洛斯原打算继续向前,一直到冬天再折回新耶路撒冷,但由于天气突然恶化,使他无法如期回到岸上。

6 月 11 日的夜晚,已经下锚的圣贝特里克号和洛斯·托列斯·雷艾斯号的灯火突然熄灭,第二天早上,只剩下圣贝特罗·伊·保罗号一艘船漂浮在茫茫大海上。

德恩·迪艾棬在后来追述此事时,一度曾推测这两艘船是发生了叛变,但是他也没有足以支持这种说法的证据,最后只能说是向导的过失所造成的!基洛斯这时虽想继续西进,但也孤掌难鸣,因此便错过了圣大克卢斯群岛。后来他试图改变航线,一直前进到北纬 38 度,再沿着以往贸易船只的航线继续向东航进,终于在1606 年的 11 月 23 日到达了阿卡布尔克。

基洛斯在航海中虽然取得了令人瞩目的成绩,但也遭到了许多批评和仇家的抨击,逼得他只好在墨西哥到处流浪,最后一文不名地返回西班牙。有人谴责基洛斯是一个"疯狂的,急于想获得成功的葡萄牙人,也是一位说谎、欺诈专家和背叛者"。其实基洛斯只是想尽力地开发殖民地而已。

1614 年的 10 月,基洛斯被允许回到秘鲁家中,但此时他年纪已大,而且染上了重病,结果在前往巴拿马的途中就去世了。

探寻尼罗河源头

尼罗河是一条流经非洲东部与北部的河流,与中非地区的刚果河以及西非地区的尼日尔河并列非洲最大的三个河流系统。尼罗河长 6650 公里。

尼罗河是世界上最长的河流,流域面积为 287 万平方千米,约占非洲面积的 10%。

传说中,古埃及人崇拜兼司稼穑与水流的奥西里斯神。一天,这位造福人类的天神不幸被害。其妻伊西丝悲痛欲绝,终日哭泣,泪流成河,即为尼罗河。传说虽然美丽动人,但不是科学论证。

尼罗河是非洲第一大河。但是,这条从南直流向北的大河的河源在哪里? 几千年来一直是个谜。这主要是因为现今苏丹首都喀土穆以南地区,沼泽连片,人难涉足。所以源头问题

尼罗河源头

在 2000 多年的时间里一直有争议。19 世纪初,欧洲殖民势力向非洲内地推进,非洲地理考察的热潮兴起。葡萄牙人、英国人、德国人最后都绕开苏丹南部,从非洲东部出发,直插可能是河流源头所在的非洲中部内陆地区。

1856 年 12 月,约翰·汉宁·斯皮克同英国著名探险家查德·伯顿率领的探险队从桑给巴尔岛出发,前往非洲腹地探查尼罗河源头。

1857 年 8 月,他们带着 130 名随从、30 头驴子和大量生活用品,从现今坦桑尼亚的海岸登陆后径直向西。他们越过沼泽,穿过丛林,翻过高山,于 11 月到达塔波拉。1858 年 2 月 13 日,他们发现了现今所说的非洲第二大湖坦噶尼喀湖。

在湖的东岸安营扎寨之后,斯皮克趁伯顿身体尚未康复之机独自去北部探查。8 月 3 日,他来到一个比坦噶尼喀湖还要大的湖泊的岸边。站在大湖的南岸,看着浩渺无际的湖水,他无比激动和兴奋。他问当地人大湖的名字,个个都摇头。他遂以英国女王的名字为之命名为维多利亚湖。这是欧洲人第一次来到这个面积仅次于苏必利尔湖的世界第二大淡水湖的岸边。斯皮克认定,这个当地人所称"一直延伸到世界尽头"的大湖,看来就是白尼罗河的源头。

　　1861 年,在英国皇家地理学会资助下,斯皮克又回到非洲,进一步探查尼罗河源头。他首先来到维多利亚湖西边位于现今乌干达境内的卡拉古王国,绘制了大湖部分地区的地图。

　　1862 年 7 月 7 日,斯皮克带着穆特萨赐予的向导、大角牛和食品继续北上。7 月 28 日,他来到维多利亚湖的最北端。站在现今乌干达第二大城市金贾的南郊,他看到湖水从这里喷泻而出,跌下悬崖,形成一道瀑布,然后平缓地向西北方流去。他欣喜若狂,认定向西北流去的就是白尼罗河。他遂将湖口这道瀑布以这次探险活动的一位资助人的名字命名为里本瀑布。为进一步验证这里就是尼罗河的上源,他沿着河道继续前行。翌年 2 月,他抵达苏丹南部的贡多克罗,遇到正在那里探查尼罗河河源的另一位英国探险家萨缪尔·贝克,进一步证实了他的结论。

　　斯皮克将结论报告发到伦敦,引起两种截然不同的反响。有拥护者,有反诘者。表示反对最激烈的,是曾经同斯皮克一起探寻过河源的伯顿。斯皮克坚信自己的结论,准备同伯顿当面进行辩论。

　　但就在辩论的前一天,斯皮克却因猎枪走火而殒命。经过诸多探险家的反复考察,斯皮克关于维多利亚湖是尼罗河源头的结论终于为举世所公认。

　　现在,尼罗河河源虽然已从维多利亚湖推延到卡格拉河,但卡格拉河注入维多利亚湖,说维多利亚湖是尼罗河河源也并没有错。

探险家皮西厄斯

　　皮西厄斯是古希腊的一个著名的探险家,大约公元前三百年,他向北航行到达大西洋。返程后,他将他亲眼所见的事实向人们描述。在他的描述中英国是一个气候寒冷,人口众多的岛国,英国人的举止高雅,而且热情好客。岛上有许多君主,但他们都和平友好地相处。

　　但是,当时的人们却认为他在撒谎,所以皮西厄斯关于这次英国之旅所著的《海洋》一书也难以流传下来。和他同时代的人知道有这本书,他们中的大多数认为,皮西厄斯在书中叙述的奇闻怪事是他捏造的杰作。整整好几个世纪,许多学者在提到皮西厄斯的发现时,用的都是挖苦的语气。

　　根据公元前 1 世纪历史学家戴奥多罗斯和地理学家斯特拉博的记载,我们能够再现皮西厄斯的旅行。

　　关于英国,皮西厄斯是这样说的:"民风淳朴,远离现代人的狡诈和无赖……他们不喝葡萄酒,喝的是用大麦发酵做成的饮料。他们称之为柯米。"

　　在公元前 3 世纪,人们并不熟悉大西洋的北方水域。他们只知道温暖的地中海水域。对于皮西厄斯所说的海面上漂浮着巨大的冰块和在更北的地方海面完全被冰冻住这些事实,他们根本无法接受。

　　尽管有些人相信他,如希腊科学家厄拉托西尼(公元前 3 世纪的天文学家和地理学家),但多数人的看法与斯特拉博一致。对于皮西厄斯的叙述,他从一块名叫图勒的最北方的陆地起航,意外地发现了一片冰冻的海面……斯特拉博嘲笑道:"从实质上看,是他断言他亲眼见到了它。"

图勒是冰岛还是挪威,至今还未有定论。至于冰冻的海,大多数现代学者认为,可能是一层碎裂的浮冰。

皮西厄斯的航行历程 11200 多公里。他环绕了英国,并在许多地方上岸。他观看当地人是怎么收割谷物和照料牲口的,并参观了康沃尔的锡矿。他还在丹麦海岸寻找过琥珀。回国以后,皮西厄斯说,爱尔兰位于不列颠的西边。斯特拉博的看法则不同,他认为爱尔兰在苏格兰的北边。很久以后,人们终于意识到皮西厄斯是一位伟大的探险家和第一个到达北方的海的人。

皮西厄斯生活在公元前 3 世纪左右,希腊人,他的故乡马塞利亚就是今天的法国马赛。

作为富有探索精神的航海家、地理学家和天文学家,皮西厄斯曾冒着生命危险从地中海航行到大西洋,并曾有可能到达过北极圈附近的冰封海面。皮西厄斯步行考察了大不列颠岛的大部分地区。他具有惊人的直觉和精确的计算能力,据说他估计出的大不列颠岛最北端与马赛之间的距离是 1690 千米,而现在的实测距离为 1802 千米,误差不到 10%。皮西厄斯的贡献有许多,其中突出的两点为:一是发现北极星所在的方位并且精确地算出地球北极位置,二是发现遥远的月球对地面潮汐有着影响。

最危险的海隅

世界上最危险最恶劣的海隅应该是位于南美大陆最南端的荒凉的合恩角地区,它曾经是沟通大西洋和太平洋的唯一海道,同时也是南半球最恶劣的航海气候的中心。

因为安第斯山脉的阻挡,刮过南大西洋数千里宽的浪涛汹涌的洋面的大风便转向穿过合恩角和南设得兰群岛之间的狭窄缺口。从东边向西刮来的无休止的大风掀起的波浪迎着一股平稳的向东的洋流,迫使大量的海水从相反的方向通过同一狭窄的裂口。由于海底的陡然升高使得滚滚巨浪达到骇人的高度——36 米或者更高些。浪涛汹涌的海面和强烈的逆风不是一时能停下来的,一般都要持续好几个月。对于在此间航海的船只,到合恩角是一个可怕的挑战——人或被冻僵或掉入海里,船只时刻有触礁或撞上冰山的危险。1905 年 12 月,一艘"不列颠群岛"号花了两个半多月才艰难地穿过这片水域,这个时间还算是正常的。

对于游艇和其他较小的船只来说,当然,快艇的主人不乏勇敢者:奇切斯特、罗斯、布莱恩、诺克斯·约翰斯顿。然而正如他们所承认的那样,他们是很幸运地没有遇上合恩角最恶劣的天气。到了此处,不论怎样适于航行,易于操纵的游艇,仅仅是汹涌的波浪就足以使它难以对付了。

合恩角位于南美洲最南端,以 1616 年绕过此角的荷兰航海家斯豪滕的出生地合恩命名。

一艘 14 米长的"滋航号"双桅船于 1957 年 1 月从澳大利亚出发,环绕合恩角那条从西到东的"捷径"航行。这次冒险活动的组织者是迈尔斯·斯梅顿和他的妻子贝里尔,以及他们的朋友约翰·古兹维尔。这次行动差点使他们丢了性命。7 个星期之后,他们在强劲的西风中艰难行进,渐渐地驶近了海角。

在圣瓦伦丁节(2 月 J4 日)那天,海面被激浪搅得发白了,大风迫使船收帆减速。在光裸的桅杆下面,船员用了 110 米的绳索拖曳住船尾,以便控制住继续前行的船。

气压已开始上升,这是好气候的征兆。可是大风仍继续加强,波涛更加猛烈了。这时,一个巨浪从船尾扑了上来,连续猛击它的尾部。两条桅杆折断了,舱顶被掀开了,船舱一半已经进水。尽管贝里尔·斯梅顿有救生索保护,还是被巨浪卷进了海里。

然而他们很幸运,贝里尔游回了注满水的游艇,另外两个也得以幸存。三个人舀出了船舱里的积水,并用船上的一张床、一扇舱门以及多余的帆堵住了漏洞。天气转好了,他们临时拼凑了桅杆和帆。为了避风,"滋航号"朝着智利海岸航行。在行驶了 1500 海里后,他们到达了塔尔卡瓦诺,在那里修复了损坏的船。

圣诞节时,于 12 月又重新起航的迈尔斯和贝里尔·斯梅顿再次来到了合恩角。但是气压再次降低了,正当小船向南方疾驶时,风浪大作。此时,激浪冲击着船身。当风暴达到最大时,气压已不再下降。可是在 12 月 26 日凌晨 4 点钟,这艘游艇在另一次凶神般的巨浪的袭击下,从侧面倾覆了。

桅杆又一次被折断,舱盖也裂开了,然而斯梅顿夫妇再次幸免于难。就像上次那样,他们舀去积水,装上临时应急的帆,驶往避风地——这次是到 1770 公里外的瓦尔帕莱索(智利港市)。

这只船相继两次经历了合恩角肆虐的气候——可斯梅顿夫妇还是战胜了风浪,当时已是仲夏之际了。一位名叫马塞尔·巴迪奥爱斯的法国人就在仲夏时独自驾着自己建造的只有 11 米长的小船从东到西环绕了合恩角。

这位法国勇士于 1952 年 5 月 7 日抵达了位于斯塔腾岛和火地岛海岸之间的一个岬角。当风向和潮水相逆时,这片桀骜不驯的水域便激浪滔天,当时的情景十分骇人。但是狂风阻止了它。零下 14℃ 的气温加上风暴使巴迪奥爱斯感到疲惫不堪,他决定休息一下。唯一的抛锚地是沿海一个小小的海湾。这个唯一的小小的避风处礁石密布,它位于一条狭窄海峡的末端。天空一片漆黑,在潮水的冲击下,巴迪奥爱斯的船失去了控制,朝着前方的暗礁冲去。他所能做的只有把那几只沉重的铁锚抛入水中,并将绳索系在附近的一块礁石上。连续几天,巴迪奥爱斯没有睡过一次觉。所以当风平浪静时,他把船推上了海滩,美美地睡了几个小时。晚间的一场大雪把船帆牢牢地冻住了,他只得用海水将它们浸软。

在没有任何预兆的情况下,飓风袭击了他的船,正当巴迪奥爱斯到舱内取一只海锚时,两个巨浪将船掀翻了。船帆、舱盖以及一切易碎的东西全被毁坏或卷走了,船体灌满了水,他被浸泡在水中,严重的问题是气温降至零度以下。后来,巴迪奥爱斯拖住了一条系在船尾的绳索,这是他在舀水时临时作为海锚用的。他升起了备用的帆,当他把船稳住时,已经花去了几个小时。这时,他已遭受严重的冻伤。

休息了两天,这个执着的法国人又回来重新与合恩角拼搏。凝固的水雾及冰雹使航行愈加困难。他逆着风雪和海浪航行了 10 个小时,有时候他必须不断地烧水,以求融化被冰冻住的船帆。

直到巴迪奥爱斯向远眺望,发现一块陡峭的陆地,漫天飞雪向着一些狭窄的溪谷飘洒,他才发觉合恩角已被抛到身后,他已经安全地绕过了这片危险的海隅。

燃烧的印度洋

这件奇事发生在 1977 年 11 月 19 日,一艘西班牙货轮"太子号"正在驶往菲律宾的途中。此时的印度洋洋面上,风平浪静。

阿泽非尔正站在眺望台上观察情况。此时他懒洋洋地举起望远镜,蓝蓝的天,蓝蓝的海,一切都是那么惬意,他正沉浸在大自然赐予的美景中。突然,前方出现一团团水雾,阿泽非尔见后像中了邪一般大喊:"不好了,不好了,飓风来了,飓风来了!"边喊边向下爬。

这话就像一枚炸弹一般在船上炸开来,水手们一个个吓得面无人色,全无刚才潇洒悠闲的神情。正躺在船长室休息的康纳利船长听到报告后,感到很奇怪:凭自己多年的航海经验,这个季节的印度洋上,不应该会有飓风出现。

他疑心重重地爬上船台,举起望远镜,顺着阿泽非尔的指向望去。果然,在远处的海面上腾起一阵阵水雾,给人一种朦朦胧胧的感觉,这分明是飓风的前兆。

康纳利立即命令"太子号"左转舵,加速航行,力图做好防风准备。"太子号"迅速向那片水雾的左侧驶去。就在驶近水雾时,突然传来雷鸣般的响声,"劈啪"一声巨响从船身周围传来,一股股热浪袭向船员们,灼热难忍。站在船舷的水手们突然叫了起来:"火,火,水起火了。"康纳利船长匆匆来到右舷,只见海面上火苗乱蹿,闪着耀眼的蓝光,足有 1 米多高,且燃得极旺,仿佛有成吨成吨的汽油倾倒在海面上。海水被烧得气浪翻滚,不时地冲起一股股气柱,由如被烧开的粥一般,翻天覆地,熊熊不息。

康纳利困惑地道:"这是什么鬼玩意? 真的是火在烧?"

阿泽非尔搔了搔脑袋说:"恐怕真是火吧,也许这海底下有油藏,正在冒油呢。"

这时,火势已向船身蔓延过来,气浪不时地扑上船来,有几条稍长的火舌竟已舐到船舷上,滚滚热浪撩得人脸发烫。

康纳利船长赶忙下令,加大马力,尽快避开这片火海。

火苗似金蛇狂舞,大海仿佛在燃烧。"太子号"艰难地躲避着火浪。但这火似乎长着眼睛,拼命地追赶着"太子号",那几米高的火苗时不时蹿上船来,幸亏船驶得快,要不"太子号"准会被这火点燃爆炸,那后果不堪设想。水手们都不敢在甲板上走动,只好躲在船舱里祈求上天保佑。过了许久,"太子号"终于远远地避开了火海。

远离了危险的水手们又重新聚在甲板上,观看水火相容这一个罕见的景观,并且为能遇上这千载难逢的机会而祝贺。有人甚至还取出照相机拍摄起来,说是留作纪念。

事后,全世界都知道了印度洋起火的事情,各种猜测也随之而来。有人说,是海底有天然气冒出,由于海浪拍击形成热堆积,热堆积到一定程度使水温达到天然气的燃点而引起大火。有人说,也许是海底火山活动。更有人说,很可能是外星人在那里停留,大火和气浪是他们的飞行器引起的。

这个奇闻也引起了世界各国的生态环境学家的注意。

各国科学家们组成了联合考查组于1978年3月又来到了"太子号"遇险的地方。可是那里除了空旷的海面,什么也没有。根据"太子号"的航行速度推算,那火海至少有方圆10海里,因此应该不会错过火海的地点。科学家们考察这一海域的海水和海底地质状况,均未发现什么可疑之处。

结果,考查无功而返。时间过得很快,人们也差不多淡忘了印度洋上的那幕"水火相容"的奇景。

但是1987年,在太平洋上又发生了同一幕情景,这次遇险的是古巴货轮"雪菲利"号。这次,恰巧货轮上有个气象学者搭船,他记下了当时的大气状况。科学家们重新对这一奇怪现象进行仔细研究。经过反复实验后,科学家终于以那位气象学者的气象报告中发现了突破口。原来这一切都是风在幕后作怪。高速的风在掠过海面时,与海水摩擦,起了电离作用,将水分子电解成氧离子和氢离子,并通过风中的电荷作用,使氢离子发生爆炸,这才燃起了熊熊大火。

当然,这种现象必须借助一定的环境和一定的气象条件才能发生。而"太子号"和"雪菲利号"刚巧碰上了,其实这对于他们来说,又何尝不是一件幸事,因为如果当时他们不遇上这"水火相容"的奇景,那么将会有更可怕的强烈飓风在等待着他们!

南极冰川流出血瀑布

南极洲的一处冰川中,有一道奇特的景观,像是撕裂的伤口中流淌出的一条血色的河流。而它所在的位置也是南极大路上最奇特的地区之一:麦克默多干谷,一个巨大的无冰区,而且是世界上环境最恶劣的沙漠之一。

南极大路上最奇特的地区之一:麦克默多干谷

这里虽然地处南极,但从来都很少有冰存在,因为向下的风以高达200英里每小时的时速横扫整个山谷和带走所有的水分。你独身徒步行进其中,经过企鹅以及其他动物的尸体,最后,你看到了它——一座"流血"的冰川。它是1911年由命运多舛的罗伯特斯科特科考队的成员发现的,其铁锈一般的颜色起初被认为是由于某些藻类的生长所致。但是随后被证实是由于铁的氧化。每隔一段时间,冰川喷出清澈的,富含铁的液体,然后迅速氧化变成我们看到的深红色。

"血冰川"再次流出深红色的液体

《探索杂志》称:"这些液体来源于 1300 英尺的冰下富含盐分的盐湖,新的研究已经发现有细菌生存在这样艰难的环境中,依靠硫和铁的化合物生活。研究人员称,自从冰川从湖中诞生,创造了这样寒冷,黑暗,无氧的生态环境时起,这种细菌菌落已被隔离了约 150 多万年。"更令人惊奇的是:科学家认为,细菌造就的"血瀑布"提供了太阳系中存在类似外星生命的可能,例如火星和木卫二极地的冰盖之下。

海底古城

在以色列海法附近的地中海海域中,距离岸边大约一公里的位置,那里沉没着一个古老的村庄。这座古老的村庄如今在水下保持完好,大量的象鼻虫躲在村庄的粮仓中,人类的骨架平静地躺在各自的坟墓里,一个神秘的怪石圈仍然站立在那儿,就像当初刚刚被竖立时一样。

这个水下村庄就是亚特利特雅姆古村落。亚特利特雅姆古村落大约存在于公元前 7000 年前,面积约为 4 万平方米,是目前已发现的最古老的沉没定居点。那里没有规划完整的街道,因此考古学家将其定位为村庄,而不是城镇。不过在这个古村落中,人们居住的是大型石头房屋,房屋中有铺砌的地板,家中有庭院、有壁炉,还有存储设施。

这个水下村落被淹没了长达 9000 年时间,直到 1984 年以色列海洋考古学家埃胡德·加利利首次发现它。从 1984 年起,加利利每年冬天都会潜入水下对这个村落进行考察。通过该村落,人们对新石器时代的人类生活有了更深入的认识。加利利解释说,"从该村落遗址看,当时的人们正经历人类历史上最伟大的一次革命。"

从动物的遗骨看,亚特利特雅姆村民不仅仅会捕猎野生动物,同时还会畜养绵羊、山羊、猪、狗和牛等家畜。在农业方面,他们还会种植小麦、大麦、扁豆和亚麻等。在渔业方面,他们已经学会了使用鱼钩,而且从鱼骨分析可以看出,他们还会存储鱼类并进行交易。他们不仅仅会使用鱼钩钓鱼,还会潜入水中捕捞。因此,考古学家在对一些坟墓中男性骨骼进行分析后发现,这些男性村民都由于长期在冰冷的水中潜水而使耳部受损。

在村落中,最奇怪的事物就是那个由 7 块 600 多公斤重的巨石组成的圆圈。加利利认为,"这个石圈和英国的巨石阵有些相似,但规模较小"。在圆圈中间,有一个淡水喷泉。在附近一些石板上有一个个水杯状的标记。考古学家们认为,这个怪石圈可能是用于求水仪式。

加利利认为,最后一个冰川期结束后,海平面仍在继续升高。亚特利特雅姆村落最终被海水所侵蚀并淹没,村民被迫放弃他们的家园。

海底洞穴的奥秘

亨利·科斯克是一位著名的法国业余洞穴探险家。1985 年,他在一次海底探险中,竟意外地发现了一处距今一万多年的海底洞穴壁画。引起了极大的轰动。

一天,他驾驶着自己的"克鲁马农号"船,前往地中海的苏尔密乌海湾探险寻宝。当他潜水到 36 米深处的水下时,竟惊奇地发现了一个隧道口。正当他兴奋地想潜进去弄个究竟时,他的水下照明灯出了问题,只得遗憾地被迫返回了水面。

此后,他试图再次寻找这个隧道口,但一直未能如愿。转眼五年时间过去了。一天,他在潜水探险时,终于再次发现了这个隧道口。他借助水下照明灯,缓缓潜游到洞口的尽头,发现这里竟是一处洞穴,而且洞穴的石壁上还有着手的明显印迹。

为了揭开这个洞穴之谜,他决定邀请自己所在的潜水俱乐部的同伴,组成一支海底洞穴探险队,并亲任队长。

有一天,他亲自率领探险队来到水下隧道口,沿隧道口渐渐进入深处。里面海水混浊致使方向难辨,曲曲折折,时宽时窄。由于水下照明灯不能正常发挥作用,大家只能艰难地摸索前进。

大约经过 20 分钟的时间,才通过了这条约 200 米长的水下隧道,并见到了洞穴。当他们想浮出水面,稍稍休息一下再继续探险时,哪里想到头刚一露出水面,个个都被眼前的奇观惊呆了。只见与隧道口尽头相连的海平面之上,竟是一个完全封闭的,直径约 50 米的天然洞穴。洞内布满了形状各异的石笋和钟乳石。而最令人惊奇的是洞穴石壁上,竟有着一幅幅形象逼真的动物画像。这神奇的发现既令他们兴奋,又令他们疑惑。

为了揭开这个神秘的洞穴之谜,他们向海洋考古研究所做了报告。随后,跟随考古学家率领的探险队再次潜入洞穴。经过科学家的鉴定与证实,洞穴内的艺术壁画为史前艺术珍品,距今已有万年之久。

大家疑惑不解地提出,距今万年前的古人是怎样来到海底洞穴的呢?考古学家给出这样的解释说:万年以前的地球上,处于冰河时代末期。那时的地中海海平面比现在要低百米以上。如此推断,苏尔密乌海湾水下的洞穴,在当时无疑是处在海平面之上。因此,生活在那个时代的古人,很容易从位于悬崖之下的通道口走进洞穴。当地球结束冰河时代时,海水上涨,洞穴也就自然被海水淹没而处于封闭状态了。正是这种特殊的地理环境,而使这些古代艺术珍品得以保存至今。

神秘的格陵兰岛冰川洞穴

格陵兰岛横跨在北极圈上,是地球上最大的岛。该岛从北到南长 2.67 万公里,海岸线全长约 4 万公里。岛的大部分地区位手北极圈内,最北端距离北极还不足 8 公里。这里日照微弱,气候严寒,终年积雪,极难融化。年复一年,越堆越厚的积雪便慢慢压缩成坚硬的冰层,形成了巨大的冰冠,整个格陵兰岛差不多完全掩埋在永久性的冰冠之下了。

多少年来,在处于移动状态下的冰冠的作用下,这里形成了无数的巨大冰川以及冰川之下纵横交错的冰穴,成为科学探险的理想之地。

1989 年 9 月,法国著名探险家雅诺·朗贝尔东率领一支由地质科学家、登山专家,洞穴学专家等组成的探险队,来到格陵兰岛进行冰川洞穴探险。他们来到这一望无际的神奇冰海之上时,仿佛看到了一个崭新的世界。

当时,北半球的其他地方还处在夏末秋初的季节,而这里却是冰天雪地的酷冬。由于狂风暴雪的袭击和气候的严寒,探险队一时无法行动,只好困在特制的帐篷里,整整等了 4 天时间,才见天空转晴。当阳光洒在辽阔的冰原上时,冰原反射出耀眼夺目的灿烂光芒,构成了大自然的一幅美丽图画。

探险队不失时机,立即全副武装,开始下潜到冰川洞穴之内。洞内的神奇与美丽令大家眼花缭乱,赞叹不已。只见洞中自然形成的大厅、走廊、瀑布接连不断。洞穴内四壁透明,使人仿佛步入了一个奇特迷人的水晶宫之中。

朗贝尔东率领大家沿着冰穴内的峭壁艰难地继续下潜。每行进一步都极其艰难。只要脚下稍一滑就会坠入到深不可测的洞内暗流之中,而且随时要防止滑入冰缝和突如其来的冰体崩塌,所以,这里真可称得上是险象环生之地。

在历经艰险之后,朗贝尔东探险队终于到达了目前世界上冰川的最深处,深达123 米左右。创造了人类下潜冰海的世界纪录。

被河流终结的探险

尼日尔河是西非第一大河,因为那里自然条件恶劣,探险家们花了数百年的时间才最终弄清它的流向。英国著名的探险家芒戈·帕克就是众多探险者中的一位。

帕克是一位热爱探险的医生。1795 年,受伦敦非洲学会的派遣,他来到了非洲。他此行的目的是考察尼日尔河的流经路线。登陆今天的冈比亚的海岸后,他结识了一个专门贩卖奴隶的人。由于奴隶贩子熟悉路线,帕克便与他结伴而行,途中他们还一起考察了非洲的另一条河流——冈比亚河。

16~19 世纪末,欧洲及美国殖民者从非洲大量掠夺黑人,贩运至美洲作为奴隶高价出售,而葡萄牙人则是最早从事这一罪恶活动的人。18 世纪时,英国商人夺得垄断贩运奴隶的特权,利物浦成为奴隶交易中心。在掠夺和贩运过程中,黑人备受各种骇人听闻的虐待,死亡率极高。17~9 世纪中叶,从非洲运入美洲的黑人奴隶,约有 1500~2000 万人。正是在这样一种大背景之下,基于语言、文化、习俗及奴隶贸易等原因,当时非洲各地的土著居民非常抵触外来人员,尤奠是欧洲的白人。

帕克向非洲内陆行进 900 千米后到达了撒哈拉沙漠的边缘。不幸的是,在这里他被土著居民摩尔人捉住,关押了起来。帕克于是计划逃跑,四个月后,他携带自己的一匹马和一只指南针脱身了。

1796 年 7 月 21 日,帕克抵达马里境内的尼日尔河。在尼日尔河做短暂停留后,他又花了 11 个月,回到了冈比亚海岸自己的基地。

第二年,帕克回到了伦敦的家中。历经艰险的他要休息一段时间。

1805 年 8 月,帕克和他的一位姻亲连同其他 40 名欧洲人再次动身来到非洲,进行对尼日尔河的第二次探险。他写信给妻子说,他计划沿尼日尔河顺流而下一直到达入海口。可是,从此他便如同消失一样,不再有任何音讯,直到 20 年后,英国派去的调查团将各种打听到的消息拼凑起来,才了解到,帕克在第二次探险的开始便遇难了。

原来,帕克来到尼日尔河就立即开始了航行。由于天气炎热,人们又过度疲劳,加上先前的准备不充分导致物资极度缺乏,同行的人中有许多从开始生病、死亡。不到半年时间,40 名欧洲人只活下来 11 人。

1805 年 12 月 23 日,帕克和幸存的同伴到达布萨瀑布。不料,帕克又一次遭到了非洲人的攻击。帕克和他的同伴再也没有力气反抗,他们纷纷跳入奔腾的尼日尔河企图逃跑。没想到尼日尔河的急流不仅掀翻了他们的航船,而且将他们全部卷入深深的河水里。伟大的探险就这样被无情地终结了。

芒戈·帕克的儿子托马斯是被派去调查他父亲遭遇的调查团成员之一。从西非海岸向内陆旅行时他听到传闻说,他的父亲正被关在尼日尔河一带的牢里。当然,这个传闻是假的,但是托马斯只走了很短一段路便死于热症,他到死也没有查明父亲遇难的真相。

恐怖的黑竹沟

我们这个世界虽不乏景色秀丽的人间天堂,但也有不少令人闻之色变、避之唯恐不及的恐怖地方。这些恐怖的地方以其特有的奇异景观怒视着人类,怒视着一切生灵。它们随时准备吞噬进入它们领地的一切。位于中国四川盆地西南的小凉山北坡的黑竹沟便是这样一个令世人望而却步的恐怖地带。黑竹沟古木参天,箭竹丛生,一遭潸泉奔泻而出。传说在沟前有一个叫关门石的峡口,一声人语或犬吠,都会惊动山神魔朗吐出阵阵毒雾,把闯进峡谷的人畜卷走。传说不足以让人信服,而现实中发生的一桩桩奇事却令人大惑不解。1950年初,国民党胡宗南部队的半个连,仗着武器精良,准备穿越黑竹沟逃窜。可谁知进沟后,一个人也没出来。是被巨蛇吞食了,还是被其他东西夺去了生命?无人知晓。1955年6月,中国人民解放军测绘兵某部的两名战士,取道黑竹沟运粮,结果也神秘失踪了。部队出动两个排的人力搜索寻找,最终一无所获。

神秘浓雾

1964年,川南林业局和邻近县再次组成二类森林资源调查队进入黑竹沟。这次,他们请来了两名彝族猎手做向导。当关门石出现在眼前时,两位猎手将带来的两只猎犬放进沟去试探。第一只猎犬灵活得像猴子一样,一纵身就消失在峡谷深处。可半个小时过去了,猎犬杳如黄鹤。第二只黑毛犬前往寻找伙伴,结果也神秘地消失在茫茫峡谷之中。两位彝族同胞急了,不得不违背沟中不能高声吆喝的祖训,大声呼唤他们的爱犬。顿时,遮天盖地的茫茫大雾不知从何处神话般地涌出。9个人尽管近在咫尺,彼此却无法看见。惊慌和恐惧使他们冷汗淋漓,大气都不敢出。五六分钟过后,浓雾又奇迹般地消退了,顿时玉宇澄清,眼前依然古木参天,箭竹婆娑。队员们如同做了一场噩梦。面对可怕的险象,为确保安全,队员们只好返回。黑竹沟至今仍笼罩在神秘之中,或许只有消失在其间的人才知道它的谜底。

离奇失踪

1977年7月,中国四川省林业厅森林勘探设计一大队来到黑竹沟勘测,宿营于关门石附近。身强力壮的高个子技术员老陈和助手小李主动承担了闯关门石的任务。第二天,他俩背起测绘包,每人用纸包上两个馒头便朝关门石内走去。可是到了深夜,依然不见他俩回归的踪影。从次日开始,寻找失踪者的队伍逐渐扩大。川南林业局与邻近县组成的百余人的寻找失踪者的队伍也赶来了。他们踏遍青山,找遍幽谷,除两张包馒头用过的纸外,再也没有发现任何蛛丝马迹。

恐怖的火炬岛

在加拿大北部的帕尔斯奇湖北边,有个1平方公里的圆形小岛,当地人称它火炬岛。相传,当年普罗米修斯把火种带给人类,准备返回天宫时,顺手把已经没用的火炬扔进了北冰洋。火炬没有下去。天长日久,便形成了一个小岛。经过风吹雨打,小岛上的火渐渐熄灭了。但是,即使过了许多年,它依旧有一种神奇的力量,这就是人一旦踏上小岛,就会如烈焰般地自焚起来。

伊尔福德是萨斯喀彻温肖普森理工大学的教授,1984年他带着一个考察组考察火炬岛。在这之前,他们进行了分析,认为人体自燃可能是一种电学或化学现象。但考察组的哈瓦平利教授却反对这种分析,岛上草木郁郁葱葱,还有飞禽走兽,它们为什么没有自焚现象呢?

　　他们为防止出现意外,都穿上了特制的绝缘耐高温服,上岛后也没发现异常现象。谁知两个小时后,就在考察即将结束时,莱克夫人突然说心里发热,腹部发烧,伊尔福德立刻叫大家迅速从原路撤回。走在路上,最前面的莱克夫人突然惊叫起来,只见阵阵烟雾从她的口鼻中喷出来,接着还闻到一股皮肉烧焦的味道。后来,伊尔福德回忆说:"莱克夫人走在队伍最前面,我们并没发现任何异常,燃烧是渐渐发生的,那套耐高温的衣服完好无损,莱克夫人却化为灰烬。"加拿大物理学院的布鲁斯特教授说自燃现象是人体内部原因造成的。伊尔福德反对这种意见,他认为是外部原因所致。

　　另据说早在 17 世纪 50 年代,有几位荷兰人来到帕尔斯奇湖。当地人再三叮嘱他们:千万不要去火炬岛。有位叫马斯连斯的荷兰人觉得当地居民是在吓唬他们。他认为:帕尔斯奇湖处在北极圈内,即使想在岛上点上一堆火,恐怕也要费些周折,更不用说是使人自焚了。

　　因此,马斯连斯对这一忠告没有理睬,固执地邀了几个同伴向火炬岛进发,希望找到所谓的印第安人埋藏的宝物。可是,他们一行来到小岛边时,当地人的忠告让马斯连斯的几个同伴胆怯起来,都不敢再前进半步。只有马斯连斯一人继续奋力向前划去。

　　同伴们远远地目送着马斯连斯的木筏慢慢接近小岛,心里都很担心,默默为他祷告着。时隔不久,他们突然看到一个火人从岛上飞奔过来,一下子跃进湖里。那不正是马斯连斯吗? 只见水中的马斯连斯还在继续燃烧。他们立即冲了上去,但谁也不敢跳下去救他,只能眼睁睁地看着他在痛苦中挣扎。

　　此后,从 1984 年到 1992 年,每年都有人丧生,当地政府严禁任何人进入火炬岛。火炬岛如今人迹罕至,但人们对它依旧充满好奇,准备有朝一日揭开谜团。

地理篇

四大洋

太平洋

概　况

位置:位于亚洲、大洋洲、南极洲和南、北美洲之间。

面积:南北长约15900千米,东西最大宽度约19900千米,面积17968万平方千米。占世界海洋总面积的49.8%,占地球总面积的35%。太平洋是地球上四大洋中最大、最深和岛屿、珊瑚礁最多的海洋。

范围:太平洋西南以塔斯马尼亚岛东南角至南极大陆的经线与印度洋分界,东南以通过南美洲最南端的合恩角的经线与大西洋分界,北经白令海峡与北冰洋连接,东经巴拿马运河和麦哲伦海峡、德雷克海峡沟通大西洋,西经马六甲海峡和巽他海峡通印度洋,总轮廓近似圆形。

深度:平均深度为4028米,最大深度为马里亚纳海沟,深达11034米,是目前已知世界海洋的最深点。

地理分区:太平洋通常以南、北回归线为界,分南、中、北太平洋,或以赤道为界分南、北太平洋,也有以东经160°为界,分东、西太平洋的。北太平洋:北回归线以北海域,地处北亚热带和北温带,主要属海有东海、黄海、日本海、鄂霍次克海和白令海。中太平洋:位南、北回归线之间,地处热带,主要属海有南海、爪哇海、珊瑚海、苏禄海、苏拉威西海、班达海等。南太平洋:南回归线以南海域,地处南亚热带和南温带,主要属海有塔斯曼海、别林斯高晋海、罗斯海和阿蒙森海。

国家和地区:太平洋地区有30多个独立国家,以及十几个分属美、英、法等国的殖民地。

自然环境

岛屿:太平洋约有岛屿一万个,总面积440多万平方千米,约占世界岛屿总面积的45%。大陆岛主要分布在西部,如日本群岛、加里曼丹岛、新几内亚岛等;中部有很多星散般的海洋岛屿(火山岛、珊瑚岛)。海底地形可分为中部深水区域、边缘浅水区域和大陆架三大部分。大致2000米以下的深海盆地约占总面积的87%,200~2000米之间的边缘部分约占7.4%,200米以内的大陆架约占5.6%。北半部有巨大海盆,西部有多条岛弧,岛弧外侧有深海沟。北部和西部边缘海有宽阔的大陆架,中部深水域水深多超过 5000 米。夏威夷群岛和莱恩群岛将中部深水区分隔成东北太平洋海盆、西南太平洋海盆、西北太平洋海盆和中太平洋海盆。海底有大量的火山锥。边缘浅水域水深多在 5000 米以上,海盆面积较小。

火山与地震:全球约 85% 的活火山和约 80% 的地震集中在太平洋地区。太平洋东岸的美洲科迪勒拉山系和太平洋西缘的花彩状群岛是世界上火山活动最剧烈的地带,活火山多达 370 多座,有"太平洋火圈"之称,地震频繁。

气候:太平洋有很大一部分处在热带和副热带地区,故热带和副热带气候占优势,它的气候分布、地区差异主要是由于水面洋流及邻近大陆上空的大气环流影响而产生的。气温随纬度增高而递减。南、北太平洋最冷月平均气温从回归线向极地为 20 ~ 16℃,中太平洋常年保持在 25℃ 左右。太平洋年平均降水量一般为 1000~2000 毫米,多雨区可达 3000~5000 毫米,而降水最少的地区不足 100 毫米。北纬 40° 以北、南纬 40° 以南常有海雾。水面气温平均为 19.1℃,赤道附近最高达 29℃。在靠近极圈的海面有结冰现象。吼啸狂风和汹涌波涛太平洋上的吼啸狂风和汹涌波涛很是著名。在寒暖流交接的过渡地带和西风带内,多狂风和波涛,太平洋北部以冬季为多,南部以夏季为多,尤以南、北纬 40° 附近为甚。中部较平静,终年利于航行。

洋流:太平洋洋流大致以北纬 5 ~ 10° 为界,分成南北两大环流:北部环流顺时针方向运行,由北赤道暖流、日本暖流、北太平洋暖流、加利福尼亚寒流组成;南部环流反时针方向运行,由南赤道暖流、东澳大利亚暖流、西风漂流、秘鲁寒流组成。两大环流之间为赤道逆流,由西向东运行,流速每小时 2 千米。

潮汐:多为不规则半日潮,潮差一般为 2~5 米。

海洋资源

太平洋生长的动、植物,无论是浮游植物或海底植物以及鱼类和其他动物都比其他大洋丰富。

渔业:太平洋浅海渔场面积约占世界各大洋浅海渔场总面积的 1/2,海洋渔获量占世界渔获量一半以上,秘鲁、日本、中国舟山群岛、美国及加拿大西北沿海都是世界著名渔场。盛产鲱、鳕、鲑、鲭、鳟、鲣、沙丁、金枪、比目等鱼类。此外海兽(海豹、海象、海熊、海獭、鲸等)捕猎和捕鲸业也占重要地位。

矿物资源:近海大陆架的石油、天然气、煤很丰富,深海盆地有丰富的锰结核矿层(所含锰、镍、钴、铜四种矿物的金属储量比陆地上多几十倍至千倍),此外海底砂锡矿、金红石、锆、钛、铁及铂金砂矿储量也很丰富。

交通运输

航运:太平洋在国际交通上具有重要意义。有许多条联系亚洲、大洋洲、北美洲和南美洲的重要海、空航线经过太平洋;东部的巴拿马运河和西南部的马六甲海峡,分别是通往大西洋和印度洋的捷径和世界主要航道。

海运航线主要有东亚—北美西海岸航线、东亚—加勒比海、北美东海岸航线、东亚—南美西海岸航线、东亚沿海航线、东亚—澳大利亚、新西兰航线、澳大利亚、新西兰—北美东、西海岸航线等。太平洋沿岸有众多的港口。

纵贯太平洋的180°经线为"国际日期变更线",船只由西向东越过此线,日期减去一天;反之,日期便加上一天。

海底电缆:太平洋第一条海底电缆是1902年由英国敷设的,1905年美国在太平洋也敷设了海底电缆。目前加拿大至澳大利亚,美国至菲律宾、日本及印度尼西亚,香港至菲律宾与越南,南美洲沿海各国之间都有海底电缆。近年在太平洋上空开始利用人造通信卫星进行联系。

大西洋

概　况

位置:位欧、非与南、北美洲和南极洲之间。

面积:面积9336.3万平方千米,约占海洋面积的25.4%,约为太平洋面积的一半,为世界第二大洋。

范围:大西洋南接南极洲;北以挪威最北端—冰岛—格陵兰岛南端—戴维斯海峡南边—拉布拉多半岛的伯韦尔港与北冰洋分界;西南以通过南美洲南端合恩角的经线同太平洋分界;东南以通过南非厄加勒斯角的经线同印度洋分界。大西洋的轮廓略呈S形。

深度:平均深度为3627米。最深处达9212米在波多黎各岛北方的波多黎各海沟中。

地理分区:根据大西洋的风向、洋流、气温等情况,通常将北纬5°作为南、北大西洋的分界。大西洋在北半球的陆界比在南半球的陆界长得多,而且海岸曲折,有许多属海和海湾。

重要的属海和海湾:加勒比海、墨西哥湾、地中海、黑海、北海、波罗的海、比斯开湾、几内亚湾、哈得孙湾、巴芬湾、圣劳伦斯湾、威德尔海、马尾藻海等。

重要的岛屿和群岛:大不列颠岛、爱尔兰岛、冰岛、纽芬兰岛、古巴岛、伊斯帕尼奥拉岛及加勒比海和地中海中的许多群岛,格陵兰岛也有一小部分位于大西洋。

自然环境

海底地形:大西洋海底地形特点之一是大陆棚面积较大,主要分布在欧洲和北美洲沿岸。超过2000米的深水域占80.2%,200～2000米之间的水域占11.1%,大陆棚占8.7%,比太平洋、印度洋都大。其二是洋底中部有一条从冰岛到布韦岛,南北延伸约15000多千米的中大西洋海岭,在赤道地区被狭窄分水鞍所切断,一般距水面3000米左右,有些部分突出水面,形成一系列岛屿。整条海岭蜿蜒成S形,把大西洋分隔成与海岭平行伸展的东西两个深水海盆。东海盆比西海盆浅,一般深度不超过 6000 米;西海盆较深,深海沟大都在西海盆内。在南半球,中大西洋海岭主体向东、向西还伸出许多横的山脊支脉,如伸向非洲西南海岸的沃尔维斯海岭(鲸海岭),伸向南美洲东海岸的里奥格兰德海丘。在中大西洋海岭的南端布韦岛以南为一片水深 5000 多米的地区,称大西洋—印度洋海盆。南桑威奇海沟深达 8428 米,为南大西洋的最深点。中大西洋海岭的北端则相反,海底逐渐向上隆起,在格陵兰岛、冰岛、法罗群岛和设得兰群岛之间,海深不到 600 米。大西洋东部地区,特别在北半球的热带和亚热带,有许多水下浅滩。

气候:大西洋的气候,南北差别较大,东西两侧亦有差异。气温年较差不大,赤道地区不到 1℃,亚热带纬区为 5℃,北纬和南纬 60° 地区为 10℃,仅大洋西北部和极南部超过 25℃。大西洋北部盛行东北信风,南部盛行东南信风。温带纬区地处寒暖流交接的过渡地带和西风带,风力最大。在南北纬 40~60° 之间多暴风;在北半球的热带纬区 5~10 月常有飓风。大西洋地区的降水量,高纬区为 500~1000 毫米,中纬区大部分为 1000~1500 毫米,亚热带和热带纬区从东往西为 100~1000 毫米以上,赤道地区超过 2000 毫米。大西洋水面气温在赤道附近平均约为 25~27℃,在南北纬 30° 之间东部比西部冷,在北纬 30° 以北则相反。在大西洋范围内,南、北两半球夏季浮冰可分别达南、北纬 40° 左右。

洋流大西洋的洋流南北各成一个环流系统:北部环流为顺时针方向运行,由北赤道暖流、安的列斯暖流、墨西哥湾暖流、加那利寒流组成,其中墨西哥湾暖流延长为北大西洋暖流,远入北冰洋;南部环流为反时针方向运行,由南赤道暖流、巴西暖流、西风漂流和本格拉寒流组成。在两大环流之间有赤道逆流,赤道逆流由西向东至几内亚湾,称为几内亚暖流。

海洋资源

渔业:海洋资源丰富,西北部和东北部的纽芬兰和北海地区为主要渔场,盛产鲱、鳕、沙丁鱼、鲭、毛鳞鱼等,其他尚有牡蛎、贻贝、鳌虾、蟹类以及各种藻类等。海洋渔获量约占世界的 1/3~2/5 左右。南极大陆附近产鲸、海豹和磷虾,海兽捕获量也很大。

矿物:加勒比海、墨西哥湾、北海、几内亚湾和地中海均蕴藏有丰富的海底石油和天然气。

交通运输

航运:大西洋航运发达,东、西分别经苏伊士运河及巴拿马运河沟通印度洋和太平洋。海轮全年均可通航,世界海港约有 75% 分布在这一海区。主要有欧洲和北美的北大西洋航线;欧洲、亚洲、大洋洲之间的远东航线;欧洲与墨西哥湾和加勒比海之间的中大西洋航线;欧洲与南美大西洋沿岸之间的南大西洋航线;从西欧沿非洲大西洋岸到开普敦的航线。

大西洋海底电缆:总长 20 多万千米。从爱尔兰的瓦伦西亚岛和从法国的布列塔尼半岛西北端开始通到加拿大纽芬兰岛的东南端,或一直通到加拿大新斯科舍半岛北端的线路是大西洋海底电缆的主要干线。

印度洋

概　况

位置:位于亚洲、大洋洲、非洲和南极洲之间,大部分在南半球。

面积:7491.7万平方千米。约占世界海洋总面积的21.1%,为世界第三大洋。

范围:印度洋西南以通过南非厄加勒斯角的经线同大西洋分界,东南以通过塔斯马尼亚岛东南角至南极大陆的经线为界与太平洋相连。印度洋的轮廓是北部为陆地封闭,南部向南极洲敞开。

深度:平均深度为3897米,最大深度为爪哇海沟,达7450米。

主要属海和海湾:红海、阿拉伯海、亚丁湾、波斯湾、阿曼湾、孟加拉湾、安达曼海、阿拉弗拉海、帝汶海、卡奔塔利亚湾、大澳大利亚湾。

自然环境

岛屿:印度洋有很多岛屿,其中大部分是大陆岛,如马达加斯加岛和非洲东岸边缘许多小岛以及索科特拉岛、斯里兰卡岛、安达曼群岛、尼科巴群岛、明打威群岛等。另有很多火山岛如留尼汪岛、科摩罗群岛、阿姆斯特丹岛、克罗泽群岛、凯尔盖朗群岛等。此外在中印度洋海岭北部上的拉克沙群岛、马尔代夫群岛、查戈斯群岛,以及爪哇西南的圣诞岛、科科斯群岛都是珊瑚岛。

海底地形:海底有一条从印度半岛西岸到澳大利亚大陆以南、自北而南向东伸延的高地,一般在水下约3000～4000米之间,北段为卡尔斯伯格海岭、中段为中印度洋海岭、南段为西南印度洋海岭,西折以后的部分称大西洋—印度洋海岭。这一带高地把印度洋分成东、西两部分,东部为东经90°海岭,海岭南北纵贯,中印度洋海盆和沃顿海盆分列东西,海水较深,其中有些深陷的海沟,以爪哇海沟最深;西部海底地形十分复杂,有许多隆起,海岭交错分布,分隔出一系列海盆:在卡尔斯伯格海岭与亚洲海岸之间有阿拉伯海盆,卡尔斯伯格海岭与非洲海岸之间有索马里海盆。西南印度洋海岭西部有马达加斯加海盆、纳塔尔海盆和厄加勒斯海盆。东部有克罗泽海盆。印度洋南部的凯尔盖朗海岭的东、西两侧为南印度洋海盆和大西洋—印度洋海盆。这些海盆的深度均超过5000米。在印度洋热带沿海区多珊瑚礁和珊瑚岛。

气候:印度洋大部分位于热带,夏季气温普遍较高,冬季一般仅南纬50°以南气温才降至零下。印度洋北部是地球上季风最强烈的地区之一,在南半球西风带中的南纬40～60°之间以及阿拉伯海的西部常有暴风,在印度洋热带纬区有飓风。阿拉伯海和孟加拉湾的东部沿岸地区、印度洋赤道附近降水丰富,年平均降水量

2000~3000毫米之间;阿拉伯海西部沿岸降水量最少,仅100毫米左右;印度洋南部大部分地区,年平均降水量1000毫米左右。印度洋西部南纬40~50°之间多海雾。印度洋水面气温平均在20~26℃之间,赤道以北5月份水面气温最高可达29℃以上。

洋流南部的海流比较稳定,为一反时针方向的大环流,由南赤道暖流、莫桑比克暖流、厄加勒斯暖流、西风漂流、西澳大利亚寒流组成。北部海流因季风影响形成季风暖流,冬夏流向相反:冬季反时针方向,夏季顺时针方向。夏季浮冰最北可达南纬55°左右;冰山一般可漂到南纬40°,在印度洋西部,有时可漂到南纬35°。

海洋资源

海洋动植物与渔业:海水上层浮游生物很丰富,盛产飞鱼、金鲭、金枪鱼、马鲛鱼等,鲸、海豹、企鹅也很多。棘皮动物中多海胆、海参、蛇尾、海百合等。海生哺乳动物中儒艮是印度洋特产。波斯湾和斯里兰卡岛盛产珍珠。此外,植物有各种藻类及各种红树林。

矿物:石油极为丰富,波斯湾、红海、阿拉伯海、孟加拉湾、苏门答腊岛与澳大利亚西部沿海都蕴藏有海底石油。波斯湾是世界海底石油最大的产区。

交通运输

航运:印度洋是贯通亚洲、非洲、大洋洲的交通要道。东西分别经马六甲海峡和苏伊士运河通太平洋及大西洋。往西南绕过非洲南端可达大西洋。航线主要有亚、欧航线和南亚、东南亚、东非、大洋洲之间的航线。印度洋的海底电缆网多分布在北部,重要的线路有亚丁—孟买—马德拉斯—新加坡线;亚丁—科伦坡线;东非沿岸线。塞舌尔群岛的马埃岛、毛里求斯岛和科科斯群岛是主要海底电缆枢纽站。沿岸港口终年不冻,四季通航。海运量约占世界海运量的10%以上,以石油运输为主。

北冰洋

概　　况

位置:大致以北极为中心,介于亚洲、欧洲和北美洲之间,为三洲所环抱。

面积:1310万平方千米,约相当于太平洋面积的1/14。约占世界海洋总面积4.1%,是地球上四大洋中最小最浅的洋。

范围:北冰洋被陆地包围,近于半封闭。通过挪威海、格陵兰海和巴芬湾同大西洋连接,并以狭窄的白令海峡沟通太平洋。在亚洲与北美洲之间有白令海峡通太平洋,在欧洲与北美洲之间以冰岛—法罗海槛和威维亚·汤姆逊海岭与大西洋分界,有丹麦海峡及北美洲东北部的史密斯海峡与大西洋相通。

深度:平均深度约 1200 米,南森海盆最深处达 5449 米,是北冰洋最深点。

地理分区:根据自然地理特点,北冰洋分为北极海区和北欧海区两部分。北冰洋主体部分、喀拉海、拉普捷夫海、东西伯利亚海、楚科奇海、波弗特海及加拿大北极群岛各海峡属北极海区;格陵兰海、挪威海、巴伦支海和白海属北欧海区。

北极地区:北极圈以北的地区称北极地方或北极地区,包括北冰洋沿岸亚、欧、北美三洲大陆北部及北冰洋中许多岛屿。北冰洋周围的国家和地区有俄罗斯、挪威、冰岛、格陵兰(丹)、加拿大和美国。北极地区有几十个不同的民族,其中因纽特人分布最广。

北磁极:1985 年北磁极的位置在西经 102°54′,北纬 78°12′。

自然环境

海岸线:北冰洋地区大陆与岛屿的海岸线曲折,沿亚洲和北美洲海岸都有较宽的大陆架。

洋底地形:北冰洋陆棚发达,最宽达 1200 千米以上。中央横亘罗蒙诺索夫海岭,从亚洲新西伯利亚群岛横穿北极直抵北美洲格陵兰岛北岸,峰顶一般距水面 1000~2000 米,个别峰顶距水面仅 900 多米,有剧烈的火山和地震活动,它把北极海区分成加拿大海盆、马卡罗夫海盆(门捷列夫海岭将该海盆分隔为加拿大和马卡罗夫两个海盆)和南森海盆。海盆深度均在 4000~5000 米之间。在北冰洋中部还有许多海丘和洼地。格陵兰岛和斯瓦尔巴群岛之间有一带东西向海底高地,是北极海区与北欧海区的分界。北欧海区东北部为大陆架,西南部为深水区,以格陵兰海最深,达 5527 多米。

气候:北冰洋气候寒冷,洋面大部分常年冰冻。北极海区最冷月平均气温可达 -20~-40℃,暖季也多在 8℃以下;年平均降水量仅 75~200 毫米,格陵兰海可达 500 毫米;寒季常有猛烈的暴风。北欧海区受北大西洋暖流影响,水温、气温较高,降水较多,冰情较轻;暖季多海雾,有些月份每天有雾,甚至连续几昼夜。北极海区,从水面到水深 100~225 米的水温约为 -1~-1.7℃,在滨海地带水温全年变动很大,从 -1.5~8℃;而北欧海区,水面温度全年在 2~12℃之间。此外,在北冰洋水深 100~250 米到 600~900 米处,有来自北大西洋暖流的中间温水层,水温为 0~1℃。

洋流:北冰洋洋流系统由北大西洋暖流的分支挪威暖流、斯匹次卑尔根暖流、北角暖流和东格陵兰寒流等组成。北冰洋洋流进入大西洋,在地转偏向力的作用下,水流偏向右方,沿格陵兰岛南下的称东格陵兰寒流,沿拉布拉多半岛南下的称拉布拉多寒流。

冰盖与冰川:北冰洋水文最大特点是有常年不化的冰盖,冰盖面积占总面积的 2/3 左右。其余海面上分布有自东向西漂流的冰山和浮冰;仅巴伦支海地区受北角暖流影响常年不封冻。北冰洋大部分岛屿上遍布冰川和冰盖,北冰洋沿岸地区则多为永冻土带,永冻层厚达数百米。

极光:在北极点附近,每年近六个月是无昼的黑夜(10 月~次年 3 月),这时高空有光彩夺目的极光出现,一般呈带状、弧状、幕状或放射状,北纬 70°附近常见。

其余半年是无夜的白昼。

海洋资源

矿物:大陆架有丰富的石油和天然气,沿岸地区及沿海岛屿有煤、铁、磷酸盐、泥炭和有色金属。如伯朝拉河流域、斯瓦尔巴群岛与格陵兰岛上的煤田,科拉半岛上的磷酸盐,阿拉斯加的石油和金矿等。

海洋生物:海洋生物相当丰富,以靠近陆地为最多,越深入北冰洋则越少。邻近大西洋边缘地区有范围辽阔的渔区,遍布繁茂的藻类(绿藻、褐藻和红藻)。海洋里有白熊、海象、海豹、鲸、鲱、鳕等。苔原中多皮毛贵重的雪兔、北极狐。此外还有驯鹿、极犬等。

交通运输

北冰洋系亚、欧、北美三大洲的顶点,有联系三大洲的最短大弧航线,地理位置很重要。目前北冰洋沿岸有固定的航空线和航海线,主要有从摩尔曼斯克到符拉迪沃斯托克(海参崴)的北冰洋航海线和从摩尔曼斯克直达斯瓦尔巴群岛、雷克雅未克和伦敦的航线。

“四大洋”名称的由来

太平洋——“和平之洋”

公元 1513 年 9 月 26 日,西班牙探险家巴斯科·巴尔沃亚从巴拿马海岸见到此洋,命名为“南海”。1520 年,葡萄牙航海家麦哲伦受西班牙国王委托,率领船队寻找通过东方的航线。经过四个多月的艰难航程。越过狂风恶浪的大西洋,穿过麦哲伦海峡,他们进入了新的大洋。时值当时天气晴朗,风平浪静,与前段航行截然不同,因此麦哲伦便把这个叫作“南海”的大洋改称为“和平之洋”,汉译为“太平洋”。

大西洋——“大力士神的栖息地”

大西洋源于古希腊神话中大力士神阿特拉斯的名字。普罗米修斯因盗取天火给人间而犯了天条,株连到他的兄弟阿特拉斯。众神之王宙斯强令阿特拉斯支撑石柱使天地分开,于是阿特拉斯在人们心目中成了英雄。最初希腊人以阿特拉斯命名非洲西北部的土地,后因传说阿特拉斯住在遥远的地方,人们认为一望无际的大西洋就是阿特拉斯的栖身地,故有此称。

印度洋——“通往东方的海洋”

印度洋的名称最早见于 1515 年中欧地图学家舍尔编绘的地图上,标注为“东方的印度洋”,此外“东方的”一词是和大西洋相对而言。奥尔大利乌斯编绘的世界地图集里正式称之为“印度洋”。因为古代西方对东方的了解很少,只传闻印度是东方的一个富有的国家,因此到东方就是到印度,通往东方的航路也就是通往印度的航路。1497 年,葡萄牙航海家达·伽马东航寻找印度,便将沿途所经过的洋面统称之为印度洋。

北冰洋——"北极之海"

北冰洋大致以北极为中心,介于亚洲、欧洲和北美洲的北岸之间,面积1310万平方千米,为世界四大洋中面积最小、深度最浅的洋。由于终年气候严寒,绝大部分被冰层覆盖,因此一度曾经被称为"北极海""北冰海",现在称之为"北冰洋"。

七大洲

亚 洲

概 况

名称:亚细亚洲,简称亚洲。

位置:位东半球的东北部,东、北、南三面分别濒临太平洋、北冰洋和印度洋,西靠大西洋的属海地中海和黑海。

面积:4400万平方千米(包括附近岛屿),约占世界陆地总面积的29.4%,是世界第一大洲。亚洲大陆与欧洲大陆相连,合称亚欧大陆,总面积5071万平方千米,亚洲大陆约占4/5。

范围:大陆东至杰日尼奥夫角(西经169°40′,北纬60°05′),南至皮艾角(东经103°30′,北纬1°17′),西至巴巴角(东经26°03′,北纬39°27′),北至切柳斯金角(东经104°18′,北纬77°43′)。西北以乌拉尔山脉、乌拉尔河、里海、大高加索山脉、博斯普鲁斯海峡、达达尼尔海峡与欧洲分界,西南隔苏伊士运河、红海与非洲相邻,东南有一系列与大洋洲接近的群岛环绕大陆,东北隔白令海峡与北美洲相望。

地理区域:亚洲共有48个国家和地区。在地理上习惯分为东亚、东南亚、南亚、西亚、中亚和北亚。东亚包括中国、朝鲜、韩国、蒙古和日本。东南亚包括越南、老挝、柬埔寨、缅甸、泰国、马来西亚、新加坡、印度尼西亚、菲律宾、文莱等国家。南亚包括斯里兰卡、马尔代夫、巴基斯坦、印度、孟加拉国、尼泊尔、不丹和锡金。西亚也叫西南亚,包括阿富汗、伊朗、阿塞拜疆、亚美尼亚、格鲁吉亚、土耳其、塞浦路斯、叙利亚、黎巴嫩、巴勒斯坦、约旦、伊拉克、科威特、沙特阿拉伯、也门、阿曼、阿拉伯联合酋长国、卡塔尔和巴林。中亚包括土库曼斯坦、乌兹别克斯坦、吉尔吉斯斯坦、塔吉克斯坦和哈萨克斯坦的南部。北亚指俄罗斯的西伯利亚地区。

居 民

人口:35.13亿,约占世界总人口的60.5%,以中国人口最多,人口在1亿以上的还有印度、印度尼西亚、日本、孟加拉国和巴基斯坦。人口分布以中国东部、日本太平洋沿岸、爪哇岛、恒河流域等地最为密集。

种族:黄种人约占全洲人口的3/5以上。其次是白种人,黑种人很少。

语言:亚洲语言分属于:汉藏语系、南亚语系、阿尔泰语系、朝鲜语系、日本语系、印欧语系。

宗教:亚洲是佛教、伊斯兰教和基督教三大宗教的发源地。中南半岛各国的居民多信佛教;马来半岛和马来群岛上的居民主要信伊斯兰教,部分居民信天主教和佛教;南亚各国的居民主要信印度教、伊斯兰教和佛教;西亚各国的居民主要信伊斯兰教。

自然环境

海岸线:大陆海岸线长 69900 千米。多半岛和岛屿。半岛总面积约 1000 多万平方千米,是半岛面积最大的一洲,阿拉伯半岛为世界最大的半岛。岛屿总面积约 270 万平方千米,仅次于北美洲居世界第二位。加里曼丹岛为世界第三大岛。

地形:亚洲地形的总特点是地势高、地表起伏大,中间高、周围低,隆起与凹陷相间,东部有一列纵长的花彩状岛弧。平均海拔约 950 米,是除南极洲外世界上地势最高的一洲。山地、高原和丘陵约占总面积的 3/4,其中有 1/3 的地区海拔在1000 米以上。平原占总面积的 1/4,计 1000 多万平方千米。

全洲大至以帕米尔高原为中心,一系列高大山脉向四方辐射伸延到大陆边缘。主要有天山山脉、昆仑山脉、喜马拉雅山脉、阿尔泰山脉、兴都库什山脉、厄尔布尔士山脉、托罗斯山脉和扎格罗斯山脉等。在以上主干山脉之间有青藏高原、蒙古高原、伊朗高原、安纳托利亚高原和塔里木盆地、准噶尔盆地、柴达木盆地等。在山地、高原的外侧分布着面积广大的平原,主要有东北平原、华北平原、长江中下游平原、印度河平原、恒河平原、美索不达米亚平原、西西伯利亚平原等。亚洲既有世界上最高的高原、山脉和山峰,又有世界上著名的平原和洼地。青藏高原素有"世界屋脊"之称,平均海拔 4500 米;世界上最高的珠穆朗玛峰,海拔 8848 米;西西伯利亚平原东西宽 1500 千米,南北长 2300 千米,大部分地面海拔在 100 米以上;世界最低的洼地死海,水面低于地中海海面 400 米。

亚洲不仅陆上起伏极端,且大陆东缘的弧形列岛与太平洋的海底部分也同样表现出起伏极端,列岛上的山脉与极深的海沟伴生。亚洲最高峰与邻近海域最深海沟高低相差约 20 千米。

火山与地震:亚洲是世界上火山最多的洲,东部边缘海外围的岛群是太平洋西岸火山带的主要组成部分。从爪哇岛和苏门答腊岛向北经尼科巴群岛、安达曼群岛、德干高原北部、伊朗高原北部到小亚细亚半岛一带,为大西洋—地中海—印度洋沿岸火山带的一部分。亚洲也是世界上地震频繁且多强烈地震的洲之一。

水系:亚洲有许多大河,大都源于中部高山地带,呈放射状向四面奔流。流入太平洋的河流有黑龙江、黄河、长江、珠江、湄公河等;流入印度洋的有印度河、恒河、萨尔温江、伊洛瓦底江、底格里斯河、幼发拉底河等;流入北冰洋的有鄂毕河、叶尼塞河、勒拿河等。

内流河主要分布于亚洲中西部干旱地区,有锡尔河、阿姆河、伊犁河、塔里木河、约旦河等。亚洲落差最大的瀑布是印度西南沿海施腊巴提河上的焦格瀑布,落差 253 米。

亚洲湖泊较之其他洲不算太多,但不少湖泊具有特色,闻名世界。如亚欧界湖里海是世界第一大湖、最大的咸水湖;贝加尔湖是世界上最深的湖、亚洲最大的淡水湖;死海是世界上最低的洼地;巴尔喀什湖是一个同时存在着淡水和咸水的内陆湖。亚洲湖泊分布较广,大致可分北亚、中亚、西亚以及青藏高原和长江中、下游五大湖群。

气候:亚洲大陆跨寒、温、热三带。气候的主要特征是气候类型复杂多样、季风气候典型和大陆性显著。东亚东南半部是湿润的温带和亚热带季风区,东南亚和南亚是湿润的热带季风区。中亚、西亚和东亚内陆为干旱地区。以上湿润季风区与内陆干旱区之间,以及北亚的大部分为半湿润半干旱地区。

亚洲大部分地区冬季气温甚低,最冷月平均气温在 0℃ 以下的地区约占全洲面积的 2/3,上扬斯克和奥伊米亚康一带,1 月平均气温低达 -50℃ 以下,奥伊米亚康极端最低气温曾低达 -71℃,是北半球气温最低的地方,被称为北半球的寒极区。夏季普遍增温,最热月平均气温除北冰洋沿岸在 10℃ 以下外,其余地区均在 10-15℃ 之间。20℃ 以上的地区约占全洲面积的 1/2,伊拉克巴士拉极端最高气温曾达 58.8℃,为世界最热的地方。

降水分布的地区差异悬殊,主趋势是从湿润的东南部向干燥的西北部递减。赤道带附近全年多雨,年降水 2000 毫米以上。印度东北部的乞拉朋齐年平均降水量高达 11430 毫米,为世界最多雨的地区之一。西南亚和中亚为终年少雨区,广大地区年降水多在 150 毫米以下。9、10 月间,西伯利亚和蒙古高原上空经常有强烈的冷空气(寒潮)南下,东亚的大部分地区易遭侵袭。

自然资源

矿物:亚洲矿物种类多、储量大,主要有石油、煤、铁、锡、钨、锑、铜、铅、锌、锰、镍、钼、镁、铬、金、银、岩盐、硫磺、宝石等。石油、镁、铁、锡等的储量均居各洲首位,锡矿储量约占世界总储量 60% 以上。

森林和草原:森林总面积约占世界森林总面积的 13%。用材林 2/3 以上已开发利用。人工造林有一定的发展。俄罗斯亚洲部分、中国的东北、朝鲜的北部,是世界上分布广阔的针叶林地区,蓄积量丰富,珍贵用材树种很多。中国的华南、西南,日本山地的南坡,喜马拉雅山南坡植物特别丰富,除普通阔叶树种外,还有棕榈、蒲葵、杉属、水杉属等。东南亚的热带森林在世界森林中占重要地位,以恒定、丰富的植物群落著称。其主要树种是龙脑香科,还有树状蕨纲、银杏、苏铁等“活化石”。亚洲草原总面积约占世界草原总面积的 15%。

水力:亚洲各国可开发的水力资源估计年可发电量达 26000 亿度,占世界可开发水力资源量的 27%。

海洋渔业:亚洲沿海渔场面积约占世界沿海渔场总面积的 40%。盛产鲑、鳟、鳕、鲣、鲭、小黄鱼、大黄鱼、带鱼、乌贼、沙丁鱼、金枪鱼、马鲛鱼以及鲸等,著名渔场有舟山群岛、台湾岛、西沙群岛、北海道岛、九州岛等岛屿的附近海域,以及鄂霍次克海等。中国沿海渔场面积占世界沿海渔场总面积近 1/4。

经济简况

亚洲各国中,除日本为发达国家外,其余均是发展中国家,各国经济都有一定的发展,许多国家发挥其自然条件和资源的优势,经营多种热带和亚热带作物;积极勘探、开采矿产资源;大力发展制造业,使经济体制由以农业、矿业为主的"单一"向"多元化"方向发展,亚洲的工业、农业和交通运输业在世界经济中已占重要地位。农业稻米、天然橡胶、金鸡纳霜、马尼拉麻(蕉麻)、柚木和胡椒等的产量均占世界总产量的90%以上。中国稻米产量占世界第一位,印度占第二位;马来西亚的天然橡胶产量占世界第一位,印度尼西亚占第二位。金鸡纳霜主要产在印度尼西亚;马尼拉麻主要产在菲律宾;柚木和胡椒主要产在东南亚各国。黄麻、椰干、茶叶的产量均占世界总产量的80%左右。黄麻主要产在中国、印度和孟加拉国;椰干主要产在菲律宾、印度尼西亚、印度、马来西亚和斯里兰卡等国。茶叶主要产在印度、中国和斯里兰卡。其他还有棉花、花生、芝麻、烟草、油菜籽等的产量在世界上也占有一定的地位。

工业:石油年产量约占 7~10 亿吨,占世界年产量的 27~30%;天然气年总产量约 1000 亿立方米,占世界年总产量的 6%以上,煤年产量约 10 多亿吨,占世界年总产量的 22%以上;年发电量约 10000 亿度,约占世界年发电量的 13%;钢产量年约 1.7 亿吨,约占世界总产量的 24%;锡精矿产量占世界总产量的 60%左右,其中马来西亚产量占世界各国中第一位。钨精矿产量约占世界产量的 45%。亚洲的畜牧业、渔业也很发达。

亚洲工业:各国各地区工业发展水平和部门、地域结构差异显著。绝大多数国家工业基础薄弱,采矿和农产品加工及轻纺工业占主要地位。中国工业发展迅速,工业体系完整。日本是高度发达的世界经济大国。蒙古工业以畜产品加工为主。新加坡、泰国、马来西亚是新兴工业化国家。印度尼西亚和文莱以生产原油为主要。印度工业较发达。除阿富汗、黎巴嫩和土耳其外。西亚多数国家工业均以生产原油和炼油为主,西亚能源在世界能源中占重要地位。

交通:亚洲的交通各地发展不一。中国东半部、日本、爪哇岛、斯里兰卡西部、印度中部、土耳其西部交通发达,以铁路、公路运输为主。广大内陆地区和沙漠地区以畜力为主。东南部沿海海上运输发达。经济发达地区空运发展迅速。

非 洲

概 况

名称:阿非利加洲,简称非洲。

位置:位于东半球的西南部,地跨赤道南北,西北部的部分地区伸入西半球。

东濒印度洋,西临大西洋,北隔地中海和直布罗陀海峡与欧洲相望,东北隅以狭长的红海与苏伊士运河紧邻亚洲。

范围:大陆东至哈丰角(东经51°24′、北纬10°27′),南至厄加勒斯角(东经20°02′、南纬34°51′),西至佛得角(西经17°33′、北纬14°45′),北至吉兰角(本赛卡角)(东经9°50′、北纬37°21′)。

面积:约3020万平方千米(包括附近岛屿)。约占世界陆地总面积的20.2%,次于亚洲,为世界第二大洲。

地理区域:非洲目前有56个国家和地区,在地理上,习惯将非洲分为北非、东非、西非、中非和南非五个地区。北非通常包括埃及、苏丹、利比亚、突尼斯、阿尔及利亚、摩洛哥、亚速尔群岛、马德拉群岛。东非通常包括埃塞俄比亚、厄立特里亚、索马里、吉布提、肯尼亚、坦桑尼亚、乌干达、卢旺达、布隆迪和塞舌尔。西非通常包括毛里塔尼亚、西撒哈拉、塞内加尔、冈比亚、马里、布基纳法索、几内亚、几内亚比绍、佛得角、塞拉利昂、利比里亚、科特迪瓦、加纳、多哥、贝宁、尼日尔、尼日利亚和加那利群岛。中非通常包括乍得、中非、喀麦隆、赤道几内亚、加蓬、刚果、刚果民主共和国、圣多美和普林西比。南非通常包括赞比亚、安哥拉、津巴布韦、马拉维、莫桑比克、博茨瓦纳、纳米比亚、南非、斯威士兰、莱索托、马达加斯加、科摩罗、毛里求斯、留尼汪、圣赫勒拿等。

居　民

人口74800万。占世界人口总数12.9%,仅次于亚洲,居世界第二位。非洲人口的出生率、死亡率和增长率均居世界各洲的前列。人口分布极不平衡,尼罗河沿岸及三角洲地区,每平方千米约1000人。撒哈拉、纳米布、卡拉哈迪等沙漠和一些干旱草原、半沙漠地带每平方千米不到1人。还有大片的无人区。

人种:非洲是世界上民族成分最复杂的地区。非洲大多数民族属于黑种人,其余属白种人和黄种人。

语言:非洲语言约有800种。一般分为4个语系。

宗教:非洲居民多信奉原始宗教和伊斯兰教,少数人信奉天主教和基督教。

自然环境

海岸线:大陆海岸线全长30500千米。海岸比较平直,缺少海湾与半岛。

岛屿:非洲是世界各洲中岛屿数量最少的一个洲。除马达加斯加岛(世界第四大岛)外,其余多为小岛。岛屿总面积约62万平方千米,占全洲总面积不到3%。

地形:非洲大陆北宽南窄,呈不等边三角形状。南北最长约8000千米,东西最宽约7500千米。非洲为一高原大陆,地势比较平坦,明显的山脉仅限于南北两端。全洲平均海拔750米。海拔500~1000米的高原占全洲面积60%以上。海拔2000米以上的山地和高原约占全洲面积5%。海拔200米以下的平原多分布在沿海地带。地势大致以刚果民主共和国境内的刚果河河口至埃塞俄比亚高原北部边缘一线为界,东南半部较高,西北半部较低。东南半部被称为高非洲,海拔多在1000米以上,有埃塞俄比亚高原(海拔在 2000 米以上,有"非洲屋脊"之称)、东非高原和南非高原,在南非高原上有卡拉哈迪盆地。西北半部被称为低非洲,海拔多在 500 米以下,大部分为低高原和盆地,有尼罗河上游盆地、刚果盆地和乍得盆地等。非洲较高大的山脉多矗立在高原的沿海地带,西北沿海有阿特拉斯山脉;东南沿海有德拉肯斯山脉;东部有肯尼亚山和乞力马扎罗山。乞力马扎罗山是座死火山,海拔 5895 米,为非洲最高峰。非洲东部有世界上最大的裂谷带,裂谷带东支南起希雷河河口,经马拉维湖,向北纵贯东非高原中部和埃塞俄比亚高原中部,经红海至死海北部,长约 6400 千米,形成一系列狭长而深陷的谷地和湖泊,其中阿萨勒湖的湖面在海平面以下 156 米,为非洲陆地最低点。

沙漠:非洲的沙漠面积约占全洲面积 1/3,为沙漠面积最大的一洲。撒哈拉沙漠是世界上最大的沙漠,面积 777 万平方千米;西南部还有纳米布沙漠和卡拉哈迪沙漠。

火山与地震:东非大裂谷带内及其附近,分布着一系列死火山和活火山,其中高大火山海拔达 5000 米以上。非洲中、西部亦有不少高大火山。东非大裂谷带也是非洲地震最频繁、最强烈的地区。

水系:非洲的外流区域约占全洲面积的 68.2%。大西洋外流水系多为源远流长的大河,有尼罗河、刚果河、尼日尔河、塞内加尔河、沃尔特河、奥兰治河等。尼罗河全长 6671 千米,是世界最长的河流。刚果河的流域面积和流量仅次于亚马孙河,位居世界第二位。印度洋外流水系包括赞比西河、林波波河、朱巴河及非洲东海岸的短小河流、马达加斯加岛上的河流等。非洲的内流水系及无流区面积为 958 万平方千米,约占全洲总面积的 31.8%。其中河系健全的仅有乍得湖流域。奥卡万戈河流域和撒哈拉

撒哈拉沙漠

沙漠十分干旱,多间歇河,沙漠中多干谷。内流区还包括面积不大的东非大裂谷带湖区,河流从四周高地注入湖泊,湖区雨量充沛,河网稠密,不同于其他干旱内流区。非洲湖泊集中分布于东非高原,少量散布在内陆盆地。高原湖泊多为断层湖,狭长水深,呈串珠状排列于东非大裂谷带,其中维多利亚湖是非洲最大湖泊和世界第二大淡水湖;坦噶尼喀湖是世界第二深湖。位于埃塞俄比亚高原上的塔纳湖是非洲最高的湖泊,海拔 1830 米。乍得湖为内陆盆地的最大湖泊,面积时常变动。

气候:非洲有"热带大陆"之称,其气候特点是高温、少雨、干燥,气候带分布呈南北对称状。赤道横贯中央,气候一般从赤道随纬度增加而降低。全洲年平均气温在 20℃ 以上的地带约占全洲面积 95%,其中一半以上的地区终年炎热,有将近一半的地区有着炎热的暖季和温暖的凉季。埃塞俄比亚东北部的达洛尔年平均气温为 34.5℃,是世界年平均气温最高的地方之一。利比亚首都的黎波里以南的阿

齐济耶,1922年9月13日气温高达57.8℃,为非洲极端最高气温。乞力马扎罗山位于赤道附近,因海拔高,山顶终年积雪。

非洲降水量从赤道向南北两侧减少,降水分布极不平衡,有的地区终年几乎无雨,有的地方年降水多达10000毫米以上。全洲1/3的地区年平均降水量不足200毫米。东南部、几内亚湾沿岸及山地的向风坡降水较多。

自然资源

非洲已探明的矿物资源种类多,储量大。石油、天然气蕴藏丰富;铁、锰、铬、钴、镍、钒、铜、铅、锌、锡、磷酸盐等储量很大;黄金、金刚石久负盛名;铀矿脉的相继被发现,引起世人瞩目。许多矿物的储量位居世界的前列。非洲的植物至少有40000种以上。森林面积占非洲总面积的21%。盛产红木、黑檀木、花梨木、柯巴树、乌木、樟树、栲树、胡桃木、黄漆木、栓皮栎等经济林木。草原辽阔,面积占非洲总面积的27%,居各洲首位。可开发的水力资源丰富。沿海盛产沙丁鱼、金枪鱼、鲐、鲸等。

经济简况

工业:非洲是世界上经济发展水平最低的洲。大多数国家经济落后。采矿业和轻工业是非洲工业的主要部门。黄金、金刚石、铁、锰、磷灰石、铝土矿、铜、铀、锡、石油等的产量都在世界上占有重要地位。轻工业以农畜产品加工、纺织为主要。木材工业有一定的基础,制材厂较多。重工业有冶金、机械、金属加工、化学和水泥、大理石采制、金刚石琢磨、橡胶制品等部门。

农业:农业在非洲国家国民经济中占有重要的地位,是大多数国家的经济支柱。非洲的粮食作物种类繁多,有麦、稻、玉米、小米、高粱、马铃薯等,还有特产木薯、大蕉、椰枣、薯芋、食用芭蕉等。非洲的经济作物,特别是热带经济作物在世界上占有重要地位,棉花、剑麻、花生、油棕、腰果、芝麻、咖啡、可可、甘蔗、烟叶、天然橡胶、丁香等的产量都很高。乳香、没药、卡里特果、柯拉、阿尔法草是非洲特有的作物。

畜牧业:发展较快,牲畜头数多,但畜产品商品率低,经营粗放落后。渔业资源丰富,但渔业生产仍停留在手工操作阶段,近年来淡水渔业发展较快。

交通:非洲是世界交通运输业比较落后的一个洲,还没有形成完整的交通运输体系。大多数交通线路从沿海港口伸向内地,彼此互相孤立。交通运输以公路为主,另有铁路、海运等方式。南非共和国、马格里布等地区是非洲交通运输比较发达的地区。撒哈拉、卡拉哈迪等地区则是没有现代交通运输线路的空白区。目前非洲有公路约130多万千米,铁路约78000千米。内河通航里程约52000千米。海运业占重要地位。航空业发展较快。

欧　洲

概　况

名称:欧罗巴洲,简称欧洲。

位置:位于东半球的西北部,亚洲的西面。北临北冰洋,西濒大西洋,南隔地中海与非洲相望,东以乌拉尔山脉、乌拉尔河、大高加索山脉、博斯普鲁斯海峡、达达尼尔海峡同亚洲分界,西北隔格陵兰海、丹麦海峡与北美洲相对。

范围:大陆东至极地乌拉尔山脉(东经66°10′,北纬67°46′),南至马罗基角(西经5°36′,北纬36°00′),西至罗卡角(西经9°31′,北纬38°47′),北至诺尔辰角(东经27°42′,北纬71°08′)。

面积:1016万平方千米,约占世界陆地总面积的6.8%,仅大于大洋洲,是世界第六大洲。

地理区域:欧洲有44个国家和地区。在地理上习惯分为南欧、西欧、中欧、北欧和东欧五个地区。

南欧指阿尔卑斯山以南的巴尔干半岛、亚平宁半岛、伊比利亚半岛和附近岛屿,包括南斯拉夫、克罗地亚、斯洛文尼亚、波斯尼亚和黑塞哥维那、马其顿、罗马尼亚、保加利亚、阿尔巴尼亚、希腊、意大利、梵蒂冈、圣马力诺、马耳他、西班牙、葡萄牙和安道尔。西欧狭义上指欧洲西部濒大西洋地区和附近岛屿,包括英国、爱尔兰、荷兰、比利时、卢森堡、法国和摩纳哥。中欧指波罗的海以南、阿尔卑斯山脉以北的欧洲中部地区。包括波兰、捷克、斯洛伐克、匈牙利、德国、奥地利、瑞士、列支敦士登。北欧指欧洲北部的日德兰半岛、斯堪的纳维亚半岛一带。包括冰岛、法罗群岛(丹)、丹麦、挪威、瑞典和芬兰。东欧指欧洲东部地区。在地理上指爱沙尼亚、拉脱维亚、立陶宛、白俄罗斯、乌克兰、摩尔多瓦和俄罗斯西部。

居　民

人口:7.28亿,约占世界总人口的12.5%,是人口密度最大的一洲。人口分布相对均匀。绝大多数国家人口密度为50人/平方千米,仅北欧地区相对稀疏。

民族:欧洲绝大部分居民是白种人(欧罗巴人种),在各大洲中,种族构成相对比较单一。全洲大约有70个民族,绝大多数民族的人口均达到一定数量,小民族和小部落较为少见。多数国家的民族构成也较单一。民族构成较复杂的国家有俄罗斯、瑞士等。

语言:欧洲各国语种很多,主要语言有英语、俄语、法语、德语、意大利语、西班牙语等。

宗教:居民多信奉天主教和基督教。

自然环境

海岸线:大陆海岸线长 37900 万千米,是世界上海岸线最曲折的一个洲。多半岛、岛屿和港湾。半岛和岛屿的总面积约占全洲面积的 1/3(其中半岛面积约 240万平方千米,约占全洲面积的 24%;岛屿面积约 75 万平方千米,约占全洲总面积的 7%)。此外还有许多深入大陆的内海和海湾。

地形:欧洲地形总特点是以平原为主,冰川地貌分布较广,高山峻岭汇集南部,海拔 200 米以上的高原、丘陵和山地约占全洲面积的 40%,其中海拔在 500 米的仅占 15%,海拔 2000 米以上的高山仅占约 2%;海拔 200 米以下的平原约占全洲面积的 60%。全洲平均海拔 300 米,是平均海拔最低的一洲。欧洲平原西起大西洋岸,东至乌拉尔山,绵延数千里,形成横贯欧洲的大平原。阿尔卑斯山脉横亘南部,是欧洲最大的山脉。东南部大高加索山脉的主峰厄尔布鲁士山,海拔 5642 米,为欧洲最高峰。欧洲北部斯堪的纳维亚山脉地势比较平缓,沿岸多深入内陆、两岸陡峭的峡湾。里海北部沿岸低地在海平面以下 28 米,为全洲最低点。

气候:欧洲绝大部分地区气候具有温和湿润的特征。大陆南北跨纬度 35°,包括附属岛屿也只有 47°,除北部沿海及北冰洋中的岛屿属寒带、南欧沿海地区属亚热带外,几乎全部都在温带。是世界上温带海洋性气候分布面积最广的一洲。欧洲西部各地方距海洋均不超过 700 千米,而东部距海洋最远的地方可达 1600 千米,因此欧洲从西向东由海洋性气候过渡到大陆性气候。又由于平原辽阔,从浩瀚的大西洋吹来的湿润西风能无阻地深入内陆,湿润的空气调节了气温,北大西洋暖流使整个西欧及北欧西部沿海地区更为温暖。靠近大西洋的向风坡,年平均降水量达 1000 毫米以上。

水系:欧洲河网比较稠密,多短小而水量丰沛的河流,不少河流之间有运河连接。外流区域约占 80.5%,其中流入大西洋的河流(包括流入地中海、黑海和波罗的海)流域面积约占全洲面积的 68%;流入北冰洋的约占 12.5%;内流区域约占 19.5%,大多注入里海。主要河流是伏尔加河、多瑙河、乌拉尔河、第聂伯河、顿河、莱茵河、罗讷河、泰晤士河等。欧洲落差最大的瀑布是挪威的奥尔默利瀑布,落差 563 米。欧洲湖泊众多,且是一个多小湖群的大陆,但分布很不均匀,主要分布在北部和阿尔卑斯山地区。欧洲湖泊多为冰川作用形成。阿尔卑斯山麓分布着许多较大的冰碛湖和构造湖,山地河流多流经湖泊。

自然资源

矿物:欧洲的地质勘探进行较早,大部分地区已勘查。目前,石油的探明储量约 124 亿吨;天然气探明储量约 37 万亿立方米(多集中在苏联,其次在荷兰、英国和德国);硬煤探明储量 4.7 万亿吨(乌克兰的顿巴斯、波兰和捷克之间的西里西亚、德国的鲁尔和萨尔、法国的洛林和北部煤田、英国的英格兰中部等皆有世界著名的大煤田);钾盐储量约 640 亿吨(多集中在苏联、德国);铁矿储量 3400 亿吨(主要集中在苏联、法国、瑞典、英国和德国);铜矿金属储量约 7100 万吨(其中

50%以上集中在苏联,其次分布在波兰);铬矿储量约 3.5 亿吨。褐煤、铅、锌、汞、硫磺也较丰富。阿尔巴尼亚盛产沥青,世界驰名。

森林与草原:欧洲森林面积达 8.74 亿公顷,约占世界森林总面积的 23%,其中以苏联森林面积最广大。草原面积约占世界草原总面积 15%。

水利:可开发的水力资源估计年可发电量为 18000 亿度,约占世界可开发水力资源的 18%。

海洋渔业:欧洲沿海渔场面积约占世界沿海渔场总面积的 32%。盛产鲭、鳀、鳕、鲑、鳗、沙丁鱼和金枪鱼等。著名渔场有挪威海、北海、巴伦支海、波罗的海、比斯开湾等。欧洲捕鱼量约占世界 30%,捕鱼量最多的国家为俄罗斯和挪威,其次为西班牙、丹麦、英国和冰岛等。

经济简况

欧洲经济发展水平居各大洲之首。工业、交通运输、商业贸易、金融保险等在世界经济中占重要地位,在科学技术的若干领域内也处于世界较领先地位。欧洲绝大多数国家属于发达国家,其中北欧、西欧和中欧的一些国家经济发展水平最高,南欧一些国家经济水平相对较低。工业欧洲煤、铁开采量占世界总开采量的30%以上,汞、钾盐均占 60%以上,其主要工业部门是钢铁、机械、化学、食品。汽车、船舶、飞机、发电设备、农机、电子器材等产量占世界 40%,俄罗斯、德国、法国、英国等国家的生产规模巨大。此外瑞士的钟表和精密仪器、捷克与斯洛伐克的重型机器、德国的光学仪器、西班牙的造船、瑞典的造船和矿山机械等在国际上素有盛誉。

农业:欧洲农业为次要生产部门。农牧结合和集约化水平高为重要特点。主要种植麦类、玉米、马铃薯、蔬菜、瓜果、甜菜、向日葵、亚麻等,小麦产量约占世界总产量的 50%,大麦、燕麦约占 60%以上。园艺业发达,主产葡萄和苹果。畜牧业以饲养猪、牛、绵羊为主。

欧洲已形成了庞大的综合运输网络,各种运输方式高度发展,铁路、公路、海运、航空等都非常发达。运输业居世界各洲之首位。

大洋洲

概　　况

名称:大洋洲。

位置:位于太平洋西南部和南部的赤道南北广大海域中。其狭义的范围是指东部的波利尼西亚、中部的密克罗尼西亚和西部的美拉尼西亚三大岛群。广义的范围是指除上述三大岛群外,还包括澳大利亚、新西兰和新几内亚岛(伊里安岛)等。

面积:大洋洲陆地总面积约 897 万平方千米,约占地球陆地总面积的 6%,是世界上最小的一个洲。

地理区域:大洋洲有 14 个独立国家,其余十几个地区尚在美、英、法等国的管辖之下。在地理上划分为澳大利亚、新西兰、新几内亚、美拉尼西亚、密克罗尼西亚和波利尼西亚六区。

居　民

人口:2900 万。约占世界人口的 0.5%,是除南极洲外,世界人口最少的一洲。全洲 65% 的人口分布在澳大利亚大陆。各岛国人口密度差异显著。巴布亚人、澳大利亚人,塔斯马尼亚人、毛利人、美拉尼西亚人、密克罗尼西亚人和波利尼西亚人等当地居民约占总人口的 20%,欧洲人后裔约占 70% 以上,此外还有混血种人、印度人、华人和日本人等。

语言:绝大部分居民使用英语,三大岛群上的当地居民分别使用美拉尼西亚语、密克罗尼西亚语和波利尼西亚语。

宗教:绝大部分居民信奉基督教,少数信奉天主教,印度人多信印度教。

自然环境

海岸线:大陆海岸线长约 19000 千米。全洲除少数山地海拔超过 2000 米外,一般海拔在 600 米以下,地势低缓。一般分为大陆和岛屿两部分:澳大利亚大陆西部高原。海拔 200 米,大部分为沙漠和半沙漠,也有一些海拔 1000 米以上的山脉;中部平原海拔在 200 米以下,北艾尔湖湖面在海平面以下 16 米,为大洋洲的最低点;东部山地海拔 800 米,山地东坡较陡,西坡缓斜。新几内亚岛、新西兰的北岛和南岛是大陆岛,岛上平原狭小,多海拔 2000 米以上的高山,新几内亚岛上的查亚峰,海拔 5029 米,是大洋洲的最高点。美拉尼西亚的岛屿多属大陆型,系大陆边缘弧状山脉的延续部分,各列岛弧之间有深海盆和深海沟。波利尼西亚和密克罗尼西亚绝大部分岛屿属珊瑚礁型,面积小,地势低平,不少岛屿有由珊瑚礁环绕形成的礁湖,成为天然的船只停泊地和水上飞机场。此外还有少量由海底火山喷发物质堆积而成的火山型岛屿,如夏威夷群岛、帕劳群岛、所罗门群岛、新赫布里底群岛等,地形特点是山岭高峻,形势险要,多天然掩护的良港。

水系:外流区域约占总面积的 48%,墨累河是外流区域中最长和流域面积最大的河流。内流区域(包括无流区)约占总面积的 52%,均分布在澳大利亚中部及西部地区,主要内流河均注入北艾尔湖。大洋洲的河流与其他洲比较显得十分稀少,河流短小,水量较少,雨季暴涨,旱季有时断流,大多不利航行,但所有河流几乎终年不冻。大洋洲的湖泊较少,最大湖泊是澳大利亚境内的北艾尔湖,面积约 8200 平方千米,随降水而变化;最深的湖泊是新西兰南岛西南端的蒂阿瑙湖,深达 276 米。澳大利亚大陆多构造湖。新西兰除构造湖外,还有由熔岩,阻塞河流而形成的堰塞湖。夏威夷岛上则有火山湖。此外许多岛屿上有由珊瑚礁环绕而形成的礁湖。新乔治亚岛上的礁湖是世界上的大礁湖之一,帕劳群岛中的科梅科尔礁湖也很有名。

火山:澳大利亚东部和北部沿海岛屿是太平洋西岸火山带的组成部分,大洋洲陆上有活火山 60 余座,仅美拉尼西亚就有 30 余座。夏威夷岛的冒纳罗亚火山海拔 4170 米,是大洋洲最高的活火山。

气候:大洋洲大部分地区处在南、北回归线之间,绝大部分地区属热带和亚热带,除澳大利亚的内陆地区属大陆性气候外,其余地区均属海洋性气候。绝大部分地区的年平均气温在 25~28℃ 之间。最凉月平均气温为北半球从夏威夷群岛最北面向赤道由 16℃ 递增到 25℃;南半球从南纬 50°附近起向赤道由 6℃ 递增到 25℃;新西兰的南岛和澳大利亚东南部山区可达 0℃ 以下。最热月平均气温,北半球从夏威夷群岛最北面起向马里亚纳群岛附近,由 24℃ 递增到 28℃ 以上;南半球从南纬 50 度附近起向澳大利亚西北部,由 12℃ 递增到 32℃。澳大利亚昆士兰州的克朗克里极端最高气温达 53℃,为大洋洲最热的地方。澳大利亚中部和西部沙漠地区年平均降水量不足 250 毫米,是大洋洲降水量最少的地区。夏威夷的考爱岛东北部年平均降水量高达 12000 多毫米,是世界上降水较多的地区之一。新几内亚岛北部及美拉尼西亚、密克罗尼西亚、波利尼西亚三大岛群属全年多雨的热带降水区,迎风坡年平均降水量多在 2000 毫米以上。美拉尼西亚北部、新几内亚岛北部及马绍尔群岛南部,年平均降水量可达 3000 毫米,背风坡则仅 1000 毫米左右。澳大利亚东北部及新西兰属各月降水较均匀、但以冬季稍多的温带降水区,年平均降水量多在 500~2000 毫米以上,个别地区高达 5000 多毫米。澳大利亚西南部和西南沿海属地中海式冬季降水区,冬季降水量约占全年降水量的 40~60%。

自然资源

矿物:矿物以镍、铝土矿、金、铬、磷酸盐、铁、银、铅、锌、煤、石油、天然气、铀、钛和鸟粪石等较丰富。镍储量约 4600 万吨,居各洲前列;铝土矿储量 46.2 亿吨,居各洲第二位。

森林与草原:森林面积约占总面积的 9%,约占世界森林总面积的 2%,产松树、山毛榉、棕榈树、桉树、杉树、白檀木和红木等多种珍贵木材。草原占大洋洲总面积的 50% 以上,约占世界草原总面积的 16%。

水利:水力蕴藏量约为 13500 万千瓦,占世界水力总蕴藏量的 4.9%;已开发水力 280 万千瓦,占世界总开发量的 1.8%。估计年可发电 2000 亿度,约占世界可开发水力资源的 2%。

渔业:美拉尼西亚附近海域、澳大利亚东南沿海及新西兰附近海域为主要渔场,盛产沙丁鱼、鳕、鳗、鲭和鲸等。

经济简况

大洋洲各国经济发展水平差异显著,澳大利亚和新西兰两国经济发达,其他岛国多为农业国,经济比较落后。农业农作物有小麦、椰子、甘蔗、菠萝、天然橡胶等。小麦产量约占世界小麦总产量的 3%,当地居民主要粮食是薯类、玉米、大米等。畜牧业以养羊为主,绵羊头数占世界绵羊总头数的 20% 左右。羊毛产量占世界羊毛总产量的 40% 左右。

工业:大洋洲的工业,主要集中在澳大利亚,其次是新西兰。主要有采矿、钢铁、有色金属冶炼、机械制造、化学、建筑材料、纺织等部门。大洋洲岛国工业多分布在各自的首都或首府,一般比较落后,仅以采矿及农、林、畜产品加工为主,多为外资控制,产品多供出口。

旅游业:近年来大洋洲国家重视发展旅游业。汤加、瓦努阿图等国家旅游业收入可观,成为国民经济的重要组成部分。交通大洋洲介于亚洲和南、北美洲之间,南遥对南极洲,是连系各大洲航线的必经之路。许多国际海底电缆均通过这里,海洋航运成为国与国、岛与岛相互交往的重要手段。陆上交通主要有铁路和公路。公路总长 100 万千米以上。铁路总长 46000 多千米。内河航运里程约 1000 千米。有航线通达洲内各国和重要地区的首都和首府,同洲外各重要港口城市也均有联系。

南美洲

概　　况

名称:南亚美利加洲,简称南美洲。

位置:位于西半球的南部,东濒大西洋,西临太平洋,北滨加勒比海,南隔德雷克海峡与南极洲相望。一般以巴拿马运河为界同北美洲相分。

范围:大陆东至布朗库角(西经 34°46′,南纬 7°09′),南至弗罗厄德角(西经 71°18′,南纬 53°54′),西至帕里尼亚斯角(西经 81°20′,南纬 4°41′),北至加伊纳斯角(西经 71°40′,北纬 12°28′)。

面积:约 1797 万平方千米(包括附近岛屿),约占世界陆地总面积的 12%。

地理区域:从地理区域上划分为:南美北部诸国,包括圭亚那、苏里南、法属圭亚那、委内瑞拉和哥伦比亚。安第斯山地中段诸国,包括厄瓜多尔、秘鲁、玻利维亚。南美南部诸国,包括智利、阿根廷、乌拉圭、巴拉圭。南美东部国家巴西,面积约占大陆总面积的一半。

居　　民

人口:32500 万,约占世界总人口的 5.6%。人口分布不平衡,西北部和东部沿海一带人口稠密,广大的亚马孙平原是世界人口密度最小的地区之一,每平方千米不到一人。人口分布的另一特点是人口高度集中在少数大城市。

民族:南美洲民族成分比较复杂,有印第安人、白人、黑人及各种不同的混血型,以印欧混血型最多。在近 3 亿人口中,白人最多,其次是印欧混血型和印第安人,黑人最少。

语言:印第安人用印第安语,巴西的官方语言为葡萄牙语,法属圭亚那官方语言为法语,圭亚那官方语言为英语,苏里南官方语言为荷兰语,其他国家均以西班牙语为官方语言。

宗教:居民绝大多数信天主教,少数信基督教。

自然环境

海岸线:大陆海岸线长约28700千米,比较平直,多为与山脉走向一致的侵蚀海岸。缺少大半岛和大海湾。岛屿也不多,主要分布在大陆南部沿海地区。

地形:南美洲大陆地形可分为三个南北向纵列带:西部为狭长的安第斯山,东部为波状起伏的高原,中部为广阔平坦的平原低地。南美洲海拔300米以下的平原约占全洲面积的60%,海拔300~3000米之间的高原、丘陵和山地约占全洲面积的33%,海拔3000米以上的高原和山地约占全洲面积的7%。全洲平均海拔600米。安第斯山脉由几条平行山岭组成,山体最宽处达400千米,全长约9000千米,大部分海拔3000米以上,是世界上最长的山脉,也是世界最高大的山系之一。安第斯山脉有不少高峰海拔6000米以上,其中阿空加瓜山海拔69600米,是南美洲最高峰。南美洲东部有宽广的巴西高原、圭亚那高原,其中巴西高原面积500多万平方千米,为世界上面积最大的高原。南部则有巴塔哥尼亚高原。南美洲平原自北而南有奥里诺科平原、亚马孙平原和拉普拉塔平原。其中亚马孙平原面积约560万平方千米,是世界上面积最大的冲积平原,地形坦荡,海拔多在200米以下。

火山与地震:南美洲是世界上火山较多、地震频繁且多强烈地震的一个洲。科迪勒拉山系是太平洋东岸火山带的主要组成部分,安第斯山脉北段有16座活火山,南段有30多座活火山。尤耶亚科火山海拔6723米,是世界上较高的活火山。地震以太平洋沿岸地区最为频繁。

气候:南美洲大部分地区属热带雨林和热带草原气候。气候特点是温暖湿润,以热带为主,大陆性不显著。全洲除山地外,冬季最冷月的平均气温均在0℃以上,占大陆主要部分的热带地区,平均气温超过20℃。冬季远比北美洲暖和。

大部分地区夏季最热月平均气温介于26~28℃之间,远不及非洲和澳大利亚大陆的热带地区炎热。南美洲各地气温的年较差较小,不像亚洲、北美洲那样变化剧烈。全洲降水充沛,年降水量在1000毫米以上的地区约占全洲面积的70%以上,为各洲中沙漠面积较小的一洲。

水系:南美洲水系以科迪勒拉山系的安第斯山为分水岭,东西分属于大西洋水系和太平洋水系。太平洋水系源短流急,且多独流入海。大西洋水系的河流大多源远流长、支流众多、水量丰富、流域面积广。其中,亚马孙河是世界上最长、流域面积最广、流量最大的河流之一,其支流超过1000千米的有20多条。南美洲水系内流区域很小,内流河主要分布在南美西中部的荒漠高原和阿根廷的西北部。南美洲除最南部外,河流终年不冻。南美洲多瀑布,安赫尔瀑布落差达979米,为世界落差最大的瀑布。南美洲湖泊不多,安第斯山区的荒漠高原地区多构造湖,如的的喀喀湖、波波湖等;南部巴塔哥尼亚高原区多冰川湖;内流区多内陆盐沼。南美洲西北部的马拉开波湖是最大的湖泊。

自然资源

矿物:资源尚未很好勘探,目前已知现代化工业中所需要的 20 多种最重要的矿物原料大部分都有,且储量丰富。委内瑞拉石油储量、巴西的铁矿储量居世界前列;天然气主要分布在委内瑞拉和阿根廷;煤主要分布在哥伦比亚和巴西;铝土矿主要分布在苏里南;铜矿的金属储量在 1 亿吨以上,居各洲首位,智利铜的储量居世界第二位,秘鲁居第四位;铋、锑、银、硝石、铍和硫磺储量均居各洲前列;锡、锰、汞、铂、锂、铀、钒、锆、钛、金刚石等矿物也很丰富。

森林:森林面积约 92000 万公顷,占全洲总面积的 50% 以上,约占世界森林总面积的 23%,盛产红木、檀香木、铁树、木棉树、巴西木、香膏木、花梨木等贵重林木。草原面积约 44000 万公顷,约占全洲总面积的 25%,占世界草原总面积的 14% 多。

水力资源:水力蕴藏量估计为 46700 万千瓦,约占世界水力蕴藏量的 16.9%;已开发的水力资源为 560 万千瓦,约占世界水力资源总开发量的 3.6%。

渔业:智利北部沿海和巴西东南部沿海盛产金枪鱼,秘鲁沿海盛产,智利沿海盛产沙丁鱼,鳕和鲸。此外,巴西、阿根廷沿海还盛产鲈、鲻、鳀、鲭、鳕等鱼类。秘鲁沿海、巴西沿海为南美洲两大渔场。

经济简况

第二次世界大战后,南美洲经济发展很快,经济结构发生显著变化。但各国经济水平和经济实力相距甚远。巴西、阿根廷已建立了比较完备的国民经济体系,两国国内生产总值约占全洲 2/3。委内瑞拉、哥伦比亚、智利、秘鲁经济也较发达。

工矿业:工业以采矿业和制造业最为重要。采矿业是南美各国的基础部门,大部分矿产供出口,委内瑞拉、阿根廷、厄瓜多尔、秘鲁等国的石油;巴西、委内瑞拉、智利的铁;玻利维亚的锡、锑;智利、秘鲁的铜;圭亚那、苏里南的铝土;秘鲁的铅、锌、银、铋;智利的硝石、钼;巴西的铌的产量或出口量在世界占据重要地位。轻工业为南美多数国家制造业的主体,肉类加工、制糖、饮料、皮革、纺织、服装等部门较发达。钢铁、汽车、化工、橡胶、电器、机械等重工业集中在巴西、阿根廷、委内瑞拉、智利、秘鲁、哥伦比亚等国家。

农业:农业在南美各国经济中具有重要意义。种植业中经济作物占据绝对优势。南美洲是可可、向日葵、菠萝、马铃薯、木薯、巴西橡胶树、烟草、金鸡纳树、玉米、番茄、巴拉圭茶、辣椒等栽培植物的原产地。甘蔗、香蕉、咖啡分别占世界总产量的 20%,其中巴西的咖啡和香蕉产量均居世界第一位;可可、柑橘均占世界总产量的 25% 左右,其中巴西的可可产量居世界第三位;剑麻产量居各洲第二位,主要产在巴西;巴西木薯产量居世界第一位。南美洲向世界提供所需咖啡、香蕉、蔗糖的绝大部分及大量的棉花、可可、剑麻等。东南部阿根廷等国则大量出口肉类和粮食。牛、羊的总头数在世界上占重要地位。沿海盛产鳀鱼、沙丁鱼、鳗鱼、鲈鱼、金枪鱼等,秘鲁和智利为世界著名渔业国。南美洲大部分国家中多数人从事农业生产,但粮食生产仍不足自给,大多数国家需进口粮食。

交通

交通运输以铁路、公路为主。阿根廷和巴西交通较发达。圭亚那、苏里南、委内瑞拉、乌拉圭、智利等国拥有较稠密的公路网。南美洲公路总长约 2000000 千米,铁路总长约 85000 千米,内河通航里程约 100000 千米。

北美洲

概　况

名称:北亚美利加洲,简称北美洲。

位置:位于西半球北部。东滨大西洋,西临太平洋,北濒北冰洋,南以巴拿马运河为界与南美洲相分。

范围:大陆东至圣查尔斯角(西经 55°40′,北纬 52°13′),南至马里亚托角(西经 81°05′,北纬 7°12′),西至威尔士王子角(西经 168°05′,北纬 65°37′),北至布西亚半岛的穆奇森角(西经 94°26′,北纬 71°59′)。北美洲除包括巴拿马运河以北的美洲外,还包括加勒比海中的西印度群岛。

面积:2422.8 万平方千米(包括附近岛屿),约占世界陆地总面积的 16.2%,是世界第三大洲。

地理区域:分为东部地区(拉布拉多高原阿巴拉契亚山脉以东的地区)、中部地区(拉布拉多高原阿巴拉契亚山脉与落基山脉之间)、西部地区(属美洲科迪勒拉山系北段,落基山脉是本区骨架)、阿拉斯加、加拿大北极群岛、格陵兰岛、墨西哥、中美洲和西印度群岛九个地区。

居　民

人口:46200 万,约占世界总人口的 8%。全洲人口分布很不均衡,人口绝大部分分布在东南部地区,其中以纽约附近和伊利湖周围人口密度最大,每平方千米在 200 人以上;而面积广大的北部地区和美国西部内陆地区人口稀少,每平方千米不到 1 人。

民族:大部分居民是欧洲移民的后裔,其中以盎格鲁萨克逊人最多;其次是印第安人、黑人、混血种人。此外还有因纽特人、波多黎各人、犹太人、日本人和华人等。语言通用英语、西班牙语,其次是法语、荷兰语、印第安语等。

宗教:居民主要信基督教和天主教。

自然环境

海岸线:大陆海岸线长约 6 万千米。西部的北段、北部和东部海岸比较曲折,多岛屿和峡湾;南半部海岸较平直。

半岛与岛屿:半岛总面积约为 210 万平方千米。岛屿总面积约 400 万平方千米,居各洲之首,格陵兰岛为世界最大岛。

地形:全洲海拔 200 米以下的平原约占 20%,海拔 200 米的平原和丘陵约占 22%,海拔 500 米以上的高原和山地约占 58%,全洲平均海拔 700 米。大陆地形的基本特征是南北走向的山脉分布于东西两侧与海岸平行,大平原分布于中部。地形明显地分为三个区。东部山地和高原:圣劳伦斯河以北为拉布拉多高原,以南为阿巴拉契亚山脉,地势南高北低,海拔一般为 300~500 米。阿巴拉契亚山脉东侧沿大西洋有一条狭窄的海岸平原,西侧逐渐下降与中部平原相接。中部平原:位于拉布拉多高原、阿巴拉契亚山脉与落基山脉之间,北起哈得孙湾,南至墨西哥湾,纵贯大陆中部。平原北半部多湖泊和急流,南半部属密西西比河平原。平原西部为世界著名的大平原。西部山地和高原:属科迪勒拉山系的北段,从阿拉斯加一直伸展到墨西哥以南,主要包括三条平行山地,东带为海拔 2000 米以上的落基山脉,南北延伸 5000 千米,是北美洲气候上的重要分界线;西带南起美国的海岸山岭,向北入海,形成加拿大西部的沿海岛屿;中带包括北部的阿拉斯加山脉、加拿大的海岸山脉、美国的内华达山脉和喀斯喀特岭等。阿拉斯加的麦金利山海拔 6194 米,为北美洲最高峰。东带和中带之间为高原和盆地,盆地南部的死谷低于海平面 86 米,为西半球陆地的最低点。

麦金利山

火山与地震:北美洲西部沿海地区是太平洋沿岸火山带的一部分。北美洲有活火山 90 多座,其中阿留申群岛有 28 座,阿拉斯加有 20 座,中美洲有 40 多座。北美洲西部也是世界上地震频繁和多强烈地震的地带。

水系:北美洲的外流区域约占全洲面积的 88%,其中属大西洋流域的面积约占全洲的 48%,属太平洋流域的各约占 20%。除圣劳伦斯河外,所有大河都发源于落基山脉。落基山脉以东的河流分别流入大西洋和北冰洋,以西的河流注入太平洋。内流区域(包括无流区)约占全洲面积的 12%,主要分布在美国西部大盆地及格陵兰岛。密西西比河是北美洲最大的河流,按长度为世界第四大河。其次为马更些河、育空河、圣劳伦斯河和格兰德河等。北美洲的河流上多瀑布,落差最大的瀑布是美国西部约塞米蒂国家公园的约塞米蒂瀑布,落差达 700 米。尼亚加拉瀑布,落差 51 米,宽 1240 米。北美洲是个多湖泊的大陆,淡水湖总面积约 40 万平方千米,居各洲首位。湖泊主要分布在大陆的北半部。中部高原区的五大湖:苏必利尔湖、休伦湖、密歇根湖、伊利湖、安大略湖,总面积为 245273 平方千米,是世界上最大的淡水湖群,有"北美地中海"之称。其中以苏必利尔湖面积最大,为世界第一大淡水湖。

气候:北美洲地跨热带、温带、寒带,气候复杂多样。北部在北极圈内,为冰雪世界。南部加勒比海受赤道暖流之益,但有热带飓风侵袭。大陆中部广大地区位于北温带。由于所有的山脉都是南北或近似南北走向,故从太平洋来的湿润空气仅达西部沿海地区;从北冰洋来的冷空气可以经过中部平原长驱南下;从热带大西洋吹来的湿润空气也可以经过中部平原深入到北部,故北美洲的气候很不稳定,冬季时而寒冷,时而解冻,墨西哥湾沿岸的亚热带地区,冬季也会发生严寒和下雪的现象。北美洲最冷月(1月)平均气温低于0℃的地区,约占全洲面积的3/4;整个北极群岛(北美大陆以北、格陵兰岛以西众多岛屿的总称)及格陵兰岛的大部分地区都低于-32℃,格陵兰岛中部低达-40℃,成为西半球的寒极区。美国西南部的死谷,极端最高气温曾达56.7℃,为全洲最热地区。北美洲东部地区降水较多。加拿大和格陵兰岛的东南部、美国的东部、加拿大和阿拉斯加的太平洋沿岸地区年降水量约为500~300毫米;加拿大和阿拉斯加的太平洋沿岸高达2000毫米以上,为北美洲降水最多的地区;佛罗里达半岛、落基山脉东麓及大平原、育空高原年降水量250毫米;加勒比海地区属热带雨林气候,终年高温多雨。降水量最少的地区是美国大盆地西南部、科罗拉多河下游以及北极群岛和格陵兰岛的北部,年平均降水量都不到100毫米。北美洲东南部常受飓风侵袭,往往造成严重灾害。北美洲中部和北部冬季常吹寒冷而强烈的暴风和陆龙卷风。西风在翻越落基山脉后,于东麓形成钦诺克焚风。

自然资源

北美洲大部分地区已经过勘查。主要矿物是石油、天然气、煤炭、铁、铜、镍、铀、铅、锌等。北美洲的森林面积约占全洲面积的30%,约占世界森林总面积的18%。主要分布在西部山地,盛产达格拉斯黄杉、巨型金针柏、奴特卡花柏、糖槭、松、红杉、铁杉等林木。草原面积占全洲面积14.5%,约占世界草原面积的11%。北美洲可开发的水力资源蕴藏量约为24800万千瓦,占世界水利资源蕴藏量的8.9%,已开发的水利资源为5360万千瓦,占世界的34.7%。

北美洲沿海渔场的面积约占世界沿海渔场总面积的20%,西部和加拿大东部的边缘海区为主要渔场,盛产鲑、鲽、鳕、鲭、鳗、鲱、沙丁、比目、萨门等鱼类,在加拿大东部边缘海区还产鲸。北部沿海有海象、海豹以及北极熊等。

经济简况

工业:美国和加拿大是经济发达的国家,工业基础雄厚、生产能力巨大、科学技术先进。农、林、牧、渔业也极为发达。北美洲其他国家除墨西哥有一些工业基础外,多为单一经济国家。北美洲采矿业规模较大,主要开采煤、原油、天然气、铁、铜、铅、锌、镍、硫磺等,而锡、锰、铬、钴、铝土矿、金刚石、硝石、锑、钽、铌以及天然橡胶等重要的战略原料几乎全部或大部靠进口。主要工业品产量在世界总产量中的比重为:生铁、钢、铜、锌等均占20%左右,铝占40%以上,汽车约占37%。

农业:北美洲农业生产专门化、商品化和机械化程度都很高。中部平原是世界著名的农业区之一,农作物以玉米、小麦、水稻、棉花、大豆、烟草为主,其大豆、玉米和小麦产量在世界农业中占重要地位。中美洲、西印度群岛诸国和地区主要生产甘蔗、香蕉、咖啡、可可等热带作物。

交通：北美洲铁路总长 420000 多千米。内河通航里程约 55000 多千米。公路四通八达。美国东北部是交通最发达的地区，其次是美国中部、东南部、西部沿海地区；加拿大东南部；墨西哥东部，以公路和铁路运输为主。古巴的糖厂铁路专用线较发达。加拿大中部地区的夏季河运、冬季雪橇运输也很重要。北部沿海地区以雪橇运输为主。

南极洲

概　况

名称：南极洲。是人类最后到达的大陆，也叫"第七大陆。"

位置：位于地球最南端，土地几乎都在南极圈内，四周濒太平洋、印度洋和大西洋。是世界上地理纬度最高的一个洲。

面积：总面积约 1400 万平方千米，约占世界陆地总面积的 9.4%。

范围：由围绕南极的大陆、陆缘冰和岛屿组成，其中大陆面积 1239.3 万平方千米，陆缘冰面积 158.2 万平方千米，岛屿面积 7.6 万平方千米。

地理分区：南极洲分东南极洲和西南极洲两部分。东南极洲从西经 30° 向东延伸到东经 170°，包括科茨地、毛德皇后地、恩德比地、威尔克斯地、乔治五世海岸、维多利亚地、南极高原和极点。面积 1018 万平方千米。西南极洲位于西经 50°~160° 之间，包括南极半岛、亚历山大岛、埃尔斯沃思地以及伯德地（玛丽·伯德地）等，面积 229 万平方千米。

居民：南极洲仅有一些来自其他大陆的科学考察人员和捕鲸队，无定居居民。

简史：1738~1739 年，法国人布韦航海时发现了南极附近的一个岛屿（今布韦岛）。1772~1775 年，英国人库克到达南极附近的南设得兰群岛。1820~1821 年，美国人帕尔默、沙俄人别林斯高晋和拉扎列夫、英国人布兰斯菲尔德先后发现了南极大陆。1838~1842 年，英国人罗斯、法国人迪尔维尔、美国人威尔克斯等先后考察了南极大陆。1911 年 12 月阿蒙森等四名挪威人首次到达南极极点。1928~1929 年，美国人作了几次南极飞行考察，并建立了"小亚美利加基地"。

南极考察

国际活动：1959 年 12 月，由 12 个国家签订了《南极条约》。其主要内容是：南极洲仅用于和平目的，保证在南极地区进行科学考察的自由，促进科学考察中的国际合作，禁止在南极地区进行一切具有军事性质的活动及核爆炸和处理放射废物，冻结对南极的领土要求等。目前，世界上许多国家都加入了《南极条约》。

我国与南极：1984 年 11 月 20 日，我国派出 591 人组成的南极考察队，乘"向阳红 10 号"考察船首次赴南极建站与考察。1985 年 2 月中国南极长城站在乔治王岛菲尔德斯半岛南端落成,地理坐标为南纬 62° 12′ 59″,西经 58° 57′ 52″,距北京 17501.9 千米。1988 年 11 月 20 日~1989 年 4 月 10 日中国东南极考察队在南极大陆拉斯曼丘陵上建立了中国南极中山站,中山站地理坐标为南纬 69° 22′24″,东经 76°22′24″,距北京 12553.2 千米,距南极点 2903 千米。

南极中山站

自然环境

海岸线:南极洲大陆海岸线长约 24700 千米。

边缘海与岛屿:南极洲边缘海有属于南太平洋的别林斯高晋海、罗斯海、阿蒙森海和属于南大西洋的威德尔海等。主要岛屿有奥克兰群岛、布韦岛、南设得兰群岛、南奥克尼群岛、阿德莱德岛、亚历山大岛、彼得一世岛、南乔治亚岛、爱德华王子群岛、南桑威奇群岛。地形横贯南极的山脉将南极大陆分为两部分。东南极洲,面积较大,为一古老的地盾和准平原,横贯南极山脉绵延于地盾的边缘;西南极洲面积较小,为一褶皱带,由山地、高原和盆地组成。东西两部分之间有一沉陷地带,从罗斯海一直延伸到威德尔海。南极洲大陆平均海拔 2350 米,是地球上最高的洲。最高点伯德地(玛丽·伯德地)的文森山海拔 5140 米。大陆几乎全部被冰雪所覆盖,冰层平均厚度有 1880 米,最厚达 4000 米以上。大陆周围的海洋上有许多高大的冰障和冰山。全洲仅 2% 的土地无长年冰雪覆盖,被称为南极冰原的"绿洲",是动植物主要生息之地。"绿洲"上有高峰、悬崖、湖泊和火山。罗斯岛上的埃里伯斯火山是著名的活火山。

气候:南极洲的气候特点是酷寒、风大和干燥。全洲年平均气温为-25℃,内陆高原平均气温为-56℃左右,极端最低气温曾达-89.2℃,为世界最冷的陆地。全洲平均风速 17-18 米/秒,沿岸地面风速常达 45 米/秒,最大风速可达 75 米/秒以上,是世界上风力最强和最多风的地区。绝大部分地区降水量不足 250 毫米,仅大陆边缘地区可达 500 毫米左右。全洲年平均降水量为 55 毫米,大陆内部年降水量仅 30 毫米左右,极点附近几乎无降水,空气非常干燥,有"白色荒漠"之称。

季节与昼夜:南极洲每年分寒、暖两季,4 到 10 月是寒季,11 到来年 3 月是暖季。在极点附近寒季为连续黑夜,这时在南极圈附近常出现光彩夺目的极光;暖季则相反,为连续白昼,太阳总是倾斜照射。

南磁极与难达之极:南磁极即地磁的南极,1985 年南磁极的位置约为东经 139°24′,南纬 65°36′。"难达之极"是约以南纬 82° 和东经 55°~60° 为中心的高地,由于地势高峻,成为大陆冰川外流的一大分冰线,是难于接近或到达的地区。

自然资源

矿物:南极洲蕴藏的矿物有 220 余种。主要有煤、石油、天然气、铂、铀、铁、锰、铜、镍、钴、铬、铅、锡、锌、金、铜、铝、锑、石墨、银、金刚石等。主要分布在东南极洲、南极半岛和沿海岛屿地区。如维多利亚地有大面积煤田,南部有金、银和石墨矿,整个西部大陆架的石油、天然气均很丰富,查尔斯王子山发现巨大铁矿带,乔治五世海岸蕴藏有锡、铅、锑、钼、锌、铜等,南极半岛中央部分有锰和铜矿,沿海的阿斯普兰岛有镍、钴、铬等矿,桑威奇岛和埃里伯斯火山储有硫磺。

生物:南极洲植物稀少,仅有苔藓、藻类、地衣和几种显花植物。海水中或陆地边缘的常见动物有海豹、海狮和海豚,鸟类有企鹅、信天翁、海鸥、海燕等;海洋中盛产鲸类,有蓝鲸、鲱鲸和驼背鲸等,是世界上产鲸最多的地区。南极周围海洋中还盛产磷虾,可供人类对水产品的需求。

水资源:南极洲是个巨大的天然"冷库",是世界上淡水的重要储藏地。

七大洲名称的由来

亚洲名称的由来

亚洲是世界七大洲中面积最大,人口最多的一个洲。它的名字也最古老。全称是亚细亚洲,意思是"太阳升起的地方"。其英文名为 Asia。相传亚细亚的名称是由古代腓尼基人所起。频繁的海上活动,要求腓尼基人必须确定方位。所以,他们把爱琴海以东的地区泛称为"Asu",意即"日出地";而把爱琴海以西的地方则泛称为"Ereb",意为"日没地"。Asla 一词是由腓尼基语 Asu 演化来的,其所指的地域是不很明确的,范围是有限的。到公元前一世纪 Asia 已成为罗马帝国的一个行政省的名称,以后才逐渐扩大,包括现今整个亚洲地区,成为一个世界最大的洲名。

欧洲名称的由来

欧洲的全称是欧罗巴洲,英文为。Europe。关于欧洲这个名称的由来,有一些传说。在希腊神话中,德米特(Demeter)是专管农事的女神,她保佑人间五谷丰登、人畜两旺。在有关这位女神的画像中,人们总是把她画成坐在公牛背上。古代,公牛是人类不可缺少的耕畜,女神既然主管农事,自然就要坐在公牛背上了。这位女神的另一个名字叫欧罗巴,人们出于对女神的敬意,就把欧罗巴称为大洲的名字。此外,还有一个广泛流传的传说:"万神之王"宙斯看中了腓尼基国王的漂亮女儿欧罗巴,想娶她作为妻子,但又怕她不同意。一天,欧罗巴在一群姑娘的陪伴下在大海边游玩。宙斯见到后,连忙变成一匹雄健、温顺的公牛,来到欧罗巴面前,欧罗巴看到这匹可爱的公牛伏在自己身边,便跨上牛背。宙斯一看欧罗巴中计,马上起立前行,躲开了人群,然后腾空而起,接着又跳入海中破浪前进,带欧罗巴来到远方的一块陆地共同生活。这块陆地以后也就以这位美丽的公主的名字命名,叫作欧罗巴了。

非洲名称的由来

非洲是阿非利加洲的简称,其英文名为 Africa。对于 Africa 一词的由来,流传着不少有趣的传说。一种传说是,古时也门有位名叫 Africus 的酋长,于公元前 2000 年侵入北非,在那里建立了一座名叫 Afrikyah 的城市,后来人们便把这大片地方叫作阿非利加。另一种传说是"阿非利加"是居住在北非的柏柏尔人崇信的一位女神的名字。这位女神是位守护神,据说早在公元前 1 世纪,柏柏尔人曾在一座庙里发现了这位女神的塑像,她是个身披象皮的年轻女子。此后,人们便以女神的名字"阿非利加"作为非洲大陆的名称。还有一种说法是 africa. 一词来源于拉丁文的 aprica,意思是"阳光灼热"的地方,与地中海北岸希腊、罗马相比,北非地区的阳光的确要灼热得多。再一种说法是 africa 一词是由阿拉伯文 afar 一词变来,意思是"尘土",以该大陆的气候干燥,风沙大而得名。还有一种说法是,侵入迦太基地区(今突尼斯)的罗马征服者西皮翁的别名叫"西皮翁·阿非利干",为了纪念这位征服者,罗马统治者就把这片地区叫作"阿非利加"。以后,罗马人又不断扩张,建立了新阿非利加省。那时,这个名称只限于非洲大陆的北部地区。到了公元 2 世纪,罗马帝国在非洲的疆域扩大到从直布罗陀海峡到埃及的整个东北部的广大地区,人们把居住在这里的罗马人或是本地人统统叫阿非利干(African),意即阿非利加人。这片地方也被叫作阿非利加,以后又泛指非洲大陆。

美洲名称的由来

美洲包括北美洲和南美洲。美洲这个词是亚美利加洲的简称。美洲的命名,普遍的说法是为纪念意大利的一位名叫亚美利哥·维斯普奇的著名航海家。1499 年,亚美利哥随同葡萄牙人奥赫达率领的船队从海上驶往印度,他们沿着哥伦布所走过的航路向前航行,克服重重困难终于到达美洲大陆。亚美利哥对南美洲东北部沿岸做了详细考察,并编制了最新地图。1507 年,他的《海上旅行故事集》一书问世,引起了全世界的轰动。在这本书中,引人入胜地叙述了"发现"新大陆的经过,并对大陆进行了绘声绘色的描述和渲染。亚美利哥向世界宣布了新大陆的概念,一下子冲垮了中世纪西方地理学的绝对权威普多列米制定的地球结构体系。于是,法国几个学者便修改和补充了普多列米的名著《宇宙学》,并以亚美利哥的名字为新大陆命名,以表彰他对人类认识世界所做的杰出贡献。新《宇宙学》一书出版后,根据书中的材料,在地图上也加上了新大陆——亚美利哥洲。后来,依照其他大洲的名称构词形式,"亚美利哥"又改成"亚美利加"。起初,这一名字仅指南美洲,到 1541 年麦卡托的地图上,北美洲也算美洲的一部分了。

南极洲名称的由来

南极洲英文名为 Antarctica,源出希腊文 anti(相反),加上 Arctic(北极),意为北极的对面,即南极。因该大陆处在地球的最南端,南极的周围,因此中文称为"南极洲",是一个与地理情况相符的地名。南极洲是1738年由法国人布维发现的,他航海时发现了南极大陆附近的一个岛(今布维岛)。英国人库克曾于172～1775年到达过南极大陆周围的许多岛屿。但是,现在一般认为南极大陆是19世纪被发现的。据说,美国人于1820年首次看见南极大陆。

大洋洲名称的由来

大洋洲这个洲名的概念和范围,比地球上其他6个大陆要复杂一些,至今还没有一个国际公认、统一的解说。中国多数地理学家认为,大洋洲是指不属于其他大洲的太平洋岛屿的总称。包括奥大拉西亚、美拉尼西亚、密克罗尼西亚和波利尼西亚4个部分。大洋洲的名称最早出现于1812年前后,由丹麦地理学家马尔特·布龙命名。当时仅指美拉尼西亚、密克罗尼西亚和波利尼西亚三大群岛,这就是狭义的大洋洲。

拉丁美洲名称的由来

拉丁美洲包括墨西哥、中美洲、西印度群岛和南美洲等。拉丁美洲这个名称的来由与这一地区流行的语言有关。从15世纪末,这个地区的绝大部分国家先后沦为西班牙和葡萄牙的殖民地,大批移民蜂拥而入。19世纪以后,这些国家才陆续获得独立。由于殖民统治长达300年之久,因此它们深受西班牙和葡萄牙的社会制度、风俗习惯、宗教习惯、宗教信仰和文化传统的影响,而且当地的印第安语逐渐被属于拉丁语系的西班牙语的葡萄牙语所取代,这两种语言成为许多国家的国语,所以人们就把这个地区称为"拉丁美洲"。

城市风情

　　用心去看一座城市,就会发现它的历史、人文、建筑和生活以及这座城市里的人们都充满了无穷的风情、无尽的魅力。

　　城市的生活,需要有质量的"精神化生存"。人文城市注重历史文化底蕴的生态性构建,人文化、人性化、自然化、情调化、生活艺术化成为城市显性形态。

　　一个城市的现代化,除了经济的高速发展、基础设施的完善、科学技术处于前沿地位外,还必须实现历史文化在生活中重现度高、社会环境高度人文化、广义文化的覆盖率高。

　　只有从过去、从传统、从历史文化遗产中,现代都市人才能获得认识自身以及环境的必要知识,才能认清自己是谁,是从哪里来的,现在何处,能够而且应当干什么,以及将走向何方。

蒙古的"红色英雄城"乌兰巴托

　　"乌兰巴托"在汉语中的意思是"红色的英雄城",它始建于 1639 年 10 月 29 日,到如今,这座城市已有 300 多年的历史了。乌兰巴托是蒙古国的政治、文化和经济中心,在这里聚集了大约全国 60%的工业企业。它是个草原城市,盛产羊纺织品,这里生产的纯羊毛地毯和羊绒衫多次在国际博览会上获奖,裘皮衣服和驼绒制品的质量也称得上一流。乌兰巴托是一个年轻人的城市,在 80 万的城市总人口中,30 岁以下的人占 70%以上。年轻人多,使得整个城市充满了青春活力。

乌兰巴托

　　乌兰巴托位于蒙古高原海拔 1351 米的图拉河谷中,南北两面都是绵延起伏的群山,山上终年郁郁葱葱。城南的图拉河由东向西缓缓流过博格多山,河水清澈,河两岸烟柳朦胧。从博格多山上俯瞰乌兰巴托,草原风光可以尽收眼底:蓝天白云,山川湖泊,溪流牛羊,剽悍的牧羊人,以及点缀在茫茫草原上的洁白蒙古包。

　　乌兰巴托的城市布局是越往东西两端走越狭长,东西两面分布的都是一排排拔地而起的现代住宅楼。这些楼房多粉刷成蓝色和白色，它们在阳光下交相辉映，显得柔和、漂亮。除了鳞次栉比的现代化建筑群之外，还有面积达 5.2 万平方米的苏赫巴托广场。苏赫巴托广场正中竖立着蒙古人民革命领袖苏赫巴托策马扬鞭的巨大雕像。在广场的北侧是庄严肃穆的国家宫。在城北的山坡上，到处都有像白云、珍珠一样的蒙古包。在乌兰巴托，游牧民族的古老文明和现代化的都市文明融为了一体。在宽阔而整齐的乌兰巴托大街上，两旁的树木碧绿挺直，林荫大道边上的草坪里牛羊悠闲自在地吃草，身着蒙古袍的牧民们则骑着马在大街上闲游。

　　蒙古国近几年虽然经历了经济困难，但勇敢豪爽的乌兰巴托人根本不知道忧愁是什么，依然乐观地面对困难，他们的生活依旧洒脱、浪漫。在乌兰巴托旅游，你经常会看见，那里的人们会在下班后或节假日，带着一家人或去剧院观看精彩的文艺演出，或驱车到郊外欣赏大自然的美景，因为距离乌兰巴托几千米的地方便是辽阔美丽的草原。

　　乌兰巴托是一个古老的城市，同时也是一个年轻的现代化城市。这里到处都是新与老，今与古的结合：古老的庙宇和新建的高楼大厦；传统的蒙古袍和现代的西装革履；转经筒和电脑；骏马和轿车。昨天的回忆、今天的现实、明天的理想在这里交织、碰撞和融汇。乌兰巴托是美丽的城市，乌兰巴托人是潇洒的草原人！

富有的"弹丸之地"新加坡

　　1819 年，有一个莱佛士爵士宣布了对新加坡的主权，并在那里建立了一个港口。那时它还是个小渔村，到处是丛林和沼泽。后来的新加坡证明，莱佛士爵士是有眼光的——这里是贸易商最理想的去处，莱佛士建立的港口很快就成了一个国际贸易中心，各种肤色和文化的商人聚集于此，讨价还价。新加坡有许多的名字，除了叫"Singa Pura"或"狮子城"外，新加坡还有一个名字——"花园之城"，至于它为何有这个名字，你只要看一看沿途有树的马路，绿色的公园和丰富的自然保留区就会明白了。或许新加坡最确切的名字应是"立即的亚洲"，因为这里有许多来自不同地区的亚洲人，能立即给观光客一个亚洲的印象。

新加坡

　　新加坡现有永久居民 316 万多，加上居住一年以上的外国人共 368 万多，人口密度每平方千米约 5965 人，人均本土国民生产总值约为 3486840 新加坡元。新加坡是个美丽的岛国，既充满了热带风情，又有国际都市的快节奏。"业街"，即"乌节路"，是新加坡的购物和休闲娱乐中心。这里高楼林立，世界城、先得坊购物中心、百丽宫、文艺复兴广场等多家本地与国际大百货公司以及音乐唱片店、时尚精品店都聚集于此。每年 5~7 月举行的新加坡热卖会期间,全岛疯狂大减价,各大百货商场会纷纷推出优惠折扣,让人们疯狂采购。

　　新加坡虽然是个小岛,面积还没台北大,但若看过它井然有序的都市景观及先进的道路规划,谁都得承认它是一个具有大都市气质的小国家。它虽地处东南亚,却没有浓郁的热带气息,反倒散发出一股清爽的快感。这似乎是一种矛盾,但新加坡人却以极大的包容力,包容着包括这种矛盾在内的一切矛盾!

　　新加坡是个包容性很强的国家,在这个城市中存在着许多种语言、文化、种族和宗教。在这里,中国人、马来人和印度人比邻而居,印度尼西亚人、阿拉伯人以及欧洲人……许许多多的其他人种也都将新加坡当成自己的家,为新加坡丰富的文化加上了更多的调料。各民族传统服饰,料理和节庆的组合更使新加坡展现了它旺盛的生命力。

美丽的朝鲜首都平壤

　　平壤是朝鲜的首都,它是一座美丽、清洁、文明的现代化都市,同时,它也有着悠久的历史。作为亚洲的两个社会主义大国之一朝鲜的首都,平壤是朝鲜人民心中的骄傲。

　　平壤地处大同江下游平原和丘陵的交接处,背靠大山,面向大河,整个城市的平均海拔在 84 米左右。由于地理位置得天独厚,山水环抱的平壤自然风光十分优美,有着朝鲜"美丽首都"之美誉。这里的气候属于温带季风气候,四季分明,年平均气温在 9.7℃ 左右。平壤城的南面是一片开阔的平原,东、西、北三面则是绵延起伏的山丘。市区内有花团锦簇的美丽山峰——牡丹峰,郊区有树木葱翠的大城山、峨眉山、云头峰等名山。碧绿的大同江从牡丹峰下流过,将平壤城分成了东、西两部分,大同江的支流普通江则流过了整个西平壤。

平壤

　　平壤的历史源远流长。据史书记载,公元 427 年,古高丽王国将首都从丸都城(位于今天中国吉林省集安市的西北山城)迁往平壤,与分别定都于庆州和慰礼城的新罗、百济两国形成了三足鼎立的局面。从那时起,平壤就开始成为朝鲜的首都。平壤是朝鲜历史上著名的古都,历史上曾有"镐京""长安"等其他许多名称。平壤也有一度处于窘困的时期。在新罗统一朝鲜半岛之后,平壤的地位逐渐下降,最后连一个普通州的州治也不是了。1392 年,李成桂在威化岛回师,发动政变并取得了成功,顺利地建立了李氏朝鲜王朝,平壤于是就成为平安道的首府。朝鲜民主主义人民共和国建国后,平壤成为首都,建为平壤特别市。1500 多年来,平壤经历过多次战火破坏，但又多次得到重建。这一点，人们可以从牡丹峰的古松林和大同江边的悬崖峭壁以及许许多多的文物古迹那里得到了解。

在大城山下的茫茫荒草之中，人们仍然可以看到高丽王国的宫殿遗址。这座美丽的城市曾饱受战争的洗礼，特别是在 1950～1953 年的朝鲜战争中，美国在平壤投下了 42.8 万枚炸弹，整个平壤几乎被夷为平地，到处是断壁残垣。但是，英勇的朝鲜人民并没有被吓倒，他们在打跑侵略者之后，用了不太长的时间便将平壤又建成了一座崭新的现代化城市，平壤又恢复了昔日的光彩！

尼泊尔的"千庙之都"加德满都

加德满都是尼泊尔的首都，建于公元 723 年，又名"木寺城"。据说它是由加德满都寺发展而成的，这座寺只用了一棵树做建筑材料。现在，这座有着悠久历史的庙宇仍然屹立不倒，守望着这个城市。

加德满都由三座古城组成：加德满都、帕坦和巴卡塔布尔（当地人又称为"巴德冈"）。三座古城在结构上很相似，每座古城都有一个皇宫，每个皇宫外都有一座御用的印度教寺庙，也都有一位活女神库玛莉驻守，皇宫的大门都叫作"黄金门"，围绕皇宫的广场也一律称作"杜尔巴广场"。这三个古城的主要色调均是砖红色，由此形成了这里独特的建筑风格。

加德满都老旧的大街小巷就如同一个巨大的艺术博物馆，无论是皇宫、庙宇，还是普通民居，都喜欢雕刻上图案和花纹。这些各种各样的雕刻作品多为宗教题材，佛像、菩萨、湿婆、毗湿奴衬托着古老的墙壁。这些古建筑复杂的雕刻形式大致可以分为浮雕、镂空雕刻、立体圆雕和浅雕四种。屋顶的梁上很少有雕花，雕刻大量运用于大门、门楣、斗拱、窗户、门边立柱、抬梁上。门楣和斗拱多使用浮雕，镂空雕刻大量运用在窗户上，圆雕多装饰圆柱，浅雕则更多被用来衬托主体雕像。木雕的材料一般是硬木，以核桃木和檀香木最为贵重，因为只有坚硬的木质才能让刻像长久地保存。从雕花的复杂程度可以看出家道的富有程度：以原木色和深棕色为主的木雕多用在民居家里；皇宫和庙宇有的保持着原木的颜色，更多的则加上了彩绘装饰。

在加德满都，最引人注目的是位于皇家广场的加达纳许庙（印度教尊为主宰宇宙之神的庙），这个庙又叫作"性庙"，是加德满都皇家广场最古老的建筑。为什么叫"性庙"呢？因为这里有许多描写性行为的雕塑：在佛像下是男女交欢的场景，当中还掺杂着动物交配的雕塑。庙宇里面用来支撑屋檐的斜托木使用的是彩绘浮雕，长 1 米多，宽 30 厘米左右。围绕屋檐共有 20 多根这样的斜柱，每一根柱子上刻画的形象都不一样，但特色都是既细腻又大胆奔放。为什么在这样神圣的地方却有如此异类的表现呢？据说是因为印度教徒把性当成一门学问，如果好好钻研学习的话，人的烦恼会降低到最低。还有一种说法是为了防雷击，因为印度教中的雷电神是个处女神，见到情爱的场面就会害羞地躲起来，于是庙宇就可以避免雷击了。另外还有一种说法：尼泊尔有段时间受到了佛教的影响，出现了很多独身教徒，不料当时瘟疫流行，人口急剧下降，所以庙中特意用情色的雕刻来鼓励人们生育。

"东方威尼斯"曼谷

有"东方威尼斯"之称的曼谷是泰国的首都，它位于湄南河的下游，距离暹罗湾40千米，是泰国的政治、经济、文化和交通运输的中心，人口约有800万。曼谷为什么被称作"东方威尼斯"呢？这还有些来头。原来，曼谷地势低洼而且有许多河流，后来还挖了许多运河，到19世纪时，曼谷已经成为一个河道纵横的水上都城。市区经常可以看见如梭的舟楫以及繁忙的水上市集，那景象就好像欧洲水城威尼斯，因此人们就将曼谷称作"东方威尼斯"。随着陆路交通及现代化工商业的发展，河流逐渐丧失交通要道的作用。从1969年起，曼谷的大多数河道都被填平成了林荫道或马路，"东方威尼斯"就名不副实了。

曼谷

曼谷的历史十分悠久。1767年，吞武里王朝兴起的时候，在现在的曼谷逐渐产生了一些集市和居民点。1782年，曼谷王朝的拉玛一世将都城从湄南河西面的吞武里迁到了河东面的曼谷。拉玛一世在这里修建宫殿、城墙，还修了九条街道。在这些街道中，尤其以"三聘街"最为出名。拉玛二世和拉玛三世统治的时候（1809~1851年），曼谷城内增建了许多佛教寺庙。拉玛五世的时候（1868~1910年），曼谷的大部分城墙被拆除，新建了许多马路和桥梁。1892年，曼谷城内开通了电车。1916年曼谷人有了自己的大学——拉玛隆功大学。1937年曼谷被划分成了曼谷和吞武里两个市。第二次世界大战结束后，曼谷得到了很快的发展，无论是人口，还是市区面积都大大地增加了。1971年曼谷和吞武里两市合并成了曼谷—吞武里都市区，人们称之为"大曼谷"。

曼谷是一个著名的旅游城市，城市中有许多的名胜，景色十分宜人！曼谷最大的广场"王家田广场"原来是曼谷国王举行典礼的地方，现在除了用来庆祝春耕节和泰历新年外，多数时候已成为群众集会和周末集市的场所。因为泰国人大多信奉佛教，所以曼谷市内佛寺云集，大概有300多所，因此曼谷又有"佛庙之都"的美称。曼谷的大王宫、玉佛寺、金佛寺和金山寺等都远近驰名，此外，还有纪念中国航海家郑和的"三宝公庙"。国柱神隍庙内则保存着为纪念1782年曼谷建都而打下的第一根桩，当地人把它叫作"国柱"。曼谷市内常年鲜花盛开，到处姹紫嫣红，"三顶尖"式的泰式屋宇在百花映衬下显得更加金碧辉煌。"三聘街"是华人聚集的地方,被称为曼谷的"唐人街"。经过 200 多年的发展,"三聘街"已成为泰国最繁华的市场。除了这些名胜古迹,曼谷还有不少现代化的建筑和旅游设施。因此曼谷每年都吸引了大批游客,成为亚洲旅游业最兴旺的城市之一。

　　泰国人把曼谷叫作"军贴",意思是"天使的城市",其实如果将泰国的泰文全称转译为拉丁文,可长达 142 个字母,它的意思就是:"天使之城、伟大的都市、玉佛的宿处、坚不可摧的城市、被赠予九块宝石的世界大都会"。

伊斯兰教的历史名城伊斯坦布尔

　　土耳其最大的城市和港口伊斯坦布尔位于巴尔干半岛的东端,是黑海的咽喉,分界欧亚两洲的博斯普鲁斯海峡从城中穿过,将这座古城一分为二,因此伊斯坦布尔就成了全世界唯一一座地跨欧亚两洲的城市。伊斯坦布尔始建于公元前 660 年,当时称为拜占庭。公元 324 年,罗马帝国君士坦丁大帝从罗马迁都于此,改名君士坦丁堡。公元 395 年,罗马帝国分裂,君士坦丁堡遂成为东罗马帝国的首都。公元 1453 年,土耳其苏丹穆罕默德二世攻占了这座城市,灭了东罗马,这里就成了奥斯曼土耳其帝国的首都,并被改名为伊斯坦布尔。1923 年土耳其共和国成立,迁都安卡拉,伊斯坦布尔才结束了它上千年的都城生涯。

伊斯坦布尔

　　近 1700 年的都城历史,给伊斯坦布尔留下了丰富的古迹。市内现存的 3000 余座清真寺,可供全市 1000 万穆斯林礼拜之用。此外,市内的宣礼塔也有 1000 余座。在这里,只要你举目四望,总会看见各种风格的"宣礼塔",它们为伊斯坦布尔赢来了"宣礼塔城"的美称。伊斯坦布尔旧区的城墙有两重,长 7.2 千米,内墙筑于 413 年,外墙筑于 447 年。内墙较高,约 9 米,厚 4.8 米,城墙上有几座瞭望塔,塔高 18 米,间距 54 米。外城墙原来设有 92 座炮塔,现存 56 座。旧城区内的托普卡珀博物馆原来是土耳其苏丹的宫殿,修建于 1478 年,土耳其共和国成立后作为博物馆供游客参观。博物馆占地 70 万平方米,收藏有土耳其历史上的许多珍贵文物。多尔玛巴赫切宫则是 19 世纪以后苏丹的王宫,以精美的雕刻、华丽的壁画以及装饰品著称。伊斯坦布尔最著名的清真寺是建于 1616 年的苏丹艾哈迈德清真寺,它是世界上现存的唯一一座六塔清真寺,人们将之称为"蓝色清真寺"。除了王宫和清真寺外,旧城区内有 7 座出名的小山,这 7 座小山是因为罗马皇帝把这里看成是新罗马,所以他就命人仿造了原罗马城的 7 座山。这些山大多顶端平坦,山道险峻。7 座山上分布有 40 多处名胜古迹:第一山有圣索菲亚教堂、圣艾琳教堂、苏丹艾哈迈德清真寺、艾哈迈德三世喷泉,彩砖阁,托普卡珀博物馆、马尔马拉海滨城墙;第二山有努鲁奥斯曼尼耶清真寺、火焚柱、室内大市场,第三山有拉莱利清真寺、瓦仑斯引水槽;第四山有法蒂赫清真寺、埃斯基·伊玛莱特清真寺;第五山有居尔清真寺、蒙古圣玛丽教堂;第六山有卡里耶清真寺、阿德里安诺普尔门、君士坦西宫;第七山有七塔堡、伊姆拉霍尔清真寺。

现在的伊斯坦布尔已经扩大到了黄金角湾北面和博斯普鲁斯海峡东岸的于斯屈达尔等地。

"灵魂的泣诉地"耶路撒冷

耶路撒冷是著名的宗教圣地,从3000年前大卫王的王国建都于此以来,就一直是犹太人精神生活的中心所在。

"耶路撒冷",在希伯来语中的意思是"和平之都"。然而,现实中的耶路撒冷却是个充满战争的城市。据史书记载,公元前2000年中叶,有一支希伯来人的游牧民族从东方进入了巴勒斯坦。公元前2000年末,希伯来的北方部落形成以色列王国,继而南方各部落形成犹太王国。那个时候,腓力斯丁人攻占了巴勒斯坦地区,以色列人和犹太人便同腓力斯丁人进行了长期艰苦的斗争,以

耶路撒冷

色列第一个国王扫罗甚至战死疆场。公元前10世纪,犹太王大卫在统一了以色列和犹太王国后,建立了以色列—犹太王国,并将腓力斯丁人驱逐出巴勒斯坦地区。在这番丰功伟绩之后,他选择了迦南古城耶路撒冷作为统一后国家的首都。然而,大卫之子所罗门死后,统一的国家又分裂了,北为以色列王国,南为犹太王国。公元前721年,亚述帝国灭以色列王国。公元前586年,新巴比伦灭犹太王国,摧毁了耶路撒冷,犹太人被掳到巴比伦,成为"巴比伦之囚"。公元前538年,波斯帝国居鲁士大帝在攻陷巴比伦城后释放了被囚在巴比伦的犹太人,并允许他们重返耶路撒冷。返回的犹太人,建立起了臣属于波斯帝国的神权政体。从公元前4世纪起,马其顿、托勒密、塞琉古诸王国相继侵占巴勒斯坦。公元前63年罗马占耶路撒冷后,这一地区就成为罗马帝国的一个行省。公元70年,犹太人反叛罗马失败,从此流散世界各地。中世纪,这里没有幸免于十字军东征的铁蹄;16世纪,这里也没有摆脱奥斯曼帝国的控制。

耶路撒冷,是犹太教、伊斯兰教、基督教信徒的圣地。犹太教徒相信这里就是上帝送给犹太子孙的土地;基督教徒相信,这里是基督受难、死后复活的地方,伊斯兰教相信,这里是先知穆罕默德登宵夜游的地方。耶路撒冷的魅力在于它神秘、神圣的宗教色彩,它也是世界上唯一被三大宗教——犹太教、回教、基督教(天主教)

认定为信仰源流和精神指针的圣地城市。犹太教的哭墙便在此处；作为先知穆罕默德的升天之地，耶路撒冷也是伊斯兰教三大圣地之一，是全世界最美丽的伊斯兰教寺——金顶回教寺所在地；对于基督教（天主教）来说，这里是耶稣传福音、背十字架受钉以及复活的圣地。这里一直吸引着世界各地的信徒来此朝拜敬仰。

越南的首都河内

河内是越南社会主义共和国的首都。这个有着千年历史的古城就像一个花木葱茏的大花园。在建筑物周围、街道两旁，到处都生长着高大的铁树、椰子树、棕榈树，街心花园千姿百态、姹紫嫣红的鲜花也是四季盛开不断。繁华的河内市内点缀着西湖、还剑湖，七亩湖、禅光湖、列宁公园、百草公园等著名景点，它们让这座本已十分秀美的城市更加迷人！

河内

河内是一个历史名城。据说，在公元 11 世纪以前，这里就已经有人居住了，只不过那个时候这里被称作"龙编""螺城""大螺城"等。1010 年，李朝创建者李公蕴从华间迁都大螺城后将其改名为"升龙"。后来的李朝统治者又先后将其改称"东都""东京""中都""北城"。公元 1831 年的时候，当时的阮朝明命 12 年，这里被改名为河内，取意于环抱在红河大堤之内。这个名字一直沿用到了今天。

在越南改革开放的年代，河内正以它青春焕发的秀丽姿态迎接着来自四方的客人。河内位于红河平原的西北部，四周分别与河北省、北太省、永富省、河西省接壤。红河从市区旁边缓缓流过，最宽处有 2000 米左右。章阳桥、龙编桥、升龙桥从东、北两个方向把市区和郊区连接起来。河内市是越南第二大城市，地处红河三角洲西北部，面积为 920 平方千米，人口 210 余万。

河内是越南的政治、经济、文化中心。市区的巴亭广场是举行大型集会和重大政治活动的场所，也是当年胡志明主席宣布越南民主共和国成立的地方。广场正面居中是胡志明主席的陵墓。广场四周有主席府、巴亭会堂及党政军机关。主席府内有胡志明主席故居，是胡志明主席当年工作和生活的场所，供人们参观学习。市内有高等院校、科研机构，也有机械、纺织、碾米、制糖等工业。郊区农产富饶，以稻米为主。主要名胜及风景区有文庙、还剑湖和西湖等。河内是越南重要的交通枢纽之一。铁路南可抵胡志明市，北可达钢都太原，东连海防，西北经老街可到中国的云南，东北经谅山与中国广西相连。公路通往全国各地乃至老挝和柬埔寨。水路可由红河向东直泻大海。河内内排国际机场是越南主要机场之一。国际航线可达万象、曼谷、北京、莫斯科、巴黎等。现在，河内正以其优美的自然风光，吸引着越来越多的游客前来旅游观光。

日本的古老都城东京

世界百科全书·地理篇

东京的俗称叫作"武藏",现在是日本的首都,也是日本的政治、经济、文化中心,是一个现代化程度非常高的国际大都市。

很多年前,东京还只是一个芦苇丛中荒凉偏僻的小渔村。原来的东京被称作"千代田"。公元 1457 年时,大领主太田道灌在这里大兴土木,筑造了江户城堡。后来有文献记载,江户城堡就是现在东京的前身,只不过当时江户城堡的规模十分的小。1603 年的时候,德川幕府的德川家康掌握了全国政权,他在江户开设幕府后,使江户成为日本的行政中心,也让该城得到了很大的发展:江户城堡大大扩宽了自己的领地。到 1700 年时,这里已

东京

成为一个人口总数超过 100 万的世界级大城市。1869 年,明治天皇将首都迁到了江户,并因为它的位置在日本京都的东部而将其命名为东京,东京从此就诞生了。1943 年的时候,东京市改名为东京都(就相当于我国的直辖市),管辖范围得以扩大。

东京是日本文化和教育中心。这里分布着各种类型的大专院校,如果将短期大学包括在内,估计可多达 190 所。东京还有一个筑波科学城,在那里设有 43 个科研机构和大学,其中包括日本空间计划和宇宙研究试验中心,是日本的高科技中心,可以说得上是日本的"硅谷"。

东京是一个将日本的传统文化和国际大都会气息结合得非常好的城市,这里到处都是历史古迹和现代建筑群落,它们搭配得十分和谐。东京是日本最大的工业城市,那里聚集着全日本 11% 的工厂,主要有钢铁、机械、化工、精密仪器、印刷、出版、服装等各种各样的产业。除了这些产业之外,日本也是全国的经济、金融和商业中心。据统计,总资本在 50 亿日元以上的公司,有 90% 都开设在东京;全日本岛各大银行的总行或主要分行均设在这里;东京还是世界三大金融中心之一,拥有世界知名的股票交易市场,日本的商贸业也十分的发达,那里有着占全国 18% 的大批发商店和占全国 31% 的小批发商店,日本最繁华的商业街"银座"也在东京,那里每天都要迎来成千上万的国内外购买者。

东京还是日本最大的交通枢纽。作为著名的国际大都市,这里的交通行业十分发达,飞机和轮船可以通向全国各地和世界各地。东京海港的规模名列全日本第 4 位,年吞吐量有 4000 万吨之多;东京共有 4 个机场,成田和羽田机场是这里的空中门户。除了航空与海运中心外,东京还是日本高速铁路干线汇合点。那里的地铁也是四通八达,来此处旅游的游客乘坐地铁很方便。

无论是观光市容，参观博物馆，还是娱乐和购物，在东京都能得到满足。

"孔雀国"的首都新德里

今日我们所说的新德里实际上是老城德里的一部分。德里分为新、旧两城，两城中间隔着一座"德里门"。新、旧德里城还以著名的拉姆利拉广场为界，广场以南为新德里，广场以北为旧德里，新德里是今日印度的首都。至于"德里"一词的来历，历来有许多不同的说法。有的学者认为，"德里"是根据孔雀王朝的国王"德鲁"的名字演变而来，是"德鲁"的变音，有的学者认为，公元前 10 世纪时这个城市就以因陀罗·婆勒斯特而闻名，国王阿恩格巴尔曾把它改名为拉勒高德，还建立了许多铁柱。由于铁柱立得不稳，虽经加固却仍然不牢。"不牢"一词在印地语中读作"梯里"，因此此城便以"梯里"，即"德里"命名。而实际上，现在的新、旧德里已经完全连在一起了，人们说起这里时也通常叫"德里"，而非"新德里"。

新德里

德里位于印度恒河支流朱木拿河边，据说在这块土地上曾先后出现过七个德里城。第一个德里叫作"因陀罗普拉斯特"，意思是"因陀罗神的住所"，相传是印度史诗《摩诃婆罗多》中的英雄所建。公元 8 世纪时，曲女城的土邦王迪里曾重建此城，但由于当时处于诸侯割据时代，常年征战。战乱中的德里几度兴衰，阅尽了沧桑。12 世纪末时，外来的穆斯林征服了印度，并开始在这里建立都城。到 17 世纪中叶的时候，莫卧儿王朝的第五代皇帝沙杰汗将都城从阿格拉迁到了这里，并花了 10 年时间建成了上面说的七个德里城中的最后一个。19 世纪中叶，英国在殖民扩张中吞并了印度，英国人将英属印度的首都迁到了加尔各答。1911 年，德里又一次被宣布作为首都，紧接着政府在德里城的西南面兴建了一座新城，这座城于 1931 年完工，它就是现在的新德里。1950 年 1 月 26 日，印度宣布脱离英国的殖民统治独立，并成立了印度共和国，独立后的印度最终还是将都城定在了新德里。

今天的德里是印度政治、经济、文化、旅游中心，也是印度乃至南亚的交通枢纽。德里城占地只有 1485 平方千米，但人口却太多了：据统计，德里的人口在 1991 年时为 838 万，到 1997 年时竟达到了 900 万以上。如此小的地方却生活着这么多的人，可以想见那里的人口密度有多大。德里城是整个印度的心脏，在那里你可以感受到整个国家跳动的血脉，许多印度国内的大事件都是在此处产生的，你能在那里感受到现代都市的气息。然而德里又是一面历史的镜子，在那里你可以看到印度古老辉煌的历史。旧德里、新德里紧密相连，古老与现代交相辉映，构成了一幅幅引人入胜的优美画卷。

"天国中的城市"大马士革

　　"大马士革"一词是希腊人用希腊文记录下来的阿拉伯语,意为"手工作坊"。大马士革就因为手工业发达而得到了这个名字。古代的大马士革被称为"天国中的城市"。阿拉伯古书中这样写道:"人间若有天堂,大马士革必在其中;天堂若在太空,大马士革与它齐名。"当地居民中流传着这样一个美妙的故事:有一天,伊斯兰教创始人穆罕默德来到大马士革郊外,他从山上眺望全城,立刻就被城市的景色感动,但是他观赏一会儿后却没有进城,反而转身往回走。随从十分惊讶,连忙问为什么。穆罕默德解释说:"人生只能进天堂一次,大马士革是人间天堂,如果我现在进了这个天堂,死后怎能再进天上的天堂

大马士革

呢?"这虽然是传说,但现实中的大马士革的确是一座天堂般的城市。古阿拉伯的文武大臣、王公贵族都希望活着的时候能住在大马士革,死后能安葬在这里,这都是因为一部古书中曾这样写道:"真主宠爱谁,就把谁安顿在大马士革。"

　　历史上的大马士革经历了许多帝国的兴衰,阅尽了沧桑:它看见过罗马帝国和拜占庭帝国被新兴的阿拉伯帝国击败;看见过全盛时期的奥玛亚王朝;经受过阿巴斯王朝给予的毁灭性打击;经历过阿拉伯民族英雄萨拉丁大败十字军的著名战役;也接受过奥斯曼土耳其帝国长达 400 年之久的统治。不断的战争,不计其数的天灾人祸,使大马士革的许多珍贵文物遭到了严重的破坏。

　　如果你今天漫步大马士革城,你会看见一座"古迹之城"。全城共有清真寺250 座,其中建于公元 705 年的奥玛亚清真寺是伊斯兰最著名的清真寺,也是世界上最古老的清真寺之一。清真寺附近有一座罗马神话主神朱庇特的神庙,还有阿拉伯民族英雄萨拉丁的陵墓,这些都是久负盛名的古迹。大马士革至今仍然享有"阿拉伯世界古文物荟萃地"的美誉,古城区也于 1980 年被联合国教科文组织列入世界文化与自然遗产保护名录。

　　大马士革城面积约 100 平方千米,人口 143 万,位于克辛山山脚的一片平原上。它坐落在巴拉达河两岸,美丽的阿瓦什河从城郊流过,整个城内沟渠纵横,水波荡漾。河道两旁是一排笔直的白杨树,市内到处绿草如茵,鲜花灿烂。一幢幢典雅别致的白色房屋掩映在绿荫之中。夕阳西下时,落日将整座城市染成了金黄色,清真寺的宣礼塔上传出呼唤人们开始祈祷的声音,整座城市顿时充满了浓厚的宗

教气氛。大马士革悠久的历史和它流传下来的神话及众多的古迹,再加上得天独厚的自然环境,都给它带来了勃勃生机。

"神赐的地方"巴格达

巴格达是伊拉克的首都,它位于伊拉克中部,跨越底格里斯河两岸。巴格达市的面积有 860 平方千米,人口有 500 多万,那里是伊拉克的政治、经济、文化和宗教中心。"巴格达"这个词语源于古代波斯语,意思是"神赐的地方"。

巴格达拥有悠久的历史。公元 762 年时,巴格达城被阿拔斯王朝第二代"哈里发"曼苏尔定为王朝的首都,他将巴格达命名为"和平之城",以期望自己的统治能永享太平。当时的巴格达城中央是曼苏尔的"金宫","金宫"的四周则是皇家显贵居住的楼阁亭台。因为当时的巴格达城是建在一个圆形城墙内的,因此又被称为"团城"。8～13 世纪时,随着巴格达城规模的不断发展,它的市区面积逐渐扩

巴格达

大,因而渐渐形成了现在跨越底格里斯河两岸的格局。横跨底格里斯河东、西两岸的巴格达先后建起了 5 座大桥,以相互联系。在这 5 个世纪里,巴格达不仅修建了许多具有阿拉伯民族风格的建筑,而且收藏了世界各地的许多金银器皿以及文物古董,因此被人们誉为"博物之城"。当时的巴格达是一个包容性很强的城市,来自世界各国的名医,数学家、地理学家、占星士甚至炼金术士都云集到此,形成了许多学士文人聚会的场所,曾经在人类的文化史上留下光辉的一页,举世闻名的阿拉伯语名著《一千零一夜》就是在这个时期开始成形和流传的。巴格达城在 1258 年被蒙古人攻陷,1508 年和 1534 年被波斯和土耳其人分区占领,在 1638 年之后则长期处于奥斯曼土耳其帝国的统治下,1917 年它落入了英国人的手中,直到 1921 年伊拉克独立,巴格达才重新成为首都。

巴格达是一座文化底蕴极其深厚的古都。这里有 9 世纪时兴建的、拥有天文台和图书馆的"智慧宫",还有 1227 年建成的、世界最古老大学之一的穆斯坦西利亚大学,还有规模仅次于开罗大学、拥有 15 个二级学院的巴格达大学。除了这些之外,这里还有伊拉克博物馆、巴格达博物馆、军事博物馆、自然和兵器博物馆等几十个藏有众多珍贵文物的博物馆,其博物馆数量之多堪称中东各大城市之最。

巴格达市的经济很发达,这里拥有全伊拉克 40% 的工业企业,主要包括:炼油、纺织、制革、造纸、食品等城市工业。巴格达还拥有先进的现代交通体系,铁路、公路和航空构成了巴格达的立体运输网络,成为巴格达经济发展的重要配套设施。除了现代工业的发达之外,这里的商贸业也十分的繁荣,巴格达不仅有许多现代化的大商场,也有一些传统阿拉伯式的古老商店,这些商场和商店每年都为巴格达赚

取大量的外汇。

　　然而,巴格达却是一个多灾多难的地方。20 世纪的两伊战争和海湾战争已经使它遭受了严重的打击,经济发展受到了严重的影响,近年来美国对伊拉克的战争,使得巴格达再次变得不安定起来。希望巴格达能像曼苏尔命名的那样,成为真正的"和平之城"!

俄罗斯的"红色"首都莫斯科

　　俄罗斯是个地跨欧亚两洲的大国,莫斯科则位于俄罗斯欧洲部分的中心。莫斯科市区横跨莫斯科河和雅乌扎河的两岸,分布在 7 个小山丘上。在公元 9 世纪时,莫斯科已经有居民居住了,但直到 1147 年的时候才正式在史书上出现莫斯科这个名称。15 世纪末期的时候,俄罗斯公国的伊凡三世将莫斯科定为公国的首都。1712 年时,彼得大帝将他的首都迁到了圣彼得堡,莫斯科丧失了都城的地位。1812 年,莫斯科还一度被拿破仑占领。一直到 1918 年的"十月革命"建立苏维埃政权之后,列宁才将首都迁回了莫斯科。从那以后,莫斯科一直是苏联和今俄罗斯的首都。

莫斯科

　　有着如此悠久历史的莫斯科自然拥有许多传统建筑物,莫斯科大主楼、外交部、乌兰克饭店等斯大林式建筑已经成为那里的标志性建筑。除了这些传统风格的建筑外,莫斯科还有许多现代化程度很高的城市设施。莫斯科有着方便的交通网:9 座客运火车站、全电气化的铁路、550 千米的大环铁路、13 条公路主干线、闻名于世的莫斯科地铁等交通网络四通八达。莫斯科还是一个世界文化中心,那里有 80 多所高等学府,138 所职业中专,1000 多所各种科研机构,65 座博物馆,4000多座图书馆,各种各样的影、剧院随处可见。除了这些之外,随着现代社会的高速发展,商贸业的日益发达,现在的莫斯科还是一座商业气氛十分浓厚的现代化城市。来自各个国家的商人,带着琳琅满目的商品云集于此,使得莫斯科成为一个很大的商品交易地。往日的中国商人在莫斯科受到了许多歧视,如今在经历了种种磨难之后,他们已能在那里占有一席之地了。各种商业楼,集装箱商品集散市场和宾馆餐馆也已形成了相当大的规模。莫斯科又是一个有着 800 多年历史的古城。为了大量赚取外汇和传播俄罗斯文化,莫斯科大力发展旅游业,近年来,莫斯科每年都迎来无数的游客,它成了进出俄罗斯的大门。旅游旺季时,游客无处不在,那里的流动人口每天可以达到 200 万之多,非常的热闹。

　　俄罗斯人自己经常说:"莫斯科不是一个城市,莫斯科是一个世界"。从这句话我们可以看出莫斯科的开放态度。正是基于这种态度,才使得莫斯科成为一个越来越令人瞩目的现代化大都市。

世界"绿化冠军"波兰华沙

　　华沙是波兰的首都,它位于欧洲北部平原的心脏地带,地处维斯图拉河边的斜坡上,横跨维斯图拉河两岸,是一座有着悠久历史的城市。

　　在历史上,华沙一直是波兰的政治中心,现在仍然是它的首都。公元 1280 年马佐瓦亚公爵在维斯图拉河渡口修建城堡,这是华沙的前身。1344 年,华沙成为马佐瓦亚公国的首都。随着城市功能的迅速增多,华沙的政治作用越来越大。1596 年,波兰首都从克拉科夫迁到华沙,从那时到现在,华沙就一直是波兰的政治中心。华沙经过了两次劫难:1656 年和 1702 年两次被瑞典人摧毁。之后城市得以重建,到 18 世纪末时,华沙成为欧洲最大的城

华沙

市。华沙古城的南面有一座五边形的华沙王宫,装修得富丽堂皇,王宫里陈列的全是波兰画家扬·马特伊科描绘波兰历史的油画。华沙王宫是波兰历史传统的象征,也是民族兴衰的见证。华沙王宫的历史是从 13 世纪玛佐夫舍公国建造防御性木结构城堡开始的,在那以后不久,第一批石结构建筑物就取代了木结构城堡。王宫最古老的建筑物是 14 世纪上半叶建造的哥特式"大庭院",它是华沙王宫的主要景观。王官西侧是一个小广场,广场的南端立有一根 22 米高的花岗石圆柱,圆柱顶端塑有定都华沙的奇格蒙特三世青铜铸像,它是华沙的标志性建筑。

　　华沙的城市布局很有特色:以集市广场为中心,主要街道按方格网状规划。街道离市中心越远,这种规范的布局就越不明显。华沙城中有许多 16～18 世纪建筑物的外墙,这些外墙是那里一道独特的风景线,斑驳的城墙仿佛在向我们讲述着华沙的老故事。城中的建筑风格十分混杂:既有哥特式和文艺复兴式的建筑,又有巴洛克式的建筑,它们反映了华沙在世界文化交流中的重要作用。今天的华沙依然保持着新、老两城的布局:各种有历史意义的名胜古迹大多集中在老城区,比如宏伟的宫殿、巨大的教堂,各式各样的箭楼、城堡等,那里每年都吸引着大批游客前去观光旅游;在新城区,一幢接一幢的高楼大厦,各种商店、宾馆到处都是,环境幽雅的居民住宅区里花草广植,犹如花园一样,各种高等院校、艺术馆、影剧院、体育场分布各区,使得整个城市充满了生机。如果你去那里旅游,千万不要忘记登上 230 米高的文化科学宫顶端,在那里举目远眺,一座景色如画的国际旅游城市就一览无余了。

瑞士的"和平之城"日内瓦

日内瓦是瑞士第三大城市,仅次于苏黎世及巴塞尔,除了是瑞士法语区的首善之都,更俨然是世界的缩影,超过了 200 个国际重要机构设于那里,其中包括:联合国驻欧洲总部、国际劳工组织、万国红十字会、童子军总部、妇女和平自由联盟等,可谓是一个国际政治、经济及文化中心。日内

日内瓦

瓦是一座历史悠久的国际都市,那里有着深厚的人道主义传统,正因此,日内瓦被世人誉为"和平之都"。日内瓦也是世界的"钟表之都",钟表业与银行业是日内瓦的两大财政收入支柱。除此之外,日内瓦还以其丰富多彩的文化活动、清新的市郊风景及众多的游览项目和体育设施著称于世。每年,数以百计的会议、展览和庆祝活动在这里举行,吸引了无数来自世界各国的游客。

日内瓦位于欧洲的中心,从这里坐船、乘火车或者坐长途汽车到瑞士其他地区游览极为方便。一般的旅游路线是:去中世纪的小镇格里耶参观著名的乳酪厂;去策尔马特观看终年积雪的马特霍恩峰;或者参观举世闻名的什雍古堡;还可去法国的夏豪厄镇游览巍峨壮观的欧洲最高峰——勃朗峰。除了拥有重要的国际地位,日内瓦也是一座满是山光、水色、彩花、绿树的美丽都市。日内瓦依傍着群山——白郎峰雄立于城的东南面,侏罗山矗立于城的西北方,皑皑雪峰为本已十分秀美的风景更添风采;市内花园遍布,隆河穿城而过,好像仙女身上的绿绸带,飘逸俏丽之极;加上湖滨公园的绿树繁花,让这个依山临湖,绿水环流,风景如画的都市美得就像一首诗。

日内瓦是瑞士有名的旅游胜地,那里有许多的名胜古迹。法国的启蒙思想家卢梭诞生在日内瓦一座古老的住宅里;英国诗人拜伦 1816 年曾住在科洛尼区一栋名叫"迪奥大迪"的别墅里,而在这座别墅不远处,则是英国浪漫派诗人雪莱的旧居。除了这些名胜古迹值得一游外,日内瓦市内还值得一游的地方有:著名的宗教改革国际纪念碑、圣·皮埃尔大教堂、大剧院、艺术与历史博物馆、日内瓦大学等。另外,如果你在晴朗的日子里泛舟日内瓦的莱蒙湖,就更是别有一番情趣了。

日内瓦市民注重保护大自然,人们的生活与环境融为一体。在日内瓦,有多种多样在大自然中开展体育活动的方式:在罗纳河和莱蒙湖上游泳嬉戏;在郊外骑马、骑自行车或散步;在邻近的阿尔卑斯山区或法拉山区滑雪等等。无论是攀登峭壁,还是在空中翱翔,或在湖中游泳,对热爱大自然和体育的人来说,日内瓦实在是最理想的地方。

看过上面的介绍,如果您有意去日内瓦,就早点动身吧!

奥地利的"音乐之都"维也纳

　　维也纳是奥地利的"音乐之都",它也是一座享誉世界的文化名城。这座位于多瑙河畔、阿尔卑斯山东北麓的美丽城市,在几个世纪里诞生了无数闻名于世的音乐家、文学家、美术大师和建筑家,他们为维也纳树起了一座座丰碑。这里无法计数的文艺作品为世界艺术宝库增添了异彩,欢快动人的华尔兹早已把"音乐之都"的美名传遍世界。

维也纳

　　维也纳市共分为 23 个区,它们由内向外分布。内城里以"斯蒂芬教堂"为中心的一区一直有"维也纳心脏"的叫法。这座教堂建于公元 12 ~ 15 世纪,几百年来都是维也纳的标志性建筑。当你登上 137 米高的教堂南塔时,就能将满城美景尽收眼底:片片红砖赤瓦中是分外夺目的铜绿色建筑拱顶;笔直向上的哥特式建筑与富丽堂皇的巴洛克式殿堂错落有致地比肩而立;夹杂在古典建筑中的幢幢新式高楼虽显得有些不和谐,但也为都市交响曲增加了现代化的节奏;绕内城的环城大道是维也纳最美丽的街道,大道两旁坐落着许多大型建筑——议会大厦、市政府大楼、皇宫,以及歌剧院等。在这些大型建筑中,维也纳金色大厅或许是最令人向往的地方,她是音乐爱好者心中的圣殿。在这座金色大厅里,高高的天花板上悬着数盏巨大的水晶吊灯,灯上雕有阿波罗太阳神和专司音乐的女神,大厅两侧也有 20 多个女神雕像,显得一派金碧辉煌。

　　除了金色大厅,维也纳最出名的或许就是它的歌剧院了。有着 350 年歌剧传统的维也纳,其国家歌剧院已成为世界歌剧的中心。国家歌剧院从创建以来就有着自己独特的演出风格,聘用过许多音乐大师主持歌剧院事务,像古斯塔夫·马勒尔、理查·施特劳斯和卡拉·扬等。歌剧院一般从每年秋季到第二年夏季演出300 多场世界一流歌剧和芭蕾舞剧。现在,维也纳国家歌剧院已成为世界歌剧和舞台剧的中心。这座如今举世闻名的歌剧院有着悲惨的历史,二战结束时,她曾被炸成一片废墟。战争结束后,奥地利人历时 8 年将其修复。歌剧院的建筑风格是希腊和罗马风格的混合:高拱门、拱式雕花窗,有石雕装饰的屋顶。歌剧院内部装饰极其豪华,舞台非常大,观众席位有 1600 多个,其中包括为生活窘困的音乐爱好者提供的 67 个站位。在这座艺术走廊里,塑有 14 座著名作曲家的半身雕像,其中包括有莫扎特、贝多芬、罗西尼等世界闻名的大音乐家雕像。

　　维也纳不愧为"音乐之都",这里到处都是音乐家的雕像。在它的市立公园里,你会见到这样一些音乐大师:雪松旁边的管内琴大师 Bwcknu 半身像、"抒情曲之王"舒伯特的大理石全身坐像、大理石拱门内约翰·施特劳斯拉小提琴的金色雕像等等。漫步在市立公园,你会经常地感受到强烈的艺术氛围。市立公园有一所可以容纳 150 人的音乐厅,冬季就在这里举行音乐会。音乐厅前有个青藤环绕的亭子,那里是施特劳斯拉小提琴的地方,睹物思人,耳边仿佛又响起《春之声》的旋律,让人感觉非常亲切,看来艺术的魅力真是永恒的。

瑞典的"北方威尼斯"斯德哥尔摩

幽默的瑞典人常说,他们的首都从欧洲最大的小城镇变成了欧洲最小的大都会。这个首都就是斯德哥尔摩。它位于波罗的海西岸,坐落在梅拉伦湖入海处,市区分布在 14 座岛屿和一个半岛上,70 余座大小桥梁把它们联为一体,这里素有"北方威尼斯"的美誉。斯德哥尔摩城始建于公元 13 世纪中叶,常遭海盗侵扰,于是人们便在梅拉伦湖入海处的一个小岛上用巨木修建了一座城堡,并在水中设置木桩以便抵御海盗,后来这个岛便得名为"木头岛","斯德哥"就是木头的意思,"尔摩"则是岛的意思。关于斯德哥尔摩这个名称,在当地还有传说:古时候的梅拉伦湖上漂浮着一根巨大的木头,就是这根木

斯德哥尔摩

头引导来自锡格蒂纳的第一批移民来到这里,建立了这座城市。由于斯德哥尔摩的地理位置适中,气候又温和,于是在 1436 年被定为都城,并逐渐发展成为斯堪的纳维亚半岛上最大的城市。

斯德哥尔摩是一个波光荡漾的城市:梅拉伦湖环绕在湖心岛边缘,水光映得都市的每个角落都鲜活动人。从市内的卡克岬电视台 150 米高的塔楼上俯瞰,只见在一片蓝色的水域中,包围着一个美丽的公园,那里汇集了大量的珍稀动植物。市内到处可以看到褐红色砖砌成的古老的建筑,新兴的住宅区是一尘不染的乳白色。一年一度举行诺贝尔奖颁奖典礼的市政厅,被认为是 20 世纪欧洲最美丽的建筑物之一。有"北欧凡尔赛宫"之称的多洛尼库尔摩王宫,则使人仿佛置身于 18 世纪。斯德哥尔摩南区的斯塔丹岛是当年的旧城遗址。老城区大街小巷的街道均采用石头铺筑,最宽处不过 5~6 米,最窄处不足 1 米,不但汽车、摩托车和自行车无法通行,就是两个人对面走过也得侧身相让。街道两旁是一些古老的店铺,出售古朴而精美的手工艺品。瑞典王宫、皇家歌剧院、皇家话剧院、议会大厦以及斯德哥尔摩市政厅都聚集在这里。其中的瑞典王宫建于 17 世纪,是一座方形小城堡。里面珍藏有历代瑞典国王遗存的金银珠宝、各种精美的器皿以及很多美丽的壁画。

斯德哥尔摩也是一座文化名城。市内有 50 多座博物馆,如民族、自然、美术、古文物、兵器、科技博物馆等,分类十分科学。在斯坎森露天博物馆,有 150 座从瑞典各地搬来的农家小舍。如果你想要知道这里的人文底蕴,你只要到藏书 100 余

万册的皇家图书馆和拥有 100 多年历史的斯德哥尔摩大学走一圈就可以了。

　　1809 年以来，瑞典一直没有卷入各种战争。在两次世界大战中，瑞典宣布成为中立国，那里的人们照样过着平静安宁的生活。因此斯德哥尔摩又被人们称为"和平的城市"。

荷兰的"北方威尼斯"阿姆斯特丹

　　就像瑞典的斯德哥尔摩一样，荷兰的首都阿姆斯特丹也有着"北方威尼斯"的美称。阿姆斯特丹有小岛 90 个，运河 160 条，另外还有 1281 座桥梁。阿姆斯特丹是个有着悠久历史的都市，自 17 世纪以来就是欧洲的市民生活中心。

　　阿姆斯特丹市中心的达姆广场是城市的心脏，广场旁边坐落着著名的王宫，它是由荷兰著名建筑师范坎本设计的。阿姆斯特丹因为拥有美丽的郁金香、浪漫的运河、随处可见的脚踏车、闪烁的钻石、珍贵的艺术珍藏以及心胸开放的居民，一直吸引着许多来自世界各地的观光游客。阿姆斯特丹市区的道路规划科学，交通秩序井然，船只可以在市区的运河中自由航行到市区任何地方。除了坐船，徒步

阿姆斯特丹

也是领略这个城市内涵的好方法，几乎所有的观光景点均可靠步行到达。在阿姆斯特丹，你可以悠闲地从"安妮之家"沿着"绅士运河"，散步到国立博物馆在路上，你也别忘了找家咖啡屋歇歇脚，来杯浓郁的咖啡，要不就到美丽的市立公园长椅上，享受热闹中的宁静。不论哪种方式，你都会感到无比的欢欣与惬意。

　　阿姆斯特丹是个繁荣的城市，这里的居民约有 71.8 万。阿姆斯特丹最出名的还是它的水，世界上只有很少的城市能够与它相比。为什么这么说呢？原因在于，这块肥沃的新开地上所有的东西都不是不劳而获的，荷兰人经过了长年与水为敌的过程才挣扎出今日的成果。在这座城市里，旧日的豪华大宅显示出几个世纪前的富庶与繁荣，但令人奇怪的是，在这个国家里，你却找不到封建社会的宏伟宫殿。原来，荷兰勤劳的商人和工匠都不喜欢极权统治，主张极权主义的统治者大多遭到了人民的排斥。

　　阿姆斯特丹市内有众多的博物馆，那里收藏着伦勃朗等艺术大师的优秀作品。除此之外，这里还是哲学家斯宾诺莎的故乡，还开设有绘画艺术家凡·高的纪念馆。在阿姆斯特丹这座水上城市旅游，你可以乘上平底的玻璃船，穿行在纵横交错的运河中，观看最具荷兰风情的大风车。

　　阿姆斯特丹在世界上出名的原因还在于此地盛产钻石。阿姆斯特丹的钻石历史十分悠久，可以追溯到 16 世纪。英国王室的至宝，108.8 克拉的名钻，便是在阿姆斯特丹雕琢而成的。阿姆斯特丹不仅为王室服务，同样也可以让对钻石感兴趣

的普通人如愿以偿。

阿姆斯特丹的人常抱着"坚强活下去,也要让别人活下去"的精神去生活,这也吸引了世界上许多追求自由的人前来此地。

丹麦的"童话故乡"哥本哈根

丹麦的首都哥本哈根是北欧第一大城市,它位于西兰岛东岸,与瑞典的马尔默海港共同扼守着波罗的海的出口。这座已有 800 多年历史的古城是随着海上贸易的发展而日渐繁盛起来的,现在仍是全国最大的海港、最大的工业和文化中心。哥本哈根市容整洁,众多的桥梁,纵横的水道以及穿插在现代建筑群中的尖顶或圆拱的教堂、宫殿与古堡,构成了这里独特的风貌。

哥本哈根

哥本哈根是童话大师安徒生的故乡,这里有童话里的"美人鱼"雕像,美丽的神农喷泉,北欧古老的市政厅,金碧辉煌的佛烈得利克波城堡以及靠莎士比亚名剧"哈姆雷特"而闻名于世的克伦波城堡。要游览这个城市,就得先从水边游起。港口处有丹麦最有名的路标,那就是"美人鱼"。这个离开了海底世界,想变成一个真正人类的小精灵,曾让我们无比地感动。在这个港口,你还可以领略到迷人的"绿色塔尖城"的魅力:无论晴天还是阴天,被青铜覆盖的旧堡垒和教堂的塔尖都会让这座城市笼罩上一种梦一般的气息。在那里游览,你会以为自己走进了一幅水彩画之中。自港口沿着河岸漫步,你先看到的是外观并不起眼的阿马林堡皇宫。这座皇宫完工于 18 世纪中叶,直到今天皇室仍住在这里。教堂与古堡大概是古城唯一遗留下来的建筑。哥本哈根在 1445 年成为丹麦首都,到 16 世纪末期贸易繁荣,因此带动此城成长。但是,1728 年和 1795 年的大火烧毁了城中旧的木造建筑物,今天我们所看到的大部分建筑都是在 19 世纪和 20 世纪初建造的。古堡和教堂最引人注目的是它们的塔尖。据说,其中最高的一座塔共有 150 层阶梯。如果你爬上塔尖,你就会领略到无比壮美的景观。当你又稳稳地站在地上时,通过最近的桥到达"城堡岛",在那里你会看到一个 1619 年建造的、欧洲最古老的股票交易中心。在这个交易中心的上面有个奇特的塔尖。这个塔尖是由三条互相缠绕的龙尾巴组成的,它们代表的分别是丹麦、瑞典和挪威。继续往前走,就到了克里森堡宫,哥本哈根便始于此处。这是一座中世纪的古堡,同皇宫一样,它也对游客开放。看完克里森堡宫,下一站就是著名的尼哈芬了,它是 1673 年一群士兵挖成的一条狭窄水道,安徒生曾把这个迷人的水道当成他自己的家。在他的公寓窗户外有一片特别的镜子,这片镜子能让他不被外界察觉地观看到外部世界。那无数动人的童话或许就是在此处诞生的吧!

哥本哈根是一个很容易游览的城市,你不必急着将市中心走完,因为哥本哈根是第一个划出行人徒步区的城市,而且这座城市的噪声污染比起欧洲其他国家的首都要轻得多。漫步街头,你不会觉得这是在一个国家的首都旅游,只会觉得来到了一个童话世界,一切都那么的美妙!

英国的首都伦敦

伦敦位于英格兰东南部,跨泰晤士河下游两岸,是一座有717万人口的国际大都市。它是英国的首都,也是全国政治、经济、文化与交通的中心,也是世界金融中心之一。伦敦交通发达,古迹众多,素有"英国旅游中心"之称。伦敦以其悠久的历史屹立于世界名城之林。

伦敦

伦敦是围绕着伦敦城逐步发展而成的。伦敦在行政上分为33个区,伦敦城是单独的一个区。伦敦城外的12个区叫"内伦敦";"内伦敦"以外的20个区叫"外伦敦"。伦敦城加上内、外伦敦合称"大伦敦"市,面积共1580平方千米。伦敦最早是由罗马人建造的。约在公元1世纪左右,英国在罗马的统治下成立了伦敦尼姆行政总部,并计划以泰晤士河作为重要的运输通道。然而要连接河道两岸就要有桥,于是人们就选择了在伦敦塔到城区一带修桥。此后,那里便迅速发展成为一个重要的城镇。

伦敦既是有着2000年悠久历史的王朝都城,名胜古迹美不胜收,也是一个车水马龙的现代化大都市。泰晤士河是这座城市的生命线,它绵延300多千米,两岸风景秀丽。28座建筑风格迥异的桥梁把泰晤士河两岸连成一片,其中最出名的一座桥是滑铁卢大桥,这座桥是英国人为纪念威灵顿将军击败拿破仑而命名的。这些桥中最漂亮的要数伦敦塔桥,这座塔桥气势十分磅礴,在两个巨大的桥墩上分别建有5层楼的高塔;桥面是开启式的,每当有高过桥面的船只通过时,桥面可以分开吊起;连接双塔顶层的是一条高出水面140米的行人桥;游人可以站在塔顶观赏附近美丽的风景。

伦敦是一个文化名城,这里有丰富多彩的艺术形式和娱乐形式。歌剧、音乐剧、古典音乐、摇滚、爵士乐等,应有尽有,而且票价非常便宜。伦敦的剧场特别多,大多上演莎士比亚、萧伯纳的作品。剧场大体可分为两种,一种是商业性大剧院,以著名演员演出的著名作家作品为主;一种是小型剧院,偏向艺术性,在那里可以观赏到一些初出茅庐的作家的创作,剧场气氛轻松愉快。在伦敦欣赏古典音乐也是非常惬意的事情,音乐厅音响效果非常好,每年伦敦都要举行"古典音乐夏季盛会",邀请世界著名的指挥家和乐队在皇家艾伯特大厅演出。伦敦的摇滚或爵士音乐会也不少,而且票价不高。这些多种多样的选择,可以让你在伦敦拥有精彩的快

英国的"北方雅典"爱丁堡

爱丁堡是苏格兰的首府,它坐落在一片丘陵和海湾之间的斜坡上:雄居于延绵的火山灰和岩石峭壁之上,位于苏格兰中部的福斯湾南岸。爱丁堡风景绮丽,有着令人心旷神怡的美景。这里的气候湿润温和,年平均温度在 8℃ 左右,除了春季多风之外,夏、秋两季都是绿树成荫,鲜花盛开,美丽的景色让人陶醉。在一片繁花似锦之中,点缀着古代的宫殿、教堂和城堡。丰富的文化遗产和优美的自然景观,使它成为英国最美丽的城市之一,素有"北方雅典"的美称。

爱丁堡

据说"爱丁堡"这个地名源于苏格兰语,意思是"斜坡上的城堡",后来苏格兰语英语化以后就变成了现在的读音 Edinburgh。也有人认为"爱丁堡"得名于公元 7 世纪时诺森伯里亚王国一位名叫"爱德温"的国王,他名字的谐音就是"爱丁堡"。

历史上,爱丁堡是独立的苏格兰王国的首都。英格兰、苏格兰王室联姻后,他们在 1707 年正式合并,共同成为联合王国一部分,所以英国王室至今还是苏格兰血统。今天,作为苏格兰的首府,爱丁堡全市人口仅约 70 万,到这里来旅游的各国游客却是摩肩接踵。据初步估算,欧洲最大规模的艺术展举办期间,到访这里的人数达到历史最高峰,有上百万的参观者慕名而来。爱丁堡是苏格兰文化的展示中心,其自然景观、石砌房屋以及连绵的群山,都令人目眩,其完备的设施、国际化的氛围及浓烈的苏格兰地方特色一直名列英国最佳旅游区前列。爱丁堡有自己独特的,不同于英格兰的文化:古老的爱丁堡大学迄今已有 400 多年的历史;著名的《爱丁堡评论》也是世界上最著名的文学评论;一年一度的爱丁堡艺术节是世界上规模最大的艺术节。在这里旅游的游客,可以强烈地感受到独特的文化氛围。

爱丁堡域由一条天然的壕沟分成了两个城区:新城区和旧城区。新城区的街道整齐划一,靠着那条壕沟(壕沟现在是一条铁路)的是笔直的王子大道,这条大道是爱丁堡商家云集的地方。在这条大道的旁边有一座黑色玄武岩做成的"司各特纪念塔",那是一座气势恢宏的石塔。从那儿放眼望去,可以见到壕沟对面旧城区的小山包最高处矗立着一座"爱丁堡城堡",这座城堡已经有上百年的历史了。除了这些文化景观之外,爱丁堡的城市景观中还包含有为数众多的博物馆、美术馆和其他历史建筑。这些文化设施都体现了爱丁堡丰富的文化与历史内涵。

法国的"浪漫之都"巴黎

巴黎是法兰西共和国的首都,也是世界著名的繁华大都市。这座历史名城,素有"世界花都"的美称,这里的人们都很追求浪漫,因此也有法国"浪漫之都"的美誉。巴黎位于法国北部盆地中央,横跨塞纳河两岸。市区面积 105 平方千米。巴黎市区及其周围 7 个省合称为大巴黎区。巴黎市的人口有 230 万多,大巴黎区的人口有 1007 多万,因此巴黎也是世界上人口最多的都市之一。

巴黎

巴黎不仅是法国,也是西欧的一个政治、经济和文化中心。历史上,巴黎是法国历代王朝的都城,是几个资产阶级共和国的首都,也是法国资产阶级革命的发源地。今天,法国政府的许多行政机关、党派团体及省级行政机构依然设在这里,一些重要的国际组织也设在巴黎。巴黎还是法国的经济中心,全国最大的工商业城市。巴黎的工业生产总值约占全国的 1/4,工人数量约占全国的 1/5,汽车工业居全国首位。巴黎的轻工业,如传统的服装、化妆品、装饰品和时髦家具等,都享有世界级的声誉。巴黎的香水驰誉全球,有"梦幻工业"之称,被法国人视为他们的国宝。巴黎的金融业、证券业、保险业也十分兴盛,这里有世界重要金融市场之一的巴黎金融市场。巴黎的商贸业也很兴隆,欧洲最大的"四季商场"就坐落在巴黎的拉德芳斯区。著名的巴黎国际博览会、现代化的特罗卡德罗展览馆,将巴黎变成了一个"博览会城"。巴黎还是法国的交通枢纽,每天的客流量达 1300 万人次,全国的陆路交通都向巴黎集中,形成一个辐射状的交通网。

除了这些政治、经济方面的特点外,巴黎最大的特点就是它的美丽与浪漫。巴黎的标志"埃菲尔铁塔",就像一个钢铁巨人一样,高高地耸立在巴黎市中心的塞纳河畔。藏满各种艺术珍品的卢浮宫位于塞纳河右岸,以收藏丰富的古典绘画和雕刻而闻名于世,是法国文艺复兴时期最珍贵的建筑物之一。位于塞纳河中心城岛上的巴黎圣母院是一座哥特式建筑,它不仅因雨果的著名小说《巴黎圣母院》而出名,更因为它是巴黎最古、最大和建筑史上最出色的天主教堂而出名。香榭丽舍大街是巴黎最美丽的大街,在这条街的两旁,分布着巴黎主要的名胜。香榭丽舍大街东头就坐落着著名的爱丽舍宫,法国总统就住在这里。在香榭丽舍大街的终点处是戴高乐广场。在这个广场上,有一座著名的门,那就是"凯旋门"。

在巴黎游览,最大的感受就是这里的浪漫气氛。你经常可以看见对对恋人在花团锦簇中窃窃私语。成片的青草,似锦的繁花,再加上充满诗意的热恋,这一切都让人觉得只有巴黎才能当得起"浪漫之都"的美誉!

"欧洲首都"布鲁塞尔

布鲁塞尔是比利时首都,人口约 100 万,它是全国的政治、经济、文化中心,位于荷比法铁路干线的心脏处。布鲁塞尔也是北约秘书处、欧洲经济共同体总部和 900 多个国际机构的所在地,素有"欧洲首都"之称。

布鲁塞尔市中心的市政厅建于公元 12 世纪,四周的哥特式建筑物就像熊熊燃烧的火焰。市政厅的尖塔高达 85 米,塔顶有一尊 5 米高的布鲁塞尔城守护神塑像。厅内,天花板上绘着美妙绝伦的图案,藏有历史名人的巨幅肖像画以及著名画家鲁本斯的巨幅油画。市政厅附近还有佛拉芒建筑艺术与巴洛克建筑艺术相结合的古老行会楼、路易十四的皇宫以及马克思召集会议的"天鹅咖啡馆"。大广场以北"狗街"的转弯处竖立着世界著名的"小

布鲁塞尔

于连"像。这座铜像是个高半米、光着身子叉腰撒尿的儿童,形象十分逼真。据说这位名叫于连的小男孩一泡尿浇灭了进犯者的炸药导火索,拯救了全市居民,故立此像来纪念他。听说比利时有个礼节性的规定,如有某国元首到布鲁塞尔访问,小于连就要穿上该国元首送给他的服装。另外还有许多人精心为小于连设计了多种多样的服饰,光是一个商店里出售的小于连服装照片就有几百种之多。

布鲁塞尔的鲜花广场是举世闻名的。每隔两年的 8 月,布鲁塞尔市政府都要在大广场举行为期 4 天的"大广场鲜花地毯节"。"鲜花地毯"主要由带块茎的秋海棠组成,共 100 万朵。每到那时,大广场就变成了一片花的海洋。在中心广场附近,有一条只准步行的食品一条街。那条街街道狭窄,街面上摆着桌椅,客人可以坐在街面餐桌边悠然自得地品尝美味。店家还将本店的特色菜和各种海鲜摆在一个斜立的摊床上,以招徕顾客。

布鲁塞尔西北郊有一座建于 1958 年的原子能博物馆。博物馆前有一个原子球广场,现在它几乎成了布鲁塞尔的象征。在原子球广场附近有一座大型体育场,每年这里都要举行比利时足球甲级队的决赛。离开原子球广场,就可以到王宫花园游览。这个花园是完全开放式的,周围没有护栏,也没有大门。花园正对着比利时王宫,有大片的草地和树林,还有几处纪念性建筑,现在这里已经成为布鲁塞尔的市民们休憩和娱乐的公共场所。

在布鲁塞尔旅游,最大的收获或许就是能感受到这里人拥有的那种团结与友好的精神吧!

如果要到欧洲旅游,布鲁塞尔是不可错过的一站。

意大利的"七丘城"罗马

  罗马是意大利的首都和历史名城,它是古罗马帝国的发源地,也是文艺复兴时期的艺术宝库之一。罗马地处意大利河下游的丘陵地带,因建城于7个山丘口,故有"七丘城"之称。

  罗马是一个世界知名的旅游胜地,那里到处都是历史遗迹,其中最为出名的要数古罗马的科洛塞奥斗兽场,它被称为"世界八大名胜"之一。斗兽场又叫竞技场,因为这里也曾举办过马车及文艺表演之类的竞赛。斗兽表演分为三种:兽与兽斗、兽与人斗、人与人斗。角斗士搏斗时,场地上铺满了沙子;兽与兽、兽与人斗时,为了使场景逼真以吸引观众,场上会布置一些灌木丛、树木和假山。这种野蛮、

罗马

没有人性的娱乐直到公元405年才被西罗马帝国的皇帝霍诺留宣布停止。

  罗马有"露天历史博物馆"的美誉。除了上面说的古罗马斗兽场之外,罗马还拥有众多的历史古迹,如:罗马输水道、古罗马城废墟、圣·保罗门外的金字塔、奥古斯都墓、巨大的浴池遗址、尼罗皇帝的金宫、埃特鲁斯科的文化遗迹、君士坦丁大帝的凯旋门、大赛马场、古代大道等。在这些历史古迹中,万神殿是吸引游客最多的地方。那是一座具有2000多年历史的著名古建筑,整个建筑没有一根柱子、一扇窗户,当你站在殿中时,你就会发现阳光可以从一个大圆屋顶直照进殿内,显得十分的壮观。

  罗马的建筑别具一格,其中尤以教堂、宫殿和广场最具特色。在罗马,最高大、最古老和最奇特的建筑都是教堂,估计全城共有300多座教堂和300多座修道院。其中,卡布金教堂以"残骸教堂"而闻名,"民众圣母院"则以艺术价值极高的装饰成为罗马名胜。罗马的广场很多,它的每个街角和每个交叉路口,必定有一个广场。其中著名的广场有:古罗马的象征"圆柱广场",以水神喷泉而著名的"共和国广场",作为罗马艺术中心的"西班牙广场"以及以象征意大利独立和统一的"威尼斯广场"。罗马的宫殿建筑同样雄伟壮观。现在作为总理府大楼的基季宫是巴洛克式的建筑;现为"艺术博物馆"的威尼斯大厦是罗马文艺复兴时期的宫殿建筑;而现为总统府的魁里纳尔宫则是一座希腊艺术风格的建筑,宫内珍藏的名画和精美工艺品不计其数。

  罗马,这个美丽的城市,虽然历经了历史的沧桑,但正如人们常在那里的许愿池边许下的愿望一样,它必定会重现旧日的繁荣。

意大利的"水城"威尼斯

　　闻名于世的"水城"威尼斯位于意大利东北部的亚得里亚海滨。地图上的威尼斯就像一颗嵌在美丽长靴上的水晶,在亚得里亚海的波浪中熠熠生辉。威尼斯城建在离陆地4千米左右的群岛上,城中的建筑全靠100多条水道和400余座桥梁加以连接。威尼斯大约有人口10万,面积却只有不到7平方千米,可以想见那里的人口密度有多大。威尼斯城的历史十分悠久,大约建于公元452年,在14世纪,这里就已经发展成为意大利最繁忙的港口,被誉为整个地中海的"水上都市"。

威尼斯

　　威尼斯是由好些个小岛组成的,它与大陆相连是靠一条长长的公路铁路两用桥。在这些小岛中,一些大的岛为了交通运输的方便,又挖了纵横交错的许多运河,这使得整个威尼斯更加支离破碎。

　　威尼斯是个世界知名的旅游城市,那里有好多值得一游的地方。到了威尼斯,首先要去看的就是圣·马可广场。去看圣·马可广场最好的季节是威尼斯的冬天,那时海水漫过了大堤,整个圣·马可广场就浸在了一片汪洋之中。到了夜晚,在灯光的照耀下,水光中教堂的倒影和一些用于游人行走的木板相映成趣。圣·马可广场是由内外两个广场组成的,内广场的四周均被教堂和城堡包围,显示了中世纪时期威尼斯共和国的繁华;外广场的一面对着一个海峡,广场上立着两个冲天石柱,它们象征着威尼斯共和国的强盛。看完圣·马可广场,接下来要去的地方就是慕拉诺岛。这个岛位于威尼斯的外海,坐威尼斯的水上出租大约半个小时便可到达。让慕拉诺岛出名的是那里的玻璃艺人吹制玻璃艺术品的工艺。慕拉诺是玻璃生产的发源地,在相当长的时间里也是玻璃在世界上唯一的产地。当年,为了防止其他国家的人偷取这项技艺,威尼斯人将所有的工匠集中在位于威尼斯外海的慕拉诺岛上,因此这里就成了一个"玻璃王国"。除了这个原因之外,将玻璃生产集中在一个小岛上,也是为了在一定程度上防止玻璃生产造成的火灾将威尼斯的木制房屋一烧而光。

　　威尼斯还值得一提的是其独特的脸谱艺术和水晶加工工艺。这里的脸谱个个手工精到,几乎每个到威尼斯的游客都要带个脸谱回去作纪念。威尼斯的水晶加工业也闻名世界,这里的水晶工厂大多是手工作坊,许多作坊要穿过水城迂回曲折的小巷才能到达,工厂里面古老的机械加工设备和生产工艺吸引了许多参观者。

　　坐着威尼斯的水上出租,将威尼斯城周游一遍,美丽的水城在夕阳的余晖下发出温暖的光辉。看到这幅场景,大概再也没有人会感受到人世间的烦恼了!

意大利的"斜塔城"比萨

意大利的比萨古城是座充满奇迹的城市,人们都知道那里的斜塔,但是它的魅力却远不止于此。

没有去过意大利的人或许都听说过比萨斜塔,因为据传说,"近代科学之父"伽利略"两个铁球同时着地"的著名结论就是在比萨斜塔实验证明的。这是座结构优美的大理石钟楼,它的每一层回廊都是那么的玲珑剔透。近些年来,塔的南北高度相差近一米的倾斜状况使得管理者关闭了进塔的入口。比萨斜塔

比萨

坐落在比萨的教堂广场上,是比萨主教堂综合建筑中的一个钟塔,也是建筑群中最著名的建筑。比萨斜塔始建于 1174 年,1350年竣工,塔身全部用大理石砌成。这座塔在建造之初是直立的,谁知造到第三层时,由于地基打得不深,塔身开始倾斜,修塔工程不得不中止。94 年后,比萨人重新修建斜塔,这次的修建加强了一系列防倾斜措施。然而由于底部偏斜度太大,等到整个比萨塔建成后,塔顶中心点还是偏离了垂直中心线两米多。目前,塔顶中心点已偏离垂直中心线 4.4 米,据说直到今天,这座斜塔仍在继续倾斜。比萨斜塔高54 米多,共分 8 层。底层有石柱 15 根,上面 6 层各 30 根,顶层为钟楼,有石柱 12根。塔内有 300 阶楼梯通往塔顶。斜塔的建筑风格是罗马式的。经过了 600 多年的风雨,该塔依然"斜而不倾",真是一大奇观。据说在 1590 年,意大利物理学家伽利略在塔上做的自由落体实验,推翻了亚里士多德"不同重量的物体落地速度不同"的理论,更使比萨斜塔名扬四海。

除了比萨斜塔,比萨的魅力还体现在那里的"奇迹广场"上。"奇迹广场"是一大片绿葱葱的草坪,草坪上屹立着一组洁白精致的大理石建筑。这组有名的建筑是由比萨大教堂与洗礼堂、墓园构成的,它们被视为中世纪建筑的奇迹,"奇迹广场"之名就源于此。比萨大教堂和洗礼堂建于 12 世纪之初,此时,中世纪建筑和造型艺术达到了罗马风格的顶峰。罗马风格的教堂以气势雄伟、显示稳定和力度而著称,比萨大教堂就是这种风格的典范。大教堂西面的洗礼堂是一个半圆形拱形建筑,远远看去就像一顶缀满珠宝的皇冠。墓园是一个回廊围成的大庭院,外墙用大理石砌成。让比萨大教堂的建筑艺术锦上添花的又是伽利略!据说他在这个教堂做礼拜时,观察到了青铜吊灯在周期性的来回摆动!于是他据此提出了摆动原理,这支青铜吊灯因此也被称为"伽利略吊灯"。

比萨大教堂、洗礼堂和墓园以及著名的斜塔,这些中世纪建筑艺术的瑰宝,使得比萨不愧为一个充满奇迹的地方!

德国的"森林与湖泊之都"柏林

德国的首都柏林是一座古老而美丽的城市,它扼守着东、西欧的交通要道,往北距离波罗的海,往南距离捷克均不到 200 千米的距离,地理位置十分重要。柏林城的边缘被森林、湖泊、河流环抱,因此有"森林与湖泊之都"的美誉。鸟瞰柏林,柏林城仿佛处于一片绿色的海洋中,美丽之极。

柏林

这座城市有着悠久的历史。早在 13 世纪时,柏林已成为一个贸易集镇,随着贸易规模的扩大和影响的逐渐深远,到 17 世纪时,柏林已经发展成为一个地方性的政治、经济和文化中心。1871 年,柏林成为普鲁士"德意志帝国"的首都,从此变得更具国际影响力,其城市规模也得到了进一步的扩大。到了魏玛共和国时代,柏林作为"二十年代黄金时光"的舞台达到了它光荣历史的顶峰,在第二次世界大战前,它一直是德国的首都和最大的城市。但是,随着纳粹政权的上台,繁荣的柏林笼罩上了一层阴暗的色彩。德国的战败,更让柏林雪上加霜。由于美、苏两国意识形态的纷争,被占领的城市分裂成了东、西两个柏林。1961 年 8 月 13 日的夜晚,"柏林墙"修筑了起来,自那之后,柏林的人们陷入了骨肉分离的悲惨境地。然而,亲情与和平的力量是巨大的,1989 年 11 月 9 日,柏林墙上被开出一个洞,两个柏林从此合在了一起。随着第二年德国的统一,柏林恢复了首都的地位。

柏林的景色十分优美。著名的"菩提树街",是欧洲最有名的林荫大道。此外,用乳白色花岗岩筑成的勃兰登堡门,有 800 年历史的圣母教堂,古老的市政厅,"博物馆岛"上的建筑群,共和国"水晶宫",洪堡大学等都是闻名世界的景点。在古老的夏洛特堡宫周围分布着埃及博物馆、古董博物馆、史前早期博物馆和应用美术馆等重要的文化建筑,这些馆中收藏着许多珍贵的文物和艺术品。历史悠久的"威廉皇帝纪念教堂"是一座八角形的教堂,它充分体现了古代建筑的精华。1957 年落成的会议大厅是一座银色的、屋顶呈蚌壳状的大型建筑,这座建筑是现代建筑的杰出代表。

柏林的文化事业非常发达,它是世界重要的学术交流场所之一,也是不比巴黎逊色的艺术之都。这里格外引人注目的就是表现主义风格的绘画和出色的电影成就,两年一度的柏林国际电影节吸引着许多世界级的影星和众多的电影爱好者的关注。现在的柏林已经成为国际知名的文化交流中心,正吸引着越来越多的游客前来观光旅游。

欧洲文明的发源地雅典

雅典是希腊的首都,也是希腊最大的城市和工业中心。这座被山岭和大海围抱着的城市,一直以来就被人们认为是欧洲文明的发源地,它以其丰富的历史遗迹而著称。

雅典建城至今已经有 5000 多年的历史。公元前 8 世纪,爱奥尼亚人在这里建立了雅典城,它当时是古希腊城邦的盟主。古代雅典是西方文化的源泉,雅典人对艺术、哲学、法律、科学等许多学科都做出了杰出的贡献。雅典鼎盛时期的公元前 5 世纪,出现了许多不朽的大师。悲剧作家欧里庇德斯、喜剧作家阿里斯托芬,哲学家苏格拉底、柏拉图、亚里士多德,历史学家希罗多德等都在这里诞生或居住,这些光辉的名字永存在了人类的历史中。

雅典

现在的雅典是全世界旅游爱好者的度假胜地。那里有着清新的空气和宜人的气候,每年大约有 600~700 万世界各地的游客到来。去那里的人们可以见识到人类古老而灿烂的文明,因为雅典是希腊的古文物中心,至今仍保存着很多古代文化遗址。在这些古文化遗址中,最著名的要数雅典卫城。参观雅典卫城最大的感受是:你会觉得突然回到了 2500 年前。没错,地处一座小山丘上的卫城是公元前 500 年雅典人的艺术杰作。由于年月久远,卫城保留下来的部分已经很少,山门便是其中之一。山门建于公元前 437 年到公元前 432 年,是一座五开间的多立克式建筑。山门的中部开间较大,净空 3.85 米,山门有许多石柱,每根石柱均高 8 米多,设计比例恰当,显得挺拔刚劲,毫无笨重感。在门内的中央道路两侧,混用了三对直径 1 米、柔和的爱奥尼式柱子。爱奥尼式柱子一般只用于内部,但这里二者混用并没有造成不协调。除了卫城的石门,充分体现雅典建筑艺术的就是帕提农神庙和伊瑞克提翁庙。"帕提农"原意为"处女宫",是守护神雅典娜的神庙。神庙总面积约为 2100 平方米,全用白色大理石砌成,铜门镀金。庙檐满布着各种各样的雕刻,用红、蓝等色装饰,显得十分惹眼。这座神庙也是一座多立克式多柱建筑。充分显示了雅典雕刻艺术的辉煌。其中,尤以描绘雅典娜诞生和雅典娜与塞顿争夺雅典保护权的雕刻最为著名,显示了超绝的工艺水平。伊瑞克提翁神庙是一座规模不大的爱奥尼式建筑。它使用了 6 个女郎雕像作为柱子。整个建筑装饰繁复,但却色彩淡雅,与金碧辉煌的帕提农神庙形成了鲜明的对比。

雅典既是欧洲文明的发源地,又是一座建筑艺术的殿堂,正如恩格斯在评论古希腊建筑时所说的:"希腊建筑如灿烂的、阳光普照的白昼!"

埃及的"千塔之城"开罗

　　埃及的首都开罗位于尼罗河三角洲顶点以南 14 千米处,是全国的政治、经济和文化中心,也是非洲最大的城市。开罗是现代与古代文明相交融,东方与西方色彩相辉映的城市。

　　开罗是埃及的文化中心。著名的爱资哈尔大学、开罗大学、艾因·沙姆斯大学就坐落在开罗市内。开罗素有"中东好莱坞"之称,这里每年生产 70～80 部电影作品,为阿拉伯国家提供精神食粮。除了文化上的优势,开罗还是埃及的经济中心。开罗市内有钢铁、石油、化工、机械、纺织等许多现代化工厂,全国大约 1/3 的工业企业集中在此。开罗也是重要的交通枢纽,30 余条航空线将埃及同世界各地连接了起来。开罗还是举足轻重的国际

开罗

性大都市,国际博览会建筑群是中东地区最大的展览会场,每年春季都要在此举行国际博览会;许多国际会议,如阿拉伯首脑会议、非洲统一组织会议、不结盟国家首脑会议等,都要在这里召开。

　　开罗有着悠久的历史,市内古迹遍布。距市中心 13 千米处的吉萨地区是举世闻名的金字塔所在地,近 80 座金字塔散布在那里。正如人们所知道的一样,这些金字塔中,最出名的就是被列入世界七大奇迹的胡夫大金字塔。这座金字塔是埃及第四王朝法老胡夫在大约公元前 2560 年建造的,修建这座金字塔是为了作他死后的墓地。大金字塔建成时的高度是 145.75 米,但随着岁月的流逝,它的高度已经降低了 10 米。迄今为止,世界最高石质建筑物的桂冠仍戴在它头上。金字塔在历史上曾经激发了人们无尽的想象力,据说拿破仑 1798 年进军埃及时,曾站在金字塔前骄傲地说:"将士们,四千年的岁月在金字塔的顶端注视着我们啊!"除了金字塔,开罗还有其他一些著名的古迹,比如坐落在开罗东部穆卡塔姆山坡上的萨拉丁城堡。这座巍峨壮观的城堡建于 1176 年,是国王萨拉丁抵御十字军东侵的古建筑。城堡上有一座穆罕默德·阿里清真寺,这座清真寺建于 1840 年,具有土耳其建筑风格。除了这座清真寺,开罗城内还有 250 多座清真寺,其中以爱资哈尔清真寺最为著名。开罗诸多的博物馆则展示了它悠久的历史和丰富的文化遗产,这里最著名的博物馆便是昆虫世界博物馆。博物馆里收藏了埃及丰富多彩的昆虫和鸟类标本。这里的另外一座博物馆里则收藏着神秘的太阳船,它是 1954 年在金字塔的南面被发现的。人们普遍认为它是在胡夫的尸体入葬前,被用来运送胡夫尸体的。

　　开罗悠久而光荣的历史放射着迷人的光辉,现代的卓越成就更增添了它的

魅力。

澳大利亚的最大港口悉尼

悉尼是澳大利亚最大的城市和港口,它位于澳大利亚的东南海岸。悉尼是澳大利亚新南威尔士州的首府,是著名的国际旅游胜地之一,每年都吸引着无数的旅游观光者前来休闲、度假。悉尼的历史很久远。1788 年英国第一批移民在此登陆并定居下来,使悉尼成为澳大利亚的发源地。如今,悉尼已经成为大洋洲的最大城市。

悉尼

悉尼工业先进、商业繁荣、文化事业发达,是一个以行政、商业贸易和娱乐为主的现代化国际大都市。现在的悉尼可以说已经融合了世界上大多数种族和国籍的人。

说到悉尼,不能不说到著名的悉尼歌剧院。在澳大利亚的悉尼大桥附近有一个三面环水的奔尼浪岛,这座岛上矗立着一组好像群帆泊港的建筑群,这就是举世闻名的悉尼歌剧院。悉尼歌剧院占地 1.8 公顷,坐落在距海面 19 米的花岗岩基座上,最高的壳顶距海面 60 米,总建筑面积 88000 平方米。歌剧院内有一个 2700 座的音乐厅,一个 1550 座的歌剧院,一个 420 座的小剧场。此外,还有用于展览、录音、酒吧、餐厅等的大小房间 900 个。悉尼歌剧院造型十分独特,八个薄壳分成两组覆盖着两个大厅,另外有两个小壳置于小餐厅上。壳下掉挂钢桁架,桁架下才是天花板。两组薄壳彼此对靠,外面是乳白色的贴面砖。它吸引了成千上万的旅游者前来参观,现在已成为悉尼的标志。

悉尼歌剧院的建成还有一段趣事。1956 年,澳大利亚总理凯西尔有个担任乐团总指挥的好朋友古斯申,应古斯申的要求,政府决定出资在奔尼浪岛上建一座歌剧院,并向全世界征集方案。30 个国家送来了 223 个方案,这些方案由美国著名建筑师沙里宁等人组成的评委会进行评选。沙里宁因故来迟,而且他对评出的十个方案均不满意。之后,他却从被淘汰的 213 个方案中挑出了丹麦建筑师伍重的方案。沙里宁认为此方案如能实现,必能成为建筑艺术的精品。这个方案是一个草图,其最大的特点是由一组薄壳组成,形如海滨扬帆,富有诗意。沙里宁说服评委们采纳了这个方案。但是,当把方案付诸实施时,却遇到了不可克服的困难:一方面是实际实施上的困难;一方面是财政预算上的困难。但是由于工程主体结构已经完成,欲罢不能。最后政府三人小组取代伍重负责,工程才得以继续进行。从 1973 年起,历时 17 年,耗资 5000 万英镑,悉尼歌剧院才告落成。

无论是经济行业,还是文化艺术行业,悉尼都走在时代的前头。悉尼是座完美的城市,悉尼人很幸运,因为命运把他们冲上了这片美好的海滩!

新西兰的"南方首都"惠灵顿

惠灵顿是新西兰的首都,由于是世界上地理位置最南的首都(南纬41°17′),因此被称为新西兰的"南方首都"。惠灵顿是个无论面积还是人口(仅40万)都十分小的城市,但它却是新西兰的政治、经济和文化中心。长期受海洋季风气候影响的惠灵顿还有一个名字:风城。

惠灵顿

惠灵顿的建筑风格很有特色,其中木制建筑是惠灵顿最有特色的地方。在那里,你经常会看见一幢幢雪白的木屋带着五彩缤纷的屋顶,沿着平缓的山坡向上伸展至山顶,向下则延伸到繁华的市中心。白色的木屋映衬着蓝天,充满了清灵之气。惠灵顿最大的木制建筑是它的老市政大厦。尽管外观酷似石头建筑,但它的确是全部用木头制造的,而且是世界上最宏伟的木头建筑之一。老市政大厦的对面是国会大厦,初来此处,你会觉得它活像一个密密匝匝的蜂巢。国会大厦由三大建筑组成,包括有哥特式的图书馆、英国文艺复兴式的议政厅和圆形的办公大楼。迥异的建筑风格使国会大厦建筑群成为一个奇妙的组合,既各具特色,又相辅相成,巧妙地融为一体。

惠灵顿人是十分懂得生活的,他们总是自豪地说自己比其他新西兰人更知道生活的艺术。惠灵顿人很会安排自己的生活,这充分体现在他们对艺术和大自然的热爱上,他们正是在这种热爱中来感受和调节自己的生活的。热爱艺术方面:国家艺术画廊和国家博物馆里珍藏着新西兰所有的艺术名作,管弦乐团和芭蕾舞团以这里为表演基地,新西兰国际艺术节也在此举行。热爱自然方面:占地26公顷的植物公园遍布奇花异草,其中还有一个种着300多种玫瑰的花园。惠灵顿人喜欢来植物公园看春天的第一朵郁金香盛开,看冬天的最后一朵玫瑰枯萎。在阳光明媚的夏天,他们会驾车沿海岸驰骋,欣赏陡峭的悬崖和寂静的港湾;当秋叶泛黄,轻风微凉时,他们会在市郊那片金黄的原野上策马扬鞭。新西兰最古老的动物园也在惠灵顿,这里是野生动物的天堂。各种野生动物,如雄狮、猛虎、斑马、长颈鹿、黑猩猩等在这里自由自在地生活着,这当然要归功于新西兰人对大自然的保护。

浓厚的文化气息,优美的自然风光,使惠灵顿超脱了现代都市的喧嚣与浮躁,灵光漫洒。这里人们的灵性也得到了随意地挥洒!

美国的"新阿姆斯特丹"纽约

纽约是美国的第一大城市,有人口700多万。它位于纽约州东南的赫德森河口,整个城市由曼哈顿区、布鲁克林区、布朗克斯区、昆斯区和里士满区以及周围60多个卫星城组成。纽约是世界著名的金融中心,也是最大的国际交流中心之一。

纽约城的历史可以上溯到哥伦布发现新大陆时。1492年,哥伦布发现美洲大陆后,欧洲殖民者纷纷前来建立贸易点,这里逐渐形成了自由港,这就是纽约的前身。1626年,荷兰人从印第安人手中廉价买下曼哈顿岛建立贸易站,并按荷兰首都阿姆斯特丹的名字将这个地方命名为"新阿姆斯特

纽约

丹"。1664年,英国舰队来到这里,荷兰人无力与之抗争,遂将新阿姆斯特丹送给英国人。英王查理二世将这片土地交给了他的弟弟管辖。于是,国王的弟弟便将领地从英国的约克郡迁到了新阿姆斯特丹,并将其改名为"纽约",即"新约克"。

纽约是美国的最大海港,那里水深港阔,是个天然良港。纽约港规模庞大,设备先进,可以同时停泊400多艘远洋巨轮,年吞吐量超过1.3亿吨,是目前世界上的三大港口之一。纽约是一座繁华的大都市,市中心的曼哈顿区聚集着美国的大垄断资本家开设的银行、保险公司以及闻名全球的证券交易所等,这些都体现了它的金融中心地位。纽约市内高层建筑林立,雄伟壮观的摩天大楼随处可见,被恐怖分子袭击的"世界贸易中心"有110层,高411米,由5栋建筑物组成;另外,克莱斯勒大楼的高度也在300米以上,是纽约的最高建筑之一。举世闻名的百老汇大街,长29千米,建有众多的剧院、舞厅、夜总会等,是纽约的娱乐场所。在曼哈顿区的中心,有一片被人们称为"纽约绿洲"的中央公园,公园南北长4千米,东西宽800米,园内湖泊、山石映衬,满是翠林绿地,可说是纽约的"世外桃源"。公园东侧的城市博物馆里,收藏着从史前到现代5000年间的艺术珍品,是美洲最大的博物馆,可同巴黎卢浮宫和大英博物馆相媲美。公园西侧的自然历史博物馆占地9公顷,有19幢建筑,是世界上最大的博物馆之一。纽约市的哈莱姆街区是黑人聚居区,居民总数100万以上,这里的街道拥挤破败,房屋低矮陈旧,失业人口众多,同曼哈顿的富丽堂皇形成了鲜明对比。

纽约是一座新旧融合的城市,在一切繁华的背后,最能体现这个城市精神面貌的便是矗立在港口的自由女神像,她象征着纽约人民对自由与和平的热爱、追求。

"枫叶之国"的首都渥太华

渥太华是"枫叶之国"加拿大的首都,它是世界上最寒冷的首都之一。从 1857 年英国的维多利亚女皇选择这里作为英国在美洲的殖民地首府之后,渥太华便一直是一个重要的政治中心,后来也成为加拿大的政治中心,共有人口 31.4 万。城市占地面积不算大,只有数千英亩。整个城市井然有序,到处都可以看见精心培植的花草树木和规划工整的城市公园。

渥太华依山傍水,主要的游览点都在渥太华河和丽都运河附近。渥太华是一个世界知名的旅游城市,那里有许多著名的景点,其中,最为人所知的要数国会山庄和人文历史博物馆。国会山庄坐落在面对渥太华河的国会山丘上,由 3 栋维多利亚时代的哥特

渥太华

式建筑和一大片绿草如茵的广场组成。3 栋哥特式的砂岩建筑矗立在山崖上,俯视着渥太华河。外观宏伟庄严的国会山庄是现在加拿大政府和参议院所在地,至今已有 140 年的历史。国会山庄共分为三个区:中央区、东区和西区。其中,游客可入内参观的是中央区,那里有参议院、众议院与一座和平塔。国会山庄是渥太华最引人注目的地方,那里的建筑,特别是高 90 公尺的和平塔(它是国会山庄最高的建筑物),每年都吸引许多游客前来参观。要想在加拿大深入地了解它的历史,有一个地方是非去不可的,那就是位于渥太华的人文历史博物馆。人文历史博物馆的一楼展览着加拿大原住居民的生活用具,四楼则展览着欧洲移民开拓加拿大的历史文物。大量的历史资料加上实物和影音介绍,让参观者能够亲身感受到加拿大历史的悠久和文化的灿烂。博物馆的二楼还有一个世界儿童玩具展览厅,厅内展出不同民族和国家的传统玩具,游玩的儿童甚至可以亲手把玩玩具。博物馆中的落地玻璃墙把渥太华河畔的风景变成了一幅大油画,因此这里也就成为欣赏渥太华市区景色的最佳地点。

去加拿大旅游,还有一个节日不能错过,那就是加拿大的"郁金香花节"。这个每年 5 月的最后两周举办的节日是渥太华的盛大节日。在节日期间,渥太华会举行各种彩车大游行,人们还会选出一位美丽的"皇后"。欢庆的人们则尾随"皇后"的花车,在乐队的带领下徐徐前行。这个节日源于下面的事情:第二次世界大战时,欧洲战火熊熊,荷兰女皇曾在渥太华避难。战后,女皇回国,为感谢渥太华市民,就送来了许多郁金香花种,以使渥太华变得更加漂亮。从那之后,渥太华人民就开始有了"郁金香花节"。

悠久的历史,深厚的人文素养以及鲜艳的郁金香,使得美丽的渥太华更加动人!

"南美雅典"圣菲波哥大

圣菲波哥大是哥伦比亚的首都,位于东科迪勒拉山脉以西苏马帕斯高原的谷地上,海拔 2640 米。它虽然靠近赤道,但由于地势高,天气仍然十分凉爽。那里保留着丰富的历史文化遗产,有"南美雅典"的美誉,是美洲大陆著名的旅游胜地。

圣菲波哥大始建于 1538 年,最初是印第安奇布查人的文化中心。1536 年,西班牙殖民者贡萨洛·希门尼斯·德克萨达率领殖民军来到这里,疯狂屠杀印第安人,强占为殖民地。1538 年 8 月 6 日,殖民者在这块土地上破土动工,兴建圣菲波哥大城。在 1886 年成为哥伦比亚共和国的首都后,该城不断发展,人口不断增加,如今已成为拥有近 600 万人口的现代化城市,是哥伦比亚的政治、经济和文化中心。

圣菲波哥大城的名胜古迹名扬世界。公元 16、17 世纪兴建的大学、博物馆、天文台、教堂等古老建筑迄今保存完好。市中心的广场是以民族英雄西蒙'玻利瓦尔的名字命名的,广场中央塑立着玻利瓦尔骑着骏马的雕像,四周装有带彩灯的喷泉。广场四周还耸立着许多雄伟建筑,其中的圣·卡尔洛斯宫是一座已有 300 多年历史的古老建筑。它曾先后做过圣菲皇家图书馆和国家总统府,据说玻利瓦尔曾在宫内居住过,院内还有他亲手栽种的胡桃树。坐落在玻利瓦尔雕像后面的国会大厦,是建在圣菲波哥大旧城遗址上的,里面有描绘奴隶获得自由时狂欢场面的大型壁画,大厦内的椭圆形玻璃厅则是举行重大宴会的地方。圣菲波哥大城内的古老教堂众多,其中包括著名的圣·伊格纳西奥教堂、圣·弗朗西斯科教堂、圣·克拉拉教堂、贝拉克鲁斯教堂等。圣·伊格纳西奥教堂建于 1605 年,迄今保存完好。教堂内摆设的金制品,件件巧夺天工,据说出自古代印第安人之手。市中心的圣·坦德尔公园有一个世界上规模最大的黄金博物馆,也是国家的重要古迹之一。馆内展品琳琅满目,都是古代印第安人的装饰品和举行各种宗教仪式用的器皿,如耳环、鼻环、项链和壶、杯、碟、碗等,多达 2.4 万件。这些艺术品大多是用金箔和金线制作的,每件金器上都刻有含一定意义的图案。馆内最吸引人的是"黄金大厅",厅内展出的是数百件稀世珍品。在馆中参观时,听着播送的印第安音乐,就好像漫游在神话中的"黄金世界"一样。

圣菲波哥大也是一个爱美的城市,那里的大街小巷和房屋阳台上种植着各种花卉,大街上到处都是出售鲜花的小摊,摊上摆满了丁香、小菊、石竹、兰花等花。正是这些姹紫嫣红的奇花异草将有着历史厚重感的圣菲波哥大装扮得万紫千红、格外美丽,让人不经意之间就会喜欢上这块土地!

奇风异俗

上下五千年、纵横八万里、浩瀚无穷的大千世界,以及广袤无垠的宇宙空间给现代的人们留下了数不清的谜团。这些谜团像梦一样时时与人为伴,却又让人百思不得其解。

风俗是人类生产和生活过程中自然形成的,反映了不同历史时期各民族对世界的不同认识和对生活的独特理解。在世界各民族的不同风俗中,寄托着人类某种真实的情感和美好的愿望。

一种风俗的形成需要很长时间,一种风俗的传入和被接受主要视其与该民族的文化兼容与否与兼容程度。每个时代的风俗行为,最典型最鲜明地表现着该时代的精神。每个民族的风俗行为,最真切地折射着该民族的本质。

尼泊尔人的"吻脚礼"

世界上有许多表示亲热、敬意和爱意的肢体语言,比如:握手、拥抱、接吻等,它们在人们的日常交往中已经成为十分重要的礼仪和习俗。但是,很少有人追问过这些礼节起源于什么时候、什么原因。这些比较常见的礼节都如此,那些不常见的礼节自然就更加不为人所知了,尼泊尔人的"吻脚礼"就是这么一种不常见的礼仪。

总体说来,"吻脚礼"是亲吻他人的礼仪,它和纯粹的口对口的接吻不同,让我们先来看看后者的起源和它所传达的意义吧!关于接吻的起源,全世界有许多种说法,第一种说法是接吻是在母亲和自己的孩子进行嘴对嘴的情感交流时衍生出来的;第二种说法显得有些奇怪,有人认为接吻是由于远古的时候人类缺乏盐分,只好互相舔对方的嘴唇和脸来吸收盐分,后来便产生了接吻。以上两种说法都只是在少数地方流传,流传最广的是下面的说法:接吻起源于罗马帝国时期,是丈夫对妻子是否喝酒进行检查的一种方法。据说,古罗马帝国的法律严禁妇女喝酒,所以她们的丈夫回家后,首先做的事是凑到妻子的嘴边闻一闻,检查妻子是否喝了酒,后来这种方法就演变成了今天的接吻礼节。

不论怎么说,接吻表达的意思无非就是亲热和爱意,但是尼泊尔人的"吻脚礼"却是表示问候和敬意。其实,尼泊尔人并不是在平常就行"吻脚礼",也不是随便的两个人就行"吻脚礼",行"吻脚礼"要在特定的时候和特定的人之间。平常的时候,尼泊尔人一般是行"合十伸舌礼",即宾主双方都双手合十,然后向对方伸出舌头。据说,他们认为舌头和心都是红色的,向他人伸出舌头能够表达自己的一片赤诚。然而，在一些重大的节日里，尼泊尔人就必须得行"吻脚礼"了。在那些日子里，当晚辈见到长辈时，都必须及时地跪在地上，双手按地，用嘴亲热地去吻长辈的双脚。这种礼节主要是用在儿子和父亲之间、侄子和叔伯之间、外甥和舅舅之间，媳妇和公公、婆婆及小姑之间。"吻脚礼"传达的感情十分单一，那就是对被吻脚之人的问候和敬意。

尼泊尔人的"吻脚礼"在其他国家的历史上也存在过，吻脚的主要原因是行礼之人和被吻之人的身份悬殊。这样的礼节体现了古代社会阶级的不平等。

虽然，尼泊尔人的"吻脚礼"传达出了问候和敬意，但是这种礼节同样有着身份不平等的象征，因此，随着社会的进步和平等观念的日渐深入，尼泊尔人现在也开始抛弃这种传统礼节，改用握手表示尊敬和问候。现在到尼泊尔去旅游，就很难看到有人趴在地上吻他人的脚了。

新西兰人的"碰鼻礼"

大千世界，无奇不有！既有人以接吻传达爱意和尊敬，也有人以握手传达相同的感情，这些问候方式反映了各地习俗的差异。生活在新西兰的土著毛利人流行着一种"碰鼻礼"，那是一种十分奇特的礼节。

如果你到新西兰去旅游，当你坐在一个毛利人家里时，这家的主人很容易就会凑上前来，用他的鼻子去碰你的鼻子。这种时候，你千万不要惊慌，因为这表明主人要对你行"碰鼻礼"了。你需要做的不是急忙躲开，而是热情地向他伸出鼻子，接受他的礼节。如果你这样做了，主人会更加喜欢你，你便能得到更好的待遇。

毛利人是新西兰的土著人，他们是最早生活在这片土地上的人。由于历史悠久，加上没

新西兰人的"碰鼻礼"

有接受多少现代文明，所以毛利人至今都保留着许多独特的传统习俗。正是这些传统习俗，使得热情好客而又民风淳朴的毛利人至今能聚族而居，不但没有灭绝，而且部落越来越大，形成了独特的民族文化。在这些传统习俗中，最主要的习俗是哈卡舞、"碰鼻礼"以及雕刻，正是它们使得毛利人的传统文化能够保留下来并且发扬光大。毛利人的哈卡舞体现了他们勇敢善战的一面，这种舞蹈是用于战前鼓舞士气的；雕刻是用来纪录家谱和传统习俗的方法，它体现了毛利人尊重传统的一面。

毛利人是一个信仰原始多神教并且崇奉祖先的民族，他们在重大的节日中会举行许多祭祀。在这样的节日里，"碰鼻礼"是每个毛利人都必须行的礼节。他们相互之间会用鼻子去触碰对方的鼻子两到三次，然后才分开。据说，碰鼻子的次数

越多,时间越长,表明越尊敬对方。"碰鼻礼"是一种十分严肃的礼节,毛利人在碰对方鼻子的时候都很虔诚,一边碰鼻,一边为对方祈祷和祝福。第一次去那里的人,见到这个场景往往会大吃一惊!毛利人的礼节的确显得太过热情了,当有客人来到时,他们就会派出部落中跑得最快的人,挥舞着长矛或短剑,又蹦又跳地在客人面前做鬼脸。接下来,客人受到的待遇将会是由部落中最德高望重的人向其行"碰鼻礼"。来这里的客人往往会有受宠若惊的感觉。

毛利人不仅是一个热情好客的民族,而且是一个十分有趣的民族。由于他们经常凑在客人面前去碰鼻子,因此会很累。毛利人解决这个问题的办法是:母亲从小就把孩子的鼻子夹在自己的双膝里,希望用这个办法把他的鼻子变得更高更长,以减轻他的碰鼻"负担"。结果,许多毛利人还真的有很长、很高的鼻子。

娄娄族"抢新娘"

结婚是人生的一件大事,必须要男女双方情投意合才行,任何包办婚姻、捆绑夫妻都是旧社会的陋习,根本不利于夫妻双方感情的长久与永恒。但是,在越南却有这样一个奇怪的民族,他们在婚礼习俗上流行"抢新娘",这实在是一件闻所未闻的怪事,这个民族就是娄娄族。

娄娄族的名字来自其族人的自我称呼,他们在向外来人介绍自己时,常会发出"LOLO"的声音,于是人们便将这个民族叫作娄娄族。娄娄族是一个比较开化的民族,对外并不封闭,这也是我们能对他们的婚礼习俗有所了解的原因。

娄娄族的婚礼习俗十分特别,他们的新娘并不是被敲锣打鼓地迎进新郎家里的,而是被新郎给"抢"回来,或者说是"绑架"回来的。这是怎么一回事呢?难道在现代社会还有强抢民女的事情发生吗?事实并不是这样的。在娄娄族人看来,"抢新娘"就如同中国人用花轿迎新娘一样的喜庆,如果哪家结婚没有按照这个风俗进行,这家人就会被族人轻视,这真是让人觉得古怪离奇!

娄娄族的"抢新娘"习俗分几步,最初是男女双方相互传达爱意,在这点上娄娄族同样显得与众不同。娄娄族的小伙子们并不是直接跑到心爱的姑娘面前去示爱,而是利用穿线的竹筒来传递感情。他们的示爱方法十分有趣:在竹筒"扩音器"的一头,小伙子无比甜蜜地对姑娘说:"我非常爱你,我将向你敞开我的心扉,如果你也爱我,我就把你带回家做我的妻子!"美好的声音传到"扩音器"另一头时,对小伙子有意思的姑娘就会回答:"你难道不知道我已经爱上你很久了吗?但是,你要记住,你的爱不应该表现为甜言蜜语。"姑娘如果这样回答,小伙子就明白自己已经被接纳了,接下来便可以"抢新娘"了。"抢新娘"通常发生在阴历每个月的第 10~15 天之间,在这几天之前,马上要做新娘的姑娘就会从家里"逃跑",小伙子得知后,便"伙同"一帮朋友到处搜索姑娘。当然,这个工作十分容易。姑娘很快会被小伙子找到,并被小伙子们"绑架"到他家里,礼遇有加。到了适当的日子,男方便派人到女方家里将情况转告她的父母,让他们放心。五天之后,小伙子就可以前去提亲了。但是，千万不要以为好事已成，因为如果姑娘的父母不同意，小伙子不但结不成婚，还要遭受经济损失——被罚款。然而，一旦姑娘的父母允诺，小伙子就可以准备婚礼了。

到了结婚那天，女方还会派人送来两件礼物：煮熟的黏米饭和大公鸡。新郎和新娘要当着来送礼的人一起将它们吃掉，因为这表示他俩的婚姻能够幸福美好！

犹太人的婚礼习俗与宗教

犹太人是世界上最为古老的民族之一，他们对上帝虔诚的崇拜体现在犹太人生活的每一个细节，婚礼上的各种习俗也不例外。

犹太人婚礼上最为重要的一道仪式是"七项祝福"。"七项祝福"可是由来已久的，早在公元 500 年犹太法典写成的时候，"七项祝福"中的六项就被纳入了，后来又添上了一项。为什么是七项呢？因为"七"代表着上帝创造人类世界的七天时间，犹太人对造物主的崇拜由此可见一斑！这七项祝福都有着特定的含义：第一项祝福表示新婚夫妇对喜结良缘都有着无比喜悦的心情；第二项祝福既表达对上帝创造世界的感谢，也表达对亲友对他们祝福的感谢；犹太人都认为，要不是上帝，他们连性命都没有，何来幸福的婚姻生活，上帝不仅创造了他们的生命，而且创造了他们的灵魂，使他们懂得如何去爱，这就是第三项和第四项祝福要表达的意思；第五项祝福是在场的所有人一起祷告的，大家都祈求耶路撒冷能够重生，被毁的圣殿能重放异彩；亚当夏娃能在没有多余人存在的世界里真心相爱，并且对彼此的爱恋在生活琐事中有增无减，这就是新婚夫妇对往后生活的最高希望——第六项祝福的内容；第七项祝福是表达对天堂的向往，他们祈祷自己能够从被流放的状态中解脱出来，到达一个安静祥和的世界。

"七项祝福"是犹太人婚礼上的主要程序，而婚礼的大框架则是"品酒祝福"。新婚夫妇在婚礼过程中要品两次酒，第一次品酒代表着两人的婚姻神圣无比；第二次品酒的内容就是"七项祝福"，从七个方面表达对上帝的崇敬和感谢。

新婚夫妇用来盛酒的杯子也有特定的含义，犹太人认为那是生命之杯，杯中的美酒是亲友以及上帝对他们的美好祝福。新婚夫妇还要将美好的祝福一饮而尽，表示他们今后不管贫穷、富裕、健康、疾病都要不离不弃。品酒程序后，酒杯就变成了另外的含义了，新郎要用右脚将酒杯踢碎，象征对耶路撒冷圣殿毁灭的怀念，并以此来提醒人们永远都不要忘了圣殿毁灭时的悲伤。

婚礼的仪式并不是在教堂里举行的，而是在一个具有特殊含义的彩棚里举行。彩棚是临时搭起的，由鲜艳的布料或围巾做顶，用竹竿撑起四角，这象征着新婚夫妇的新房。彩棚要做得四面开放，表示对亲友的欢迎。彩棚虽不是教堂，但也少不了上帝的出席，鲜艳的布料或围巾就是上帝的象征。

现在，犹太人遍布世界各地，与异族通婚非常多，许多人的宗教信仰也改变了，但这些传统的风俗习惯却都保留了下来。

老挝人美妙歌声牵姻缘

歌声是最动听的语言形式,许多民族都擅长歌舞,不论快乐、忧伤、喜庆、痛苦都用歌唱的方式来表达,似乎只有歌声才能把内心世界展示给他人。流行于欧洲的歌剧,就是歌唱在艺术上最完美的体现之一,它能够在人们表达情感时发挥重要的作用,歌剧也因其动人的旋律、铿锵的语调、如诗般的对白吸引着众多观众,久盛不衰。

民间流行的山歌就是歌剧的原始形态,它充满着生活气息,随时随地抒发感情,和谐地调和着人与人之间的关系。看过我国早期著名电影《阿诗玛》的人,肯定对里面动辄就来的几段山歌难以忘怀,正是这些即兴的情歌使得有情人终成眷属。

老挝人也同中国的白族人一样,美妙歌声牵姻缘!老挝人大多都能歌善舞,这种本领在缔结良缘、寻找终身伴侣中发挥着重要的作用。老挝的年轻人别的方面是否优秀对终身大事似乎不是特别重要,但要是一个五音不全的小伙子想尽快找到一个愿意陪伴他终身的女孩还是不容易的。因为对歌求爱是老挝人选择、追求配偶的重要方法,小伙子们大多都是用歌声来表达爱慕之情,博得心爱姑娘的欢心的。

对歌求爱的场所是祭神会。在祭神会上,待字闺中的姑娘们围成一个圈,把小伙子们包围在圈中。小伙子们都跪在自己心爱的姑娘面前,他们一点也不像中国传统那样认为"男儿膝下有黄金",他们觉得跪在心爱的姑娘面前是自己的荣幸。一般来说,每个姑娘面前都会有一个小伙子,没有人会落单。小伙子们双手合在胸前以表示真心实意,仰望着笑盈盈地姑娘就唱起了情歌。对歌有一定的模式,内容也大体相似,但也要看小伙子们的自由发挥,他们要用最动听的歌声打动心爱的姑娘。通常,歌词都是赞美姑娘的美貌,以讨得姑娘的欢心。当然歌词也不是千篇一律,但也不外乎几种:赞美姑娘的眼睛比天上的星星还要亮、姑娘的秀发比湄南河的支流还要多、姑娘的眉毛像月牙那样弯弯的、姑娘的身段优美异常,越是甜蜜的话越受欢迎,不过也要根据姑娘的实际情况来赞美,马屁可不能乱拍。如果姑娘觉得这个小伙子不错,那她就回唱他。姑娘表示接受眼前的人后,还要让他去征得她父母的同意,这样小伙子就算是"得逞"了,这对刚成的恋人就离开祭神会,"另开小灶"去了。要是姑娘看不上小伙子,那她大可以贬低他,嫌弃他的相貌、气度等,小伙子也不恼怒,接下来寻找下一个目标。祭神会到最后,歌声停了,几对恋人也成了,他们开始进一步的了解,直到最终缔结良缘。

越南苗族人的抢婚习俗

抢婚习俗在越南几个少数民族中流行,除了前面说的娄娄族外,越南的苗族也有这样的习俗。

苗族是一个民风淳朴的民族,他们遵从着世世代代流传下来的习俗,有着独特的民族风情,这在年轻人的婚姻方面就可以看出来。现在的苗族年轻人仍然盛行"抢婚",下面就来看看这个"抢婚"到底是怎么回事。

越南苗族人

到了结婚年龄的苗族小伙子都显得"贼眉鼠眼",因为他们在物色心上人呢!小伙子看上某个姑娘后,当然不能上来就抢人。他首先要做的是调查这个姑娘是否有了归宿,如果这个姑娘还未出阁,那么他就可以实施他的下一步计划——"抢人"。要是她已经是别人的妻子了,那即使他再怎么中意这个姑娘也无济于事了,只能寻找下一个目标。

"抢人"也不是乱来的,讲究天时、地利、人和。小伙子要事先了解姑娘平时的生活习惯,主要是探明姑娘日常出入的路径,比如串门、赶集、去做农活等的路上。抢亲的小伙子光靠自己的力量也是不够的,需要伙伴们的帮助。他们纠集起来,埋伏在姑娘独自经过的路上,一拥而上,把她劫走。这个"抢",可不是土匪、路霸那样的暴力,而是众人哄闹着将姑娘围在中间,一起到小伙子的家里。回家后,大家就杀猪,大摆庆功宴,昭示众人抢亲成功。苗族姑娘的家人早在姑娘长大成人的时候就做好了女儿被抢的心理准备,女儿彻夜不归也不十分着急,等着第二天别人来告知下落。第三天,小伙子就请媒人到姑娘家说媒,一般来说,说媒都会成功的。因为姑娘家都知道,如果自家女儿不喜欢这个小伙子的话,那她也有逃跑的权利和机会,不会两天都不回家。

亲事成了自然好办,小伙子家给姑娘家送些彩礼,举行隆重的仪式,婚姻就算成了。至于彩礼的多少,要看姑娘家里的要求了,如果两家历来有交往,就可以"便宜"点。姑娘家里要是觉得小伙子家条件不好,也可以宽限一年的时间,他们也不愿意让自己的孩子刚嫁过去就过苦日子。如果姑娘不喜欢抢婚的小伙子,那她就要凭着自己的聪明和勇敢,逃出小伙子家。逃婚成功,小伙子不用送彩礼了,但他要向姑娘家里赔礼,送上酒、鸡和钱等。另外,还要给姑娘所在的村寨赠送更多的食物和钱。

现在的年轻人在社会交往中很多都已经暗生情愫,这样,抢婚对他们来说就成了一种形式,但这也是他们成亲必不可少的一道程序。

缅甸男子想结婚要先出家

　　在中国的寺庙里,当了和尚可不是轻易能够还俗的,更别说一开始没有断结婚的念头就去剃度。但在缅甸这个有着奇特风俗的国家里,事情就不一样了。

　　缅甸是一个佛教国家,以佛教为国教,国民都尊敬三宝、尊重僧侣,缅甸国民有95%的人都是虔诚的佛教徒,身穿袈裟的出家人更是随处可见。缅甸人认为,人生的两大重要事情是:出家、结婚,在我们看来这两者似乎是相互矛盾的,但在缅甸就不那样了,反而出家是结婚的必经之路。送孩子入寺当僧人,是整个缅甸国家的习俗。当男孩子长到十四五岁的时候,父母就有义务将他送到寺庙里当一次和尚。当和尚可以说是缅甸男子的成人仪式,如果不那样做的话,他就别想找到愿意与他成亲的女子,甚至会被认为犯了天大的罪恶。这可是父母担当不起的罪过,因此即使家里再穷,哪怕倾家荡产,父母也要筹集钱财送孩子进寺院当和尚,还要为孩子举行隆重的入寺仪式。缅甸孩子出家容易,还俗也容易,只要脱下袈裟,就可以立地还俗了,手续不是特别麻烦。还俗后,男孩也就到了可以成家立业的年纪了。

　　缅甸人将和尚置于非常值得尊重的地位,人们普遍认为"一人出家,全家沾恩"。所以即使那些只将出家当和尚作为成人仪式的男孩也非常用心地学习禅家功夫,毫无怨言。

　　禅家讲究慢,做事心平气和,于是一个个调皮的青少年们一改原有的调皮性子,走路、吃饭、坐禅、拜佛都慢悠悠的。缅甸有先当和尚后成家立业的习俗也不无好处,学会了心平气和做事的年轻人更容易成就事业,对社会、家庭都有好处。其中最为突出的好处就是缅甸社会治安良好。缅甸是一个多民族的国家,通常来说,民族众多,民族关系难以处理,社会就变得动荡不安,但事实上这里民族冲突给社会带来的负面影响如杀人、放火、强奸、抢劫等大奸大恶的犯罪事件不多,在缅甸的街道上都能感受到佛家的一团和气。一般的缅甸人也在佛教的熏陶下非常有教养,不会说脏话。这得归功于佛教对人们的教诲,佛教教给了人们孝敬父母、尊敬师长、关爱幼小、奉持五戒十善等行为规则。

　　缅甸男子想结婚得先出家的风俗习惯在信仰佛教的国家中是稀奇的,但缅甸也得益于这种奇特的风俗,有了高素质的国民和良好的社会治安。

肯尼亚巾帼"娶妻"

　　肯尼亚部落的基锡族人非常重视财产的继承,所以如果一段婚姻中夫妇俩没有生育能力,或者由于年纪较大了都没有孩子,或者离婚独身的女人,或者是没有孩子的寡妇,她们的财产将来可能没有人继承,作为女方,她就有权利和义务娶一个"媳妇",给她生一个孩子,最好是个男孩,为她传宗接代、继承财产、养老送终。

而她所要娶的"媳妇",在相貌上不会有过高的要求,但一定要年轻,尚未出嫁,因为她的任务就是生孩子。还有一个"硬性"的条件就是,这个"小媳妇"必须是本地或本部落的,这样不仅婚后能够有力地控制她,更重要的是为了保持本民族血统的纯净。"小媳妇"家人虽然将女儿嫁给了一个不同寻常的人家,但他们也不会因此在经济上遭受损失。同正常的婚娶一样,要求明媒正娶,娶亲的"女丈夫"挑中哪家的姑娘后,不得擅自行动,要委托媒人上姑娘家里提亲,然后约好时间相亲,如果双方都没有意见,那就先订婚。"女丈夫"要付给姑娘家一笔数目可观的彩礼,绝不少于正常婚姻的数目。订婚后,还要举行隆重的婚礼仪式,正式结为"夫妇"。

有道是:"巧妇难为无米之炊!""小媳妇"和"女丈夫"怎能生出小孩呢?这当然也是"女丈夫"的责任了,她娶了"媳妇"后,还要另外在本族选一个年轻力壮的小伙子跟"小媳妇"洞房花烛,让他们一直同居,直到"小媳妇"怀孕。

"小媳妇"生下的孩子,并不认他的生父,而是喊"女丈夫"为"父亲"。孩子也是"女丈夫"理所当然的个人财产,从小在"父亲"的怀抱中长大,也像正常的父子关系那样继承她的财产、为她送终。而生下孩子的"小媳妇"则没有权利索要她的亲骨肉,其实这种婚俗下的女人也根本意识不到这是她的权利,反而认为是应该的。至于与"小媳妇"同居的小伙子则更是没有任何父亲的地位。

这种奇特的"巾帼娶妻"制度在肯尼亚的一些部落中仍然盛行着,究其根源,在于落后的社会经济制度。当然,在现代文明的冲击下,许多有现代意识的女性都会自己选择如意郎君,获得真正的爱情。看来,随着社会的进步,对妇女来说极为不幸福的婚姻陋习也会慢慢地取消吧!

英国人的婚礼习俗

如果上面讲到的许多婚礼习俗都让人觉得匪夷所思的话,那么英国人的婚礼习俗则让人觉得异常的浪漫与甜蜜。相应地,这浪漫与甜蜜的婚礼习俗就显得十分注重细节上的精致与完美。也许正是由于英国人的这种生活风气,才使得他们的婚礼习俗变得格外高贵、典雅与引人注目吧!下面就让我们来看一看英国人注重细节、意义重大的婚礼。

首先是新郎给新娘赠戴戒指的习俗。夫妻双方佩戴结婚戒指的风俗在世界各地都有,但是在英国,这项风俗发展得格外精致。英国人把婚姻大事看得极为重要,这充分体现在他们对戒指的区分上——既有订婚戒指,也有结婚戒指。这两种戒指不仅佩戴的时间不同,而且在做工上也有很大的不同。订婚戒指是双方订婚时和结婚前佩戴的,一般由金子打造,上面并不镶嵌钻石;而结婚戒指是由新郎在教堂里举行的结婚仪式上为新娘戴上的,这时的戒指上要镶上宝石,因为那意味着夫妻双方的爱情犹如宝石般璀璨夺目,永恒不变。英国人的结婚戒指还有一个与众不同之处,那就是戒指内侧会刻上铭文,铭文的内容则因佩戴者的不同而各有特色。一般来说,英国人喜欢刻上夫妻双方名字的开头字母,这象征着两人永远都在一起。

其次是教堂中结婚仪式结束之后的撒纸屑礼节。我们经常会在英国图片中看到这样的画面：一对新人身着礼服缓缓步出教堂，周围的亲朋好友则向他们挥洒五彩斑斓的纸屑，整个场面显得极为开心与和睦。关于英国人在婚礼上撒纸屑的习俗还有一个历史典故。在15世纪末期的时候，有一次，统治英国的国王亨利七世带着他的王后到布里斯托尔旅行。一路上他们掩饰得很好，一直都没有被人发觉。后来，布里斯托尔的一个面包师的妻子认出了国王和王后，一时她也不知道如何表达自己的感情，便从楼上朝着国王和王后撒起了家中的面粉麦粒。她一边撒麦粒，一边高声叫道："欢迎你们，陛下！祝你们长寿、幸福！"由于她的这一举动，布里斯托尔的人们都认出了亨利七世，他们于是也跟着向国王和王后撒麦粒，并齐声恭颂，整个布里斯托尔都沸腾了！从那以后，英国人就形成了一项新的风俗——在重大的节日或庆祝的日子里，向人群撒麦粒。但是，麦粒撒多了会造成浪费，于是，人们就改用五彩纸屑代替麦粒来挥洒，以示庆祝。这项风俗最终也影响到了婚礼习俗，新人在结婚时亲朋好友都要向他们撒纸屑，以制造快乐、祥和的气氛。

除了上面说到的两个习俗之外，英国人的婚礼习俗还有新娘戴白头纱、婚后度蜜月，按不同时间庆祝结婚周年等，每一项风俗都显示出英国人特有的浪漫风情。

非洲的"割礼"

世界上许多地方的人们在孩子长到一定年龄的时候都要为他举行一种特定的仪式，表示他已经长大成人了，比如缅甸十四五岁男孩入寺当和尚，土著人在身体某个部位纹身，这些都能为现代文明所接受，但几千年来，非洲却一直以骇人听闻的"割礼"作为成人仪式。

割礼，一般是在男孩、女孩七八岁的时候进行，对男孩是用手术刀切开阴茎包皮的前半部分，而女孩就更惨了，对她们的"割礼"有"轻型""重型""最重型"三大类。割礼通常是集体进行的，在固定的时间，部落专门处理割礼仪式的人就将全部落适龄青少年都集中起来。这个固定的时间在不同的部落也不尽相同，比如肯尼亚最大的部落基库尤族和东非的畜牧民族马赛族一年进行一次，而肯尼亚的南迪族则每隔七年进行一次。割礼在非洲许

非洲的"割礼"

多部落的人看来是非常重要的仪式，因此每到割礼的那天，整个部落的人都身穿节日的盛装，聚集到割礼的特定场所。这个特定场所在各个部落也各不相同，其中有的部落是设在部落经常集会的广场上。

割礼虽然是对人身体的重大手术，但在医疗条件落后非洲部落，孩子们得不到

应有的医疗待遇。受割礼的孩子在头一天都要用散末花将手脚染成红色,还要将捣碎的蓖麻涂在手术部位。涂蓖麻并不是为了起麻醉作用,而是使其肿大,利于手术进行。"手术台"一张草席,铺在广场正中央。手术由部落里德高望重并且精通草药的人来进行,受割礼孩子的手被家人绑在背后,双腿也被两个身强力壮的亲人抱住,防止他挣脱逃跑。

广场的四周也围满了观看仪式的人群。等到一切准备就绪,手术就要开始了,人们顿时齐声呼喊,好像是在为受割礼者鼓舞,又好像是对他们表示敬意。他们的呼喊声还起到了作用,盖住了受礼者的哀号声。很快手术完成了,"医生"就用牛粪和树脂调成的糊状物敷在伤口上,这是原始的止血方法。而被割下来的那块肉则用布包好,系在受割礼者的胳膊上。之后,众人搀扶着他围绕布满人群的广场走一圈,让大家一起感受成年的喜悦。

成年割礼对许多青少年的身体和精神上都有很严重的伤害,现在的非洲与以往的状态也不一样了,许多国家已经明文禁止进行割礼。虽然政府的这个措施有利于保护非洲青少年的健康成长,但在非洲这么一个部落酋长权威至上的地方,完全消除割礼还需要很长一段时间。

马来西亚古兰经送葬仪式

马来西亚是一个有很多回教徒的国家,那里的回教徒葬礼完全遵守着回教教义的规定。在这个炎热的东南亚岛国,这样的葬礼显得十分庄严而又肃穆。

在回教徒的葬礼上,从开始到结束,人们都要念诵古兰经。其实,念经的目的就是为了让死者的灵魂得到安息,使其能安静地生活在"天国"之中。下面就让我们来看看回教徒的古兰经送葬仪式吧!

马来西亚的回教规定,回教徒死后,应该在六个小时内安葬,绝对不能因任何原因有所拖延。这样规定的原因在于:回教认为,教徒死后灵魂要尽快升入"天国",不能让其再沾染上任何人间的污秽了,因此必须马上下葬。于是,当一个回教徒生命垂危之际,一场葬礼就开始准备了。教徒弥留之际,教徒的家人就要请教堂的主事到病床前为其念诵古兰经,一直要持续到教徒安葬之后。教徒去世后,他的家人要兵分两路办置丧事:一些人急忙来到教堂,贴讣告通知其他教友,另一些人则去请人来主管操办丧事。回教徒的丧事因为有时间的限制,显得十分紧张。在一部分人七手八脚地为死者挖墓穴的同时,另一部分人则在家中协助教堂主管"料理"死者的尸体。后面这件事的程序极为复杂:首先,将死者的尸体平放,两脚并拢,双手交叉(右手上,左手下)放在胸前;其次,用白布将死者的头顶至下巴部分包住,再用白布遮盖好死者的尸体,然后人们就将其抬到一个铺好白布的平台上,接受众人的拜祭和瞻仰。为了节约时间,瞻仰的人只能是至亲好友,而且在此过程中,必须保持绝对的安静,以免打扰死者的灵魂。

短暂的瞻仰结束后,葬礼继续进行。接下来的事情是由"沐尸师"为尸体"沐浴"。"沐尸师"先用清水和肥皂将尸体清洗干净,然后抹上防腐、防蛀的黄檀木粉和樟脑。在给尸体"沐浴"后,人们一边给尸体裹布和穿绣有古兰经经文的衣服,一边齐声诵古兰经。在一片经文念诵声里,死者遗体被装进棺材,运到墓地。墓地里的葬礼仪式同样繁复。先要由教堂主管打开棺木,拆除捆扎尸体的白布,然后重新封上棺材,面向麦加圣地放进坟墓里。直到这时,马来西亚回教徒的葬礼才算全部结束。

如果死者在天有灵,看着如此繁杂而又匆忙的葬礼,他会有什么样的感觉呢?

"不死之乡"兰特包的葬礼

兰特包是印度尼西亚北方托拉查地区的首府,它位于面积近 18 万平方千米的苏拉威西岛上,是一个让人觉得十分奇怪的地方:它有个名称叫作"不死之乡"。

人们之所以称呼兰特包为"不死乡",原因在于在兰特包人的思想观念和词汇中,从来就没有死亡的概念。他们把死亡称为"生病",死人称做"病人"。兰特包人为什么会形成这样的思想观念呢? 原来,他们相信人主要是一个灵魂,灵魂又是永恒不变的;肉体的消亡只不过是对人的些微损害,就如同树木一样,秋天会落叶,春天又会发芽抽枝。既然灵魂永恒不变,肉体的消亡就不是死亡,因为人的灵魂是不死的。有了这样的生命观念,兰特包人对待生、老、病、死的态度自然就比一般人要豁达得多了!

既然兰特包人以一种豁达的胸襟看待死亡,那么在他们的亲朋好友过世举行葬礼时,发生一些奇怪的事情就十分自然了。让我们来看一看兰特包人为一位名叫内·巴迪·潘加罗的老奶奶举行葬礼时的情况吧! 巴迪老奶奶是村中最年长,最德高望重的贵妇人,按照常例,对于像她这种身份的人,人们为她举行葬礼时应该开怀大笑,一边大吃大喝一边高谈阔论。因为在兰特包人看来,身份越尊贵、地位越高的人去世时,人们应该越高兴,以庆祝他"升入天堂"。果然,葬礼那天,送葬的人无半点忧伤的表情,更别说哭泣了! 人们带来了许多本地产的礼物,那样子像在参加结婚仪式。老人的船形檀木棺材旁,不时传来一阵阵暴笑声,音量之高,完全盖过了巫师吹竹管时发出的哀鸣。如果不是事先知道了这里有人去世,从这经过的人肯定会误认为有人在办喜事。

"不死之乡"的葬礼不仅充满了欢歌笑语,而且还要杀牛宰猪,大搞祭祀活动。当然,这是富贵人家才办得起的丧事。在穷苦人家,丧事上的食物一般是几桌素食。兰特包人在葬礼上一般要宰杀得了"白毛病"的水牛,将它的内脏祭献给"病人",剩下的部分则分给亲友。为什么他们非得这么干呢? 原来,在兰特包人眼中,只有献上刚宰杀的牛的内脏,"病人"的灵魂才会真正脱离沉重的肉身,飞到"天堂",获得完全的自由。

在用牛内脏祭献完"病人"之后,送葬的人就会将"病人"的灵柩和专门为"病人"雕刻的木象一起放在当地的一个悬洞里,据说,这样会让"病人"的灵魂早日升天。在忙完这些事情后,开朗、乐观、豁达的兰特包人又会手拉手,围成圆圈又唱又跳,并通宵达旦地喝酒,以欢送"病人"的离去。看来,"不死之乡"的葬礼真是快乐异常!

喀麦隆人载歌载舞的葬礼

世界上各个国家和民族的葬礼都各具特色,差别很大,既有汉族人大哭大悲的葬礼,也有基督教庄严肃穆的葬礼;既有回教徒程序繁复的葬礼,也有兰特包人欢快随意的葬礼。在众多不同的葬礼中,有一种葬礼是最让人难以理解的,那就是喀麦隆人载歌载舞的葬礼。

有人过世,尤其是亲朋好友过世,是一件让人心酸难过的事。但是,喀麦隆人的葬礼非但没有一点哀愁,还显得过于随意,更让人匪夷所思的是,他们居然还载歌载舞地欢送死者,真让人觉得大千世界无奇不有!

让我们先来看看喀麦隆人是怎样对待自己部落酋长的死亡的。酋长的去世是一件大事,在他弥留之际,旁人是不准去探望的,只有其仆人才能在旁伺候。等到仆人向族人宣布"现在全村处于不幸中!"时,人们就知道酋长去世了。为酋长举行葬礼的第一步是由他的遗孀将酋长死时穿的衣服撕成碎片,因为在他们看来,这是一件不祥之物。接下来的情形就让人目瞪口呆了:全村人开始办起盛大的晚会来,在当地的达姆达鼓和巴拉封木琴的音乐声中,人们一边大吃大喝,一边跳起了欢快的舞蹈,热闹得如同过节一样。在晚会进行时,一些人同时赶做一个木制宝座。他们做这个干什么呢? 原来,喀麦隆人认为,酋长去世后,仍然要保持生前的威严,因此,酋长应坐在宝座上下葬。安葬酋长的时候,人们将坐在木制宝座上的酋长连同宝座一起送入事先挖好的大圆坑里,埋上土,让土恰好封住酋长的头部。这样,酋长的葬礼就完成了。人们又继续载歌载舞地狂欢起来。

酋长被安葬两年后,喀麦隆人会取出酋长的头颅骨,安放在当年酋长主持部落大事的议事厅里,接受人们的祭拜。在喀麦隆人眼中,酋长并没有因为肉体的消亡而离开,他的双眼仍在监管着部落中的人和事,酋长仍然活着,他还能进行观察和判断。这种做法,其目的是要树立一个令族人都信服的权威,以维持部落的稳定与和平。

除了安葬酋长的葬礼外,喀麦隆人还有其他一些葬礼,比如安葬医生和铁匠的葬礼,由于这两种人在部落中的身份较高,因此葬礼也显得十分喜庆。就拿安葬医生来说,喀麦隆人认为医生是酋长的行善之手,因此在部落中医生享有很高的威望。在他去世的时候,人们将其埋葬在他生前居住的屋内,另外也要载歌载舞欢送他的离去。

由此看来,在喀麦隆人眼中,死亡并不是一件值得悲哀的事。相反,死亡是令人高兴的"喜事"。

尼泊尔的"神牛""神猴"和"神树"

尼泊尔是一个充满神迹的国家,那里的人们将许多动物和植物称作神明。尼泊尔多动物神和植物神,其中最为人所津津乐道的是"神树""神猴"和"神牛"。关于这些神明,尼泊尔人至今流传着许多美丽动人的神话和传说。

让我们先来看看"神树"的故事。传说很久很久以前,尼泊尔有两个美若天仙的姑娘,她们是亲姐妹。在命运的安排下,姐姐嫁给了天上的一位神仙,而妹妹则十分不幸地嫁给了人间的"鬼王"。从此以后,本来快乐生活在一起的姐妹俩有了不同的境遇:姐姐因为嫁给了善良正直的神仙,生活得无忧无虑;妹妹则因嫁给了吃人肉又喝人血的"鬼王",生活得十分痛苦。无可奈何之下,妹妹就只好天天来到一棵大树下祈祷,希望天上的姐姐、姐夫能为人间斩妖除魔。天长日久,妹妹的诚心打动了这棵大树,它就将妹妹的不幸和心愿转告了姐姐。姐姐听后,就带领着天兵天将将"鬼王"铲除了。从那以后,人间又恢复了安宁,妹妹也到天上过上了快乐逍遥的生活。人们为了表彰大树的"功劳",便将其尊称为"神树",直到今天,仍可见到有人伏倒在树下,祈求"神树"的保佑!

第二个神迹是"神猴"。有学者做过考证,《西游记》中孙悟空的原型其实就是古代印度传说中的哈奴曼神猴。尼泊尔深受印度文化的影响,因此在尼泊尔人的心目中,猴是一种神奇的动物,至今香火不绝的加德满都王宫中心广场的哈奴曼神猴像,便是尼泊尔人崇奉猴的标志。有人做过统计,在尼泊尔大大小小上千座庙宇中,平均每座庙里住有 300 多只猴子,这些调皮的家伙简直是这个国家的一宝!

最后是关于尼泊尔人的"神牛"传说。同印度一样,尼泊尔是个崇拜牛的国家。只不过,那里人崇拜的是黄牛,不是水牛。而且,尼泊尔人崇拜牛不是由于宗教信仰,而是由于这样一个古老的传说:相传尼泊尔的建国者是博利菲比·萨哈国王在一次战役中被敌人打得落荒而逃,困在了一个贫瘠荒凉的山谷里。眼看着就快撑不下去的时候,山谷的深处跑来了一头黄牛,它用甘甜的乳汁救活了国王和他的部下。在恢复元气和体力后,博利菲比率领部队杀出重围,并最终打败敌人建立了尼泊尔。建国之后,国王感怀黄牛的救命之恩,于是颁布法令,不准宰杀黄牛,违者处以重刑。他还将每年的八月定为"牛节",封黄牛为"国兽""神牛"等称号。这种对黄牛的崇拜一直持续到了今天,每年的八月,尼泊尔人就会给黄牛献上鲜花和水果,称颂它伟大的功绩。平时黄牛在尼泊尔也备受尊敬,在公路上,从来就是车让牛,没有牛让车的。

俄罗斯人的"澡堂文化"

世界上的澡堂到处都是,但有一个国家的澡堂却非常特殊,因为在那里,人们形成了一种有趣的"澡堂文化"，这个国家就是俄罗斯。

"澡堂文化"的含义很广，但大致说来，我们可以把它理解为人们围绕着澡堂形成了一些独特的生活方式和风俗习惯。

小小的澡堂之所以能形成独特的文化，主要在于它所提供的服务能满足顾客的多种要求。俄罗斯的澡堂可不像我们通常所说的澡堂，它不但提供各种洗浴，如俄罗斯浴、土耳其浴和芬兰浴等，而且提供桑拿、按摩等服务。更让人叫绝的是，俄罗斯的澡堂还开设有酒吧和音乐厅。到这里来洗澡的人在一番冲洗后，可以带着浑身清爽的感觉悠闲地喝啤酒、听音乐，惬意至极！因此，每到周末或节假日，来澡堂洗澡的人就络绎不绝，他们用热水和蒸气洗去身上的疲惫后，就坐在酒吧和音乐厅里舒服地闲聊，天南地北的大事小情无所不谈，久而久之，澡堂就成了人们交流思想感情的最好去处，甚至许多学者、文人也把这里当成了举行文化沙龙的首选之地。

除了提供一个交流场所这个作用外，澡堂还养成了俄罗斯一些奇特的风俗习惯。在俄罗斯的许多地区，流传着这样一个说法：产妇最好是到澡堂去生孩子。这是为什么呢？原来，俄罗斯人认为，每家每户都有自己的"家神"，其中一些"家神"不喜欢产妇和婴儿，如果在家中生小孩，"家神"或许会出来作怪，可能导致生产不顺利。但是，"家神"有一个弱点—怕热。因此，俄罗斯人想到了澡堂的高温，于是他们就形成了送产妇去澡堂生小孩的风俗。俄罗斯人还有一个习俗与澡堂有关——结婚仪式。在结婚的前一天，新娘会邀上未来丈夫到澡堂幽会；结婚的第二天，新婚夫妇要再次去澡堂，一直要吃完新娘母亲专门上门烤制的面包和鸡才能离开。据说，这种仪式象征着新婚夫妇会恩爱百年，白头偕老。

正如上面说到的那样，到澡堂洗澡的不仅有普通人，还有许多名人，甚至宇航员都会去那里洗澡。科学家的研究和实践均证明，澡堂的高温和热水的淋洗可以帮助运动员迅速恢复体力，对于有些运动员，还能起到很快减肥的作用。据说，苏联举重冠军古谢维奇就是在澡堂减的肥。对于宇航员，在澡堂洗澡就更有好处了，因为那能帮助他们适应温度和氧气浓度的变化，十分有利于他们在宇宙中的科学考察。正是由于澡堂的这些作用，俄罗斯的澡堂已经成为世界闻名的地方。俄罗斯人的"澡堂文化"也在人类的历史中独放异彩！

如果去俄罗斯，最好去他们的澡堂体会一下那里的异域风情！

大和民族的和服

日本民族又称大和民族，其民族服装也被称作"和服"。现在的"和服"已经成为日本国的象征。

历史上最早关于和服的记载是在成书于公元 3 世纪时的《魏志·倭人传》中，书中写道："用布一幅，中穿一洞，头贯其中，勿需量体裁衣。"后人据此推测，最原始的和服或许就是这个模样。到了日本的大和时代，日本与中国开展了频繁的海外文化交流,吴越地区大批擅长纺纱、织布的能工巧匠应倭王的邀请来到了日本国,在将纺织技术教给日本人的同时,也深刻影响了日本人的服饰文化,从那以后,日本的和服就开始具有了中国服饰的风格,比如使用丝绸布料等。14世纪时,隋唐文化泽被天下,日本也深受其惠,尤其是唐代的服饰文化传到日本后,日本的和服逐渐开始定型,和服的一些最基本的特征得以产生,如宽大的衣身和色彩、图案上的雍容华贵等。日本的和服除了受到中国古代服饰文化的影响之外,还受到了西方文化的影响。日本传统和服主要标志之一的背包,就是受基督教传教士的服饰影响而产生的。只不过,最早的时候,背包是放在腰上的,被叫作腰包,后来才逐渐转移到了背后。

大和民族的和服

日本人在比较正规的工作场所,一般是不穿和服的。而一旦到了逢年过节或是某些具有纪念意义的日子里,他们就会穿上和服,在一种宽松、舒适的感觉里欢度节日。日本人在各种文艺活动中也离不开和服,在日本,你去喝茶或看艺妓表演传统舞蹈,就会看到和服的影子。

日本的和服种类众多,人们按照不同的标准将它们分成了男、女和服和已婚、未婚和服等几种不同类型。先来看男士和服与女士和服之间的差别。比较起来,无论在款式上,还是在色彩上,女士和服都要比男士和服显得更加灵活多样:女士和服的色彩艳丽,男士和服则是呆板的深色;女士和服的腰带据说有200多种打结方式,男士和服对打结方式没有多大要求。因此,和服之所以呈现出千姿百态,主要应归结于女士和服的种类繁多,其中最主要的是已婚和未婚和服两类。已婚和服又称"留袖"和服,袖口长长的;未婚和服又称"振袖"和服,手臂露在外面。这两种和服又根据场合的不同,在色彩、图案、式样中有所不同。比如,未婚女子外出约会或购物,一般都身着染有碎花的"中振袖"和服,看起来既时髦又青春洋溢;已婚妇女出席婚礼,则爱穿染有五个花纹的黑色和服,人们俗称为"黑留袖"和服,这种和服的最大特色就是能显出已婚妇女的成熟美和典雅端庄的气质。

和服的种类如此之多,式样又如此新颖,日本被称为"和服国家"是理所当然的了!

"穿白衣的民族"朝鲜

朝鲜是一个古老民族,这个民族素以宽和谦逊和讲究礼仪而闻名于世。朝鲜民族的精神品格深深地影响了他们的服饰,其最大的特点就是喜欢穿白色的衣服。

白衣象征着纯洁、朴素和大方，这正是朝鲜民族精神品格的真实写照。

朝鲜人普遍流行穿白衣的习俗为自己换来了"白衣同胞"的称号，也为朝鲜赢来了"白衣之国"的美名。每当假日，行走在朝鲜的各大城市，放眼望去，一片耀眼的白色。朝鲜人的白色服饰并不会带给人死气沉沉、呆板的感觉。相反，爱美的朝鲜人特别懂得如何打扮自己。白色只是服装的主色调，如果仔细观察，你就会发现在朝鲜人（尤其是朝鲜妇女）的衣服上，常会有色彩鲜艳的配饰。朝鲜人的白衣本就宽大，艳丽的色彩铺洒在白色的布料上，一阵风吹过，就如同千万幅漂亮的帛画在飘舞，令人赏心悦目！

现代化的都市生活没能让朝鲜人忘记自己的悠久传统。平时上班，大家都穿着正规的职业装；而到了节假日，人人就纷纷寻出漂亮的白衣，把自己打扮成一个真正的朝鲜人。朝鲜人无论男女老少都爱穿白衣。可别小瞧了这身衣服，它可有着许多讲究呢！白衣分成上、下装两部分，先来看上装。朝鲜人的白衣上装，无论男装女装，统称为"照格里"，这是一种很短的上装。朝鲜男士的上装较之女士的上装显得长一些，通常是一件类似对襟衫的小白衣，外面套上淡青色的一个坎肩；朝鲜女士的上装没有扣子，只用一条丝带将其系住，丝带的颜色五彩斑斓，随主人而定。朝鲜人的白衣下装在男女装上也有很大的区别：男士一般穿白色的"灯笼裤"；女士一般穿白色的长裙。女士的白色长裙十分宽大，有时甚至拖到了地上。这些白色长裙一般都配有色彩鲜艳的饰带，微风徐徐中，显得十分飘逸。男士的白色"灯笼裤"裤管肥大，裤腰和裤腿处则收缩得很小，那样子有些像充了气的皮囊。白色"灯笼裤"当中最出名的当数一种叫作"巴基"的样式。这种裤子的裤管和裆部宽大异常，其设计目的是便于席地而坐。在这种裤子的裤腿上，男士们通常扎上一条丝带，它的作用是不让过多的冷空气进入腿部，预防风寒。

上面说到的都是普通朝鲜人的"白衣"，如果是有权有势的王公贵族以及有较高地位的人士，他们的"白衣"就更加讲究了。比如，朝鲜过去的士大夫常罩上一袭长袍，以显示自己的学问深广博大；而在朝廷做官的人，则依官品和职位的高下，严格区分出很多种服饰，其中最常见的就是在肩、袖上绘有火、龙等图案，以昂贵的黑丝绸做领子的冕服。

如此喜爱白色服装的朝鲜民族，在世界服饰文化中不独树一帜才怪呢！

视牛如神的印度人

印度是一个养牛大国，在这个国家里，共养了两亿多头牛，它们使得印度成了不折不扣的"牛国"。印度牛的数量占到了世界上牛总数的四分之一还多。这么多牛，再加上印度的人口本就众多，印度的城市景象也就不难想象了。在印度牛像人一样在大街上散走，它们甚至还直闯商店，随意吃东西。有时候，还会看见牛卧在火车站的候车室里，那样子就仿佛它们要出门旅行。令人恼火的是，牛还在公共场所随地大小便，对城市环境造成极为不好的破坏。然而，尽管牛给人们造成了诸多不便,印度人却一点都不嫌弃牛,反而将牛视为神明。

印度人为什么会视牛为神明,并近乎疯狂地崇拜它呢?这既有宗教信仰上的原因,又有着历史的原因。先来看看前者。印度人大多信奉印度教,在印度教的教义中,牛是天上的一尊神,它同婆罗门的地位相当,均是由造物主在同一天制造出来的。印度教徒还认为,印度人崇奉的希瓦神的妻子便是这尊神牛的化

视牛如神的印度人

身,因此印度人便将牛称为"圣牛",并相信它身上的任何一样东西都是神圣无比的,甚至包括牛的排泄物也一样。除了宗教信仰上的原因外,印度人之所以崇拜牛,还有历史原因。相传印度人的祖先是雅利安人,他们过着四海为家的游牧生活。过游牧生活是绝对离不开牛的,因为牛在这种生活中起着十分重要的作用:雅利安人要逐水草而居,搬家是常有的事,这时候牛就成了最好的运输工具;雅利安人生活在气候寒冷的北方,牛皮是他们御寒的最佳衣料。除了这些之外,牛肉、牛奶及奶制品可以食用,牛屎可晒干做燃料,牛尿可以清火,凡此种种都使得雅利安人的生活片刻都不能离开牛。在长年累月的游牧生活中,他们与牛建立了非比寻常的感情,他们爱牛简直胜过了爱自己的生命。后来,他们便认为牛是上天派来帮助他们渡过各种生活难关的帮手。自然而然地,人们就由最初的珍爱牛变成了崇拜牛,最终将牛视为神明。这种传统一直延续到今天。

在印度,牛的地位相当高。牛像人一样,老了可以进养老院去安享晚年。而且,印度每年都有一次"敬牛节",届时,人们将无数的鲜花和铜铃献给牛,以祈求平安和幸福,围观的人摩肩接踵,非常热闹。

柬埔寨人的斗鸡习俗

柬埔寨是一个有着悠久历史和独特文化的民族,他们有着许多奇异的风俗习惯。比如在民间娱乐项目上,他们有一个最大的特色,便是让动物相斗来取乐。他们的动物相斗娱乐有斗牛、斗鸡、斗鱼等,其中最为人津津乐道的是斗鸡。顾名思义,斗鸡就是人为地让两只鸡打架。但是,要产生这样的效果并非易事。在斗鸡之前,鸡主人要挑选体格健壮的雄鸡进行驯养,教会它们一些搏斗技巧,这通常要花费很长的时间和很多的精力。到了斗鸡那天,在一浪接一浪的叫喊声中,鸡主人将自己的宝贝抱到场上,让它向对方的鸡挑战,到了两只雄鸡都怒发冲冠的时候,斗鸡就开始了!

柬埔寨人的斗鸡习俗现在已经十分普及,还有着一套健全的规则。斗鸡比赛实行一轮淘汰制,分场次和人次进行。通常,两只鸡上场之后,场外就有人计时,一轮比赛的时间是五分钟。比较传统的斗鸡比赛采取燃烧香烛的计时方法,一般说

来,燃完三分之一或二分之一的香,比赛就结束。在如此短的时间里要决出胜负,比赛的激烈程度可想而知!斗鸡比赛可以看成是鸡之间的"摔跤"比赛,在这种比赛中,鸡被斗伤甚至被斗死都是十分常见的现象。斗鸡的场面十分惨烈,只见场地上灰尘翻滚,鸡毛飞舞,两只雄鸡凶狠地撕咬踢打,咯咯的鸡叫声和人们的吆喝叫好声混杂在一起,整个场面非常壮观。虽然只有五分钟的时间,但是比赛途中也有专门的休息时间,这段时间主要用于让"鸡壮士"恢复体力。这时,鸡主人便会忙不迭地帮自己的宝贝擦血、浇水、扇风,那样子看起来好像拳击运动教练在为自己的高徒服务!激烈的比赛很快就结束了,一般说来,两只鸡中

柬埔寨人的斗鸡习俗

总有一只会成为胜利者。虽然胜者同样被咬踢得遍体鳞伤,但它看来还是一副趾高气扬的样子。而另一只鸡则垂头丧气,有的甚至没打完比赛就中途败走,狼狈地逃出战场。得胜鸡的主人常常抱着自己的鸡英雄四处炫耀;斗败的鸡主人就像自己的鸡一样,满心忧伤地抱着鸡离开比赛场地。

作为一项娱乐节目,斗鸡的确既有趣,又精彩。但是千万不要将这种娱乐活动当成了赌博的手段。那样的话,斗鸡就失去它原有的乐趣了!

"马背上的民族"蒙古

世界上有许多民族因为饲养某种牲畜,如羊、牛、马等,就被称为"骑在该种牲畜背上的民族",像澳大利亚就被称为"羊背上的民族",而蒙古人则因马匹众多被称为"马背上的民族"。

"马背上的民族"很早之前便闻名于世,例如成吉思汗的铁骑就曾让无数对手闻风丧胆。当他们驰骋征战于大漠和草原时,他们的坐骑就是脾气暴烈的蒙古战马。蒙古人爱马,更爱驯马,尤其喜欢驯养烈性的马。为了将烈马驯服成乖巧的战马,蒙古人创造了一套独特的方法,用这种方法驯养出来的马既保留着野性,又十分通人性,特别善于作战,蒙古族至今仍流传着许多战马救主人的感人故事!蒙古人训练烈马的方法极富感情,他们对马从不打骂,而是使用十分温和的言语,犹如在教一个不懂事的孩子一样。这一点充分体现

"马背上的民族"——蒙古

了蒙古族人民宽广豁达的胸襟。

蒙古族是个爱马的民族,他们对马就如同对自己的家人一样,关怀备至!除了为马群备上草料、水料之外,蒙古人还会将马棚打扫得干干净净,就像打扫自己的帐篷一样。除了在"物质生活"上尽量满足马的需要,蒙古人还特别注重马的"精神生活":蒙古人经常给自己心爱的马配上漂亮的马鞍和其他饰物,这些饰物使用的材料通常是价格昂贵的白银、黄金以及珠宝。装上了这些饰物的马,看上去简直就是一匹从天而降的宝马,显得十分俊逸,精神百倍!

蒙古族人不仅爱马,而且认为马就是自己的骄傲!在蒙古人看来,拥有一匹好马就好比拥有了数不尽的财富和令人称羡的荣誉。有了骄傲的好马,蒙古人自然会拿出来炫耀一番了!因此,他们经常举行赛马大会。蒙古人的赛马大会主要举行两项比赛:一种是赛走马,一种是赛奔马。从名字我们可以看出,赛走马比的是马的行走,重点是看马走得是否稳健、潇洒和美观,可以将之比做马的模特赛;赛奔马比的是马的奔跑,重点是马的奔跑速度和耐力,由于赛程较长,一般有 25~35 千米,因此可以将之比做马的马拉松赛。这两场比赛的参赛马及其主人在年龄上有些不同,赛走的马一般是 5 岁以上的成年马,其主人也是中年人;赛奔跑的马是年轻马,其主人是十二三岁的男孩。之所以有这样的安排,与这两项比赛的比赛状态有很大的关系。中年人骑着马来回漫步,显得十分稳健;年轻人骑着马长途奔跑,则显得矫健异常!

"天苍苍,野茫茫。风吹草低见牛羊!"或许,只有美妙的诗句才能形容蒙古族人民那令人羡慕的生活。

因纽特人的"雪屋"

在这个地球的最北端,有一群人住在用雪块砌成的屋子里,他们便是的因纽特人。

在地理位置上,因纽特人(也称爱斯基摩人)住在北纬 60。以北的地区,那里地处北极,终年积雪覆盖,地上的冰深达几十米,年平均气温在-60℃左右。在这样严寒的气候环境里,因纽特人是怎样生存下来的呢?人们通常说,人的生存离不开四个条件,即吃、穿、住、行。在天寒地冻的北极生存,按理说来,这四项条件的要求会更高。然而,如果你曾去北极观察因纽特人的生活,你就会为他们的生活方式感到万分惊讶!其中,最让人吃惊的就是因纽特人的居所——雪屋。

雪屋是北极地区的一种奇特建筑。它所使用的建筑材料并非钢筋水泥,而是就地取材的大雪砖。因纽特人是这样建造他们的家园的:首先,他们用一种锋利的渔刀从坚硬的积雪中切割下大块大块的雪砖;然后,他们用巧妙的手法将这些雪砖堆砌成一个半球形状的圆屋,这样,雪屋的雏形就诞生了。光有这个雏形还不够,因纽特人为了对抗北极的严寒,想出了许多办法。为了让雪屋更加暖和,他们在屋顶上开一扇窗户,利用那里伸出去的一块板形雪块将阳光折射进屋里,从而起到了取暖和照明的双重功效。由于雪屋通常十分小，一般人要爬进屋里，但身材较矮的因纽特人只需轻轻一滑便能进得去。

因纽特人的雪屋虽小，但也有着普通房屋的许多功能。一座雪屋通常分成好几个房间，有卧室、客厅，也有库房，这些房间能起的作用一点都不逊色于我们大房屋。库房是因纽特人储存食物和放置捕鱼打猎器具的地方；客厅是个较大的房间，那是用来会客及举行舞会的地方，据说那里最大的客厅可以容纳几十人甚至上百人唱歌跳舞。由于因纽特人热情好客而且能歌善舞，因此这样的客厅几乎每个雪屋都有一个。雪屋中最引人注目的是因纽特人的卧室，那里砌有一个高高的雪台，也就是他们的床。有人会以为，睡在这样的床上肯定很冷，其实不然。因纽特人长期生活在冰天雪地里，极能耐寒，再加上他们善于利用兽皮，因此当一家人光着身子睡在大兽皮袋子中过夜时，一点都不会觉得冷，反而相当的暖和。

长期的北极生活，养成了因纽特人坚毅、豪放、乐观、热情的性格。寒冷的天气并没有把他们变成"冷血动物"，相反他们特别看重友情与亲情，被称作是"世界上永不发怒的人"。现在的因纽特人，得到了政府的支援，生活得到了很大的改善，以前的因纽特人小村也已经变成了一个现代化的城市了！

因纽特人的"雪屋"

印第安人的图腾崇拜

世界上有许许多多的偶像崇拜现象，如基督教之崇信上帝，伊斯兰教崇拜真主穆罕默德等，这些偶像崇拜多属于宗教信仰上的。但是，在古老的印第安人部落里，却流传着另外一种偶像崇拜——对"图腾"的崇拜。这种崇拜显得与宗教信仰上的崇拜有很大的差异。

在印第安部落中，人们经常可以在广场上看到高达几十米的木柱子，木柱子上雕刻有各种动物和人的图案，木柱子的顶端要么塑着一个太阳，要么塑着一种怪兽，或者是塑着一种植物等，这根古怪的木柱就是印第安人的"图腾柱"。

印第安人崇拜的"图腾"到底是什么东西呢？其实，图腾崇拜也可以看成是一种宗教信仰，只不过，这里的宗教指的是祖先，即对祖宗的崇拜和信仰。在印第安语中，"图腾"的意思是"它的亲属"与"它的标志"，这里的它指的就是印第安人的祖先。有些让人不解的是，印第安人总把自己的祖先想象成一种动物、一种植物、一种自然现象、一种天体，比如动物中的乌龟、蛇、鸟等，植物中的红杉树等，自然现象中的风雨雷电等，天体中的太阳、月亮等。他们认为正是这些动植物和自然现象，还有天体创造了自己，自己与之有着紧密的亲属血缘关系。另外，印第安人还常在自己部落的显要地方绘制自己"祖先"的图案，比如上面说到的"图腾柱"就是展现印第安部落祖先"风采"的地方,"图腾"也因此成了印第安人部落的标志。印第安人普遍认为自己的"祖先"或"图腾"是部落及自身安全的保护者,只有通过对它们的顶礼膜拜,部落才能免遭天灾人祸,才能使得部落兴旺发达,因此,在印第安人部落里,图腾祭拜是常见的事。在所有的仪式中,竖立图腾柱的仪式是最隆重的。仪式通常要在正午举行,届时,部落中所有的人都要戴上绘有图腾标志的面具参加。在一片歌舞声和击鼓声中,十几个大力士将一根几十米长的木柱子竖立在部落广场中央。接着,印第安人就在酋长和祭司的带领下,向木柱子顶端的"图腾"叩头作揖,以示崇敬之情。图腾祭拜的日子,也往往成为部落的重大节日。

印第安人的图腾崇拜不仅反映在图腾祭拜活动上,还反映在印第安人的生活习惯上。我们常会觉得印第安人的服装和发式古怪异常,其实,他们是在极力模仿"图腾"的样子。比如有一个印第安人部落崇拜鸟,族人就把自己的发型做成鸟的形象,还要配上五颜六色的饰物加以衬托。图腾崇拜对印第安人生活的影响之深由此可见一斑!

总之,印第安人的图腾崇拜可以说是他们的精神支柱。

印度的新年

印度人的新年并不是在每年的年底,而是在每年的 10 月 31 日。一般说来,新年指的就是一年中的某一天,但是印度人的新年却有五天之多。也就是说,在这五天时间里,印度人天天都在"度过"新年。大家都知道,中国人除了过春节之外,还要过一个元旦,即每年的 1 月 1 日,印度人也有一个元旦,只不过这个元旦是新年中的一个节日,即从 10 月 31 日起的第四天为元旦。其实,可以将印度人的新年理解成两个部分,一部分是新年的准备阶段;一部分是正式过新年。这两部分在时间上分别是前者三天,后者两天。有了这个意义上的时间划分,印度的新年庆祝方式就显得更加复杂多样。先让我们来看一看在准备过新年时印度人有哪些奇特的庆祝方式吧!

在新年的准备阶段,即从新年第一天起,印度人便像事先约好了一样,相互之间决不生气和发脾气。这一点同许多国家和民族过重大节日时的习俗没有大的区别,其用意在于在新年的第一天便喜笑颜开,就可一直和和气气地度过一年。这种习俗表达了印度人对美好生活的祈盼。

但是,一旦到了正式过新年那天,既元旦时,印度人又像是约好了似的,家家户户,不论男女老少,全都放声大哭,这时的印度简直可以说是一片哀鸣。由于哭的人太多,哭的地区太广,因此在印度,元旦节被称作"痛苦元旦"。印度人在元旦那天不但要大声痛哭,据说还要禁食一天一夜,从元旦的凌晨至第二天的午夜时分,人们将这种习俗称为"禁食元旦"。印度人为何在元旦这天有这么多稀奇古怪的习俗呢? 有人解释说,这种习俗是典型的忆苦教育,其目的是为了让人们不要忘记过去所经历的苦难,在对苦难的追忆中认识到现在的幸福生活来之不易,人们就会好好珍惜眼前的一切。

　　印度的新年风俗并不都如上面说的这样奇怪,毕竟是过节日,喜庆的气氛还是占据主流的。因此,印度人在过新年的时候,同样会有许多传达喜悦和快乐的娱乐活动。这些娱乐活动中,最为普及的是在印度各地都要上演印度史诗《罗摩衍那》。这种演出不仅仅是艺术性的,为了吸引观众的注意,演出还加入了许多娱乐性的场景,这包括让史诗中的英雄与用纸扎的"巨人"搏斗,最后战胜"巨人",用火将其化为乌有。每当节目演到这个时候,台下的观众便会被那熊熊燃烧的大火鼓舞,全都站起来,围着火欢快地呼叫。除了演出史诗之外,印度人在新年还会表演爬竹竿、徒手格斗等节目。这些节目都深受群众欢迎,为节日增添了无尽的欢声笑语!

土著人食虫奇俗

　　世界各地有许多的土著人,他们不仅在宗教信仰上迥异,在生活习惯上也存在着巨大差别,比如在饮食文化上,世界各地的土著人便有着各种奇特的风俗。土著人的食虫习俗便是其中的一个例子。

　　在普通人看来,吃昆虫,尤其是吃那些又肥又腻的昆虫,是一件令人恶心的事。然而,在土著人看来,昆虫是一道美味佳肴。不仅如此,现代营养学家还告诉我们,许多昆虫富含蛋白质、铁、钙等人体必需的微量元素,其含量甚至超过了人们日常食物中所含的营养物质含量。

　　美国加利福尼亚州的印第安人喜欢吃飞蛾及其幼虫,他们认为那是部落图腾赐予的食物。他们捕捉飞蛾的方法十分简单,就是在傍晚的时候燃上一堆柴火,喜欢光亮的飞蛾见到火便会自动冲到火焰上来。印第安人捉到飞蛾后,先用木板把他们压碎,然后兑上水,做成糕饼状,晒干后就可以食用了。至于飞蛾幼虫,这些印第安人

土著人

采取的方法是用烟熏。幼虫抗不住时,就会从松叶上掉下来,被印第安人逮住。印第安人常把捕捉来的幼虫晒干后密封起来,吃的时候只需用水煮成糊状就行了。

吃飞蛾及其幼虫还比较能让人接受,让人吃惊的是这些印第安人还吃一种叫"大腹蚁"或"红蚁"的蚂蚁。"大腹蚁"是蚂蚁群中的王后,有专门的工蚁服侍,每天吃甘甜的蜜汁,因此长得大腹便便,大约有一公分长。印第安人最爱吮食"大腹蚁"的腹部,因为那里十分香甜,那情形有些像在吃葡萄。

非洲的土著人特别爱吃蝗虫。蝗虫是一种害虫,"蝗灾"就是它们的杰作,那个时候,一阵绿黑色的影子之后,原来还郁郁葱葱的地方顷刻就会变成一片荒地。非洲许多地方长年颗粒无收,除了干旱的原因之外,还有一个重要原因就是"蝗灾"。因此,土著人吃蝗虫,一来可以美餐一顿,二来可以杀害虫,一举两得。他们在捕获蝗虫后,一般是将其翅膀和后腿卸掉,然后在火上烤着吃。如果捕获量特别大,他们便将蝗虫晒干并保存起来,待到喝粥的时候撒上一把,味道就跟虾仁粥一样。

在非洲东部的尼亚萨湖地区,那里的土著人同样一举两得:他们捕食巨大的蚊子。据说,那里的蚊子大得吓人,最大的有一根成年人的食指长。土著人为了捉住它们,制作了一种带长柄的半球状笼子,在傍晚的时候兜捕巨蚊。捉到巨蚊后,他们就将其放进一个模型板汇总,压碎并晒干,一道美味就做好了! 土著人没事时,常会抓上一两把,边聊天边吃蚊子,一幅悠然自得的样子!

除了上面这些食虫习俗之外,世界上还有许多奇特的吃昆虫风俗。可以说,食虫风俗几乎可以跻身世界饮食文化之林了。

千奇百怪的"女儿国"

《西游记》中的"女儿国"是神话小说,属于夸张的文学描写。但是,在现实世界中,"女儿国"还为数不少,倘若不是亲眼目睹,恐怕不会有人相信那是真实存在的。

先来看"女儿国"冰岛。冰岛是北欧的一个小国,天气异常寒冷。不知道是这里的气候环境还是其他什么原因,这里呈现出了。"阴盛阳衰"的情况。冰岛是一个完全彻底的"女儿国",那里的妇女数量占全国人口总数的80%以上,走在大街上,很少能见到男人魁梧的身影,迎面而来的要么是垂老的奶奶,要么是成熟的中年妇女,要么是花枝招展的姑娘。数量如此之大的女性群体,其号召力是可想而知,如果她们一旦齐起心来闹事,整个冰岛可就乱套了。据说,在20世纪的八十年代,全体冰岛妇女举行了48小时的罢工,其目的是为了实现她们的"雌性力量"和在社会上的平等地位。结果,整个冰岛迅速陷入无法运作的状况。工厂停工,商店关门,银行倒闭,交通无人指挥,冰岛的"少数派"男人们急得团团转,却无半点可行措施,只有一边吃冷冻食物,一边等妇女们消火气。那次罢工后,冰岛妇女士气大振,走起路来都趾高气扬的。冰岛妇女不仅在人数上占优势,在权力掌握上也占优势。冰岛有一个"妇女党",那是一个在国会占多数席位,并且对实际政治发挥着巨大影响的大党。

再来看"女儿城"嘉历尼克,它是原南斯拉夫的一个城市。嘉历尼克的妇女人口比例比冰岛的比例还大,可以说是达到了100%。为什么会这样呢?原来,嘉历尼克城中的所有男子,只要满十五岁就必须离开故乡到外地去挣钱养活自己和家人,城中剩下的就几乎全是妇女了,只有少量的儿童留在母亲的身边。没有成年男子的嘉历尼克城,市政管理、治安维持等均靠妇女全力承担,在大街上能看见的都是骑着高头大马、身穿警服的女巡警,英姿飒爽,潇洒至极。嘉历尼克城的男子为什么都要外出挣钱呢?在四百多年前,嘉历尼克人的祖先受西班牙统治者的侵夺,无法在这里生产劳作,就只好背井离乡到外面去讨生活。从那之后,嘉历尼克城的妇女便只好独守空城,日夜期盼着丈夫和儿子归来。这个习俗延续到今天,就变成了嘉历尼克人每年7月12日的狂欢节,这个节日是用来庆祝男人们归来的。在节日中,嘉历尼克人要举行集体结婚仪式及其他一些庆祝活动。狂欢节只持续两天,男人们就又要出走了。7月14日,离别的日子到了,男人们依依不舍地告别爱人和孩子,重新回到工作的地方去。

这些奇特的"女儿国""女儿城"让我们见识到了大千世界的多样面貌。

气象万千

"午夜太阳州"阿拉斯加的风景奇特美丽;喜马拉雅山南麓的乞拉朋齐是"世界雨极"。

南极极点寒冷到可怕,寒冷的挪威却有迷人的夏天。

阿塔卡马沙漠除了荒凉和孤寂外只有大片黄沙,勤劳的非洲人民却给了无生气的撒哈拉沙漠带来了希望。

富士山美丽动人,印度尼西亚的"雷都"雷雨交加。智利"寒冷国"不冷,厄瓜多尔"赤道国"不热……

每个国家都有自己独有的气候,正是这多变的气候造就了不一样的国度。这是一个多彩的世界,让我们一同领略这变幻万千的风光吧。

"午夜太阳州"阿拉斯加

阿拉斯加是美国最后一个纳入的州,也是美国 50 个州当中面积最大的州,大约占了美国本土面积的五分之一,同三个法国的面积一样。"阿拉斯加"在当地阿留申群岛土著居民的语言中,就是"辽阔的土地"的意思。阿拉斯加位于北极圈内,是一个天寒地冻的冰雪世界。

阿拉斯加州素来有"午夜太阳州"的称号,那是因为它位于北极圈内,有着特有的极昼现象。每年的 5~8 月之间,这里的大部分地区整日整夜都能看到太阳,出现极昼现象。在寒冷的北极,就算是在太阳二十四小时的照射下,气温也还是那么低。虽然有时候太阳昼夜不落,但太阳在这里也属于斜射,阳光微弱,对冰雪的融化起不了很大的作用,只有表层的冰层能融化,地下深处的冰层根本无法解冻。在南部沿海地带,由于太平洋暖流的影响,气温没有那么低。5~8 月的极昼时期,这里绿草成茵,鲜花盛开,夜里也不会冷得无法工作,许多人还通宵捕鱼。

阿拉斯加

一提起阿拉斯加州的冬天,可能很多人都会不由自主地打一个冷战,那里实在是太冷了！冰天雪地是那里给人留下的第一印象。这个州是 1867 年的时候,由美国国务卿威廉·西华德从沙皇俄国手中花 720 万美元买下来的,因此这里就有了"西华德的冰箱"的戏称。阿拉斯加州大部分地区都在北纬 60° 以北,一直延伸到离北极仅有 2000 米的巴罗角。"西华德的冰箱"可比我们一般的冰箱冷得多,年平均气温在 0℃ 以下,最冷的冬季气温在零下 20℃ 以下。这里根本就看不到土地,地面全都被冰雪覆盖着,有的地方的冰块深达 90 米。水是更不可能存在的了,全都被冻成了冰块,这里横贯东西的育空河封冻期长达九个月。

这里的气候非常恶劣,不知道什么时候晴空万里就会变成刮风、下雨、下雪的天气,所以不管什么季节去那里旅游,保暖的衣服可得多带些。尤其是在冬季,最好穿上六七层的衣服,包括带有毛领的皮大衣、羊毛围巾、滑雪面具或者巴拉克拉法帽、手套和靴子,这可一点都不夸张。还有要注意的是要喝大量的水,因为如果脱水的话就容易被冻伤。

这么寒冷而又气候恶劣的地方怎么会有人前去旅游呢？可不能小看了爱斯基摩人和印第安人的原始部落,以及美丽的自然景观的吸引力。这里可是世界上最富传奇色彩的爱斯基摩人的驻守地,他们的热情好客吸引着世界各地的旅游爱好者。另外,这里远离喧嚣的都市,保持了原始的生态面貌,自然景观奇特美丽。有些人还在 5~8 月间专门来这里看世界上其他地方看不到的午夜太阳奇观。

"世界雨极"印度乞拉朋齐

世界上的雨量分布不均匀,有终年不下雨的地方,也有天天下雨的地方。雨量最少的地方比较容易想象得到,一般是在非常干旱的地方,例如在智利的阿塔卡马沙漠,那里的阿里卡几十年不下一场雨是很正常的,人们只有从高山上背冰运雪才能满足生活的基本用水,干旱给那里的人们带来了很大的麻烦。那么在天天下雨的地方,人们的生活又是怎样的呢？世界上下雨最多的地方要数喜马拉雅山南麓,印度阿萨密邦的乞拉朋齐了。最近的一次统计是在 1960 年 8 月到 1961 年 7 月,那里出现了降雨 26461 毫米的最高纪录,堪称"世界雨极",比它在 1861 年前一年 20447 毫米的雨量还要大,看来"世界雨极"也在不断争上游。可能 26461 毫米太过于抽象了,我们来点形象的对比这个数字对北京来说需要 45 年才能达到,而对于降水量稀少的撒哈拉沙漠地区则需要几百年甚至上千年之久！

"世界雨极"为什么会出现在印度的乞拉朋齐,而不是在别处呢？这与那里独特的地理位置有关。乞拉朋齐的东、西、北三面都是崇山峻岭,这些山像是一个巨大的屏障,把它包围在其中。特别是北面的喜马拉雅山脉,是世界上最高的山脉,为乞拉朋齐成为"世界雨极"立下了不可埋没的功劳。喜马拉雅山有力地挡住了西南季风由海洋吹来的湿热气流,大量饱含水汽的气流在这里遇到高山阻碍,被迫上升,凝结成了大量的地形雨。乞拉朋齐的东西两旁也都是山地,只是南面向孟加拉湾开口,这样的地形就好像一个漏斗。位于谷地之中的乞拉朋齐,南面经常有季风涌入,到山坡就形成了倾盆大雨,特别是在夏季,季风来得频繁,雨也就频繁了。

乞拉朋齐独特的地理位置真是世间罕见,也只有在这样的地方才能形成"世界雨极"。但同样是以喜马拉雅山为靠壁的我国新疆,却与乞拉朋齐的多雨湿润完全相反,新疆干燥异常!喜马拉雅山的一南一北相差如此之大,让人不得不惊叹于大自然的神奇力量!

乞拉朋齐以年降雨量 26461 毫米雄踞世界降雨量之首,这样的地位实在是无法动摇。另外世界上其他排得上号的多雨地区也是值得一提的,比如有非洲几内亚湾沿岸、南美洲亚马孙河流域、西印度群岛和太平洋中的某些岛屿等。这些地方也是终年雨水不断,只是与乞拉朋齐 26461 毫米的年降雨量相比就相形见绌了。

"这里的冬天不好过"挪威

挪威,这个美丽的欧洲小国位于北欧斯堪的纳维亚半岛西部,北部一直延伸到欧洲的最北端,南与丹麦隔海相望。挪威境内有众多山脉,是欧洲山脉最多的国家之一,高原、山地、冰川约占国土面积的 75%。

按照其所处的纬度来说,挪威整个国家都应该很冷才对,但由于受墨西哥湾暖流的影响,挪威总体气候在同等纬度下相比是比较暖和的。在墨西哥湾暖流的影响下,西部地区属海洋性气候,夏季凉爽干燥,冬季多雪,年均降水量在 2000 毫米左右。而东部地区由于有中部的山脉做屏障,气候主要属内陆性特征,年均降水量不足 1000 毫米。

挪威

挪威有三分之一的国土在北极圈内。在北极圈内,有许多著名城市,比如有"北极之门"称号的特罗姆瑟,美国阿拉斯加州的"航空港"安科雷奇,格陵兰首府戈德霍普,这些地方可都是"寒都"!又如挪威的首都奥斯陆,虽位于国家的最南部,但当地的纬度依然与西伯利亚和阿拉斯加处于同一位置上,其寒冷可想而知!因此,挪威才有了"世界冷极"之称。

挪威首都奥斯陆,是一片冰天雪地里的杰作,全城都建在永久冻土上面,这些冻土坚硬如岩石。挪威由于有了墨西哥湾暖流的影响,虽然冬天温度很低,但夏天气温回升,地面上的冰雪会融化。冰雪一冻一融对修筑房屋来说可不是一件好事,所以那里的建筑都把木桩根基深深扎入 1.2 米厚的活动土层之下,这样是防止到夏天的时候土地溶融,导致建筑物倒塌。屋内的设计也要非常注意防冻,我们经常说寒冷的冬天要穿上里三层外三层的衣服,挪威的房屋就如同人一样,房门和窗户都要设上三至四层,否则人在屋里都要冻坏。在屋外,呼出的水蒸气一下子就冻成了冰,都能听到冰碴的声音。路上行走非常不方便,人造革鞋底在户外十几分钟就会破裂。不但如此,汽车轮胎也要特制的,要是普通的轮胎走不多久就会颠裂。

如此寒冷的地方是否适合居住呢?挪威人对挪威的冬天可是厌恶至极的,而且认为再没有比冬天的挪威更不适合居住的地方了。但令挪威人惊奇的是,在联合国发展署近年公布的世界 173 个国家"生活质量"排行榜中,挪威连续两年名列第一。这一结果虽然让挪威人民感到骄傲,但大家同时也觉得联合国的排行榜简直是在与漫长寒冷的冬天开玩笑,挪威外交部副部长卡洛文有趣地说"看来许多事情并非当地人想象得那样'可怕'!"如果要考虑气候因素,挪威一定排不上号了,相信任何领教过挪威冬天的人都不会认为挪威是最适合人居住的地方!当然,不可否认的是,挪威的夏天是非常迷人和舒适的。不管是挪威人还是到挪威旅游的人,都渴望夏天的到来!

"世界旱极"阿塔卡马沙漠

阿塔卡马沙漠位于智利的北部,是一个高出海平面很多的沙漠。阿塔卡马沙漠非常长,从秘鲁南部的边境一直延续到它的北部,全长 1000 多千米,是一个极度干旱少雨的地方,被人们称为"世界旱极"。

阿塔卡马沙漠之所以会成为"世界旱极",原因有很多。大致说来,主要是由以下几种因素共同作用导致的。首先,阿塔卡马沙漠的大多数地方是成串成串的盐碱盆地,这样的地方自然长不出什么植物。由于少了植物对地下水的吸收与蒸发,这里的天空中就很难形成雨云,也就很难产生降雨。其次,阿塔卡马沙漠位于安第斯山脉的正西面,如果没有了这座天然屏障,阿塔卡马沙漠完全可以在来自亚马孙河的湿空气作用下形成降雨。但是,正

阿塔卡马沙漠

是地理位置上的差异,使得阿塔卡马沙漠年复一年地见不到一滴甘霖。再次,令许多气象学家捉摸不透的是,阿塔卡马沙漠虽然没有接受到来自亚马孙河的湿润空气,但它接收到了来自南极的寒流,然而,这也没有使阿塔卡马沙漠形成降雨,只形成了大量云雾。

在上面这些因素的综合作用下,阿塔卡马沙漠成了世界上最干旱的地方。人们做过一个计算,从史料记载的 16 世纪的一次降雨以来,直到 20 世纪 70 年代,这里才下了又一场雨,整整 400 年都没有下一滴雨!在阿塔卡马沙漠的中心处,有一个被气象学家叫作"绝对沙漠"的区域。从它的名字就可以知道它就是"世界旱极"中的旱极了。这里有历史记载以来就一直都没有下过雨。如此干旱少雨的气

候环境,当然是不适合植物、动物生存的。别说其他的植物,就连最耐旱的仙人掌在这里也根本看不见! 这里除了大片黄沙之外,就只有荒凉和孤寂了!

然而,令人难以置信的是,在阿塔卡马沙漠北部地区,竟然还生活着上百万的人。连那些耐旱的动物都灭迹的地方,人又是怎样生存下来的呢? 这些人吃什么,喝什么呢? 如果到那里去看过,你就不得不佩服那里人艰苦卓绝的精神和富于智慧的创造。原来,他们是靠"榨取"浓浓的湿雾来获取淡水的。上面提到过,阿塔卡马沙漠有大量南极寒流带来的湿雾,人们便从这当中吸纳水分。在村庄附近的山岗上,人们挖掘了一列列的壕沟,壕沟上方密密麻麻地布满了丝网。当浓浓的湿雾越过山岗时,便会在丝网上凝结成水,这些水则可以通过壕沟里的管道流到村庄中。就这样,那里的人们解决了饮水问题。千万不要小看了这种取水法,每天人们都能从密网中获得上万升的水,这些水不仅可以供给人、牲畜便用,还可以用来灌溉农田呢!

阿塔卡马沙漠地区的人的确创造了人类生命史上的一个奇迹!

"世界火炉"撒哈拉沙漠

位于非洲北部的撒哈拉沙漠,不仅以770多万平方千米的面积雄踞世界沙漠之首,而且也以高温闻名于世界,得到了"世界火炉"的称号。

在撒哈拉沙漠,终年热浪滚滚,暑气逼人,这里的年平均温度为28.7℃,绝对最高温度49℃。在一片黄沙的沙漠里,热量很快就被沙粒吸收,温度急剧上升,最热的时候,光秃秃的沙堆被晒得滚烫,温度达到80℃。我们在电视上经常能看到生活在沙漠的非洲人把生鸡蛋埋在沙堆里,不一会儿,鸡蛋就熟了。如果不戴手套去拉汽车门的话,那可惨了,手会立即烫起水泡的。天气热,当然就会不断地往外冒汗,但在撒哈拉沙漠,人却"不出汗"。当然是假的,其实人会出很多汗,只不过汗水刚一冒出体外,就立即蒸发光了。

沙石容易吸热,也容易散热,所以这里的昼夜温差很大,最大的差距有40℃。经常是白天如同在火炉里一样,晚上就到了地窖,需要盖被子。

撒哈拉沙漠不仅炎热,而且干燥。这里可以说是仅次于智利阿塔卡马沙漠的干旱地带,年平均雨量不足100毫米,在最干旱的地方常年见不到一滴雨。比如埃及部分的沙漠地带卡格,就曾经连续17年没有下过一滴雨。

狂风也经常光顾这里,天气可以说是变化无常,刚刚还是晴空万里,顷刻可能就狂风大作了。顿时,沙尘满天,飞沙走石,天空也变得昏暗了。最为恐怖的是冬天的"哈马丹风",那股狂风卷起的沙石会形成黄色的沙尘大柱,铺天盖地而来,一根根100米到700米高的沙柱狂号乱舞,严重妨碍了人们的出行,甚至对建筑物造成严重的破坏。

炎热、少雨、多风,如此恶劣的气候是怎样形成的呢? 这主要是因为撒哈拉沙漠处在北回归线附近,常年受副热带高气压下沉气流的控制,不容易形成降雨。

通过上面的形容，是否觉得撒哈拉沙漠根本就是一个不毛之地呢？其实不然，这里并不荒凉。在此穿行的尼罗河为沙漠增添了生命的气息，潺潺的水流灌溉着两岸的土地，有的地方还形成了绿洲，翠绿的枣椰树在一片黄海中显得那么突出，总是给沙漠中苦行的人们带来希望。勤劳的非洲人民在沙漠上种植了各种农作物，那些逐水草而居的游牧民族也为这个了无生气的沙漠增添了一些热闹。在这里，最富有动感的要数能够适应沙漠环境的狐狸、羚羊、跳鼠、鸵鸟等动物了，它们在黄海中显得是那么有活力！

人类就是这么的伟大，即使在"世界火炉"中也能找到自己的定位点，生存下来，并且发挥人类的最大潜能！

年平均温度最高的达洛尔

在气象学上，平均温度是一个专有名词，它分年平均气温、月平均气温和日平均气温三种。我们可以按定义日平均气温和月平均气温的方法来定义年平均气温既然日平均气温指一天中最高气温和最低气温的几何平均值，月平均气温是指一个月中最高温度与最低温度的几何平均值，那么年平均气温就是指一年中最高温度与最低温度的几何平均值。

达洛尔

按照这个方法来进行测量，我们就可以知道世界上最热的地方在哪了。实际上，要找这个地方，搜索的范围不用太大，只需要集中在非洲大陆和南美洲大陆就行了。为什么这么说呢？我们都知道，地球上气温最高的地区在赤道附近，那里阳光直射，日照十分强烈。但是，地球的赤道附近大多是海洋，只有非洲大陆和南美洲大陆才跨越了赤道。赤道附近极容易形成湿润多雨的天气，也能形成持续高温的气候，因此，地球上年平均温度最高的地方便在非洲或南美洲了。事实上也的确如此，人们在非洲埃塞俄比亚的达洛尔测得了世界上最高的年平均温度——34.5 摄氏度。

但是，年平均气温最高的地方却并不一定是世界上最高气温出现的地方。人们发现，世界上的最高气温主要出现在亚热带地区，这是为什么呢？原来，这一地区常年处于副热带高气压的控制下，空气十分干燥，加上受到东北信风的影响，这一地区大多是干旱的沙漠。沙漠地区日照十分强烈，沙砾又特别能吸收热量，因此，在亚热带地区常会出现所谓的"热极"。

十分有趣的是，自从有了"热极"这个称号以来，就从来没有一个地方能永远地当得上这个称号，这从世界气象的历史就可以看出来。史上第一个"热极"是阿尔及利亚的瓦格拉，1879 年 7 月 17 日，那里达到 53.6℃的绝对温度。然而，34 年之后的 1913 年，人们又在美国加利福尼亚州的"死谷"测出了 56.7℃的高温，"热极"的称号便从非洲跑到了美洲。但是,正如上面说到的那样,高温总会出现在非洲大陆或者美洲大陆,"热极"便在这两个洲之间进行"洲际旅行"。继 1913 年美洲出现"热极"之后,1922 年 9 月 13 日,新的"热极"又出现在了非洲,这次的地点是利比亚的加里延,它凭着 57.8℃ 的高温刷新了上次的纪录。当然,它的成功离不开那年盛行的"吉卜利"热风的帮助。11 年之后的 1933 年 8 月,同一高温值出现在了墨西哥的圣路易斯,因此,它便与加里延分享了"热极"的称号。这一高温纪录一直保持到了今天,不知道下次"热极"的桂冠又会被哪里夺取!

"世界雷都"茂物

低纬度地区通常是雷雨的多发地带,如印度尼西亚、非洲中部、墨西哥南部、巴拿马、巴西中部,这些地方一年四季雷雨不断,经常雷电交加。而这些地方中能够称最大的要数印度尼西亚的茂物市,它是世界上雷雨最多的地方,有"世界雷都"之称。

据气象学家统计研究,全球每分钟有三四十个地区有雷雨天气,且每次雷雨都伴随着多次闪电,算来全球每秒钟要发生一百余次闪电。而被称为"世界雷都"的印尼茂物,在这些统计数目中,占很大的比重。在那里,一年中有 322 天电光闪闪,这个数字比爪哇岛的平均雷日 220 天还多 46%,我国雷暴最多的西双版纳的 128 天雷日就更不能与之相比了,只有它的 60%。茂物 322 天的雷日中有 105 天是只打雷不下雨,剩余的 217 天里则是雷雨交加。这样,一年下来有 1400 多场雷雨,一天都有四、五场,所以每天时不时都能听到轰隆隆的雷声。1400 场的大雨,雨量肯定不低,高达 4618 毫米。

为何茂物会有如此多的雷雨日呢?这取决于它所处的地理位置。茂物市坐落在爪哇岛西部,处于海陆交错的山地之中,三面被山包围;南面紧靠着高原,耸立着好几座海拔 2000~3000 米的火山。茂物地区日照强烈,爪哇海在强烈的日照下蒸发出很大的湿热气团。这些湿气团到了茂物,由于四周围高山的阻拦,无法通过,只得顺着高山上升。而这里起伏的山岭里热量分布不均匀,空气很容易上下对流,形成积雨云,这样就产生了雷雨。

茂物市的雷雨同世界各地的一样,多是在中午爆发的,上午常常是晴空万里,接近中午的时候,空中的积雨云开始形成,到了午后就雷电交加,倾盆大雨一泻而下。所幸的是雷雨来得急,去得快。

在茂物修筑房屋极为不便,常常因为雷雨的到来而无法进行,能一天到晚连续作业的时日不多,而且茂物的房屋和世界上其他地方的有很大的不同,这里没有平房,屋顶造得特别陡,一般在 45°以上,这是为了方便泻水。人们的出行计划也通常受阻,或者干脆把活动安排在室内。雷雨就像一把双刃剑,给茂物人们带来诸多不便,也带来了不小的利益。这里常年下雨,没有寒暑季节变化,气温比较稳定,使身处热带的茂物非常凉爽,非常适合生活。雨过天晴后空气特别新鲜,土地也在雷雨的滋润下格外肥沃。因此,茂物在印尼的历史上是一个有名的古都,现代又是雅加达的"夏都",更是炎热时节印尼人们的避暑胜地。这里不仅别墅遍布全城,还以南洋最大的茂物植物园而名扬天下。

"雾都"伦敦

英国的伦敦素来有"雾都"的称号,许多人应该也看过狄更斯的《雾都孤儿》,里面就不乏对烟雾缭绕的伦敦城的描写,引起了很多人对那片天空的向往。下面我们就来了解"雾都"独特的气候现象吧。

位于西北欧的大不列颠群岛濒临辽阔的大西洋,在终年盛行的偏西风影响下,来自热带的墨西哥湾暖流浩浩荡荡地流向这个岛国。暖流带来的暖湿气流登陆后受地形抬升,形成了大量的降水。这样就形成了英国温和湿润的海洋性气候。

"雾都"伦敦

英国的海洋性气候湿润而温和,冬天不冷,夏天不热,终年温暖。在那里 1 月份的平温气温在 4℃以上,7 月份的平温气温为 17℃,一年四季温差不大。雨量充分,年降水量大约有 800 毫米,分布也比较均匀。

"国外有气候,在伦敦只有天气",这句话是伦敦人对那里天气的概括。气候指的是一年或一段时间内气象状况特点的总结,而天气指的是短时间内,影响人类活动的气象特点的综合状况。伦敦人这么说是因为伦敦天气多变,而且变化莫测,一日之内,忽晴忽阴又忽雨。这种天气也形成了英国绅士独有的装束:一顶帽子,一把雨伞,即使是在阳光明媚的早上出门也是如此。多变的天气也为人们提供了话题,在伦敦即使是最沉默寡言的人都喜欢谈论天气。

每年的 9 月到第二年的 1 月是英国的雨季,整天阴雨连绵,飞雾弥漫,似雨非雨,似烟非烟。在 3 月至 6 月的旱季,雨水少,阳光充足,算是英国的黄金季节,但天空中也还会有薄薄的烟霭。这主要是由湿润的海洋性气候导致的。

关于伦敦的烟雾,可能使我们印象最为深刻的要数 1952 年冬天时发生的烟雾中毒事件,也正是这起事件,伦敦烟雾才有了"空中杀手"的名称。那个时候烟和湿气连续四五天积聚在大气层中,烟雾在伦敦城里四处弥漫着。在这种气候条件下,能见度极低,飞机被迫取消航班,汽车即便白天行驶也须打开车灯,行人走路都极为困难,只能沿着人行道摸索前行。在烟雾笼罩几天后,大气中的污染物不断积蓄,不能扩散,许多人都感到呼吸困难,眼睛刺痛,流泪不止。短短的四天内就有4000 多人因此丧生。这一事件发生的原因在于烟雾中长期存在的工业排放物。此后,英国政府采取了措施,重视环境保护,颁布了第一部《空气卫生法》,取得很大的成效。在半个多世纪以来,在伦敦人民的努力下,伦敦的空气状况已经变好了许多。现在的伦敦既是旅游胜地,也是消费者的购物天堂。

不冷的"寒冷国"智利

智利共和国的国名"智利"就是"寒冷"的意思,这个名字是如何得来的呢? 有好几种说法:

一说是,"智利"一词,是由印第安人的克丘亚语"奇里"演化而来的,"奇里"就是他们说的"寒冷"的意思。第一批来到智利的欧洲人是16世纪初的西班牙人,他们到达智利时,不知道这里叫什么。当时正值隆冬季节,非常寒冷,而且他们听到南部的克丘亚人对他们说:"奇里! 奇里!",便误以为此地名叫"奇里",于是他们就称这里为"奇里",后来就逐渐演变成了"智利"。

不冷的"寒冷国"智利

还有一种说法,"智利"在印加语中是"雪和寒冷国"的意思。相传在6世纪初期,印加帝国不断扩张土地,向南征战,到了这片地方时,士兵们感到这里的气候比自己国家的气候要寒冷得多,便把它称为"雪和寒冷的国家",之后这个名字也就流传开了。

智利真的如它的名字所表达的那样寒冷吗? 其实"寒冷国"名不副实,一点都不冷。智利地处南美洲的西部,东部是安第斯山脉,西面濒临太平洋。呈条带状的智利气候分布很明显,从北到南明显地分为三带:北部是热带和副热带沙漠气候,中部是地中海式气候,南部是温带海洋性气候。接着我们就来看看这三个气候带的具体情况。

智利北部是热带和副热带沙漠气候。这里是副热带高气压带和东南信风带的背风坡,所以即使智利西面濒临太平洋,从大西洋吹来的潮湿空气也无法到达,这就形成了酷热而干燥的气候。"世界旱极"阿塔卡马沙漠就位于这里。安第斯山西坡的卡拉马还不曾有过下雨的记录,只能通过管道从安第斯山引水使用。

智利中部是典型的地中海式气候,总体比较温和,夏季在副热带高压控制下,气流下沉,气候炎热,干燥少雨,云量稀少,阳光充足。最冷月的气温在4~10℃之间,降水量丰沛。在位于这一地区的首都圣地亚哥、瓦尔帕莱索海港等,人们只需穿上夹衣就可以过冬。这里还是智利工业和农业的集中地,经济比较发达。

智利南部是温带海洋性气候,由于受寒流影响,气候相对于北部和中部寒冷,不过在最冷季节里平均气温也有2℃。南部地区是世界上有名的多雨区,常年受西风影响,大半年时间都会下着绵绵细雨。

由此看来,这"寒冷国"智利一点都不寒冷,甚至在它的许多地方还非常热,冬天也温度适中,适合人类居住。

现在,智利政府很重视旅游业,也吸引了很多人前去游玩。

"赤道国"厄瓜多尔

　　厄瓜多尔是南美洲北部的国家,东北与哥伦比亚相邻,东南与秘鲁接壤,西面是太平洋。"厄瓜多尔"这个词在西班牙语中就是"赤道国"的意思,事实上也的确如此,环绕地球中腰的赤道线横穿其首都基多北部的一个小镇,那里还立有闻名世界的"赤道纪念碑"。

　　一提到"赤道",大家可能都马上联想到炎炎烈日。处于赤道地区,一般来说都在阳光的直射下,温度确实应该比其他地方高,但是也不能一概而论,纬度是决定气候的一个重要因素,却不是唯一因素,地形、海陆分布、洋流等都对气候有很大的影响。厄瓜多尔就是这么一个例子。

"赤道国"厄瓜多尔

　　厄瓜多尔有五分之三的地区为高原山区,终年积雪的安第斯山脉像一条巨龙由南向北贯穿全境,将这个国家分为西部沿海平原区、中部山区和东部平原区。西部地区挨着太平洋,在秘鲁寒流的影响下,气候凉爽宜人,令人感觉不到地处赤道附近。海拔对气候有很大的影响,海拔每升高 1000 米温度降低 6℃。因此,地势高的西部地区气温也较低。那里并不干燥,雨量充沛,平均降水量有 3000 毫米,到处可以见到热带雨林风光。那里肥沃的土地对农业的发展非常有利,厄瓜多尔因此可以大量出产咖啡、可可等热带作物,香蕉也是重要出产物,产量居世界第四位。

　　中部是一片高山,还有许多盆地,属于亚热带气候和热带草原气候。这里到处都是绵延的崇山峻岭,有名的山有科托帕帕克希火山、钦博腊索山。这两座山常年云雾缭绕,还有"赤道雪"的奇观。

　　厄瓜多尔的首都基多就位于中部山区,它坐落在一个海拔 2800 米的峡谷里,是世界上海拔第二的首都。海拔高,温度就高不了。这里年平均温度是 14℃,最冷月的平均温度是 13.7℃,最热月的平均温度是 14.3℃,比我国南京的平均温度还低 10 多摄氏度。基多也有"四季如春"的美名,因为这里年温差只有 0.6℃,是世界上全年温差变化最小的地方之一。基多早在 1979 年就被联合国教科文组织列入"世界文化遗产"名录,再加上适宜的气温,这里就成了旅游胜地,常年游人不绝。虽然基多气候宜人,但是到这里来旅游都得带上四季的衣服,因为这里一天之中天气变化很大,中午温度升高到 22℃左右,子夜气温又降到 7~8℃。

　　厄瓜多尔的东部地区地势相对来说比较低,逐渐由中部的山地变成了平原。这里有热带雨林,是典型的热带雨林气候地区,降雨量充沛,虽然气温较高,但并不觉得干旱炎热。

　　总之,有着"赤道国"之名的厄瓜多尔并不是人们所想的那样,它在高海拔和寒流的影响下形成了宜人的气候。

气温变化迥异的南北半球

地球是一个圆形的星球,因此,虽然在地理位置上,地球被分成了南北两个半球,但是在接受太阳的光照上,南北半球却是一样的。这样说来,南北半球的气温状况应该很相似才对。然而,当南半球大雪纷飞的时候,北半球却是酷暑难当。为什么会有这种南北半球气温变化迥异的现象存在呢?

先让我们来看一看,南北半球的气温变化到底迥异到何种程度。就拿最常见的一个例子来说,正如上面讲到的那样,北半球的夏天正好是南半球的冬天:北半球的冬季出现在每年的 11 月到来年的 1 月,南半球的冬季则在每年的 5 月到 7 月;北半球的夏季是在每年的 5 月到 7 月,而南半球的则在每年的 11 月到来年的 1 月。另外,还有一些数据也表明,南北半球的气温变化有着很大的不同。比如,拿同一个月份的气温状况来看,1 月份北半球平均温度为 8℃,南半球的平均温度则为 18℃,实在是悬殊。从总体上说来,北半球的气温变化比起南半球要大得多。

到底是什么原因,可以造成南北半球的气温变化如此不同呢? 首先是因为地球绕太阳公转的轨道面(黄道面),与地球赤道面有一个 23°27′ 的夹角,所以造成了南北半球冬夏季节不一致。第二,还要从在接受阳光时对阳光释放的多少来看。这是什么意思呢? 原来,虽然太阳毫无偏私地普照大地,但是对于阳光的接受和释放在不同地理状况的地方会有很大的不同。比如,陆地就要比海洋接受和释放阳光的能力更强。我们知道,地面上有许多的物体,诸如岩石、房屋、土壤等对阳光的吸收和释放,比起海水就更快,这就决定了陆地上的气温变化会比海洋上的气温变化大。正是由于这个道理,在地球上,北半球的气温变化会比南半球的气温变化大得多,因为北半球多陆地,而南半球则是大片大片的海洋。这两个地区存在着热收支情况的巨大差异,自然就会使得它们在气温变化上十分不同。

另外,还有一个原因也导致了南北半球气温变化的差异,那就是人类的活动区域主要集中在北半球,而南半球则少有人住。人类活动比较频繁的地区,冷热变化自然会比少有人居住甚至无人居住的地区大。这里的原理就如同“城市热岛效应”一样。人类活动越多,越频繁,产生的热量也越多,吸收的热量也越多,这显然会导致冷热变化异常的大,气温变化有差异就很自然了!

“太阳海岸”西班牙

西班牙是一个风景秀丽的沿海国家,它位于欧洲的西南部,南临地中海,是夹在大西洋和地中海之间的一个美丽岛国。那里一年四季光照充足,因此被人们誉为“太阳海岸”。

有人或许要问："世界上有这么多的沿海国家，为什么只有西班牙被称作'太阳海岸'呢?"原因其实十分简单，因为世界上没有哪个国家有着西班牙那么充足的阳光和那么美丽动人的海岸。的确，在西班牙长达3000多千米的海岸线上，绵延分布着不知多少个白色的海滩。人们都知道，在西班牙，最多的就是三个"S"，即：阳光（SUN）、海鲜（SEAFOOD）和海滩（SEASAND）。正是这三个"S"使得西班牙成了名副其实的"太阳海岸"。

"太阳海岸"西班牙

实际上，不是西班牙的每一处海岸都被称为"太阳海岸"，真正被称为"太阳海岸"的只有西班牙的索尔海岸。索尔海岸位于著名的直布罗陀海峡东面，是一处举世闻名的度假胜地。除了索尔海岸之外，西班牙还有许多阳光明媚的海岸，比如被称作"阳光海岸"的鲁斯海岸和被叫作"金黄色海岸"的阿萨尔海岸，它们均是一些碧蓝的大海和白色的沙滩结合得十分完美的地方。

西班牙有着那么优美的海滩景色，是与那里的气候条件分不开的。众所周知，西班牙属于典型的地中海式气候，全年阳光明媚自然是不用说的，最难得的是那里夏季高温炎热，冬季则温暖湿润，因此十分适合度假旅游。西班牙的海岸比起希腊雅典的海岸，在日照方面有过之而无不及，是一个享誉世界的阳光海岸。游人可以在这里20多摄氏度的深蓝海水中游泳，也可以在沙质柔软的沙滩上沐浴地中海的阳光。这里无论是光照上，还是在海水质量上，均堪称世界一流，因此西班牙的海岸还被人们称为"地中海的浴池"。

西班牙人就靠着这美丽的海岸生存，他们十分懂得利用这宝贵的自然资源，因为他们知道，世界上没有哪个地方还有如此光照充足的海岸了。每年，来自世界各地的游客络绎不绝，他们大多是冲着"太阳海岸"而来的。每到这时，白色的沙滩上便彩旗招展，到处都是五颜六色的遮阳伞和帐篷。不同语言，不同肤色的人相会在这里，共同享受着上帝赐予人类的美丽阳光。

随着近年来旅游业的发展，西班牙各旅游胜地修建了许多供外国游客休息的饭店、旅馆，其中不乏实用性与观赏性兼具的建筑，看上去令人十分叹服。

"像火一样的风"焚风

焚风是山区常见的一种天气现象，就如同它的名字所显示的那样，这种风具有火一样的温度，所以千万不要以为吹风就凉爽，山里刮焚风的时候，不仅不凉爽，还很有可能会引起火灾。最早的时候，人们总是以为焚风只会出现在阿尔卑斯山的山谷和德国、瑞士与奥地利的山谷中。实际上，世界上其他许多地方都能找到焚风的踪影，如高加索山的山谷、北美的落基山以及我国的太行山东面。

人们或许要问,这种像火一样的风是怎么刮起来的呢?气象学家告诉我们,焚风其实不是普通的风,而是一种空气流动产生的高温现象。我们知道,一般来说,山都会有迎风坡和背风坡。当空气流动到山脉附近的时候,由于受到阻碍,它就会顺着迎风坡往上爬,这种现象气象学家称之为绕流。此时的流动空气温度会降低,大约每升高一千米,温度降低6.5℃。随着气温的下降,空气中的水就会凝结成雨或雪降落下来,这就是山的迎风坡多雨雪的缘故。当空气绕流到背风坡时,它就会顺着山坡往下流动,这时的空气下沉运动会导致空气绝对温度的增高,大约每降低一千米,温度会升高6.5℃。由于一般的山脉都比较高,有的甚至高达好几千米,因此,当空气从山顶下沉的时候,温度很快就会升高二三十摄氏度,这时就很容易形成焚风了。

总体说来,焚风是一种能产生严重自然灾害的天气现象。由于焚风的温度较高,因此在它"吹"过的地方,农作物以及其他植物不久就会干枯而死。如果焚风恰好经过一片干燥的树林,则发生火灾的可能性就很大了。事实上,这就是焚风最让人害怕的地方。

虽然焚风有着巨大的破坏力,但是它并非一无是处,有时也会给人类带来好处。由于焚风的温度十分高,因此当它发生在常年积雪的山脉时,就会使得那些地方的积雪提早融化,从而产生充足的水源,既能浇灌大片大片的草地和农田,同时也能提供人、畜饮水,十分有利于畜牧业的发展。所以在北美的落基山,人们亲切地把焚风称呼为"吃雪者",在它的作用下,那里的牧场能早点长出青草,将牛羊喂得又肥又壮。除了加快草绿的好处之外,科学家还发现,温度不是太高的焚风,是玉米的"催熟剂",经过它一吹,玉米就会提前成熟。因此,在高加索山附近生活的农民就干脆称呼它为"玉蜀黍风",这是一个很贴切的名字。

"龙卷风之乡"美国

除了少数几个州之外,美国大部分领土都在北纬25°~北纬49°之间,属于北温带和亚热带。由于领土面积大、地形多种多样,并受到大西洋和太平洋的影响,美国各地的气候差异很大,各有特征。在墨西哥湾沿岸,最典型的气候特征就是龙卷风,美国因此有了"龙卷风之乡"的称号。

龙卷风是形成于热带海洋上空的一种旋转风系,由又湿又暖的热带空气构成。简单说来它是一个重达亿万吨的流动空气团,这个空气团散布在半径约300英里的范围内。龙卷风有着巨大的破坏力,它常常袭击人口稠密的沿海地区,拔树毁屋,造成严重的经济、人身损失。一般说来,中型的龙卷风在一小时内凝结所放出的热能,等于16枚2000万吨级氢弹爆炸的威力。

龙卷风是如何形成的呢?龙卷风的威力来源于太阳。太阳使水从海洋表面蒸发,从而形成了雷暴云,水汽在高空的雷暴云里凝结成小水滴时,就放出热量,最终形成威力无比的龙卷风。龙卷风的形成条件在美国比较成熟。美国东面是大西洋,西面是太平洋,在它的南面则是墨西哥湾,亚热带的阳光不断使水从海洋表面蒸发,这样,大量的水汽就不断从东、西、南三面流向美国大陆。水汽多,雷暴云也就多了。直到雷暴云积聚到一定强度,龙卷风就产生了。

美国龙卷风最多的时候是春天和夏天。春天的时候,墨西哥湾吹来温暖湿润的气流,这些气流一直北上,与自北而南的冷空气在得克萨斯州到佛罗里达半岛一线交锋,激起强劲的龙卷风。在春夏之交的时候,龙卷风北上袭击阿肯色州和俄克拉荷马州等地方。夏天龙卷风则转移到内布拉斯加州和艾奥瓦州一带。直到七月份过后,美国的龙卷数量才会减少。

据近 50 年来的统计显示,美国发生龙卷风的次数至少增加了 35 倍。据科学家分析,这不仅是气候的原因,还有人为的原因。公路上高速运行的汽车相互错过时,会形成逆时针方向的空气漩涡。如果是少量的空气漩涡自然不能怎样,但在汽车众多的美国,数百万辆汽车产生的空气漩涡叠加起来,就形成一股强大的漩涡。当这股强大的漩涡遇到适宜的大气温湿条件时,龙卷风就产生了。

虽然美国人不能制止龙卷风的发生,但他们从 1946 年开始研究龙卷风的预警,以减少龙卷风侵袭带来的巨大损失。经过二三十年的研究,他们终于在 1970 年建立起了预警系统,目前龙卷风的预报准确率为 50% 左右,大大降低了龙卷风带来的损失。

"无雨之都"利马

利马位于秘鲁的东南部,与太平洋相邻,它不仅是秘鲁的首都,也是秘鲁最大的城市,还是秘鲁政治、经济和文化中心,那里居住着秘鲁全国三分之一的人口。依照常理来想,作为秘鲁如此重要的城市,那一定是个水草丰茂、土地肥沃的地方,但出乎意料的是,它坐落在一片沙漠之上,而且这片沙漠是与"世界旱极"阿塔卡马沙漠连在一起的。利马城雨量非常少,由此得到了"无雨之都"的称号。到了冬天,这里阴云密布,整个城市总是笼罩在重重的浓雾当中,但并不下雨。

利马的名字来源于发源自安第斯山的利马科河,这条河使得沙漠出现了绿洲,有了绿洲才有了这座城市。利马城原本是印第安人

"无雨之都"利马

的土地,那时这里生活着将近两万名印第安人,文明也比较发达。在 16 世纪时,西方殖民使它变成了"君王之都"。1542 年,西班牙国王卡洛斯五世在利马设立总督府,它管辖着几乎整个南美洲的西班牙殖民地;1569 年利马又成为西班牙宗教裁判所的所在地。在利马成为秘鲁中心的过程中,起着重要作用的是亲手扼杀了印加王朝的殖民冒险家佛朗西斯科·皮萨罗。皮萨罗曾经认为利马是一个险恶又荒

凉的地方,似乎不适合作为秘鲁的中心,但是他又认识到,一旦碰上印第安人的反抗,这里是从海上迅速撤离的最佳位置,所以西班牙殖民者才将利马作为秘鲁的中心,甚至南美的中心来建造。

说完利马的历史,下面重点来说利马的气候特征。"春雨贵如油"对利马人来说一点都不为过,也许还不够表达出利马人对雨的珍惜。利马的年降雨量只有2毫米,是世界上降雨量最少的城市。这里只有阴天和晴天两种气候,根本没有大风大雨,也没有雪,更没有雷鸣闪电。这2毫米的年降雨量,还是以毛毛细雨的形式慢慢地降下来的。所以利马会被称为"无雨之都",同"世界旱极"阿塔卡马沙漠齐名,并有着"旱都"的称号。房屋的建造与气候状况相关,这在"雷都"印度尼西亚的茂物城和"无雨之都"利马体现得都非常充分。在茂物,由于一年四季雨水不断,那里的屋顶造得特别陡,一般在45度以上,以方便泻水。而在利马则正好相反,由于四季缺雨,这里的屋顶连屋脊都没有,也没有滴水檐,全部是平顶的;雨伞、雨衣也不是家庭的必备品,被商家排斥在了日用百货行列之外,不但如此,一般城市中必不可少的排水沟在利马也见不到。

坐落在沙漠上的这座城市,雨量稀少,还能够成为秘鲁的中心,不能不说是一种奇妙的现象。

上帝之子"厄尔尼诺"

如果有一天,一片海域中的鱼类大量死亡,海鸟慌乱地迁徙,而且导致这些不幸的直接原因又是那片海域的海水温度异常升高,我们就可以说,这里发生了"厄尔尼诺"现象。的确,这些不幸就是"厄尔尼诺"的基本特征。

在气象地理上,"厄尔尼诺"是指出现在赤道中东太平洋的大规模海水升温现象。与日常的海水温度增高不同,发生"厄尔尼诺"现象的海域,其温度往往异常激升。另外,"厄尔尼诺"现象通常要隔几年才会发生一次,这样的频率并不算高。因此,千万不要把海水的正常升温与"厄尔尼诺"混为一谈。

不过,近些年来"厄尔尼诺"现象频繁发生,它的危害之广、造成的损害之大,让我们不得不认真看待这个有着好听名字的气候现象。"圣婴"是"厄尔尼诺"在西班牙语中的意思,这是个基督教用语,即"上帝之子"。"厄尔尼诺"对它的老家秘鲁毫无关爱之情,它在秘鲁每隔一两年就会发生一次,而且每次都会对举世闻名的秘鲁渔场造成渔业大量减产的严重损害。

"厄尔尼诺"的产生,通常的说法是:"厄尔尼诺"的产生是因为赤道太平洋地区海洋和大气平衡作用的丧失。其实,"厄尔尼诺"是一股暖流,只不过它的产生异于平常的暖流。东南信风是产生"厄尔尼诺"的罪魁祸首,在它的作用下,南太平洋的海水会向西北方向流动,导致海平面不平,即澳大利亚附近洋面会比南美洲西部洋面高。这时,一个神奇的现象就会产生——本来西北流向的海水会反过来向东南流动。这样的一个逆流便是"厄尔尼诺"暖流。科学家们用这个原理解释为什么"圣婴"总是出现在南美洲:原来,"厄尔尼诺"暖流的东南尽头就恰好在那里,这就怪不得秘鲁会深受其苦了!

另外的一些科学家提出许多不同的解释,主要有两类:一类是将"厄尔尼诺"现象与地球自转的速度相联系;一类则将"厄尔尼诺"与火山爆发相联系。持前一类观点的科学家认为,当地球的自转速度发生重大变化,尤其是自转速度变慢的时候,较强的"厄尔尼诺"现象就会发生,这是因为赤道太平洋地区的海温会在地球自转速度变慢时降低。

持第二种观点的科学家则认为,"厄尔尼诺"发生的次数和强弱程度是与火山爆发相关的。具体说来,火山活动若是处于活跃期,发生"厄尔尼诺"的次数就越多,强度也越大;火山活动若是处于低潮期,次数就越少,强度也越少。科学家们得出这个观点,主要是根据一组把"厄尔尼诺"发生与火山活动相对比的资料。

不过无论是何种解释,都不能较为完好地解释"厄尔尼诺"现象。现在,它已经成为继火山、地震之外的另一大自然灾害。

"积雪压顶无寒意"基多

厄瓜多尔的首都基多不仅是一个历史悠久的文化名城,还是一个气候名城,它的年温差是世界上最小的。

年温差是一个气象学上的名词,意思是说一个地方一年之内温度变化的大小。年温差的计算方法十分简单,就是求取一年 12 个月的平均气温值。如果按照这个方法,基多的确是个年温差最小的城市,因为那里的年温差只有 0.6℃,也就是说,这里一年四季的温度几乎不变,总保持在一定的限度内。

基多是一座山中的都城,海拔高度有 2800 米,是世界上海拔高度名列第二的首都。我们知道,海拔越高的地方一般说来都比较冷,这就是许多高山顶上覆盖着皑皑白雪的原因。然而,来基多旅游的游客虽然也见到了积雪压顶,见到了云遮雾缭,但并不觉得寒冷。相反,一踏上基多的土地,扑面而来的是一股春天的气息。原来,基多城靠近赤道,距离赤道只有 27 千米,在地理位置上属于热带。有了热带的高温热浪,又有了山顶的冰天雪地,冷热调和就形成了基多这个热带城市独特的气候特征:一年四季温暖无比,仿佛是春的城市,让人们感觉不到有夏天、秋天、冬天的存在。

虽然基多是年温差最小的城市,但是它的日温差却较大,白天阳光明媚。日照充足,晚上则吹起瑟瑟冷风。不仅如此,基多还有一个与英国伦敦有几分相似的气候特征,那就是天气变化莫测,让人难以捉摸。最大的表现就是,一刻钟之前还晴空万里,天色蔚蓝,一刻钟之后就变成了乌云密布,继而大雨瓢泼。这样快的天气变化让许多初来此地的人极为不适应。但是,久居此处的基多人早有了应对之策——无论天晴还是下雨,雨伞、雨衣必是随身携带之物。

由于基多有着四季如春的宜人气候,所以自古以来就是一个大都市。统治者们都十分喜欢基多，在历史上，基多是厄瓜多尔好几代王朝的都城。远古时，基多是印第安基图族宗族中心，到了15世纪时，伟大的印加帝国将基多纳入了它的版图，在这一时期，基多得到了较快的发展，成了印加帝国重要的经济和宗教中心。基多老城毁灭于16世纪早期，那时，西班牙殖民者打到了基多，守城的印加帝国将军抱着"宁为玉碎，不为瓦全"的态度，将这座老城毁坏了。现在人们见到的基多是在古城废墟上建立起来的，至今城中仍保留着87座教堂，它们是基多悠久历史的见证。1979年，联合国教科文组织基于基多优美的自然环境和悠久的文化传统，将其列入了世界文化和自然遗产名录。

不受欢迎的"天上客"冰雹

冰雹是一种灾害性的天气现象。别看它从天而降时晶莹剔透，十分漂亮，落地时其实具有很强的打击力和破坏力，经常会毁坏庄稼和房屋，造成严重损失。正是由于这个原因，人们才将冰雹叫作"不受欢迎的'天上客'"。

冰雹灾害并不是在世界上任何地方都会发生，它只会经常出现在北纬79°到南纬65°之间的中纬度和低纬度地区。这是为什么呢？原来，冰雹的产生，需要有大量的地面水分蒸发，从而形成剧烈的上升气流。世界上只有上述地区才具有这样的特点，因此"天上客"才常光临这些地方。

地面水分蒸发，形成剧烈的上升气流之后，并不会立刻就产生冰雹，这也就是冰雹和雨的不同。一般说来，只要有强烈的上升气流，空中就会形成积雨云，在适当的时候便会下雨。要想形成冰雹，还需要有"雹核"。大气中有许多物质都可以成为"雹核"，如空中浮尘等。还有一些比较奇怪的"雹核"物质，比如在全球冰雹灾害最严重的非洲肯尼亚克里肖与南蒂地区，那里盛产茶叶，当人们选取和晒干茶叶的时候，大量的茶叶微粒混到了空气里，加上这里上升气流强烈，茶叶微粒就成了"雹核"。

明白了冰雹产生的原理，人们就可以采取很多方法来消灭它，或者是减小它的威力。人们发现，冰雹一般是在空气中有大量冷却云滴和雹核的时候产生的，因此对付冰雹的最好办法就是要么减少空气中的冷却云滴，要么减少空中浮尘。其中，前一种办法更为常见。大家或许都听说过"人工消雹"这样的事，它所使用的方法就是减少冷却云滴。人们使用的办法有这样几种：第一种是在将要形成冰雹的云层下面散播吸湿性核，这样做的目的是为了使上升气流形成水滴，从而减少它与雹核接触的可能；第二种办法是在云的冷却部分加入更冷的冷却剂，使得冷却云滴中的水分在与雹核结合之前，就先变成了雨、或小冰晶落下来。这两种方法的效果都十分好，前种方法可以减少冰雹的形成，后一种办法则可以减小冰雹的威力。这两种办法好是好，就是太费钱，因为这样"消雹"要动用飞机或者高射炮，成本太大了！

虽然人类采取了这么多办法来避免冰雹灾害，但是冰雹还是照降不误，给人类带来了巨大的损失。人类不仅没能消雹，冰雹反而大得惊人。我们通常见到的冰雹一般大如豆粒,但是 1970 年的 9 月 3 日,在美国得克萨斯州的科菲维尔地区却降下了一个直径长达 44 厘米的"巨雹",很是骇人听闻!

好望角的"咆哮西风"

"好望角"是 15 世纪下半叶时,葡萄牙国王若奥二世为非洲南端的一个岬角取的名字。当时,他派出的远洋船队在这里遭遇了巨大的风暴,在失望与沮丧之余,为了鼓舞士气,若奥二世就给这个岬角取了个好听的名字,换掉了那位吓破了胆的航海家迪亚士所取的"风暴角"之名。

好望角

事情的经过是这样的:为了开辟通往印度的新航线,迪亚士在 1486 年奉若奥二世之命,从葡萄牙出发,沿非洲西海岸向南航行。他们的意图是绕过非洲,从大西洋直接进入印度洋,十分快捷地到达印度。谁知,当船行驶到今天南非共和国南端的一个岬角时,他们遇上了一次狂风巨浪。这次大风暴中,所有的船都被摧毁,船员大部分丧生海底,只有迪亚士和几个亲随侥幸逃过。从那以后,迪亚士便称这个会集狂风巨浪的岬角为"风暴角"。在若奥二世更名"好望角"之后,达·迦马终于战胜了风暴,成功开辟了到达东方的新航线。

好望角到底为什么能狂风大作、恶浪滔天呢?这与它所处的地理位置有很大的关系。位于非洲最南端的好望角,濒临法尔斯海的西岸,是距离开普敦南部 48 千米的一个小岬角。好望角同南美洲的合恩角、澳洲南部沿岸及新西兰的南岛均处在一个被称作"南大洋"的密闭水圈里,这个水圈形成于太平洋、大西洋和印度洋的南部海域。其中,好望角位于印度洋和大西洋的交汇处。在这个密闭水圈里,终年吹着强劲的西风,其声势之大,足以让那里的海水由西向东绕地球流动,这就是著名的"西风漂流"。可以想象的是,如此强劲的西风,在好望角这样洋与洋汇合的岬角处制造出巨大的风暴是极为正常的。正是由于这个原因,人们才将好望角的西风称为"咆哮西风"。

好望角的"咆哮西风"是怎样产生的呢?气象学家对此有如下解释:空气的流动方向受所处气压区的影响,一般是从高气压区流向低气压区,而好望角地处南纬40°,正好位于副极地低压带到副热带高压带之间,于是在地转偏向力的作用下,这一地域的空气便会由高向低流动,产生出西北风,再加上好望角地区的气流偏转过大,西北风就变成了西风,而且十分强劲,无可阻挡,极容易引起风暴的发生!

好望角的"咆哮西风"是名副其实的。据说,在一年之中,由它引起的狂浪最高可达到 6 米。就算是在平常,浪高也有 2 米以上,真可以说是凶猛异常了!

冬暖夏凉的冰岛

冰岛位于北大西洋北部,是世界上最靠近北极圈的国家。仅从冰岛的英文名字,大家就可以知道冰岛有多冷。在英文中,冰岛叫作"Iceland",意思就是"冰的大陆",寒冷异常是那里的气候特点。冰岛冷虽冷,但还有着另外一些名字,比如,人们也叫它"冰与火之国"。这是为什么呢?原来,冰岛是一个"冰火两重天"的国家。下面就让我们来看一看冰岛究竟是怎样"冰火相容"的。

冬暖夏凉的冰岛

由于地近北极圈,因此冰岛常年冰雪覆盖,天寒地冻。据统计,在冰岛,大约有1/8的国土面积被冰川占据,冰川的总面积达到了500多平方千米,厚度就更加惊人——足足有1000米。这样寒冷的地方被称作"冰的大陆"是名副其实的。

冰岛真正让人觉得惊奇的地方,不是那里寒冷的天气,真正让人惊奇之处在于,那里还是一个"冬暖夏凉"的地方。在这样一个冰天雪地里,怎么会有温暖的天气呢?在对具体的情况了解之后,我们再讲原因。冰岛所谓的"冬暖夏凉"自然不是绝对的,因为那里的确冷得要命。但是,如果把冰岛的天气状况拿来跟同纬度的地区相比,冰岛确实暖和得多。比如,冰岛的首都雷克雅未克,冬天时最冷才有-1℃,夏天则有11℃的平均气温,这样的气温状况自然不是很冷。但是,如果把冰岛与热带地区相比,它又非常的冷。冰岛的许多个晚上,在大风呼啸之中,气温会降到零下十多摄氏度,这时的冰岛就非常寒冷。

到底是什么原因,使得冰岛有着这么奇怪的天气状况呢?首先,冰岛虽然地近北极圈,但是却有一股暖流从那里经过,这股暖流就是著名的北大西洋暖流。暖流的流过,使得冰岛出现了温暖的气候,整个岛国都被包围在一种暖和的氛围里,自然就不太冷了。其次,也是一个最重要的原因,冰岛是个多火山的国家。据统计,整个冰岛共有火山100座,其中,活火山有24座之多,而且这些活火山每5年就要喷发一次。因此冰岛又被人们称为"冰火岛"。火山的频繁活动,使得这里的地热资源相当丰富。从地下蒸腾上来的热气,让冰岛的许多地方成了著名的"冰国花园"。位于冰岛北部的阿库雷里市,就是一个温暖如春的美丽城市。冰岛的地热资源丰富还表现在,这里有着数量众多的温泉。冰岛人十分懂得如何利用这些宝贵的自然资源。他们将温泉水通过引导系统导入温室,大量培植各种热带和亚热带农作物,这些农作物最终都成了价格昂贵的商品。不仅如此,他们还修建了许多温泉游泳馆,常年保持25℃的水温,吸引了世界各地的游客,为冰岛带来了大量的外汇收入。

地理之最

"唯一没有海岸线的海"马尾藻海

马尾藻海又称萨加索（葡语葡萄果的意思）海，是大西洋中一个没有岸的海，大致在北纬20~35°、西经35~70°之间，覆盖大约500~600万平方公里的水域。马尾藻海围绕着百慕大群岛，与大陆毫无瓜葛，所以它名虽为"海"，但实际上并不是严格意义上的海，只能说是大西洋中一个特殊的水域。

世界上的海大多是大洋的边缘部分，都与大陆或其他陆地毗连。然而，北大西洋中部的马尾藻海却是一个"洋中之海"，它的西边与北美大陆隔着宽阔的海域。其他三面都是广阔的洋面。所以它是世界上唯一没有海岸的海。因此也没有明确的海洋划分界线。马尾藻海的位置大致介于北纬20度~35度、西经30度~75度之间，面积约有几百万平方公里，由墨西哥暖流、北赤道暖流和加那利寒流围绕而成。

马尾藻海

在马尾藻海的海面上，布满了绿色的无根水草——马尾藻，仿佛是一派草原风光。在海风和洋流的带动下，漂浮着的马尾藻犹如一条巨大的橄榄色地毯，一直向远处伸展。除此之外，这里还是一个终年无风区。在蒸汽机发明以前，船只只得凭风而行。那个时候如果有船只贸然闯入这片海区，就会因缺乏航行动力而被活活困死。所以自古以来，马尾藻海被看作是一个可怕的"魔海"。

马尾藻海远离江河河口，浮游生物很少，海水碧青湛蓝，透明度深达66.5米，个别海区可达72米。因此，马尾藻又是世界上海水透明度最高的海。

马尾藻海上大量漂浮的植物马尾藻属于褐藻门、马尾藻科，是最大型的藻类，是唯一能在开阔水域上自主生长的藻类。这种植物并不生长在海岸岩石及附近地区，而是以大"木筏"的形式漂浮在大洋中，直接在海水中摄取养分，并通过分裂成片、再继续以独立生长的方式蔓延开来。据调查，这一海域中共有八种马尾藻，其中有两种数量占绝对优势。以马尾藻为主，以及几十种以海藻为宿主的水生生物又形成了独特的马尾藻生物群落。马尾藻海的海水盐度和温度比较高,原因是远离大陆而且多处于副热带高气压带之下,少雨而蒸发强;水温偏高则是因为暖海流的影响,著名的湾流经马尾藻海北部向东推进,北赤道暖流则经马尾藻海南部向西部流去;上述海流的运动又使得马尾藻海水流缓慢地作顺时针方向转动。

马尾藻海中生活着许多独特的鱼类,如飞鱼、旗鱼、马林鱼、马尾藻鱼等。它们大多以海藻为宿主,善于伪装、变色,打扮得同海藻相似。最奇特的要算马尾藻鱼了。它的色泽同马尾藻一样,眼睛也能变色,遇到"敌人",能吞下大量海水,把身躯鼓得大大的,使"敌人"不敢轻易碰它。

"最著名的涌潮"钱塘江潮

钱塘江,自古以来被称为"天下奇观",农历八月十八是一年一度的观潮日,最好的地方是海宁市的盐官镇。古称浙江、渐江、罗刹江和之江,是祖国东南名川,浙江省最大河流。钱塘江全长 605 公里,流域面积 48887 平方公里,流经杭州市闸口以下注入杭州湾。江口呈喇叭状,海潮倒灌成著名的"钱塘潮"。

钱塘潮的特色包括三种:交叉潮、一线潮和回头潮。长期的泥沙淤积,在江中形成一沙洲,将从杭州湾传来的潮波分成两股,即东潮和南潮,两股潮头在绕过沙洲后,就像两兄弟一样交叉相抱,形成变化多端、壮观异常的"交叉潮";盐官位与河槽宽度向上游急剧收缩之后的不远处,东、南两股潮交会后刚好成一直线,潮能集中,潮头特别高,通常为 1~2 米,有时可达 3 米以上,这就是"一线潮"的奇观;从盐官逆流而上的潮水,将到达下一个观潮

钱塘江潮

景点老盐仓。老盐仓的地理环境不同于盐官,盐官河道顺直,涌潮毫无阻挡向西挺进,而老盐仓的河道上,出于围垦和保护海塘的需要,建有一条长达 660 米的拦河丁坝,咆哮而来的潮水遇到障碍后将被反射折回,在那里它猛烈撞击对面的堤坝,然后以泰山压顶之势翻卷回头,落到西进的急流上,形成一排"雪山",风驰电掣地向东回奔,声如狮吼,惊天动地,这就是"回头潮"。

钱塘秋潮如此之盛的原因,主要是其独特的地理条件。钱塘江外杭州湾,外宽内窄,外深内浅,是一个非常典型的喇叭状海湾。出海口江面宽达 100 公里,往西到澉浦。江面骤缩到 20 公里。到海宁盐官镇一带时,江面只有 3 公里宽。起潮时,宽深的湾口,一下子吞进大量海水,由于江面迅速收缩变窄变浅,夺路上涌的潮水来不及均匀上升。便都后浪推前浪,一浪更比一浪高。到大夹山附近,又遇水下巨大拦门沙坝,潮水一拥而上,掀起高耸惊人的巨涛,形成陡立的水墙,酿成初起的

潮峰。

其实并不是所有喇叭状的海湾都能产生涌潮。海宁大潮的形成,还有一些其他原因。浙江沿海一带,夏秋之交,东南风盛行,风向与潮波涌进方向大体一致,风助潮势、推波助澜;潮波的传播在深水中快,在浅水中慢,钱塘江由深变浅的特点极为突出,这种特殊条件,能使后浪很快赶上前浪,层层巨浪叠加,形成潮头。此外,潮涌与月亮、太阳的引力也有关。农历每月初一和十五前后,太阳、月亮和地球排列在一条线上,太阳和月亮的引力合在一起吸引着地球表面的海水,所以每月初一和十五的潮汐就特别大,而农历八月十八前后,是一年中地球离太阳最近、引力最大的时候,此时出现的涌潮,自然也就最猛烈。

"世界上最寒冷的地方"南极洲

南极洲是人类最后到达的大陆,也叫"第七大陆"。它位于地球最南端,土地几乎都在南极圈内,四周濒太平洋、印度洋和大西洋。是世界上地理纬度最高的一个洲。总面积约 1400 万平方公里,约占世界陆地总面积的 9.4%。南极洲分东南极洲和西南极洲两部分。东南极洲从西经 30°向东延伸到东经 170°,包括科茨地、毛德皇后地、恩德比地、威尔克斯地、乔治五世海岸、维多利亚地、南极高原和极点。面积 1018 万平方千米。西南极洲位于西经 50°~160°之间,包括南极半岛、亚历山大岛、埃尔斯沃思地以及伯德地(玛丽·伯德地)等,面积 229 万平方公里。

南极洲

南极洲的气候特点是酷寒、风大和干燥。全洲年平均气温为-25℃,内陆高原平均气温为-56℃左右,极端最低气温曾达-89.2℃,为世界最冷的陆地。

南极洲的风也是独具个性的。冷空气从大陆高原上沿着大陆冰盖的斜坡急剧下滑,形成近地表的高速风。风向不变的下降风将冰面吹蚀成波状起伏的沟槽,风速超过 15 米/秒时,会形成暴风雪,伸手不见五指。

南极洲还是地球上最干燥的大陆,几乎所有降水都是雪和冰雹。极地气旋从大陆以北顺时针旋转,以长弧形进入大陆,除西南极的低海拔地区以外,这些气流很难进入大陆内部。但是,在气旋经过的南极半岛末端(包括乔治王岛),年降水则特别丰富,可达 900 毫米。

南极大陆 98%的地域终年为冰雪所覆盖。冰盖面积约 200 万平方公里,平均厚度 2000 米~2500 米,最大厚度为 4800 米,它的淡水储量约占世界总淡水量的 90%,在世界总水量中约占 2%。如果南极冰盖全部融化,地球平均海平面将升高 60 米,我国东部的经济特区将被淹没在一片汪洋之中。

企鹅是南极的土著居民,是南极的象征。全世界大约有 20 多种企鹅,全部分布在南半球,它以南极大陆为中心,北到非洲大陆南端、南美洲和澳洲,栖息在这些大陆的沿岸和岛屿上。

南极洲仅有 850 多种植物,且多数为低等植物,只有 3 种开花植物属于高等植物。在低等植物中,地衣有 350 多种,苔藓 370 多种,藻类 130 多种。植物的品种和数量,不仅不能与其他大陆相比,就是同北极地区相比也相差甚远。

"世界喷发最多的活火山"埃特纳火山

埃特纳火山位于意大利西西里岛东岸,海拔 3200 米,是欧洲最高的活火山。在意大利的西西里岛东岸,南距卡塔尼亚 29 公里。周长约 160 公里,喷发物质覆盖面积达 1,165 平方公里。主要喷火口海拔 3,323 米,直径 500 米,常积雪。周围有 200 多个较小的火山锥,在剧烈活动期间,常流出大量熔岩。面积 1600 平方米,基座周长约 150 公里。250 万年前埃特纳火山就已经是活火山,活动中心不止一处。该山现在的结构是至少两个主要喷发中心活动的结果。历史记载大喷发发生在公元前 475 年。记录喷发次数达 210 次。最猛烈的喷发是在 1669 年 3 月至 7月,喷出熔岩达 8 亿多立方米。

埃特纳火山下部是一个巨大的盾形火山,上部为 300 米高的火山渣堆,说明在其活动历史上喷发方式发生了变化。由于埃特纳火山处在几组断裂的交汇部位,一直活动频繁,是有史记载以来喷发历史最为悠久的火山,其喷发史可以上溯到公元前 1500 年,近年来埃特纳火山一直处于活动状态,距火山几公里远就能看到火山上不断喷出的气体呈黄色和白色的烟雾状,并伴有蒸气喷发的爆炸声。

火山喷吐出来的火山灰铺积而成的肥沃土壤,为农业生产提供了极为有利的条件。在海拔 900 米以下的地区,多已被垦殖,广布着葡萄园、橄榄林、柑橘种植园和栽培樱桃、苹果、榛树的果园。由当地出产的葡萄酿成的葡萄酒更是远近闻名,使该地区成为人口稠密、经济兴旺的地区。在埃特纳火山海拔 900~1980 米的地区为森林带,有栗树、山毛榉、栎树、松树、桦树等,也为当地提供了大量的木材。海拔 1980 米以上的地区,则遍布着火山堆积物,只有稀疏的灌木。山顶还常有积雪。由于埃特纳火山是活火山,就是在停止喷发的休止期间,内部也处在持续的沸腾状态,火山口则始终冒着浓烟,因此意大利政府将它列为"高度危险区"而禁止游人登山游览参观。但每次火山爆发时,来自意大利、欧洲各国乃至世界各地的游客,难以计数。活火山的喷射奇景加上积雪的山峰、山坡的林带和山麓的果园、葡萄园和橘子林,给当地的旅游业增添了活力。

意大利的火山活动频繁,相应地,其监测研究水平在世界上也处于前列,仅西西里岛就有四个火山监测站。离火山 4 公里远的地方设有录像系统。数据通过无线方式传输到中心台站,每天监测人员都要进行数据处理、分析,严密监视三个火山口的活动情况。由于是通过遥控的办法,避免了火山随时喷发给监测人员带来的危险。

"世界含沙量最高的河"黄河

　　黄河发源于青海巴颜喀拉山,干流贯穿九个省、自治区,流经青海、四川、甘肃、宁夏、内蒙古、陕西、山西、河南、山东,全长5464公里,流域面积75万平方公里,年径流量574亿立方米,平均径流深度79米,是中国第二大河。但水量不及珠江大,沿途汇集有35条主要支流较大的支流,在上游有湟水、洮河,在中游有清水河、汾河、渭河、沁河,下游有伊河、洛河。两岸缺乏湖泊,黄河下游流域面积很小,流入黄河的河流很少。黄河的入海口河宽1500米,一般为500米,较窄处只有300米,水深一般为2.5米,有的地方深度只1.2~1.3米。

　　黄河以泥沙含量高而闻名于世。其含沙量居世界各大河之冠。据计算,黄河从中游带下的泥沙每年约有16亿吨之多,如果把这些泥沙堆成1米高,1米宽的土墙,可以绕地球赤道27圈。黄河多泥沙是由于其流域为暴雨区,而且中游两岸大部分为黄土高原。大面积深厚而疏松的黄土,加之地表植被破坏严重,在暴雨的冲刷下,滔滔洪水挟带着滚滚黄沙一股脑儿地泻入黄河。由于河水中泥沙过多,使下游河床因泥沙淤积而不断抬高,有些地方河底已经高出两岸地面,成为"悬河"。

　　黄河从源头到内蒙古自治区托克托县河口镇为上游,河长3472千米;河口镇至河南郑州桃花峪间为中游,河长1206千米;桃花峪以下为下游,河长786千米。(黄河上、中、下游的分界有多种说法,这里采用黄河水利委员会的划分方案)黄河横贯中国东西,流域东西长1900千米,南北宽1100千米,总面积达752443平方公里。

　　黄河主要支流有白河、黑河、湟水、祖厉河、清水河、大黑河、窟野河、无定河、汾河、渭河、洛河、沁河、大汶河等。主要湖泊有扎陵湖、鄂陵湖、乌梁素海、东平湖。干流峡谷包括黄河干流上的峡谷共有30处,位于上游河段的28处,位于中游段流的2处,下游河段流经华北平原,没有峡谷分布。干流峡谷段累计长1707千米,占干流全长的31.2%。

　　黄河每年有两次汛期,大汛是夏季,来水主要是上游的暴雨,汛期可能延续3~4个月。小汛是春季3~4月间,来水主要是上游冰雪融化,为期较短,因为每年都是在桃花开的时候,故又称桃花汛。

　　黄河干流总共有鱼类121种(亚种),干流中纯淡水鱼类有98种,占总数的78.4%。主要经济鱼类有花斑裸鲤、极边扁咽齿鱼、厚唇裸重唇鱼、黄河裸裂尻鱼、瓦氏雅罗鱼、北方铜鱼(鸽子鱼)、鲤鱼、鲫鱼。黄河上游鱼类种类只有16种,组成也较简单,仅有鲤科、鳅两科的裂腹鱼、雅罗鱼、条鳅等。中下游鱼类大体相似,均以鲤科为主。中游有71种鱼类,但缺乏自然的鲢、鳙、鳊、鲂等典型平原类群的鱼类,中游上段有与上游共有的裂腹鱼和条鳅等,下游的鱼类种类和数量都较多,有78种,其中有多种过河口鱼类及半咸水鱼类。

"独一无二的跨洲名城"伊斯坦布尔

　　土耳其是一个地跨亚欧两洲的国家,它还有一个举世无双的跨洲名城——伊斯坦布尔。作为亚欧两州分界线的波斯普鲁斯海峡在该城中间通过,市区沿海峡两侧和马尔拉海滨伸展达 40 公里。海峡两岸的欧洲部分被一条深入内地的狭长海湾(金角湾)分为两个小区,北为贝约卢区,南为旧城区,海峡东岸的亚洲部分称于斯屈达尔区。全市总面积约 220 平方公里。

伊斯坦布尔

　　地跨欧亚两洲的伊斯坦布尔,是土耳其最大的城市、最大的港口、工商业中心和主要的旅游胜地,伊斯坦布尔省省会。全市面积 254 平方公里,人口 548 万,98%的居民信奉伊斯兰教。公元前 658 年始建于巴尔干半岛东端、博斯普鲁斯海峡南口西岸,位于金角湾与马尔马拉海之间的岬上,称拜占庭。

　　伊斯坦布尔是一个同时跨越欧、亚两大洲的名城,作为世界文明之都的伊斯坦布尔,许多世纪以来一直是土耳其的"心动之地"。在土耳其的历史、商业、民间传说和文化等诸多方面均独占鳌头。由于地理位置特殊,伊斯坦布尔自古以来即为交通、军事、商业和宗教的重地,并曾为罗马帝国和奥斯曼帝国的首都。伊斯坦布尔有 3000 多年历史,其具有深厚的历史和文化底蕴,不管是罗马式斗兽场还是妻妾成群的后宫,都令人怦然心动。从罗马帝国留下来的君士坦丁堡古城的古典支柱、高低错落的圆形拱顶、高耸的尖塔装饰着整个市区。

　　伊斯坦布尔之所以闻名于世,主要原因之一是其得天独厚的地理位置。在亚洲大陆最西端的黑海与地中海之间,有一条至关重要的"黄金水道",它把亚洲和欧洲大陆分割开来,其中间部分是马尔马拉海峡,南端叫达达尼尔海峡,北端叫博斯普鲁斯(伊斯坦布尔)海峡,总称黑海海峡。此"黄金水道"是黑海通向外界的咽喉要地,伊斯坦布尔就坐落在博斯普鲁斯海峡的南端。

伊斯坦布尔不仅地理上横跨两洲,而且还兼收并蓄欧、亚、非三洲各民族思想、文化、艺术之精粹,从而成为东西方思想文化的一个重要交汇点,随之遗留下许多源远流长的名胜古迹。伊斯坦布尔现有 40 多座博物馆、20 多座教堂、450 多座清真寺。这些美丽的建筑本身及其收藏的大量文物,都是东西方交汇点的生动见证。

在古代东方博物馆展有苏美尔人的头像、巴比伦人的瓦器、亚述人的浮雕等,这些都是两河(底格里斯河和幼发拉底河)流域和小亚细亚地区各民族史前时期的文物。在市内西岸旧城区里,历代各帝国时期遗留下的石砌古堡、城垣、塔楼、渡槽随处可见。

"世界排名第一的地铁"伦敦地铁

英国新假日旅游公司最近公布世界各国地铁排名榜,列出了世界上最著名的11 条地铁排名,其中英国伦敦地铁以世界最古老和欧洲最大的地铁网荣膺第一。法国巴黎地铁以及俄罗斯莫斯科地铁分居二、三位。第四位是马德里地铁;第五位是东京地铁;第六位是韩国首尔地铁;第七位是纽约地铁;第八位是蒙特利尔地铁;第九位是北京地铁;第十位是香港地铁。

此次排名中,英国伦敦地铁(LondonUndergmund)以世界最古老和欧洲最大的地铁网名列第一。伦敦地铁最初的一部分,大都市铁路(MetropolitanRailway)是世界上第一条市内载客地下铁路,于 1863 年 1 月 10 正式起用,由于当时电动机车尚未问世,机车牵引仍用蒸汽机车,尽管隧道里烟雾弥漫,但人们仍争着去坐。第一年就运载了乘客 950 万人。

英国已 8 个城市有地铁,总长度将近 1000 公里,共设有 458 个车站,是目前地铁最长的国家。如将伦敦从中心向外分为六个区,一般的观光点主要都在一区内,希斯洛机场在第六区。伦敦桥、伦敦塔、伦敦眼、大笨钟、国会大厦、西敏寺、大英博物馆、科芬园、苏活区等都在一区内。

伦敦的地铁已有上百年的历史,可说是地下铁界的元老。地铁交通网目前共有 273 站在正常使用中,每个车站的入口均有清楚的标示。一般而言,地铁每天从早上 5 点 30 分行驶到凌晨 12 点半,星期天时班次较少,而圣诞节当天大多全面停驶。地铁该是伦敦行的最佳选择,避免了路上的拥塞。11 条地铁路线行经伦敦的大多地区,虽然路线初看有些复杂,但只要有路线图在手,必可畅行无阻。路线图在各个地铁车站中均可免费取得,地铁月台以及车厢中也有清楚的路线图。不同的路线用不同的颜色代表,而地铁和铁路相交的车站也都有特别的标示。

伦敦的交通费用并不便宜。就地铁而言,距离越长,票价越贵。地铁网络分成同心圆的六区,票价依涵盖区段计算,车票可在售票台或自动售票机购买,一些杂货店也代售车票。若不是每日使用地铁,可依需要购买单程车票。另有卡内票

（Carnet），一套10张，为第一区的单程票，票价较逐次购买划算。另有一日旅游卡（Travelcard），在周一至周五9点半后，以及周末全日有效。至于经常使用地铁者，可购买长期票。车票的有效期限从一周至一年不等，视各人需要而定。

"世界上最美的山"梅里雪山

梅里雪山又称雪山太子，位于中国云南省德钦县东北约10公里的横断山脉中段怒江与澜沧江之间，平均海拔在6000米以上的有13座山峰，称为"太子十三峰"，主峰卡瓦格博峰海拔高达6740米，是云南的第一高峰。1908年法国人马杰尔·戴维斯在《云南》一书中首次使用"梅里雪山"的称呼。

梅里雪山

梅里雪山处于世界闻名的金沙江、澜沧江、怒江"三江并流"地区，北连西藏阿冬格尼山，南与碧罗雪山相接。其主峰卡瓦格博海拔高度为6740米，位于东经98.6°，北纬28.4°，坐落在怒山山脊的主脊线上。

梅里雪山主峰卡瓦格博是云南第一高峰，为藏传佛教宁玛派分支伽居巴的保护神。峰型有如一座雄壮高耸的金字塔，时隐时现的云海更为雪山披上了一层神秘的面纱。被誉为"雪山之神"的卡瓦格博作为"藏区八大神山之首"，享誉世界。

梅里雪山以其巍峨壮丽、神秘莫测而闻名于世，早在30年代美国学者就称赞卡格博峰是"世界最美之山"。卡瓦格博峰下，冰斗、冰川连绵，犹如玉龙伸延，冰雪耀眼夺目。是世界稀有的海洋性现代冰川。山下的取登贡寺、衮玛顶寺是藏民朝拜神山的寺宇。每年云南、西藏、四川、青海、甘肃的藏民都要前来朝拜，有浓郁的藏族习俗，是人们登临探险的旅游胜地。

梅里雪山共有明永，斯农，纽巴和浓松四条大冰川，属世界稀有的低纬、低温（零下5度）、低海拔（2700米）的现代冰川，其中最长最大的冰川，是明永冰川。明永冰川从海拔6740米的梅里雪山往下呈弧形一直铺展到2600米的原始森林地带，绵延11.7公里，平均宽度500米，面积为13平方公里，年融水量2.32亿立方米，是我国纬度最南冰舌下延最低的现代冰川。

由于垂直气候明显，梅里的气候变幻无常，雪雨阴晴全在瞬息之间。梅里雪山既有高原的壮丽，又有江南的秀美。蓝天之下，洁白雄壮的雪山和湛蓝柔美的湖泊，莽莽苍苍的林海和广袤无垠的草原，无论在感觉上和色彩上，都给人带来强烈的冲击。

这里植被茂密,物种丰富。在植被区划上,属于青藏高原高寒植被类型,在有限的区域内,呈现出多个由热带向北寒带过渡的植物分布带谱。海拔 2000 米到 4000 米左右,主要是由各种云杉林构成的森林,森林的旁边,有着绵延的高原草甸。夏季的草甸上,无数叫不出名的野花和满山的杜鹃、格桑花争奇斗妍,竞相怒放,犹如一块被打翻了的调色板,在由森林、草原构成的巨大绿色地毯上,留下大片的姹紫嫣红。林间分布有肥沃的天然草场,竹鸡、獐子、小熊猫、马鹿和熊等动物活跃其间。高山草甸上还盛产虫草、贝母等珍贵药材。

"养牛最多而不吃牛的国家"印度

印度是世界农业大国。印度的农业以种植业为主,种植业又以粮食作物为主。在 1988/89 年度农村地区居民总收入中,92% 来自农业(包括畜牧业),林业收入只占 4%,渔业收入只占 1.3%。1988/89 年度,种植业内部结构是:粮食产值占种植业总产值的 48.3%,油料占 12.7%,蔬菜和水果占 10.4%,棉花占 3.8%,烟草占 0.5% c,印度养牛的头数名列世界第一,1994 年达到 19298 万头,占全世界的 15%;但肉类总产量只占世界的 2.1%,奶类占 6.5%。

印度牛分三大类:水牛、黄牛和瘤牛。瘤牛是印度特有的物种,在印度非常普遍,地位一般是拉车,也有拉犁的,通常是双驾。它的模样和黄牛、水牛有非常大的区别,体形较大强壮,毛色大都是通体纯白,角没有水牛的粗,但是长而尖利,外表光滑,向上竖起,经常在三尺以上,脖子和身体连接处鼓起一、二尺见方的大肉块,这就是它的名字的来历。腿蹄较其他牛细长,有几分似马,故能奔跑,驾车确是非常合宜的。

按牛的头数,印度是要居世界首位。可是牛乳、牛肉的生产却名落孙山。这与印度的宗教习俗有很大关系。印度人口的 80% 信奉印度教。在一般印度人当中,如同恒河被视为"圣河"一样,牛也被崇拜为神物——"圣牛"。印度教教规严禁宰杀牛和食用牛肉,即使是老弱病残的牛,也仍被保留和养活着。

牛被印度教教徒视为"圣兽",印度教教徒认为,牛既是繁殖后代的象征,又是人类维持生存的基本保证。就是在科学技术十分发达的今天,印度人对牛仍然是敬之如神。印度教不准吃牛肉,印度虽有养牛业,但只能提供牛奶、黄油及牛粪作燃料,喝牛奶允许的。特别是水牛奶,印度人格外喜欢。牛虽然不能宰杀吃肉,少数地方有用作役牛(民间运输、耕地)。因此,在印度的一些城市、乡村里,老牛、病牛、残牛比比皆是,牛可以到处自由游荡,神圣不可侵犯。

印度的养牛业虽然较发达,但因不准食用牛肉,更不能宰杀之,不能作役牛(民间运输、耕地)或提供牛奶的老弱病残,只能任其到处流浪,甚至在首都新德里(约有 3.5 万头流浪牛),摆脱"枷锁"的自由之牛,随处可见。如此多的牛,不能避免地造成交通、卫生、儿童和庄稼安全等方面的麻烦,成为国家的一个负担。因此印度虽然拥有多达到 3 亿头牛,人均拥有量居世界第一位,但经济上的作用并不大。

"世界深渊"马里亚纳海沟

太平洋中的马里亚纳海沟,是世界最深的海沟。它是一条长 2550 公里,宽 70 公里,大部分地方在万米以下的深海之渊。如同一段弧形的弓,它深深地嵌在马里亚纳群岛东侧的地壳中。这条海沟已有 6000 万年的历史。它是太平洋板块在西行俯冲时,所沉陷的一条槽沟。

1952 年 8 月 18 日,苏联一艘名为"斐查兹"的海洋考察船,使用超声波测深仪,对马里亚纳海沟进行探测,发现在北纬 11°20.9′,东经 142°1.5′的地方最深,最深处达 11022 米(现在认为是 11634 米),它被认为是世界海洋的最深点。为了纪念这次探测,人们将其称为"斐查兹海渊"。

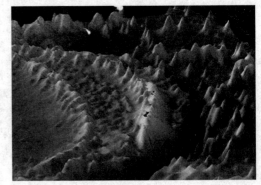

马里亚纳海沟

从此,世界探测最深之渊的工作,也像极地探险那样,掀起了一场"探深热"。特别引人注目的,是美国"特里斯特号"深潜艇的实际首次载人深潜。

这次冒险活动,绝对是出生入死的。尽管潜水者有 12 厘米厚的硬壁潜水舱保护,但要闯过万米以下,每平方厘米都要承受 1100 多个大气压力的威胁。万一有什么纰漏,轻者潜艇损坏,重者连人带物都会被压成"肉饼",的确让人心惊胆战。

皮卡德和瓦尔什这两位美国的科学家,在 1960 年 1 月 23 日 8 时 23 分,终于乘"特里斯特号"开始下水探险。经过小心翼翼地长时间潜行,最后到了世界的最深点的底部,然后又安全返回水面。因为这是人类第一次潜入最深的海底,所以成了世界海洋史上空前的重大事件。

潜水员发现,这里的海域,即使在上午的 9 点,240 米以下的水域也已经全部漆黑一团。到了 9500 米深的地方,凭借探照灯的照耀,他们发现舱外清澈的海水,仍有水母在游动。更令人惊叹的是,在万米以下的水中,竟还生存着 2~3 厘米长的红虾;潜艇着底之后,竟然还发现了一条骨质鱼!这条鱼长 30 厘米,宽 15 厘米。这里的海底也有淤泥沉积,水温可达 2.49℃,甚至比 3100 米深处的温度(1.49℃)还要高些。

继"特里斯特号"探险后一年,一艘名为"阿基米德号"的法国潜艇,也完成了一样的深潜活动。

最热和最冷的海

位于亚、非两洲之间的红海,是世界上海水最热的海,它是一个面积45万平方公里,长2100公里,平均宽约290公里的深海,平均深度为558米,最深处达2740米。

红海的海岸陡立、形状窄长、缺少良港、水色发红。在红海之中,生长着一种藻类,名为蓝绿藻。这种藻类死后,身体变成棕红色,将海面染成红色,红海之名由此而得。

红海最特异的地方莫过于它的"热"了。地球海洋表面的年平均水温是为17℃,而红海的表面水温8月份可达27℃~32℃,即使是200米以下的深水,也可达到约21℃。更为奇怪的是在深海盆中,水温竟高达60℃!其上部的水温也有44℃。简直就是海中的"热洞"。

红海的温度为什么如此之高呢?人们很容易用它所处的环境来解释,红海地处北回归高压带控制的范围,腹背受北非和阿拉伯半岛热带沙漠气候的影响,气候终年干热,所以水面总是热乎乎的。

但是,海底受气候条件影响很小,为什么却热的出奇?看来,仅仅上面的解释是不能令人心悦诚服的。要揭开"热洞"之谜,还得从其他原因来探求。

自从海底扩张和板块构造学说发现以来,人们认为阿拉伯半岛和非洲之间,地壳下存在地幔物质对流,对流物质引起了地壳张裂,于是便形成了今天的红海。

这种张裂带与东非大裂谷同为一带,张裂作用已有了2000万年的历史。现在,仍然以每年1厘米的速度不断扩张。海底扩张使地壳出现了裂缝,岩浆沿裂缝不断上涌,海底岩石就被加热了,所以海水底部水温特别高。如果继续张裂下去,一两亿年之后,红海将形成一个新的大洋。

威德尔海,是南极最大的海,也是海水最冷的。这儿的海水,不断受到来自世界最寒冷的地区——南极大陆冷冰、冷风的"袭击",所以海水终年很冷。冷海水的比重要比温海水的大,冷海水下沉后,使上层的温海水再度冷却,如此反复交换,整个海域就变得特别寒冷。

最淡和最咸的海

海洋中有数量极其巨大的海水,然而又咸又苦,不适宜人类饮用,饮后对人健康有害。根据科学家的研究,供人类饮用的水,含盐指标不能超过5%,而地球上的海水,一般都是35%。

有人曾计算过,全球的海洋,大约含有5亿亿吨盐量。如果将这些盐类平铺在地球表面上,盐层将足有45米厚;如果将它堆积到陆地上,陆地将会增高150多米!

世界各地海洋,含有的盐量并不完全相同,有的海域盐分很低,有的海域盐分

世界百科全书·地理篇

219

很高,浓淡之差可达 130 多倍。

北欧的波罗的海,是世界上最淡的海,盐度含量仅有 6%,左右,该海东部和北部的一些水域,盐度则只有 26%;亚非大陆之间的红海,是世界上最咸的海,盐度可达 42%,个别的海底,盐度更高达 270%,几乎成了饱和溶液。

波罗的海和红海,一"淡"一"咸",到底是什么原因使它们的盐度差别这么大呢? 让我们先对它们的成因做个比较:

波罗的海所处的纬度较高,气候比较凉湿,蒸发微弱。周围有奥得、维斯瓦、涅曼等大小 250 条河流注入,每年注入的淡水有 472 立方公里,对于保持淡水环境十分有利。

再加上波罗的海四面几乎被陆地所环抱的内海形势,虽然大西洋水体盐度较大,但很难改变淡化了的波罗的海海水特性。

红海则地处北回归线附近,景况大为不同。红海纬度偏低,又位于干热地带,盐度自然很高。

科学家们还进一步发现,在发展历史中,红海曾有几度海进海退的现象。海进时期,称为封闭的浅海或海滨潟湖,有利于储存保持高浓度的海水;海退时期,浅海或海滨潟湖干涸,在海底又形成了很厚的盐层。今天海下的饱和性盐水,其盐分便是由海底的古盐层提供的。

"世界最大的群岛"马来群岛

大名鼎鼎的马来群岛,因该群岛的本地人以马来人为主,所以名叫"马来群岛"。这里又是海外华侨比较集中的居地之一,所以在中国又称为"南洋群岛"。在海岛世界中,是个"人丁兴旺"的群岛"家族"。

马来群岛位于太平洋和印度洋之间,南北长 3500 公里,东西宽 4500 公里。又由大巽他群岛、小巽他群岛、吕宋群岛和马鲁古群岛等组成,分属于马来西亚、印度尼西亚、文莱和菲律宾等国家。

马来群岛处在热带海洋,终年高温多雨,对热带作物的生长非常有利。蕉麻、椰子、木棉、胡椒、藤、金鸡纳霜的产量均占世界首位;油棕、橡胶、咖啡、甘蔗、烟草等的产量在世界上的地位也是举足轻重。

马来群岛的"家族成员",大大小小共有 2 万个以上,总面积达 255 万平方公里,人口众多。在这 2 万多个岛屿中,有名有姓的海岛,仅占总数的 1/5,其余都是"无名小卒"。有人居住的岛,仅占岛屿总数的 1/10,数目也是极少的,绝大部分岛屿无人居住。在整个地球所有的群岛中,无论是岛屿的数目,还是面积、人口,马来群岛都独占鳌头,其他任何群岛都不能与之相比。

在浩瀚无际的大洋中,为什么只有马来群岛的岛屿最多呢? 要弄清这个问题,并不是一件容易的事。

从地壳活动的特点分析,有以下几个原因:

第一,从板块"运移"来看,这里处在向西移动的太平洋板块和向北移动的印度板块、澳大利亚板块交接的地带,几大板块相互碰撞挤压,使这里的地壳褶皱隆起,突出海面,形成海岛。

第二,海岛大多濒临大洋海沟,海沟地带破碎,火山、地震活动频繁,容易形成火山岛。

第三,这里的海水温度高,有利于珊瑚繁衍。而珊瑚是造岛的"能手",能造出大量珊瑚岛礁,如澳大利亚的大堡礁就是珊瑚造的。

其四,这里有十分宽阔的大陆架,大陆架为大陆的"本家",随着海陆的沧桑变化,又可以形成面积较大的大陆岛,座活火山的1/4,是世界活火山最多的国家,被称为"火山国"。站在任何一个高地,你只要抬首眺望,至少会看到一座火山。松巴哇岛上的坦博腊火山,在1815年的爆发,被认为是有史以来最大的一次火山活动。

印尼的地震也很多,人口最密集的爪哇岛几乎平均每周就有一次地震。因为全国多为竹木结构建筑,损失并不严重。

印尼是个典型的热带国家。雷雨之多,堪称世界第一。"雷都"茂物,就在爪哇岛上,一年中的雷雨日达332天。

高温多雨的热带气候,对热带植物的生长非常有利。印尼的植物种类共有35000种。仅加里曼丹岛一地,植物种类就相当于整个亚洲的2倍!全国有64%的土地被森林所覆盖,每人平均有林地近1公顷。

"世界最大的海洋公园"大堡礁

大堡礁是澳大利亚东北海岸外一系列珊瑚岛礁的总称,它纵向分布在离岸16~240公里的珊瑚海上,美丽的布里斯班港东北,大致沿昆士兰州海岸断续绵延2000余公里,包括约3000个岛礁。礁区从弗雷泽岛正北到约克角,覆盖着澳大利亚大陆架方圆348700平方公里的面积,是世界上最大的珊瑚礁。1981年被列入世界遗产名录。

大堡礁

大堡礁海域水面温度高达21~38摄氏度,温度的垂直变化和季节性变化都较小。平均盐度35‰。海水清晰度高,水面较平静。水温适宜,生态条件较稳定,浮游生物丰富,水域内海洋生物种类繁杂,数量众多,大部分与印度洋、太平洋类同。海洋动物约有珊瑚虫350种,海绵1万种,软体动物4000多种,棘皮动物50多种,鱼类1200多种。海洋植物以海藻类最重要,特别是构成礁冠的红藻,为千百个礁体镶嵌上边框,绚丽多彩,诱人观赏。岛礁上的植物只有

30~40 种,大的岛礁浅滩上分布着红树林。传统的生产活动有采集珊瑚、采珠和捕鱼,规模不大。

大堡礁是有重大价值的旅游区,这里是世界最大的海洋公园。大堡礁北段在澳大利亚东北部沿海地区的土著部落的历史和文化史上有重要意义。同时这里也极具科学考察的价值。

因为石油危机的影响,澳大利亚近海也出现了勘探石油的船只,毁坏和污染了一些珊瑚礁。为保护大堡礁,一些有识之士大声疾呼:礁成千万年,毁礁只一旦,石油虽然可贵,价值总有限,但举世无双的大堡礁是亿万年大自然创造的无价之宝。

1975 年,澳火利亚政府划定大堡礁自然保护区,1983 年,宣布禁止在此探矿采油、攫取珊瑚,并大力发展旅游事业。现在大堡礁已成为澳大利亚最负盛名的观光之地,吸引了世界各地的人来此一览海底奇景。

"最大的海洋博物馆"摩纳哥海洋博物馆

在世界许多地方,都建有海洋博物馆,它可以帮助人们在较短的时间内,获得比较丰富的海洋知识,并能了解海洋大貌。

世界上最大的博物馆,是欧洲的袖珍国摩纳哥位于海滨的一座海洋博物馆。在世界同类博物馆中,它是最大、最早的博物馆。落成于 1910 年,比世界上最大的海洋水族馆,即美国佛罗里达州的陆上海洋水族馆,还要早 28 年。

这座海洋博物馆处在风光绮丽的地中海沿岸,是一座以陈列海洋生物标本、海洋动物、海洋仪器和进行海洋科研为宗旨的大型活动基地。

摩纳哥海洋博物馆中的水族馆,有 60 个水平排列的大木桶,养育着世界四大洋各种具有代表性的海生动物。从各种绚丽多姿的珊瑚,到海星、龙虾、外科医生鱼、小丑鱼等奇异的海洋生物,种类繁多,美不胜收。

博物馆中的陈列室,陈列着各种海洋动物标本,如鲨鱼、鲸类、北极熊、巨蟹、海象、海豹等大型动物。另外,分类陈列室中还有各种珍珠、海贝、珊瑚、海龟等,达 10000 多种,更是使游人饱享眼福。

人们在博物馆中,还可看到许多非常珍贵的复制的海洋实验室、古测深仪,以及海中游艇的模型等等。

摩纳哥海洋博物馆,是摩纳哥大公阿尔贝亲王一世的杰作。这位亲王不仅是摩纳哥公国的君主,还是一位卓越的航海家、古生物学家,并曾被授予法国科学院院士。

有一次,阿尔贝亲王在与儿子聊天时,亲王之子曾说要把这个颇费钱财的博物馆变为国家马厩。为了不使这座大型科学建筑付诸它用,亲王竟将这个博物馆赠给了法国保管。

如今,这个博物馆成了摩纳哥领土上的一块"飞地"。但在科研活动上,法国和摩纳哥一直都有很好的合作。

自然篇

动物世界

突然灭绝的恐龙

恐龙是出现于二亿四千五百万年前,并繁荣于六千五百万年前,结束于中生代的爬行动物。恐龙是处在同一时代的蛇颈龙、翼龙等的模糊总称。其中个子大的,可以有几十头大象加起来那么大;小的,却跟一只鸡差不多。就食性来说,有温顺的草食者和凶暴的肉食者,还有荤素都吃的杂食性恐龙。

恐龙

我们人类已在地球上生活了二三百万年,这段历史应当说不算短了。可是与恐龙的生存年相比较,那还只是一瞬间。在中生代,地球曾经是一个恐龙主宰的世界,无论是平原森林还是沼泽,到处都可以看到恐龙的身影。它们在地球上一共生存了一亿三千多万年,可是,不知为什么,后来恐龙竟然灭绝了,一个不剩地、永远地从地球上消失了。这实在是一桩千古疑案。

关于恐龙绝种的真正原因,自古以来即众说纷纭,但都没有一个一定的论点,因此到目前为止仍究是一个未解的谜题,这里仅列举一些比较广为人知的说法。最具说服力的是渐变说。此说认为,恐龙的绝灭是由环境的变化引起的。中生代末期,造山运动导致气候、环境的巨大变更,爬行类因不适应而被淘汰,加之哺乳类的兴起,使爬行类在生存竞争中处于劣势,最终被哺乳类所取代。以上就是渐变说的恐龙灭绝理论。

有的科学家断言恐龙灭绝是地壳运动的结果,大约在七千万年前,地球发生了一次强烈的地壳运动,使一些盆地隆起,浅丘开始出现,因而造成水枯林竭;同时海底变化,海平面下降300多米,亚洲、北美洲之间的陆地开始连接起来,大量动物迁移到恐龙栖息处,使食物供应发生困难,以至恐龙处于"断粮"地步,在严重的饥饿中逐渐死亡。

有的科学家认为,恐龙的灭绝跟一次史无前例的陨石大碰撞有关。科学家们为我们描绘6500万年前那壮烈的一幕。有一天,恐龙们还在地球乐园中无忧无虑地尽情吃喝,突然天空中出现了一道刺眼的白光,一颗直径10公里相当于一座中等城市般大的巨石从天而降。那是一颗小行星,它以每秒40公里的速度一头撞进大海,在海底撞出一个巨大的深坑,海水被迅速气化,随即掀起的海啸高达5公里,冲天大水横扫着陆地上的一切,然后引发了一系列连环灾难。这是一场多么可怕的灾难啊! 在以后的数月乃至数年里,天空依然尘烟翻滚,乌云密布,地球因终年不见阳光而进入低温中,苍茫大地一时间沉寂无声。生物史上的一个时代就这样结束了。

一百多年来,不知有多少科学家试图揭开恐龙断子绝孙的秘密,但总是不能自圆其说。以上种种说法虽都有一定道理,但每一种说法都得不到科学界的完全肯定。总之,恐龙灭绝的秘密,至今还没有完全被揭开。

"鸟的祖先"始祖鸟

始祖鸟是鸟类的祖先,是现知最早的鸟类,并生活于侏罗纪时代,距今约1亿5千5百万到1亿5千万年前。始祖鸟的名字是"古代的翅膀"或"长着翅膀的古代生物"的意思。

始祖鸟和鸭子一样大小,长着爬行动物的牙齿和由许多节脊椎骨组成的长尾巴。它的全身披着羽毛,长着翅膀,翅膀上还保留着爬行动物的爪子。一般认为,鸟类由中生代某种古爬行类进化而来,但直接祖先尚难确定。

始祖鸟标本都只在德国境内发现。1861年,德国巴伐利亚省伦的侏罗纪晚期石灰岩层中发现了一具最古老的有羽恐龙化石,无论骨骼还是羽毛的痕迹,都完好地保存在一块岩石上。始祖鸟并不属于其他任何可分类的恐龙,于是考古学家把它独立成一个分类。由于它的骨架构造与盗龙类十分相似,考古学家也可以百分之百肯定它是恐龙。争论焦点在于羽毛,这点十分重要,因为在地球历史中,只有鸟类有羽毛。如果恐龙也有羽毛,则能够证明恐龙和鸟类有非常密切的关系,甚至能够解答到恐龙是否已经完全灭绝这个问题。始祖鸟生活在侏罗纪晚期,体形只有普通雀鸟的大小,但比较现时的鸟类,它的形态比较原始;化石上可见它仍然保留很长的腿和尾椎骨。口部没有喙,但有恐龙般的牙齿;翅膀的前端有盗龙类的爪。而此之后,开始有证据证明在恐龙时代结束之前,鸟类已经出现。

直至今天，发现第一只始祖鸟的地方已经先后发现过 6 件始祖鸟标本。该鸟身体大小如乌鸦，骨骼构造的许多方面基本上还是爬行动物式的，有尖利的牙齿，掌骨彼此分离而未愈合，骨也如此，三指骨末端各还具爪，并还有一条由多节尾椎组成的长尾。但另一方面，它又有了鸟类所特有的羽毛。显然，始祖鸟是介于爬行动物和鸟类之间的过渡类型。它有力地证明鸟类起源于爬行动物。从始祖鸟的骨骼构造来看，它不具高超的飞翔能力，也许只能在比较空旷的地区作低空、短距离的滑翔。

始祖鸟的发现，掀起了百年争论的序幕。这个也是古生物学史上争论得最久，最令人惊异的题材：恐龙是否已经灭绝，它们会否"假灭绝"，化身成一个完全不同的物种逃过一劫？这个至今仍是焦点讨论的话题，科学家们因此提出了大胆的假设始祖鸟是由恐龙过渡到鸟类的一种中介物种。

三叶虫有"三叶"

如果将地球年龄比做一本共有 4500 页的厚书，则三叶虫出现于第 4000 到 4300 页之间，占 300 页，大约 3 亿年的时间。而人只是出现于最后一页，人的发展能持续多少页？会有三叶虫那么长吗？

三叶虫是节肢动物的一种，全身明显分为头、胸、尾三部分，背甲坚硬，被两条纵向深沟割裂成大致相等的 3 片，所以才叫作三叶虫。在动物分类学上，三叶虫属于无脊椎动物门、三叶虫纲。三叶虫的大小在 1 毫米至 72 厘米之间，典型的大小在 2 至 7 厘米间。多数三叶虫有眼睛，它们还有可能用来作味觉和嗅觉器官的触角。典型的三叶虫眼睛是复眼，每个透镜为一个拉长的棱镜。每只复眼内的透镜数不等，有些只有一个，有些可达上千。

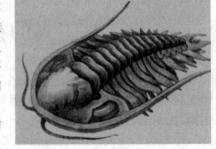

三叶虫

三叶虫全属海生，多数营游移底栖生活，少数钻入泥沙中或漂游生活。寒武纪早期出现，种属和数量都很多，到了晚寒武世发展到高峰，奥陶纪仍然很繁盛，进入志留纪后开始衰退，至二叠纪末则完全绝灭。三叶虫灭绝的具体原因不明，但是鲨鱼和其他早期鱼类的出现，可能与同时出现的三叶虫数量的减少有关。三叶虫为这些新动物可能提供了丰富的食物。

在早古生代的寒武纪已发现动物化石 2500 多种，除脊椎动物外，几乎所有的门类都有了。其中最多的就是三叶虫，约占化石保存总数的 60%。它在寒武纪初期即已出现许多科、属和种，我国已经描述过的三叶虫就有 1200 多种。晚寒武纪发展到最高峰，到了二世纪末完全灭绝。如今只有在古生代的沉积岩中才能发现它那美丽的化石。在化石中，如果你仔细地倾听，还能听到那 2 亿年前大海的波涛声和那有关三叶虫的久已失传的故事。

文昌鱼不是鱼

在我国厦门的刘五店鳄鱼岛附近曾流传着一个传说,古时候,文昌皇帝骑着鳄鱼过海时,在鳄鱼口里掉下许多小蛆,当这批小蛆落海之后,竟变成了许多像鱼一样的动物,为纪念文昌帝君,故取其名为"文昌鱼"。

文昌鱼说它是"鱼",实际上并不是鱼。关于文昌鱼名称的来历,众说纷纭,有以其生活习性,一半露在水里,一半"栽"在沙中,叫它为"沙中鱼";有以其形状,而叫它"无头鱼""扁担鱼""薪担物";有以其产于鳄鱼屿附近,而称它"鳄鱼虫"。宋代绍兴年间任同安主簿朱熹和明末郑成功,都发现过文昌鱼。朱熹后来被皇帝赐为"文昌帝君","鳄鱼虫"的旺发季节恰好与朱熹诞生的时间差不多,人们为纪念朱熹功德,改"鳄鱼虫"为"文昌鱼"。大概在1925年前后,欧洲举办了一次世界博览会,轰动了整个博览会,引起了国际生物界极大兴趣。20年代,国际海洋生物学界将文昌鱼的学名定名为"陈嘉庚鱼",尊称为"嘉庚鱼",以纪念他最先把文昌鱼介绍到世界。

文昌鱼是一种半底栖生物,基本生存条件是"沙",生活在沿海泥沙中,吃浮游生物。它的外形是既像鱼又像蠕虫的动物,但血统上跟鱼及蠕虫相差很远。体侧扁,长约5厘米,半透明,头尾尖,体内有一条脊索,有背鳍、臀鳍和尾鳍。文昌鱼体形狭长,略呈透明的淡红色,两端尖细,没有分化的头部,见不到眼、耳、鼻,只有一个没有分化的消化器官和一条跳动的腹血管,依稀可以辨出口和咽喉,一条直肠通肛门,身体很短少。现今文昌鱼共有12种,分布在地球热带、亚热带的8~16米的浅水海域中,我国厦门、青岛、威海和烟台沿海处也很多。我国的厦门刘五店是世界上很重要的文昌鱼场。

文昌鱼虽然是不起眼的小动物,但无论从形态、生理、生化和发生方面看,都说明它是从低级无脊椎动物进化到高等脊椎动物的中间过渡的动物,也是脊椎动物祖先的模型。因为文昌鱼没有脊椎骨,因此不容易留下化石的遗迹,但文昌鱼还存活着,可说是活的见证物。因此无论从教学上、科研上都是十分需要的材料;此外它也是营养丰富的美味佳肴。

猛犸象与大象不同

冰川时期,丰茂的草地养育着猛犸象庞大的家族,它们遍布各个大陆。猛犸象和现在的大象拥有共同的祖先。这两个物种是在500万年前分化出来的。大象一直繁衍到今天,然而猛犸象却灭绝了。是什么灭绝了猛犸象? 是大自然,是狩猎人,还是什么更具有毁灭性的事件?

猛犸象生活在北半球的第四纪大冰川时期,距今300万年~1万年前,身高一般 5 米,体重 10 吨左右,以草和灌木叶子为生。由于身披长毛,可抗御严寒,一直生活在高寒地带的草原和丘陵上。这种动物一对长而粗壮的象牙强烈向上向后弯曲并旋卷,头骨短,顶脊非常高,上下额和齿槽深。

猛犸象

猛犸象与现在的象非常相似,所不同的是它的象牙既长又向上弯曲,头颅很高。从侧面看,它的背部是身体的最高点,从背部开始往后很陡地降下来,脖颈处有一个明显的凹陷,表皮长满了长毛,其形象如同一个驼背的老人。

猛犸象生活到距今 1 万年的时候突然全部绝灭了,是什么原因造成的呢?人们往往认为天气的变化是重要的原因之一。在美洲发现的猛犸象遗骨表明,猛犸象数量下降的时候,正好是冰川期结束和地球开始变暖的时期。两万年前气温开始上升,大约上升了 7 摄氏度,这改变了美洲的环境。美国西南部的草地逐渐转变成长着稀疏灌木和仙人掌的沙漠,许多猛犸象无法生存都死掉了。

人们在关于猛犸象灭绝的争论中,还会提到另外一个重要的原因——那就是人类的捕杀。猛犸象曾是石器时代人类的重要狩猎对象,在欧洲的许多洞穴遗址的洞壁上,常常可以看到早期人类绘制的它的图像,这种动物一直活到几千年以前,在阿拉斯加和西伯利亚的冻土和冰层里,曾不止一次发现这种动物冷冻的尸体,包括带有皮肉的完整个体。

五彩斑斓的鹦鹉螺

鹦鹉螺有"活化石"之称,它们历经六千五百万年演化,外形、习性和四亿五千万年前就已经生活在海洋中的祖先相比,几乎没有变化,这让科学家们惊叹不已!

鹦鹉螺背上长着一个可一把身体完全保护起来的贝壳,形如鹦鹉嘴,故名鹦鹉螺。鹦鹉螺的贝壳很美丽,构造也颇具特色,大而厚,呈螺旋形。贝壳外表光滑,灰白色,后方间杂着许多橙红色的波纹状。鹦鹉螺贝壳里面分成许多小室,最末尾的一个室最大,是动物居住的地方,叫"住室";其他的室贮满空气,叫作"气室"。被截剖的鹦鹉螺,像是旋转的楼梯,又像一条百褶裙,一个个隔间由小到大顺势旋开,它决定了鹦鹉螺的沉浮,这正是开启潜艇构想的钥匙,世界上第一艘蓄电池潜艇和第一艘核潜艇因此被命名为"鹦鹉螺号"。

鹦鹉螺基本上属于底栖动物,平时多在 100 米的深水底层用腕部缓慢地匍匐而行,也可以利用腕部的分泌物附着在岩石或珊瑚礁上。在暴风雨过后,海上风平浪静的夜晚,鹦鹉螺惬意地浮游在海面上,贝壳向上,壳口向下,头及腕完全舒展。这类动物有夜出性,主要食物为底栖的甲壳类,特别以小蟹为多。

在奥陶纪的海洋里,鹦鹉螺堪称顶级掠食者,它的身长可达 11 米,主要以三叶虫,海蝎子等为食,在那个海洋无脊椎动物鼎盛的时代,它以庞大的体型,灵敏的嗅觉和凶猛的嘴啄霸占着整个海洋。鹦鹉螺在古生代几乎遍布全球,但现在基本绝迹了,只是在南太平洋的深海里还存在着六种鹦鹉螺。因为它对水质要求极高,因污染问题目前也濒临灭绝。我国台湾及南海诸岛也有分布,但尚无采集到完整标本,被列为国家一级保护动物。美丽的鹦鹉螺,还能否继续美丽下去吗?

"四不像"鸭嘴兽

在澳大利亚生活着一种奇特的哺乳动物——鸭嘴兽。说它奇特,是因为地球上确实不存在一种比鸭嘴兽的外表更加四不像的动物,也没有任何一种动物像鸭嘴兽一样引起过众多的学术争端。

凡见过鸭嘴兽的人都说它长得实在太怪异了。当初英国移民进入澳大利亚发现鸭嘴兽时,惊呼其为"不可思议的动物"。鸭嘴兽的确有些"似兽非兽",它有着几处爬行动物和鸟类的特征,但它却是一种哺乳动物,是现存的最原始的哺乳动物。

鸭嘴兽的身体的大小和兔子差不多,雄性有60厘米长,雌性只有45厘米长左右。它那扁扁的嘴很像鸭子的嘴。但不同的是,鸭嘴兽的嘴有传递触觉的神经,可以弯曲。它那对小而亮的眼睛长在头的高处,既可以看清两岸,也可以扫视天空。鸭嘴兽的耳没有耳壳,这可以帮助它适应水中的生活。在鸭嘴兽胖胖的身体外面披着一层褐色而有光泽的密毛,这种毛入水时不会透水,出水时也不会被水濡湿。它身体后面的大尾巴扁平而又有力,起着舵的作用,可以帮助它快速潜泳。鸭嘴兽的四肢又短又粗,五趾间有蹼,特别是前肢的蹼非常发达。在陆地上的时候,它会把蹼合起来。而当它一旦进入水中,就会把厚蹼展开,活像是几个大桨。

雄性鸭嘴兽后足有刺,内存毒汁,喷出可伤人,几乎与蛇毒相近,人若受毒距刺伤,即引起剧痛,以至数月才能恢复。这是它的"护身符"。鸭嘴兽为水陆两栖动物,平时喜穴居水畔,在水中时眼、耳、鼻均紧闭,仅凭知觉用扁软的"鸭嘴"觅食贝类。其食量很大,每天所消耗食物与自身体重相等。

雌性鸭嘴兽虽然也分泌乳汁哺育幼仔成长,但却不是胎生而是卵生,因此鸭嘴兽还是一种非常奇特的小哺乳动物。即由母体产卵,像鸟类一样靠母体的温度孵化。母体没有乳房和乳头,在腹部两侧分泌乳汁,幼仔就伏在母兽腹部上舔食。

鸭嘴兽分布在澳大利亚南部及塔斯马尼亚岛,是现存最原始的哺乳动物,是形成高等哺乳动物的进化环节,在动物进化上有很大的科学研究价值。一百多年前,科学家们并不相信有鸭嘴兽这种动物存在,因为它的长相实在古怪,确实是动物中名副其实的"四不像"!

带着"袋子"的袋鼠

袋鼠,顾名思义,身上有个袋。这袋叫育儿袋,位于腹前,由一根上耻骨或叫袋骨支撑着,用以哺育早产儿。所有雌性袋鼠都长有前开的育儿袋,育儿袋里有四个乳头。"幼崽"或小袋鼠就在育儿袋里被抚养长大,直到它们能在外部世界生存。大部分雄袋鼠没有口袋,只有极个别种类的雄袋鼠也有育儿袋,可谓是模范爸爸。

有意思的是,前一胎袋鼠出生刚刚两天,母袋鼠又发情、交配,怀上第二胎。这第二胎在母体中暂时停留在休眠状态,待上一胎袋鼠成熟离开母体或死亡后,它才开始继续发育,经 30 多天后产出。如此周而复始,成年母袋鼠的子宫里终年怀崽,这是动物界中所罕见的。

袋鼠

袋鼠又被称为"飞毛腿",因为所有袋鼠,不管体积多大,有一个共同点——长长的后腿强健而有力。袋鼠以跳代跑,最高可跳到 4 米,最远可跳至 13 米,可以说是跳得最高最远的哺乳动物。大多数袋鼠在地面生活,从它们强健的后腿跳跃的方式,很容易便能将其与其他动物区分开来。袋鼠在跳跃过程中用尾巴进行平衡,当它们缓慢走动时,尾巴则可作为第五条腿。

袋鼠通常以群居为主,有时可多达上百只。袋鼠属夜间生活的动物,通常在太阳下山后几个小时才出来寻食,而在太阳出来后不久就回巢。最著名的袋鼠是红袋鼠,其体型最大,生活在澳大利亚干燥地带,其地带的年平均降雨量在 500 毫米以下。由于袋鼠的食物含大量水分,所以他在没有活水的地区也能生存。红袋鼠实际上只有公袋鼠是红色的,母袋鼠为灰蓝色。

科学家们推测,大约在距今 1 亿多年前的白垩纪,有袋类可能在地球上有广泛的分布,并可能与比它进步的原始有胎盘类"平吃平坐"。可是后来有袋类在好多大陆区域内败下阵来,走向衰退或灭绝。只有澳大利亚和南美因与其他大陆隔绝,成为有袋类的避难所,且一直生活至今。

袋鼠就是存活下来的比较原始的有袋类哺乳动物之一,至少已在地球上生活了 1 亿年,现今只分布在澳大利亚,故有"活化石"之称。

"草原之王"狮子

狮子是哺乳动物猫科豹属,可分为两个亚种,非洲狮及亚洲狮。可是现在除了印度以外,亚洲其他地方的狮子均已经消失,北非也不再有野生的狮子,目前狮子主要分布于非洲撒哈拉沙漠以南的草原上,因此现在基本可以算是非洲的特产。

狮子是唯一一种雌雄两态的猫科动物。狮的体型巨大,公狮身长可达 260cm,体重 200~300KG,母狮也有 200cm,体重 160~180KG。狮的毛发短,体色有浅灰、黄色或茶色,不同的是雄狮还长有很长的鬃毛,鬃毛有淡棕色、深棕色、黑色等等,长长的鬃毛一直延伸到肩部和胸部。那些鬃毛越长,颜色越深的家伙或许在母狮眼里是英武挺拔的帅哥,常常更能吸引"女士们"的注意。狮的头部巨大,脸型颇宽,鼻骨较长,鼻头是黑色的。狮的耳朵比较短,耳朵很圆。狮的前肢比后肢更加强壮,它们的爪子也很宽。狮的尾巴相对较长,末端还有一簇深色长毛。与其他猫科动物最不同的是,狮属群居性动物。一个狮群通常由 4~12 个有亲缘关系的母狮、它们的孩子以及 1 至 6 只雄狮组成。这几个雄狮往往也有亲属关系,例如兄弟。

狮群中的狩猎工作基本由女性成员完成。它们不论白天黑夜都可能出击,不过夜间的成功率要高一些,这些女士们总是从四周悄然包围猎物,并逐步缩小包围圈,其中有些负责驱赶猎物,其他则等着伏击。尽管这招看着厉害,但实际上它们的成功率只有 20%左右。如果狩猎地比较容易藏身,它们才容易获得成功。如果一旦吃饱了,它们能 5~6 天都不用捕食。

狮群中男士很少参与捕猎,当然,基本只负责"吃"。这也不能怪它们的大男子主义和懒惰。要想在开阔的草原上把夸张的鬃毛和硕大的头颅隐藏起来,还真是不容易,与其让它们在外面四处惊吓猎物,还不如回家闲待着呢。不过尽管不事生产,雄狮仍然受到母狮的尊重,捕猎回来的战利品通常还是先由雄狮享用,等它们用膳完毕,然后才是地位最高的母狮,最后才是孩子们。

由于狮子与老虎的体形较为相似,又都是非常厉害的猛兽,其食谱也非常接近,一旦相遇,双方极有可能发生一场激烈的恶斗。那么它们到底谁是"万兽之王"? 在自然界中狮子与老虎如果相遇的话,谁的生存力更强呢? 换句话说,狮子与老虎谁更厉害呢?

其实狮子大多数是在草原上扬威,而老虎通常是在森林里称王,假如没有人类活动的阻隔,不排除野生的狮子与老虎将来有可能在自然条件下相遇。但由于人类的存在,非洲的狮子与亚洲的老虎已经不可能在野外相遇了。但是如果真的相遇的话,老虎是独居动物,单打独斗厉害。如果是一群老虎和一群狮子打,那么狮群厉害!

"森林之王"老虎

目前世界上仅有 5 种老虎,即:孟加拉虎、东南亚虎、苏门虎、华南虎、东北虎。在现存的 5 种老虎里,虽然我国占有 3 种(东北虎、华南虎、孟加拉虎),但总的数量在世界上排在末尾。老虎分布在亚洲,亚洲没有狮子。狮子生活在美洲和非洲,而那里几乎没有老虎。狮子大多在草原上扬威,而老虎通常是在森林里称王,因此又被称为"森林之王"。

所有老虎中,以东北虎体形最大,成年雄虎体长可达 3.3 米,体重 300 公斤以上。就体形而言,老虎是最大的猫科动物。老虎全身毛淡黄而长,斑纹较疏淡,胸腹部和四肢内侧是白色毛,尾巴粗壮点缀着黑色环纹。靠视觉和听觉捕猎,捕猎时潜伏等候或小心潜近猎物,然后突然猛扑,先咬住猎物颈背要害部位,将其弄死,拖到隐蔽处再吃。野外主要捕食野猪及食草类动物。寿命一般是 20 到 25 年。目前东北虎是我国一级保护动物。

老虎身上之所以有花纹,是由于有花纹的老虎在捕猎时有利于隐藏,容易获取食物,从而延续后代比较的容易。老虎猎取动物,是藏在灌木丛或高大的树丛中,以偷袭的方式猎杀走近的动物。身上的花纹很像草木的阴影,可以说是一种天然的迷彩服。

老虎一般不伤人,老虎伤人原因有两种。一是遇到人的袭击时伤人,特别是老虎受了伤的情况下,往往会拼命与人搏斗。二是老虎实在找不到食物,饥饿难忍时,也会铤而走险,找人充饥。它们多半是由于年老或受了伤,跑得不快,追不上其他猎物,斗不过大的野兽,最后才迫于饥饿,不得不去袭击人。

因为狮和虎都是猫科动物,算是近亲,所以有一定概率可以交配产子。虎、狮本是水火不相容的两个物种群,狮子是群居动物,老虎是独居的,它们可能会在一起玩耍,但相恋、怀孕的概率极低。即使在人工饲养的环境下,虎、狮受孕的机会也仅为 1% 至 2%。公狮与母虎生下的幼子叫"狮虎兽",公虎和母狮生下的幼子叫"虎狮兽",这两种都极其罕见,据资料显示,目前世界上存活的虎狮兽和狮虎兽只有 8 至 10 只。

老虎是山林中最强大的生物,也是理所当然的"森林之王"。

"完美的猎手"豹

豹的种类很多,猎豹是豹的一种,有分布极广的金钱豹,还有生活在热带、亚热带高山丛林,体型较小的云豹,也有深居在海拔几千米高的雪山中的雪豹。

豹体形似虎,但比虎小,体长 1 到 1.5 米,体重约 50 千克,最重可达 100 千克;尾长近 1 米;全身橙黄或黄色,其上布满黑点和黑色斑纹。雌雄毛色一致。豹可以说是完美的猎手,矫健身材,灵活,奔跑时速可达65公里。即会游泳,又会爬树。性情机敏,嗅觉听觉视觉都很好,智力超常,隐蔽性强,这些是老虎狮子都办不到的。

每天晨、昏时候,猎豹出来寻找猎物。捕猎的"战术"是这样的:遇到猎物,如果猎豹体力充足,就以"迅雷不及掩耳"之势,高速追击,将猎物击倒,咬破喉管;倘使体力稍差,就小心翼翼地埋伏起来,然后爬近猎物,再来个追击;遇到大羚羊、斑马和角马,众猎豹就协同作战,一起将猎物杀死。猎豹捕食时速度很快,大概一分钟能跑1800米,虽然捕猎时速度很快,但是由于它的心脏很小,所以这种快速度只能保持很短时间,很快就累了,而且最快是指跑直线。所以豹子出击前非常小心,常悄悄接近猎物,以求闪电一击。否则被对方早早发觉有所预备,或者追赶的时间长了,豹子是抓不到猎物的。

一些豹是能上树的,而猎豹不能上树。猎豹因为它那个爪子生在外面,不善于攀岩,所以它一般不能上树,最多是上一些已经倒伏的那种倒木。所以在非洲,看见有些就像猎豹一样的猫科动物,如果是伏在树上休息,或者是等候猎物,便以为是猎豹,那是错误的。那些只是其他种类的豹。

豹广泛产于中国,也广泛产于亚洲,因此有中国豹,有亚洲豹;它也广泛产于非洲,所以也有非洲豹。但是,欧洲就不产豹,澳洲(有袋类动物的老家)也不产豹;南北美洲就更不产豹了。中国豹最早从渐新世中期即已出现,这表示这种动物至少已生存过50万年了。

豹目前也是濒危物种,即有着灭绝危机的一个物种,全世界大概总共只有20万只左右。它们因毛皮鲜艳而被大量捕杀,也因袭击家畜而被处以"害兽"的罪名被大量捕杀。豹目前已被列为中华人民共和国一级保护动物,严禁捕杀。

鼻子很长的大象

在很久很久以前,地球上就出现了大象这种动物。那时候,大象的身躯可没有现在这么庞大,鼻子也没有现在这么长。

为什么大象的鼻子变长了?科学家经过研究发现:这是大象适应生活环境的结果。大约在2000万年前,地球上四季常绿,温暖如春,各种生物生长旺盛。由于食物丰富,营养良好,大象的身体也一代比一代庞大,结果头离地面的距离也越来越高,鼻子如果不能接触到地面,那么行动就不能做到灵活自如了。为了适应生活环境,在漫长的进化过程中,大象上唇慢慢变长,鼻子也跟着变长,久而久之,鼻子和上唇合二为一,就成了今天这个样子。

大象可以用鼻子吸水,只要站在河边上,把长长的鼻子往河中一伸,就很容易吸到河中的水。这样别的动物喝不到水的地方,而大象往往能够喝到。大象还用长鼻子去卷树枝、拔树干,作为自己的食物,由于鼻子又长又大,它能够弄到很高地方的树枝树叶,拔出很粗很粗的树木,鼻子给大象带来了数不清的好处。但是它不能用鼻子喝水,那样会呛水,就像人的鼻子进水会呛到一样。

大象还是世界最大的陆栖动物，可分为亚洲象和非洲象两种。亚洲象历史上曾广布于中国长江以南的南亚和东南亚地区，现分布范围已缩小。非洲象则广泛分布于整个非洲大陆。象肩高约2米，体重3~7吨。头大，耳大如扇。四肢粗大如圆柱，支持巨大身体，膝关节不能自由屈曲。鼻长几乎与体长相等，呈圆筒状，伸屈自如；鼻孔开口在末端，鼻尖有指

大象

状突起，能拣拾细物。上颌具1对发达门齿，终生生长，非洲象门齿可长达3.3米，亚洲象雌性长牙不外露；上、下颌每侧均具6个颊齿，自前向后依次生长，具高齿冠，结构复杂。非洲象长鼻末端有2个指状突起，亚洲象仅具1个；非洲象耳大，体型较大，亚洲象耳小，身体较小，体重较轻。

大象栖息于多种生境，尤喜丛林、草原和河谷地带。多群居，寿命约80年。现代象是从始祖象进化而来，鼻子也渐渐增长了。

笨拙迟钝的熊

熊的种类很多，主要有棕熊、白熊和黑熊这几种。它们的头很大，尾巴短，四肢短而粗，脚掌大，趾端有带钩的爪，能爬树。它们既食肉，也食果实和昆虫。虽然通常笨拙迟钝，却也能在短距离内迅速行动，尤其是在崎岖或陡峭的地形上。如果形容一个人像熊一样，那么一般是指他粗暴无礼、笨拙粗野、呆滞强壮。

一般人都认为，熊会冬眠。缺乏食物是动物冬眠的主因，如果食物充足，许多熊不会冬眠，反而会整个冬天都在狩猎。但食物不多时，熊就会躲在洞中过冬。小型哺乳类动物在冬眠时体温会急速下降，但熊的体温只会下降约4度，不过心跳速率会减缓75%。一旦熊开始冬眠后，它的能量来源就从饮食转换为体内储存的脂肪。

熊中的黑熊还喜欢吃蚂蚁，这是为什么呢？因为它是杂食动物，如野果、玉米等。有些野果吃到肚中不易消化，腹胀肠满，它又不可能像人一样吃消化药物，但却有其特殊的本能，吃活蚂蚁，当消化药。蚂蚁被熊吃进腹中之后，不能马上死掉便在胃肠中疯狂地爬动逃生，如此，就替黑熊疏通了肠胃，起到消化药的作用。据说有些蚂蚁从熊肛门钻出后，还是活的呢！蚂蚁并不是随时可以吃到的，有时黑熊吃不到蚂蚁，胃肠又堵得难受，怎么办？他还有个笨办法，那就是爬到树顶上往下跳，即"跌膘"，通过这一摔，很可能就将肠胃疏通了。

此外很多人相信这种说法：当人遇到熊的时候，只要躺倒装死，就会很安全，因为熊一般不吃死人。遇到熊只要装死就会安全吗？熊是杂食动物，吃东西从不挑剔，无论是动物、植物，什么都吃，有时能咬死一头牛。熊喜欢吃活的动物，但在饥饿时死的动物也吃。当人遇到熊，如果装死，也有被吃掉的危险。所以遇到熊装死是不安全的。

与人类最像的猩猩

有人说，猩猩与人类可能是同出一支。猩猩是灵长类动物，与人类的血缘很近，遗传基因比较接近。尤其是黑猩猩，它的大脑发育的比较完善了，能够通过思考解决一些问题。这就是智慧。而且他们也有喜怒哀乐。

研究表明，猩猩是在 1400 万年前从祖先那里分化出的，它的祖先同时也是非洲猿类和人类的祖先。无论是从智力上，还是从外形上，猩猩都是与人类最像的动物。雄性猩猩的身高大概为 137 厘米，雌性为 115 厘米；体重雄性为 60~90 千克，雌性 40~50 千克。它们体毛长而稀少，毛发为红色，粗糙，幼年毛发为亮橙色，某些个体成年后变为栗色或深褐色。面部赤裸，为黑色，但是幼年时的眼部周围和口鼻部为粉红色。雄性脸颊上有明显的脂肪组织构成的"肉垫"，具有喉囊。牙齿和咀嚼肌相对比较大，可以咬开和碾碎贝壳和坚果。苏门答腊猩猩体型偏瘦，皮毛比较灰，头发和脸都比婆罗洲猩猩的长。手臂展开可以达到 2 米长，可用于在树林之间摆荡。猩猩的胃口很大，有的时候它们会花上一整天坐在一棵果树上狼吞虎咽。

猩猩又是一种生长和繁殖很慢的长寿动物。它们悠闲的生活史可能是为了适应在低死亡率的栖息地生活，以及度过食物稀缺的时期。在野外，雌性 10 岁进入青春期，但是 5 年后才可以生育。幼崽在 1 岁以前都会受到母猩猩的持续照料，当它们 4 岁大的时候，母猩猩才会离开。雄性猩猩通常在 12 岁的时候达到性成熟。完全成熟的雄性体型大约是雌性的两倍，它们脸颊边缘的纤维组织将脸部变得更宽，有着大而长的喉结，手臂和背上有长长的、斗篷一样的毛发；也能发出低沉的"长叫"。如果完全在野外生活的话，猩猩的寿命大约为 35 岁；人工条件下，可以活到约为 60 岁。

猩猩尤其是黑猩猩智力水平很高，甚至比我们想象的要高！在对猩猩长期观察中，学者们归纳出它们的思维特点：家庭情谊、性爱有别、喜怒哀乐、等级观念、钩心斗角、争夺高位、社交方式、手势语言、自我意识、修造工具等十种有别于其他动物的较高级意识。个别猩猩更被观察有欺骗行为，它能够推测其他个体对自己的身体语言和叫声音调所表达信息之理解。

而且猩猩还会进化，世界上的生物都在进化！应该说，还没有什么因素可以限制猩猩继续进化！

喜爱模仿人类的猴子

猴是一个俗称,在我国古籍中,猴子还有其他别称,果然,独,狨等。据《白虎通》记述:"猴,侯也,见人设食伏机,则凭高四望,善于侯者也。"侯,是等待、观望的意思。

灵长目中很多动物我们都称之为猴。猴子是动物界最高等的类群,它们大脑发达;眼眶朝向前方,眶间距窄;手和脚的趾(指)分开,大拇指灵活,多数能与其他趾(指)对握。它们可以进行不同形式的树栖或半树栖生活,通常以小家族群活动,也结大群活动。多数能直立行走,但时间不长。多在白天活动,夜间活动的有指猴、一些大狐猴、夜猴等。大多为杂食性、吃植物性或动物性食物。每年繁殖1~2次,每胎1仔,少数可多到3仔。

猴子长相惹人喜爱,并且还会模仿人类的动作,经过训练,它还可以帮助人们做好多的事情呢!为什么猴子能够模仿人的动作,为人做"服务员"呢?因为,猴子是人类的近亲。在动物的分类上全都属于灵长目类。它有和一般动物不同的发达的大脑,它的进化程度和人的大脑比较接近,猴子是接近人类的一种非常聪明的动物。此外,猴子的后肢要比前肢长,能够直立行走;五指之中的拇指比其他的四指长,能够与其他的四指相对而向。这一切也为它能模仿人的动作提供了有利的条件。

猴子们还喜欢互相搔身子,这是因为猴子也需要吃盐。它们平时吃的东西里含盐分很少,猴子身上出汗,汗水蒸发后,就变成小盐粒,它们互相在身上抓搔,就是找毛发里的盐粒吃。

而且猴子的屁股是红的。猴子红屁股其实是因为猴在运动时,臀部的皮肤已经把表皮的色素磨掉,可清晰看见茧皮下的血管,所以臀部呈红色。人类在害羞或兴奋时,脸颊会红,而猴子红的则是臀部,越成熟的猴子,臀部越红。到了发情期会更红,因为越红越能吸引异性,更有趣的是较弱的雄猴常将自己的臀部给较强的雄猴看,以示顺服。

猴子是最调皮捣蛋的动物,《西游记》中所描写的孙悟空,甚至也是由猴子变成的。

凶残嗜血的狼

狼或称为灰狼,是家犬的祖先,为现生犬科动物中体型最大者。狼是动物世界中比较特殊的一类,它既有凶残嗜血的天性,又有团结协作的特点。

一般来说,狼肩高在26~36英寸之间,体重在32~62公斤之间。最小的狼是阿拉伯狼,雌性的狼有的体重可低至10公斤。狼群适合长途迁行捕猎。其强大的背部和腿部,能有效地舒展奔跑。它们有能力以速度 10 公里/小时长时间奔跑。狼曾经在全世界广泛分布,不过目前主要只出现于亚洲、欧洲、北美和中东。狼属于生物链上层的掠食者,通常群体行动。由于狼会捕食羊等家畜,因此直到 20 世纪末期前都被人类大量捕杀。

狼是夜行性动物,一般都在晚上出来活动,并且集群而出。当它们要外出时,先要通过嚎叫互相传递信息,邀约同伴,如公狼呼唤母狼,母狼呼唤小狼等。在繁殖期,它们也要通过嚎叫来寻找配偶。因此狼爱在夜间嚎叫。另外,在狼眼睛的底部,有许多特殊的晶点。由于这些晶点具有很强的反射光线的能力,当狼夜间出来活动时,这些晶点就能将很多极微弱的、分散的光聚集成束反射出来,看上去狼的眼睛就闪闪发光了。

狼和狗很像,但在外形上的主要区别有:狼的两个耳朵大约平行地垂直竖立,不像狗的耳朵通常下垂;狼的吻部比狗长而尖,口也较为宽阔,牙齿很大,眼向上倾斜,位置较鼻梁为高;狼背部的毛较长,胸部也比狗宽阔;尾巴比狗的短而粗,毛较为蓬松,常常下垂于后肢之间,不像狗的尾巴常向上卷曲。

在人类社会中,还存在着狼仇恨与狼崇拜两种观念。由于它们能对羊进行捕杀,甚至还能吃人。再加上在寓言故事和文学作品中,它们身性凶残,阴险狡诈,并常常被冠以狼心狗肺、狼狈为奸、狼子野心等等恶名。因此人们对它们十分憎恶。于是人类对狼大开杀戒,将其赶紧杀绝。然而,同时它们又有着嗅觉敏锐、善于捕捉机会、团结协作等让人十分敬佩的优点。很多民族便以狼作为图腾来崇拜。

狡猾奸诈的狐狸

不论在哪个国家、哪个民族,狐狸都是狡猾、奸诈、贪婪的形象。人们没有冤枉它,狐狸生来多疑,诡计多端。

如果狐狸遭到猎人的枪击,没被击中,它会采取装死的办法,将身子变软,停止呼吸,猎人以为它被打死,便放心地把它扔到地上,再去捕别的猎物,可是狐狸却乘机逃跑了。有时它被猎狗追得无法逃脱,便施放一股臭气熏天的"狐臭",就像化学炸弹,使猎狗透不过气来,狐狸借此机会逃之夭夭。狐狸非常多疑,出洞之前,先在洞口倾听观望,当确认外面没有情况时,才窜出洞去。它在冰上行走,总是一面走,一面听,完全处于戒备状态。说是狡猾,其实有些贬低狐狸的意思。自有生命以

狐狸

来,为在有限的环境中求生存,任何动物都有自己的一种保命之道。弱肉强食,适

者生存嘛！狐狸正因为狡猾，才能生存下来。

狐狸还有一个奇怪的行为：一只狐狸跳进鸡舍，把 12 只小鸡全部咬死，最后仅叼走一只。狐狸还常常在暴风雨之夜，闯入黑头鸥的栖息地，把数十只鸟全部杀死，竟一只不吃，一只不带，空"手"而归。这种行为叫作"杀过"。

一般所说的狐狸，又叫红狐、赤狐和草狐。狐狸全身棕红色，耳背黑色，尾尖白色，尾巴基部有个小孔，能放出一种刺鼻的臭气。狐狸尖嘴大耳，长身短腿，身后拖着一条长长的大尾巴。它生活在森林、草原、半沙漠、丘陵地带，居住于树洞或土穴中，傍晚出外觅食，到天亮才回家。由于它的嗅觉和听觉极好，加上行动敏捷，所以能捕食各种老鼠、野兔、小鸟、鱼、蛙、蜥蜴、昆虫和蠕虫等，也食一些野果。狐狸平时单独生活，生殖时才结小群。每年 2 月~5 月产仔，一般每胎 3 只~6 只。它的警惕性很高，如果谁发现了它窝里的小狐，它会在当天晚上"搬家"，以防不测。

狐皮是较珍贵的毛皮，毛长绒厚，灵活光润，针毛带有较多色节或不同的颜色，涨幅大，皮板薄，适于制成各种皮大衣、皮领、镶头、围巾等制品，保暖性好，华贵美观。深受国内外客户喜爱，狐狸也因此惹上了杀身之祸。

放臭屁的黄鼠狼

黄鼠狼的肛门处，有一对臭腺，遇到敌害时能放出怪异的臭味，起着御敌自卫作用。

黄鼠狼放臭屁护身这一招，一般会用在它们一筹莫展、穷途末路时。它会从肛门放出一股臭气，趁对方胆怯的空隙，赶紧逃之夭夭。放臭屁正是它重要的护身法宝。这种臭气是由肛门两侧的臭腺形成的，危难时从肛门喷出。

具有臭腺也是鼬科动物的一个特点。例如臭鼬鼠也同样能放出同样的臭气。当它遇到袭击时，会竖起尾巴射出臭液，这种臭液不但奇臭无比而且具有麻痹作用。闻过这种臭气的人都会知道，很像臭鸡蛋味，臭得难闻，非捏鼻子不行。许多动物体内有臭腺，如放屁虫肛门附近，椿象和臭虫后足基部附近，而黄鼠狼臭腺就在肛门附近。

黄鼠狼是哺乳类啮齿目鼠科动物，又叫黄鼬。头稍圆，身体长而腿短，背部毛色赤褐，嘴周围白色，胸腹部淡黄褐色。体长约 30 厘米，尾长 15~20 厘米，栖息河谷、土坡、灌木丛以及田间或树下的洞穴中，主要夜间活动。黄鼠狼在亚洲、欧洲和北美洲都有分布。它们的毛皮还可以制皮衣，尾毛可以制毛笔。

黄鼠狼身材不大，却作恶多端，时常做些鸡鸣狗盗之事，并且很难被人发现。因此它常被人们认为是害兽。其实黄鼠狼还是灭鼠能手。据统计。一只黄鼠狼一年能消灭三四百只鼠类。一旦老鼠被它咬住，几口就可下肚。如果寻找鼠窝，它可以掘开鼠洞，整窝消灭。以每年每只鼠吃掉 1 公斤粮食计算，一只黄鼠狼可以从鼠口里夺回三四百公斤粮食。所以黄鼠狼也是人类的好朋友。

"裘中之王"貂

貂是珍贵毛皮动物,貂皮素有"裘中之王"之称。

它们是哺乳动物的一种,身体细长,四肢短,耳朵三角形,听觉敏锐,种类很多,如我国出产的紫貂。它们又是一种极其凶猛的动物,形似家猫,体重约一公斤,体长约40厘米。貂适于生活在寒冷气候,喜安静,多独居,一年两次换毛。貂又分为紫貂和水貂两种。所谓紫貂又称黑貂、林貂,老百姓叫"大叶子",因皮毛略呈棕褐色,所以看上去就是浅黑色的。在我国,紫貂数量极少,主要生活在大小兴安岭、长白山的针阔叶混交林带和新疆阿尔泰山余脉中。水貂则生活在林中溪水之间和大小河流中。

貂皮非常珍贵,属于细皮毛裘皮,皮板优良,轻柔结实,毛绒丰厚,色泽光润。用它制成的皮草服装,雍容华贵,是理想的裘皮制品。而在貂皮中,又以紫貂皮更为名贵,由于紫貂皮产量极少,致使其价格昂贵,所以才有"裘中之王"的美称。因此它又成为人们富贵的象征。在国外,被称为"软黄金"。貂皮具有"风吹皮毛毛更暖,雪落皮毛雪自消,雨落皮毛毛不湿"的三大特点。

貂的经济效益很高。它的皮是高级裘皮佳品。它的肉则营养丰富,是可口的野味食品,而且还可入药,是高级滋补营养品。貂可谓浑身都是宝!因此现在有很多人工养殖的貂,因为野生貂的生活习性较孤僻,昼伏夜出,除交配和繁殖期外,喜欢独居生活。所以人工养殖下的貂,每只貂单独一个笼子。笼子大约1.5米乘以1.5米。野生的貂以小型的哺乳动物、鸟类、鼠类为主要食物,也食松籽等浆果。所以,人工养殖的貂要有专门的饲料配方。常以玉米粉和小鱼小虾混合后,煮熟,成粥状。加以骨粉,多种维生素,每日喂三次。

体型巨大的蟒蛇

蟒蛇是世界上蛇类品种中最大的一种,也是当今世界上较原始的蛇种之一,在其肛门两侧各有一小型爪状痕迹,为退化后肢的残余,现为国家一级重点保护的野生动物。

蟒蛇属无毒蛇类,体形粗大而长,有成对发达的肺,较高等的蛇类只有1个或1个退化肺。蟒蛇的体表花纹非常美丽,对称排列成云豹状的大片花斑,斑边周围有黑色或白色斑点。体鳞光滑,背面呈浅黄、灰褐或棕褐色,体后部的斑块很不规则。蟒蛇头小呈黑色,眼背及眼下有一黑斑,喉下黄白色,腹鳞无明显分化。尾短而粗,具有很强的缠绕性和攻击性。一般的蟒蛇,可长达5~7米,最大体重在50~60千克。蟒蛇体积大本不足为奇,可是印尼一所乡间动物园近日对外展出的一条蟒蛇其"身材"之巨令人咋舌,它身长近15米,体重接近450公斤,堪称世界第一大蟒。

它的捕食方法与其他蛇类不同。蟒蛇没有毒,不像毒蛇那样,先用毒牙流出的毒液毒死猎物,再吃掉。它们先咬住猎物,再用它那巨大的身躯缠住猎物,不断地用力,直到把猎物勒死,才不紧不慢地吞下去。蟒蛇的头部连接到下颚的骨头和下颚左右两边的骨头是活动的,另外下颚肌肉像皮筋那样能左右张开,所以它的嘴能张得很大,达到130°角,这就使它能吞下比自己的头大好几倍的动物,比如小牛,羊和鹿等。在南美洲的丛林里,巨大的蟒蛇甚至能吃掉凶猛的美洲狮。当蟒蛇够大时,还可以吞食人类。

在西非贝宁南部,有一座海滨城市维达,该城是著名的观光景点,每年都有不少游客慕名而来。这座城市三面都被密林包围,密林中的蟒蛇纷纷流窜到城市中去活动。这种蟒蛇不伤人,因此,千百年来那里的市民就和蛇交上了朋友。游客一进城,就会马上发现那里的街道上、屋檐上、餐馆和其他公共场所,到处都有蟒蛇在蠕动。连课堂的讲台上和店铺的柜台上,蟒蛇也是翘首吐舌,东张西望,路上很多行人则以蛇盘身来炫耀。维达市居民家家户户都养蛇,少则三五条,多则数十条。蟒蛇与家人同吃同住,和睦相处。吃饭时,主人将木棍倚桌而竖,蟒蛇则缘棍入席,吃饱喝足之后,蛇就自动退席。

但是,蟒蛇的庞大和杀伤力,至今仍然令人类退避三舍。

“变色龙”——蜥蜴

蜥蜴属于爬行纲动物,其种类繁多,在地球上分布大约有3000种左右,我国已知的有150余种。大多分布在热带和亚热带,其生活环境多样,主要是陆栖,也有树栖、半水栖和土中穴居。多数以昆虫为食,也有少数种类兼食植物。蜥蜴是卵生,少数卵胎生。

蜥蜴的变色能力很强,特别是避役类,以其善于变色获得“变色龙”的美名。我国的树蜥与龙蜥多数也有变色能力,其中变色树蜥在阳光照射的干燥地方通身颜色变浅而头颈部发红,当转入阴湿地方后,红色逐渐消失,通身颜色逐渐变暗。蜥蜴的变色是一种非随意的生理行为变化。它与光照的强弱、温度的改变、动物本身的兴奋程度以及个体的健康状况等有关。

蜥蜴俗称“四足蛇”,有人叫它“蛇舅母”,是一种常见的爬行动物。人们都熟悉蜥蜴,无论是在竖直的墙壁上,还是在光滑的玻璃上,它都能行走如飞。科学家发现,蜥蜴没有吸盘,也没有能排出黏性液体的腺管。它能行走如飞,这是因为它们的每只脚上都有5个脚趾,在脚趾的下面有不少毛,这些毛在顶端又分出数百到几千根更细的纤毛,这些纤毛的直径是人头发的1/10。当蜥蜴在例如墙壁上行走时,这些多达几十亿根的纤毛能如此接近墙壁,以致它们与墙壁的距离只有原子大小,这样墙壁物质的分子与纤毛分子之间的力就使蜥蜴永远不会掉下来。雄性蜥蜴尾巴长而粗,腹部较窄,腿长,母蜥蜴尾巴短而细。腹部宽而圆,脚短。一只蜥蜴难辨别,进行比较一下,马上就能分辨清楚,从颜色上也能区别,公的艳丽,母的灰暗。

蜥蜴与蛇有密切的亲缘关系,二者有许多相似的地方,周身覆盖以表皮衍生的角质鳞片,泄殖肛孔都是一横裂,雄性都有一对交接器,都是卵生(或有部分卵胎生种类),方骨可以活动,等等。蜥蜴与蛇的区别,有人认为蜥蜴与蛇的区别在于蜥蜴有四只足,而蛇没有足。

世界上最大的蜥蜴,是"科摩多的龙"。印度尼西亚有一个群岛叫努沙登加拉群岛,科摩多就是该群岛的一部分。科摩多岛长四五公里,宽十至十三公里。在这里,生活着世界上最大的蜥蜴,岛上的居民称之为"科摩多的龙"。科摩多岛的自然环境,是巨蜥蜴生活的"天堂"。成年的蜥蜴,一般身长三点五至五米左右,体重一百至一百五十公斤。它扑食动物时,凶猛异常,奔跑的速度极快。它那巨大而有力的长尾和尖爪是扑食动物的"工具"。它以岛上的野猪、鹿、猴子等为食。只要成年的巨蜥一扫尾巴,就可以将三岁以下的小马扫倒,然后一口咬断马腿,将马拖到树丛中吃掉。吃不完时它还将余下部分埋在沙土或草里,饿时可吃。

我们中国也有巨蜥,但比科摩多的龙要小得多,主要分布在广东省和广西壮族自治区。

"断尾再生"的壁虎

壁虎也叫蝎虎,俗名又叫守宫。它是一种爬行动物,身体扁平,四肢短,趾上有吸盘,能在壁上爬行。壁虎以蚊、蝇、蛾等小昆虫为食,对人类有益。

我们在爬行动物展览馆,能见到长相怪怪的壁虎,它很丑,还有一条长长的尾巴。可是,有的壁虎却没有尾巴,它们的尾巴怎么会掉了呢? 壁虎最奇特的一个特征就是,当他们受到强烈干扰时,它的尾巴可自行截断,以后还再生出来新尾巴。这种奇异的功夫可称之为"断尾再生术"。当它们遇到敌害时,能自己把尾巴断在地上,由于里面的神经还在活动,尾巴会"噼噼噗噗"地跳一会,好像是只活的虫子,当敌害将注意力集中到尾巴上时,壁虎赶紧钻入墙缝逃走。过一段时间,小尾巴还会再长出来。

而且壁虎还能够飞檐走壁。壁虎能够在一块垂直竖立的抛光玻璃表面,以每秒一米的速度向上高速攀爬,而且"只靠一个指头"就能够把整个身体稳当地悬挂在墙上。除了能在墙上竖直上下爬行外,壁虎还能够倒挂在天花板上爬行,这一绝技更令其他动物望尘莫及。这是因为它的每只脚底部长着数百万根极细的刚毛,而每根刚毛末端又有约400根至1000根更细的分支。这种精细结构使得刚毛与物体表面分子间的距离非常近,从而产生分子引力。虽然每根刚毛产生的力量微不足道,但累积起来就很可观。根据计算,一根刚毛能够提起一只蚂蚁的重量,而100万根刚毛虽然占地不到一个小硬币的面积,但可以提起20公斤力的重量。如果壁虎同时使用全部刚毛,就能够支持125公斤力。科学家说,壁虎实际上只使用一个脚,就能够支持整个身体。

壁虎主要分布于我国华南地区。壁虎习惯夜间活动,夏秋的晚上常出没于有灯光照射的墙壁、天花板、檐下或电杆上。白天则潜伏于壁缝、瓦角下、橱柜背后等隐蔽处,并在这些隐蔽地方产卵。

需要更换"衣裳"的梅花鹿

随着季节和环境的变化,梅花鹿需要不断更换"衣裳"。这是为了保护自己,不易被猛兽发现。

梅花鹿的背脊两旁和体侧下缘,镶嵌着有许多排列有序的白色斑点,状似梅花,在阳光下还会发出绚丽的光泽,它也因而得名。它的体形匀称,体态优美,毛色随季节的改变而改变,夏季体毛为棕黄色或栗红色,无绒毛。冬季体毛呈烟褐色,白斑不明显,与枯茅草的颜色差不多,借以隐蔽自己。颈部和耳背则呈灰棕色,一条黑色的背中线从耳尖贯穿到尾的基部,腹部为白色,臀部有白色斑块,其周围有黑色毛圈。

梅花鹿

它是一种中型的鹿类,体长 125~145 厘米,尾长 12~13 厘米,体重 70~100 千克。梅花鹿头部略圆,面部较长,鼻端裸露,眼大而圆,眶下腺呈裂缝状,泪窝明显,耳长且直立。颈部长,四肢细长,主蹄狭而尖,侧蹄小。尾较短,背面呈黑色,腹面为白色。雌兽无角,雄兽的头上具有一对雄伟的实角,角上共有 4 个杈,眉杈和主干成一个钝角,在近基部向前伸出,次杈和眉杈距离较大,位置较高,故人们往往以为它没有次杈,主干在其末端再次分成两个小枝。主干一般向两侧弯曲,略呈半弧形,眉叉向前上方横抱,角尖稍向内弯曲,非常锐利,是其生存斗争的有力武器。

梅花鹿生活于森林边缘和山地草原地区,不在茂密的森林或灌丛中,因为不利于快速奔跑。白天和夜间的栖息地有着明显的差异。白天多选择在向阳的山坡,茅草丛较为深密,并与其体色基本相似的地方栖息。夜间则栖息于山坡的中部或中上部,坡向不定,但仍以向阳的山坡为多,栖息的地方茅草则相对低矮稀少,这样可以较早地发现敌害,以便迅速逃离。它的性情机警,行动敏捷,听觉、嗅觉均很发达,视觉稍弱,胆小易惊。由于四肢细长,蹄窄而尖,故而奔跑迅速,跳跃能力很强,尤其擅长攀登陡坡、连续大跨度的跳跃,速度轻快敏捷,姿态优美潇洒,能在灌木丛中穿梭自如,或隐或现。

梅花鹿是亚洲东部的特产种类,在国外见于俄罗斯东部、日本和朝鲜。梅花鹿具有很高的经济价值。中国古书记载,服用鹿茸有"补精髓、壮肾阳、健筋骨"之功。历史上捕捉猎杀过度,野生数量极少,现人工养殖种群已达数十万只。

长脖子的长颈鹿

长颈鹿是非洲特有的一种动物。它长长的脖子,抬起头来,最高可达 6 米,因此也是陆地上最高的动物。

为什么它会有一个这样长的脖子呢? 生物学家在研究长颈鹿的进化时,认为在远古的进化初期,长颈鹿的祖先只有小鹿大小,世世辈辈以青草为食。但在受到干旱等灾害时,大片草原枯荒,为了生存下去,长颈鹿就要时刻努力伸长脖子,吃树上的嫩叶子,那些脖子短的长颈鹿,吃不到树上的嫩叶,慢慢地被自然条件淘汰。就这样,经过许多世代以后,它们的脖子就慢慢变长,最后终于形成现在的样子。

长颈鹿硕长的脖子不仅对于警戒放哨、了解敌情和寻求食物是必不可少的,而且还是一个卓有成效的冷却塔。靠它的脖子散热,可以适应热带炎热的困扰。在前进的时候,长颈鹿的长脖子还能用于增大动力,在漫步、跑动时,脑袋就被置于前方,借以往前推移它的重心。

长颈鹿的相貌奇异,体态优雅,长在头上的突出双眼,可以同时观察四周的情况。长颈鹿通常生一对角,终生不会脱掉,皮肤上的花斑网纹则为一种天然的保护色。长颈鹿喜欢群居,一般十多头生活在一起,有时多到几十头一大群。长颈鹿是胆小善良的动物,每当遇到天敌时,立即逃跑。它能以每小时 50 公里的速度奔跑。当跑不掉时,它那铁锤似的巨蹄就是很有力的武器。

长颈鹿除了一对大眼睛是监视敌人天生的"瞭望哨"外,还会不停地转动耳朵寻找声源,直到断定平安无事,才继续吃食。长颈鹿喜欢采食大乔木上的树叶,还吃一些含水分的植物嫩叶。它的舌头伸长时可达 50 厘米以上,取食树叶极为灵巧方便。在非洲的草原和森林交接处的片片树林间,可以看到它们嚼食树叶的情景。

其实,在远古时期,长颈鹿活跃在欧、亚、非大陆上。但随着地球发生的变迁,长颈鹿的生存地渐渐被集中到非洲东部的少数地区。目前,世界上现存的长颈鹿总数约为 45 万头。长颈鹿独特的身躯和体态,没有任何一种动物与之相比,受到人们的喜爱。

黑白相间的斑马

斑马为非洲特产,是最著名的非洲动物之一。斑马最大的特点就是身上有着黑,白相间的花纹。

它们会长着黑白相间花纹,也是因为生存的需要。它们的主要天敌是非洲一种叫舌蝇的动物,如果它们叮上斑马,斑马就会病死! 这种舌蝇看单纯的一种颜色会看得很清,黑白相间的颜色则令它们眼花,所以那些单色的斑马被淘汰了,而黑白相间的斑马却因此得以生存下来。

斑马共有 3 种,山斑马、普通斑马、细纹斑马,从它们身上的斑纹图式、耳朵形状及体型大小即可将其区分,而三种斑马的生活习性却差不多。南非洲产山斑马,除腹部外,全身密布较宽的黑条纹,雄体喉部有赘肉。非洲东部、中部和南部产普通斑马,由腿至蹄具条纹或腿部无条纹。非洲南部奥兰治和开普敦平原地区产拟斑马,成年拟斑马身长约 2.7 米,鸣声似雁叫,仅头部、肩部和颈背有条纹,腿和尾白色,具深色背脊线。东非还产一种格式斑马,体格最大,耳长(约 20 厘米)而宽,全身条纹窄而密,因而又名细纹斑马。

斑马喜欢栖息在平原和草原(山斑马则居于多山地区)。它们是群居性动物,常结成群 10~12 只在一起,有时也跟其他动物群,如牛羚甚至鸵鸟混合在一起。老年雄性斑马偶然单独活动。它们跑得很快,每小时可达 64 公里。斑马经常喝水,因此很少住到远离水源的地方去。它们还有一个特点就是,即使在食物短缺时,从外表看仍是又肥壮、皮毛又有光泽。

斑马一般喜欢和长颈鹿呆在一起。动物混群生活的前提是没有食物上的竞争。此外,斑马和长颈鹿在一起还有一个好处,斑马的嗅觉非常灵,长颈鹿可以看得很远,因此很容易发现附近的敌害,它们在一起是互利互助。

斑马对普通非洲疾病都有抵抗力,而马却没有。所以一些国家和私立机构曾试图驯化斑马,并将其与马杂交配种。公斑马与母马杂交、母驴杂交均产过仔,美国国立动物园还展出过这样的杂交种。

斑马在人为饲养下能生活得很好,因此在许多动物园和马戏团中都有斑马。

“沙漠之舟”骆驼

骆驼有两种,有一个驼峰的单峰骆驼和两个驼峰的双峰骆驼。单峰骆驼比较高大,在沙漠中能走能跑,可以运货,也能驮人。双峰骆驼四肢粗短,更适合在沙砾和雪地上行走。骆驼和其他动物不一样,特别耐饥耐渴。人们能骑着骆驼横穿沙漠,所以骆驼有着“沙漠之舟”的美称。

骆驼有“沙漠之舟”的称号,在沙漠中离开了骆驼的帮助,将是一件不可想象的事情。人们都知道骆驼是“沙漠之舟”,但是很少有人知道骆驼为什么能适应那么恶劣的环境。最主要的原因是骆驼的驼峰里贮存着脂肪,这些脂肪在骆驼得不到食物的时候,能够分解成骆驼身体所需要的养分,供骆驼生存需要。骆驼能够连续四五天不进食,就是靠驼峰里的脂肪。另外,骆驼的胃里有许多瓶子形状的小泡泡,那是骆驼贮存水的地方,这些“瓶子”里的水使骆驼即使几天不喝水,也不会有生命危险。

另外骆驼体格较大,足底厚,它还能预感风的强弱变化,知道地下水源的位置。骆驼的眼睛长有很长的睫毛,长睫毛可保护眼睛免受强日光照射,也可防止在沙尘暴条件下,沙子等异物进入。即使沙子钻进眼睛,只需几滴眼泪,就能把它冲洗出来。因此,即便是沙尘暴天气,骆驼也能分辨方向,不迷失道路。但是在沙尘暴刮起时,强大的风沙能够将骆驼的眼睛打瞎,骆驼也没有办法抵抗。骆驼是所有动物中最能忍耐饥渴的动物,有 30 天不喝水的记录。一旦喝起水来,一次能喝三十多公斤。骆驼的以上优点让它成为最适合在沙漠上行走动物。

但是别看骆驼长那么大块头,可是没有一点攻击力。上面说了他没有一点攻击力那么就只有任人宰割了,是个动物都可以欺负他。可是骆驼的祖先没有选择进化出獠牙,利爪。而是选择了退让,他们选择没有动物可以生存的沙漠,克服了怎么样的困难我们只有想象了。为了生存,他们一代一代的进化,最终适应了几乎是世上所有生物无法适应的沙漠。

"最大的鸟"鸵鸟

鸵鸟是体型最大的鸟,身体长 183 到 300 厘米,是鸟中的"巨人"。鸵鸟的主要种类有非洲鸵鸟、美洲鸵鸟和澳洲鸵鸟,非洲鸵鸟则是其中体形最大的。

鸵鸟长着小小的脑袋,长长的脖子,嘴短而扁平,呈三角形,眼睛很大。雄鸵鸟的羽毛主要是黑色,翅膀和尾是白色的;雌鸵鸟的羽毛都是灰色的。鸵鸟主要分布在非洲西北部、东南部和南部,栖息在荒漠、草原和灌木等地。它们通常清晨和黄昏出来活动,性情机警,喜欢结群,通常 10~15 只在一起。鸵鸟主要以植物性食物为主,有时也吃一些动物性食物。

鸵鸟的腿又长又粗壮,善于奔跑,它一步就能跨过 3.5 米,跃过 1.5 米高,每小时可以跑 50 千米。在顺风快跑时,高高地举起翅膀,就像帆船的帆,每小时可以达到 70 千米以上,比马跑得还要快。鸵鸟的力气很大,只要它用强有力的长腿一踢,足可以踢倒一只猎狗或一只狒狒。

鸵鸟没有飞翔能力。因为鸵鸟的躯干短粗,胸骨扁平,翅膀很短,已经退化,它的羽毛上没有羽小钩,不能结成羽片,所以没有飞翔能力。再加上它是现存体型最大的鸟类,体重可达 100 多公斤,身高达 2 米多。要把这么沉的身体升到空中,确实是一件难事,因此鸵鸟的庞大身躯是阻碍它飞翔的一个原因。

在遇到危险时,鸵鸟会将头埋在沙子中。人们认为这是它性情懦弱的表现,其实这是人类对它的误解。鸵鸟生活在炎热的沙漠地带,那里阳光照射强烈,从地面上升的热空气,同低空的冷空气相交,由于散射而出现闪闪发光的薄雾。平时鸵鸟总是伸长脖子透过薄雾去查看,而一旦受惊或发现敌情,它就干脆将潜望镜似的脖子平贴在地面,身体蜷曲一团,以自己暗褐色的羽毛伪装成石头或灌木丛,加上薄雾的掩护,就很难被敌人发现。另外,鸵鸟将头和脖子贴近地面,还有两个作用,一是可听到远处的声音,有利于及早避开危险;二是可以放松颈部的肌肉,更好地消除疲劳。

鸵鸟蛋虽是所有鸟类中最大的蛋,但与其身体比例来说,也是所有鸟类中最小的,所以一只鸵鸟可以覆盖大量的蛋。

"百鸟之王"孔雀

孔雀有绿孔雀和蓝孔雀两种。绿孔雀又名爪哇孔雀,分布在中国云南省南部,为中国国家一级保护动物。蓝孔雀又名印度孔雀,分布在印度和斯里兰卡。蓝孔雀还有两个突变形态:白孔雀和黑孔雀。人工养殖主要指蓝孔雀。

孔雀是鸡形目雉科鸟类,孔雀栖息于开阔低地的森林中,白天结群,夜间栖于高树上。生殖季节每只雄孔雀拥有 2 至 5 只雌孔雀。孔雀不能飞。孔雀双翼不太发达,飞行速度慢而显得笨拙,只是在下降滑飞时稍快一些。腿却强健有力,善疾走,逃窜时多是大步飞奔。孔雀杂食,主要取食种子、浆果等。觅食时,行走姿势与鸡一样,边走边点头。

它们身体粗壮,雄鸟长约 1.4 米,雌鸟全长约 1.1 米。头顶上那簇高高耸立着的羽冠,也别具风度。雌孔雀无尾屏,背面浓褐色,并泛着绿光,不过没有雄孔雀美丽。雄孔雀羽毛翠绿,下背闪耀紫铜色光泽。尾上覆羽特别发达,平时收拢在身后,伸展开来长约 1 米左右,就是所谓的"孔雀开屏"。这些羽毛绚丽多彩,羽支细长,犹如金绿色丝绒,其末端还具有众多由紫、蓝、黄、红等色构成的大型眼状斑。开屏时反射着光彩,好像无数面小镜子,真真鲜艳夺目。

一般只有公孔雀才会开屏,每年春季,尤其是三四月份,孔雀开屏最多。孔雀之所以开屏,有两个原因:一是,因为遇到了天敌,它要打开它的屏,它的屏上有许多像眼睛一样的花纹图案,天敌会因此而感到恐惧;二是,它开屏还是因为是在繁殖时期,母孔雀要看公孔雀屏上的图案是不是好看,颜色是不是鲜艳,从而是不是选择该孔雀作为伴偶。孔雀的屏越鲜艳,越好看,证明该孔雀的繁殖能力就越强。

孔雀被视为"百鸟之王",是最美丽的观赏鸟,是世界上许多动物园的主要展出动物,也是吉祥、善良、美丽、华贵的象征。另外,孔雀的羽毛还可以用来制作各种工艺品。

吞食腐尸的秃鹫

秃鹫别名座山雕、狗头鹫,隼形目,鹰科,秃鹫属,是国家二级保护动物。秃鹫是腐食动物,主要以各种鸟兽的尸体腐肉为食,有时也捕食小型的鸟类。

秃鹫体长约 1.1 米,是一种大型猛禽。头部有暗褐色的绒羽,头后部羽色稍淡。颈部裸露,呈铅蓝色,皱领为白褐色。上体呈暗褐色。翼上覆羽为暗褐色,初级飞羽为黑褐色。下体呈暗褐色,胸前具有绒羽,两侧有矛状羽。胸、腹部有淡色纵纹。尾下覆羽为褐白色。嘴为黑褐色,脚为灰色,爪为黑色。秃鹫通常栖息于平原、丘陵地带的高山裸岩和草地环境。一般为单个活动,觅食时则集结成群。喜在高大的乔木上筑巢,巢穴以树枝为材料,内铺小树枝和兽毛等。繁殖期间每窝可产卵1~2枚，雌雄均参与孵卵，孵化期约55天左右。

秃鹫

秃鹫长得很丑陋，特别是它的头，光秃秃的，所以才叫"秃鹫"。秃鹫头上的羽毛哪儿去了呢？原来，这都是贪吃惹的祸，谁让它们专门喜欢吃死尸呢。秃鹫的头颈裸露，有利于它们把头伸入尸体体腔，掏食内脏。它们吃完食后，喜欢在阳光下晒着。由于头颈没有羽毛的遮拦，在阳光中紫外线的强烈照射下，沾在头颈上的细菌和寄生虫卵就会被杀死。这样它们就不会因为吃死尸得传染病了。

在我国生活的最著名的鹫是胡兀鹫，即人们常说的"座山雕"。它的头颈不像其他秃鹫，而是生满羽毛。它的眼前方、眼前上方、鼻子基部及颏和下颌相连的地方都长着黑色刚毛，看上去像长着一脸"络腮胡须"，"胡子雕"的绰号由此而来。跟其他秃鹫相比，胡兀鹫不仅食尸体腐肉，而且还捕食活物，特别是山羊。它们也捕食野兔、野鸡和旱獭等。它们不但吃肉，还嗜食骨头。它们能咬碎羊骨，并能把咬不动的骨头叼上天空，然后一松嘴，让骨头掉在岩石上摔碎后再食用。据说，胡兀鹫能用同样的方法将捕到的龟摔碎吃掉。在非洲，胡兀鹫还会叼起石头砸碎鸵鸟蛋吃，这种本能令动物行为学家大为吃惊。

在我国，秃鹫分布很广，从西部到南部，都可以找到他的踪影。

色彩斑斓的雉鸡

雉鸡，又叫野鸡，全世界大概有五十几种子类。雉鸡尾巴较长，雄雉色彩鲜艳，雌雉的色彩比较暗淡。雉鸡翎色彩斑斓，特别美丽，可以用来做装饰品。在古代，只有将军级别的武将可以佩戴。

雄雉鸡身体较大，约为85厘米，引自中国，为欧洲及北美洲所熟悉。雄鸟头部具黑色光泽，有显眼的耳羽簇，宽大的眼周裸皮鲜红色。有些亚种有白色颈圈。身体披金挂彩，满身点缀着发光羽毛，从墨绿色至铜色至金色；两翼灰色，尾长而尖，褐色并带黑色横纹。雄鸟的叫声为爆发性的"噼啪"两声，紧接着便用力鼓翼。

雌鸟体形较小，约为60厘米，而颜色暗淡，周身密布浅褐色斑纹。被赶时，能迅速起飞，飞行快，声音嘶哑，但富有变化。雄鸟单独或成小群活动，雌鸟与其雏鸟偶尔与其他鸟合群。雉鸡喜欢栖于不同高度的开阔林地、灌木丛、半荒漠及农耕地，并经常成群觅食，雄雉每到发情季节很好斗，在雌雉面前斗个你死我活，雌雉这时候却显得无动于衷。大凤冠雉是体型很大的雉鸡类，也是凤冠雉中体型最大的成员。

雉鸡原产于我国和东南亚,后来不少种类传到世界各地。中国有 19 种雉鸡,体羽细部差别很大。大约 2000 年以前,小亚细亚和欧洲就有人饲养亚洲传入的小雉鸡。雉鸡也是最好的猎鸟之一,不少种雉鸡由于人的狩猎几乎绝种。现在世界上有十几种雉鸡已处濒危状态。

站着睡觉的马

为了消除疲劳,动物也要睡觉,不过它们睡觉的姿势可是多种多样的。马的睡觉方式就很特别,它总是站着睡。

马属于好动的动物,与食肉动物相反,它休息和睡眠时间很短。成年马平均一昼夜睡眠约 6 小时左右,深睡只用 2 小时,多在破晓之前。一般来说,吃饱后,只要安静站立,马就能立即进入睡眠。马能在站立下睡眠并得到良好的休息,原因主要是能支持大部分体重的前肢。它们站着睡觉的原因,则是因为马没有尖牙利爪。从前野生的马遇上敌人,只有撒开腿快跑才能逃生。如果马躺在地上睡觉,遇到险情就逃不掉了。因此它们直到现在还保持着这个习惯。其实也不是所有的马都站着睡觉,一般公马和骟马主要是站立睡眠。母马和幼驹则卧倒睡眠。

马属动物起源于 6000 万年前新生代第三纪初期,其最原始祖先为原蹄兽,体格矮小,四肢均有 5 趾,中趾较发达。生活在 5800 万年前第三纪始新世初期的始新马,或称始祖马,体高约 40 厘米。前肢低,有 4 趾;后肢高,有 3 趾。牙齿简单,适于热带森林生活。进入中新世以后,干燥草原代替了湿润灌木林,马属动物的机能和结构随之发生明显变化:体格增大,四肢变长,成为单趾;牙齿变硬且趋复杂。经过渐新马、中新马和上新马等进化阶段的演化,到第四纪更新世才呈现为单蹄的扬首高躯大马。

家马是由野马驯化而来。中国是最早开始驯化马匹的国家之一,从黄河下游的山东以及江苏等地的大汶口文化时期及仰韶文化时期遗址的遗物中,都证明距今 6000 年左右时几个野马变种已被驯化为家畜。但马的驯化晚于狗和牛。马在古代曾是农业生产、交通运输和军事等活动的主要动力。但随着动力机械的发明和广泛应用,马的役用价值在一些工业发达国家明显下降,田间作业几乎都为拖拉机所取代,马匹主要用于马术运动和生产乳肉,饲养量大为减少。但在有些发展中国家和地区,马仍以役用为主,并是役力的重要来源。

此外,马有很强的竞争心理。赛马就是利用了马的这种心理。也许有很多人不知道,在战争中,许多马并不是倒在枪林弹雨中,而是累死在战场上的。对反感的事物,马会做出几种反映:一是示威,这时马耳后背,目光炯炯,上脸收缩,高举颈项,点头吹气;二是愤怒地后踢,有时还会出现嘶咬对方的行为。

流"红汗"的河马

我国有个动物园,在引进河马时,曾经虚惊一场。人们发现在运输河马的过程中,河马身体表面流血了。后来专家们解释说,那不是血,而是河马排出来的红色汗液。鲜红似血的汗,从此就成了河马的重要标志。

河马为什么出红汗,红汗有什么作用?这曾经是难倒生物学家的问题。河马排出的汗液含红色色素,经皮肤反射显现是红色的,这就引出河马出"血汗"的说法。有人认为,河马的红汗就像其他动物的汗一样有解热功能;也有人认为,红汗可以防水;还有人认为红汗可以杀菌,因为有研究表明,汗液里一般都含有杀菌蛋白质。日本研究人员的最新研究表明,河马的汗兼备防晒和抗生素的功能。

在所有的陆地动物中,河马是数得着的大个子,且喜欢群居,一般由 10~20 只组成。河马的模样长得很怪,它身体肥胖粗壮,皮肤厚而光滑,大脑袋上嵌着两只小眼睛。最明显的特征是,它有一只很大的嘴巴,嘴里长着巨大的利牙,样子十分吓人。那么,河马会吃人吗?不会。其实,河马不是凶猛的野兽,它的性情十分温和。这种动物是天生的素食者,从来不吃荤腥。除非受到攻击,河马是不会主动袭击人和其他动物的。

河马可以整个日间浸在水中,只露出鼻孔和眼睛在水面。河马可以闭气潜水六分钟,在水中,它们仍然是用腿走路。夜晚寂静无声时,它们才爬上岸,寻食充饥,或者在沿岸水域饱餐水生植物,或者在地面大嚼野生嫩草。吃东西的时候,河马和牛、羊不一样,它那宽大的上下唇和又宽又软的两颊形成大斗般的口,一次就能吞下 10 千克食物。河马一天要吃几十千克的食物,相当于人们一个月的口粮。

河马很讲究地盘势力,会对入侵领土的河马展开大厮杀。打得兴起时,就连附近的小河马也无暇理会,被咬死踩死并不为奇。平时温和的河马,一到繁殖季节也会一反常态,变得相当暴躁。在这一时期遇上河马是比较危险的,最好要离它远一点。

丑陋却温柔的犀牛

犀牛是陆生动物中最强壮的动物之一。约 6 千万年前犀牛就已出现,现在世界上共有黑犀牛、白犀牛、印度犀牛、苏门答腊犀牛和爪哇犀牛等 5 种。

犀牛有异常粗笨的躯体,短柱般的四肢,庞大的头部,全身披着铠甲似的厚皮,吻部上方长有单角或双角,头两侧生有一对小眼睛。它们虽然躯体大,相貌丑陋,却是些胆小无害、不伤人的动物。一般来说,他们宁愿躲避而不愿战斗。不过他们受伤或陷入困境时却异常凶猛,往往盲目的冲向敌人。

它们体长 2~4 米,重 1000~3600 公斤,是第二大陆生动物。犀牛脚短身肥,皮厚毛少,眼睛小,角长在鼻子上,白犀的角最长可达 158 厘米,一般为 60～100 厘米。它们胆小,爱睡觉,喜群居,小牛犊十分依恋母亲。白犀牛的体形是 5 种犀牛中最大,重达 1800～2700 公斤。在所有陆地哺乳动物中,白犀牛是唯一一种体形大于非洲象和亚洲象的动物。

犀牛喜欢在身上涂泥浆。我们看见犀牛在陆地上走路,但它们更喜欢长时间地待在水里,因为是在野处,而水又很脏,所以水里面就会聚集很多泥浆,而那些泥浆却是它们的最爱。我们都知道那些大个的犀牛身上会发出很臭的味道,这样便会吸引来很多小飞虫,它们在犀牛的身上咬得它会很痒,于是犀牛们就会跳到水里将泥浆涂到身上这样就会把自己身上的味道盖住,就不会把那些虫子吸引过来。当然还有一个原因,那就是因为由于犀牛的皮肤上并没有长出可以保护皮肤的毛来,而它们却生活在开阔地,长时间地被太阳照射会使它们的皮肤受不了,因而会把它们的皮肤烤坏,于是聪明的犀牛们就会把自己的身体全部泡在水里涂上泥浆,这样一可以降温二可以避免太阳直接照在自己的身上保护了皮肤。有趣的是还有一种犀牛鸟经常停在犀牛背上为它清除寄生虫。

它们头上犀牛角十分珍贵,这也成了它们灭绝的主要因素。自私的人们把犀牛角当成珍贵的药材,同时也将它与象牙一样用来雕刻制成各种精美的工艺品,人们还残忍地将犀牛的皮和血入药,在中国宋朝就有用犀牛角的记载。因为人类的大肆捕杀,犀牛的数量已经非常稀少,目前被列为国际保护动物。

"九节狼"小熊猫

小熊猫俗名九节狼、金狗。最好看的是一条蓬松的长尾巴,其棕色与白色相间的九节环纹,非常惹人喜爱,"九节狼"的别名也是由此得来的。

小熊猫的外形,猫脸熊身,似猫非猫,似熊非熊,还拖着一条粗大带彩色环纹的尾巴,显然并非短尾大熊猫的亲族。体形肥胖体长 40～60 厘米,体重约 6 千克,全身红褐色,四肢棕黑色,体毛长而蓬松。脸圆,具白色斑纹,吻、耳缘和颊呈白色,脸上有白斑,眼鲜艳。尾粗,长超过体长之半,具 9 个棕黑与棕黄色相间的环纹。小熊猫四肢粗短,背部毛色为红棕色,其眼眶和两颊甚至连嘴周围及胡须都是白色。

小熊猫是杂食动物,性情温顺,易于饲养,是东亚的特产动物。中国多数动物园均有展出,饲养下寿命可达 10 余年。它们平时数只结成小群活动,虽然动作缓慢,显得笨拙,但攀爬技术高超,能稳稳当当地爬上树顶,甚至细树枝间,悠然自得地打瞌睡。一般人多把食肉类动物视为猛兽,但小熊猫的性格却十分温顺文雅。一副小猫似的稚气脸谱,从来看不到愁容,颇能逗人喜爱。

在第四纪更新世时期,小熊猫曾广泛分布于欧亚大陆。目前小熊猫主要分布于我国,主要分布在我国西南地区海拔两三千米的亚高山丛林中,被列为国家二级重点保护动物。由于它与大熊猫同域分布,因此在四川 20 多个自然保护区中,已和大熊猫一样,在保护区内得到了较好保护。另外,虽然他们在野外仍分布广泛,但由于捕捉买卖的压力,及其栖息的环境受到人类的开垦及破坏,族群正在减少中。

大尾巴的小松鼠

松鼠最大的特征是长着毛茸茸的长尾巴。除了在大洋洲外,全世界都有分布。

松鼠四肢及前后足均较长,但前肢比后肢短。耳壳发达,前折时可达眼,冬季耳端具一撮黑色长毛束。全身背部自吻端到尾基,体侧和四肢外侧均为褐灰色,毛基灰黑,毛尖褐或灰色。腹部自下颌后方到尾基,四肢内侧均为白色。尾的背面和腹面呈棕黑色,毛基灰色,毛尖褐黑色。吻部、两颊及下颌如背色,但偏青灰,耳壳黑灰色,冬毛具有大束黑色毛簇。个体毛色差异较大,为青灰色、灰色、褐灰色、深灰色和黑褐色等等。随着地区的差异,毛色也有变化。此外,毛色还受季节的影响,冬毛灰或灰褐色,夏毛黑或黑褐色。

松鼠以植物性食物为主,也取食昆虫及其幼虫、蚁卵、鸟卵及其他动物,但主要食物为落叶松等针叶林的种子,夏季多取食各种浆果和蘑菇;在食物缺少的情况下,亦吃树的幼芽。松鼠有贮藏食物的习惯。每当果实成熟的时候,经常可以看到它嘴里含着胡桃、橡实或者其他好吃的东西,每当它从一个树枝跳到另一个树枝的时候,贮备就会增加。它不仅搜集胡桃和成熟的果实,而且还常常把蘑菇挂在上面的树枝上,待风干后,收藏到仓库里。它确实具有一种高超的本领,即能找到合适的树枝,并把蘑菇挂在上面,而且晒干后不会掉下来。在松鼠的仓库里,发现有胡桃和其他植物种子,但没有一个是腐烂的或生虫子的,质量全都很好。松鼠的仓库很多,然而其中一些可能会遭受到风雨和冬季猛烈的暴风雪破坏,使其附近外貌形状被改变而再也无法找到。

松鼠体长大约为18~26厘米,尾巴虽不及体长,但也达到了体长的三分之二以上。松鼠尾长而粗大,尾毛密长而蓬松,它为什么要长一根这么大的尾巴呢?因为松鼠在树与树之间跳来跳去,用尾巴保持平衡。冬天,松鼠蜷缩在窝里,将尾巴盖在头上,像是厚厚的棉被。当小松鼠遇到危急时,母松鼠会焦急地摇动大尾巴,将敌人引过来。白天炎热时,尾巴高高翘起成为一把大遮阳伞。

松鼠虽然那么可爱,却算不上益兽。因为松鼠爱剥树木的皮,从而使大批树林受到毁坏或死亡。同时,树皮经松鼠啃咬后,也容易受到真菌感染,组织增生而产生巨大的"肿瘤",受害的树木多达百余种。

兔子眼睛的秘密

当我们看着小白兔的眼睛时,可以发现它的眼睛是红色的。事实上,并不是所有的兔子的眼睛都是红色的,那么兔子的眼睛有些什么秘密呢?

兔子眼睛的颜色与它们皮毛的颜色有关系。黑兔子的眼睛是黑色的,灰兔子的眼睛是灰色的,白兔子的眼睛是透明的。那为什么我们看到小白兔的眼睛是红色的呢?这是因为白兔眼睛里的血丝(毛细血管)反射了外界光线,透明的眼睛就显出红色。

兔子的眼睛还有蓝色,茶色等各种颜色,也有的兔子左右两只眼睛的颜色不一样。或许因为兔子是夜行动物,所以它的眼睛能聚很多光,即使在微暗处也能看到东西。另外,由于兔子的眼睛长在脸的两侧,因此它的视野宽阔,对自己周围的东西看得很清楚,有人说兔子连自己的脊梁都能看到。不过,它不能辨别立体的东西。对近在眼前的东西也看不清楚。

兔子又可分为野兔、家兔和鼠兔几种。兔子尾巴很短,耳朵却长长的,上嘴唇中间裂开,有 28 颗牙齿。它们的后腿比前腿稍长,善于跳跃,跑得很快。兔子是十分可爱的宠物。对兔子不怎么了解的人,认为兔子是不会叫的,事实上并不是这样的。在不同的情况下,兔子会发出各种不同的声音,代表的意思也是十分丰富的。兔子还有很多用途,肉可以吃,毛可以纺线、做毛笔。它们广泛的分布于欧洲、亚洲、非洲、南北美洲。

兔子可以被饲养。饲养兔子时,要注意它个性独立,但有时会很黏人,怕孤单,所以每天一定要抽出时间和它玩。如果没有安全的空间饲养(如阳台),也可养在笼子里,笼子的空间要大。不可以一直关在笼子里,每天要放出来活动一至二个小时以上。笼子里准备饲料碗和水碗,一根直径 5~10 公分的干净的木头让它磨牙,放一些干的木屑和稻草。兔子是杂食性的,早晚要喂一次。在鸟园可以买到兔子的饲料,饲料里也可以加一些麦片或磨牙的饲料。为了营养均衡,不要只喂饲料,有时可喂蔬果。还有,兔子需要喝水,且不能给生水,必须是煮过的水。如果喂饲料,水可以多放。喂蔬果,水就少一点。

满身尖刺的刺猬

刺猬最大的特点就是浑身长满了尖刺。目前这位人类的老邻居,已经是世界级的濒危物种了。在北京市,普通刺猬都成了 136 种二级保护动物中的一员。

只要刺猬拉扯肌肉和皮肤,它的刺就会竖立起来,如果有必要的话,刺猬还会把身体上没有刺的腹、尾、腿和尾部收缩起来,让自己变成一个刺球,让你对它奈何不得。刺猬的刺有什么用呢?说到刺,其实除防身之外,还有弹簧的作用,能救命!刺猬的刺,韧度强,弹性好,要是它攀枝爬藤地去摘瓜果或葡萄吃,不慎从上面掉下来,刺猬就会立即把自己卷成球,让全身的刺起到弹簧的作用,削减外力,避免摔成内伤或粉碎性骨折!

能对刺猬构成威胁的天敌是狐狸和獾。狡猾的狐狸懂得用它的吻部使劲插进刺猬的腹部,獾则有尖利的爪子和它独有的开肠破肚的技能,不过对付刺猬总是件麻烦事,不是饿红眼了,谁愿意惹它呀!于是,顶着一身刺衣的小家伙竟成了无人敢惹的主,难怪那些没有自然遮盖物的地域,很多动物都惧怕进出,但刺猬却敢悠哉悠哉、明目张胆地穿行!它们真是动物王国中的混世魔王程咬金,会个夺命三斧头，就敢横刀立马走江湖！

黄鼠狼也是刺猬的天敌。当小刺猬遇见黄鼠狼时，它也会把身子卷起来，把刺竖在外面让黄鼠狼无法下口。但黄鼠狼会放臭屁。它对着小刺猬的口鼻部位放个屁，就把小刺猬熏晕了。小刺猬就松开身子，黄鼠狼会乘机抓住小刺猬的肚皮，把它吃了。

刺猬还有一个与众不同的行为，颇让人费解：它爱咀嚼嘴巴，生产大量的气泡，然后刺猬将它们涂抹到背上和刺上。直到整个身体都充满泡沫。刺猬往身上涂抹泡沫有什么作用呢？至今科学家没有给出确定的

刺猬

答案，猜测倒是有两种，不知你是否认同：一是涂上适度的有毒物质，使刺更具保护性；二是刺猬的口水中有吸引异性或表明自己身份的气味。

刺猬还是性格非常孤僻的动物，喜安静，怕光、怕热、怕惊。一旦脱离野生环境被人类当成宠物饲养，也就等于下达了对它的"死亡通知书"。因此，请不要把刺猬当成宠物！一般情况下，刺猬会远离人类的活动区域，喜欢把窝做在郊野荒地的边缘或溪流边上。

"北极圈之王"北极熊

北极熊也叫白熊，是熊类中个体最大的一种，体长可达 2.5 米，高 1.6 米，重 500公斤。北极熊不仅善于在冰冷的海水中游泳，还擅长在冰面上快速跳跃，而且力大无穷，因此号称作为"北极圈之王"。

北极熊气力和耐力非常惊人，奔跑时速高达 60 公里，但不能持久。它具有粗壮而又灵便的四肢，尤其是它的前掌，力量巨大，掌上长有十分锐利的熊爪子，能紧紧抓住食物。北极熊还具有异常灵敏的嗅觉，可以嗅到在 3.2 公里以外烧烤海豹脂肪发出的气味，能在几公里以外凭嗅觉准确判断猎物的位置。在"闻出"气味熟悉的猎物的方位后，便能以相当快的速度从冰上跳跃奔去捕猎，一步跳跃奔跑的距离可达 5 米以上。巨大的北极熊一次就要吃 40 千克的东西，也就是说，一头驯鹿还填不饱肚子。

既然生活在海上，就要学会游泳，北极熊个个就都是游泳能手。在北冰洋那冰冷刺骨的海水里，它们可以自由自在地连续畅游四五十千米。当然，姿势并不优美，狗跑式的，两条前腿作桨，奋力向前划去。而后腿则并在一起作舵，掌握着前进的方向。北极熊还很有点自知之明，在游泳途中即使有海豹凑到身边，它们也绝不动心。因为在水里，它们绝不是海豹的对手，对于这一点它们向来是心中有数，头脑相当清楚的。

虽然生活在冰天雪地的北极，北极熊并不怕冷。这是因为北极熊有一身白色

毛皮,这就是它生活在冰海雪原中的保护服。科学家们的研究证明:它的这身保护服就是"太阳热量转换器",它能将最微弱的光线积累起来,然后汇集到表皮上,转化成热能,皮下的血液将热能输送到全身。据测定,北极熊四分之一的热能需求是由这身白色毛皮提供的。这些毛皮又是很好的隔热体,使北极熊身体的热量很少散失,所以北极熊不怕冷。而且它的皮下脂肪很厚,竟达 10 多厘米厚,就像穿了一件大棉袄,所以能够耐寒。再加上它的食物是以极富脂肪的海豹、海豚、幼鲸等动物为主。而北极熊的食量又大,自然会使自己变成一个肥胖者,肥胖者自然更能御寒。再者,它的脚掌,长得又肥又大,而且还有一层很厚的密毛,就像穿了一双毡鞋,自然就不怕冰天雪地。

北极熊一般在避风的雪洞中产崽,仔熊刚出生时只有 0.3 米长,眼睛睁不开,耳朵也听不见,3~5 年后,才长成兽。作为"北极圈之王",除去人类和鲸之外,它们基本上没有什么天敌。所以,北极熊便成了这个白色王国的统治者,而不必再跑到陆地上去,与狐狸和狼群之类争食。

"南极绅士"企鹅

企鹅是南极的主人。它们有流线型的躯体,站在那里,活像身穿白衬衣、黑燕尾服的绅士。所以又有"南极绅士"之称。

和鸵鸟一样,企鹅是一种不会飞的海鸟,人称"海洋之舟"。虽然现在的企鹅不能飞,但根据化石显示的资料,最早的企鹅是能够飞的哦!直到 65 万年前,它们的翅膀慢慢演化成,能够下水游泳的鳍肢,成为目前我们所看到的企鹅。

别看企鹅从来不在天空飞翔,但它在陆地和水中的生活时间则各占一半,它们是游泳高手。企鹅的前肢都已经退化成了游泳的鳍状肢,而且上面的羽毛几乎是鱼鳞状的。在陆上行走时,它们行动笨拙,脚掌着地,身体直立,依靠尾巴和翅膀维持平衡。遇到紧急情况时,能够迅速卧倒,舒展两翅,在冰雪上匍匐前进。有时还可在冰雪的悬崖、斜坡上,以尾和翅掌握方向,迅速滑行。企鹅游泳的速度则十分惊人,成体企鹅的游泳时速为 20~30 公里,比万吨巨轮的速度还要快,甚至可以超过速度最快的捕鲸船。企鹅跳水的本领可与世界跳水冠军相媲美,它能跳出水面 2 米多高,并能从冰山或冰上腾空而起,跃入水中,潜入水底。因此,企鹅可称得起上游泳健将,跳水和潜水能手。

一些企鹅求偶时也十分有趣。公企鹅会捡拾小石头放到母企鹅前,只有当母企鹅接受后它们才会进行配对。母企鹅产蛋后,一般由公企鹅负责孵蛋。特别是南极的企鹅,孵蛋更是一绝:企鹅的防卫能力很弱,为了防避海豹等天敌的侵袭,企鹅选择了南极最寒冷的冬季来产卵和孵蛋。南极的寒冬,即使是有半公斤重的新鲜企鹅蛋露天在外,几分钟就会变成石头。在这样恶劣的环境里,企鹅是怎样孵蛋的呢?雄企鹅把蛋小心谨慎地放在自己有脚蹼的脚背上,避免企鹅蛋直接与冰面接触,并用厚厚的肚皮盖住。两个月的孵化期,雄企鹅停止进食,完全靠脂肪维持生命,即使其体重减少三分之一也在所不惜。

目前的企鹅有 6 个不同的种类。其中，阿德利企鹅是最知名的企鹅。最小的是小蓝企鹅，体长只有 120 厘米。王企鹅则是最大型也是最漂亮的企鹅。

"湖上的舞者"天鹅

天鹅很早就被人们所认识，由于白天鹅的羽色洁白，体态优美，叫声动人，行为忠诚，人们便把白色的天鹅作为纯洁、忠诚、高贵的象征。

我们最常见的大天鹅它的形体十分大，小天鹅比大天鹅要小些，一般颈部弯曲呈"S"型。天鹅双脚又粗又短，趾间还有蹼，脖子也很长，差不多与身体等长。全身的羽毛为纯白色，它们在水中游动时都会伸着脖子与身体成直角，一副清闲的神态，仪态万方，举止高雅。

天鹅大部分是白色的，可也有十分珍稀的黑天鹅。黑天鹅主要分布于澳大利亚和新西兰，澳大利亚珀斯又有黑天鹅的故乡之称。黑天鹅全身羽毛卷曲，主要呈黑灰色或黑褐色，腹部为灰白色，飞羽为白色。嘴为红色或橘红色，靠近端部有一条白色横斑。虹膜为红色或白色，跗跖和蹼为黑色。它们栖息于海岸、海湾、湖泊等水域，成对或结群活动，以水生植物和水生小动物为食。

天鹅能浮在水上，这是因为它的身体结构有很多适合水中生活的特点。它身上长着一层厚厚的羽毛，那些羽毛像船的外壳一样，再加上羽毛外表有一层油脂，水就不会沾湿羽毛。所以天鹅能浮在水面上，不沉下去。它们在湖上游来游去，就像是最美丽的"湖上舞者"。

天鹅不会终年始终呆在一个地方，它属于候鸟的一种，因此秋天时它们要集体南迁。每年到了秋天，天鹅开始全部换羽毛，而且赶在冬天到来之前全部换好。于是，它们就开始携老带幼，排着整齐的"一"字或"人"字形队伍，开始展翅飞翔，一般南下至长江中下游和地中海中部、印度西北部等地区过冬。一直到来年春暖花开，然后再从南方各地汇集北上，一齐飞回繁殖地。鸟类迁徙时飞翔的高度，一般不会大于人的视力，但是天鹅却可以飞越喜马拉雅山的珠穆朗玛峰，高度竟多达9000 米。

天鹅还保持着一种稀有的"终身伴侣制"，在南方越冬时，不论是取食或休息时，都成双成对。雌天鹅在产卵时，雄天鹅在旁边守卫着，遇到敌害时，它拍打翅膀上前迎敌，勇敢地与对方搏斗。它们总是成双成对的，如果一只死亡，另一只也确能为之"守节"，终生单独生活。

并不恩爱的鸳鸯

鸳鸯是经常出现在中国古代文学作品和神话传说中的鸟类。鸳指雄鸟，鸯指雌鸟，栖息于池沼之上，雌雄常成双成对出现。

鸳鸯别名官鸭,小型游禽。它与西半球的林鸭关系较近,比鸭小,全长约40厘米,常被人工饲养。雄鸟羽色艳丽,并带有金属光泽,额和头顶中央羽色翠绿,与后颈的金属暗绿和暗紫色长羽形成冠羽,头顶两侧有纯白眉纹,在鸳鸯的翅膀上有一对栗黄色、直立扇形翼帆。鸳鸯尾部羽毛暗褐、上胸和胸侧紫褐色、下胸两侧绒黑,镶以两条纯白色横带。鸳鸯嘴部呈暗红色、脚呈黄红色。雌鸟体羽以灰褐色为主,眼周和眼后有白色纹,无冠羽、翼帆,腹羽纯白。相比之下雌鸳鸯就逊色多了。

鸳鸯最有趣的特性是"止则相耦,飞则成双"。千百年来,鸳鸯一直是夫妻和睦相处、相亲相爱的美好象征,也是中国文艺作品中坚贞不移的纯洁爱情的化身,备受赞颂。这是因为鸳鸯喜欢雌雄成对生活。一旦其中一只丢去了,另一只就会在被捕捉或在遇害的地方满怀忧愁地徘徊,不肯吃食物,直到饥渴而死,所以,人们称赞鸳鸯是最忠贞的伴侣。

不过根据科学研究,鸳鸯并不是终生不二的,是典型的表里不一。古人总以为鸳鸯都很恩爱,殊不知鸳鸯乃是不折不扣奉行"一夫多妻制"的鸟类,雄性鸳鸯非但不恪守爱情的坚贞,简直是在扮演"花花公子"的角色。而产卵和育雏的工作,都留给了雌鸟来完成。

"和平使者"鸽子

鸽子被人们赋予了很多美丽的寓意。在古巴比伦,鸽子是法力无边的爱与育的女神伊斯塔身边的神鸟,被称为"爱情之鸽"。因此在遥远的过去,鸽子曾被人们看成是爱情的使者。

人们还把鸽子作为世界和平的象征,称它们为"和平使者"。这个说法起源于《圣经》上一个关于鸽子的记载:诺亚从方舟上放出一只鸽子,让它去探明洪水是否已经退尽。上帝让鸽子衔着一条橄榄枝回来,表示人间尚存希望。而把鸽子确定为世界和平的象征,恐怕是西班牙画家毕加索的功劳。1950年11月,为纪念社会主义国家在华沙召开的世界和平大会,毕加索特意挥毫,画了一只昂首展翅的鸽子,当时,智利著名诗人聂鲁达把它称为"和平鸽"。从此,作为世界和平使者的鸽子,就为各国所公认了。

鸽子有野鸽和家鸽两类。鸽类均体形丰满,喙小,性温顺。行走的姿态似高视阔步,并带有特征性的点头动作。它们翅长,飞行肌肉强大,故飞行迅速而有力。鸽类雌雄终生配对,若其中一方死亡,另一方很久以后才接受新的配偶。鸽栖息在高大建筑物上或山岩峭壁上,常数十只结群活动,飞行速度较快,飞行高度较低。在地上或树上觅食种子和果实。在山崖岩缝中用干草和小枝条筑巢。巢平盘状,中央稍凹,一般每窝产卵2枚。卵白色。家鸽就是由野鸽驯化的。

人们利用鸽子有较强的飞翔力和归巢能力等特性,培养出不同品种的信鸽。公元前3000年左右,埃及人就开始用鸽子传递书信了。我国也是养鸽古国,有着悠久的历史,隋唐时期,在我国南方广州等地,已开始用鸽子通信。关于鸽子能够识途的能力有两种主要的理论:一种是鸽子靠嗅觉找到回家的路;另一种是在它们的脑中有一个磁力图。目前还没有一个定论,也许鸽子是在综合利用这些本领吧。

"会飞的花朵"蝴蝶

　　蝴蝶的一生,宛如一个流淌的梦。人们称它是会飞的花,是优雅与美丽的使者,它的生命历程早已被人类关注和思考。从 2000 多年前散文名篇《庄子》中"庄周梦蝶"的文学描述到《生物进化》史册中"昆虫进化"典型的标本写照,人们不吝把许多人文和自然的赞美之辞都赋予了它。

　　蝶,通称为"蝴蝶",全世界大约有 14000 余种,大部分分布在美洲,尤其在亚马孙河流域品种最多,在世界其他地区除了南北极寒冷地带以外,都有分布,在亚洲,台湾也以蝴蝶品种繁多著名。蝴蝶一般色彩鲜艳,翅膀和身体有各种花斑,头部有一对棒状或锤状触角(这是和蛾类的主要区别,蛾的触角形状多样)。最大的蝴蝶展翅可达 24 厘米,最小的只有 1.6 厘米。大型蝴蝶非常引人注意,专门有人收集各种蝴蝶标本,在美洲"观蝶"迁徙和"观鸟"一样,成为一种的活动,吸引许多人参加。有许多种类的蝴蝶是农业和果木的主要害虫。

　　蝴蝶大多是以花蜜为生,也有些靠吸食腐食为生。蝴蝶的寿命一般只有一年。蝴蝶的一生是从卵开始的。卵的形状各不相同,有的是球形的、有的是炮弹形、有的是甜瓜形的等。这是蝴蝶的第一个生长阶段——卵。一段时间后,毛毛虫就从卵里孵化出来了,它先吃掉卵壳,再去吃植物并迅速长大,每隔一段时间,毛毛虫就要蜕皮一次,换上更宽松的表皮。一般来说毛毛虫要蜕四次皮,这是蝴蝶的幼年时期,为第一个发育阶段——幼虫。毛毛虫长大之后,就会选择地点,吐丝固定身体,蜕皮化成蛹,这是蝴蝶的第三个发育阶段——蛹。蛹一般经过数天就变成了蝴蝶,也叫成虫,蝴蝶成虫的主要任务就是产卵,第二年卵又发育成幼虫、蛹、成虫,就这样蝴蝶在大自然中一代代延续下来。在生长的各个阶段,它的身体都发生了明显的变化,这个过程就叫变态。

　　蝴蝶来了,给世界带来了繁花似锦的春光,带来了瓜果累累的秋色。它们展开了美丽的翅膀,天使般自由地飞翔。不论是谁,只要他们有一颗善良的心,就会欣赏蝴蝶艳丽的姿态而深深地爱上他们。

"大自然的歌手"蝉

　　蝉俗称"知了",属于同翅目,蝉科。多生活在热带亚热带和温带地区,寒带较少见。蝉的幼虫期叫蝉猴、知了猴或蝉龟,最大的蝉体长 4~4.8 厘米。蝉的翅膀基部黑褐色,喜用针刺器吸取树汁,幼虫栖息土中,吸取树根液汁,对树木有害。但是,蝉蜕下的壳可以做药材。

　　自古以来,人们对蝉最感兴趣的莫过于它的鸣声。它为诗人墨客们所歌颂,并以咏蝉声来抒发高洁的情怀,更有甚者是有的人还用小巧玲珑的笼装养着蝉来置于房中听其声,以得欢心。的确,从百花齐放的春天,到绿叶凋零的秋天,蝉一直不知疲倦地用轻快而舒畅的调子,不用任何中、西洋乐器伴奏,为人们高唱一曲又一曲轻快的蝉歌,为大自然增添了浓厚的情意,难怪乎人们称它为"昆虫音乐家""大自然的歌手"。

会鸣的蝉是雄蝉,它的发音器就在腹基部,像蒙上了一层鼓膜的大鼓,鼓膜受到振动而发出声音,由于鸣肌每秒能伸缩约 1 万次,盖板和鼓膜之间是空的,能起共鸣的作用,所以其鸣声特别响亮。并且能轮流利用各种不用的声调激昂高歌。雌蝉的乐器构造不完全,不能发声,所以它是"哑巴蝉"。

蝉的家族中的高音歌手是一种被称作"双鼓手"的蝉。它的身体两侧有大大的环形发声器官,身体的中部是可以内外开合的圆盘。圆盘开合的速度很快,抖动的蝉鸣就是由此发出的。这种声音缺少变化,不过要比丛林金丝雀的叫声大得多。

雄蝉每天唱个不停,是为了引诱雌蝉来交配的,雄蝉的叫声,雌蝉听来像一首美妙的乐曲,在交配受精后,雌蝉,就用像剑一样的产卵管在树枝上刺成一排小孔,把卵产在小孔里,几周之后雄蝉和雌蝉就死了。

另外,古人以为蝉餐风饮露,是高洁的象征,所以古人常以蝉的高洁表现自己品行的高洁。《唐诗别裁》说:"咏蝉者每咏其声,此独尊其品格。"

能鸣善斗的促织

促织,蟋蟀的别称,属于蟋蟀科,也叫蛐蛐儿。因其能鸣善斗,自古便为人饲养。

在生物分类中,蟋蟀属昆虫纲直翅目蟋蟀科,约有 1400 种,我国已知的有 30 余种。它的身子大约长 20 毫米,是黑褐色的。头上长着一对长长的触须,比它的身子还长呢。它有 3 对腿,后面的一对又细又长,而且还长着许多小刺。公蛐蛐有两个又小又细的尾巴,母蛐蛐却有 3 个尾巴,中间那根最长,就像一个横写的"山"字。蟋蟀长有"耳朵",可分辨同伴发出的声音,但"耳朵"不长在头上,而是长在大前脚的胫节(小腿)上,上面有薄膜,可感觉声音的振动。

据研究,蟋蟀是一种古老的昆虫,至少已有 1.4 亿年的历史。蟋蟀生活在草丛、灌木、田野等地。每年 9 月底,雌蟋蟀把产卵管插入地下,把卵产在地下,大约离地面 0.5cm 深。到了 10 月,许多成虫就会凋零死亡,而卵则在地下过冬。第二年的 5、6 月间,卵开始孵化。孵化后的 1 龄幼虫,几天后就蜕皮成 2 龄幼虫。在两个月间,蜕皮 78 次。每蜕一次,就成长一些。它们避开阳光,聚集在阴暗的地方生活。8 月下旬,最后一次蜕皮,羽化为成虫。羽化后 23 天,开始鸣叫。这时背部还长有一对飞行用的翅膀,叫声有些特别。大约羽化 7 天后,后翅膀就会从基部掉下来,这时声音就好听了。蟋蟀多是杂食性的,既吃植物果实(如黄瓜、梨、茄子),也吃昆虫和同类尸体。

蛐蛐是一种好斗的昆虫,常有同类相残的惨剧发生。据记载,中国家庭饲养蟋蟀始于唐代，当时无论朝中官员，还是平民百姓，人们在闲暇之余都喜欢带上自己的"宝贝"，聚到一起一争高下。

蟋蟀还善叫，尤其在较热的夜晚叫得更欢。蟋蟀的叫不是用口，而是用翅，它的两翅互相摩擦，就能发出优美的声音。

"庄稼的敌人"蝗虫

在山里，最多的是河卵石，而跟河卵石一样多的是蝗虫。蝗虫又名"蚱蜢""草螟""蚱蚂""蚂蚱"。

蚱蜢通常为绿色、褐色或黑色，头大，触角短。它的前胸背板坚硬，像马鞍似的向左右延伸到两侧，中、后胸愈合不能活动。脚发达，尤其后腿的肌肉强劲有力，外骨骼坚硬，使它成为跳跃专家，胫骨还有尖锐的锯刺，是有效的防卫武器，产卵器没有明显的突出，是和螽斯最大的分别。

如果将活的蝗虫的头浸在水中10分钟，而身体其他部分暴露在空气中，蝗虫不会死。因为蝗虫的气孔在腹部，有两排。它靠这个进行气体交换。所以把蝗虫的腹部浸在水中它会淹死的。蝗虫为了避敌人，常常作长距离的跳跃，后腿用力一蹬就跃向空中，然后展翅飞行，它们还可利用自身保护性的体色，落到地上或草叶上敌人就很难再找到它们。

夏秋季节，山里孩子最好的野食常常是窑烧蝗虫。树林中捉到的蝗虫，身上长着一对漂亮的翅膀，一跃就能飞得老远。这种蝗虫不好捉，但体表干净，肚里也只有一些刚消化的绿草，是窑烧蝗虫的佳品。在绿草地上捉到的一种蝗虫，叫扁担钩，全身碧绿，高高的，瘦瘦的，苗条的身材，让人看了就有食欲，是窑烧蝗虫的上品。如果捉到肚内有籽的，就是窑烧蝗虫的极品。

然而蝗虫，它也是"大灾星"。其成虫都有一对发达的大颚，主要吃草，特别爱吃禾本科植物，如稻、麦、高粱、玉米和竹类的茎叶，禾本科杂草茂密之处和辽阔的荒地，是蝗虫理想的栖息地。成群的蝗虫可使绿地变成荒原。它铺天盖地而来的时候，就像一片乌云一样遮天蔽日。5000多万只集群的蝗虫便可遮住一平方公里的天空。它所过之处，全部农作物化为乌有，最快的速度每天达150公里。一个蝗虫群，一天就可能吞噬几十万吨的谷物。

"五虫之一"甲虫

甲虫和其他的昆虫一样，身体分头、胸、腹三部，有六只脚。它们最大的特征是前翅变成了坚硬的翅鞘，从而失去了飞行功能，只是保护后翅和身体。飞行时，先举起翅鞘，然后张开薄薄的后翅，飞到空中。翅鞘的颜色花样多变化，有发金光的，有带条子像虎纹的，有带斑点像豹皮的，也有的是杂色图案，十分美丽。而有些甲虫的连后翅也退化了,算是彻底不能飞了,像步行虫就是。

世界上最毒的甲虫是斑蝥,别名"斑猫""龙蚝""地胆",属鞘翅目芫菁科斑蝥属,是最毒的甲虫。全世界约有斑蝥 2300 多种,我国则有 29 种。斑蝥全身披黑色绒毛,翅细长椭圆形,质地柔软,体长为 11~30 毫米,翅基部有两个大黄斑,中央前后各有一黄色波纹状横带,足具有黑色长绒毛,危害大豆、花生、茄子等作物。斑蝥多群集取食,成群迁飞。当它遭到惊动时,为了自卫,便从足的关节处分泌出黄色毒液。此黄色毒液内含有强烈的斑蝥素,其毒性甚强,能破坏高等动物的细胞组织,与人体接触后,能引起皮肤红肿发泡。

世界上最凶的甲虫则是"甲虫之王"独角仙。因为雄性独角仙的头部有一支巨大的角,故称为独角仙。独角仙属于金龟子科的兜虫亚科,所以独角仙又称兜虫目前台湾主要有两种,独角仙、姬独角仙,都是属于夜行性甲虫。日本人非常崇拜独角仙,以独角仙的头部形状做成日本武士的头盔。独角仙全身几乎都是坚硬的革质,雄性独角仙胸上有一根刺状突起。独角仙以吸食树汁和腐果为主要的食物,独角仙是一种益虫,它的幼虫是生活于腐烂的木头或泥土中。成虫则吸食树汁为生。雄虫头部前方长有犄角,用来争夺食物或对抗情敌,前胸背板中央亦长有小犄角。雄性独角仙有两支角,一支小,一支超大。

甲虫的大小差别很大,小的像龙毛蕈虫只有零点二五公厘长。最大的像天牛,有二十公分长。雄的甲虫通常较雌的小。甲虫专指有甲壳的虫类及水族,是我国古代所称的"五虫"之一。

国宝大熊猫

大熊猫是一种十分古老的动物,被动物学家称为"活化石"。与它同一时期的动物如剑齿虎等,早已灭绝并成为化石,唯有大熊猫因隐退山谷而遗存下来。因为大熊猫是世界上最珍贵的动物之一,主要分布在我国的四川、甘肃、陕西省的个别崇山峻岭地区,数量十分稀少,属于国家一类保护动物,也就被誉为我国的"国宝"。

熊猫身体胖软,头圆颈粗,耳小尾短,四肢粗壮,身长约 1.5 米,肩高 60~70 厘米左右,体重可达 100~180 千克。特别是那一对八字形黑眼圈,犹如戴着一副墨镜,非常惹人喜爱。大熊猫的祖先是食肉动物,现在却偏爱吃素,主要以吃箭竹为生。一只成年的大熊猫每天要吃 20 千克左右的鲜竹。有时,它也会开一次"斋",捕抓箭竹林里的竹鼠美餐一顿,甚至大摇大摆闯入居民住宅,偷吃食物。大熊猫性情孤僻。喜欢独居,昼伏夜出,没有固定的居住地点,常常随季节的变化而搬家。春天一般待在海拔 3000 米以上的高山竹林里,夏天迁到竹枝鲜嫩的阴坡处,秋天搬到 2500 米左右的温暖的向阳山坡上,准备度过漫长的冬天。每年的四五月份是大熊猫的繁殖季节,雄、雌大熊猫难得同居在一起。

大熊猫性情温顺,一般不主动攻击人或其他动物。当大熊猫听到异常响声时,常常是立即逃避。大熊猫的视觉极不发达。这是由于大熊猫长期生活在密密的竹林里,光线很暗,障碍物又多,致使其目光变得十分短浅。此外由于它的瞳孔像猫一样是纵裂的，因此当夜幕即将降临的傍晚，它们还能活动。

关于大熊猫黑白相间的毛色，还有一个有趣的传说。传说中，过去大熊猫是白色的，在一次动物葬礼上，为表达哀思，它们把煤灰涂在胳膊上，相互拥抱后，形成了延至后背的黑色，擦眼泪又染黑了眼眶……这当然是杜撰，但大熊猫与许多动物一样，生存状况十分可悲，处在灭绝的边缘。原因无非是人类活动范围扩大，使其退缩于山顶，呈孤岛化分布，食物与配偶资源

熊猫

贫乏，近亲繁殖严重、体质下降、抗病力弱。目前总数仅仅 1000 余只，被列为一级保护动物，国际自然保护联盟红皮书"濒危物种"。

现在，大熊猫不但被世界野生动物协会选为会标，而且还常常担负"和平大使"的任务，带着中国人民的友谊，远渡重洋，到国外攀亲结友，深受各国人民的欢迎。

吃蚂蚁的食蚁兽

食蚁兽是生活在美洲的一种以蚂蚁为食的无齿哺乳动物。它没有牙齿，有一个很长的嘴，当长嘴前端的鼻子嗅出白蚁的气味以后，便启动锋利的前爪刨开蚁封，直捣白蚁窝，趁白蚁惊慌逃窜时，它便伸出长约 30 厘米的舌头，利用舌上的黏液粘住白蚁，送进嘴里，囫囵吞食。它们食量很大，一天能吃 20000 只。

在南美洲有三种食蚁兽：大食蚁兽，小食蚁兽和二趾食蚁兽。大食蚁兽体大如猪，身长可达 1.3 米，高 0.9 米，体重约 30~35 公斤。大食蚁兽的尾巴特别大，下雨天和大热天可以竖起来当伞用，晚上铺在地上，可当现成的绒枕头。大食蚁兽是唯一行栖地面生活的食蚁兽，主要居住在热带草原和疏林中。大食蚁兽拥有鲜明的肤色，漆黑而密布长毛的尾巴，强劲的前爪，颈部和背部被鬣状短毛，脚有五趾。

小食蚁兽像狗那么大，身长约 60 厘米左右，尾长约 45 厘。毛较短的，耳朵比较大。前肢的中间 3 趾有锐爪，第三趾特长，第一趾有小爪，第五趾无爪。后肢也有五趾。但是更为有趣的还是它的尾巴。这条尾巴不仅能缠绕，而且能起支柱作用。每当遇到危险时，它便以尾巴支持后部，半身挺起，宛如一副三角架。一边用前肢来威吓入侵者。一面由嘴里发出一种特殊的哨声，以此达到保卫自己的目的。小食蚁兽是一种既能树栖、又能地栖的动物。白天黑夜都可出来活动。在食蚁兽的家庭中，它是富有适应能力的食蚁兽。

二趾食蚁兽的体形较小。最小的只有松鼠大,大的也不超过半尺长。全身披有浓厚如丝一般的黄色皮毛,故又有"丝毛食蚁兽"之称。由于这种食蚁兽具有严格的树栖习性,因此尾巴显得更长,更富有缠绕性。这种小兽常常蹲在树枝上,把尾巴缠绕着树干,两只前腿举在头顶,可直立很久。如有什么动物打搅它,它会举起前爪,凶猛地扑向不速之客。

爱吃蚂蚁的食蚁兽,一般只在一个蚁穴中吃 140 天左右的蚂蚁,吃完后就离开再另换一个蚁穴。靠这种吃法,它可以保证自己领地内蚁穴中的蚂蚁存活下去,以便它改天再来美餐。目前已被列为濒临绝种的动物。

"圣诞老人的坐骑"驯鹿

圣诞节到临,圣诞老人穿着红色长袍,坐着雪橇,赶着驯鹿为郊野的孩子们送礼物。北极的冬天,地上盖满了白雪,唯一的交通工具是雪橇,拉雪橇便是驯鹿。给圣诞老人拉雪橇的总共有九只驯鹿!八只负责出力拉,其中一只红鼻子叫鲁道夫的驯鹿是开路的领头鹿。

人们让驯鹿给圣诞老人拉车,给孩子们送礼物,是因为就历史而言,鹿与人类的关系是非常密切的。大约在 200 多万年以前,地质上称之为更新世后期,分布在欧亚大陆上的驯鹿曾是人类主要的食物之一。那时的人类主要依靠捕食驯鹿吸取营养,维持了大约有几千年。所以,我们的祖先总是把鹿视为圣洁的象征,才赋予了它如此美丽的神话传说。虽然有历史学家认为圣诞老人——圣·尼古拉斯死于公元 343 年,但是孩子们更愿意相信他永远活着,圣诞老人和他的驯鹿已经成为圣诞节最受喜爱的象征和传统。

实际上,驯鹿就是角鹿。它的角分支复杂,有很多权。体型中等,体长 100~125 厘米,肩高 100~120 厘米;雌雄都具角;角干向前弯曲,各枝有分权,雄鹿 3 月脱角,雌鹿稍晚,约在 4 月中、下旬;驯鹿头长而直,耳较短似马耳,额凹;颈长,肩稍隆起,背腰平直;尾短;主蹄大而阔,中央裂线很深,悬蹄大,行走时能触及地面,因此适于在雪地和崎岖不平的道路上行走;体背毛色夏季为灰棕、栗棕色,腹面和尾下部、四肢内侧白色,冬毛稍淡、灰褐或灰棕,5 月开始脱毛,9 月长冬毛。分布于欧亚大陆、北美、西伯利亚南部。在中国仅分布在大兴安岭西北坡,目前仅在内蒙古自治区根河市尚有少量饲养。

驯鹿最惊人的举动,就是每年一次长达数百千米的大迁移。春天一到,它们便离开自己越冬的亚北极地区的森林和草原,沿着几百年不变的路线往北进发。而且总是由雌鹿打头,雄鹿紧随其后,秩序井然,长驱直入,边走边吃,日夜兼程,沿途脱掉厚厚的冬装,而生出新的薄薄的夏衣,脱下的绒毛掉在地上,正好成了路标。就这样年复一年,不知道已经走了多少个世纪。它们总是匀速前进,只有遇到狼群的惊扰或猎人的追赶,才会来一阵猛跑,发出惊天动地的巨响,扬起满天的尘土,打破草原的宁静,在本来沉寂无声的北极大地上展开一场生命的角逐。

"四不像"麋鹿

麋鹿是我国特有的珍稀动物,也是世界上著名的珍禽异兽,与大熊猫齐名。因为麋鹿"蹄似牛非牛,头似马非马,尾似驴非驴,角似鹿非鹿",所以俗称为"四不像"。

麋鹿的身体长约170~250厘米,体重可以达到250千克,夏天身体的毛红棕色,到了秋天变成灰棕色,背部比腹部的颜色要深一些,颈背上有一条黑色的纵纹。雄性的麋鹿头上有角,和一般的鹿不同的是,它换角的季节在冬季。麋鹿喜欢生活在森林或水草丰盛的沼泽地带,它们经常到池塘中涉水,甚至冬天也是这样。夏天,它们在湖边散步,或者到水深的地方游泳。麋鹿喜欢吃青草或水草,而对嫩树叶和瓜果不感兴趣。

麋鹿求偶发情始于6月底,持续6周左右,7月中、下旬达到高潮。雄兽性情突然变得暴躁,不仅发生阵阵叫声,还以角挑地,射尿,翻滚,将从眶下腺分泌的液体涂抹在树干上。雄兽之间时常发生对峙、角斗的现象。雌兽的怀孕期为270天左右,是鹿类中怀孕期最长的,一般于翌年4~5月产仔。初生的幼仔体重大约为12千克,毛色橘红并有白斑,6~8周后白斑消失,出生3个月后,体重将达到70公斤。2岁时性成熟,寿命为20岁。

麋鹿在我国古代曾经有广泛的分布。据科学家考证,麋鹿的整个生活时期不过300万年左右。根据大量化石和历史资料推断,野生麋鹿大概在清朝才濒临灭绝的境地,最后的灭绝地点,可能是江浙滨海一带。人工驯养的麋鹿,1900年在北京皇家猎苑"南海子"被入侵的八国联军洗劫一空。至此,麋鹿在中国绝迹。1985年以来,我国分批从国外引回80多只,饲养于北京南苑和江苏大丰区。在散放的江苏省大丰区已建立麋鹿自然保护区,为麋鹿在自然界恢复野生种群而开展保护管理和科学研究工作。属于国家一级保护动物。现在仅存的麋鹿,就成了珍贵的"活化石"。

萤火虫发光的秘密

在盛夏的夜晚,当我们在庭院中纳凉或者到田野中散步的时候,我们到处都可以看到那些打着小灯笼正在忙碌的萤火虫,它们飞来飞去,淡绿的萤火一闪一灭,为夏天的夜晚增添了许多趣味。但是你知道萤火虫为什么会发光吗?

全世界萤火虫有两千多种,分布于热带、亚热带和温带地区。中国约54种,小至中型,长而扁平,体壁与鞘翅柔软。前胸背板平坦,常盖住头部。头狭小,眼半圆球形,雄性的眼常大于雌性。腹部7~8节,末端下方有发光器,能发光。萤火虫夜间活动,卵、幼虫和蛹也往往就能发光,成虫的发光有引诱异性的作用。幼虫和成虫均捕蜗牛和小昆虫为食,喜栖于潮湿温暖草木繁盛的地方。

雄性萤火虫较为活跃,主动四处飞来吸引异性;雌性停在叶上等候发出讯号。常见萤火虫的光色有黄色,红色及绿色。雄萤腹部有 2 节发光,雌只有 1 节。亮灯是耗能活动,不会整晚发亮,一般只维持 2 至 3 小时。成虫寿命一般只有 5 天至 2 星期,这段时间主要为交尾繁殖下一代。

夜晚人们看到萤火虫一闪一闪地飞行,这是由于萤火虫体内一种称作虫萤光素酶的化学物质与氧气相互作用,从而产生的光亮。这种被称作虫萤光素酶的化学物质像开关一样启动这种反应,当萤火虫产生虫萤光素酶的时候,这种反应就开始了,萤火虫便会发出一闪一闪的光亮。萤火虫的发光器通常位于腹部倒数第 2~3 节,由于萤火虫种类繁多,个体间也存在较大的差异。

这就是萤火虫发光的秘密。

吃木材的白蚁

白蚁分布于热带和亚热带地区,它最典型的特征是以木材或纤维素为食。白蚁能吃木屑,是因为它和披发虫共生。披发虫生活在白蚁体内,它帮白蚁消化吃的木屑,如果把白蚁放在 40 多度的温水中,披发虫就会死,这时白蚁再吃木屑就会死掉。

白蚁除以木质纤维为食外,高级的白蚁常有培养菌圃取食菌体的习性。草白蚁、大白蚁、须白蚁的工蚁和兵蚁日常在地面活动,搜集食物。有的种类巢外活动的工蚁队伍长达 1 米以上,宽约 10 厘米。每一工蚁都用口衔小叶片运往巢内。在队伍的两侧,每隔一定距离就有一个兵蚁守卫,井然有序。在热带地区,这样的队伍可由 30 余万只白蚁组成。

白蚁是社会性昆虫,由各种品级组成,可分为蚁后、蚁王、兵蚁、工蚁。在比较高级的白蚁中,都由一对脱翅后的雌、雄繁殖蚁掌管团体生活,雌的称蚁后(母蚁),常与雄蚁同住于特建的"王宫"中。"王宫"一般位于蚁巢僻静处,上下有小孔,供工蚁和兵蚁通行。蚁后深居宫内,专司产卵,雄蚁专司交配。在大白蚁的同一"王宫"内,曾发现发育相等的两对蚁后和雄蚁。在较原始性的白蚁巢内,往往有大小不等的蚁后多个,可能是在原蚁后遗失或死亡之后补充繁殖起来的个体。蚁后产卵时,工蚁常在旁守护,连续不断地把卵移送卵室内加以保护。巢内长翅型成虫在一年中的某一特定期间,即能成群分飞。分群时期因白蚁的种类和环境条件而异。在干燥地区,分群时期多在雨季或骤雨前后,显然,分群与大气湿度有密切关系。白蚁是一种多形态、群居性而又有严格分工的昆虫,群体组织一旦遭到破坏,就很难继续生存。全世界已知 2000 多种。

白蚁是世界性的重要害虫之一,早在 3.5 亿年以前已在地球上产生,全世界共有白蚁 2200 种,中国占有 476 种,广东省就有 69 种。白蚁危害范围非常广泛,涉及国民经济各个领域,如房屋建筑、交通设施、电讯设备、江河堤坝、书籍、衣物、武器弹药和农林作物,以及化纤物质等,由于白蚁危害造成的事故时有发生,经济损失巨大,威胁人民的生命,财产安全,为此国家建设部十分重视,省市房产局建设正式下文要求全面切实做好白蚁防治工作。

白蚁与蚂蚁虽一般同称为蚁,但在分类地位上,白蚁属于较低级的半变态昆虫,蚂蚁则属于较高级的全变态昆虫。

"朝生暮死"的蜉蝣

初夏的黄昏时分,人们常常可以看到一种体长不到1厘米的小虫,成群地在空中飞舞,这些小虫就是蜉蝣。早在2000多年以前,我国的古人就已经发现它"朝生暮死",寿命极为短促,因此古人常在文学作品中提到它,感叹生命的短暂,告诫人们珍惜时间。

古人的看法对不对呢? 昆虫学家的研究告诉我们,既对也不对。如果将蜉蝣的寿命从成虫算起的话,古人的观察是正确的,它的确是个短命鬼。蜉蝣从它变为成虫时起,到它生命结束止,最多的活不到一天,少的仅仅只有几小时。在昆虫世界里,成虫寿命最短的就数它了。不过,蜉蝣的寿命要是从幼虫算起的话,古人的看法就不对了。蜉蝣变成成虫以前,要在水中度过1~3年漫长的时光呢! 这样长的寿命,在昆虫世界里,不但不能算是"短命鬼",而且,还应该说是长寿啫喱。

蜉蝣的一生是这样的。幼期水生,生活在淡水湖或溪流中。春夏两季,从午后至傍晚,常有成群的雄虫进行"婚飞",雌虫独自飞入群中与雄虫配对。产卵于水中。卵微小,椭圆形,具各种颜色,表面有绺纹,具粘性,可附着在水底的碎片上。稚虫期数月至1年或1年以上,蜕皮20~24次,多者可达40次。成熟稚虫可见1~2对变黑的翅芽。两侧或背面有成对的气管鳃,是适于水中生活的呼吸器官。吃高等水生植物和藻类,秋、冬两季有些种类以水底碎屑为食。常在静水中攀援、匍匐、或在底泥中潜掘,或在急流中吸附于石砾下栖息。稚虫充分成长后,或浮升到水面,或爬到水边石块或植物茎上,日落后羽化为亚成虫。亚成虫与成虫相似,已具发达的翅,但体色暗淡,翅不透明,后缘有明显的缘毛,雄性的抱握器弯曲不大。出水后停留在水域附近的植物上。一般经24小时左右蜕皮为成虫。这种在个体发育中出现成虫体态后继续蜕皮的现象在有翅昆虫中为蜉蝣目所仅有。这种变态类型特称为原变态。成虫不食,寿命短,一般只活几小时至数天,所以有"朝生暮死"的说法。

古人没有细致地观察到蜉蝣的一生,不知道它幼虫阶段的生活经历,只看到它生命历程的最后一段,所以才把它错认为"短命鬼"。由于蜉蝣成虫的寿命十分短促,它们十分珍惜这短暂的时光。它们变为成虫后,既不吃,也不喝。急急忙忙飞聚到一起择偶婚配、产卵,直到完成了繁衍后代的大事,才力竭死去。

珊瑚与珊瑚虫

珊瑚虫是一种腔肠动物,多群居,结合成一个群体,形状像树枝,只产在热带海中。它们的骨骼则叫珊瑚,大规模的珊瑚则称为珊瑚礁。

珊瑚虫身体呈圆筒状,有八个或八个以上的触手,触手中央有口。它们能够吸收海水中矿物质来建造外壳,以保护身体。珊瑚虫体内有藻类植物和它共同生活,这些藻类靠珊瑚虫排出的废物生活,同时给珊瑚虫提供氧气。藻类植物需要阳光和温暖的环境才能生存,珊瑚堆积的越高,越有利于藻类植物的生存。由大量珊瑚形成的珊瑚礁和珊瑚岛,能够给鱼类创造良好的生存环境,加固海边堤岸,扩大陆地面积。因此,人们应当保护珊瑚。

作为宝石或观赏石来分,珊瑚的品种有:红珊瑚、粉珊瑚、黑珊瑚、蓝珊瑚、地中海珊瑚、日本珊瑚、喀麦隆珊瑚、中国海南珊瑚等。珊瑚色彩缤纷,颜色常呈白色,也有少量蓝色和黑色。宝石级珊瑚为红色、粉红色、橙红色。红色的珊瑚是由于在其生长过程中要吸收海水中1%左右的氧化铁,黑色的珊瑚是由于其含有有机质。珊瑚拥有缤纷色彩的能够调节光线的荧光色素,对珊瑚共生海藻的影响以及对珊瑚适应明暗不同的环境有重要作用。

珊瑚虫是珊瑚礁的建筑师。珊瑚的种类虽然多种多样,但是珊瑚虫的体型大体相同。聚在一起成为群体的珊瑚,其骨架不断扩大,从而形成形状万千、生命力巨大、色彩斑斓的珊瑚礁。著名的大堡礁就是这样形成的。群体生活的珊瑚虫,它们的骨架联在一起,肠腔也通过小肠系统联在一起,所以这些群体珊瑚虫有许多"口",却共用一个"胃"。能够建造珊瑚礁的珊瑚虫大约有500多种,这些造礁珊瑚虫生活在浅海水域,水深50米以内,适宜温度为22至32度,如果温度低于18度则不能生存。所以在高纬度海区人们见不到珊瑚礁。

"娃娃的啼哭"娃娃鱼

娃娃鱼学名大鲵,它实际上并不是鱼,是我国体型最大的两栖动物。据说它的叫声像婴儿的啼哭,故名娃娃鱼。还有一种说法是因为大鲵四条又短又胖的腿,前脚有四指,后脚有五趾,尤其是前脚连同它的四指很像婴儿的手臂,才有了"娃娃鱼"的称谓。

娃娃鱼身体扁平,外形有点像壁虎,一般长0.6~1.2米,体重10~20公斤。它棕褐色的身体后面拖着一条侧扁的大尾巴,几乎占了身长的三分之一。与鱼类的最大区别是,娃娃鱼可以用肺呼吸。但是不同于两栖类,它具有比其他任何动物更多的呼吸方式,在不同生活状态下,分别进行鳃呼吸、皮肤呼吸、口咽腔呼吸和肺呼吸。这反映了两栖类开始适应陆地生活,但并不完善的过渡情况。

娃娃鱼是一种肉食性动物,比它小的各种动物都吃,如鱼、蚯蚓、青蛙、虾、田螺及各种水生昆虫,尤其喜欢吃一种叫石蟹的小动物。机灵的石蟹多隐身在溪水石缝当中,很少外出活动。然而它也有一个弱点,两只大螯一旦钳住东西,便死死不肯放手。娃娃鱼利用了这个特点,将自己分泌着腥味的尾巴尖悄悄进伸进石缝,引蟹上钩。石蟹一见送上门来的礼物,急忙举起双螯紧紧钳住不放。娃娃鱼一着得手,便出其不意地抽出尾巴,回过身来,猛扑石蟹,美餐一顿。

娃娃鱼

娃娃鱼在水中游时轻盈自如,敏捷灵活。一旦爬上陆地,它就行动笨拙。使人意想不到的是,娃娃鱼竟能捕食空中的飞鸟,这是怎么回事呢?原来,娃娃鱼利用久旱不雨的天气,先在溪水中喝了一肚子水,接着爬到鸟类经常停栖的树枝上,然后头向上,张开大嘴,再将肚子里的水沤到口中,它可以一连坚持几小时不动,好像一口小小的清泉。鸟儿飞来,见到"泉水",便迫不及待地去饮用,聪明的娃娃鱼将水慢慢地咽下,鸟儿只好把头伸进娃娃鱼的嘴里吸水,突然"啪"的一声,娃娃鱼一下子咬住鸟头,慢慢享受送上门来的佳肴。娃娃鱼有很强的耐饥本领,甚至两三年不吃也不会饿死。它同时也能暴食,饱餐一顿可增加体重的五分之一。食物缺乏时,还会出现同类相残的现象,甚至以卵充饥。

娃娃鱼虽不怕冷,但也有冬眠的习性。每年从初冬到明年开春是它的冬眠期,这时它不吃也不动,但受袭击时仍有反应。娃娃鱼的寿命在两栖类中是最长的,在人工饲养的条件下,能活130年之久。由于它肉嫩味鲜,所以长期遭到人们大量捕杀。各产地数量锐减,有的产地已濒临灭绝。属于国家二级保护动物。

"眼睛长在同一边"的比目鱼

比目鱼是因其眼睛长得奇特而得名的,一般的鱼眼睛都长在头部的两侧,它的眼睛却长在身体的同一侧。由于它的两眼同位头一侧,被认为需两鱼并肩而行,所以称比目鱼。

比目鱼主要分布在热带、温带地区。其实当小比目鱼刚从卵中孵化出来的时候,它和别的鱼没有不同,两只眼睛端正地长在头部两侧。然而当它们生活了20天左右,身体长到1厘米时,由于各部分不平衡的缘故,再也无法正常地游泳,只好侧卧到水底去,它的眼睛就在这时开始移动。比目鱼长期生活在海底,因此,它的两只眼睛都在上面,对于它发现敌人与捕捉食物是非常有利的。它的皮肤也有相似情况,身体下边长期面向海底,色泽的意义不大,色素也就比较淡,而上侧则呈棕色,接近于海底土质的颜色,或者随着海底土质色彩差异而变成了斑点,起到既能躲过敌害的视线,同时也可以方便地获取食物的一种作用。

它们也不是成双成对的结伴而行的。实际上,比目鱼同其他的鱼一样,全部都是单独生存的。它的两只眼睛长到一边,一是因为上面所说的那样,是对环境逐步适应的结果。二是因为它的两边脑骨生长不平衡,尤其是前额骨显得更为突出。身体下面的那只眼睛,因眼下那条软带不断地增长,眼睛便不断向上移动,经过背脊而达到上面,和原来的那只眼睛并列在一起。此刻它的眼眶骨也就生成了,以后眼睛的位置就不再移动了。因此,即便它们的眼睛全都长在一侧,还是用不着成双成对的行动的。

在海洋生物中,鲨鱼是以凶猛、残忍而著称的,但是小小的比目鱼却能够制服它们。原来,比目鱼能排泄一种乳白色的液体,毒性极其强烈。这种液体的体积在水中可以扩散到 5000 倍的地方,能毒死海星等小的海洋生物,但对人体没有什么损害。科学家曾把毒液加到鱼饵里,然后绑在其他小鱼身上。每当鲨鱼要吞食带有毒饵的小鱼时,鲨鱼的嘴就变得僵硬而不能合拢了,鲨鱼不得不仓皇逃走。几分钟后,鲨鱼的嘴又恢复了常态。如果再贪食带毒饵的小鱼,便又会遇难,小小比目鱼就是这样制服大鲨鱼的。经研究,生物学家发现了这毒液能使鲨鱼口部肌肉麻木而瘫痪的原理。目前生物学家们正在根据这一原理研究人工合成比目鱼毒液,进而制成"防鲨灵"软膏,涂在游泳者的身上,以免受鲨鱼的伤害。

在我国古代,比目鱼还是象征忠贞爱情的奇鱼,古人留下了许多吟诵比目鱼的佳句:"凤凰双栖鱼比目""得成比目何辞死,愿作鸳鸯不羡仙"等等。其实从科学的角度,这些并不符合事实,只是人们的美好愿望而已。

打着"灯笼"的灯笼鱼

灯笼鱼全名是芒光灯笼鱼,正式的中文名称是深海鮟鱇鱼,属于深海发光鱼类。它们栖息于热带和亚热带 1000 米水深的海区里,体上发光器能发出红黄色光泽,夜间常接近于洋面的表层。

这种深海鱼类看起来有些奇形怪状,它圆圆的身体看起来就跟个篮球似的,而且从它的大嘴看,似乎也很容易就能吞一个篮球进去。它的大嘴里张着又尖又长的獠牙,就是因为这些牙齿,使得这种鱼在西方有了"黑魔鬼"的称呼,不过尽管长得凶恶,但深海鮟鱇其实只能长到大约 5 英寸(12.7 厘米)。这种鱼没有肋骨,所以胃可以撑得很大,甚至吃下比自己大的鱼;牙齿强壮而且向内倒钩,只要进了嘴的猎物就别想逃出;深海鮟鱇一般是黑色,而浅海的颜色则比较鲜艳,往往和环境符合以作为保护色。无论是中文俗称的"灯笼鱼"还是英文名"深海钓鱼者"都来自它长长的特化脊骨,以及其尖端的一个发光器官。

灯笼鱼能发光的原因之一是,它身上有发光细胞和共生的能发光的细菌的存在。它们能把生物能转变为光能。灯笼鱼发光是为了捕食和引诱异性等。在深海这种环境里,发光使深海鱼能辨认同类,还可以引诱其他的小鱼当食物呢。因为,海里的许多鱼有趋光性,看见有亮光就会游过来凑热闹。不过,这种特性对鱼来说并不是好事,因为人类掌握了鱼的这种特性后,他们在渔船上安装了许多集鱼灯,捕鱼时,他们将船上的集鱼灯全部打开,鱼群便聚集过来。有些小渔船则用电筒或火把把鱼吸引过来,然后大肆捕杀。

水中"高压线"电鳗

电鳗是鱼类中放电能力最强的淡水鱼类,输出的电压达 300~800 伏,因此电鳗有水中"高压线"之称。

电鳗放电电压可达 300~500 伏,足以把附近的鱼电死,人和牲畜碰上,全身也会麻痹。据计算,1 万条电鳗的电能聚集在一起,足够使 1 列电力机车运行几分钟。电鳗外形像蛇,体长 2 米左右,体重约 20 公斤。它生活于南美和中美等地的河流中,常常一动不动地躺在水底,不时也浮出水面呼吸。它通过"电感"来感受周围环境的变化,一旦发现猎物,就放电将其击毙或击昏,然后饱餐一顿。由于电鳗有这么一手捕杀猎物的绝技,因此被人称为"江河中的魔王"。

它们的发电器分布在身体两侧的肌肉内,身体的尾端为正极,头部为负极,电流是从尾部流向头部。当电鳗的头和尾触及敌体,或受到刺激影响时即可发生强大的电流。电鳗的放电主要是出于生存的需要。因为电鳗要捕获其他鱼类和水生生物,放电就是获取猎物的一种手段。它所释放的电量,能够轻而易举地把比它小的动物击死,有时还会击毙比它大的动物,如正在河里涉水的马和游泳的牛也会被电鳗击昏。

电鳗能发出这么强的电流,为什么电不着自己呢?这是因为电鳗内部有许多所谓的生物电池、串联及并联在一起,所以虽然电鳗的头尾电位差可以高达 750V,但是因为生物电池的并联把电流分散掉,所以实际上,通过的电流跟他电鱼时所放出的电流差了两个级别,相对之下小得多,所以他才不会电鱼时,把自己也给电死了。

电鳗肉味鲜美,富有营养。虽然它能释放出强大的电流,但南美洲土著居民利用电鳗连续不断地放电后,需要经过一段时间休息和补充丰富的食物后,才能恢复原有的放电强度的特点,先将一群牛马赶下河去,使电鳗被激怒而不断放电,待电鳗放完电筋疲力尽时,就可以直接捕捉了。

世界上已知的发电鱼类达数十种呢,其他会放电的鱼类还有电鲶、电鳐等。其中"电力"最强的要算电鳗了,它们是名副其实的水中"高压线"。

"雌雄同体"的黄鳝

早在 40 年代初,我国有个科学家在研究黄鳝的繁殖习性时,偶然发现一个有趣的问题,在野外捕获的大量黄鳝中,性别与体长有明显的关系,较小的黄鳝主要是雌鱼,而较大的多为雄鱼。再进一步观察时,发现所有的黄鳝发育都要经过一个幼体的雌性阶段,产卵以后又转为雌雄间体,长大后则完全变成了雄鱼。因此他确认黄鳝的雌雄鱼是由于发育的时间决定的,不是由不同的个体确定的。每条鱼都是先为雌性后为雄性。

鳝鱼胚胎发育到第一次性成熟时为雌性,可是从第二次性成熟开始时它又变成雄性了。这就是说,黄鳝在一生中既当妈又当爹。这种阴阳转变过程,在生物学上称为性逆转。先雌后雄,从胚胎期到性成熟时雄性,产卵后卵巢变精巢,第二次性腺成熟时是雄性,此后不复在变,后半生终生雄性。一般体长24厘米以下个体为雌鳝,42厘米以上的个体都是雄鱼。卵巢充分成熟时,雌鳝下腹部膨大、柔软。有一条紫红色横条纹,腹部皮肤稍透明。由于黄鳝的生殖习性特殊,雌雄同体,所以它们生出的孩子永远只能是"女儿"。

黄鳝又被称为长鱼、海蛇等,是我国特产。相传,古代有些大力士,之所以力大无穷,就是由于常吃鳝鱼的缘故。旧时把走江湖的人通称为卖大力丸的。其实,古医术《本经逢原》上,还真有"大力丸"的配方,其中一味主药就是鳝鱼。鳝鱼味鲜柔美,并且刺少肉厚,又细又嫩,与其他淡水鱼相比,可谓别具一格,如果烹调得当,食后可令人难以忘怀。以小暑前后一个月的夏鳝鱼最为滋补味美,故有"小暑黄鳝赛人参"之说。

鳝鱼的身体是圆筒形,适合穴居生活,对进出洞穴,减少摩擦十分有利。它真有点儿"隐士"气度,没有特殊的攻击本领,也无强有力的防御武器,唯一的技能是"三十六计,逃为上计",它既无脑鳍,又无腹鳍,就是背鳍和臀鳍也退化得仅留下一点点皮褶,鳞片消失得肉眼都难看见。可是全身能分泌出非常油滑的粘液,不小心,它就能从你手中溜之大吉。鳝鱼身上的粘液,主要功能是:预防细菌、病菌侵染身体,减少疾病;阻止寄生动物植物的纠缠,有利成长;"油头滑面",有利于它在泥中通行无阻。

丹顶鹤的"鹤顶红"没有毒

丹顶鹤又名仙鹤,被喻为长寿象征。它们体态高雅,舞姿优美,鸣声如笛,富有音韵,自古以来就深受人们的喜爱。在我国古代诗歌、绘画等艺术作品中,人们对它的娇美形态,无不交口称赞。

自古以来,丹顶鹤头上的"丹顶"常常被认为是一种剧毒物质,称为"鹤顶红"或"丹毒",一旦入口,便会置人于死地,无可救药。据说皇帝在处死大臣时,就是在所赐酒中放入"丹毒"。大臣们也都置"鹤顶红"于朝珠中,以便急难时服以自尽。其实,这些说法都是毫无根据的。

由内分泌学知识可知,仙鹤的丹顶是腺体前叶分泌的促性腺激素作用产生的。它是第二性特征的标志,所以丹顶鹤的丹顶完全是一种正常的生理现象,并不是剧毒。丹顶鹤的幼鸟是没有"丹顶"的,只有达到性成熟后,"丹顶"才会出现。"丹顶"的大小和色度并非一成不变。对于季节来说,春季时发情时红色区域较大,而且色彩鲜艳;冬季则较小。对于情绪来说,轻松时红色区域较大,色泽鲜艳;恐惧时则较小。对于身体状况来说,健康时红色区域较大;生病时则缩小,而且色彩明显暗淡,其表面还略显白色。当丹顶鹤死亡后,其"丹顶"就会渐渐褪去红色。

丹顶鹤

丹顶鹤是栖息于开阔平原、沼泽、湖泊等地的候鸟。它们成对或结小群,迁徙时集大群,性机警,活动或休息时均有一只鸟作哨兵。迁徙时排成"一"字形或"V"字形。以鱼、虾、水生昆虫及水生植物为食。它们的繁殖期在 4 到 6 月,求偶伴随舞蹈、鸣叫,营巢于具一定水深的芦苇丛、草丛中。它们的寿命可达 50 到 60 年。

此外,我们通常看到丹顶鹤的时候,它们一般只是用一条腿站立,或者是在沼泽地以及河岸边站着。原来它们是在休息,一般的游禽以及鸥类全都有这种一条腿站立的休息习惯,当它的一只脚疲倦时,就会换另一只脚,这样可以养精蓄锐。它们寻找吃食的时候,却一直是两只脚都着地。另外,一只脚站立会比两只脚站立能够看得远,这样它们也可以及时防备敌害的突然袭击。此外单脚站立还有保护脚的作用。它的细长的腿上并不长毛,体内的热量很容易从腿脚散失,为了减少热量散失,丹顶鹤休息时经常抬起一只脚,藏在羽毛下面。

"纺织能手"织布鸟

鸟类的窝巢,千姿百态,形态各异。但是哪种鸟把自己巢装修得又精致又舒服呢? 应该算织布鸟了。

织布鸟个体小,全身为红棕色且布满宽宽的黑条纹,样子虽然平常但却是纺织能手。它的巢很大,可长达几十厘米,开头像鸭梨,高挂在树枝下面,如同摇篮一样。它们的巢是用新鲜柔软的嫩绿植物作为材料,为了不被大风刮掉,巢内还常常用泥团来增加重量,有趣的是,织巢工作几乎是雄鸟完成的。

当巢织成之后,雄鸟会在入口处炫耀它那黄色或是红色的羽毛,希望能吸引雌鸟。在微风的吹动下,巢轻轻地摇摆,雌鸟在巢外还不停地唱着"摇篮曲"。为了引起雌鸟的注意,雄鸟还会倒挂在巢底做翻滚动作,并且吱吱地叫,以求把雌鸟引到巢中。如果成功了,它的配偶会在巢中摆上柔软的青草叶,然后下蛋。有些种类的织布鸟,其雄鸟会筑几个巢,分别吸引不同的雌鸟。即使再也找不到合适的雌鸟,它们也会继续筑巢。这些巢会被空置,或只造了一半就被丢弃了。织布鸟织巢是为了繁殖后代的一种本能。

织布鸟分布在非洲和亚洲,体形和麻雀差不多,有 70 个不同的品种。它们主要活动于农田附近的草灌丛中,营群集生活,常结成数十以至数百只的大群。性活泼,主要取食植物种子,在稻谷等成熟期中,也窃食稻谷,繁殖期兼食昆虫。一年中,除了在繁殖季节,雄鸟有着鲜艳的羽毛。其他时间里,雄鸟和雌鸟都呈暗褐色。在繁殖期中,常数对或 10 余对共同在 1 棵树上营巢。每窝产卵 2~5 枚,卵纯白色。在中国,织布鸟仅见于云南南部。织布鸟可作为笼饲养鸟以供观赏。

织布鸟是动物中最优秀的纺织工。它们的巢顶既能防风遮雨,又能挡住灼热的阳光,甚至还有用来防御危险树蛇的飞行管道。

"世界上最小的鸟"蜂鸟

蜂鸟是由于它拍打翅膀的嗡嗡声而得名的。它是世界上最小的鸟类,有的甚至比黄蜂还小,蜂鸟巢只有核桃大,蛋小如豌豆。

蜂鸟飞行时能停留在空中,把又细又长像管子的嘴插进花心去吸食花蜜,并吃小昆虫。它吸花蜜时,能传播花粉。如果不是亲眼所见,你很难想象世上竟有黄蜂大小的鸟。这些鸟太小,体型最大的巨蜂鸟体长也不过 20 厘米,体重不足 20 克。在所有动物当中,蜂鸟的体态最妍美,色彩最艳丽。金雕和玉琢的精品也无法同这大自然的瑰宝媲美,蜂鸟是世界上最小的鸟,"以其微末博得盛誉"。小蜂鸟是大自然的杰作:轻盈、迅疾、敏捷、优雅、华丽的羽毛——这小小的宠儿应有尽有。它身上闪烁着绿宝石、红宝石、黄宝石般的光芒,它从来不让地上的尘土玷污它的衣裳,而且它终日在空中飞翔,只不过偶尔擦过草地。

蜂鸟虽然小,但是却身怀别的鸟所没有的绝技,是唯一可以向后飞的鸟。由于它飞行本领十分高超,也被人们称为"神鸟""彗星""森林女神"和"花冠"。蜂鸟能像直升飞机那样垂直上升和下降,还会高飞、远飞和倒退着飞。尤其精彩的是,它能停留在半空中不动,而只是拍动着翅膀。蜂鸟的这些独特本领,是与它身体非常微小的独特生理特点分不开的,蜂鸟身小体轻,翅膀扇动却十分有力,速度也快,每秒钟 50~70 次,因此飞行时产生的浮力和身体重力刚好一样,使它能自由地在空中进行各种飞行。

每到繁殖季节,蜂鸟在林中作 U 字形炫耀飞行。它们不停地盘旋上升又盘旋下降。这时,它们翅膀每秒扇动达 200 次。在这种飞行中,蜂鸟的尾不停地前后左右摆动。这时尾是控制平衡的重要工具。因为,当翅膀快速扇动时,蜂鸟的身体会受到气流冲击而偏斜。尾部的摆动能改变扇翅产生的气流,使蜂鸟能平稳地飞行。蜂鸟可以说是技艺高超的飞行家。

蜂鸟的体型太小,骨架不易保存成为化石,它的演化史至今仍是个谜。现在的蜂鸟大多生活在中南美洲,在南美洲曾发现 100 万年前的蜂鸟的化石。

寄养子女的杜鹃

杜鹃鸟有 143 种,其中也有少数品种的雌鸟是孵卵的,大多数杜鹃生卵不孵卵。有了这种天性,杜鹃就有个坏名声,人们称它是懒鸟。那么它们怎么延续后代呢?人们不用担心,它们自有巧妙的法子,不然杜鹃早就绝了种。

绝大多数的杜鹃是靠"寄生"的绝技生儿育女,繁衍"家族"的。杜鹃的卵,主要产于莺科鸟的窝里,借巢生蛋,求母莺代孵其卵,代哺其子。这是因为莺科鸟与杜鹃有许多共同的特点:一是二者卵的大小、形状、颜色相差不多;二是孵化的条件相同,大约两周即可育出;三是雏鸟相似,巢内哺育期为半个月;四是莺科雏鸟食量大,杜鹃的雏儿吃得也不少。由于这些相同之处,雌杜鹃一代代、一来二去便形成了这"寄生"的绝技,从而偷了懒。

让人怀疑的是,两种鸟的卵放在一个窝里同时孵,莺科的鸟巢又不大,能盛得下吗?另外莺能让杜鹃安然地跑到它的巢里下蛋吗?杜鹃自有它的妙法子,它将卵分别先产在地上,然后用嘴衔到两三个莺科的鸟巢里,有时一个巢里放一个。破壳而出的小杜鹃,总比它"义母"的儿女早几天来到世上,它出世时,干姐妹还睡在卵壳里。小杜鹃有好动的习性,出壳就乱蹬踏,两爪抓住巢底,用头将尚在孵化的卵拱出巢外,自己独占了鸟巢,这样一来,莺科的雌鸟就误认它是自己的儿女,将它喂养大。到了小杜鹃快要会飞离巢时,它的亲生娘会不误时机地赶来,落在附近的树枝上,一声声地叫起来。小杜鹃听到这种叫声,本能地知道亲生的母亲在召唤它,便纷纷闻声飞过去,而后随着雌杜鹃一起飞走。

世界上约有 50 种杜鹃在别的种类的鸟窝里下蛋,这种巢寄生的现象,使杜鹃落得了一个"不愿抚养亲生孩子"的坏名声。比如,奎氏杜鹃中就有在同种中找窝寄生孵卵的个别"懒汉",从而败坏了整个种群的名声。其实,生活在印度和美洲大陆的杜鹃,并非是不负责任的父母,对于垒窝筑巢、孵卵和喂养雏鸟的义务,它们都是亲力亲为、尽责尽职的。

杜鹃,既是鸟名,也是花名。杜鹃鸟,还叫子规、布谷鸟等。花还叫映山红,金达莱。关于杜鹃还有一个悲伤的传说。传说古代蜀王杜宇,被假贤能的谢豹所惑,让位于谢豹。但谢豹却怕他复辟,排挤他。最终导致他啼血而亡。血染成杜鹃花,死后灵魂化为杜鹃鸟。而谢豹也因内心难安而死,死后也化成相似的鸟、花,但花不如杜鹃红,鸟也不如杜鹃美。后人无法分辨,就统称为杜宇、杜鹃、谢豹。这都是花与鸟的共鸣。

"强盗鸟"军舰鸟

在浩瀚无垠的热带海洋上空,有时可以看到一种巨大的黑色海鸟,在飞行中抢夺其他鸟类口中的食物,它就是"空中强盗"——军舰鸟。

军舰鸟的身体很轻,翅膀很长,黑色的羽毛闪烁着绿紫色的金属光泽。军舰鸟是海鸟中优秀的飞行能手之一。它俯冲时最大的时速可以达到153公里。在风大浪高的日子里,军舰鸟常常像箭一样从高空快速降临水面,擦着波浪的谷底,用强有力的喙敏捷地摄取游到水面的鱼和水母。

其实,军舰鸟更重要的食物来源是对海鸥、海燕和鸬鹚等海鸟刚刚从海里捕到的鱼虾进行拦路抢劫。军舰鸟一旦发现衔着鱼的水鸟,就会立即追上去,在空中袭击它们。有时候,一只军舰鸟单干,有时雌雄两只军舰鸟共同出击。那些弱小的鸟类,很难抵御飞行迅速、动作灵活的军舰鸟的进攻。如果它们不赶快把吃进去的食物吐出来,那么军舰鸟就不会放过它们。军舰鸟会咬住它们的尾巴或者是一块皮毛拼命地撕扯,或者用带钩的长嘴猛地一啄,就可以使鸟的翅膀脱臼。受害者遇到不讲理的军舰鸟,只好乖乖地把吃到嘴里的美味吐出来,而军舰鸟就像技艺高超的杂技演员将食物一一接住。

军舰鸟看上去性情凶猛,飞行比其他海鸟快,可它们从不捕食其他海鸟,它们只是利用自身的"威慑力量"来恐吓其他海鸟。那么,军舰鸟为什么要采取这种海盗式的取食方式呢?因为,军舰鸟的尾脂腺不发达,落水后就会全身湿透,无法飞行。所以,军舰鸟就开始做不光彩的拦路抢劫的勾当。再加上,军舰鸟虽然极善飞翔。翅膀很大,但它们的身体较小,腿又短又细。它们不能像鹈鹕,鸬鹚那样潜入水中捕鱼,因为它们细弱的腿很难使它从水面上直接起飞。因此,军舰鸟在自己捕食时,只能吃些漂在水面上的水母,软体动物甲壳类和一些小鱼及死鱼,很难吃到水下的大鱼。于是,在长期的演化过程中,军舰鸟变成鸟中海盗,它们依靠掠夺食物来弥补自己取食能力的缺陷。军舰鸟每到夜晚必定回到陆地或海岛上栖息。它们休息时,一般都落在高耸的岩石上或树顶上,始终保持跟地面有一定的距离,以便以后能顺利起飞。军舰鸟在游泳时,也只是聚集在离岸不远的海面上。

军舰鸟喜欢群居。栖息时,大群的军舰鸟挤在一起,显得十分拥挤。而且其他海鸟,如鲣鸟、海鸥等也常聚集在军舰鸟周围栖息。这些白天受到军舰鸟欺负、掠夺的海鸟,到了夜晚却和军舰鸟同宿,这简直不可思议。

"会说话"的鹦鹉

鹦鹉最为人钟爱的技能当属效仿人言。事实上,它们的"口技"在鸟类中的确是十分超群的。其实,这只是一种条件反射、机械模仿而已。这种仿效行为在科学上也叫效鸣。

鸟类由于没有发达的大脑皮层,它们也就没有思想和意识,因此也不可能懂得人类语言的含义。在英国曾经举行过一次别开生面的鹦鹉学话比赛,其中有一只不起眼的非洲灰鹦鹉得了冠军,当时揭开装有这只鹦鹉的鸟笼罩时,灰鹦鹉瞧了瞧四周道:"哇噻!这儿为什么会有这么多的鹦鹉!"当时,全场轰动。几天后,兴奋的主人请了许多贵宾到家中庆贺。笼罩一打开:"哇噻!这儿为什么会有这么多的鹦鹉!"全场哗然。主人一心想自己聪明的鹦鹉会说:"哇噻! 这儿为什么会有这么多的贵客!"从而博得大家喝彩,结果却十分狼狈。由此可见,鹦鹉学话不过是一种条件反射,并且词汇量也有限。当然"鹦鹉学舌"在人们的生活中引起的小故事,为人们茶余饭后增添了许多谈资和笑料。

鹦鹉为什么会说话? 其实秘密就在于它特殊的生理构造——鸣管和舌头。虽然都会说话,但鹦鹉的发声器与人类的声带有所不同,鹦鹉的发声器叫鸣管,位于气管与支气管的交界处,由最下部的3~6个气管膨大变形后与其左右相邻的三对变形支气管共同构成。一般的鸟儿能够发出不同频率、高低的声音,那是因为当气流进入鸣管后随着鸣管壁的震颤而发出不同的声音。除了具备最基本的鸟类特征之外,鹦鹉的发声器官的构造比一般的鸟儿更加完善,在它的鸣管中有四五对调节鸣管管径、声率、张力的特殊肌肉——鸣肌,在神经系统的控制下,鸣肌收缩或松弛,发出鸣叫声。

在整个鸣管的构造上,鹦鹉的鸣管也与人的声带构造很相近。只不过人的声带从喉咙到舌端有20厘米,呈直角,而鹦鹉的鸣管到舌段15厘米,呈近似直角的钝角。而这个角度就是决定发音的音节和腔调的关键,越接近直角,发声的音节感和腔调感越强,所以,鹦鹉才能够像人类一样发出抑扬顿挫的声音和音节。再说舌头,鹦鹉的舌头非常发达,圆滑而肥厚柔软,形状也与人的舌头非常相似,正是因为具备了这样标准的发声条件,鹦鹉便可以发出一些简单但准确清晰的音节了。

鸟是人类的朋友,鹦鹉以其美丽无比的羽毛,善学人语技能的特点,更为人们所欣赏和钟爱。鹦鹉大多色彩绚丽,音域高亢,那独具特色的钩喙使人们很容易识别这些美丽的鸟儿。它们一般以配偶和家族形成小群,栖息在林中树枝上,自筑巢或以树洞为巢,食浆果、坚果、种子、花蜜。

来自"天堂"的极乐鸟

由于极乐鸟拥有极其华丽的外表,因此拥有众多美丽的别名,天堂鸟、风鸟、雾鸟、太阳之鸟、神鸟、比翼鸟、无脚鸟等等都是。

传说,极乐鸟是一种神鸟,它住在"天国乐园"里,吃的是天露花蜜,飞舞起来能发出一阵阵迷人的乐声。它对爱情忠贞不渝,一旦失去伴侣,另一只鸟就会绝食而死。极乐鸟生性孤独,不愿和别的极乐鸟共栖一处。当别的极乐鸟迁徙时,它也随之飞上天空,充当空中"引路者"。

1522年,西班牙"维多利亚"号船长艾尔·卡诺率领他的船队,从摩鹿加群岛返回西班牙,卡诺船长除运回大批香料外,还给国王带回五张美丽绝伦的鸟皮。当他把这美丽的礼物献给国王时,朝臣们个个看得目瞪口呆——这种鸟实在是太美了! 一时间,人们纷纷传说,卡诺船长带回来的是来自天堂里的鸟。

这些鸟当然不是来自天堂的。事实上,它们是从巴布亚新几内亚和澳大利亚的森林来的。巴布亚新几内亚人民最推崇的有三种东西,即天堂鸟、鳄鱼和男人雕刻象。极乐鸟是巴布亚新几内亚的象征,是他们的国鸟,连国旗、国徽、民航客机和

各种纪念品上都能见到它的形象。据统计,全世界有 40 多种极乐鸟,巴布亚新几内亚就有 30 种,

天堂鸟是一种非常珍贵飞禽,有不同的种类。顶羽极乐鸟头上有两根长达 60 厘米的顶羽,超过体长近两倍,犹如长辫姑娘,飘逸幽雅。有趣的是,这两根顶羽的颜色和结构并不对称,一根褐色,另一根羽杆上长着蓝色光滑的细绒毛。带尾极乐鸟全长 76 厘米,它的体羽栗色,双翅下各有一簇金黄色的绒羽,当风起舞时绒羽竖起,形成金光灿烂的两把扇面,就如"孔雀开屏"。

最出名的极乐鸟要数,蓝极乐鸟、无足极乐鸟和王极乐鸟。极乐鸟头部为金绿色,披一身艳丽的羽毛,特别是有一对长长的大尾羽,更显得妩媚动人,光彩夺目。蓝极乐鸟在求偶时,或仰头拱背,竖起身体两侧的金黄色绒毛;或倒悬在树枝上,抖开全身织锦般艳丽的羽毛,以吸引雌鸟。"无足极乐鸟"并不是真的无足,只是足短一些,飞行时藏在长长的羽毛内,人们见不到。无足极乐鸟的尾翼比身体长二三倍,又被称作长尾极乐鸟。王极乐鸟体长只有 20 厘米左右,比别的极乐鸟小得多。它对爱情忠贞不渝,一旦失去伴侣,另一只鸟就会绝食而死。王极乐鸟生性孤独,不愿和别的极乐鸟共栖一处。当别的极乐鸟迁徙时,它也随之飞上天空,充当空中"引路者"。

人们喜欢用极乐鸟的羽毛做举行仪式时用的头饰,因此极乐鸟遭到了过度捕杀,现在它们已经濒临灭绝了。

植物天堂

植物的故事

和动物一样,植物们也有很多秘密,植物本身也有很多之最。

陆地上最长的植物是生长在非洲的热带森林里的白藤。那里生长着参天巨树和奇花异草,也有绊你跌跤的"鬼索",这就是在大树周围缠绕成无数圈圈的白藤。白藤也叫省藤,中国云南也有出产,白藤从根部到顶部,达 300 米,比世界上最高的桉树还长一倍呢。

世界上最高的树是杏仁桉树。如果举办世界树木界高度竞赛的话,那只有澳洲的杏仁桉树,才有资格得冠军。杏仁桉树一般都高达 100 米,其中有一株,高达 156 米,树干直插云霄,有五十层楼那样高。在人类已测量过的树木中,它是最高的一株。鸟在树顶上歌唱,在树下听起来,就像蚊子的嗡嗡声一样。

中国最高大的阔叶乔木则是望天树和擎天树。我国著名的云南西双版纳热带密林中,在 70 年代发现了一种擎天巨树,它那秀美的姿态,高耸挺拔的树干,昂首挺立于万木之上,使人无法仰望见它的树顶,甚至灵敏的测高器在这里也无济于事。因此,人们称它为望天树。当地傣族人民称它为"伞树"。

距今二十五亿年前(元古代),地球史上最早出现的植物属于菌类和藻类,其后藻类一度非常繁盛。直到四亿三千八百万年前(志留纪),绿藻摆脱了水域环境的束缚,首次登陆大地,进化为蕨类植物,为大地首次添上绿装。三亿六千万年前(石炭纪),蕨类植物绝种,代之而起是石松类、楔叶类、真蕨类和种子蕨类,形成沼泽森林。

古生代盛产的主要植物于二亿四千八百万年前(三叠纪)几乎全部灭绝,而裸子植物开始兴起,进化出花粉管,并完全摆脱对水的依赖,形成茂密的森林。一亿四千五百万年前(白垩纪)被子植物(有花植物)开始出现,于晚期迅速发展,代替了裸子植物,形成延续至今的被子植物时代。现代类型的松、柏,甚至像水杉、红杉等,都是在这时期产生的。

植物从此产生,和他们的故事一起。

"穆斯林头巾"郁金香

郁金香原产于中东,16世纪传入欧洲。在中东,人们总是将其与穆斯林头巾相联系。由于其花似穆斯林头巾,它的名字在土耳其语中就是"穆斯林头巾"之意。

早在17世纪奥斯曼帝国的御花园中,郁金香曾是专门种给皇室贵族观赏的。1863年被花商引进荷兰经营,他们为了推销产品特自编造了一个故事:古代有位美丽少女住在雄伟的城堡里,有三位勇士同时爱上了她,一个送她一顶皇冠;一个送把宝剑;一个送块金块。但她对谁都不予钟情,只好向花神祷告。花神深感爱情不能勉强,遂把皇冠变成鲜花,宝剑变成绿叶,金块变成球根,这样合起来便成一棵郁金香了。这故事经传开后更加深了人们对它的钟爱,不少人以拥有新奇的品种而自豪。在花市上,商人乘机漫天讨价,甚至要用一头奶牛来换取一颗郁金香。许多荷兰人因栽种郁金香而致富。

郁金香

荷兰的国花就是郁金香,被称为"郁金香之国",荷兰出产的郁金香畅销120多个国家,出口量占全世界总出口量的80%以上,它和风车、奶酪和木鞋成为荷兰的"四大国宝"。郁金香的原产地是我国的青藏高原,在16世纪中,郁金香来到了欧洲,从此以后荷兰人就把郁金香看为黄金,而且把拥有这种花的多少,作为衡量财富的象征。同时以郁金香为国花的还有:匈牙利、土耳其、伊朗等各国。

富有很高观赏价值的郁金香,是当今风行全球的一代名花。它属百合科草本植物,株高盈尺,叶形长圆,每棵有叶3~5片,色泽粉绿。它的花蕾从基部伸出,着生于花柄的顶端,单生直立,每朵6瓣,花容端庄,色色俱备,活像一个高脚的酒杯,鲜艳夺目,异彩纷呈,细赏之下有如春风扑面,令人心旷神怡。郁金香地下鳞茎非常饱满,繁殖时把地下鳞茎全部栽种于土中,就能够长出郁金香来。目前郁金香多达两千多个品种。美丽的郁金香不仅美化了荷兰,而且畅销欧美各国以及亚洲地区。郁金香的花语是,爱的表白、荣誉、祝福永恒。荷兰人民都喜欢把郁金香作为美丽、华贵而庄严的一种象征。

但是郁金香的花朵有毒碱,过多接触易使人毛发脱落。人和动物在这种花丛中呆上2小时~3小时,就会头昏脑涨,出现中毒症状,严重者还会使毛发脱落,家中不宜栽种。郁金香还有一份特质,大多数的鲜花在被剪下之后就不再生长,而郁金香在花瓶中仍会生长。

"海洋之露"迷迭香

迷迭香原产于地中海沿岸,别名"海洋之露"。因为生长在地中海沿岸面海的断崖上,因此得名。迷迭香的香味浓郁,所以它也有海上灯塔之称,当外出的船迷失方向时,迷航的水手们可以凭借着这浓浓的香气来寻找陆地的位置。

迷迭香是常绿灌木,株直立,叶灰绿、狭细尖状,叶片发散松树香味,自古即被视为可增强记忆的药草。迷迭香为唇形花科多年生芳香植物,它们适应性强,耐旱、耐瘠薄,对土壤要求不严,耐寒性较差。春夏开小花,花色有淡蓝色、紫色、白色、粉红色。

根据一项古老的传说是,迷迭香的花本来是白色的,在圣母玛利亚带着圣婴耶稣逃往埃及的途中,圣母曾将她的罩袍挂在迷迭香树上,从此以后,迷迭香的花就转为蓝色了。耶稣在逃离犹太前往埃及途中,将洗好的衣服晾晒在迷迭香上,迷迭香因此被赋予许多药效。各种宗教传说,加深了迷迭香神圣的力量,在欧洲,迷迭香被广植于教堂的四周,教徒将它视为神圣的供品,因此迷迭香又被称为"圣母玛利亚的玫瑰"。

迷迭香是一种名贵的天然香料植物,生长季节会散发一种清香气味,有清心提神的功效。它的茎、叶和花具有宜人的香味,花和嫩枝提取的芳香油,可用于调配空气清洁剂、香水、香皂等化妆品原料,最有名的化妆水就是用迷迭香制作的,并可在饮料、护肤油、生发剂、洗衣膏中使用。作为药物可治疗神经性疾患和制作治疗头痛、风湿的药膏。近年又发现还是理想的天然防腐剂。也可作观赏植物地栽或盆栽。

迷迭香的花语是留住回忆。迷迭香被定义为爱情、忠贞和友谊的象征。迷迭香,清新,具有穿透力,有一种干净,清爽的感觉。在莎士比亚的著作《哈姆雷特》中有这样一句名言:"迷迭香是为了帮助回忆,亲爱的,请你牢记在心。"

"百年好合"百合

百合花,是一种从古到今都受人喜爱的世界名花。它原来出生于神州大地,由野生变成人工栽培已有悠久历史。古人视为"百年好合""百事合意"的吉兆。故历来许多情侣在举行婚礼时都要用百合来做新娘的捧花。除了这种好意头之外,它那副端庄淡雅的芳容确实十分可人。

百合又名喇叭筒、百合蒜,属百合科多年生草本植物,是世界名花,也是我国的传统花卉。百合地下鳞茎呈球形,鳞片白色,重重叠叠,紧紧相抱,似百片合成,而得百合之名。原产亚洲,我国种植百合已有千年以上的历史,远在南北朝时即成为宫苑花品。百合花种类很多,花色丰富,花形多变,花期较长(自春至秋),具有浓香,是世界著名花卉之一。全国大部分地区均有栽培。百合有六瓣花瓣,颜色有白、粉红、橙、橘红、洋红或紫色,有的具赤褐色斑点。

百合花朵皎洁无瑕、晶莹雅致,幽香四溢,人们常把她当作纯洁、光明、自由、幸福的象征。百合的花语就是顺利、心想事成、祝福、高贵。仲夏之际,万绿成荫,芳菲渐寂,端庄素雅的百合花,艳丽多姿,品味纯正,点缀在林间草地上,宁静而和谐,颇具观赏性。适庭院栽植布置花境,盆栽观赏,还是重要的切花材料。除此之外还具有较高的营养价值和防病、治病功能。真可谓集观赏、食用与药用于一身。

民间食用百合历史悠久,用百合做菜,更是颇为广泛。唐代诗人王维的"冥搜到百合,真使当重肉"绝句足以说明百合的食用价值所在。百合食法很多,或炒食,蒸煮,或制成各种甜食。用鲜百合炒肉片素而不腻,气香味美;百合与糯米煮粥,则别有风味;而莲子百合羹,更是宴会上的名食。

"百花之王"牡丹

牡丹是中国传统名花,它端丽妩媚,雍容华贵,兼有色、香、韵三者之美,让人倾倒。历史上不少诗人为它作诗赞美。如唐诗赞它:"佳名唤作百花王"。又宋词"爱莲说"中写有:"牡丹,花之富贵者也",名句流传至名。"百花之王""富贵花"亦因之成了赞美牡丹的别号。

牡丹原产我国西北部,秦岭和陕北山地多野生。在我国栽培历史悠久,南北朝时已声成为观赏植物。唐时盛栽于长安,宋时称洛阳牡丹为天下第一,故牡丹又名洛阳花。牡丹有"国色天香"之称,我国人民把又它作为富丽繁华之象征,称之为"百两金"。早在唐朝时期,长安栽植和观赏牡丹之况就极鼎盛,白居易诗曰"花开花落二十日,一城之人皆若狂"就是形容其中盛况。牡丹每年 4~5 月开花,朵大色艳,奇丽无比,有红、黄、白、粉紫、墨、绿、蓝等色。花多重瓣,姿丰典雅,花香袭人。目前,除洛阳之外,以山东菏泽赵公社牡丹最盛,每逢牡丹盛开之时,五彩缤纷,香艳各异,吸引着全国园艺工作者和无数国际游人。

牡丹是我国人民所喜爱的传统花卉之一,在我国人民心目中享有特殊的地位。作为本民族精神象征,她融进了人们对生活的美丽憧憬和良好祝愿,意寓着中华民族繁荣昌盛,源远流长。牡丹图案象征富贵。牡丹与石头或梅花组成的图案寓意"长命富贵"。鹭鸶与牡丹象征"一路富贵"。白头翁(鸟)与牡丹象征着"长寿富贵"或"富贵姻缘"。牡丹玉兰绘在一起,象征"玉堂富贵"即"富贵之家"之意。牡丹海棠绘在一起寓意"满堂富贵"即老少同贵。牡丹与鱼绘于一图案中,即"富贵有余"。牡丹图案周围饰月季、长春草等,象征"富贵长春"。瓶(平)插牡丹(富贵)其意表示:"富贵平安"。

1986 年,我国就举行过一次较大的中国名花评选活动,结果是梅花居首,牡丹紧随其后。而 1995 年,中国花卉协会再次评选,专家委员会的意见是"一国两花"或"一国四花"(春牡丹、夏荷花、秋菊花、冬梅花)。专家认为,由于意见不一,目前认定牡丹为国花尚定论太早,梅花也有希望成为国花。

"花中之相"芍药

芍药,别名将离、余容、犁食。芍药原产我国北部和西伯利亚,性耐寒冷,喜爱冷凉气候,是我国的传统名花,已有三千多年的栽培历史,是公认的花中之相,与花中之王牡丹齐名。人们认为"今群芳中牡丹为第一,芍药为第二,故世称牡丹为花王,芍药为花相。"

根据用途,芍药可分为药用和观赏两大类。药用类多为原种型、碗型,花色较单调,主要取其根,经加工中药名"赤芍""白芍";观赏类,以观花为主,品种多,色彩十分丰富。按花色分有白色类、红色类、粉色类、黄色类、紫色类。按花型分有单瓣类、千层类、楼子类、台阁类等。另外,按开花迟早分,还有早花种、中花种和晚花种之别。

在我国,芍药至少有两三千年的栽培历史,是我国名花之一,名贵品种很多。如红色类的冠群芳、醉娇红、点妆红、红云映日等;黄色类的金带围、御衣黄、妒鹅黄等;白色类的玉盘托翠、玉逍遥、青崇山峻岭邪路雪等;浅红类的胭脂点玉、金玉交辉、醉西施、怨春红等;紫色类的乌龙捧盛、宝妆成、楼紫等。

芍药又名将离或可离,在古代也被用来赠别情人或友人。晋代牛享曾问崔豹,古代情人将别离时,为什么赠以芍药?崔豹回答说的就是"芍药又名'可离',因此离别时用它赠人。"后以赠芍药作为爱情或离别的典故。不过究竟芍药赠离人在前,还是名将离在前,谁为因谁为果还有待考证。

芍药和牡丹的花非常像,二者最大的区别在于牡丹是灌木,木牡丹质茎,而芍药则是宿根草本,革质茎。其他的区别还有:牡丹叶片宽厚,正面绿色略呈黄色,而芍药叶片狭薄,粮棉均浓绿色;牡丹的花朵着生于花枝顶端,花径一般在 20 厘米左右;而芍药花单生枝顶或近顶端叶腋花径在 15 厘米左右。另外,牡丹一般在 4 说中下旬开花,而芍药则在 5 月上中旬开花,牡丹比芍药早半个月左右开花。

"日本国花"樱花

日本盛产樱花,被誉为"樱花之国",同时樱花也是日本的国花。樱花在日本有一千多年历史,据说曾有一位聪明美丽的姑娘,名叫"木花开耶姬","木花开耶"意即樱花,她从日本的冲绳出发,经九州、关西、关东、到达北海道,把象征爱情和希望的樱花撒遍各地。从此,樱花由南向北依次盛开,永不衰败。

日本有樱花 30 多种类,300 多品种,世界上共有 800 多品种。日本所有公园里,满目都是樱花。樱花,蔷薇科落叶乔木,高 5 米~20 米,花白色稍带有粉红或粉红色,花开满树,大而鲜艳,极为美丽,是重要的园林观花树种,宜植于山坡、庭院、建筑物前。

日本遍植樱花，每年春天，日本全国的樱花由南至北连成一线次第开放，粉红色的花朵堆云聚雾，绵延不断，景象十分壮观，日本人称之为"樱花前线"。每年的三月十五日，是日本的樱花节。这一天，日本的男女老少都要到公园或野外赏樱。在东京的上野公园，这天有花宴、花会、花舞等种种活动。当日本樱花的一个著名品种——"八重缨"在东京的新宿公园盛开时，日本政府还在这里举办"观樱会"招待外国使节和社会名人。樱花绽放最盛时有一种极其灿烂而凄婉的美丽，因为其芳华最盛之日也是花瓣飘零之时。

日本人民之所以如此喜欢樱花，一是喜欢它的纯洁、清雅和高尚，二是喜欢它首先给人们带来了美好的春光，三是喜欢它那毫不迟疑地开落的豪爽性格。在平安幕府时代，武士们将樱花的瞬开瞬落当作他们"视死如归"的气概，认为人生和樱花一样短暂，应在有生之年做出一番轰轰烈烈的事迹。武士们如果失败，就在樱花树下剖腹自尽。樱花是日本民族的骄傲。日本人民认为樱花具有高雅、刚劲、清秀质朴和独立的精神，它同雄伟的富士山一样，是勤劳、勇敢、智慧的象征。

樱花谢世时节。一阵风吹来满树的樱花纷纷飘落，树下便响起一阵欢呼声。日本人称这种缤纷落英为"花雨"。眼看着心爱的花儿随风飘逝，他们不仅没有黛玉葬花的伤感，还以沐浴在这种花雨中为幸福快乐。日本人欣赏的正是樱花这种轰轰烈烈而生，从从容容而去的生命态度，这也与日本人拼命实现自身价值的人生观不谋而合。

"香花之首"茉莉

茉莉花属于木犀科、茉莉属，多年生常绿小灌木，原产热带、亚热带地区。茉莉叶色翠绿、花朵洁白玉润、香气清婉柔淑，被人们誉为众香花之首。茉莉花具有极好的观赏价值，同时也具有很高的经济价值。

茉莉花原产我国西部和印度。常绿灌木。枝条细长，略呈藤本状。叶对生，光亮，卵形。聚伞花序，顶生或腋生，有花 3~9 朵，花冠白色，极芳香。花期 6~10 月。性喜温暖湿润，在通风良好、半阴环境生长最好。土壤以含有大量腐殖质的微酸性砂质壤土为最适合。畏寒、畏旱，不耐湿涝和碱土。冬季气温低于 3℃ 时，枝叶易遭受冻害，如持续时间长，就会死亡。

茉莉叶色悯绿，花色洁白，香味浓郁，南方多地栽，布置成花坛或做花篱，盆栽时可点缀阳台、窗台和居室。因为她的香味迷人，很多人会把她当成装饰品一样地别在身上。在婚礼等庄重场合，它也是一种很合宜的庄饰花，因此经常被使用在新娘的捧花上。

茉莉花是我国最重要的茶用香花，用茉莉花与茶叶窨制茉莉花茶，可以使茶叶浓郁爽口，茶吸花香，花增茶叶，茶叶花香融为一体。茉莉花茶不仅为我国人民所喜爱，而且在国际市场上也独树一帜，享有盛名。茉莉花不仅是提取香精的重要原料，还可供药用，具有较高的经济价值。

茉莉花外形清丽，让人很难想象原来她竟然有着如此醇美馥郁的花香。

"入夜便睡"的睡莲

睡莲的习性确实奇特。每天上午八九点钟,睡莲慢慢醒来,渐渐抬起头,迎接着太阳,到中午时分,开放出艳丽的花朵;而在傍晚,随着暮色降临,在一片夜幕掩映下,它就收起花瓣进入梦乡。睡莲也因此而得名。

睡莲为什么时开时合,夜晚它真的入睡了吗?原来,这是阳光搞的把戏,是睡莲对阳光反应特别敏感的缘故。清晨,初升的太阳把睡莲从睡梦中唤醒,闭合着的睡莲花瓣的外侧受到阳光的照射,生长变慢,内侧层背阳,却迅速伸展,于是花儿绽开了。中午时分,花瓣展开成一个大圆盘。而这时的睡莲花内侧层受到阳光照射,生长变慢,外侧层正相反,它的伸展逐渐超越了内侧层,于是就慢慢地自动闭合起来。

睡莲

睡莲的种类很多,约有 40 多种,分布在温带和热带地区。墨西哥有黄睡莲,印度有红睡莲,埃及有白睡莲,美国有一种香气极浓的白色睡莲。我国常见的是白色睡莲。睡莲色泽清丽,花、叶均有清香,品种繁多,有单瓣、重瓣,又有千瓣莲、重台莲等。在家庭中以缸栽或盆栽,适于布置阳台、庭院。睡莲喜阳光充足,通风良好,肥沃的砂质壤土,水质清洁及温暖的静水,适宜水深为 25~30cm。耐寒睡莲在根部土不结冻之处,可在露天越冬。春季萌芽生长,夏季开花,花后果实沉没水中,成熟后裂开散出种子,先浮于水面,而后沉入水底。冬季地上茎叶枯萎。

睡莲是花、叶俱美的观赏植物。古希腊、罗马最初敬为女神供奉,16 世纪意大利的公园多用来装饰喷泉池或点缀厅堂外景。现欧美园林中选用睡莲作水景主题材料极为普遍。我国在 2000 年前汉代私家园林中,已有应用,如博陆侯霍光园中的五色睡莲池。古埃及则早在 2000 多年前就已栽培睡莲,并视之为太阳的象征,认为是神圣之花,历代的王朝加冕仪式,民间的雕刻艺术与壁画,均用它作为供品或装饰品。

炎炎夏日,清风徐来,碧波荡漾,一丛丛美丽的睡莲轻舞花叶,形影妩媚,好似凌波仙子,令人赏心悦目,心旷神怡。此情此景让人不禁联想起"凌波不过横塘路,但目送,芳尘去","飘忽若神,凌波微步"等古人的诗句。

"天竺牡丹"大丽花

大丽花又叫大丽菊、天竺牡丹、大理花、西番莲和洋菊,是菊科多年生草本。菊花傲霜怒放,而大丽菊却不同,春夏间陆续开花,越夏后再度开花,霜降时凋谢。它的花形同那国色天香的牡丹相似,色彩瑰丽多彩,惹人喜爱。

大丽花的故乡是墨西哥高原地区海拔 1500 米的地方,它既不耐寒,又畏酷暑,那里气候温凉,有一段低温时期进行休眠。大丽花在我国辽宁、吉林等地气候适宜,生长良好。大丽花具有粗大锤状肉质块根,株高因品种不同而有高低,叶对生,1~3 回羽状分裂,裂片卵形,锯齿粗钝。花长于梗顶。大丽花以长长的花期受人欢迎,从夏到秋,连续发花,每朵花可延续 1 个月,花期持续半年。

从花形看,大丽花有菊形、莲形、芍药形、蟹爪形等,花朵的直径小的似酒盅口大小,大的达 30 多厘米。它们的颜色,不仅有红、黄、橙、紫、淡红和白色等单色,还有多种更为绚丽的色彩。大丽花花瓣有重瓣和单瓣。重瓣的大丽花,有种千瓣花,白花瓣里镶着红条纹,宛如玛瑙,妖艳非凡;而单瓣的品种"红世纪",花瓣虽少,却显得简单朴素,别有一种情趣。

重瓣的大丽花雍容华贵,富丽堂皇,堪同牡丹媲美。但是花儿的构造毕竟同牡丹不同。牡丹花的花心里有大簇的花蕊,而大丽花的花,不能称为"朵",只能叫它"花篮""花盘"。因为它是由无数朵小花排列而成的。这些小花就是大花中的"花瓣",而且它们会随着开放的先后陆续结实。这同它的近亲菊花完全一样,是菊科植物的主要特征。

大丽花的花朵,花瓣排列得十分整齐,不像牡丹花那样大小错综,自然奔放而富有浪漫色彩。当然,大丽花也有花瓣卷曲多变的种类,但比较稀少。

大丽花是墨西哥的国花,绚丽多姿的大丽花象征大方、富丽。今天,它的足迹已遍布到世界各国,成为庭园中的常客,世界著名的观赏花卉。

"暗香袭来"梅花

王安石写过一首《梅花》,是一首难得的饶有特色、脍炙人口的咏梅佳作。"墙角数枝梅,凌寒独自开。遥知不是雪,为有暗香来。"梅花,香色俱佳,独步早春,具有不畏严寒的坚强性格和不甘落后的进取精神,因而历来为诗人们所吟咏,所歌颂。

梅花每株高约 10m,干呈褐紫色,多纵驳纹。小枝呈绿色。叶片广卵形至卵形,边缘具细锯齿。花每节 1~2 朵,无梗或具短梗,原种呈淡粉红或白色,栽培品种则有紫、红、彩斑至淡黄等花色,于早春先叶而开。梅花可分为系、类、型。如真梅系、杏梅系、樱李梅系等。系下分类,类下分型。梅花为落叶小乔木,树干灰褐色,小枝细长绿色无毛,叶卵形或圆卵形,叶缘有细齿,花芽着生在长枝的叶腋间,每节着花 1~2 朵,芳香,花瓣 5 枚,白色至水红,也有重瓣品种。核果近球形,有缝合线,黄色或绿色,被柔毛,味酸,果肉与核粘附不易分离,6~7 月果实成熟。

梅花品种及变种很多,目前品种有 30 多个,其品种按枝条及生长姿态可分为叶梅、直角梅、照水梅和龙游梅等类;按花色花型可分为宫粉、红梅、照水梅、绿萼、大红、玉蝶洒金等型。其中宫粉最为普遍,花粉红,着花密而浓;玉蝶型花紫白;绿萼型花白色,香味极浓,尤以"金钱绿萼"为好。

在我国古代为数众多的花中,国花是国家形象和民族精神的象征。国花具有国家名片的象征意义。梅花是我们中华民族与中国的精神象征,它具有强大而普遍的感染力和推动力。梅花象征坚韧不拔,不屈不挠,奋勇当先,自强不息的精神品质。迎雪吐艳,凌寒飘香,铁骨冰心的崇高品质和坚贞气节鼓励了一代又一代中国人不畏艰险,奋勇开拓,创造了优秀的生活与文明。

有人认为,梅的品格与气节几乎写意了我们"龙的传人"的精神面貌。全国上至显达,下至布衣,几千年来对梅花深爱有加。"文学艺术史上,梅诗、梅画数量之多,足以令任何一种花卉都望尘莫及。"国人赏花,不仅赏花的外表,更欣赏花中蕴含的人格寓意和精神力量。

"光明之花"向日葵

向日葵是俄罗斯的国花。这向往光明之花,给人带来美好的希望。传说古代有一位农夫女儿名叫明姑,被后娘百般凌辱虐待。一次惹怒了后娘,夜里熟睡之际,被后娘挖掉了眼睛。明姑破门出逃,不久死去,死后坟上开着一盘鲜丽的黄花,终日面向阳光,它就是向日葵。向日葵表示明姑向往光明,厌恶黑暗之意,这传说激励人们痛恨暴力、黑暗,追求光明。

向日葵原产于北美洲,明万历年间又由传教士传入中国,西方博物学家也注意到向日葵的向日性,可见自古以来"葵"就和"向阳"紧密联系在一起。可向日葵为何向日呢?原来向日葵从发芽到花盘盛开之前的这段时间,实际上是为了充分利用阳光进行光合作用,刺激细胞生长,向日性实际上是向光性。特别是向日葵的花粉怕高温,如果温度高于 30 摄氏度,就会被灼伤,因此固定地朝向东方,可以避免正午阳光的直射,减少辐射量的伤害,这样才能顺利地授花传粉,结出丰硕的果实。

向日葵亦称葵花,为 1 年生草本植物,高 1~3 米。茎直立,粗壮,圆形多棱角,被白色粗硬毛。叶通常互生,心状卵形或卵圆形,先端锐突或渐尖,有基出 3 脉,边缘具粗锯齿,两面粗糙,被毛,有长柄。头状花序,极大,直径 10~30 厘米,单生于茎顶或枝端,常下倾。总苞片多层,叶质,覆瓦状排列,被长硬毛,夏季开花,花序边缘生黄色的舌状花,不结实。花序中部为两性的管状花,棕色或紫色,结实。瘦果,倒卵形或卵状长圆形,稍扁压,果皮木质化,灰色或黑色,俗称葵花子。性喜温暖,耐旱。原产北美洲,世界各地均有栽培。

关于向日葵,另外还有一个凄美的传说,克丽泰是一位水泽仙女,一天,她在树林里遇见了正在狩猎的太阳神阿波罗,她深深为这位俊美的神所着迷,疯狂地爱上了他。可是,阿波罗连正眼也不瞧她一下就走了。克丽泰热切地盼望有一天阿波罗能对她说说话,但她再也没有遇见阿波罗。她只能每天注视着天空,看着阿波罗驾着金碧辉煌的日车划过天空,她目不转睛地凝视着阿波罗的行程,直到他下山。她就这样呆坐着,头发散乱,面容憔悴。一到日出,她便望向太阳。后来,众神怜悯她,把她变成一大朵金黄色的向日葵,她的脸儿变成了花盘,永远向着太阳,每日追随他,向他诉说她永远不变的恋情。

"花中西施"杜鹃花

杜鹃花为"花中西施",又有映山红、山石榴、山踯躅、红踯躅、金达莱等别名。杜鹃花的雅称"山客",与山茶、仙客来、石蜡红、吊钟海棠并称"盆花五姐妹",象征大方。

杜鹃花盛开之时,恰值杜鹃鸟啼之时,古人留下了许多优美的诗句和动人的传说,并有以花为节的习俗。杜鹃花多为灌木或小乔木,因生态环境不同,有各自的生活习性和形状。最小的植株只有几厘米高,呈垫状,贴地面生。最大的高达数丈,巍然挺立,蔚为壮观。杜鹃花分落叶和常绿两大类。落叶类叶小,常绿类叶片硕大。花的颜色有红、紫、黄、白、粉、蓝等色。喜阴凉、湿润,耐寒,多生长在海拔 1000～1400 米的山坡、高山草甸、林缘、石壁和沼泽地。除作观赏,有的叶花可入药或提取芳香油,有的花

杜鹃花

可食用,树皮和叶可提制烤胶,木材可做工艺品等。高山杜鹃花根系发达,是很好的水土保持植物。

黄色杜鹃的植株和花内均含有毒素,误食后会引起中毒;白色杜鹃的花中含有四环二萜类毒素,中毒后引起呕吐、呼吸困难、四肢麻木等。金达莱花也是杜鹃花中的一个品种,学名叫——兴安杜鹃,是朝鲜的国花。属于杜鹃科,喜欢生长在崇山峻岭的陡壁上,叶椭圆形,花为紫色,花期短,可供观赏。在中国东北地区,每年四月下旬冰雪未尽时开始开花,先花后叶。

红色杜鹃花又称"映山红",是杜鹃花中常见的一种,因其花开时映得满山皆红而得名。在隆林江西省赣州市会昌县的西江、凤凰山、庄口、岚山等海拔 500 多米的山区均有分布。映山红素有"木本花卉之王"的美称,古今中外的文人墨客作了许多赞诵映山红的美文诗句,如宋代杨万里的一首"何须名苑看春风,一路山花不负侬。日日锦江呈锦样,清溪倒照映山红。"正颂扬了映山红质朴、顽强的生命力。

中国是杜鹃花的分布中心,约有 460 种,除新疆和宁夏外,各省区均有分布。西藏东南部、四川西南部、云南西北部是最集中的产地,均分别占百种以上,仅云南的杜鹃花品种就占全国品种的一半以上。世界上许多国家从这里引种。

"朝颜"牵牛花

牵牛花，一名草金铃，一名天茄儿。因为花形似喇叭，故俗称"喇叭花"。在日本称之为朝颜，栽培极盛。

牵牛花还有个俗名叫"勤娘子"，顾名思义，它是一种很勤劳的花。每当公鸡刚啼过头遍，时针还指在"4"字左右的地方，绕篱紫架的牵牛花枝头，就开放出一朵朵喇叭似的花来。晨曦中人们一边呼吸着清新的空气，一边饱览着点缀于绿叶丛中的鲜花。真是别有一番情趣。

它们为一年生缠绕草本，植物体被毛。叶互生，宽卵形或近圆形，常为 3 裂，先端裂片长圆形或卵圆形，侧裂片较短，三角形，被柔毛。秋季开花，花序腋生，有 1~3 朵花，也有单生于叶腋的，萼片 5，花冠蓝紫色渐变淡紫色或粉红色，漏斗状，花冠管色淡，雄蕊 5，不等长，花丝基部被柔毛。子房 3 室，柱头头状。蒴果，近球形，种子卵状三棱形，黑褐色或米黄色，被褐色短绒毛。原产热带美洲，我国各地普遍栽培，供观赏。种子为常用中药，黑色者为"黑丑"。米黄色者为"白丑"。入药多用黑丑，具泻水利尿之功效，主治水肿腹胀、大小便不利等症。

牵牛花喜爱爬竿，边爬竿边生长。这是因为植物的生长需要阳光，而只有长得更高更快，才能不被别的植物挡在下面，牵牛花也是这样吧！它为了能让自己得到阳光，所以总是爬的高高的。牵牛花一定要在清晨开花，葫芦和夜来香的花一定要在晚上开，另外还有许多种花也在特定的时间开放。假如我们调查一下各种植物的开花时间，就可能做出一个由花卉指示时间的钟来。这是由于花卉本身的生物钟特性决定的。

牵牛花有个很好听的日本名字"朝颜"。牵牛花的花期多是夏末。它的花色繁多，其中以紫色的牵牛花最为优雅美丽。数十年前，在很多庭院里都可以看到牵牛花的芳踪。它是一种很平民化又令人感觉亲切的花，正因为它这种平实的特性，所以用来代表平实纯净的爱情，但是，又因为它只在早上开花，很快就凋谢了，也给人一种幻象易逝的感觉。因此，日文中称其为"朝颜"。

"六月雪"满天星

当世驰名的名花，大多在摆设上充当"主角"。但多年来享誉环球的满天星，却是难能可贵的"配角"。在 21 世纪 80 年代当插花走上艺术之巅时，满天星跃居世界十大切花之一，同玫瑰、郁金香、康乃馨等名花平起平坐，被国外广大花迷视为一项公平的举措。

满天星，原名为重瓣丝石竹，又名六月雪，原产地中海沿岸。属石竹科多年生宿根草本花卉。为常绿矮生小灌木，其株高约为 65~70 厘米，茎细皮滑，分枝甚多,叶片窄长,无柄,对生,叶色粉绿。每当初夏无数的花蕾集结于枝头,花细如豆,每朵5瓣,洁白如云,略有微香,有如万星闪耀,满挂天边。如果远眺一瞥,又仿佛清晨云雾,傍晚霞烟,故又别名"霞草"。

满天星初夏白色小花不断,花朵繁盛细致、分布匀称。犹如繁星,朦胧迷人,又好似满树盖雪,清丽可爱,适宜于花坛、路边和花篱栽植,也非常适合盆栽观赏和盆景制作。满天星同样也是插花中必不可少的填充花材,一束花中插入几枝满天星,便平添了几分妩媚之美。

依此特征,满天星的样子恍如白衣修女,朴素无华,这种平凡无奇的装扮,令人一时难以说出它到底美在哪里。据闻盛产油榄的突尼斯姑娘却对它深怀眷恋,经常从野外采回家里插养。有人问她们为何喜欢这种小花。她们答道:"我爱它纯洁朴实,毫不虚伪"。及至19世纪之后,这花逐渐传至世界各国,对它赏识的人不断增加。特别是1935年美国的园艺专家从原来单瓣的品种中选育出一个称为"重瓣丝石竹"的新品种,其容貌很像一粒粒圆滚滚的白珍珠,加上艺术插花热潮又从东、西方蓬勃兴起,人们才真正认识到满天星所表露的非凡风采。

满天星的花语是思念、清纯、梦境、真心喜欢。切花的寿命为8~12天。选花时,尤以选花朵纯白、饱满,盲枝少,茎鲜绿有弹性的为佳。满天星是清雅之士所喜爱的花卉,素蕴含"清纯、致远、浪漫"之意。数百朵玲珑细致、洁白无瑕的小花,松松散散聚在一起,宛若无际夜空中的点点繁星,似雾般朦胧,极具婉约、雅素之美,又如爱人的呼吸般温柔动人。微风吹过,清香四逸,更显温馨。

"母亲的花"康乃馨

每年五月份的第二个星期日是母亲节,在这一天,康乃馨是最受大家欢迎的花了。康乃馨,这种体态玲珑、斑斓雅洁、端庄大方、芳香清幽的鲜花,随着母亲节的兴起,正日益风靡世界,成了全球销量最大的花卉。

康乃馨是土耳其国花,是香石竹的音译名称。它的茎质坚硬,灰绿色,节膨大。叶厚线形,对生。花大,具芳香,单生或成聚伞花序;萼下有菱状卵形小苞片四枚,先端短尖,长约萼筒四分之一;萼筒绿色,五裂;花瓣不规则,边缘有齿,单瓣或重瓣,有红色、粉色、黄色、白色等色。原产于欧洲。然而石竹在我国是一种最平凡最常见的草花,名花谱上向来没有它的位置。

香石竹的出名得益于1934年5月美国首次发行母亲节邮票。邮票图案是一幅世界名画,画面上一位母亲凝视着花瓶中插的石竹。邮票的传播把石竹花与母亲节联系起来。于是西方人也就约定俗成地把石竹花定为母亲节的节花。每当母亲节这一天,母亲健在的人佩戴红石竹花,并制成花束送给母亲。而已丧母的人,则佩戴白石竹花,以示哀思。世上没有无母之人,石竹花也就成了无人不爱之花。石竹花因母亲节而蒙上一层慈母之爱色彩,成为献给母亲不可缺少的礼物。随着改革开放的深入,中外文化的交流,母亲节也渐渐传入中国,香石竹也就真正"香"起来,普通百姓也慢慢接受了好听的洋名字——康乃馨。

作为最常见的送给母亲的花，康乃馨的层层花瓣代表母亲对子女绵绵不断的感情。送花时既可送单支，也可送数支组成的花束，或插作成造型优美别致的插花。不同颜色的康乃馨也代表着不同的情感。红色康乃馨用来祝愿母亲健康长寿；黄色康乃馨代表对母亲的感激之情；粉色康乃馨祈祝母亲永远美丽年轻；白色康乃馨除具有以上各色花的意思外，还可寄托对已故母亲的哀悼思念之情。

古代的人们也很喜欢康乃馨，希腊人称它为"神之花"，将它做成象征荣誉的花冠！而且，他们还认为康乃馨的香味有防止酒醉的功效。可见康乃馨从古至今，都很受到人们的喜爱。

"花中君子"兰花

兰花通常分为中国兰和洋兰两种，兰花源产我国，故称中国兰。我们中国人观赏与培植兰花，比之西方栽培的洋兰要早得多。早在春秋时代的二千四百年前，中国文化先师孔夫子曾说："芝兰生幽谷，不以无人而不芳，君子修道立德，不为穷困而改节"。他还将兰称之为"王者之香"这句话流传至今，足以证明中国兰花在历史文化上所占的地位。

兰花为多年生草本植物。根肉质肥大，无根毛，有共生菌。叶线形或剑形，革质，直立或下垂，花单生或成总状花序，花梗上着生多数苞片。花两性，具芳香。花冠由3枚萼片与3枚花瓣及蕊柱组成。萼片中间1枚称主瓣。下2枚为副瓣，副瓣伸展情况称户。上2枚花瓣直立，肉质较厚，先端向内卷曲，俗称捧。下面1枚为唇瓣，较大，俗称兰苏。成熟后为褐色，种子细小呈粉末粉。兰花是珍贵的观赏植物。据不完全统计，目前全世界有七百多个属、二万多个种，每年还发现和培养出不少新品种。

兰花极具观赏价值，其朴实无华，叶色长青，叶质柔中有刚，花开幽香清远，发乎自然，居"花草四雅"之首。因此人们将兰花尊为"香祖""国香""天下第一香"。兰花原生于深山幽谷之中，不为无人而不芳，不因清寒而萎琐，故有"花中君子"之誉。兰花，叶态优美，花姿娇媚，香馥幽异，是我国名贵花卉之一。所以，我国人民一直非常喜爱兰花，总结积累了不少养兰经验，如每一盆只能种植一棵兰花，"春不出，夏不日，秋不干，冬不湿"。

兰花代表高尚、幽雅。兰叶青翠，花色脱俗，香气清幽，又有"香祖"之誉。自屈原起就被视为高尚人格的象征。《孔子家语》品兰谈及："与善人交，如入芝兰之室，久而不闻其香，即与之俱化矣"。又云："芝兰生于深谷，不以无人而不芳；君子修道立德，不为困穷而改节。"因而兰花也被誉为君子，"滋兰树蕙"便是培育英才的代名词。良辰佳时也被誉为"兰"的时光。如"兰时"指良时、春日、春时。"兰夜"，指七夕，农历七月，古称"兰月"。"兰期"，泛指相会的良辰。

人们把松、竹、梅称作"岁寒三友"，尊称梅、兰、竹、菊为"四君子"，兰花便是那"花中君子"。

"花中月老"桂花

桂花别名很多,因其叶脉如圭而称"桂";它纹理如犀,又叫木犀;以其清雅高洁,香飘四溢,被称为"仙友";桂花又被称为"仙树","花中月老"。

桂花通常生长在岩岭上,也叫"岩桂";桂花开花时浓香致远,其香气具有清浓两兼的特点,清可荡涤,浓可致远,因此有"九里香"的美称;黄花细如粟,故又有"金粟"之名;桂花又称为"仙客";花开于秋,旧说秋之神主西方,所以也称"西香"或"秋香";桂花的花朵很小,但香气浓郁,被人称为"金秋骄子";如果你仔细观察,就会发现,桂花的花朵是管状的,由五个小瓣瓣联合组成,叫"花冠管";汉晋后,人们开始把桂花与月亮联系在一起,编织了月宫吴刚伐桂等许多美丽的传说,故亦称"月桂",因此,月亮也称"桂宫""桂魄"。丹桂花好生于岩石间,花族开与叶腋,黄色或黄白色,香气极浓。八月桂花香,因此农历八月又称为桂月。

桂花的树冠是圆球形。树干粗糙、灰白色。叶革质,对生,椭圆形或长椭圆形,幼叶边缘有锯齿。花簇生,3~5朵生于叶腋,多着生于当年春梢,二、三年生枝上亦有着生,花冠分裂至基乳有乳白、黄、橙红等色,香气极浓。桂花的品种很多,常见的有四种:金桂、银桂、丹桂和四季桂。果实为紫黑色核果,俗称桂子。桂花原产我国西南和中部,现广泛栽种于长江流域及以南地区,喜温暖湿润的气候,耐高温而不耐寒,为温带树种。桂花叶茂而常绿,树龄长久,秋季开花,芳香四溢,是我国特产的观赏花木和芳香树。

桂花的花神相传为唐太宗的妃子徐惠。徐惠生与湖州长城,自小就聪慧过人,五月大就会说话,四岁就能读论语,八岁能写诗文。因为才思不凡,被唐太宗招入宫中,封为才人。太宗死后,徐惠哀伤成疾,二十四岁就以身殉情。后世就封这位才情不凡的女子为桂花的花神。

"无穷花"木槿花

木槿又名面花、朝开暮落花、篱障花等。夏秋季开花,朝发暮落,日日不绝,人称有"日新之德"。花色有白有紫,有米黄色,也有淡红色,纷披陆离,迎霞沫日,临风招展,光彩秀美,受到历代诗人的赞扬。三千年前的《诗经》中就将木槿花比作美女来歌咏了。唐代李白《咏槿》有"园花笑芳年,池草艳春色。犹不如槿花,婵娟玉阶侧"。

木槿为锦葵科木槿属落叶灌木或小乔木。株高3~6米,茎直立,多分枝,稍披散,树皮灰棕色,枝干上有根须或根瘤,幼枝被毛,后渐脱落。单叶互生,在短枝上也有2~3片簇生者,叶卵形或菱状卵形,有明显的三条主脉,而常3裂,基部楔形,下面有毛或近无毛,先端渐尖,边缘具圆钝或尖锐锯齿,叶柄长2~3厘米;托叶早落。花单生于枝梢叶腋,花瓣5,花形有单瓣、重瓣之分,花色有浅蓝紫色、粉红色或白色之别,花期6~9月。蒴果长椭圆形,先端具尖嘴,被绒毛,黄褐色,基部有宿存花萼5裂,外面有星状毛。蒴果5室,种子三角状卵形或略为肾形而扁,灰褐色。

木槿盛夏季节开花,开花时满树花朵,花色天公共场所花篱、绿篱及庭院布置。墙边、水滨种植也很适宜。木槿花可食用。花朵调入稀面粉和葱花,入油锅煎,称为"面花",食之松脆可口。木槿花煮豆腐,是为味道鲜美的木槿豆腐汤。木槿嫩叶可食,做汤则味鲜美,也可代茶饮。

韩国国花就是木槿花,由于它花期漫长,从春天到秋天,都能看到她绽放吐蕊,一花凋落,一花又开,因此韩国人称之为"无穷花"。它们强韧无比的生机,正足以表现大韩民族历万劫而弥坚的特性。木槿花洁白的花瓣,代表公正、诚实和廉洁,花蕾心部为粉红色,则代表热情,象征着韩国的民族性。木槿花的花语就是坚韧、永恒、美丽。

"雪山白娘子"雪莲

"耻与众草之为伍,何亭亭而独芳!何不为人之所赏兮,深山穷谷委严霜?"一千多年前,唐代边塞诗人曾经这样吟唱雪莲。

雪莲,又称雪荷花,有通经活血的效果,主要分布在新疆、青藏高原和云贵高原一带。横贯新疆中部的天山山脉,冰峰雪岭逶迤连绵,海拔4000米以上是终年积雪地带,被称为雪线。雪莲花就生长在雪线以下海拔3000至4000米的悬崖峭壁上。雪莲种子在零摄氏度发芽,三到五摄氏度生长。幼苗能经受零下二十一摄氏度的严寒。在生长期不到两个月的环境里,高度却能超过其他植物的五到七倍。它虽然要五年才能开花,但实际生长天数只有八个月。这在生物学上也是相当独特的。

由于生长环境特殊,雪莲三到五年才能开花结果,因此过去一直是十分名贵的中药材。藏族老百姓将雪莲花分为雄、雌两种,据说雌的可以生吃,具有甜味,雄的带苦味。雪莲形态娇艳,这也许也是风云多变的复杂气候的结晶吧!它根黑、叶绿、苞白、花红,恰似神话中红盔素铠、绿甲皂靴、手持利剑的白娘子。它们屹立于冰峰悬崖、狂风暴雪之处,构成一幅雪涌金山寺的绝妙画图。

雪莲为什么能在冰雪覆盖的高山上开放呢?因为雪莲具有十分发达的根系,能常常扎进岩石的缝隙间,吸收水分和养料。它的全身覆盖着丝一般的白色绒毛,仿佛穿着雪白的毛大衣,既可以防寒,又可以减少水分蒸发,还可以反射高山强烈的阳光紫外线,所以雪莲能在冰雪覆盖的高山上开放。

雪莲是一种高疗效药用植物。由于过度采挖,种子发芽率低,繁殖困难,生长缓慢,如不采取有效措施,严加保护,将有灭绝的危险。如果照现在这样速度发展下去,不出10年就会灭绝。为了拯救这种罕见的名贵中药材,2001年,在天山深处的一个谷地,有商家建立了良好的人工种植雪莲的环境。于是现在的雪莲,才可以成为如此大众化的补品。

"沙漠美人"仙人掌

墨西哥素有"仙人掌之国"的名称。仙人掌是墨西哥的国花,相传仙人掌是神赐予墨西哥人的。仙人掌还有"沙漠美人"的美誉。

仙人掌被墨西哥人誉为"仙桃"。我国云南少数民族地区也有把仙人掌果作为水果的习惯。当地有个优美的传说:一只巨大的山鹰叼着一条蛇,为寻找栖身之地,到处飞翔。当山鹰落到一丛开满黄花的仙人掌上后,再也不愿离开。从此,墨西哥人便在这以富有生机的地方建立起自己的家园——墨西哥城。墨西哥国徽上的图案就是以这个传说为依据的。

仙人掌

仙人掌类植物全世界有两千多种,其中一半左右就产在墨西哥。高原上千姿百态的仙人掌在恶劣环境中,任凭土壤多么贫瘠,天气多么干旱,它却总是生机勃勃,凌空直上,构成墨西哥独特的风貌。什么病虫害都别想侵害它。它全身带刺,具有顽强的生命力,坚韧的性格,有水、无水、天热、天冷都不在乎,在翡翠状的掌状茎上却能开出鲜艳、美丽的花朵,这就是坚强、勇敢、不屈、无畏的墨西哥人民的象征。为了展示仙人掌的风采,弘扬仙人掌精神,每年8月中旬都要在墨西哥首都附近的米尔帕阿尔塔地区举办仙人掌节。节日期间,政府所在地张灯结彩,四周搭起餐馆,展售各种仙人掌食品。

仙人掌大多生长在干旱的环境里。有的呈柱形,高10多米,重量约两三万斤,巍然屹立,甚为壮观。一些长着棘刺的仙人球,有的寿命高达五百年以上,可长成直径两三米的巨球,人们劈开它的上部,挖食柔嫩多汁的茎肉解渴充饥。仙人掌类植物还有一种特殊的本领,在干旱季节,它可以不吃不喝地进入休眠状态,把体内的养料与水分的消耗降到最低程度。当雨季来临时,它们又非常敏感地"醒"过来,根系立刻活跃起来,大量吸收水分,使植株迅速生长并很快地开花结果。仙人掌以它那奇妙的结构,惊人的耐旱能力和顽强的生命力,受到人类的赏识。

一向被视作观赏植物的仙人掌,一旦摆上餐桌,人们不免有些疑惑,这能吃吗?其实,人工种植可食用仙人掌在南美洲、欧洲等地一些国家已形成一个较大规模的产业。而在目前产量位居世界第一的墨西哥,从五星级宾馆到街头小贩的摊点,仙人掌已成为不可缺少的特色蔬菜。据一高效农业开发中心的负责人介绍,食用型仙人掌栽培简单,极为省工,基本上不施农药,为无公害蔬菜。

明朝末年,仙人掌被引入我国,如今在全国各地都能见到它们的踪影。

不可居无"竹"

　　古人说:"宁可食无肉,不可居无竹",这说明竹子同人们的生活关系非常密切。竹子枝杆挺拔修长,亭亭玉立,袅娜多姿,四时青翠,凌霜傲雨,备受我国人民喜爱。竹子不仅是"梅兰竹菊"四君子之一,而且是"松竹梅"岁寒三友之一。我国古今文人骚客,嗜竹咏竹者众多。据传,大画家郑板桥无竹不居,留下大量竹画和咏竹诗。

　　竹身上无一不是宝,可谓是功能齐全,妙用多多,人们可以根据各自实际需要对竹资源充分开发利用。竹子吸水量大,在房前屋后种上一些竹子,不仅可美化环境,而且在夏季非常阴凉。你可以选一根细嫩坚韧的小竹,做成简易的鱼竿;你可以选一根粗细适中的竹子,在自家的阳台上随意那么一搁,它就成了晒衣服被子的好帮手;你可以将一些老竹根洗净自然吹干,然后按照自己的喜好制成实用的竹根饰品;你可选一段竹做成笔筒点缀自己的书桌;竹制家具、竹制农具、竹制文具、竹制饰品……,竹制品的种类也实在是太多了。

　　因此,从务实的角度看,竹子的实用价值在"四君子"中可是无可相比的。从浪漫的角度看,竹子也是最婀娜多姿的,一片细竹植于房前房后,便使整个院舍多了几分秀气。至于那漫山遍野的竹林,只要你往林中一站,那清凉的绿意,伴着淡淡的竹香,能沁人心脾。

　　竹子虽然是常见的植物,但是见到它开花的人却不多。那么,竹子开花吗?开花。因为竹子是有花植物,自然也要开花结实。大概是由于竹子的大多数种类,不像一般有花植物那样,每年开花结实,因此有人误认为竹子不开花。由于竹子的种类不同,开花周期长短也不一样,这也是受遗传性的影响。有的竹子十几年、几十年才开花,有的甚至长达百年才开花,如桂竹需要120年才开花。当然,也有少数例外,如群蕊竹、线痕箣竹,一年左右开一次花;而唐竹、孝顺竹,则开花无规律性。

　　正是因为竹子开花比较少见,并且在开花后绿叶凋零,枝干枯萎,成批的死去,所以一些有迷信思想的人误认为竹子开花是"不祥之兆",使人们对这种自然现象产生了神秘感和种种疑问。其实竹子开花与当地的气候、土壤等环境条件有密切的关系。如天气干旱、植物体衰老等情况。在不利的生长条件下竹子得不到应有的养料,就会使竹子开花结果以产生活力强的后代来适应新的环境。

　　其实开花结果后就枯死的植物多得很,如麦子、玉米、高粱、花生等等。只不过是许多植物属一年生的植物,一年一度开花结果已司空见惯了,而竹子是多年生一次开花结果,比较少见,于是便觉得奇怪了。

"英雄树"木棉

　　木棉树的枝条上都攀满了嫣红绚丽的花朵,赤红的花瓣,金黄的玉蕊,一树数百朵,犹如万千把火炬,照及大地,显得格外雄奇瑰丽,随处表现出它雄迈的气概,因此常被人们誉称为"英雄树"。由于它那特有的引人入胜的花朵,因而,又有"红棉""攀枝花"和"烽火树"之称。

木棉原产于印度,十七世纪中期引入栽植,属木棉科落叶大乔木。二、三月叶落花开,橙红且厚重的花朵象征高雄人的粗犷与热情,于1986年被选为高雄市花。朵朵绽开的红棉花还给南方的人们送来了春天的喜讯,我国南方农村中常把木棉开花作为天气转暖的标志。树干有瘤刺防动物破坏树皮,侧枝轮生,层次分明,大树有板根。不宜做行道树,宜在公园内大面积的种植,以利板根生成。掌状复叶。卵形蒴果,长达十余公分。果实内有棉絮及种子,果实自裂,棉絮带着黑色的种子随风飘播。棉絮昔称"班芝棉",是棉花的替代品。木棉速生,材质轻软,可供蒸笼、包装箱之用,花、树皮、根皮药用,有祛湿之效。

木棉是一种喜光的阳生植物:当它和其他树种生长在一起时,为了获取更多的阳光,使它自己枝叶繁茂,它总是要超越群树之上,而不被它树所遮掩。木棉是先开花、后长叶的,从古至今,西双版纳的傣族对木棉有着巧妙而充分的利用:在汉文古籍中曾多次提到傣族织锦,取材于木棉的果絮,称为"桐锦",闻名中原;用木棉的花序或纤维作枕头、床褥的填充料,十分柔软舒适;在餐桌上,用木棉花瓣烹制而成的菜肴也时有出现;此外,在傣族情歌中,少女们常把自己心爱的小伙子夸作高大的木棉树。

木棉外观多变化:春天时,一树橙红;夏天绿叶成荫;秋天枝叶萧瑟;冬天秃枝寒树,四季展现不同的风情。

"家乡之树"槐树

在很多影视作品中,村口往往有一棵老槐树,这是一种老槐树情结,这种情节就是对家乡的怀念!另外,还有很多村民会在老槐树下烧香祈祷,老槐树在他们心中更是神圣的象征。

槐树为落叶乔木,树冠球形庞大,枝多叶密,花期较长,绿荫如盖。花两性,顶生,蝶形,黄白色,7~8月开花,11月果实成熟。槐树还是具有一定观赏价值的树种,山槐、刺槐是东北山区常见树种,近几年被引入城市做绿化树种。槐树的叶、花非常漂亮。全国各地皆有槐树,但是大连的槐树以其种类全、数量多而闻名全国,大连市内遍植槐树。包括刺槐、国槐、黄金槐等品种,达到植树面积的三分之一左右,是名副其实的东方槐城,槐花也不愧为大连市的市花。每到五月底,伴着槐花花期的到来,大连的街道上弥漫着槐花的香气,味虽不浓,却是沁人心脾,在街上漫步时,回忆起童年上树采摘槐花,将槐花放入口中的时候,那种甜甜的味道,至今不能抹去。

在古代,槐树还被认为代表"禄",古代朝廷种三槐九棘,公卿大夫坐于其下,面对三槐者为三公,《周礼·秋官·朝士》上说:"面三槐,三公位焉"。《古文观止》中有一篇东坡先生所著的《三槐堂铭》,讲的就是这个典故。北宋初年,尚书兵部侍郎王佑文章写得极好，做官也很有政绩。他相信王家后代必出公相，所以在院子里种下三棵槐树，作为标志。后来，他的儿子王旦果然做了宰相，当时人称"三槐王氏"，在开封建了一座三槐堂。你看，种了三株，子孙当上了大官，这槐树的力量可真不小啊！

另一个典故就是大家所熟知的"南柯一梦"，记载在唐朝人李公佐写的《南柯太守传》中。说是广陵人淳于梦，喝醉了酒，躺在院子里的槐树下面睡着了。做了一个梦，梦到自己到了大槐安国，并和公主成了亲，当了二十年的南柯太守，官做得非常荣耀显赫。可是后来因为作战失利，公主也死了，他被遣送回家。然后一觉醒来，看见家人正在打扫庭院，太阳还没落山，酒壶也在身边。他四面一瞧，发现槐树下有一个蚂蚁洞，他在梦中做官的大槐安国，原来就是这个蚂蚁洞。槐树的最南一枝，就是他当太守的南柯郡。

由此可见，传说中的槐树还有各种神秘的本事，难怪要称之为木鬼了。所以汉武帝修建上林苑时，群臣远方，各献名果异树，其中槐树就被列为异树贡献了六百多株，不是没有道理的。

"流泪的树"橡胶树

橡胶一词来源于印第安语，意为"流泪的树"。因为割开橡胶树皮即流出乳液，就像木头在流泪一样，后来这种乳液被叫作天然橡胶。

橡胶树是高大常绿乔木，主干树围可达 2 至 3 米，高度 20 来米，枝叶浓密，树冠翠绿，春天更叶开花，秋天种子成熟。种子白色，外包一层淡黑色硬壳。繁殖栽培时，既可用种子，又可以嫁接。它喜温暖，怕寒冷，在肥土湿地里幼树成长迅速，一年可增高近 1 米，树龄可达百年。它枝干较脆，遇强台风时，容易折损。

正常情况下，橡胶树栽后 5 年就可开割产胶。由于最好的产胶时间是凌晨之前，所以割胶工人都在早上两三点钟起床进林。他们头戴光亮的胶灯，手持弯月形的胶刀，对着开割的胶树树皮，小心翼翼地削割，每次只能在 1/2 的树皮上环割下约 1 毫米厚的一层，既不能伤树，又要割开乳胶导管，让胶水沿着割线坡度流进树下的胶杯中。割后 5 个小时左右，溢胶停止，胶工提桶收取，送入加工厂，经去水烟熏，最后制成黄亮亮、好似牛皮糖一样的干胶片。开割的胶树，单株年产于胶 3~4 公斤，最高的达 10 公斤以上。

天然橡胶是从橡胶树上来的，它不是橡胶树的树皮，而是橡胶树体液，是橡胶树用来输送养分和维持生机的，就像人的血液一样。天然橡胶就是由三叶橡胶树割胶时流出的胶乳经凝固、干燥后而制得。1770 年，英国化学家普里斯特利发现橡胶可用来擦去铅笔字迹，当时将这种用途的材料称为橡胶，此词一直沿用至今。橡胶的分子链可以交联，交联后的橡胶受外力作用发生变形时，具有迅速复原的能力，并具有良好的物理力学性能和化学稳定性。橡胶是橡胶工业的基本原料，广泛用于制造轮胎、胶管、胶带、电缆及其他各种橡胶制品。

天然橡胶因其具有很强的弹性和良好的绝缘性，可塑性，隔水、隔气性，抗拉和耐磨等特点,广泛地运用于工业、国防、交通、医药卫生领域和日常生活等方面,用途极广。种子榨油为制造油漆和肥皂的原料。橡胶果壳可制优质纤维。果壳能制活性炭、糠醛等。木材质轻、花纹美观,加工性能好,经化学处理后可制作高级家具、纤维板、胶合板、纸浆等。

"独木成林"榕树

榕树独特的地方,是它独木能成林。

榕树枝干垂下一条条气根,有的悬挂半空,吸收空气中的水分;有的下垂到地钻入土里,跟正常的根一样吸收土壤里的水分和养料,并迅速增粗,长成一棵棵连接母树的小树。这种由气根长成的小树不长枝叶,支撑了母树,也给母树供给养料。无数气根扎地成林,有的地方一棵榕树就占地 10 多亩。我国西双版纳热带植物园里有一株大榕树,树身要 10 多个人手拉手才能围抱起来,遮阴面积 3 亩多,下面可容纳几百人乘凉。树上寄生了多种兰花、苔藓、石斛等几十种植物,形成"空中花园";树上也栖息多种鸟类,形成"鸟的天堂"。

榕树

榕树是常绿乔木。榕树根据用途可分为绿化树、榕树桩盆景、榕树瓜盆景。由于榕树根系发达,根部常隆起,并凸出地面,因她的要块造型独特,令漳州人对榕树情有独钟。以植物生理学对榕树进行科学的栽培,使榕树根块较快成长,并控制其枝桠的成长高度,栽培出不同规格、不同风格、形态各异的盆景,具有天然雕刻和美术加工相融并琢的培育方式。为榕树盆景的观赏价值提升,并成为漳州继水仙花之后又一独特花卉。从最小 50 克的微型榕至 2000 克的不同规格盆景。形态自然、根盘显露、树冠秀茂、独特风韵的人参榕,观姿赏形,令人妙趣横生,心情愉悦。适宜摆设居家、办公室及公共场所。近年来风靡欧、美、日、韩等国家和地区,得到广大消费者的青睐。是本公司的主要出口产品,占据盆景市场较大份额,是一种高档的时尚花卉。

奇妙的榕树还带来了奇迹般的古迹。云南德宏傣族自治州的首府芒市,有一处榕树抱佛塔的奇观。相传五六百年前,一位僧人在这里修建了一座小佛塔。不知过了多少年,塔顶长出一颗小榕树,小树渐渐长大,它的根须顺着塔缝向下延伸,扎入土中,渐渐发育成高大的树干,把塔紧紧地箍在中间,其中有些根须还扎在泥块结构的佛塔躯体里,在佛塔的腹心中发展起来。在风蚀雨剥和大榕树的袭击下,佛塔最后开裂倾斜了,而大榕树却枝繁叶茂,将高达 8 米的佛塔全身包裹,人们称之为树抱塔。

因为榕树有无数气根扎地给母树供给养料和水分,榕树生长繁茂,寿命长,所以我国民间也管榕树叫不死树。

"四季常青"松树

北国之冬,千里冰封,万里雪飘。在这银色的世界里,别的树木都只剩下光秃秃的枝干,而松树却依然青葱碧绿,苍劲挺拔,生机盎然。松树为什么四季常青呢?

一到秋天,好多树木的叶子都要变黄枯萎,被秋风吹落到地上,只剩下光秃秃的树干,很是"凄凉"。可是松树就不同,到了严寒的冬天还穿着一身绿衣服,生气勃勃地站在那里,挺拔又刚强,怪不得人们把松树视为坚强性格的象征哩! 松树的性格之所以这么坚强,大风吹不倒,冰雪冻不死,是它那小小的叶子立下了功劳。不知同学们观察过没有,好多树的叶子都是扁扁的平平的,长得好大。这叶子的面积越大,分布的气孔越多。可别小看这小小的气孔,它能蒸腾掉大量的水分,所以好多树木为了减少体内水分的消耗,就要把叶子落掉。松树的叶子呢,却很细很小,尖尖的像一根针似的。正因为叶子的面积小,水分的消耗也就相应地大大减少。松树叶子细胞中的液体浓缩还能抵抗寒冷,所以,松树到了冬天就不会落叶。

松树的叶子在冬季虽然还是绿色的,但比起春、夏、秋季,颜色要差多了。这是由于冬天气温低,叶内叶绿素的生成受到限制,而花青素相对增加了,所以叶子就有些发红。这种颜色的变化,能减弱叶内的光合作用,使树木生理活动变得缓慢。这对于保证松柏树安全过冬是非常有利的。

树木上叶片都有一定的生活期,生活期的长短因植物不同而异。每片树叶达到一定的年龄就要脱落,松柏树也不例外。它的树叶也是要衰落的,只不过是松柏树的叶子生活期长,可生活 3~5 年,脱换时又是互相交替,一般要在新叶发生以后,老叶才次第枯落,就全树看来好像不落叶一样,所以使人有冬夏常青的感觉。

然而松树并不总是那么坚强的,它的主干被砍断后,整棵树就会死亡,而不像其他的植物那样可以重新发芽。因为松树是单子叶植物,它的主干上没有腋芽! 主干砍断后没有新的生长点,所以就会死亡。而其他的植物,比如玫瑰,它的茎上有很多小突起,那就是它的腋芽。如果你把它的腋芽也除去的话,它也会死去。但是较其他的树,松树真的是四季常青之树。

"层林尽染"枫树

每当秋菊绽黄,白露结霜的时节,人们会很自然地想起那些遍布在层峦叠嶂上的经霜红叶。正如诗人所吟咏的:"停车坐爱枫林晚,霜叶红于二月花"。想起毛泽东的"层林尽染,漫江碧透"红叶究竟是些什么树的叶子? 为什么能在凋落的前夕变红呢?

枫叶变红实际上是枫树对自然界压力反应的结果。变红的反应实际上起到遮光剂的作用,它使树叶停留在树上的时间更长,让树能吸收更多的营养。研究发现,营养的压力,特别是缺氮的压力,使枫叶红得更早,红得更透。秋天绿叶变红,有内外两方面的因素。使叶片呈现红色的主要靠两种物质:一种是胡萝卜素,是普遍存在于叶绿体中的橙红色色素,另一种是花青素,存在于液泡内的细胞液中,当细胞液为碱性时,花青素呈蓝紫色。

许多人知道枫树的叶子到秋天会变红,其实秋天变红的不一定都是枫叶,各种枫树的叶子也不是都会变红。在我国秋季常见的红叶树,除大部分是槭树属的树种外。还有枫香、乌桕和若干漆树科树种,如野漆树、盐肤木、黄连木、黄栌等。北京香山的红叶树主要是黄栌。这种树的叶片几乎是圆形的,边缘很光滑,平时也不很惹人注意,可是在落叶前的二十多天里,却一变而呈现鲜红色,漫山遍野,十分美丽。

加拿大人对枫叶有深厚的感情,把枫树视为国树,加拿大有"枫树之国"的美誉。枫树林遍布加拿大全国各地。它又叫糖枫树,每年深秋季节,金风萧瑟,红艳艳的枫树叶,灿如朝霞,色泽娇艳,十分瑰丽,仿佛春天怒放的红花。

近百种枫树中,最有名的莫过于"糖枫树"了,枫糖浆就是采自这个树种。这种糖枫树只生长在北美洲的中部和东北部,加拿大得天独厚的地理位置,使得各式各样的枫糖浆产品成为加拿大独特的旅游纪念品。加拿大东南部的魁北克和安大略是枫林最多的两个省,那里有几千个生产枫糖的农场。每年从3月开始,加拿大人民都要兴高采烈地欢庆传统的糖枫节,品尝大自然献给他们的甜蜜食品。

据说在大约1600年前,就已经有了"印第安糖浆"。加拿大原住民印第安人首先发现了枫糖——一种清香可口、甜度适宜、润肺健胃的甜食,并用"土法"在枫树树干上挖槽、钻洞采集枫树液。当时的"印第安糖浆"就是今天"枫树糖浆"的前身。

"常绿树"杉树

杉树,这种南方红土地上普遍生长的常绿针叶树,适应性强,生长迅速。它同时又具有木纹平直,结构细致,容易加工,耐朽耐蛀的特点。

杉树属松科,常绿乔木,生长在海拔2500米~4000米的山区寒带上。高可达30米,胸径3米,树干端直,树形整齐。杉木的品种较多,大致分为三类:一类是嫩枝新叶均为黄绿色、有光泽的油杉,又名黄杉、铁杉;另一类是枝叶蓝绿色、无光泽的灰杉,又名糠杉、芒杉、泡杉;还有一类是叶片薄而柔软,枝条下垂的线杉,又名柔叶杉。高20~30m,树冠阔钟形;干皮灰褐色至灰白色,呈薄片状剥落。

杉树可以长得很大。最大杉树是南平王台的"杉树王"和建瓯东际的"神杉"。杉树王的胸直径约2.5米,四人合抱粗,从半山坡拔地而起约二十多米,直冲云天,枝叶茂盛,气势磅礴。在周围一片杉树林中,犹如鹤立鸡群般格外醒目。神杉的大小与杉树王差不多,或许年代更加久远的缘故,树皮显得更加粗糙,布满手指大一寸来深的裂纹。暗红色的表面有一层青白。仔细一看，原来长着薄薄的老苔藓。枝叶比较稀疏，只有几根弯曲如虬龙的主枝，缀着墨绿粗硬的短短针叶。树冠也不如杉树王茂密，光溜溜的几乎像秃顶。神杉的周围也没有杉树林，只有一块巨大的石头，一条小小的溪流从旁边哗哗地奔腾而过。因而风格更加古朴，苍劲。

关于神杉，当地有一个动人的传说。据村里百岁老人回忆，这棵杉树，他们儿时就已这么大了，老辈奉之若神。有一年神杉突然枯死，随之村旁的那条小溪也干涸断流，灌田饮用出现困难。村民惶恐万状，终日祷告不停。也许是心诚则灵吧，三年之后，神杉忽又枝叶青葱，小溪也随即水满。村庄于是风调雨顺，人们安居乐业。若干年后，忽然有个"福州客"来村里寻找义父"王彬老"。村民一时茫然。福州客绕村数周，看到这棵独立于村头如巨人庇护着村庄的老杉树，醒悟到原来"王彬老"即是"老杉木王"。原来古死那三年间是神游福州做官去了，为老百姓办了不少好事。这位寻找义父的福州客就是它拯救的一位落难孤儿。

杉树是福建省最主要的人工树种，数量之多可算全国之冠，约300万公顷，占山林面积的40%。横贯闽浙赣边境的武夷山脉主峰，就因多产杉树而名。进入杉关，到处可见密密的杉树林，树冠墨绿如云，树皮红褐如火，树干刚健挺拔，成为一道奇丽的风景线。

杉树的最大用途是建筑，此外还可用做制家具和做棺材。

"凤凰栖息之树"梧桐

民间传说，凤凰喜欢栖息在梧桐树上，李白也有"宁知鸾凤意，远托椅桐前"的诗句。实际上，这只是人们对美好生活的一种希望。

《诗经·大雅》中有："凤凰鸣矣，于彼高冈。梧桐生矣，于彼朝阳。"凤凰就与梧桐放在一起说，作为相互对应的祥鸟名木共同出现。梧桐，是传说中的充满灵性的树木，高贵繁茂，本无节而直生，理细而性紧，高耸雄伟，干皮青翠，叶缺如花，妍雅华净，雄秀皆备，与美丽吉祥的灵鸟凤凰相匹配。同时这种高大的树木在生活中看来也确实是比较适合鸟类栖息的。既然凤凰已经落上了梧桐，那么无论是香樟还是香椿，对于凤凰来说都已经失去了吸引力。

梧桐

梧桐是梧桐科的落叶乔木，它和同名为"桐"的油桐、玄参科的泡桐、法国梧桐没有亲缘关系。梧桐是一种优美的观赏植物，点缀于庭园、宅前，也种植作行道树。叶掌状，裂缺如花。夏季开花，雌雄同株，花小，淡黄绿色，圆锥花序，盛开时显得鲜艳而明亮。梧桐树高大魁梧，树干无节，向上直升，高擎着翡翠般的碧绿巨伞，气势昂扬。树皮平滑翠绿，树叶浓密，丛于到枝，一片葱郁，显得清雅洁净极了，难怪人们又叫它"青桐"啦。"一株青玉立,千叶绿云委",这两句诗,把梧桐的碧叶青干,桐荫婆婆的景趣写得淋漓尽致。

古书上说:梧桐能"知闰""知秋"。说它每条枝上,平年生 12 叶,一边有 6 叶,而在闰年则生 13 叶。这是偶然巧合演绎出来的,实际没有这种自然规律。至于"知秋"却是一种物候和规律,"梧桐一叶落,天下皆知秋",既富科学,又有诗意。诗人们观察到落叶的飘零景象,借景抒情,发出无穷的惋惜和感慨,来咏叹自己的身世。"梧桐叶落秋已深,冷月清光无限愁"。其实,落叶并非树木衰老的表现,而是树木适应环境,进入耐寒抗干的休眠时,准备着新春的萌发。

梧桐产于中国和日本。它喜光,喜深厚湿润土壤,生长快。果实分为 5 个分果,分果成熟前裂开呈小艇状,种子生在边缘。我国产两种梧桐,一是梧桐,一是云南梧桐。云南梧桐树皮粗糙,呈灰黑色,叶缘一般三裂。梧桐树木质紧密,纹理细腻,可制作乐器和家具。树皮纤维可造纸,制绳索。种子可食用,也可榨油。叶可入药或作农药。

"保健之友"苹果

西方有句谚语:"一天一苹果,医生远离我。"苹果的营养价值很高,含有多种维生素。所以,古今中外总是称誉苹果是"保健之友"。

我们今天日常食用的水果,大多数在中国都有悠久的栽培历史,其名称也很早就见于史载,苹果的情况则是一个例外。尽管中国古代很早就有种与其十分接近的水果,但苹果这一名称却到明朝才正式出现。究其渊源,苹果是"苹婆果"的简称,"苹婆"起初写作"频婆",而"频婆"又有过"平波""平坡"等同音异写。本文拟从考察"频婆"果出发,讨论汉语中"苹果"一词的来源,兼为中国古代苹果栽培史的研究提供一些文献资料,敬待有关专家的批评指正。

苹果作为药用,中医认为它性平,味甘,具有补血益气,止渴生津和开胃健脾之功。苹果还被称为"智慧果"。苹果中所含溶解性的磷和铁,易于消化和吸收,对婴幼儿生长发育十分有益。据美国《华侨日报》报道:"儿童多吃苹果,有利于增强记忆力"。科学家发现,苹果不但有多种维生素、矿物质、脂肪、糖类等构成大脑所必需的营养成分,而且含有利于儿童生长发育的细纤维和能增进儿童记忆力的锌。据科学家实验表明,只要食物中的锌减少,幼儿的记忆力与学习能力就会受到严重损害,这种损害可持续到成年。苹果不仅对儿童有益,对老年人更是食疗佳晶。每天食用 3 个苹果,对增进人体健康大有益处。

那么吃苹果到底该不该削皮呢?从理论上讲,苹果皮里的营养丰富,所以,吃苹果不能削皮。然而,由于苹果在栽种过程中可能使用了大量农药,人们在食用苹果时如果不仔细清洗,滞留在苹果表皮的化肥农药可能导致白血病等多种疾病,所以,如果不能保证苹果的"天然",吃苹果前最好洗净、削皮。

而切开的苹果会越放越黄!切开苹果或用牙咬开后,过一会儿,都会使苹果的开口处变成茶色,变色的主要原因是果肉里有种物质叫酶,当苹果切开以后,接触空气中的氧气,氧气和酶两种物质,相遇后,红过一系列的变化,使切口的颜色就会慢慢地变成茶色了,这样一来,苹果的营养价值就会降低,如果想让它不变般,可以把它放到盐水里就行了。

苹果的确可以被称为"全方位的健康水果"。

吃葡萄不吐葡萄皮

葡萄是地球上最古老得植物之一,也是人类最早栽培得果树之一。葡萄是当今世界上人们喜食的第二大果品,在全世界的果品生产中,葡萄的产量及栽培面积一直居于首位。其果实除作为鲜食用外,主要用于酿酒,还可制成葡萄汁、葡萄干和罐头等食品。

李时珍在《本草纲目》上说:"葡萄,汉书作蒲桃,可以造酒入醋,饮人则陶然而醉,故有是名。其圆者名草龙珠,长者名马乳葡萄,白者名水晶葡萄,黑者名紫葡萄。汉书言张骞使西域还,始得此种。而《神农本草经》已有葡萄,则汉前陇西旧有,但未入关耳。"由此得知,我国栽培葡萄甚古,品种也多。

葡萄不仅味美可口,而且营养价值很高。成熟的浆果中含有 15%~25% 的葡萄糖以及许多种对人体有益的矿物质和维生素。葡萄是一种滋补药品,具有补虚健胃的功效。身体虚弱、营养不良的人,多吃些葡萄或葡萄干,有助于恢复健康,因为葡萄含有蛋白质、氨基酸、卵磷脂、维生素及矿物质等多种营养成分,特别是糖分的含量很高,而且主要是葡萄糖,容易被人体直接吸收。

葡萄营养价值那么高,那该怎么吃葡萄呢? 初见法国人吃葡萄,你会觉得非常奇怪:男女老幼一律既不吐皮也不吐籽,只进不出。这似乎不符合他们斯文、讲究的饮食风格。曾试着问过缘因,他们马上用惊奇的目光看着你说:"难道不知道葡萄的皮和籽比葡萄肉还有营养吗?"从那坚定的眼神里看得出,他们不是在戏弄人,也没有说笑话。

吃葡萄时,我们一般都把葡萄皮吐掉。殊不知,葡萄皮是一种良药。科学研究发现,葡萄皮中含有一种叫白藜芦醇的化学物质,可以防止正常细胞癌变,并对小鼠皮肤癌具有防治作用,说明这种物质具有良好的防癌、抗癌作用。此外,巴西有研究人员发现。葡萄皮中还含有一种可降低血压的成分,具有良好的降压和抗动脉粥样硬化作用。可见,葡萄的科学吃法应该是带皮吃,尤其是老年朋友,常食葡萄有益健康长寿。食用时宜洗净果皮,不妨也照着绕口令中所说的那样"吃葡萄不吐葡萄皮"吧。

"离枝"荔枝

中国的古籍中荔枝最初作"离枝"。荔枝源自中国南部的野生森林,它在中国的栽种和生产已有二千年的历史。

中国是荔枝的故乡,是我国岭南佳果,色、香、味皆美,驰名中外。荔枝是亚热带果树,常绿乔木,高可达20米,偶数羽状复叶,圆锥花序,花小,无花瓣,绿白或淡黄色,有芳香。果圆形,果皮多数有鳞斑状突起,鲜红,紫红。果肉鲜时呈半透明凝脂状,味香美,属无患子科植物。

荔枝

自古以来,荔枝被列为珍贵名果,素有着"果中之王"的美称。唐代(618~907),荔枝更是被作为皇室贡品。唐代诗人杜牧写过一首诗:"长安四望绣成堆,山顶千门次第开,一骑红尘妃子笑,无人知是荔枝来。"写的是唐玄宗皇帝为了使杨贵妃吃上鲜荔,每年不惜飞马传送,从数千里外把荔枝送至长安,致使人马多毙。这既说明了荔枝的名贵,又揭露了封建帝王的奢侈生活。

未经保存处理的荔枝有"一日色变,二日香变,三日味变,四日色香味尽去"的特点。荔枝的保鲜相对较为困难。现代一般常用的保存方法是挑选易于保存的品种,以低温高湿保存。亦有配合使用气调,降低氧气比例以减慢氧化,或配合药物来杀菌防腐。

荔枝有多个品种,当中桂味、糯米糍是上佳的品种,亦是鲜食之选;挂绿更是珍贵难求的品种。"罗岗桂味","笔村糯米糍"及"增城桂绿"有"荔枝三杰"之称。不过荔枝火气很大,有些人吃多了会烂嘴巴或流鼻血。广东人有一句话,"一只荔枝三把火"。本身火气大的人吃了十来个就会有反应。须知荔枝是补血、壮阳火之物,面对这白玉凝脂般的佳果,热症的人唯有忍忍口。痛风、糖尿病患者尤其不宜多吃。

菠萝波罗蜜

菠萝广泛分布于南北回归线之间,是世界重要的水果之一,世界有80多个国家和地区作为经济作物栽培。原产中、南美洲,17世纪传入我国,18世纪已有种植。现世界有80多个国家和地区作为经济作物栽培。

菠萝有70多种,是岭南四大名果之一。通常菠萝的栽培品种分4类,即卡因类、皇后类、西班牙类和杂交种类。皇后类系最古老的栽培品种,有400多年栽培历史,为南非、越南和中国的主栽品种之一。植株中等大,叶比卡因类短,叶缘有刺;果圆筒形或圆锥形,单果重400~1500克,小果锥状突起,果眼深,苞片尖端超过小果,鲜食为主。

菠萝作为热带地区的水果,它是生长在地里的。它是凤梨科多年生常绿草本植物,每株只在中心结一个果实。它是一种复合果。菠萝椭圆形的,和木瓜一样大小。它的表皮坚硬棘手,食用前必须削皮。菠萝的表皮是黄黄的,那些菠萝钉是黑色的。切开它就可以看见黄嫩嫩的果肉,果汁也是黄黄的,十分诱人。没有熟透的菠萝酸溜溜的,熟透的味道甜美。你用刀切开它就可以看见到新鲜黄黄的果肉,叫人越看越想吃,你轻轻咬开它,那些汁水慢慢流到心里,同时甜头上嘴唇上染满了甜津津的汁水,叫人越吃越爱吃。

吃菠萝时,最好在盐水里面先泡一下。因为菠萝的果肉除富含维生素 C 和糖分以外还含有不少有机酸,如苹果酸、柠檬酸等,另外还含有一种"菠萝酶"这种酶能够分解蛋白质。如果不用盐水先泡就吃,这种酶对于我们口腔粘膜和嘴唇的幼嫩表皮有刺激作用,会使我们感一种麻刺痛的感觉。食盐能抑制菠萝酶的活力。因此,当我们吃鲜菠萝时,最好先用盐水泡上一段时间,就可以抑制菠萝酶对我们口腔粘膜和嘴唇的刺激,同时也会感到菠萝更加香甜了。

除了食用之外,菠萝还可以做成菜,也具有解暑止渴,消食止泻的功能,为夏令医吃兼优的时食佳果。

开花的无花果

无花果原产于西南亚的沙特阿拉伯、也门等地,全世界栽培无花果的品种有一千多个。它大约在唐代传入我国,至今约有 1300 余年,属目前国内栽培面积最小的果树种类之一。无花果属落叶果树,在我国的新疆南部、山东、河北、北京各地都有栽培。

人们叫它无花果,自然是因为人们以为它不开花就结果了。其实无花果也开花,只是它的花长得很独特,需要仔细观察一下,才能看得见。无花果的花在总轴上,这个总花轴的顶端向下凹进去,并且长成一个肥厚的肉质空心圆球,球顶还有一个没有封死的小孔。如果用刀把圆球切开,在空腔周缘的上端可以看到许多小雄花,下端有小雌花,无花果靠虫媒传粉。在开花的季节,有一种虫子从小孔钻进去帮助它传粉。由于总花托把雄花雌花从头到脚都包裹起来了,人们看不见,就以为无花果是不开花的。无花果的花还有一种叫虫瘿花,里面有寄生蜂产的卵,随着幼果的花序长大,卵也羽化成小寄生蜂爬了出来,它在花里绕来绕去,身上粘着花粉粒,从无花果顶部小孔飞出来又飞到另一个无花果中去。这样,就帮助无花果授了粉,雌花被授粉后,自身结出种子。

我们平常吃的无花果并不是果实,而是膨大为肉球的花托。由于种子小而软,生食时常感觉不出来。无花果味道鲜美,酷似香蕉,果实皮薄无核,肉质松软,风味甘甜,具有很高的营养价值和药用价值,栽培无花果具有很高的经济、生态和社会效益。在日本的无花果产品包装上均印有"健康食品""美容"的宣传字样。

无花果最重要的药用作用表现在对癌症的显著抑制作用方面,它的抗癌功效也得到世界各国公认,被誉为"21 世纪人类健康的守护神"。无花果中含有多种抗癌物质,是研究抗癌药物的重要原料。日本科学家从无花果汁中提取苯甲醛、佛手柑内脂、补骨酯素等抗癌物质,这些物质对癌细胞抑制作用明显,尤其对胃癌有奇效。苏联专家曾用小白鼠做试验,抑癌率为43%~64%。胃癌病人服用无花果提取液后病情明显好转,镇痛效果也十分明显,有望成为我国乃至世界第一保健水果。

在植物王国中,无花果这样未见开花就结了果实的还有橡皮树、榕树、菩提树、薜荔等,它们都是有用的植物。

"水果之王"榴莲

榴莲被誉为"水果之王",可是再没有任何一种水果能像它这样引起争议了。有人赞美它滑似奶脂、齿颊留香、令人垂涎欲滴、爱之如命;有人感觉它臭如猫屎,不堪入鼻。绕道而行!如此极端的评价,让榴莲多了几分神秘色彩。

相传古时一群男女漂洋过海下南洋,遇上了风浪,只有一对男女漂泊几天到达一个美丽的小岛,岛上居民采来一种果实给他们吃,两人很快恢复了体力,再也不愿意回家,在此结为夫妻,生儿育女。后来人们给这个水果起名叫"榴莲",意思是让人"流连忘返"。

榴莲

榴莲是木棉科热带落叶乔木,原产东南亚,盛名远播,有"热带水果之王"的美称。榴莲为卵圆球形,一般重约二公斤,外面是木质状硬壳,内分数房,每房有三、四粒如蛋黄大小的种子,共有十至十五枚,种子外面裹一层软膏就是果肉,为乳黄色。味道甜而喷香。从表皮可认识榴莲的优劣,凡锥形刺粗大而疏者,一般都发育良好,果粒多,果肉厚而细腻;如刺尖细而密,则果粒,果肉薄而肉质粗。榴莲是木柿科植物,为热带最高大的果树,树干高达二十五米至四十米。一棵树每年可产八十个榴莲。榴莲从树上摘下来后,十天就可成熟。

榴莲在泰国最负有盛名。它由于气味浓烈,因而旅馆、火车、飞机和公共场所是不准带进的。泰国人特别喜爱榴莲,常常被它的特异香味所吸引,泰国流行"典纱笼,买榴莲,榴莲红,衣箱空"以及"当了老婆吃榴莲"谚语,说明泰国人喜爱榴莲的程度。马来西亚也有这样一句民谚:"榴莲出,沙笼脱"意思是姑娘们宁愿脱掉裙子卖掉也要饱尝一顿榴莲,可见其对榴莲的喜爱程度。虽然有些人不能接受它独特的气味,但只要尝试几口,度过最初的"适应期"就好了。

榴莲好吃但吃多了会上火。像很多热带佳果一样,榴莲自身也具有对立的功效,果肉内含火气,稍吃过量,会流鼻血,但其壳煎淡盐水服用,又可降火解滞。以榴莲皮内肉煮鸡汤,据称是女性滋补的上品,还能去胃寒。避免上火的办法是吃山竹,山竹有"水果王后"之称,特点是清热去火。

“水果王后”山竹

山竹，既可以指植物山竹，也可以指这种植物的果实山竹。榴莲与山竹是一对形影不离的好伴侣，凡能长出榴莲的地方，就能长山竹；榴莲飘香的季节，也正是山竹成熟的时候。因此山竹又号称“水果王后”和“上帝之果”。

山竹原产于东南亚，一般种植10年才开始结果，对环境要求非常严格，因此是名副其实的绿色水果，非常名贵，其幽香气爽，滑润而不腻滞，与榴莲齐名。它属藤黄科常绿乔木，树高可达15米，果树寿命长达七十年之上。叶片椭圆，花似蜀葵，瓣红蕊黄，大多为春华秋实。山竹虽然种植成本不高，但需种植多年才可收获，一般在定植后10年才能采果。因产量不高，以致物罕为贵，售价常比美国的“五脚苹果”高出一两倍。台湾冬季气温较东南亚低，风土未能适应，因此虽在20世纪初即开始引种试验都未能成功。山竹的皮很厚，很硬，果肉白色，酸甜，有水果皇后的美誉。文人称赞其为“坚强的外表下有一个柔弱的心”。

山竹果呈圆形，大小不一，大的比网球略小。成熟的山竹果表皮为紫红色，一般都带着一段果柄和黄绿色的果蒂。山竹果皮既厚又硬，含有紫色汁液，味道非常苦涩，吃山竹的时候千万不要舔到它的果皮，也不要让果皮的紫色汁液沾到衣服上，否则很难洗掉。在果皮的脐部，有像花朵样的图案，从图案即可判断内有几瓣果肉，就是说，图案有几个花瓣，里面的果肉便有几瓣。用刀将果皮剖开，或用两手将果皮捏出裂口再掰开，便会露出雪白的果肉。果肉像蒜瓣一样紧密排列在中央。山竹果肉又白又嫩，味道酸甜，爽口多汁，是男女老少都喜爱的水果。山竹含有一种特殊物质，具有降燥、清凉解热的作用，这使山竹能克榴莲之燥热。在泰国，人们将榴莲山竹视“夫妻果”。如果吃了过多榴莲上了火，吃上几个山竹就能缓解。

在热带地区，一年四季都盛产新鲜的水果，但被人称为“果后”的山竹每半年只出产一次。在气候温和的北美和欧洲，人们对山竹几乎闻所未闻，而在热带雨林地区，山竹却家喻户晓。

“臭不可闻”大王花

在苏门答腊的热带森林里，生长着一种十分奇特的植物，它的名字叫大花草。它一生中只开一朵花，花也特别大，一般直径可以达到1米左右，最大的直径可达1.4米，是世界上最大的花，因此又叫它“大王花”。

大王花是双子叶植物纲蔷薇亚纲大花草科大花草属的一种，产于马来群岛。属于一种肉质寄生草本植物，主轴极短，重达9千克。花巨大，雌雄异株。这种花有5片又大又厚的花瓣，整个花冠呈鲜红色，上面有点点白斑，每片长约30厘米，整个花就有6~7公斤重，因此看上去绚丽而又壮观。花心像个面盆，可以盛7~8

公斤水,是世界"花王"。

大王花以花朵巨大而气味恶臭著称。大花草的花期很短,一般只有几天,花朵开放后,为了吸引昆虫为其传粉会释放出恶臭,这种气味常常被形容成鲜牛粪或是腐肉的气味,当地人称之为"尸花"或是"腐肉花"。大花草寄生在像葡萄一类的白粉藤根茎上。这种古怪的植物,本身没有茎,也没有叶。花刚开的时候,有一点儿香味,不到几天就臭不可闻。这种令人难受的恶臭能传到几里以外。在自然界里香花能招引昆虫传粉,但像大花草那样的臭花也同样能引诱某些逐臭的蝇类和甲虫为它传粉。

大王花就是这种花朵巨大却臭不可闻的奇花。

"吃人魔王"日轮花

在南美洲亚马孙河流域那茂密的原始森林和广袤的沼泽地带里,生长着一种令人畏惧的吃人植物叫日轮花。日轮花长得十分娇艳,其形状酷似齿轮,故而得名。

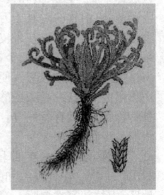

日轮花

日轮花的日轮花鲜艳夺目,芳香四溢,招引动物和游人。它的叶子一般有 1 米长左右,花就散在一片片的叶子上面。日轮花能发出诱人的兰花般芳香,很远就可闻到。当人碰在它的叶子或花上,它那宽大的叶子马上以最快的速度张牙舞爪地扑过来,像乌贼的触角一般拉住人的胳膊,绊住人的腿,把人摔倒在潮湿的沼泽地上。

在南美洲,有一种叫作"黑寡妇"的蜘蛛,又叫斑蛛,毒性非常强。它的身体里的毒腺能分泌出一种神经性毒蛋白的液体,如果不小心被它刺中,身体的运动神经中枢就会因为麻痹而死亡。这种黑蜘蛛与在南美洲亚马孙河的森林和沼泽里得"日轮花"共生在一起。两个狼狈为奸,时常能制造合伙吃人的惨事。"日轮花"鲜艳漂亮,香气袭人。如果有人被那细小艳丽的花朵或花香所迷惑,上前采摘时,只要轻轻接触一下,不管是碰到了花还是叶,那些细长的叶子就立即会像鸟爪子一样伸展过来,将人拖倒在潮湿的地上。同时,躲藏在日轮花旁边的大型蜘蛛——黑寡妇蛛,便迅速赶来咬食人体。这种蜘蛛的上颚内有毒腺,能分泌出一种神经性毒蛋白液体,当毒液进入人体,就会致人死亡。尸体就成了黑蜘蛛的食粮。黑蜘蛛吃了人的身体之后,所排出的粪便是日轮花的一种特别养料。

因此,日轮花就潜心尽力地为黑蜘蛛捕猎食物,它们狼狈为奸,凡是有日轮花的地方,必有吃人的黑寡妇蜘蛛。当地的南美洲人,对日轮花十分恐惧,每当看到它就要远远避开。

永不落叶的百岁兰

在非洲安哥拉靠近海岸的沙漠中，生长着一种奇特的珍稀植物——百岁兰。百岁兰是一种多年生的植物，可活一百年以上。更奇的是，百岁兰一生只有一对叶片，百年不凋，被称为"百岁兰"。

平时我们常听人说："松柏常青，永不凋落。"其实这是一种误传，自然界中没有永不凋落的常绿树，它们的树叶只是逐渐更替而已，一部分脱落，一部分在新生，所以人们看到的松柏总是四季常青，郁郁葱葱。叶子都是有一定寿命的，从幼叶伸展开始到叶的衰老、枯萎、脱落，这段时间叫叶的寿命。世界上寿命最长的叶子要数非洲西南部沙漠中的百岁兰了。百岁兰外形奇特，它的茎又粗又短，不过 10~12 厘米高。可茎秆周长可达 4 米左右。它的一生只长两片叶子，开始质地柔软，后来形成皮革状。每片叶子长达 2~4 米，宽 30 厘米。两片叶子能活一百年左右，因此，人们叫它是叶中的"老寿星"。

百岁兰的叶子寿命的确为植物界中最长的。在原产地非洲纳米比亚的沙漠中，就有寿命达 2000 年以上者，叶片宽达 1 米多，长达 10 余米，极为珍贵。百岁兰的两片叶子长出来后，只会越长越大，不会脱落换新叶。叶子生命的结束也就意味着百岁兰生命的结束，也就是说二者的寿命是相同的。百岁兰能长命百岁，它的叶子也就能长命百岁了。有的百岁兰的叶子有两三米长，35 厘米宽，就像一条又宽又长的绿色皮带。百岁兰的分布范围极其狭窄，只有在西南非洲的狭长近海沙漠才能找到。它也是远古时代留下来的一种植物"活化石"，非常珍贵。

百岁兰的叶子能活上百年，这主要是因为：百岁兰的根系特别发达，常常地扎在地底下，将大量的水分吸收，送往叶片；夜晚，海雾形成的露水又能使叶面保持湿润。所以百岁兰的叶子一年到头，都不会缺水，能保持旺盛的生命力。而且百岁兰形状十分奇特，其叶形似皮带，靠近基端的部分既硬又厚，呈肉质状，而叶尖部分却又软又薄。它的两片叶子长出后，就永不另长新叶，而是与整棵植株同生共死，一起生存一百多年。再者，百岁兰是生长在近海的沙漠中，那里有大量的海雾，会形成重重的雾水落下来，能源源不断地为百岁兰提供水源。

一花一叶独叶草

在繁花似锦、枝繁叶茂的植物世界中，独叶草是最孤独的。论花，它只有一朵，数叶，仅有一片，真是"独花独叶一根草"。

独叶草一般株高 10 厘米，分地上、地下两部分。地上部分由具叶柄的营养叶和具长柄的单花组成。地下部分几乎全生长在土壤表面的腐殖质层中，由根状茎及着生其上的鳞片和不定根系所组成。它的地上部分"一岁一枯荣"，而地下部分的生命过程却一直要延续多年。每年春季,从根茎的顶芽和侧芽产生新的年苗,进行营养更新,可谓是"春风吹又生"。独叶草的地上部分高约 10 厘米,通常只生一片具有 5 个裂片的近圆形的叶子,开一朵淡绿色的花;而小草的地下是细长分枝的根状茎,茎上长着许多鳞片和不定根,叶和花的长柄就着生在根状茎的节上。

独叶草不仅花叶孤单,而且结构独特而原始。它的叶脉是典型开放的二分叉脉序,这在毛茛科 1500 多种植物中是独一无二的,是一种原始的脉序。独叶草的花由被片、退化雄蕊、雌蕊和心皮构成,但花被片也是开放二叉分的,雌蕊的心皮在发育早期是开放的。这些构造都表明独叶草有着许多原始特征。因此,独叶草自 1914 年在云南的高山上被发现后,就引起国内外学者的兴趣,他们认为,对独叶草的研究,可以为整个被子植物的进化提供新的资料。

小小的独叶草之所以能闻名中外,引起植物学界的注意,主要是由于这种植物体上有许多原始性状。目前它为濒危植物,被国家列为一级重点保护野生植物。从其种种特征来看,弱小的独叶草确实是世界上最孤独的植物。

"解忧疗愁"忘忧草

黄花菜,学名为萱草。大约已栽种了两千多年,是我国特有的土产。据《诗经》记载,古代有位妇人因丈夫远征,遂在家居北堂栽种萱草,借以解愁忘忧,从此世人称之为"忘忧草"。

该妇人到底能忘忧多少,别人难以相知。但她参喜爱萱草,真可谓颇有见地。在百合科的同宗姐妹中,萱草并非名门望族,乃不过是位"小家闺秀"。观其外表,叶片细长,花为筒状,每朵 6 瓣,向外展张,花色橘红,一般每葶着生数朵,从夏到秋,开个不停,可惜晨开暮闭,匆匆谢去。据花卉鉴赏家认为,萱草翠叶萋萋,着花秀秀,焕发出一种外柔内刚、端庄雅达的风采,教人感到亲切和蔼,赏心悦目。难怪古人把它比喻为慈母的音容。

忘忧草其实就是金针菜。它是一种花卉植物,富含蛋白质、维生素和多种微量元素,不仅营养丰富,而且具有一定的药用功能,观之为花、食之为菜、用之为药,被古人称为"忘忧草"。《本草求真》云:"可以解忧,烹食可以适口,味甘而气微凉。能去湿利水,除热通淋,止渴消烦,开胸宽膈,令人心平气和,无有忧郁,故以萱名"。李时珍有"鹿食九种解毒之草,萱草乃其一"的说法。《图经》谓:"安五脏,利心志,明目。"《饮食辨》载:"嫩叶及花皆可食,花为胜。市肆干者名金针。"

苏东坡曾赋曰:"萱草虽微花,孤秀能自拔,亭亭乱叶中,一一芳心插"。他所述的"芳心",就是指母亲的爱心。白居易也有过诗云:"杜康能散闷,萱草解忘忧"。为他晚年的知己刘禹锡屡遭贬谪的身世予以劝慰。其实,从科学的角度来看,一棵区区无名小花,本身并无含有任何解忧的元素,只不过在观赏之际,助人转移情感,稍散一时之闷,略忘片刻之忧而已。在 50 年代,据闻敬爱的董必武同志在公差外地时,寄给夫人何连芝四句道:"贻我含笑花,报以忘忧草,莫忧儿女事,常笑偕吾老",以此劝慰她勿再为家事多忧。综观常吃人间烟火的凡人,能够完全无忧者恐怕为数不多。何况天下间还有不少仁人志士常为国家的命运而忧,为民间的疾苦而虑。可见该忧的还得要忧,该忘的就让它忘了吧!

"味觉魔术师"神秘果

神秘果生长在西非热带森林中,植物株高达4米,它的果实呈长椭圆形,色红、果实不大、长2厘米、直径仅0.8厘米。果内含有一粒种子和少量带甜味的果肉,看上去非常平常,毫无神秘之处。

然而,当地的群众却给它取了"神秘果"的名字。那么,它的神秘之处在哪里呢? 后来经过当地人的介绍,才知道它的奥妙之处在它的果肉里,只要你吃上一点神秘果的果肉,大约4小时之后,味觉就变了,酸的、苦的、辣的都变甜了。

神秘果

神秘果的奇妙作用已引起了人们的关注及开发利用。神秘果可鲜食,也可制成酸性食品的助食剂,制成糖尿病人需要的甜味的变味剂。如食用一粒神秘果,就可把酸柠檬变为甜柠檬,且芳香无比,食后甜度味觉留存口腔内可达三十分钟之久。惧吃苦药的人,可先尝一粒神秘果,然后服药,这就不会出现什么难受的味道了。所以,被称之为"果园里的魔术师"。

这是什么原因呢? 经过生物化学家的化学分析以及对活性物质进行分离鉴定才找出其中的奥妙。原来,我们的舌头上有很多味蕾,能分别感觉酸、甜、苦、辣、咸等味。吃了神秘果以后,舌头上的味蕾感受器的功能暂时被那种糖蛋白扰乱了,对酸味敏感的味蕾感受器暂时被麻痹、抑制了,而对甜味敏感的味蕾感受器却兴奋、活跃起来了。我们知道,不论哪种酸味的水果,总是含有一些果糖,只是因为酸性成分大于甜性成分,所以,我们感觉到的只是酸味,而无甜味。可是,吃了神秘果以后情况就变了,只能使你感觉出甜味而感觉不出酸味来。但是,这种糖蛋白的作用并不是永久性的,少则半小时,多至两小时,过了这段时间以后就会失效。糖蛋白的作用并不能改变食物本身的酸味,只能改变舌头上味觉的作用。神秘果的"魔法"终于被揭穿了。

神秘果就像一个味觉的魔术师,将味道来个乾坤大挪移,柠檬变甜橙,啤酒变成可乐。酸的、苦的全变成了甜的。这可够神奇的了吧!

长得最快的钟状菌

钟状菌是一种高柄的菌类植物,它的白皙身体,像是罩在一层白色透明的纱网里,因此植物学家给它取了个漂亮的名字——罩纱女人。

关于钟状菌,土著居民对它又有各种各样的荒诞传说,说什么凡是被它的光所吸引来的人都要遭灾受难。克虏堡说:"我整夜都在欣赏这自然界罕见的奇特景象,却丝毫不后悔!"这都是因为它是迄今发现的能用肉眼看着生长的唯一的一种植物。

"罩纱女人"生长在南美洲巴西的丛林里,最初像一个洁白的鸟蛋,身体包裹着一层皮革状的外壳,有弹性。它生长时,身体迅速涨大,不一会儿,"蛋"上出现了一条细小的裂纹,裂纹渐渐拓宽,使"蛋壳"分为两半,里面蹦出一个金光灿烂的伞状物,被一根雪白的长柄支撑着,伞柄生长迅速,每分钟增高约 5 毫米,这时肉眼能看清楚它长得像蘑菇一样。在两小时内,它可长高约 50 厘米。之后,突然从金黄色的菌盖下簌簌地抖落一层白色透明的罩纱,几乎拖到地面,像一条宽大的钟罩样的裙子,把菌的下部遮住。同时,身上散发出一阵阵强烈的腐臭气味,苍蝇逐臭,伴着夜蛾等小飞虫纷至沓来,围聚在它的周围。

"罩纱女人"的生命十分短促,它很快就会碎裂,除留下一团粘液外,什么也没有了。

"捕草虫"茅膏菜

大多数的人看到茅膏菜叶片上黏液如晨光的露珠都会赞叹不已,然而对于许多昆虫而言这一个美丽的死亡陷阱,一旦踏下去便无法自拔,最后只能成为这美丽陷阱的一分子。

茅膏菜俗称就是捕草虫。茅膏菜料,多年生草本。著名食虫植物。茅膏菜有明显的茎,高 10~30 厘米。叶皆茎生,叶片圆形或扇状圆形茎部具有长腺毛,可分泌腺液引诱昆虫前来觅食。昆虫触到腺液时,腺毛立即收缩将昆虫捕住,然后将其消化。茅膏菜花白色或带红色,总状花序。喜欢生长在水边湿地或湿草甸中,在长白山广有分布。茅膏菜亦有治疗疮毒、瘰病的药物功效。多年生柔弱小草本,高6~25 厘米。根球形。茎直立,纤细,单一或上部分枝。

众所周知,大多数植物都是从土壤里汲取营养物的。然而,有一些植物却选择了另一种途径,并自己的进化过程中获得了用于捕捉和消化昆虫的异常的器官。选中如此奇异的觅食方法并不是出于什么怪念头,而出于必然性,要知道沼泽地的土壤是非常贫瘠的,只能向捕虫草提供"最低的生活费"。因此,迫不得已,捕虫草干起了"杀手"的营生。

茅膏菜是一种最为常见的食虫植物。它们在全世界都生长，约有100种，大部分生长在澳大利亚和新西兰。英国人给这种茅膏菜起了个富有诗意的名字："阳光的露水"。真的，这种植物的捕虫叶子很不寻常——它们像一只不大的盘子，上面一部分布满许许多多茸毛，而每根毛的顶端上都有一小在阳光下闪发光的黏液，它会吸引潜在受害者的注意力。诱人的"露珠"实际上是有黏性的黏液，它会使昆虫丧失逃生的机会。茅膏菜的叶子非常敏感——只要轻轻一触，就足以使它的全部茸毛都行动起来，弯向中心，尽可能"更慷慨地"用黏液粘住牺牲品，并把它搬移到叶子的正中央去——那儿长有消化的肠绒毛。茅膏菜的叶子渐渐地在昆虫方闭合起来，变成一种类似于一只很小很小的胃的东西。

最美丽的茅膏菜之一是开普的茅膏菜。它的茎通常会长到几厘米高，上面长着细长的叶子。这种植物上会渐渐开出许多诱人的花朵。不过，就算开普的茅膏菜长得很迷人，但它却是会耐心等候猎物的坚定不移的捕猎者。

"昆虫陷阱"猪笼草

植物能捕食动物昆虫，这是一件饶有兴趣的现象，除茅膏菜以外，猪笼草科植物是另一类具有捕食昆虫能力的草本植物。猪笼草为地生植物，是攀援状的亚灌木。猪笼草拥有一幅独特的吸取营养的器官——捕虫囊，捕虫囊呈圆筒形，下半部稍膨大，因为形状像猪笼，故称猪笼草。在中国的产地海南又被称作雷公壶，意指它像酒壶。

猪笼草在自然界常常平卧生长，叶的构造复杂，分叶柄、叶身和卷须，卷须尾部扩大并反卷形成瓶状，可捕食昆虫。猪笼草具有总状花序，开绿色或紫色小花。猪笼草叶顶的瓶状体是捕食昆虫的工具。瓶状体开口边缘和瓶盖复面能分泌蜜汁，引诱昆虫。瓶口光滑，待昆虫滑落瓶内，被瓶底分泌的液体淹死，并分解虫体营养物质，逐渐消化吸收。猪笼草这类不从土壤等无机界直接摄取和制造维持生命所需营养物质，而依靠捕捉昆虫等小动物来谋生的植物被称为食虫植物。

为了捕捉昆虫，猪笼草置备了一套更为复杂的器具。通常是攀缘植物，生长在常绿的热带森林边缘处的沼泽土壤上。它们的匍匐或攀缘茎有时长达20米。会爬蔓的叶子的末端是长长的卷须，须上挂着缀满淡红色斑点并散发出强烈香味的相当大的罐状捕虫囊。被花蜜和鲜艳的色彩吸引过来的昆虫会爬到这一陷阱的边缘上，其结局通常是掉落到罐底，掉入含有消化酶的液体中。这种植物的捕虫囊可以长达30厘米，因昆虫想要逃出陷阱，就先要通过消化腺体的地区，然后要克服磨得很光滑的表面。为了更加可靠起见，捕虫囊还配备了从上往下垂的锯齿形边缘。

自然界中，动物吃植物，司空见惯，而植物吃动物，则不多见，但实际上全世界却有三四百种植物会吃动物，猪笼草就是其中很典型的一种。此外，猪笼草还可用于吊盆栽种，点缀客室花架，优雅而别致。猪笼草就是这样一种美丽而奇特的食虫植物。

"世界最小的花"无根萍

太阳把塘水晒得暖洋洋的,一种形如细砂的水生植物,正忙着繁殖它的后代。直到每1平方米的水面,有一百万个它们的个体,还是不肯罢休。这就是最小的有花植物,饲养鱼苗的好饲料——无根萍。

无根萍漂浮生长在池塘、稻田等水面上,好似一粒粒绿色的细沙,它的外形与一般浮萍很相似,上面平坦,下面隆起。因为它没有根,所以人们叫它"无根萍"。无根萍是一种很小的植物,长约1毫米,宽不到1毫米,比芝麻粒还小。有趣的是,这样小的植物也会开花,它是最小的开花植物。它的花更小,直径不到1毫米,只有缝衣针的针尖那么大,如果不仔细看,就很难发现。无根萍雌雄同株,花开在体表面,还能结出圆球形的果实。科学家研究发现,无根萍体内含有大量淀粉,是养鱼的好饲料,同时也是一种很有开发前途的淀粉资源。

无根萍最主要的繁殖方式还是靠无性生殖,就是在叶状体一端的芽囊里直接长出另一个新的叶状体,新的叶状体长大后就脱离母体而独立生长,然后自身又能再生出一个更新的叶状体,如此不断的循环。有养过无根萍的朋友应该会发现到:为什么会有很多的叶状体会沉到水底?其实无根萍在生出子代叶状体时会随机的产出组织较致密,含有较多淀粉质,体型较小而圆的叶状体,这就是无根萍的"休眠芽",和正常的叶状体外观上的差别并不大。休眠芽脱离母体沉入水底后,通常几天内会全部浮出水面,变成一般的叶状体,继续繁殖下一代。

无根萍"生长繁殖的速度"到底能有多快?有一种产于印度的无根萍,每个植物体只要花30到36个小时就能长出一个新的植物体,听起来好像不是很快,但若以这种繁殖速度而没有受到阻碍的话,经过四个月就能长出天文数字来。那意味着,把它们堆在太空中,差不多有一整个地球那么大,惊人吧!

总而言之,浮萍演化的方向就是朝"缩小""退化""快速生长繁殖"来进行,而无根萍可以说就位于这条演化路线的极点。无根萍以自己微小而带花的个体,给植物世界创造了三个世界纪录:一、全世界最小的开花植物;二、全世界花最小的植物;三、全世界果实最小的植物。

有枝无叶的光棍树

非洲的东部或南部生长着一种奇异而有趣的树。这种树无论春夏秋冬,总是秃秃的,全树上下看不到一片绿叶,只有许多绿色的圆棍状肉质枝条。根据它的奇特形态,人们给它起了个十分形象的名字叫"光棍树"。

为什么光棍树仅有绿色的枝条而没有叶片呢?原来,在漫长的岁月中,植物为适应环境,都会发生变异,光棍树的故乡-非洲沙漠地区长年赤日炎炎,雨量极其稀少，由于严重缺水，许多动植物大量死亡，甚至灭绝。适者生存，为适应恶劣的自然环境，保水抗旱，原来枝繁叶茂的光棍树为减少水分蒸发，叶片就慢慢退化了，消失了，而枝干变成了绿色，用绿色密集的枝干代替叶子进行光合作用，植物不进行光合作用。是不能成活生长的，而绿色是进行光合作用的重要条件。这样，光棍树就得以生存了。但是，如果把光棍树种植在温暖潮湿的地方，它不仅会很容易地繁殖生长，而且还可能会

光棍树

长出一些小叶片呢！这也是为适应湿润环境而发生的，生长出一些小叶片，可以增加水分的蒸发量，从而达到保持体内的水分平衡。

光棍树没有叶子，一方面是为了适应干旱炎热的环境，为了节省水分，从而用绿色的茎与条代替叶的功能；另一方面这种光棍树也有自我保护作用，使一些吃叶的动物见到光秃秃的枝桠而不去光顾，减少了被动物吃掉的机会。其实，那些看似枯萎的枝干，正是生机蓬勃的。

光棍树属大戟科灌木，高可达4~9米，因它的枝条碧绿，光滑，有光泽，所以人们又称它为绿玉树或绿珊瑚。光棍树的白色乳汁有剧毒，观赏或栽培时需特别小心，千万不能让乳汁进入人的口、耳、眼、鼻或伤口中，但这种有毒的乳汁却能抵抗病毒和害虫的侵袭，从而起到保护树体的作用。另据实验表明，光棍树乳汁中碳氢化合物的含量很高，是很有希望的石油植物。

像光棍树这样的木本植物世界上还有几种，木麻黄、梭梭和假叶树，也是同光棍树一样的光有枝而无叶的树。

流"牛奶"的牛奶树

我们常常认为母奶牛才产牛奶，但在植物界，有一种树也会产牛奶，人们称它为牛奶树。

在南美洲的厄瓜多尔等国家，人们习惯在房子周围都种有产牛奶的树，它长得粗壮高大，树叶闪闪发光。如果在它的树皮上划开个口子，会流出白色的乳汁，它的味道和营养都和牛奶相差无几。当地居民常用清水把它冲淡，加热后当牛奶饮用。这种奶含有丰富的蛋白质、维生素及其他营养物质。

无独有偶，在亚马孙河流域也生长的一种热带树，当地人称其为"乳头"，因为这种树可以提供像牛奶一样的饮料。这种树的表皮平滑，叶子光洁，结的果实不大，果实不能吃。但是，只要用刀子把树皮切开一点儿，就会流出洁白的液汁，很像挤出的鲜牛奶。植物学家认为，它的化学成分跟牛奶一样。原汁有一种难闻的味道，如果把液汁用水冲淡，烧开以后，难闻味道就会消失，可以成为跟牛奶一样的饮料，当地人经常从这种树上取汁代替牛奶。每一棵树一次可流出汁液3~4升。牛奶树的木材可以做上等建筑材料。

在摩洛哥西部的平原上，还有一种会给"子女"喂奶的树，它原名的意思是"善良的母亲"。这位"慈母"高3米多，全身赤褐色，叶片长而厚实，花球洁白而美丽。每当花球凋零时，会结出一个椭圆形的奶苞，在苞头的尖端生长出一种像椰条那种形状的奶管。奶苞成熟后奶管里便会滴出黄褐色的"奶汁"来。奶树的繁殖，不是用种子，而是从树根上萌生出小奶树。因此，在大树的周围，有许多丛生着的幼树，大树的奶汁滴在这些小树的狭长的叶面上，小树就靠"吮吸"大树的奶汁生长发育。当小奶树长大后，大奶树就自然从根部发生裂变，给小奶树"断奶"，并脱离小奶树。这时，大奶树分离部分的树冠也随即开始凋萎，让小奶树接受阳光和雨露。奶树是世界珍稀树种之一，由于它自身的繁殖力薄弱，在摩洛哥面临灭绝的危机。现在，科学家正在研究保护奶树和育种繁殖奶树的办法。

摩洛哥奶树分泌的奶液不能食用，可是南美地区的一种奶树流出的汁液，却是一种富含营养的饮料，可与最好的牛奶媲美。当地居民常把它栽在村庄附近，用小刀在它身上划开一条口子，它就会流出清香可口的"牛奶"来。

长"面包"的面包树

面包总是用面粉做的，可是在南太平洋一些岛屿上的居民，他们吃的"面包"却是从树上摘下来的。这种树就被称作"面包树"。

面包树是四季常青的大乔木，属桑科。一般高10多米，最高可达40~60米。树干粗壮，枝叶茂盛，叶大而美，一叶三色，当地居民用它编织成漂亮轻巧的帽子。面包树雌雄同株，雌花丛集成球形，雄花集成穗状。在它的枝条上、树干上直到根部，都能结果。每个果实是由一个花序形成的聚花果，大小不一，大的如足球，小的似柑橘，最重可达20千克。面包树的结果期还特别长，从头年11月一直延续到第二年7月，1年可以收获3次。以无核果为优良品种，果肉充实，味道香甜。每株树可以结面包果六七十年。

每个果实是由一个花序形成的聚花果，果肉充实，味道香甜，营养很丰富，含有大量的淀粉和丰富的维生素A和B及少量的蛋白质和脂肪。人们从树上摘下成熟的面包果，放在火上烘烤到黄色时，就可食用。这种烤制的面包果，松软可口，酸中有甜，风味和面包差不多，故称之为"面包树"。面包果还可用来制作果酱和酿酒。面包果是当地居民不可缺少的木本粮食，家家户户的住宅前后都有种植。一棵面包树所结的果实，能养活一两个人。

面包树为世界濒危珍稀植物，也是世界上树龄最长的树木之一，可达5000余年，被称为"树中之象"。

"中国鸽子树"珙桐

珙桐的花是由数多雄花和一朵两性花合成一个球形的头状花序，但基部有两片乳白色的大苞片，在微风中随风飘扬，如同无数鸽子，非常美观，因此被西方植物学家命名为"中国鸽子树"。

珙桐，春末夏初开花，从初开到凋谢色彩多变，一树之花，次第开放，异彩纷呈，人们称赞它为"一树奇花"。珙桐的花紫红色，宛如一个长着"眼睛"和"嘴巴"的鸽子脑袋，花序基部两片大而洁白的苞片，则像是白鸽的一对翅膀。4~5月间，当珙桐花开时，张张白色的苞片在绿叶中浮动，犹如千万只白鸽栖息在树梢枝头，振翅欲飞，并有象征和平的含意。

珙桐生长在海拔1800~2200米的山地林中，多生于空气阴湿处，喜中性或微酸性腐殖质深厚的土壤，在干燥多风、日光直射之处生长不良，不耐瘠薄，不耐干旱。幼苗生长缓慢，喜阴湿，成年树趋于喜光。

珙桐是一种落叶乔木。它是1000万年前新生代第三纪留下的孑遗植物，在第四纪冰川时期，大部分地区的珙桐相继灭绝。由于我国高山大川多，成了各种动植物的天然避难所，珙桐就是在我国中西部偏僻的山区幸存下来的古老植物之一，植物学家称它为"林海中的珍珠""植物活化石"和"绿色熊猫"。

目前，它是国家8种一级重点保护植物中的珍品之一，为我国独有的珍惜名贵观赏植物，又是制作细木雕刻、名贵家具的优质木材。

"消防树"梓柯树

在非洲的安哥拉，长着一种高20多米、四季常绿的梓柯树，人们称它为天然的消防树。

这种奇特的树，它长有奇妙的"自动灭火器"。科学家做过有趣的实验：在这种树底下用打火机打火，当火光闪过后，无数白色液体泡沫就从树上没头没脑地喷洒下来，弄得实验者满头满脸都是白沫，身上的衣服打湿了，打火机的火苗也熄灭了。如果你坐在树下点燃一堆篝火，树上也会立即喷射出大量的液汁，把火灭掉。所以，人们又叫梓柯树为灭火树。

梓柯树，树高20多米，枝繁叶茂。是一种常绿乔木。在梓柯树的枝条间，长有许多拳头大的球状物，这就是它的自动灭火器，植物学家称之为"节包"。节包上有许多小孔，就像莲蓬头上的小孔，小孔里布满了透明液体。更为神奇的是，这些透明液体里竟含有大量四氯化碳，而人类使用的灭火器其灭火剂大多是由四氯化碳组成的，难怪它能灭火了。

梓柯树为什么会灭火呢？原来，梓柯树枝繁叶茂，在浓密的树杈间藏有一只只像馒头大的节苞，这种节苞上密布网眼小孔，苞里装满透明的液汁。节苞一旦遇到太阳光或火光照耀，液汁就从网眼小孔里喷射出来。由于液体中含有灭火的物质四氯化碳，火焰碰上它，就很快熄灭了。当地居民用这种树的木材盖房屋，还能防火哩！

"九死还魂草"卷柏

卷柏又叫"九死还魂草",是一种多年生直立草本蕨类植物,高5~15厘米,茎棕褐色,分枝丛生,扁平状,浅绿色。它具有极其顽强的抗旱本领。在天气干旱的时候,小枝就卷起来,缩成一团,以保住体内的水分。一旦得到雨水,气温一升高,蜷缩的小枝会平展开来,所以叫作"九死还魂草"。

九死还魂草又被称作长命草、长生不死草、万岁草。它这种非凡的"还魂"本领,奥秘全在于它的细胞的"随机应变"。当干旱来临时,它的全身细胞都处在休眠状态之中,新陈代谢几乎全部停顿,像死去一样,得到水分后,全身细胞才会重机关报恢复正常生理活动。说起来,九死还魂草的这种本领也是被环境逼迫出来的。它生长在向阳的山坡或岩石缝中,那里土壤贫瘠,蓄水能力很差,它的生长水源几乎全靠天上落下的雨水,为了能在久旱不雨的情况下生存下来,它被迫练出了这身"本领"。

卷柏不仅是一种观赏植物,而且还是一种名贵的药用植物,是收敛止血剂,可用于治疗跌打损伤性出血症和刀伤。而植物大都喜欢生长在水分充足、土壤肥沃的地方。可是,卷柏却偏偏喜欢安身在人迹罕至的荒山野岭的峭壁上、沼泽畔、荆棘丛中。有些贵重的药材,生长的地方就更偏僻了,"九死还魂草",生长在高高低低的乱石山上,石头棱角锐如刀尖,连生命力顽强的青苔都难生长。自然,要想采到它,也十分不易。

在南美洲也有九死还魂草的同类,只是那里的同类本领更大,不但可在原地假死、伺水还魂,而且还会主动离开生长地,去寻找有水的新家。在干旱季节,那里的九死还魂草会自己从土壤中挣脱出来,然后全身蜷成一个圆球,风吹草动,草球随风飘滚前进,如遇上多水的地方,草球就会展开成原状,在土壤中扎下根来。自然,当水分缺少,它在新家呆得不如意时,就会再次背井离乡,外出流浪的。

"擎天巨树"望天树

在我国云南西双版纳热带密林中,有一种擎天巨树,它那秀美的姿态,高耸挺拔的树干,昂首挺立于万木之上,使人无法仰望见它的树顶,甚至灵敏的测高器在这里也无济于事。因此,人们称它为望天树。当地傣族人民称它为"伞树"。

望天树一般可高达60米左右。人们曾对一棵进行测量和分析,发现望天树生长相当快,一棵70岁的望天树,竟高达50多米。个别的甚至高达80米,胸径一般在130厘米左右,最大可到300厘米。这些世上所罕见的巨树,棵棵耸立于沟谷雨林的上层,一般要高出第二层乔木20多米,真有直通九霄,刺破青天的气势!

我国的望天树,是近年来发现的一个新种,是1975年才由我国云南省林业考察队在西双版纳的森林中发现的。当时,植物科学工作者根据勐腊县林业局提供的线索,到补蚌进行考察,发现在森林茂密的沟谷边,这样的树成片分布,它一股劲地往上生长,占地面积很小,一亩地范围内往往矗立着 10 多棵,这里共有 100 多棵,形成了一个小小的群落。植物科学工作者从它的叶、花、果实的结构、形态,鉴定出它是龙脑香科的一个新种,并赋予它一个形象生动的名字——望天树,意思是"仰头看天才能看到树顶"。从此,在中国植物的目录中又多了"望天树"三个闪闪发光的大字。

望天树是我国的一级保护植物。高耸挺拔的树干竖立于森林绿树丛中,比周围高 30~40 米的大树还要高出 20~30 米,真是直通九霄,大有刺破青天的架势。它开花,花期为 3~4 月。如果说望天树只是长得高,那当然不见得那么珍贵,当然也无指望被列为国家一级保护植物了。它的名贵还在于它是龙脑香科植物,是热带雨林中的一个优势科。在东南亚,这个科的植物是热带雨林的代表树种之一,是热带雨林的重要标志之一。过去某些外国学者曾断言"中国十分缺乏龙脑香科植物""中国没有热带雨林"。然而,望天树的发现,不仅使得这些结论被彻底推翻,而且还证实了中国存在真正意义上的热带雨林。

比一比中国树木中的"巨人",目前能摘取中国最高树木桂冠的,恐怕就只有高可达 80 米的望天树了。

历史篇

世界历史发展进程

古代篇

人类起源的神话

对于人类的起源,世界各洲的神话故事有各自的说法。

埃及神话认为人类是神呼唤而出的。远古时代埃及没有出现之前,全能的神——"努"就已存在,他创造了天地的一切。他呼唤"苏比",就有了风;呼唤"泰富那",就有了雨;呼唤"哈比",尼罗河就流过埃及。他一次次呼唤,万物一件件出现,最后,他说出"男人和女人",转眼间,埃及就住下许多人。造物工作完成后,"努"就将自己变成男人外形,成为第一位法老,统治大地与人类。

日耳曼神话认为人类是由天神欧丁创造的。传说有一天,欧丁和其他的神在海边散步,看到沙洲上长了两棵树,其中一棵挺拔雄伟,另一棵风姿绰约。他下令把两棵树砍下,分别造成男人和女人。欧丁首先赋予他们生命,其他的神分别赋予他们理智、语言、血液、肤色等,他们成为日耳曼人的祖先。

中国流传着女娲造人的传说。东汉应劭的《风俗通义》记载:"……女娲抟黄土做人,剧务力不暇供,乃引绳于泥中,举以为人。故富贵者黄土人也,贫贱凡庸者泥人也。"

《圣经》里记载着上帝造人的故事。上帝花了五天时间创造了大地万物,到第六天,他用地上的尘土创造了第一个人,他将生命的气息吹进泥人的鼻孔后,泥人就变成为活生生的男人,上帝给他取名亚当。然后,上帝从亚当的身体取出一条肋骨又造了一个女人。这就是上帝造人的故事。

亚当和夏娃

在《圣经·旧约全书·创世纪》开篇中记载,上帝耶和华在七天内创造了天地万物:第一日,造光,分明暗昼夜;第二日,造天,定晨昏;第三日,造地,分水陆,造植物;第四日,造日月星辰;第五日,造飞禽和水生动物;第六日,造人类和陆生动物;第七日,天地万物造就完毕,耶和华休息,为安息日,定为"圣日"。

上帝在创造好世间万物后,他用地上的泥土,按照自己的形象捏了一个泥人,并取名"亚当"。上帝把亚当放在种满了各种果树的伊甸园中,对亚当说:"树上的果子,你可以随意吃,只是'知善恶树'上的果子,不可以吃,因为你吃了一定会死。"上帝又用土创造出走兽和空中的飞鸟,亚当一一给它们取了名字。尽管有它们的陪伴,亚当还是会感到孤独。

一天,上帝趁亚当沉睡的时候取下亚当的一条肋骨,做了一个女人,领到亚当的面前,她成了亚当的妻子。从此以后,亚当不再感到孤单,心里很是快乐。亚当还给女人起了一个名字,叫作夏娃。当时,他们夫妻二人赤身裸体,但并不觉得羞耻。

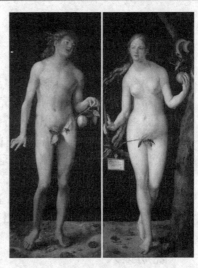

亚当和夏娃

上帝所造动物中有一条蛇,它比其他的动物都狡猾。有一天,蛇对夏娃说:"上帝真的不许你们吃园中所有树上的果子吗?"夏娃对蛇说:"园中树上的果子,我们可以吃;唯有园当中那棵树上的果子,我们不能吃。上帝曾说过:'你们不可吃,也不可摸,否则你们就会死。'"蛇对夏娃说:"你们不一定死,因为上帝知道,你们吃了果子眼睛就明亮了,你们便像神一样能知道善恶。"

于是,夏娃摘了知善恶树上的果子吃了,又摘下一个送给亚当吃了。霎时,他们二人的眼睛就明亮了,才发现自己是赤身裸体的,便拿无花果树的叶子,为自己编了裙子。上帝知道了这件事情,问明了情况,然后惩罚引诱夏娃的蛇必须用肚子行走,终生吃土。上帝又把亚当和夏娃赶出伊甸园,让他们终生生活在土地上。亚当和夏娃在大地上辛勤劳作,繁衍后代,成了人类的始祖。

人类最早的祖先

人类最早的祖先可以溯源至森林古猿。森林古猿最早是在法国发现的。大约在2300万年前到1800万年前,森林古猿就生活在热带雨林地区和广阔的草原上。它们被认为是人类最早的祖先。非洲、亚洲和欧洲的许多地区都曾发现过森林古猿的遗迹和化石。森林古猿的大小跟现在的黑猩猩差不多。它们有矮壮的身材、宽扁的胸廓,前臂和腿一样长。前肢既用来行走,也可以用来采摘悬挂在树上的野果。森林古猿过着一种群居的、类似黑猩猩的生活。后来由于地壳运动、气候变化,连绵不断的森林逐渐变得稀疏,林中空地不断扩大,茂密的森林最终演化成草原。生活在森林里的一些古猿为了生存,由树栖生活改为地面生活,逐渐学会了直立行走,并最终进化成人类。而继续留在森林中的那部分古猿,则进化成了现代的类人猿。

早期猿人

在距今约 300 万年前至 270 万年前,早期猿人出现了。早期猿人也称"能人",其手骨和足骨与现代人相似,为完全形成人阶段。典型化石是 20 世纪 60 年代在坦桑尼亚坦噶尼喀奥杜瓦伊峡谷陆续发现的化石人,定名为"能人",测定年代是在距今约 180 万年前。与能人遗骸一起被发现的还有手工打制的粗糙的砍砸器。除能人化石外,古人类学家还在东非肯尼亚、埃塞俄比亚,以及坦桑尼亚的其他地区,或是单独发现了古人类化石,或是单独发现了打制石器,年代约在 370 万年前至 180 万年前不等。早期猿人带有较明显的猿的特点,尤其是头部,如脑容量较小(500~700 毫升),眉骨、嘴部突出,额骨低平等,身高则约在 120~140 厘米。

晚期猿人

晚期猿人又叫作"直立人",生存年代为距今约 175 万年前至 30 万年前。其头骨扁平,骨壁厚,眉嵴粗壮,脑部明显增大,脑容量大约为 800~1200 毫升左右。直立人身高为 160 厘米,其下肢结构与现代人类十分相似,分布在亚、非、欧三洲,典型代表有印度尼西亚的爪哇人,德国的海德堡人,中国的蓝田人、北京人,肯尼亚的东非人。

爪哇人出土于 1890~1892 年,所发现的化石包括一具头盖骨、一根完整的左侧股骨、两枚臼齿。这是最早发现的猿人化石,定年在距今 80 万年前。20 世纪 30 年代,在印度尼西亚发现了一些新的包括头骨在内的爪哇猿人化石,定年在 150 万年前至 25 万年前不等。

海德堡人发现于 20 世纪初的德国海德堡东南部,所发现的化石只有一块下颌骨,距今约 80 万年。

相对而言,在晚期猿人的材料中,北京人化石最为丰富完整,迄今已发现 40 多个不同年龄和性别的骨化石,其中包括六个头盖骨,定年在 40 万年前~50 万年前。

1959 年,在肯尼亚出土了一个完整的猿人头盖骨。此外,东非坦桑尼亚和北非的阿尔及利亚、摩洛哥等地也是晚期猿人化石的发现地。

晚期猿人在体质形态方面有了明显的进步。爪哇人脑容量达 750 毫升。北京人脑容量平均 1088 毫升,身高在 156 厘米左右,上下肢骨与现代人接近,能近似现代人直立行走。但在头骨构造上,晚期猿人还较为原始。比如,北京人嘴部和眉嵴仍然突出,前额低平,颌部后缩,这表明在人类进化过程中,思维器官的发展落后于劳动器官,原因可能是早期人类更多致力于生存劳动,四肢的活动多于大脑自觉的活动。

早期智人

人类进化的最后一个阶段是智人阶段,可分为早期智人和晚期智人阶段。早期智人生活在 25 万年前,是旧石器时代中期的古人类,其化石在欧、亚、非洲广为发现,仅发现地即多达五百处以上。典型化石代表是 1856 年在德国杜塞尔多夫尼安德特河谷附近洞穴中发现的一副骨架,定名为尼安德特人,简称"尼人"。后来,在欧洲、亚洲、非洲发现的同类化石便统称此名,较著名的有法国的圣沙拜尔人、穆斯特人,中国的马坝人、丁村人,非洲的博多人、布罗肯人等等。

虽然早期智人身上猿的特点还没完全消失,但体质形态方面已接近现代人,比如脑容量平均约 1350 毫升,接近或等于现代人。某些尼人脑量甚至超过现代人的平均脑量。早期智人的大脑构成仍较原始,大脑联想中心和抑制中心所处的额头部位还不发达。作为下肢弯曲行走证据的长肢骨关节已发育完全,个头中等,体格结实。地区性的变异特点明显显现出来。比如,巴勒斯坦尼人和欧洲尼人虽同属一个时代,但在形态上,巴勒斯坦尼人更像现代人,眉峰不突出,下颌发达,前额较高,属于尼人中体质方面进化最快的代表;而欧洲尼人却在头部发育上更接近猿人,并且即便在一个大的地区,如欧洲,也发现了不同类型的早期智人,如斯虎尔型、塔邦型等。

晚期智人

晚期智人又称"新人",出现于 5 万年前。1868 年,在法国勒伊斯的克罗马农附近洞穴中发现的五具人体骨架被认为是最早的晚期智人,定年为距今 4 万年前至 1 万年以前,其形态已同现代人没有什么差别。这以后在欧洲、亚洲、非洲、大洋洲等地均发现了大量晚期智人化石。

美洲和大洋洲的早期居民是由旧大陆迁徙过去的,因为在这两大洲均未发现晚期智人以前的古人类化石。用历史的观点看,现今世界各地的居民都是不同时期的"移民"的后代,"土生土长"之说只是相对而言。从化石材料推断,估计在 3 万年前,人类是乘木舟从东南亚蛙跳般地经太平洋岛屿进入澳洲,从陆路经白令海峡进入美洲。

晚期智人的一个显著生物特征就是出现了不同的现代人种。所谓人种,是指具有某些共同遗传体质形态特征的人群。根据人们的肤色、头发和体毛的形状、分布与颜色及眼、鼻、体形等外部遗传特征对人种加以划分。比较通用的是三分法,即把晚期智人分做尼格罗人种(黑种)、蒙古人种(黄种)、欧罗巴人种(白种)。这里所说的黑、黄、白种之称只是依循传统划分,事实上,在每一人种内部,肤色的变异范围是很大的。以欧罗巴人种为例,肤色可以从白色到几乎黑色。

人种的发源地和形成原因问题至今悬而未决。人类学家推测大概是由于长期隔绝的、不同的生态环境,如温度、湿度、病毒、杂交食物等影响,导致人体遗传物质变异,以适应自然选择的需要。从大范围讲,欧、亚、非三大洲多半是三大人种各自的原生地。

弓箭的发明和使用

旧石器时代和新石器时代之间的过渡时期被称为中石器时代。在中石器时代,由于生产技术的发展和狩猎的需要,人类发明了弓箭。弓箭是当时的一种远射程的武器。借助投矛器,矛仅可投出 70~80 米,而弓箭的射程可达 80~100 米。北美洲印第安人使用的重弓,射程竟达 400~500 米。弓箭的发明促进了渔猎的发展,渔猎使人类可以经常得到肉类食物。

旧石器时代

旧石器时代从大约 270 万年前至 15 万年前,这个阶段极其漫长。旧石器时代分为早期、中期和晚期三个阶段。早期是人类出现的阶段,当时的石器制造方法简单,加工粗糙,形状简陋,但这是原始人赖以生存的主要工具。

旧石器时代中期,石器的制作技术有了进步。人类发明了利用石砧打制石器的方法,制作出了小型尖状利器和刮削器,还出现了用于远距离攻击野兽的投矛器和投石器。随着生产技术的发展和狩猎的需要,又发明了弓箭。

旧石器时代的石器更加美观适用。这一时期,骨器和角器广泛流行,有的器具上还装有木柄,成为复合工具。

火是人类文明的开始

人类从猿进化成人后,世界从此揭开了一个新的篇章。但早期的人类茹毛饮血,风餐露宿,树叶兽皮裹身,还时常受到野兽的攻击,那时人类的平均寿命不到20 岁。火的出现,使人类改变了茹毛饮血的蒙昧时代,从此拉开了人类文明的序幕。

世界上最早使用火的原始人类是中国的元谋人。元谋人遗址是 1965 年在云南省元谋县上那蚌村发现的。考古研究表明,元谋人距今大约有 170 万年,是我国乃至亚洲最早的原始人类。考古工作者在这一遗址中发现了两颗古人类门齿化石和一些粗糙的石器,这说明元谋人已会劳动,会制造和使用工具。此外,还发现了很多燃烧过的炭屑和兽骨。这表明元谋人已经掌握了天然火的使用。

人类对火的认识、使用和掌握,是人类认识自然,并利用自然来改善生产生活条件的第一次实践。尤其是人工取火的发明,在人类历史的进程中具有重要的意义。

三次社会大分工

随着原始生产力的发展,劳动分工出现新的变化。有些部落已经主要从事畜牧业,成为游牧部落。游牧部落所生产的产品不同于其他部落,产品数量较多,促进了交换的产生。交换促进了私有制的发展,从事畜牧业成了那时人们谋生的主要手段,男子成为家庭中的主力。后来,农业和手工业也有所发展,生产部门的扩大促使劳动力增加,于是战俘成了奴隶。第一次社会大分工使社会分为两个阶级:奴隶主和奴隶、剥削者和被剥削者。

原始社会后期农业与手工业的分离发生于青铜器与铁器时代。铁制工具的使用和生产技术的进步,促进了农业的发展和劳动生产率的提高,也使手工业向多样化发展。手工业生产的多样化,生产技术的不断改进,引起第二次社会大分工,手工业从农业分离出来,成了专门的行业。第二次社会大分工加速了财富积累,私有制进一步发展,于是拥有财富的人成了压迫奴隶和穷人的氏族贵族,加速了原始社会的解体和奴隶社会的产生。

两次社会大分工后,交换变成了经常的现象,出现了以交换为目的的商品生产,各种生产者之间的交换满足了社会的需求,于是专门从事交换的行业开始出现,商业逐渐从手工业中分离出来,人类完成了第三次社会大分工。

氏族公社

随着人类智力和生产力的不断提高,人类社会组织也相应发生着变化。到了旧石器时代中晚期,人类转入了相对的定居生活。人口逐渐增多,人们认识到家族内部、同辈之间近亲婚姻对人类体质的危害,传统的血缘家族被氏族公社所取代,同时形成了族外群婚制。互相通婚的两个氏族形成部落,一个氏族的成员必须和另一氏族的成员通婚。在这种情况下,人们只知有母不知有父,氏族的世系血统只能按母系计算,所以叫作母系氏族。这是最早的氏族公社。在这样的氏族公社里,男女地位平等,妇女受到高度尊敬。这一方面是因为世系按母亲确定,另一方面是由于妇女在经济生活中起着重要作用。

原始社会末期,在出现了第一次社会大分工的条件下,男子从事的农业和畜牧业成为主要的生产部门,这使男子在经济生活、公共事务中取代了以采集、家务劳动为主的妇女,在生产生活中占主导地位。于是,原来以母系为中心的母系氏族公社变为以父系为中心的父系氏族公社。在父系氏族公社中,是以父方血统计算世系、继承财产,婚姻关系也由对偶婚转变为一夫一妻制。

新石器时代

新石器时代在考古学上是石器时代的最后一个阶段,以磨制石器为主,大约从1万年前开始,结束时间从距今7000多年至2000多年不等。

这个时期,人类开始从事农业和畜牧业,将植物的果实加以播种,并把野生动物驯服以供食用。人类不再只依赖大自然获取食物,食物的来源变得多样。同时,农业与畜牧业的发展也使人类由逐水草而居变为定居下来,节省了更多的时间和精力。在这样的基础上,人类生活得到了更进一步的改善,人类开始关注文化事业的发展,开始出现文明。

原始人的图腾

原始人都有自己崇拜的对象,他们称那些崇拜的对象为"图腾"。图腾一词来源于北美洲印第安语,意为"属彼亲族"。图腾是血缘的旗帜,崇拜同一种图腾的氏族成员都深信他们都来源于一个共同的祖先,具有相同的血缘关系。因此,共同的信仰与义务把他们紧紧地团结在一起。图腾也是维护氏族成员团结一致的有力纽带。它不仅是一种宗教信仰,而且是一种社会结构和一种凝聚力。

最原始的图腾是生殖崇拜的象征,是对整个氏族生命力的歌颂和崇拜。高举着火把与石斧的原始人类有着我们无法理解的精神世界。他们既崇拜生殖,又崇拜生殖器。很多考古发掘都证明,在人类历史上曾经有过一段漫长的生殖崇拜时期。由此可知,处在野兽出没、荆棘丛生的恶劣环境中,生产力极其低下,受着大自然严重威胁的原始人类,若没有对生命的崇拜,哪能走出蛮荒的远古世界。原始人类把繁衍生息当成氏族部落兴亡的头等大事,自然也就出现了生殖崇拜。

在母系氏族社会时代,人们曾把生育后代认为是女性单方面完成的事,所以,他们所崇拜的对象是母亲、女神。对女性的崇拜同样就是对女性生殖器的崇拜,因此鱼、蛙等产子多的动物就成了图腾。

结绳记事

结绳记事是文字发明以前人们所使用的一种记事方法,即在一条绳子上打出大小不同的绳结,用来记录所发生的事和所做过的事。中国自古就有关于结绳记事的记载。《易·系辞》载:"上古结绳而治,后世圣人易之以书契。"《说文解字·序》载:"神农氏结绳为治,而统其事。黄帝之史仓颉……初造书契。"古代埃及、波斯、秘鲁也有以结绳来记事的历史。秘鲁的印加族人(印第安人中的一部分)古时(公元前1500年前)每收割一捆庄稼,就在绳上打个结,用来记录收获的多少。结绳方法,据古书《易九家言》记载:"事大,大结其绳;事小,小结其绳。之多少,随物众寡。"即根据事件的性质、规模或所涉数量的不同结系出不同的绳结。

后来,随着生产力的不断发展,人们开始尝试新的计数方式。罗马人在文化发展的初期,就已经开始用手指作为计数的工具。他们要表示单个物体时,就分别伸出自己的单个手指;表示5个物体就伸出一只手;表示10个物体就伸出两只手。从罗马数字中,我们可以看出,I、II、III等都用来代替手指的数;要表示一只手时,就写成"V"字形,表示大拇指与食指张开的形状等。这就是罗马数字的雏形了。

原始农业

人类最初的种植距今至少已有1万多年了,过去流行的农业产生于河流两岸的低平地区的观点开始被否定,转而认为原始农业最早产生于山地或高原。

农业的起源直接与新石器时代的形成有关。考古界一般把农业的出现作为新石器时代的开端。在西亚,有以约旦河谷的耶利哥遗址为代表的原始农业初期遗存;在美洲,有以墨西哥高原上的特瓦坎遗址为代表的原始农业初期遗存。我国作为古老的农业国,却至今没有发现原始农业产生阶段的遗址。

据考古发现,世界各国学者基本上承认粟起源于我国黄河流域,而长江流域则是水稻的重要发源地。在甘肃大地湾、陕西老官台、河南裴李岗和河北磁山等遗址中发现的水粟,都可以划归距今 7000 年以前;在浙江的河姆渡、江苏草鞋山、湖北红花套等遗址发现的水稻,距今也有六七千年了。大量遗物表明,上述遗址所代表的新石器时代各种文化遗存,都进入了原始农业比较发达的氏族社会繁荣阶段,在此基础上追寻、探索原始农业初期的文化遗存,前景是广阔的。

古埃及王国

古埃及是世界上历史最悠久的文明古国之一,它地处非洲的东北部,美丽的尼罗河由南向北纵贯全境。大约在 1 万年以前,最后一个冰河时期过去了,北非逐渐变成了干旱地区。随着环境、气候的变迁,很早就居住在这一地区的居民陆续迁移到尼罗河两岸。后来,他们在这里创造了铜石并用文化,尼罗河文明由此发端。

尼罗河发源于非洲中部高原,从南至北贯穿埃及全境,它全长 6671 公里,是世界第一大河。每年从 6 月开始一直到 10 月,尼罗河洪水泛滥,淹没了沿岸的土地。尼罗河的定期泛滥给埃及带来了丰富的水源和肥沃的土地。洪水挟带着大量的腐殖质灌满了久旱的农田,当洪水退去后,田地里留下一层几寸厚的淤泥,而这些淤泥恰恰是农作物生长的极好肥料。所以,古埃及人称尼罗河是他们的"母亲河"。

尼罗河的泛滥既带来了生命和繁荣,也促成了奴隶制国家的形成。河水泛滥时,人们要疏通渠道,排出积水;干旱少雨季节,人们又要引水灌溉。庞大的工程和繁重的劳动绝非一人一户所能胜任,因此,古埃及很早就出现了联合形式:若干氏族联合为公社,若干公社又以地域关系联合成更大的联合体。于是,沿尼罗河一带就出现了一个个联合体——"州",各州都有自己的名称、方言、图腾、军队和行政机构,实际上就是一个独立的小王国。为了争夺土地、水源和奴隶,这些小国之间经常交战。他们彼此争战、兼并,公元前 3500 年,尼罗河谷地最后分成了两个奴隶制大国,南部被称为上埃及王国,北部被称为下埃及王国。

大约在公元前 3100 年,上埃及国王美尼斯征服了下埃及王国。从此,埃及成了统一的奴隶制国家。美尼斯也被认为是埃及第一王朝的第一位法老(古埃及人尊称国王为"法老")。从那以后,直到公元前 332 年,马其顿国王亚历山大征服埃及,结束了法老时代,此时古代埃及经历了整整 31 个王朝。

古埃及是最早的奴隶制国家,它的诞生标志着人类社会的发展进入到一个新的历史时期——文明时代。作为人类的文明发源地之一,古埃及人民在文字、历法、艺术、科学知识等方面的创造,对人类社会的发展做出了不可磨灭的贡献。

"古埃及的最高统治者"法老

"法老"是希腊文的音译,最早出现于埃及古王国时代,当时的意思是指"王宫"。到图特摩斯三世时,"法老"正式成为国王的尊称。

图特摩斯三世是古埃及第十八王朝法老。还在幼年时,他的父亲图特摩斯二世去世,图特摩斯三世继位,开始和女王哈特舍普苏共同执政。后来,他被放逐到卡纳克神庙,和僧侣们生活在一起。女王去世后,他才重新执政。图特摩斯三世在位时,多次率军远征,使埃及扩张为一个空前强大的大帝国,史学家称他为"历史上第一个伟大的征服者"和"古埃及的拿破仑"。

埃及的太阳历

古埃及人在长期的生产实践中逐渐掌握了尼罗河泛滥的规律。他们发现尼罗河两次泛滥之间大约相隔 365 天。同时,他们还发现,每年 6 月的某一天早晨,当尼罗河的潮头来到今天开罗附近时,天狼星与太阳同时从地平线升起。以此为依据,古埃及人把两次泛滥的间隔定为一年,共有 365 天;把天狼星与太阳同时从地平线升起的那一天定为一年的起点。一年分为 12 个月,每月 30 天,年终加 5 天作为节日,这就是埃及的太阳历。

神秘的金字塔

金字塔居古代世界七大奇迹之首,它是古代埃及法老为自己建造的陵墓。在古埃及早期,法老的权力还不是很强大,因此,他们的坟墓和贵族的一样,都是"马斯塔巴"(阿拉伯语,原意是"凳子")——一种形似长方形石凳的坟墓。第三王朝的第二个法老乔塞尔在位时,法老的权力大大加强,他认为"马斯塔巴"不能体现法老的尊贵地位,于是他让多才多艺的伊姆荷太普为自己修建一个高大、不朽的土陵。于是,第一座金字塔便诞生了,它高 61 米,周围还建有高大的祭祀殿堂和围墙。这座金字塔位于今日埃及的萨卡拉。

此后,大约在第三王朝至第六王朝期间(公元前 2686~前 2181 年),统治者们竞相建造金字塔,以显示自己永久无上的权力,这一时期是金字塔建造的鼎盛时期,有"金字塔时代"之称。

古埃及人相信,人死后能够复生,但必须有完整的躯体。因此,为了防止尸体被出没在沙漠中的野兽和强盗破坏,法老们将自己的金字塔陵墓建造得越来越庞大。为了使自己的躯体永远不会腐烂,法老尸体都被做成了木乃伊。这些木乃伊甚至保存到现在都还完好无损。

木乃伊

古埃及人深信人死后灵魂没有死,灵魂只是暂时离开肉体,过一段时间后它还会回来。因此,他们想出来把尸体做成木乃伊保存的方法。

制作木乃伊有一套十分烦琐的程序。人死后,先将死者的内脏取出来,再把尸体浸在防腐液里。数星期后,将尸体取出来晾干,在体内填满各种香料,缝好,在外面涂上树胶以免接触空气,最后用特制的亚麻布条把尸体包缠起来。这样,一具经久不腐的木乃伊就制成了。在安放遗体之前,通常还要举行神秘而隆重的仪式,为木乃伊开眼开鼻,把食物放入它的嘴里。这样,它仿佛就能像活人一样呼吸、说话和吃饭了。做完这一切,木乃伊才被放入特制的棺材里,送进金字塔陵墓,为了让法老死后能够在另一个世界生活得舒适,法老的一部分财宝被同时葬入墓室。同时还有各种食品和饮料。金字塔成了让法老们死而复活的永久的宫殿。虽然这样做的成本十分高,但在当时,人们却相信法老会在另一个世界保佑着埃及,因而这种花费是值得的。

但是,古埃及法老的统治并没有因此万世长存。如今,尼罗河两岸只剩下一座座金字塔,向一代又一代的人们展示古埃及人民的辛勤劳动和超凡智慧。

"斯芬克司之谜"狮身人面像

狮身人面像坐落在第四王朝法老哈夫拉金字塔东侧。据说狮身人面像是恶魔斯芬克司的塑像,其中还有一个故事:相传有一个怪物,它有美女的面容,狮子的身躯,还长着两只翅膀,它就是传说中巨人堤丰和蛇怪厄喀德娜所生的一个女儿,人们叫它斯芬克司。

斯芬克司虽是狮身人首的女妖,但是它长得很美又有学问。它出现在忒拜城山道口,盘坐在一块巨大的岩石上,要求进出山口的人们破解它提出的谜语,猜不中谜语的人就会被它吃掉。这个谜语是:"什么动物早晨用四条腿走路,中午用两条腿走路,晚上用三条腿走路?腿最多的时候,也正是他走路最慢、体力最弱的时候。"

狮身人面像

猜不出谜语的人都死在了斯芬克司的口中。后来,俄狄浦斯猜出了答案。他说:"这是人啊。人在幼年时,即生命的早晨,是个软弱无力的孩子,他用两条腿和两只手在地上爬行,这就等于四条腿;他到了壮年,正是生命的中午,当然只用两条腿走路;但到了老年,已是生命的黄昏,只好拄着拐杖,好像三条腿行走。"他猜中了答案,斯芬克司羞愧难当,绝望地从山崖上跳下去,摔死了。后来为了让人们记住这个恶魔,人们便在斯芬克司经常出现的地方,即今天狮身人面像的所在地,用巨石刻出斯芬克司的形象,这就是狮身人面像的由来,因此也称它为"斯芬克司"。

古埃及的拿破仑

图特摩斯三世是一位杰出的军事统帅和政治家,被后人誉为"古埃及的拿破仑"。他大约出生于公元前 1504 年,父亲图特摩斯二世是古埃及第十八王朝的第四代法老。

公元前 1482 年,以叙利亚南部卡迭石王国为首的反埃及联盟正逐渐形成,埃及形势十分严峻。图特摩斯三世在军队的支持下,用短短几个月时间稳定了国内政局,随即向叙利亚和巴勒斯坦发动了第一次远征,最终攻陷麦吉杜城,胜利而归。

图特摩斯三世陆续对西亚发动过 17 次远征,占领了叙利亚、巴勒斯坦沿海城市,攻克卡迭石,并渡过幼发拉底河,征服了米坦尼。他还向南方的努比亚进军。随着对外战争的节节胜利,古埃及的版图不断扩大,其北部已推进到叙利亚的卡尔赫美什,南部则一直伸展到尼罗河第四瀑布。这在古埃及历史上是空前的,也是后来历朝所未能超越的。图特摩斯三世开拓的这一广阔疆域维持了近两个世纪,这一阶段被称为"古埃及帝国时期"。他自称"胜利之王""诸国之王",在卡纳克神庙树立记功柱,还在神庙壁上刻上其远征的年代纪事 颂扬自己的战功。

为巩固帝国的统治,图特摩斯三世在西亚驻扎军队,并派遣代理人进行监督。他还把被征服国家的王公子弟带回埃及接受教育,使他们成为法老的忠实仆从。被征服各国的王公每年要向埃及进贡,连两河流域和小亚细亚一些国家的统治者慑于埃及的威力,也向法老献礼。图特摩斯三世晚年尽情地享受着他用武力换来的太平盛世的欢乐。后因精力衰退,他和子阿蒙霍特普三世共同治理朝政。约公元前 1450 年,图特摩斯三世去世,被安葬在首都底比斯西部峡谷的崖窟王陵之中。

苏美尔文明

公元前 3500 年到前 3200 年间,美索不达米亚,即两河(底格里斯河和幼发拉底河)之间地区形成了世界上第一片文明开化之地。美索不达米亚最先进的地区是位于其最南部的苏美尔地区,在这里产生了最早的苏美尔文明。这一时期,社会分化加剧,几个较大的居民中心结合为城市或小镇,私有制和商业交换已经产生,我们通常把这一时期称为"苏美尔人的时代"。

苏美尔文明实际是城市、城邦文明。苏美尔是在世界历史上最早建立城市的地区。早在公元前 4300～前 3500 年,苏美尔人就在两河流域内部平原上建立了不少城市,如欧贝德、埃利都、乌尔、乌鲁克、捷姆迭特·那色等。城市的建立,标志着两河流域南部地区氏族制度的解体和向文明时代的过渡。公元前 3500～前 3100 年,两河流域由农村到城市的发展过程进一步加快了。到公元前 3100～前 2800 年,两河流域南部已经形成了十数个城邦,主要有埃利都、乌尔、乌鲁克、拉格什、温玛、苏鲁帕克、尼普尔、基什、西帕尔等。

苏美尔的泥版文字

苏美尔人是两河流域最早的居民,也是两河流域文化的创造者。他们首先使用了楔形文字,这是现在所能见到的最古老的文字。但是苏美尔人把文字都写在了泥版上。这是什么原因呢?

原来,两河流域缺乏木材、石块等书写材料,但却有着大量的泥土。两河流域的泥土土质好、黏性大,于是聪明的苏美尔人独创性地把泥土捏制成长方形的平板,小的可以拿在手里,大的可放在特制的架子上,做成特别的书写泥版。

泥版的制作过程大致为:先把黏土使劲揉搓,再根据需要做成大小不一的长方形块状,并把棱角磨圆。泥版通常是一面较为平坦,另一面凸出。泥版的两面都可以刻字,但为了避免把另一面的文字擦掉,书写时通常要先刻平滑的一面,然后再把泥版翻过来,在凸面刻写。泥版上的文字写好后,再用细绳在上面画格子,还要用芦苇秆、木棒压出图形。两面都写完后,就可以把泥版晾干了。如果需要长久保存,还要再把它烧制。如果是一篇较长的文章,一块泥版上写不下,就要用第二块、第三块泥版接着写,几块泥版合成一本"书"。但由于它们没法装订,因此上块泥版和下块泥版的内容就要重复一行,以便衔接。每块泥版上通常有全书的标题和泥版的编号,标题一般就是文章开始的几个字,这样就比较容易查找了。

这种泥版的特点是可以随时制作,而且造价低廉、坚固耐用,可以长久保存,不怕虫蛀,不腐烂,经得起火烧。唯一不足的就是容易破碎,而且很笨重。但是作为四五千年以前的人类能够找到这种适当的书写材料,已经是相当不容易了。

印度文明

印度是南亚国家,以印度河的梵文名称"信度"或其变音"兴都"得名,印度河流域是古代人类文明发源地之一。大约在公元前 2500 年左右,掌握先进技术的人们从遥远的西方迁徙到肥沃的印度河流域,他们在此修建了运河,沿河的部落逐渐发展成为城市。公元前 1500 年左右,位于俄罗斯南部的雅利安人侵入此地,成为古代印度的主要居民。印度河流域最大的城市遗址是哈拉巴,因此也称这一时期的文明为"哈拉巴文化"。

古巴比伦的足迹

幼发拉底河和底格里斯河流域是人类文明的发祥地之一,古希腊人称这一地区为"美索不达米亚",意思是两河之间的土地。美索不达米亚是古巴比伦的所在地,在今伊拉克共和国境内。

公元前 4000 年至公元前 2250 年是两河文明的鼎盛时期,两河沿岸因河水泛滥积淀了肥沃的土壤,史称"肥沃的新月地带"。公元前 3000 年左右,两河流域境内形成了几十个最早的奴隶制国家,称为"城邦"。为了争夺土地和水源,各城邦之间不断进行战争,并在战争中逐渐走向统一。当时,居住在两河流域北部的游牧部落塞姆(闪)人建立了阿卡得王国,并逐渐强盛起来。阿卡得征服了苏美尔各城邦,在约公元前 2300 年第一次统一了两河流域,建立了巴比伦王国。到了公元前 18 世纪的国王汉穆拉比统治时期,古巴比伦王国达到了它的鼎盛时期。

汉穆拉比死后,古巴比伦王国逐渐走向衰落。公元前 1595 年,北方的赫梯人入侵,古巴比伦王国从此走向灭亡之路。

汉穆拉比法典

汉穆拉比登上王位后,统一了两河流域,建立了中央集权专制制度。为了维护私有制和奴隶主阶级的利益,汉穆拉比吸收以前各邦的立法成果制定了一部法典。《汉穆拉比法典》刻在一根黑色玄武岩柱上,岩柱上部是太阳神和正义神沙马什授予汉穆拉比象征帝王权力的权标的浮雕,浮雕下面是用楔形文字镌刻的法典全文。

汉穆拉比法典

《汉穆拉比法典》是世界上最早一部比较完备的成文法典。它应社会经济发展的需要而产生,缓和了阶级矛盾,巩固了王权。它对后来的古代西亚北非国家(赫梯、亚述、新巴比伦、波斯)的成文法有着重要的影响。

"航海的民族"腓尼基人

公元前 13~前 11 世纪,在今天的叙利亚境内,西临地中海,东倚黎巴嫩山,北接小业细亚,南连巴勒斯坦的地方,活跃着一个不知从何处来的民族,它的名字叫"腓尼基"。

腓尼基人是一个航海民族,他们凭借地理环境,利用海路与其他的城市通商,因而他们对他国文化事物有所认知。同时,腓尼基人是一群优秀的军事家,他们能控制地中海沿岸的地区。因在海上的经商往来,他们深受埃及文化的影响,所以他们学会了制作木乃伊的技巧,并也把死者遗体制成木乃伊,放入人形的棺椁内。他们也朝拜埃及的神祇。腓尼基人对外贸易发达,与其他民族通婚,因此他们失去了自己的文化特色,渐渐被异族同化了。尽管如此,腓尼基人在新约时代仍是一个强大的民族。

地中海上的马车夫

腓尼基地处西亚海陆交通枢纽地带,很早就有较发达的商业和航海造船业,过境贸易和海外贸易成为腓尼基的大宗财源。人们称腓尼基是古代"地中海上的马车夫",马克思称其为"商业民族"。腓尼基居民是由胡里特人和迦南人融合而形成的。贸易活动加速了腓尼基氏族社会的解体,贫富分化引起的阶级矛盾日益尖锐,导致了阶级国家的产生。到公元前 3000 年末,腓尼基出现了一些小的奴隶制城邦,最重要的有乌加里特、俾布罗斯、西顿和推罗。这些城邦一般都有国王,但其权力受城邦会议限制,城邦会议则由富有的大商人、大奴隶主把持。城邦的其他官吏则从富有的奴隶主中选举产生,这实际上是一种奴隶主共和政治。

腓尼基文字

腓尼基人创造了世界上第一套拼音字母,它使拼音文字逐渐推广于古代各民族之中。腓尼基的航海和国际商业贸易发达,一方面需要及时编制商业文件,要求有一套普遍易懂的、简单方便的文字体系;另一方面,由于腓尼基人从事国际商业活动,广泛接触并熟悉各国古代的文字,使它创造新的字母文字成为可能。公元前 13 世纪,腓尼基人利用古埃及的象形文字和古巴比伦的楔形文字创造了世界上第一套拼音字母。这套字母共 22 个,只有辅音,没有元音。古代希腊字母和阿拉米语字母都来源于腓尼基字母。希腊字母后来又发展为拉丁、斯拉夫字母;阿拉米语字母后来发展为印度、阿拉伯、亚美尼亚、维吾尔等字母。可以说,腓尼基字母是现今世界各族字母的共同祖先,它的发明是对世界文化的伟大贡献。

克里特文明

欧洲最早的文明出现在大约 4500 年前的克里特岛,它因传说中的米诺斯王而被称为"米诺斯文明"。米诺斯人不仅是造船能手,而且还是建造房屋的高手,他们建造了好几座大城市,城市之间用铺筑的道路连接起来。每座城市的中心都有宫殿,城市还配有供水设施、装饰物、窗户和石凳。米诺斯人还擅长制陶和制作手工艺品,他们制造的金银首饰今天看来依然很漂亮。

克里特岛优越的地理位置,便于与其他地区贸易的条件,对其他地区产生了深远的影响。但是,这也是米诺斯人灭亡的原因,迈锡尼人因嫉妒他们的文明而入侵。公元前 1450 年,克里特岛附近色拉岛上的火山爆发造成了一场大灾难,埋葬了大半个克里特岛。后来,来自希腊半岛的迈锡尼人占领了米诺斯王宫,米诺斯文明走到了尽头。从此,爱琴文明转入以迈锡尼文明为主的阶段。

世界奇迹之太阳神巨像

太阳神巨像是 2300 多年前罗得岛居民为纪念反对马其顿侵略战争胜利而修建的。

公元前 305 年,马其顿国王亚历山大的后裔为争权夺利、瓜分地盘发动了对罗得岛的侵略战争。罗得岛居民在敌众我寡的情况下,同来犯之敌展开了殊死的搏斗。最后,罗得岛人终于打败敌人取得了反侵略战争的胜利。

据考证,这尊巨像高约 33 米。至于巨像的体积,人们还没精确地测算过。据说,仅巨像的拇指就粗得几乎没有人能够抱住它,这不是一般神像所能比拟的。

公元前 226 年的大地震震倒了巨像,所以,现在人们只能通过猜测来想象巨像的站立姿态。一些比较权威的学者认为:巨像坐落在罗得港港口一侧。巨像的右脚在前,左脚在后,右手在前额处搭起一顶凉棚,左胳膊搭着下端拖地的披衣。巨像头向右偏,双目凝视远方。建造这尊太阳神像耗时长达 12 年之久,共花费白银 7.5 吨。该像建造的时间在公元前 290 年左右,建造者是著名雕刻家卡勒斯。

迈锡尼文明

迈锡尼是希腊伯罗奔尼撒半岛东北部的一个城市。公元前 2000 年左右,迈锡尼人从巴尔干迁移到希腊,在一个小山坡上形成一些村落,说着古希腊语。公元前 1650 年,这些小村落发展成为坚固的城堡,这就是迈锡尼文明的开端。

迈锡尼文明的特点是墓地文化。迈锡尼人在建造城市之前,把首领埋在精心建造的"蜂窝形墓穴"里面。这些墓用大石块建成,有一个大圆顶。富有的迈锡尼人非常喜欢黄金,他们制造出金杯、金面具、金花、金首饰等饰品。

公元前 1450 年左右,迈锡尼人嫉妒米诺斯人的文明而进攻克里特岛,并把爱琴海周边的国家变成了殖民地。他们在整个地中海地区进行贸易,曾强大一时。公元前 1200 年,多利安人南下入侵,很多迈锡尼人被迫逃往异国他乡。

地下迷宫

20 世纪初,英国考古学家伊文思在克里特岛北部有了惊人的发现:一座占地 2.55 公顷的庞大建筑物遗址。其建造之奇、藏品之丰使人们相信:它就是传说中的米诺斯王宫。

王宫依山而建,大多用石头砌成。房屋是多层的,布局不讲求对称。建筑群中央是一个长方形的庭院,四周宫室环抱。各建筑物之间有长廊阶梯相连,宫室内还设有不同口径的供水排水管道。在一排连成片的仓库房子里有大小不等的陶器,分别装有油、酒、谷物、羊毛等各种克里特的重要产品。在另一些库房中,存放着一些体积虽小却贵重的物品。

整个王宫中最漂亮的地方为王后的居室。室内支以石柱,地面铺着石板,墙壁上绘有形象生动的各种壁画:头戴花冠的美丽少女,身着长裙起舞;彩禽在茂林中追逐;剽悍的斗牛士在公牛背上翻腾。这些艺术作品向我们展示了古老的克里特世界。

公元前 1500 年,米诺斯王宫突然遭到破坏,稍后,克里特岛其他各地也遭到相同的厄运。由于遭到破坏的原因没有任何记载,也就有许多不同的推测。伊文思认为是地震造成的王室毁灭,后来也有人认为可能是火山爆发使王宫遭毁,但是至今没有定论。总之,经过这次破坏之后,克里特文明迅速衰落,渐渐被人们遗忘。

特洛伊战争

公元前 12 世纪前后,在小亚细亚西北部,曾经发生了一场长达 10 年之久的大战,史称"特洛伊战争"。

当时,希腊半岛上有许多大大小小的王国,又称为城邦,斯巴达就是其中之一。斯巴达国王的王后海伦是当时全希腊最美丽的女人。有一次,小亚细亚半岛的特洛伊王国王子帕里斯来到斯巴达访问。斯巴达王室以隆重的礼节欢迎这位远道而来的贵宾,连王后海伦也亲自出来接待。没想到,帕里斯和海伦一见钟情,结果帕里斯将海伦诱走并带回了特洛伊。斯巴达人发誓要攻破特洛伊城,夺回海伦。于是,在阿伽门农的率领下,希腊各城邦组织了一支 10 万人的舰队,浩浩荡荡冲向特洛伊城。

可是,特洛伊城固若金汤,阿伽门农久攻不下,但也不愿退兵,结果将特洛伊城围困了整整 10 年之久。到了第 10 年,希腊将领奥德修斯向阿伽门农献上了一条"木马计"。他们制作了一匹庞大的木马,留在特洛伊城外,然后将兵马都撤走了。特洛伊人打开城门,发现了木马,便以为这是希腊人服输的表示,因此毫不犹豫地把这份"奇特"的礼物拖进了城里。到了夜晚,特洛伊全城大肆狂欢,庆祝战争的"胜利",却放松了警惕。其实,希腊军队根本就没有远去。就在特洛伊人得意忘形之际,藏在木马腹中的希腊士兵悄悄地钻了出来,与城外的大部队里应外合,一举攻陷了特洛伊城。

荷马时代

公元前 12 世纪,多利安人入侵希腊半岛,消灭了阿卡亚人的城邦,毁灭了迈锡尼文明,使正在解体中的氏族部落制度重新占据了统治地位。希腊历史进入了暂时的倒退时期。这一时期留下的唯一的一部重要文献是《荷马史诗》,因此后人称这一时期为"荷马时代"。

荷马和《荷马史诗》

公元前 9 世纪中期,有一位名叫荷马的双目失明的老人,他把人们口头创作和传诵的故事汇集起来,编成两部史诗,然后背着七弦琴漂游四方,靠吟唱史诗来换取食宿。他的诗讲述了希腊许多光辉灿烂的历史故事、神话和传说。后来,人们把他的那些伟大的诗篇记录下来,并以他的名字命名为《荷马史诗》。

《荷马史诗》共分为《伊利亚特》和《奥德赛》两部分。《伊利亚特》以特洛伊战争后流传在民间的传说为题材。《奥德赛》共 24 卷,12110 行,描写的是特洛伊战争结束后,伊塔克国的国王奥德修斯返回故乡和复仇的经历。

希腊城邦的兴起

希腊城邦是由原始公社演化而来的。大约从公元前 8 世纪开始,希腊人除建立了自己的城邦外,还进行了大规模的海外殖民活动,建立了许多新的殖民城市,历史上称之为"大殖民"。这时的希腊各地区的经济、政治、文化发展极不平衡,几百个城邦小国并存,还出现许多城邦联盟。城邦居民按照政治地位分为三类:拥有公民权,能够参加政治活动的自由人;没有公民权的自由人;处于被剥削、被奴役地位的奴隶。城邦的公民作为一个整体构成统治集团,与没有公民权的自由人和奴隶相对立。城邦制的产生和发展,对古希腊和西方社会的历史有着深刻的影响。

古希腊奥林匹克运动会

有关古代奥运会起源的传说有很多,最主要的有以下三种:一是古代奥林匹克运动会是为祭祀宙斯而定期举行的体育竞技活动。另一种传说是宙斯的儿子赫拉克勒斯因力大无比获"大力神"的美称,他在伊利斯城完成了常人无法完成的任务,不到半天工夫便扫干净了国王的堆满牛粪的牛棚,但国王不想履行赠送 300 头牛的承诺,赫拉克勒斯一气之下赶走了国王。为了庆祝胜利,他在奥林匹亚举行了运动会。第三种也是流传最广的说法是古希腊伊利斯国王为了给自己的女儿挑选一个文武双全的丈夫,提出应选者必须和自己比赛战车。比赛中,先后有 13 个青年丧生于国王的长矛之下,而第 14 个青年正是宙斯的孙子、公主的心上人佩洛普斯。在爱情的鼓舞下,他勇敢地接受了国王的挑战,终于以智取胜。为了庆贺这一胜利,佩洛普斯与公主在奥林匹亚的宙斯庙前举行盛大的婚礼,婚礼上安排了战车、角斗等比赛项目,这就是最初的古代奥运会,佩洛普斯成了古代奥运会传说中的创始人。

实际上,奥运会的兴起与古希腊的社会情况有着密切的关系。公元前 9 世纪~公元前 8 世纪,希腊氏族社会逐步瓦解,城邦制的奴隶社会逐渐形成,建立了 200 多个城邦。城邦各自为政,无统一君主,城邦之间战争不断。为了应付战争,各城邦都积极训练士兵。斯巴达城邦的儿童从 7 岁起就由国家抚养,并从事体育、军事训练,过着军事生活。战争需要士兵,士兵需要强壮身体,而体育是培养能征善战士兵的有力手段。战争促进了希腊体育运动的开展,古代奥运会的比赛项目也带有明显的军事烙印。连续不断的战事使人民感到厌恶,普遍渴望能有一个赖以休养生息的和平环境。后来斯巴达王和伊利斯王签订了"神圣休战月"条约。

于是，为准备兵源的军事训练和体育竞技，逐渐变为和平与友谊的运动会。

雅典的"黄金时代"

伯里克利是古希腊民主政治的杰出代表。在他的领导之下，雅典进入了"黄金时代"。

对内，伯里克利加强了民主政治。对外，伯里克利为扩大雅典的经济势力范围，加强对提洛同盟的控制，积极争取雅典在希腊海陆两方面的优势和霸权。

伯里克利把他控制之下的提洛同盟变为"雅典海上帝国"，并将同盟金库由提洛岛迁到了雅典，盟金变成了"贡金"，雅典成了众盟邦中发号施令的"君主国"。

但是，伯里克利的"帝国"统治激起了一些盟国的不满。他的政敌借机联合保守势力，在对待斯巴达、提洛同盟和建设雅典卫城等重大问题上同他进行了针锋相对的斗争。但伯里克利得到了大多数雅典公民的支持，他击败了对手，连年当选并出任雅典最重要的官职——首席将军，完全掌控了国家政权。此时，雅典的奴隶制经济、民主政治、海上霸权和古典文化臻于极盛，璀璨辉煌，堪称"黄金时代"。

犹太王国的建立

犹太人的祖先希伯来人属于西亚塞姆人的一支。他们最初的老家在两河流域下游的乌尔，希伯来人在同迦南人争夺巴勒斯坦失败后，为了生存，于公元前1700年左右，在族长以色列带领下，所有的希伯来人离开了巴勒斯坦，历经千难万险，来到了他们梦想的天堂——埃及，定居在尼罗河三角洲东部的草原上。

希伯来人在埃及安定地生活了几百年。大约在公元前1300年，埃及法老拉美西斯二世要建造两座巨大的宫殿，于是，希伯来人便成为建造宫殿的奴隶，他们开山挖石，过着生不如死的生活。几十年后，拉美西斯二世死了，埃及受到来自四面八方的野蛮民族和海盗的入侵。希伯来人趁机在摩西的带领下逃出了埃及。在经过西奈山麓的时候，摩西看到他的族人对命运失去信心，十分痛苦。他爬上山顶，在那儿待了40天之久。下山后，摩西说，他见到了耶和华（希伯来人敬奉的神），并得到了他的圣诫，有了它，希伯来人就能交好运。后来，摩西作为耶和华的先知，成了犹太教的创始人。

犹太教

犹太教是世界三大神教之一，其主要经典是希伯来文的《圣经》。犹太教的信仰基础是：以色列人为上帝的选民，他们必须充当其他民族的引导者。上帝与亚伯拉罕立约，然后与艾萨克、雅各布、摩西另立新约。从大卫王的时期开始，耶和华的崇拜者即集中于耶路撒冷。公元前586年，耶路撒冷圣殿被巴比伦人毁坏，犹太人流亡。后来，拉比犹太教崛起，取代了耶路撒冷的圣殿崇拜。尽管在那时许多国家受到迫害,犹太教仍然保存下来。中世纪犹太教出现分支,并出现了神秘主义要素。18世纪也是犹太启蒙运动的时期。保守派犹太教和犹太教改革派出现于19世纪的德国,试图改变正统派犹太教的严苛,犹太复国主义便是改革的产物。欧洲犹太教在大屠杀期间被残酷镇压。

新巴比伦的建立

公元前1100年,迦勒底人部落从西面迁入亚述和巴比伦境内。在亚述帝国的霸权统治之下,迦勒底人一直顺服于亚述的管辖。公元前626年,由亚述派去驻守巴比伦的迦勒底贵族那波勃来萨自立为王。因为是占领巴比伦城而建国,所以为了与古巴比伦相区别,他将新建的城称为"新巴比伦王国"。那婆勃来萨宣布独立后,与伊朗高原西北部同是亚述帝国统治之下的米堤亚人结成同盟,并在公元前612年攻陷了亚述帝国的首都。从此亚述帝国灭亡,新巴比伦王国崛起。

巴比伦之囚

公元前586年,新巴比伦国王尼布甲尼撒二世率军入侵巴勒斯坦,攻陷耶路撒冷,犹太国灭亡。尼布甲尼撒二世将犹太国王及王室贵族、官吏、铁匠和大约几万犹太人掳到两河流域,称其为"巴比伦之囚"。60年后,波斯人征服新巴比伦。波斯王释放了囚禁在巴比伦的犹太人。但犹太人回到耶路撒冷后,并没有过上平静的生活,他们不断遭受外族的侵犯。绝望中,他们只能把希望寄托于"弥赛亚"(救世主)的来临。

犹太人从巴比伦回到耶路撒冷。5个多世纪后,罗马总督提图斯又闯入了这里。犹太人在经过了4年的顽强反抗后,没能抵挡住罗马人的铁蹄。提图斯屠杀了耶路撒冷全城的人,另外还有近10万人被变卖为奴隶,有的被送往矿山,有的成了罗马斗兽场上的角斗士。

在这之后,犹太人便成为一个失去祖国的民族,流浪在世界各地,有的甚至远到中国,居住在开封等地。直到二战后,犹太人才重回耶路撒冷,在那里建立了自己的国家以色列。

空中花园

空中花园是公元前6世纪新巴比伦国王尼布甲尼撒二世为其王后米梯斯建造的。巴比伦的空中花园不是吊在空中,而是花园本身建造在4层平台上,由高达25米的立柱支撑。远远望去,花园好似悬于空中的一样。

空中花园被誉为世界七大奇迹之一,这其中还有一个美丽动人的传说。新巴比伦国王尼布甲尼撒二世娶了米堤亚的公主米梯斯为王后。公主美丽可人,深得国王的宠爱。可是时间一长,公主愁容渐生,尼布甲尼撒二世不知何故。公主说:

"我的家乡山峦叠翠,花草丛生。而这里是一望无际的巴比伦平原,连个小山丘都找不到,我是多么渴望能再见到我们家乡的山岭和盘山小道啊!"原来,公主害了思乡病。于是,尼布甲尼撒二世命工匠按照米堤亚山区的景色,在他的宫殿里建造了层层叠叠的阶梯花园,上面栽满了奇花异草,并在园中开辟了幽静的小道,小道旁是潺潺流水。工匠们还在花园中央修建了一座城楼,矗立在空中。巧夺天工的园林景色终于博得公主的欢心。由于花园比宫墙还要高,给人感觉像是整个悬挂在空中,因此被称为"空中花园",又叫"悬苑"。

波斯帝国

公元前 6 世纪初,波斯人还处在米堤亚王国的统治之下,到了公元前 553 年,出身于阿契美尼德族的居鲁士率领波斯人推翻了米堤亚人的统治,消灭了米堤亚王国。随后,居鲁士先后征服了腓尼基、巴勒斯坦,从东、西、北对新巴比伦形成三面包围。公元前 539 年,波斯人侵入两河流域,由于新巴比伦的军事贵族奴隶主集团和商人祭司奴隶主集团有矛盾,当祭司集团看到新巴比伦王国不能保护他们的利益时,遂把波斯军队引入巴比伦城内,新巴比伦王国灭亡了。居鲁士兴兵几十年,建立了庞大的波斯帝国。

大流士一世改革

公元前 529 年,居鲁士在中亚细亚战败身亡,其子冈比西继承他的事业,征服了埃及全境,使波斯成为横跨亚、非两洲的大帝国。在冈比西出征迦太基和努比亚失利后,国内一些贵族趁机发动政变,冈比西在归国平定叛乱途中猝死。公元前522 年,阿契美尼德族的大流士得到波斯贵族的支持,杀死政变领袖高马达,并利用智谋登基为王,称大流士一世。

大流士一世上台后,历经 18 次战役,终于平定了各地的叛乱,恢复了帝国的统治。从巴比伦返回哈马丹的途中,大流士命人在巴赫塔兰附近的贝希斯顿村旁的岩石上,用波斯、埃兰、巴比伦三种文字刻下了镇压一系列起义的过程,这就是著名的"贝希斯顿铭文"。

大流士一世为巩固和加强君主专制,于公元前 518 年实行一系列新的政治、经济改革。他强化王权,厉行中央集权的专制统治。行政、军事和司法等大权都由他一人独揽。在地方制度上,他将全国划分为 23 个行省,实行军政分权的统治,并制订了统一的贡赋制度。为了加强控制,他经常去各地巡视,或派人到各地去了解情况,还建立专门的特务组织,监视与刺探总督和高级军官的动向。在军事上,他加强军事建设,把全国划分为五个大军区,每个军区的军事长官统辖几个行省的军事,各军区首领直接对国王负责。为了加强中央和地方的联系,保证军队能够迅速调动,大流士继承并发展了亚述人的修筑道路、设置驿站的制度,在帝国境内修筑若干条驿道。其中,从小亚细亚的以弗所到伊朗高原的苏萨建造的驿道最为著名,被称为"御道"。它是所有驿道中最长的一条,长约 2400 公里。

印度古代的历法

　　大约在公元前 1000 年,随着灌溉农业的发展,印度已经有了相当精确的历法。在早期的《吠陀》中有零星的记载,例如在《梨俱吠陀》中有十三月的记载。《鹧鸪氏梵书》将一年分为春、热、雨、秋、寒、冬六季;还有一种分法是将一年分为冬、夏、雨三季。《爱达罗氏梵书》记载,一年为 360 日,十二个月,一个月为 30 日。但实际上,月亮运行一周不足 30 日,所以有的月份实际不足 30 日,印度人称为"消失一个日期"。一年大约要消失五个日期,但习惯上仍称一年 360 日。印度古代还有其他多种历法制度,彼此很不一致。在印度历法中有望终月和朔终月的区别。望终月是从月圆到下一次月圆为一个月;朔终月以日月合朔到下一个合朔为一个月。两种历法并存,前者更为流行。印度月份的名称以月圆时所在的星宿来命名。年的长度则用观察恒星的偕日出来决定。《吠陀支节录——天文篇》已发明用谐调周期来调整年、月、日的关系。一个周期为五年。1830 日,62 个朔望月。一个周期内置两个闰月。一朔望月为 29.516 日,一年为 366 日。公元 1 世纪以前一直使用这种粗疏的历法。

佛教的创始人释迦牟尼

　　释迦牟尼(公元前 565~前 486 年),本名悉达多,姓乔答摩,佛教的创始人。他的母亲摩耶夫人年近五十时才怀孕,按照印度的习俗,她应该回娘家分娩,结果途经蓝毗尼,在树下乘凉时生下了释迦牟尼。释迦牟尼出生 7 天之后,母亲去世,父亲净饭王就把释迦牟尼交给摩耶夫人的妹妹波阇波提王妃抚养。王妃对他悉心照料,给予了无微不至的关怀。16 岁时,他和表妹耶输陀罗结婚,后来生子罗睺罗。29 岁时,他放弃了王宫的安逸生活,弃家外出寻道。

　　最初,释迦牟尼向一些著名的婆罗门学者求教,后来依照他们的说法,成为一名苦行僧,进行了长达 6 年的艰苦修行。

释迦牟尼

由于过分劳累和营养不良,他甚至晕倒在地。醒来后,他意识到苦行并不能带来任何成效。他慢慢走进尼连禅河,用河水将身上多年的积垢洗净,然后又吃了牧女善生送给他的乳粥,等到体力恢复以后,他离开了尼连禅河,准备前往婆罗捺斯。在行进的路上,释迦牟尼来到了一个叫作菩提伽耶的地方,在那里他看到了一棵菩提树。于是,他便坐在树下打坐,想以此获得解除人生苦难的终极办法,并发誓"不获佛道,不起此座"。经过 49 天的冥思苦想,他终于大彻大悟,创立了佛教的基本教义。

佛教里的世界

佛教的世界是由"净土—世俗世界—地狱",也就是"天堂—人间—地狱"三大部分组成的,而人间、地狱又分成许多等级。信徒只能一个等级一个等级地不断修行,才可以到达净土,成为佛陀。

净土,又叫"净刹""净界""净园",是佛居住的世界,与世俗众生居住的所谓"秽土""秽园"相反。大乘教派认为佛有无数,净土也有无数,著名的有如来佛的灵山净土,阿弥陀佛的西方净土,药师佛的东方净琉璃世界等。其中西方净土通常叫作"西天"或"极乐世界",常被信徒们挂在嘴上,经常称道。

世俗世界又称为"三界",有欲界、色界、无色界三层。欲界是普通人居住的地方,这里的人们怀有种种欲望。色界在欲界之上,这里的人们已经消除了各种欲望,但还不能离开物质。无色界又在色界之上,这里的人们已不需要物质,但仍不能脱离因果轮回与生死。这三界被佛教统称为"迷界",人们需要经过对生死诸苦及它的根源"烦恼"的彻底解脱的涅槃界,才能到达净土。而反对佛教,执迷不悟,或者做了坏事、杀生犯罪的人,就要堕入地狱。

地狱,又叫作"不乐""可厌""苦具""苦器",是佛教虚构的惩罚恶人的地方。

佛教勾画的这幅世界蓝图,主要是引导人们努力修行,扬善避恶。用天堂来鼓励人们多做好事,用地狱来警告人们不可为非作歹。从这个意义上说,佛教有劝人从善戒恶的作用。

希波战争

波斯帝国在大流士一世统治时期,已成为一个横跨欧、亚、非三大洲的大帝国。公元前 6 世纪中叶,它侵占了小亚细亚西部沿岸的一些希腊人建立的城邦。公元前 513 年,波斯帝国国王大流士一世进一步控制了黑海海峡和色雷斯一带,直接威胁到希腊半岛诸城邦的安全与利益。公元前 500 年,波斯人统治下的位于小亚细亚的希腊城邦米利都发动了起义,并向希腊本土的雅典等城邦求援。雅典随即派出几十艘战舰前往支援,其他希腊城邦也纷纷响应。大流士一世听说雅典帮助米利都,十分恼火,发誓一定要灭掉雅典。公元前 494 年,大流士一世率领军队镇压了米利都的起义,屠杀了大部分居民,并放火把这个小亚细亚最繁华的商贸城市烧成了一片焦土。随后,大流士一世借口雅典和一些城邦曾帮助过米利都,于公元前492 年,率大军向希腊大举进攻。希波战争就这样拉开了序幕。

公元前 492 年,波斯发动了对希腊的第一次战争。但是,波斯人的舰船在出征途中遭遇飓风,只能中途撤退,而陆路大军也因受到色雷斯人的袭击无功而返。公元前 490 年,波斯军队约 5 万人,配合近 400 艘战舰,第二次远征希腊。他们在距雅典东北约 40 公里的马拉松平原登陆。在马拉松会战中,希腊军队歼敌 6400 人,缴获大批舰船,取得了第二次希波战争的胜利。公元前 480 年春,波斯人第三次远征希腊。起初,他们攻克了希腊中部的温泉关,但在著名的萨拉米海战中,波斯海军遭受了重大损失,仓皇败逃,其陆军也被迫退至北希腊。公元前 479 年,希波双方陆军在普拉提亚附近举行决定性会战。结果,希腊联军约 10 万人重创波斯陆军,波斯人的第三次远征也以失败告终。

马拉松战役

马拉松战役是希波战争中,在雅典外部的马拉松平原上进行的一场决定性战役。公元前 490 年,波斯大军横渡爱琴海,在雅典郊外的马拉松平原登陆。雅典于是派人去斯巴达城邦求助。但斯巴达人却以祖宗规定月不圆不能出兵为由拒绝出兵。雅典人听到斯巴达人不出兵的消息后,并不气馁,他们立即把全体公民组织起来,甚至把奴隶也编入军队,赶往马拉松,占据有利地形。

在敌强我弱的情况下,统帅米太亚得决定不与敌人硬拼,而是把战线稍稍拉长,把精锐步兵安排在两侧,正面战线上的兵力比较薄弱。正是在这样精妙的战术安排下,雅典一举打败了来犯的波斯军队。

米太亚得急于把胜利的消息告诉雅典人民,他让长跑能手菲迪皮茨去传送消息。当这位长跑能手拼命跑到雅典城的中央广场,把胜利的消息告诉大家后便一头栽倒在地,再也没有醒来。为了纪念这场战役的胜利,表彰尽职尽力的英雄菲迪皮茨的功绩,1896 年,雅典人在第一届奥林匹克运动会上,增加了一个新的竞赛项目——马拉松赛跑。

伊索寓言

希腊是西方文明的发祥地。公元前 8～前 6 世纪时,氏族社会解体,奴隶主城邦逐渐形成,个人意识增强,个体情感要求多方面的表达。于是,在这一古风时代,文学、诗歌繁荣起来。在希腊民间流传着许多以动物生活为题材的小寓言,相传为伊索所作,因而称为"伊索寓言"。

据说,伊索是生活在公元前 6 世纪的一个奴隶,天资聪颖,常常编一些小故事,发人深省。主人特别喜爱他,见他才智过人,不忍让他与普通奴隶在一起受折磨,于是释放了他。从此,伊索成了自由人。他到处去讲一些小寓言、小故事,揭露统治者的残暴。他的故事生动形象,深受劳动人民喜爱,于是这些小寓言故事便流传下来。

伊索在世时,他的寓言就在民间以口头文学的形式广为流传了,但当时并未编成书。公元前 3 世纪左右,也就是伊索死后的二三百年,一个希腊人把当时流行的 200 多个故事汇编成书,题为《伊索故事集成》,可惜没有流传下来。公元 1 世纪初,一个获释的希腊奴隶,用拉丁韵文写了寓言 100 余篇,同时,又有一个人用希腊文写了寓言 122 篇。到公元 4 世纪,又有一个罗马人用拉丁韵文写了 42 篇寓言。以上三种韵文体都被保存了下来。后来,又有人把韵文改为散文,加进印度、阿拉伯和基督教的故事,并多次汇集、编纂和改写,就成了今天我们看到的《伊索寓言》,共有 360 篇。

《伊索寓言》并不是伊索一个人创作的,其中有他同时代人的作品,也有后人的创作,它是下层平民的生活经验与斗争教训的深刻总结。

希腊戏剧

由于雅典工商业的迅速发展和对外贸易的扩大,原来盛行于农村的节日歌舞和祭祀表演进入了城市,并逐步演变为戏剧。

希腊戏剧起源于酒神祭祀,最早的戏剧雏形是酒神祭祀时的合唱队。当举行酒神祭祀的时候,盛大的合唱队就合唱酒神赞美歌。合唱队员穿羊皮、戴羊角,扮成"山羊人"。当合唱队驻足酒神神坛前时,合唱队长开始讲述有关酒神的神话故事,队员们听了故事唱起赞美酒神的歌。后来,大约在公元前 534 年,雅典人特斯庇斯在合唱队的歌舞表演中,首先加进了一个演员。这个演员轮流扮演几个角色,还与合唱队对话。之后,埃斯库罗斯(公元前 525~前 456 年)把演员增加到两个,于是有了正式的对话。后来又由索福克勒斯(公元前 496~前 406 年)把演员增加到 3 人。演员增至 3 人后,故事扩展到了关于酒神以外的神话,与合唱队有问有答,有正式对话。这样就逐渐形成了戏剧。

苏格拉底

苏格拉底(公元前 469~前 399 年)是古希腊著名的哲学家。青少年时代,苏格拉底曾跟父亲学过雕刻手艺,后来熟读《荷马史诗》及其他著名诗人的作品,靠自学成了一名很有学问的人。他以传授知识为生,30 多岁时做了一名不取报酬也不设馆的社会道德教师。许多有钱人家和穷人家的子弟常常聚集在他周围,跟他学习,向他请教。虽然很有学问,但苏格拉底却常说:"我只知道自己一无所知。"

苏格拉底的学说具有神秘主义色彩。他认为,天上和地上各种事物的生存、发展和毁灭都是神安排的,神是世界的主宰。他反对研究自然界,认为那是亵渎神灵的。他提倡人们认识做人的道理,过有道德的生活。他的哲学主要研究探讨的是伦理道德问题。

苏格拉底主张专家治国论,他认为各行各业,乃至国家政权都应该让经过训练,有知识才干的人来管理,而反对以抽签选举法实行的民主。他还经常和人辩论,在辩论中他通过问答形式使对方纠正、放弃原来的错误观念,并帮助人产生新思想。他从个别抽象出普遍的东西,采取讥讽、助产术、归纳、定义四个步骤。"讥讽"即通过不断追问,使对方自相矛盾,承认对此问题无知;"助产术"即帮助对方抛弃谬见,找到正确、普遍的东西,即帮助真理问世;"归纳"即从个别事物中找出共性,通过对个别的分析比较,来寻找一般规律;"定义"即把单一的概念归到一般中去。

公元前 399 年,他被以安东尼为首的民主派控告藐视传统宗教和蛊惑青年,将其处死。苏格拉底一生没留下任何著作,但他的影响却是巨大的。哲学史家往往把他作为古希腊哲学发展史的分水岭,将他之前的哲学称为前苏格拉底哲学。作为一个伟大的哲学家,苏格拉底对后世的西方哲学产生了极大的影响。

柏拉图

柏拉图本名阿里斯托克勒,古希腊客观唯心主义哲学家,出生于雅典名门贵族,据说因为他生得一副宽阔的肩膀,所以得了个诨号"柏拉图"。

柏拉图的主要著作有《理想国》《法篇》《斐多篇》,他的哲学的中心思想是:在现实世界之上,还有超经验的理性世界,理念是第一性的,而现实是第二性的,现实世界变动无常,只有理念世界才是永恒真实的客观存在。这种精神第一,物质第二的思想,正是客观唯心论。而在政治上,柏拉图反对民主,拥护贵族政治。这点特别体现在他的代表作《理想国》之中。

公元前347年,柏拉图去世,享年80岁。作为西方哲学史上第一个使唯心论哲学系统化的人,柏拉图的思想成为中古时代欧洲基督教神学以及近代形形色色的唯心论、经验论及英雄史观的重要源泉。柏拉图的哲学在影响了西方的同时也影响了全世界。他可以说是人类有史以来最伟大的哲学家之一,他的思想是全人类的宝贵财富。

亚里士多德

亚里士多德(公元前384年~前322年)是古希腊著名的哲学家、科学家。他的父亲是马其顿国王腓力二世的宫廷御医,家境较为富裕。依照传统的习惯,亚里士多德本该继承父亲的衣钵,但他却在医学的熏陶中,对科学产生了浓厚的兴趣。公元前367年,亚里士多德拜柏拉图为师,进入柏拉图的学园,在那里学习了很多年,成了柏拉图学园的积极参加者,被柏拉图称为"学园的精英"。柏拉图去世后,亚里士多德来到小亚细亚的阿索斯城。

公元前342年,马其顿国王腓力二世向亚里士多德发出邀请,让他担任太子亚历山大的老师。公元前335年,亚里士多德在雅典的吕克昂神庙附近开办了一所学园,叫作吕克昂学园。由于他经常带领弟子在校园的林荫道上散步,边走边讨论问题,因此他的学派被称为"逍遥学派"。吕克昂学园注重实

亚里士多德

际,注重多方面收集材料、尝试和探索,这是它与柏拉图学园最大的不同之处。

亚里士多德总结了前人的研究成果,对当时已知的各个学科,如物理学、伦理学、文学、修辞学、医学、政治学、经济学、战略学等都进行了有意义的探索,并开辟了一些新领域,如逻辑学、动物学等学科,被恩格斯称为"最博学的人"。

在形式逻辑上,亚里士多德提出了归纳和演绎的思维方法,提出并阐释了同一律、矛盾律和排中律这些思维的基本规律。在哲学上,他创立了自己的"四因说"——质料因、动力因、形式因和目的因,认为一切事物的产生、运动和发展,都不外是这四种原因作用的结果。在政治学方面,亚里士多德将政体分为六类:君主制、贵族制、共和制、民主制、寡头制、僭主制。他比较倾向于民主制,主张公民轮流执政,反对柏拉图的"哲学王"理论。但亚里士多德同时也认为,奴隶是不能算作公民的。

公元前323年,亚历山大大帝病死后,雅典立刻掀起了反马其顿的狂潮。由于亚里士多德是亚历山大的老师,雅典人便开始攻击亚里士多德,并判他亵渎神灵罪。亚里士多德出逃雅典,前往优卑亚岛的卡尔西斯城避居,并于次年辞世,享年63岁。

"数学之神"阿基米德

阿基米德是古希腊著名的数学家和物理学家。他出生于西西里岛的叙拉古。在数学方面,他测定了圆周率和圆的面积。在物理学方面,他发现了"杠杆定律"。阿基米德曾经说过:给我一个支点,我可以将地球撬起。他在洗澡的时候发现了"阿基米德定律":漂浮在流体表面或浸没在流体中的物体受到向上的浮力作用,其大小等于物体所排开的流体所受的重力。据说,阿基米德利用抛物面镜的聚光作用,将阳光聚集到入侵叙拉古的罗马战船上,使战船自己燃烧。公元前212年,罗马军队占领叙拉古城时,阿基米德还在思考着他的几何图形。当士兵用剑指着他时,他还在要求把原理证明完再走。无知的士兵刺死了这位75岁的老科学家。他被后世的数学家尊称为"数学之神"。

毕达哥拉斯

毕达哥拉斯出生在爱琴海中的萨摩斯岛(今希腊东部小岛),他自幼聪明好学,曾在名师门下学习几何学、自然科学和哲学。他因为向往东方的智慧,经过万水千山游历巴比伦、印度和埃及,吸收了阿拉伯文明和印度文明,甚至中国文明的丰富营养。大约在公元前530年,他又返回萨摩斯岛。后来又迁居意大利南部的克罗顿,并在那里创建了自己的学派,一边从事教育,一边从事数学研究。

毕达哥拉斯和他的学派在数学上有很多创造,尤其是对整数的变化规律感兴趣。例如,把(除其本身以外)全部因数之和等于本身的数称为完全数(如6,28,496等),而将本身大于其因数之和的数称为盈数,将小于其因数之和的数称为亏数。他们还发现了"直角三角形斜边上的正方形面积等于两直角边上的正方形面积之和",西方人称之为毕达哥拉斯定理,我国称为勾股定理。当今数学上又有

"毕达哥拉斯三元数组"的概念,指的是可作为直角三角形三条边的三数组的集合。

在几何学方面,毕达哥拉斯学派证明了"三角形内角之和等于两个直角"的论断;研究了黄金分割;发现了正五角形和相似多边形的做法;还证明了正多面体只有5种——正四面体、正六面体、正八面体、正十二面体和正二十面体。

毕达哥拉斯学派认为数最崇高,最神秘。他们所讲的数是指整数。"数即万物",也就是说宇宙间各种关系都可以用整数或整数之比来表达。但是,有一个名叫希帕索斯的学生发现,边长为1的正方形,它的对角线0却不能用整数之比来表达。这就触犯了这个学派的信条,于是学派规定了一条纪律:谁都不准泄露存在0(即无理数)的秘密。天真的希帕索斯无意中向别人谈到了他的发现,结果被杀害。但0很快就引起了数学思想的大革命科学史上把这件事称为"第一次数学危机"。希帕索斯为0殉难,留下的教训是:科学是没有止境的,谁为科学划定禁区,谁就变成科学的敌人,最终被科学所埋葬。

几何之父

古希腊数学家欧几里得在公元前300年编写了一本《几何原本》,它成了2000多年来学习几何的标准课本,后世称欧几里得为"几何之父"。

欧几里得生于雅典,学习了希腊古典数学及各种科学文化,30岁就成了有名的学者。应当时埃及国王的邀请,他客居亚历山大城,一边教学,一边从事研究。

古希腊的数学研究有着十分悠久的历史,曾经出版过一些几何学著作,但都是讨论某一方面的问题,内容不够系统。欧几里得汇集了前人的成果,采用前所未有的独特编写方式,先提出定义、公理、公设,然后由简到繁地证明了一系列定理,讨论了平面图形和立体图形,还讨论了整数、分数、比例等,终于完成了《几何原本》这部巨著。

《几何原本》问世后,它的手抄本流传了1800多年。公元1482年印刷发行以后,再版了大约1000版次,还被译为世界各主要语种。公元13世纪时曾传入中国,不久就失传了。公元1607年有人重新翻译了前六卷,公元1857年又翻译了后九卷。

欧几里得是位温良敦厚的教育家。他治学严谨,循循善诱,反对投机取巧、急功近利的作风。尽管欧几里得简化了他的几何学,托勒密国王还是希望找一条学习几何的捷径。欧几里得说:"在几何学里,大家只能走一条路,没有专为国王铺设的大道。"这句话成为千古传诵的学习箴言。一次,他的一个学生问他,学会几何学有什么好处?他幽默地对仆人说:"给他三个钱币,因为他想从学习中获取实利。"

"古天文学的权威"托勒密

托勒密(约公元90~168年)是第一个系统研究日月星辰的构成、运动,并因此有所成就的科学家。

在继承亚里士多德等人学说的基础上,托勒密创立了宇宙结构学说,写出了

13卷本的巨著《天文学大成》。书中进一步发挥和系统总结前人提出的地球是宇宙中心的观点,肯定了地球是一个悬空着的、没有支柱的球体,并且区分出行星和恒星,并认定日、月是离我们较近的天体,走出了把太阳系从众星中识别出来的关键一步。他还编制了包括1022颗恒星的位置表,并且测算出月球距地球的半径距离为29.5倍的地球直径。但是他学说中的糟粕——地心说因为符合人们的经验感觉,所以也长期被人们所推崇。特别是在他死后,他的地心说和《圣经》所说的地球静止不动、上帝把人类安置在宇宙中心的说法相符,因此后来长期被教会利用,成了一个不允许怀疑的教条,统治欧洲思想界达1400年之久。

马其顿的兴起

马其顿位于希腊北部,由上、下马其顿两地区组成。上马其顿是高原山区,仅有几个关隘与外界相通。下马其顿土地肥沃,适于农业种植,是马其顿的政治、经济、文化中心,它对于上马其顿有传统上的宗主权。

马其顿人的民族成分比较复杂。在早期青铜器时代,一批操希腊语的部落迁徙至马其顿,后逐步分批南下,但有一部分人仍留在北希腊。可能在公元前7世纪,这些留下人中的一支——马其顿人占领了埃盖,扩张到了下马其顿的沿海平原,形成了马其顿国家。马其顿人崇拜希腊的神祇,特别崇拜宙斯和赫拉克勒斯。其他希腊语部落则在上马其顿与伊利里亚人、派奥尼亚人、色雷斯人相混合。从整体上看,马其顿人不是纯粹的希腊人,但与希腊人有渊源。

公元前5世纪中期,尚处于原始氏族社会的马其顿在伯罗奔尼撒战争后,变成了商业和奴隶制国家。在阿克劳斯当政期间,他大力发展改革,文武兼修:一方面改革军事,开辟道路,兴建城寨,发展教育,提倡希腊学术文化;另一方面向沿海推进,在沿海建立新首都伯拉,此时的马其顿已经颇具规模,国势日增。

进入公元前4世纪后,马其顿一跃成为希腊北部的重要国家。马其顿国王们把希腊的先进文化引入他们的宫廷,与希腊城邦进行贸易。经济的发展使马其顿的面貌发生了较大变化,村庄变成村镇,佩拉成为马其顿最大的城市和王国的首都。

王政时代

从传说中的罗慕路斯建城到公元前509年罗马共和国建立,这一阶段的罗马历史被称为"王政"时代。此时的罗马是一个大的部落联盟,所以又称为军事民主制时代。当时,全罗马共有3个部落。

王政时代前期,其主要的管理机构是库里亚大会、元老院和勒克斯。库里亚大会就是罗马的民众大会,由氏族的成年男子参与,因为战争时他们全部是战士,所以他们都有资格与会发言。库里亚会议的意见集中到元老院,再由元老院会议做出最后的裁决。元老院由300个氏族长组成,是实际的权力机构。勒克斯是通过选举产生的罗马元首,是执行元老会议决定的最高军政统帅,一般没有民政权力。

七王中的前四王全部经选举产生。

王政时代后期,罗马阶级分化日益加剧,平民和贵族之间的矛盾日趋尖锐。第六任国王塞维·图里乌对罗马社会进行了改革,开始打破氏族部落制度。他把原来3个部落搞乱,重新划分了4个地区部落,要求居民按居住区登记户口和财产。他还将所有应该服役的男子按财产分为5个等级,规定每一等级各自筹集若干个百人队。塞维·图里乌的改革冲击了氏族部落制,使罗马的国家特征更为明显。

塞维·图里乌被第七任国王塔克文·苏佩布谋杀。塔克文二世上台后独断专权,凌驾于元老院之上。公元前509年,塔克文二世被推翻,罗马推举布鲁图和柯来提务为执政官。王政时代就此结束,罗马历史进入了共和国时代。

罗马共和国

地中海是世界上最大的内海,被欧、亚、非三大洲环抱,地中海的名字因此而来。地中海地区碧波蓝天,风景秀美,欧洲古典文明的发祥地之一——意大利,就是地中海中部的一个古老国家。它的国土伸入地中海的亚平宁半岛。亚平宁山脉纵贯整个半岛,形状狭长,呈西北到东南的走向。西部有撒丁王国的旧地撒丁岛,南部则是另一个大岛西西里岛,整个意大利半岛形状就像一只长靴。

根据历史传说,早在公元前10世纪,在亚平宁半岛中部的台伯河出海口附近,就出现了许多村落。它们经过几个世纪的联合、归并,逐渐在台伯河的左岸形成了聚集点,因为那里非常适合种植作物,而且离海比较近。公元前753年,罗马人的祖先伊达拉里亚人就在台伯河畔的帕拉丁山冈上围起城墙,开辟广场,罗马城的雏形出现了。那时,罗马的原始社会开始解体,奴隶和奴隶主两大阶级逐渐形成。

大约在公元前509年,罗马不再选举国王,而是建立了奴隶制共和国,并选出两名执政官来处理政事。执政官既是罗马的统治者和法官,又是罗马的军队统帅,在罗马享有崇高的荣誉和地位。但是,只有贵族才能担任执政官,所以罗马共和国实际上是贵族专政的奴隶制国家。贵族利用权势占有大量的国有土地,许多平民因欠债并无力偿还而沦为债务奴隶,这使得贵族和平民的矛盾日益尖锐。

为了争取政治权利,摆脱受贵族欺压的处境,从公元前5世纪初开始,罗马平民进行了长达16年的斗争。斗争的结果是,平民获得了政治权利,设置了保民官。债务奴隶制度被取消,平民分到了土地。当然,在罗马真正能够担任高级官职的,不过是少数富裕的平民。因为担任高级官职没有报酬,所以穷人根本没有能力竞选和维持任职。而罗马的奴隶主由于不能再奴役本国平民,此后便走上了大规模剥削外族奴隶的道路。

十二铜表法

公元前509年,罗马开始了共和时代,只有贵族才能担任的"执政官"执掌国家最高行政权。但执政官因为任期短和彼此牵制,权力很有限。因此,真正的实权掌握在由贵族把持的元老院手中。

贵族把持了元老院，因此罗马共和国在成立之初就充满了平民和贵族的斗争。经过斗争，在公元前494年，平民赢得了选举保民官的权利。保民官在平民中产生，对元老院和执政官颁布的违反平民利益的法令拥有否决权。

"习惯法"是罗马共和国最初实行的法律。法律的解释权和司法权掌握在贵族手中。公元前454年，罗马元老院才同意制定成文法。公元前450年左右，罗马诞生了第一部成文法典。法典被镌刻在12块铜表上，因而被称为"十二铜表法"。"十二铜表法"后来成了欧洲大陆法系的渊源。

历史之父

在意大利南部的塔林敦海湾岸边高地上，有一座面向大海的坟墓。墓前的石碑上刻着这样的铭文："这座坟墓里埋葬着吕克瑟司的儿子希罗多德的骸骨。他是用伊奥尼亚方言写作的历史学家之中最优秀者，他是在多利安人的国度里长大的，可是为了逃避无法忍受的流言蜚语，他使图里奥伊变成了自己的故乡。"这位客死异乡的人，就是伟大的古希腊历史学家、《历史》一书的作者希罗多德。希罗多德因《历史》一书得到了人们无比的崇敬，从古罗马时代开始，他就被尊称为"历史之父"。

迦太基历史上最有名的军事家

汉尼拔是迦太基历史上最有名的军事家，出生在一个军事家庭里，他的父亲哈米尔卡·巴卡曾经是迦太基的著名将领。汉尼拔从小就受到了良好教育和军事训练，在第一次布匿战争后，汉尼拔随父亲去了西班牙，并在公元前221年担任了西班牙地区的迦太基军队统帅。

在第一次布匿战争中，迦太基战败，这使汉尼拔对罗马充满了仇恨，发誓要向罗马复仇。公元前219年，汉尼拔率军攻占了罗马在西班牙的同盟城市萨贡图姆。公元前218年，汉尼拔率领步、骑兵约6万人，战象数十头，从新迦太基城出发，穿过高卢南部地区，翻越阿尔卑斯山，远征罗马。这次远征之旅创造了世界军事史上的奇迹，第二次布匿战争也因此而爆发。当汉尼拔的大军出其不意地出现在山南高卢时，整个罗马都惊呆了。迦太基人击退了罗马人的狙击，绕过重兵设防的阵地向罗马挺进。公元前217年6月，汉尼拔指挥军队在特拉西米诺湖之战中几乎全歼罗马军团。公元前216年，汉尼拔攻占了罗马的重要粮仓坎尼。罗马为了夺回坎尼，派出8万多人的军队，和5万多迦太基军队展开了一场激烈的大战。结果，汉尼拔通过巧妙布阵，重创罗马军，坎尼之战也成为世界军事史上以少胜多的经典战役。

罗马在遭到汉尼拔的沉重打击后，开始采用拖延迂回战术，消耗迦太基人体力，并使汉尼拔处于孤军无援的境地。公元前203年，罗马军队在北非登陆，汉尼拔奉命回国救援，但在随后的扎马之战中被罗马军队击败，迦太基被迫求和。

汉尼拔后来流亡到叙利亚，又辗转逃到了小亚细亚，公元前183年，在罗马人的追捕下,汉尼拔自杀,结束了充满传奇的一生。

格拉古改革

公元前4~前2世纪,是罗马对外大肆扩张的时期。在这200年间,由于大量罗马平民应征入伍,连年出战,土地无人耕种。结果,许多农民因此而丧失了土地或耕种条件,并被卖为奴隶。而大规模用奴隶进行劳动的贵族大庄园遍布各地,使平民的小农经济因为无力竞争而纷纷破产。因此,罗马平民强烈要求重新得到土地。

公元前133年,提比留·森普罗尼·格拉古当选为罗马的保民官。一上任,他就制定了一个土地改革方案,其中包括:每户公民占有国有土地不能超过1000犹格(约合250公顷),超过部分由国家偿付地价后收归国有,然后分成每份30犹格的小块土地分给无地平民。这个法案立即遭到了拥有大量土地的贵族保守派的反对。他们在竞选保民官的大会上刺杀了提比留·森普罗尼·格拉古。

公元前123年,盖约·森普罗尼·格拉古当选为下一年度的保民官。他是提比留的弟弟,比提比留小9岁。他为人耿直,处世严正,性格和作风上果敢、咄咄逼人,对民众更具有吸引力,对贵族保守派更具威慑力。盖约上任以后,公开谴责了10年前贵族保守派对于提比留的暴行,博得了平民的拥戴。他在继续推行提比留的土地法的同时,还提出了《粮食法案》和《审判法案》。《粮食法案》规定,由国家供应城市贫民以廉价粮食;《审判法案》规定,由骑士取代元老院出任审判官。

盖约的改革计划最后也因为贵族保守派的反对而失败,盖约及其支持者也遭到了武装暴徒的追杀。但格拉古兄弟的改革为缓和社会矛盾做出了一定的贡献,在古罗马的历史上产生了重要的作用。

古罗马的"祖国之父"

西塞罗是古罗马政治家和思想家,以雄辩著称。他于公元前106年出生在意大利阿尔皮努姆的骑士家庭。26岁时在罗马法律界崭露头角。公元前63年任执政官,并镇压了喀提林预谋的暴乱,获"祖国之父"称号。

公元前51年,西塞罗任奇里奇亚总督,在"内战"中反对恺撒,支持庞培。恺撒遇刺后,他成为元老院贵族派代表,参与"后三头同盟"的政治角逐,反对安东尼,力主恢复共和国制度,后来被安东尼杀害。西塞罗政治思想的特点是:接受并集中了希腊各学派的主张,结合罗马的社会情况,运用浅显流畅的拉丁文和严谨清晰的文笔,把希腊的政治思想介绍到了罗马,为挽救奴隶主贵族共和制度服务。他的著作是把希腊思想传播到整个西欧的最重要媒介,对后来西方文化的发展影响很大。他从现实出发,用历史演变的观念理解国家,认为国家并非一时一地的创造,而是历史中久经变革的结果。针对罗马共和国末期金融贵族与旧贵族激烈的政治斗争,他强调奴隶阶级内部各种势力的平衡和妥协,提出普遍抽象的国家定义:国家是人心的事业,是人民在共同拥有法律和各项权利、希望分享共同利益的合作下的集合。他认为，最好的国家政体是君主、贵族、平民三种政体互相联合、纠正的混合政体；自然法应成为人类法的准则。

最大的古代圆形剧场

弗拉维圆形剧场又名格罗塞穆剧场，是世界上最大的古代圆形剧场。它是古罗马物质文明的象征和最具代表性的作品。因为它建立于古罗马弗拉维王朝时期，故名为弗拉维圆形剧场。

弗拉维圆形剧场位于罗马广场东侧，整体呈椭圆形，舞台居中，四周筑有阶梯形的露天观众舞台。它的门面分4层，可以容纳5万观众，舞台用于表演角斗以及人兽搏斗等。据记载，当年斗兽场落成时曾举行了百日竞技。在角斗士格斗和赛跑之后，进行人兽决斗，格斗从日出直到日落，杀得天昏地暗，血流成河。花样屡屡翻新，甚至在场地上注水模拟海战。由于使用水泥极为成功，建筑工程显得异常坚固，因此罗马人有"格罗塞穆若倒，罗马也就灭亡"的谚语。但实际上，罗马帝国灭亡后此剧场依然屹立，后来因人们不断从其中挖掘石料才部分坍塌了。

前三头同盟

自斯巴达克起义后，罗马奴隶主阶级加强了他们的统治。在连年不断地对外扩张中，手握兵权的将领们一个个都想夺取国家的大权，互相争斗。从马略和苏拉之间的党争一直到屋大维建立帝制为止，这段时间在罗马历史上被称为"内战时代"。公元前1世纪60年代，最有权势的将领有两个人，一个是镇压斯巴达克起义的克拉苏，他不但掌握兵权，而且还是罗马的大财阀，拥有雄厚的财力；另一个是庞培，是镇压斯巴达克起义的帮凶。

公元前67年，庞培仅仅用了半年的时间就基本上消灭了地中海上猖獗的海盗，这使得罗马奴隶主和大富商们对他感激不尽。随后，庞培又进军小亚细亚，征服了巴勒斯坦、叙利亚，建立行省。这两大战功使庞培一跃成为超过克苏拉的头号人物。克苏拉自然不甘心，于是，这两个人之间的明争暗斗愈演愈烈。这时的恺撒在政坛上已经崭露头角，他虽然没有庞培的军功大，也没有克拉苏的财富多，但他赢得了平民和下层社会的支持。

公元前61年，恺撒出任西班牙总督，由于曾经欠下债务，债主们要求他偿还。克苏拉为了拉拢恺撒共同对抗庞培，便出面替恺撒向债主们做了担保，恺撒才得以上任。恺撒当了一年西班牙总督回到罗马后，不仅偿还了欠债，而且还成功地调解了庞培和克苏拉之间的矛盾，并于公元前60年，与庞培、克苏拉结成了一个共同对付元老院共和派的政治同盟，历史上称之为"前三头同盟"。

恺撒大帝

尤里乌斯·恺撒（约公元前100年~前44年）是在罗马动乱年代出现的伟大

人物。他出生于罗马的名门贵族，从小就受到很好的教育。青年时，恺撒就有着雄才大略。当时，罗马总督贪污腐败，恺撒挺身而出，揭露并控告他。为此，他在民众中赢得了很高的声誉。从政后，恺撒出任一年西班牙总督，回来后，成功地与庞培、克苏拉结成"前三头同盟"。按照"三头"协议，公元前59年，恺撒当上了他期盼久已的执政官。

恺撒大帝雕像

恺撒上任后，批准了庞培在东方推行的全部政策，并实行土地法，分配给庞培的老兵和子女土地。另外，恺撒还减免了亚洲地区的三分之一的税金，以笼络以克苏拉为代表的骑士包税商。但是，恺撒很清楚地知道，要想真正在力量上超过庞培和克拉苏，就必须建立军事上的权势。于是，恺撒把尚未被完全征服的高卢地区作为他掌握兵权和登上更高权位的最好阶梯。

公元前58年，恺撒经过三年的时间，征服了大半个高卢。公元前55年，他率军渡过莱茵河入侵日耳曼（德意志）。之后，他还曾两次渡过英吉利海峡，入侵不列颠。恺撒的威望在罗马人的心目中日益高涨，使得庞培和克拉苏坐立不安了。担任叙利亚总督的克拉苏迫切需要建立更大的战功，但是在攻打英勇善战的安息人时战败被杀。后来恺撒打败了反对自己的庞培，成了真正集军事、行政、司法、宗教大权于一身的独裁者。

恺撒的独裁统治，引起一部分固守罗马共和传统的元老派贵族的不满和仇视，他们秘密串联起来，决定谋杀恺撒。公元前44年3月15日，恺撒只身一人到元老院开会。虽然已有人事先警告过他，有人要暗杀他，但他仍然没有带卫队，他认为那是胆小鬼才干的事。当他从容地坐在座位上时，一个刺客假装请求他答应某件事情，上前抓住了他的紫袍，拿出匕首向恺撒刺去。所有的合谋者一拥而上，恺撒被刺身亡。

恺撒是一个伟大的政治家和军事统帅，同时还是一个有名的作家。他留下的《高卢战记》和《内战记》，详细记述了他亲自经历的战争的经过。这两部书，文笔朴实简练，行文巧妙，不仅是具有重要价值的史料，也是初学拉丁文者的范本。

后三头同盟

公元前44年，恺撒被刺死后，安东尼、李必达、屋大维在元老院和公民大会的许可下公开结成同盟，获得统治国家5年的权力，史称"后三头同盟"。屋大维为恺撒养子（实为甥孙），遗嘱指定继承人。在恺撒死后，三人势均力敌，最后结果是形成三分天下之势。此前，三人铲除异己，在巴尔干打败刺杀恺撒的布鲁图和卡西乌，"后三头同盟"成为罗马的全权统治者。但是他们这种"均势"是极不稳定的，屋大维坐镇罗马，以罗马公民领袖自居。公元前36年，剥夺了李必达的军权；公元前31年,宣布安东尼为"祖国之敌"。9月,双方在亚克兴海角展开大战,安东尼逃回埃及。"后三头同盟"存在了11年,终于以屋大维的胜利而结束,罗马共和国的历史走到了尽头,屋大维成为罗马实际上的皇帝。

亚历山大和他的大帝国

公元前4世纪,在希腊半岛上的诸城邦在战火中逐渐衰落下去的时候,位于北部的一个默默无闻的城邦——马其顿却逐渐强大起来。公元前338年,在中希腊的喀罗尼亚城下,马其顿国王腓力二世打败希腊联军,确立了对希腊的统治权,希腊各城邦相互争雄的历史就此结束。正当腓力二世踌躇满志地准备向东方文明世界进军的时候,却在女儿的婚宴上不幸遇刺身亡,20岁的亚历山大继承了王位。他决心完成父亲未竟的事业,实现他称霸世界的夙愿。

亚历山大即位后,通过一系列的改革,使马其顿的军事力量更为强大。在进行了充分的准备之后,他迅速平定了马其顿和希腊境内的叛乱。在镇压底比斯和雅典等城邦的反抗时,他采用"杀一儆百"的手段,镇压了底比斯人,底比斯城被彻底摧毁,居民不是被杀就是沦为奴隶。

公元前333年,亚历山大在伊苏城附近击溃大流士三世,俘获其家眷。随后他挥师南下,沿地中海东岸攻占叙利亚,然后开赴埃及。一路上,马其顿大军没有受到丝毫抵抗。到达埃及后,埃及祭司宣布他为"阿蒙神(埃及太阳神)之子",并拥立他为法老。亚历山大指挥军队在尼罗河口兴建以他名字命名的城市,他亲自勘察设计,希望把亚历山大城作为他继续东征的后方基地。

亚历山大经过10年的东征,建立了西起希腊,东至印度河流域,南扩埃及,北抵中亚的辽阔的大帝国。公元前323年,亚历山大计划西征地中海西部地区,但在其出发前因感染上了疟疾,不治身亡,年仅33岁。由于死亡的突然降临,亚历山大并没有指定他的接班人,从而导致争夺王权的激烈斗争。将领们纷纷自立为王,庞大的马其顿王国从此分裂为若干个希腊化的国家。亚历山大帝国只存在了短短的13年。

"世界奇迹"亚历山大港的灯塔

埃及的亚历山大城是马其顿国王亚历山大在东侵时建立的。起初它只是个军事据点,后来慢慢发展成具有经济意义的港口城市。由于亚历山大港的重要性,公元前282年前后,在法罗斯岛的东端修筑了一座巨大的灯塔,以便指引夜间船只的航行。

亚历山大灯塔塔身是由上、中、下三个部分组成的。底部呈方形,塔身随着上升逐渐收缩,底部每边边长为高度的一半,上面四个角分别安置一尊海神波塞冬的儿子口吹海螺的铸像,用来表示风向方位;中层比下层细,呈八角形,高约34米,相当于下层高度的一半;上层呈圆柱形,高约9米。上层塔身之上是圆形塔顶,塔顶上巨大的火炬不分昼夜地冒着火焰。塔顶之上铸着一尊高约7米的海神波塞冬青铜立像。

全塔总高度约 122 米。塔顶火炬发出的火光在距离它 60 公里的地方都可看见。

灯塔的内部结构在当时是十分先进的。从塔身下层至塔顶筑有螺旋式上升阶梯。塔顶有类似升降机的装置,用以运送火炬燃料和各种物品。下层塔身周围由50 个房间组成。人们猜测这些房间大多是值班人员使用的,也有可能是天文学家在此观察天象。

亚历山大港的灯塔在屹立近 1000 年后,于公元 796 年在一场大地震中坍塌。但后人并没有因此而忽略它,东罗马科学家把它列为古代"世界七大奇迹"之一。

孔雀王朝

公元前 500 年,印度北部已经有 16 个主要的王国,其中最著名的奴隶王朝是摩揭陀国。它是孔雀帝国和耆那教与佛教的诞生地。公元前 325 年,旃陀罗笈多(月护王)率领当地人民揭竿而起,组织了一支军队,赶走了马其顿人。随后,他又推翻了难陀王朝,建了新的王朝,定都华氏城。由于他出身于一个养孔雀的家族,因此,后来人们把旃陀罗笈多建立的王朝叫孔雀王朝。

到了旃陀罗笈多儿子娑头王(频头娑罗)统治时期,孔雀王朝已控制了印度河平原、恒河平原、孟加拉湾、德干高原以及远达阿拉伯海的广大领域。公元前 3 世纪中叶,阿育王在位时国势强盛,他统一了除了现卡纳塔克邦以南及阿富汗的整个印度次大陆,并将佛教定为国教,到处派遣传教士到各地宣传佛教,一时亚、非、欧三洲都有佛教徒的足迹。佛教遂成为世界重要宗教之一。大约在公元前 187 年,孔雀王朝为巽加王朝所取代。

托勒密王朝

托勒密王朝是由亚历山大大帝部将、留驻埃及的总督托勒密·索特尔建立的。公元前 323 年,亚历山大大帝死后,托勒密成为埃及的实际统治者。公元前 305 年,托勒密正式称王,为托勒密一世。他把首都移至面向地中海的亚历山大城,使这里成了贸易和学术文化的中心,并拥有当时世界一流的图书馆,阿基米德、欧几里得等著名学者都来此从事研究,数学、力学、地理学、天文学、解剖学、生理学等学科的研究取得很大的进展。

托勒密一世去世后,他的儿子托勒密二世即位。这时他确立了垄断的经济体制,迎来了托勒密王朝的全盛时代。领土包括埃及本土、地中海的一些岛屿、小亚细亚一部分、叙利亚、巴勒斯坦的一些地区。

托勒密王朝时期,全埃及的土地都属于国王。耕种者主要是农民,他们构成居民的主要部分,有人身自由,但在政治和生产上受到严格的监督。奴隶制盛行。由于奴隶主的剥削,埃及人民多次起义。公元前 30 年,罗马军队开进埃及,女王克娄巴特拉七世自杀身亡,托勒密王朝崩溃。

埃及艳后克娄巴特拉

克娄巴特拉七世是埃及国王托勒密十二世和克娄巴特拉五世的女儿,生于公元前 69 年,从小在骄奢淫靡的宫廷中长大。公元前 51 年其父去世,留下遗嘱指定克娄巴特拉七世和她的异母兄弟托勒密十三世为继承人,共同执政。但他们两人因派系斗争和争夺权力失和。克娄巴特拉七世于公元前 48 年被逐出亚历山大里亚后,在埃及与叙利亚边界一带召集军队,准备夺回王位。

此时,适逢恺撒追击庞培来到埃及,他对埃及的王位之争进行调停。克娄巴特拉七世得此消息,乘船于夜间潜入亚历山大里亚,以毛毯裹身,由人抬到恺撒房门前。克娄巴特拉七世突然出现在恺撒面前,使恺撒又惊又喜。她很快就成了他的情妇。而托勒密十三世却在对恺撒的亚历山大里亚战争中遭到失败,溺死于尼罗河。克娄巴特拉七世依恃恺撒,巩固了自己的地位,成了埃及的实际统治者,而在名义上则按照埃及的传统,与另一同父异母兄弟托勒密十四世结婚,共同统治埃及。不久,恺撒因战事去小亚细亚,后转回罗马。克娄巴特拉七世为恺撒生下一子,取名托勒密·恺撒。

公元前 45 年,克娄巴特拉七世和托勒密十四世一起应邀前往罗马,眼看她就要成为罗马世界的第一夫人,不料恺撒于公元前 44 年 3 月 15 日被刺身亡。克娄巴特拉七世的美梦顷刻化为泡影,黯然离开了罗马。

克娄巴特拉七世返回埃及后,毒死托勒密十四世,立她和恺撒所生之子为托勒密十五世,共同统治埃及。不久,安东尼成了罗马的真正统治者,于是克娄巴特拉七世开始向安东尼发动"美色"攻势。安东尼很快坠入情网而不能自拔,并在埃及度过了一个冬天。接着,安东尼与妻子奥克塔维娅离婚,并且违反罗马的传统习惯同克娄巴特拉七世结婚。在此期间,安东尼帮助克娄巴特拉铲除了政治对手——同父异母的妹妹雅西娜,进一步巩固了王位。

公元前 30 年,恺撒的甥孙及养子屋大维进攻埃及,包围亚历山大里亚。安东尼看到大势已去,拔剑自刎,克娄巴特拉七世为屋大维智擒。克娄巴特拉七世想以美色迷惑屋大维,却未能奏效。当她得知屋大维生擒她的目的,是要把她带回罗马,以便凯旋之际示众时,绝望的她以蛇咬前胸自尽。随着克娄巴特拉七世之死,长达三百年的埃及托勒密王朝也宣告结束,埃及并入罗马,成为元首的私产。

基督教的起源

基督教最早产生于公元 1 世纪中期散居在巴勒斯坦和小亚细亚地区的下层犹太居民中。

基督教植根于犹太教的思想体系。犹太人原来都信奉犹太教,信奉耶和华为唯一的真神,祈求"救世主"降临,拯救犹太众生。公元 1 世纪,在巴勒斯坦和小亚细亚居住的犹太人中出现一些传道者,他们依据犹太教的这一教义,宣传"救世主"会来拯救贫苦人民。后来,他们又宣传耶稣是上帝的独生子和使者,是基督

（救世主），他不久就会降临人间，建立千年太平盛世。只要世人信奉耶稣，就能得救，死后能上天国永远享福。这样，基督教便逐渐产生了。除了上面所说的它的最基本教义外，它还宣扬博爱、忍耐、顺从等调和阶级矛盾的思想。

公元 313 年，罗马皇帝君士坦丁颁布《米兰敕令》，宣布宗教信仰自由，承认基督教的合法地位。到公元 392 年，基督教被罗马皇帝狄奥多西一世宣布为罗马国教，基督教终于完成了与帝国政权的结合，成为统治阶级的工具。

基督教对西方社会有着广泛且深远的影响，涉及文学、艺术、政治、道德法律、社会科学等各个方面。到了近代，基督教在世界范围内得到了更广泛的传播。

公元纪年

在公元 1 世纪的巴勒斯坦，由于罗马帝国的强权统治，贫民和奴隶渐渐产生了一种悲观消极的情绪，希望能有个"救世主"（古希腊语为"基督"）来拯救他们脱离苦难。传说这个救世主就是耶稣。他许诺穷人死后可升入天堂，而富人要进入天堂"比骆驼穿过针孔还难"。因为这种说法很能拨动精神苦闷的下层人民的心弦，于是基督教便逐渐从巴勒斯坦传播开来。这引起了罗马统治者的不安。传说他们把耶稣钉死在十字架上，但第三天耶稣又复活并升入天堂。基督教徒把这些传说和耶稣的言行用文字记录下来，编成了《新约圣经》。由于这时的基督教预言罗马帝国的残酷统治即将崩溃，因而基督教遭到当时统治者的多次镇压。但到了君士坦丁统治时期，统治者看到了民心所向。为了更好地控制民众，君士坦丁一反过去的做法而采用怀柔政策，宣布基督教为国教，从而使基督教变成了他们的工具。

在这之前，各国基督徒计算时间都保留着各自的地方特点，显然很不利于交往、传教。到了公元 6 世纪，建立一个统一的记录时间的体系就显得越来越必要了。基督徒们便开始尝试使用救世主耶稣纪年。当时有个罗马修道士乔尼西宣称，基督降生已有 254 年了——据一些史学家推测，这个时间可能是乔尼西根据《新约圣经》中的传说推算出来的。《新约圣经》记载，耶稣是在 3 月 25 日复活的，这是个星期日，于是乔尼西就在自己编的那本计算复活节日期的表格中向后搜寻 3 月 25 日同时又是复活节的那一年，查得是在 38 年后，因为耶稣是 500 多年前的人，所以上推了 532 年。当时所采用的纪元——戴克里先纪年为 241 年，那么耶稣纪年的纪元就应该是戴克里先纪元前 253 年 3 月 25 日。《新约圣经》上还说，耶稣复活时为 30 岁，所以再上推 30 年，耶稣降生就是在当时戴克里先纪年的纪元前 283 年。这也就是我们今天仍在使用的公历纪元的元年。

君士坦丁的统治

公元 284 年，近卫军长官戴克里先取得了罗马帝国的统治权。他废止了由屋大维实行的元首制，开始实行君主制的统治形式。他效仿波斯君主，身穿黄袍，要求所有觐见的人都要行跪拜礼。公元 305 年戴克里先逊位，君士坦丁的父亲就成了罗马帝国西半部的君主。第二年，君士坦丁的父亲去世，君士坦丁要继承王位，但一些将领反对这一要求,因而爆发了一系列的国内战争。直到公元312年,君士坦丁在罗马附近的米尔维安大桥战役中击败他的最后一个劲敌马克森提时,内战才结束。于是,君士坦丁成了罗马帝国西半部名正言顺的统治者,但是东半部却是由另一位将军李锡尼统治着。公元324年,君士坦丁主动出击打败了李锡尼,成了罗马帝国唯一的君主。

君士坦丁在位期间,废除了分享权力的做法,独自治理一个重新统一的帝国。他采取了类似于戴克里先的办法,任命三个儿子为恺撒,各统治帝国的一部分。在政治方面,君士坦丁改革行政区域,将全国分为四个大行政区,再下为行省。经济方面,他继续戴克里先的政策,规定职业世袭,并将农民固定在土地上,颁布法律重申奴隶主有权杀死奴隶。军事方面,君士坦丁废除近卫军,以帕拉丁骑兵卫队取代,并大量招募蛮族进入军队。君士坦丁用恐怖手段来强行招兵,拒不当兵的可能会被处死。另外君士坦丁又大兴土木,在博斯普鲁斯海峡旁修建新都君士坦丁堡,号称新罗马。君士坦丁堡的建造花费了无数金钱,历经六年,直到公元330年才初步建成。在宗教方面,君士坦丁在公元325年召开尼西亚会议,确定了基督教基本教义,并将阿里乌派斥为异端。公元337年,君士坦丁病重,在死前他接受了洗礼。

罗马帝国的消亡

公元1~2世纪是罗马帝国最强盛的时期,它成为当时雄踞地中海一带不可一世的大帝国。可是,罗马的奴隶主贵族穷奢极欲,几乎达到了疯狂的地步。公元106年,图拉真皇帝为纪念他在帕提亚的胜利,连续举行了123天的节日庆典。一个大官僚为儿子举行游艺庆典,七天就花了2000磅金子。宫廷内的奢侈腐化更是有恃无恐,仅御用的美容师就多达数百人。与此同时,罗马帝国的农业大幅度衰落,政局动荡,统治者的争权夺利斗争愈演愈烈。到公元3世纪,帝国的统治中心逐渐东移至君士坦丁堡。罗马帝国的经济和政治都陷入了严重的危机。公元395年,罗马帝国终于分裂为东西两部分,即以君士坦丁堡为首都的东罗马帝国和以罗马城为首都的西罗马帝国。

正当罗马帝国陷入一片混乱之际,居住在多瑙河、莱茵河一带的"蛮族"日耳曼人各部落,以及来自伏尔加河的匈奴人纷纷进入罗马帝国境内。他们和罗马帝国的起义者联合起来,占领罗马的港口,断绝罗马城内的粮食供应,并屡次包围了罗马,对其进行疯狂的掠夺。公元476年,西罗马帝国年仅6岁的末代皇帝罗慕路斯·奥古斯都被废黜。至此,西罗马帝国终于在奴隶起义和外族入侵的双重打击下走向了灭亡。从此以后,西欧的历史揭开了新的一页,开始进入了封建制历史时期。

东罗马帝国

公元4世纪初,罗马帝国政治、经济危机全面爆发。作为都城的罗马已经渐渐失去了其政治中心作用。公元330年,罗马皇帝君士坦丁大帝将首都迁往经济发达的东方——博斯普鲁斯海峡西岸的拜占庭,并将其改名为君士坦丁堡,从而建立起东罗马帝国。由于君士坦丁堡是古希腊殖民城市拜占庭的旧址,故亦称东罗马帝国为拜占庭帝国或拜占庭。公元395年,东、西两个帝国正式分裂。东罗马帝国作为一个独立的国家在法理上得到了认可。西罗马帝国于公元476年灭亡,而东罗马帝国却继续存在了近1000年。

君士坦丁堡地理位置优越,它位于黑海的出海口,又是连接欧、亚大陆的桥梁,是中世纪时东西方交通的要津,世界各地船只云集于此。马克思称之为"沟通东西方的金桥"。其他如亚历山大、安提拉等大城市,亦堪称工商业发达的经济中心。再加上东罗马帝国境内广泛存在的隶农制比奴隶制先进,因此奴隶制危机对于东罗马帝国的影响不大。这些原因使得东罗马帝国的城市日趋繁荣。到了公元6世纪查士丁尼做皇帝时,东罗马帝国达到了鼎盛时期,疆域十分辽阔。

公元7世纪初,阿拉伯帝国兴起。东罗马帝国版图大为缩小,到公元12世纪末时已趋于衰落。在东罗马帝国岌岌可危之时,奥斯曼土耳其人不断向其发起进攻。公元1453年4月,土耳其军队攻陷了君士坦丁堡。不久,土耳其苏丹在那里建都,并将其改名为伊斯坦布尔。东罗马帝国终于灭亡。

庞贝古城

在意大利西南海岸,有一座巍峨的维苏威火山。维苏威火山南面约10公里的地方,曾经有一座建造于公元前7世纪的罗马古城——庞贝。公元79年8月24日,一直处于"休眠"状态的维苏威火山突然爆发,霎时间,整座庞贝城被火山的熔岩和尘埃吞没了。

18世纪初,一群意大利农民在维苏威火山脚下挖掘水渠时发现了金币,后来又挖出了大量的陶器和经过雕琢的大理石碎块,并且发现了刻有"庞贝"字样的石块。此时人们才惊呼,原来这里就是被维苏威火山掩埋了近2000年的庞贝古城!

经过200多年的发掘,庞贝城终于得以重见天日。它的面积约1.8平方千米,四周环绕着数千米长的石砌城墙。纵横交叉的四条平坦大街,将全城分成"井"字形的九个城区。大街两旁有人行道,街面铺着整块的大石板。街道的十字路口有雕花石块砌成的水池,里面盛着的泉水是从城外山上通过高架渡槽引来的。大街两边有商店、酒馆、水果铺和杂货摊。在一个水果铺的货架上,还能清晰地看见约2000年前的杏仁、栗子、无花果、核桃、葡萄等果品;在一家药店的柜台上,有一盒已经碾成细末的药品。

城内最宏伟的建筑物集中在城西南的一个长方形广场四周,那里是庞贝城政治、经济和宗教中心。残存的雕花、精致的大理石门框、祭坛、高出地面数尺的青石地基,都可以让人想象这座罗马古城在公元1世纪时是如何的雄伟壮丽。

巴高达运动

巴高达运动是罗马帝国后期下层人民的反抗运动。公元269年,巴高达运动首先在高卢爆发。起义者围攻高卢重镇奥登（今奥尔良），经七个月的英勇斗争，终于攻克此城，杀死了一部分奴隶主贵族，剥夺了他们的财产。但巴高达运动并未停止。

公元283年，高卢一带的奴隶、隶农在首领埃里安和阿曼德领导下再次举行起义。两位首领自称皇帝，并自铸钱币，各据一方达数年之久。罗马官吏和富人纷纷躲进设防城市。罗马帝国在高卢的统治趋于瘫痪。

公元286年，罗马皇帝派共治者马克西米安率军前往高卢镇压起义，久攻不下，后恢复了"十一抽杀律"严惩退却士兵，才将起义镇压下去。此后，巴高达运动的中心转到了西班牙。公元449年，在首领瓦西里乌斯率领下攻陷杜里阿梭，后为当地贵族所败，但仍坚持斗争，一直到公元5世纪末。巴高达运动是罗马帝国末期人民起义中规模最大、坚持最久的一次斗争，前后达200多年，给罗马帝国在高卢和西班牙的统治以沉重打击，加速了罗马帝国的灭亡。

西罗马帝国

君士坦丁死后，罗马帝国统治集团内部为争夺皇位发生了长期的混战。皇帝狄奥多西死后，把帝国分给两个儿子。公元395年，罗马帝国正式分裂为东西两个帝国。罗马帝国分裂后，哥特人首领亚拉里克不断入侵罗马帝国。而东西罗马帝国不是团结起来一致抗敌，而是坐视亚拉里克强大，希望他去攻击对方。

公元405年冬，亚拉里克突破了西罗马帝国的莱茵河防线，占领高卢大部分地区。随后，亚拉里克包围罗马，罗马城内爆发了饥荒和瘟疫。元老院和亚拉里克媾和，交出了5000磅黄金、30000磅白银和其他许多贵重物品和财宝。公元409年，亚拉里克第二次包围罗马，扶植了一个傀儡皇帝。公元410年，亚拉里克第三次包围罗马，城内的奴隶为亚拉里克打开了城门，亚拉里克的蛮族军队在城内任意抢掠三天，大获而归。而罗马则遭到了毁灭性的打击。

此后十年内，君士坦提乌斯三世成为帝国的军事首脑，帝国才稳定了一段时间。公元419年，西哥特王国建立，定都图卢兹，这是在罗马帝国境内第一个建立起来的蛮族王国。公元423年，瓦伦蒂尼安三世即位。公元439年，汪达尔——阿兰王国建立，首都迦太基，并建立了自己的海军，不断从海上袭击西罗马帝国。公元451年，匈奴人首领阿提拉统兵50万入侵，被帝国名将埃提乌斯联合西哥特王国击退。埃提乌斯又多次击退蛮族的进攻。而公元454年爆发了马克西穆斯之乱，佩特罗尼乌斯·马克西穆斯先后阴谋杀死埃提乌斯和瓦伦蒂尼安三世，随即自己称帝。公元455年，汪达尔人趁乱入侵，攻进罗马，佩特罗尼乌斯·马克西穆斯被杀，全城被洗劫一空。

在此之后，西罗马帝国已经无法维持，苟延残喘。公元476年，奥多亚克废黜罗慕路斯·奥古斯都，将西罗马帝国的国徽转让给东罗马帝国，西罗马帝国灭亡。

匈奴王阿提拉

匈奴王阿提拉给他同时代的人留下的是一个深刻并极可怕的印象。公元449年,在一位罗马历史学家的笔下,匈奴王阿提拉成了一个十分丑陋的侏儒,扁鼻子,大头,肩部宽阔,几根胡须稀稀落落地长着。而另一位见过阿提拉的历史学家则说,为表示他高人一等、非他人能及,匈奴王常常高视阔步;匈奴王还有骨碌碌不停地转眼球的习惯,仿佛对他所带给人们的恐怖颇为自得。阿提拉聪慧过人,对如何驾驭蛮人极其在行,并且人人都愿意服从他的命令。

一般人常把阿提拉的名字与另一个征服世界的人——13世纪强横的蒙古霸主成吉思汗相提并论,但对伟大的匈奴王阿提拉而言,这却极不公正。成吉思汗虐待俘虏、纵容手下四处抢掠;可是阿提拉明白毁坏战利品有害无益,他行军打仗并不残暴。他认为与其把俘虏杀死,不如让他们做些有益的事。跟成吉思汗一样,阿提拉也不择手段地追求绝对权力。

阿提拉死时年仅47岁。犹如他一生的其他事迹,他的死也极富神秘的传奇色彩。他那时正在意大利,决定娶青春年少、容貌美丽的少女依丽迪斯科做新娘。一对新人在觥筹交错的喜筵之后一点儿动静也没有了。到次日晌午,阿提拉没有上朝,手下猜想可能出了事,便闯入新房。他们看到依丽迪斯科处于昏迷状态,而阿提拉则在血泊之中仰卧着,显然是因为鼻子不停地出血而死的。

七大奇迹

在人类文明发展史上,曾经创造过无数奇迹,其中最负盛名的,就是古代世界的"七大奇迹"。

最早提出"世界七大奇迹"之说的是腓尼基旅行家。早在2600多年以前,腓尼基航海家就完成了环绕整个非洲的航行。公元前3世纪,腓尼基旅行家昂蒂帕克总结了沿途所见的7处最伟大的人造景观,称它们为"世界七大奇迹"。它们是埃及法老胡夫的大金字塔,约建于公元前2700年;巴比伦的"空中花园",始建于公元前600多年前;以弗所的阿耳忒弥斯神庙,建于公元前6世纪中叶;奥林匹斯的宙斯神像,约建于公元前5世纪中叶;哈利卡纳苏的摩索拉斯陵墓,建于公元前353年;罗得岛上的太阳神巨型雕像,建于公元前305年;埃及亚历山大城的法罗斯岛上的灯塔,始建于托勒密时期。

可是,由于自然和人为的原因,除了埃及的金字塔外,其他"六大奇迹"至今已经荡然无存。20世纪初,德国考古学家发掘出巴比伦的空中花园遗址,但它究竟是毁于何时已无人知晓。公元262年,以弗所的阿耳忒弥斯神庙毁于哥特人之手。奥林匹斯的宙斯神像毁于公元5世纪。公元7世纪的一次地震,摧毁了摩索拉斯陵墓。公元前224年,罗得岛上的太阳神巨型雕像被地震震倒。据说公元7世纪阿拉伯人入侵罗得岛时,太阳神雕像被拍卖给一名商人,后被熔铸,用来制造武器。公元796年,埃及亚历山大城的法罗斯灯塔毁于地震。

四大文明古国

世界四大文明古国是指古代埃及、古代巴比伦、中国和古代印度。这四个国家是最早从原始社会进入奴隶社会的,为人类留下了光辉灿烂的文明。

古代埃及位于非洲东北部的尼罗河下游,公元前 3000 年建立了世界上第一个统一的奴隶制国家。古代埃及人创造了象形文字,制定了世界上最早的"太阳历",会用几何学计算各种面积,修建了闻名于世的金字塔。

古代巴比伦位于亚洲西部的幼发拉底河和底格里斯河流域(即两河流域,现在的伊拉克境内),公元前 18 世纪建立了统一的中央集权制的奴隶制国家。国王汉穆拉比主持制定的汉穆拉比法典是历史上最早的一部成文法典。巴比伦人建造了空中花园。他们把 7 天作为一周,这是现在 7 天一星期制度的起源。他们在天文、历法和数学等方面也做出了杰出贡献。

古老的中华民族早在公元前 21 世纪的夏朝就建立了奴隶制国家,从商朝的甲骨文起就有了有文字可考的历史。商朝铸造的司母戊大方鼎重 875 公斤,是目前世界上发现的最大的青铜器。中国古代劳动人民修筑的举世闻名的万里长城,成为中华民族的象征。

公元前 3000 年左右,位于南亚次大陆的古代印度就出现了奴隶制。古印度人发明了至今通用的计数法,创造了包括"0"在内的 10 个计数符号,使十进制完备起来。后来,阿拉伯人采用了它,并传入欧洲,被称为"阿拉伯数字"。

日本的统一

约公元 1 世纪,日本各地有 100 多个小国(其中有的与东汉建立了外交关系)。后来,这些小国逐渐得到统一。

到了公元 4 世纪,在关西地方建立了比较大的国家,据说最终将它们统一起来的是当今天皇家族的祖先。当时,日本国的范围包括本州西部、九州北部及四国。

于是,经过了漫长的岁月,国家才得以统一,所以很难对日本国诞生的确切年代做出准确的判定。据《古事记》和《日本书纪》记载,第一代天皇——神武天皇于公元前 660 年建国并即位,即位日相当于现在的公历 2 月 11 日,因此就把这一天定为日本的"建国纪念日"。

伊斯兰教的兴起

在古代,从也门沿红海东岸向北,有一条重要的商路,是当时东西方的交通要道。在阿拉伯半岛的这条商路上,逐渐兴建起了一些城市,最著名的是麦加和麦地那。公元 6 世纪,波斯人占领也门后,破坏了这条商路。阿拉伯商人的利益受到很大的损害。当时,阿拉伯贵族为了对内加强统治、对外发展商业,亟须把各部族统一起来。伊斯兰教就是在这种客观形势下产生的。

先知穆罕默德

穆罕默德是世界三大宗教之一的伊斯兰教的创始人,他诞生于阿拉伯半岛的麦加城。

穆罕默德幼年时父母双亡,是由祖父和伯父抚养长大的。他年轻时曾受雇于商队,到过巴勒斯坦、叙利亚等很多地方,广泛接触社会,看到了半岛上社会动乱的情况。犹太教和基督教的传教活动,也引起了他对宗教的兴趣。

穆罕默德 25 岁时和一个富媚结婚,此后,他经常去麦加郊外的希拉山的一个山洞修行。经过 15 年的探索、思考,他创立了伊斯兰教。

穆罕默德的传教活动引起了古来氏贵族的仇恨,穆斯林们屡遭迫害。为了躲避古来氏贵族的迫害,穆罕默德带着自己的信徒走麦地那,意思为"先知之城"。在麦地那,他得到了群众的热烈拥护,建立起第一座清真寺,规定了宗教的信条、教规和典礼制度。他又在当地一些部落的支持下,建立起武装和政教合一的政权组织。穆斯林和麦加古来氏贵族以及麦地那犹太教徒之间,不断发生战斗。

公元 630 年 1 月,穆罕默德率领近万名穆斯林大军,向麦加城进军,以迅雷不及掩耳之势兵临城下。古来氏族的领袖艾卜·苏富扬出城投降,皈依了伊斯兰教。穆罕默德对麦加实行大赦,使他赢得了人心。后来麦加就成了伊斯兰教穆斯林的朝圣之地。

没过多久,穆罕默德又征服了其他一些地区,阿拉伯半岛上各部落都纷纷改奉伊斯兰教,整个半岛大体上归于统一。穆罕默德在艰苦创教 23 年之后,于公元 632 年 6 月 8 日病逝于麦地那。他死后,门徒们将他在传教过程中作为安拉的"启示"陆续颁布的经文加以整理,编成《古兰经》,作为伊斯兰教的根本经典。

法兰克王国

法兰克王国是由日耳曼人的一支——法兰兑人在西欧建立的封建王国。法兰克人是日耳曼人最强大的一支部落,公元 3 世纪南迁进入高卢(今法国南部)东北,定居于莱茵河下游地区。法兰克人主要有萨利克与里普阿尔两大部族,处于原始氏族部落社会阶段。随着罗马帝国的衰亡,法兰克人逐步渗入高卢东北部。公元 481 年,克洛维继任萨利克部落酋长后,开始全力向高卢扩张,消灭了法兰克其他酋长的势力。公元 486 年,克洛维击溃西罗马帝国在高卢的残余势力,占领高卢大部分地区,建立了墨洛温王朝,以巴黎为首都。部落贵族与亲兵成为封建主,普通法兰克人则成为农村公社中的自由农民。当地罗马贵族、罗马教会、隶农、奴隶与散居的自由农民依然存在,并与法兰克人逐渐融合。公元 496 年克洛维东征莱茵河中上游阿勒曼尼亚(今属德国),法兰克统治阶层皈依了基督教,得到高卢罗马人的大力支持。公元 507 年~510 年,南征西哥特,占领阿奎丹(今法国西南部)。公元 6 世纪后,先后征服易北河以西图林根(今属德国)和勃艮第,合并普罗旺斯和加斯科尼(今法国西南部),成为西欧最强大的国家。以后封建贵族势力发展,王权日益微弱,公元 751 年,宫相矮子丕平篡夺王位。墨洛温王朝灭亡,开始加洛林王朝的统治。丕平之子查理在位时,更大规模向外扩张。公元 800 年查理加冕称帝,成为查理曼帝国。其疆域东至易北河和多瑙河,西南至埃布罗河,北达北海,南至地中海,并占有大部分意大利。公元 843 年,查理曼帝国内部分裂为三部分,即后来法国、德国和意大利的雏形。

加洛林王朝

公元 5 世纪,西罗马帝国没落之后,日耳曼民族各部落控制了大部分欧洲。公元 486 年,萨利克法兰克人的首领克洛维建立了一个强大的法兰克王国,开始了墨洛温王朝(得名于克洛维的祖父墨洛温)的统治。

墨洛温王朝时的法兰克占有高卢大片土地,是当时西欧最强大的国家。但是国内贵族经常掀起内战,导致国家分裂。到公元 7 世纪,达戈贝尔特在位时,国内达到了空前的统一,政治清明,局势稳定。但自达戈贝尔特以后的国王大多碌碌无为,他们把国家的一切大事都交给身边最亲近的仆人去处理,而他们却整天吃喝玩乐,无所事事。那些亲近的仆人一开始只是王宫里的管家,后来势力逐渐扩大,被人称做宫相。

宫相不仅控制内政,逐渐执掌机要,甚至成为军队的最高首领。公元 687 年,宫相赫里斯托尔·丕平战胜其他对手,成为唯一的宫相。公元 715 年,查理·马特继任宫相。执政之后,于公元 732 年 10 月在土尔斯和普瓦提埃击败了阿拉伯人的入侵,提高了自己的威望。查理·马特还积极推行采邑制度,改变了原有的无条件土地封授制度,领受国家爵位和封地的大小领主必须以向查理效忠、服兵役为条件,而且所得到的土地仅供本人自己享用,不得世袭。子孙若想继承,必须重新履行受封仪式,再次确认效忠关系。这个改革催生了骑士制度,增强了法兰克的军事力量,也为加洛林王朝取代墨洛温王朝打下了基础。

公元 742 年,查理·马特的儿子丕平继任宫相。他停止了对教会土地的征用,使王权和教会的关系得到改善和发展。丕平认为,谁代替国王处理政务,谁就应该成为国王。公元 751 年,丕平在贵族,尤其是教皇的支持下,废黜了墨洛温王朝末代皇帝希尔德里克三世,自立为法兰克王国的新君主,从此开始了加洛林王朝的统治。为了回报教皇的支持,丕平两度出兵攻打威胁教皇的伦巴德人,并把征服来的从拉文那至罗马的土地送给教皇,史称"丕平送土",这奠定了教皇国的基础,从此加洛林王朝和教皇关系日益密切。

查理大帝

公元 768 年,丕平的儿子查理成了法兰克的唯一统治者。他即位后,立即开始为实现他的日耳曼统一大业而四处征战。他征服了巴伐利亚和意大利北部的伦巴德等地区后,就剩下异教区萨克森了。在经过 33 年 18 次激烈的进攻后,他终于取得了胜利。在查理的铁血征服下,法兰克疆域东到易北河、多瑙河,西临大西洋,北达北海,南部包括意大利半岛北部与中部,辽阔的疆域可与昔日帝国相比。公元799年,罗马教皇利奥三世被罗马贵族驱逐,他向查理求助。查理进军罗马,恢复了教皇权位。公元800年圣诞节,利奥三世在罗马圣彼得大教堂为查理加冕,称其为"罗马人的皇帝"。西方史书称查理为"查理曼",即"查理大帝"的意思。查理称帝后,极力强化中央集权统治。为了加强对庞大国家的有效统治,查理任用贵族和主教进行统治,同时继续推行采邑分封制度。

查理大帝像

查理大帝是一位很有作为的君主,他不仅武功显赫,而且也注意发展文化教育事业。他兴办学校,聘请知名学者讲学。搜集和抄写古代拉丁文和希腊文的手稿,抄写的文字是用所谓加洛林小草书体,这是一种清秀优美的拉丁字母,后来稍加修改一直使用至今。修道院设立图书馆,收藏教父作品以及古希腊罗马作家的作品。查理还邀请欧洲最好的建筑师、雕刻家和画家,为帝国修建修道院和教堂。查理的文化教育政策对于恢复古典文明和提高日耳曼人的文化水准,做出了积极的贡献,他在位这一时期的文化成就被后世誉为"加洛林文艺复兴"。

查理曼帝国

查理曼王国是西欧中世纪早期由法兰克王国发展而来的封建军事帝国。公元768年加洛林王朝国王丕平死后,其子查理与弟卡洛曼共同治理国家。公元771年卡洛曼死后,查理成为法兰克的唯一国王。公元800年,查理接受罗马教皇加冕,号称"罗马人的皇帝",称查理曼帝国,定都亚琛(在今德国境内)。查理大帝死后,他的三个孙子于公元843年8月签订《凡尔登条约》,把帝国分成三份。高卢、埃斯考河和马斯河以西归秃头查理,称西法兰克王国,后发展成为法国。莱茵河以东,包括莱茵河以西的沃姆斯、美因兹和斯拜伊尔,归日耳曼人路易,称东法兰克王国,后发展成为德国。罗退耳袭用帝号,定都亚琛,分得介于东、西法兰克之间的土地,称中王国,后发展成为意大利。

骑士文学

骑士文学是西欧中世纪反映骑士阶层生活和理想的文学。骑士文学的主要体裁分抒情诗和叙事诗两种。骑士抒情诗以法国南部普罗旺斯为中心,主要内容是描写骑士的业绩、冒险经历及其对贵妇人的爱慕和忠诚。其中以《破晓歌》最为著名。骑士传奇按题材可分三个系统：（1）取材于古希腊、罗马故事的古代系统，如《亚历山大传奇》和《特洛伊故事》等；（2）以英国亚瑟王和他的圆桌骑士的故事为中心的不列颠系统，如《郎斯洛》《伊凡》《特列斯丹和绮瑟》《圣杯》等；（3）取材于东方拜占庭题材的拜占庭系统，如《奥迦桑和尼柯莱》等。在创作方法上，以浪漫主义为主要特征，注重人物肖像、内心活动、生活等方面的细节描写，对以后欧洲浪漫主义诗歌和小说的形成和发展影响较大。

拜占庭帝国

公元 395 年，罗马帝国正式分裂为东西两部分，东部以君士坦丁堡为首都，故称东罗马帝国。君士坦丁堡是古希腊移民城市拜占庭的旧址，因此东罗马帝国又称拜占庭帝国。公元 476 年，西罗马帝国最后一个皇帝退位，西罗马帝国从此消亡。而东罗马，即拜占庭帝国尽管不断遭到外来的袭击和削弱，却仍然继续存在了1000 年。

公元 527 年，查士丁尼开始统治拜占庭帝国，他以复兴罗马帝国为终生的奋斗目标，对内加强统治，对外进行武力征服。他先是出兵击溃波斯，随后又出征非洲击溃了汪达尔人。公元 534 年，汪达尔王国灭亡，领土被纳入拜占庭的版图。非洲广袤的畜牧地区最终落入拜占庭帝国的囊中。接下来连续数十年战事不断，原罗马帝国的地盘大多已并入拜占庭，拜占庭帝国的版图空前扩大。

但是到了公元 571 年，查士丁尼二世上台后，拜占庭和波斯再次发生冲突，双方连续不断地战战和和，最终导致两败俱伤。长期的战争使两个庞大帝国日渐衰落，而此时中东的阿拉伯人崛起了，开始对波斯和拜占庭进行全面战争。

公元 12 世纪，拜占庭帝国进入封建社会。大贵族独立性增强，导致封建分裂倾向加剧。12 世纪末，帝国日趋衰弱，外族不断入侵，危机四伏。拜占庭皇帝不得已向罗马教皇及欧洲各国求助，于是爆发了声势浩大的十字军东征。

公元 1261 年，拜占庭帝国虽然重新收回了包括君士坦丁堡在内的部分领土，但大势已去。随着工商业的衰落，封建剥削日益沉重，城市人民不断发动起义，进行反抗。在帝国岌岌可危时，奥斯曼土耳其人开始发动了对帝国的进攻。

公元 1300 年，奥斯曼宣布成立独立的回教国家埃米尔国。公元 1326 年，奥斯曼夺取拜占庭在小亚细亚的重镇布尔萨，控制了马尔马拉海峡，开始称为奥斯曼帝国。公元 1359 年，奥斯曼帝国占领了整个色雷斯东部，随后又攻陷亚得里亚堡，切断了君士坦丁堡与巴尔干半岛其他地区的联系。公元 1453 年 4 月，土耳其人攻下君士坦丁堡，并在此建都，改名为伊斯坦布尔。强大的拜占庭帝国和君士坦丁堡终于成为过去。到公元 1461 年，拜占庭帝国的领土全部沦丧，帝国彻底灭亡。

奥斯曼帝国

奥斯曼帝国的建立者是游牧于里海东南部呼罗珊一带的突厥人。公元 13 世纪，蒙古人的扩张迫使这支突厥人不断迁移。最初他们依附于鲁姆苏丹国，在和拜占庭相邻的萨卡利亚河畔得到一块封地。公元 1242 年,鲁姆苏丹国在蒙古人的打击下瓦解。于是这支突厥人获得了充分发展的机会。部落酋长埃尔托格鲁尔死后,他的儿子奥斯曼继位。公元 1300 年,奥斯曼开始自称苏丹,宣布他的部落为独立的伊斯兰国家,国名埃米尔。公元 1301 年,奥斯曼侵占了富庶的卑斯尼亚平原。公元 1326 年,奥斯曼夺取拜占庭在小亚细亚的重镇布尔萨,控制了马尔马拉海峡,并把首都迁到布尔萨,这一新的国家称为奥斯曼帝国。

公元 1571 年,奥斯曼帝国的海军在勒班多战役中被西班牙和威尼斯的联合舰队打败,失去了对地中海的控制。从此,奥斯曼帝国开始走上了下坡路。

神圣罗马帝国

神圣罗马帝国是欧洲的封建帝国。公元 10 世纪中叶,德国萨克森王朝国王奥托一世力图利用教会势力抑制大封建主,加强王权。公元 961 年罗马内部发生冲突,奥托带领大批人马侵入意大利,并控制了教皇。公元 962 年 2 月,教皇为奥托加冕,称"奥古斯都",奠定神圣罗马帝国的基础。公元 1154 年,德皇腓特烈一世攻陷罗马,帮助教皇镇压罗马共和国。教皇感恩,为腓特烈加冕,称"神圣罗马帝国"皇帝,正式在罗马帝国名称之前冠以"神圣"二字。帝国的疆土以德国和意大利的中、北部为主,有时包括瑞士、尼德兰、捷克和法国的勃艮第、普罗旺斯。公元 13 世纪末皇权开始衰落。公元 1806 年 7 月,莱茵地区在法国大革命的影响下成立"莱茵同盟",宣布独立,这是对帝国的沉重打击。同年 8 月,神圣罗马帝国最后一位皇帝弗朗西斯二世在拿破仑的强迫下退位,帝国灭亡。

俄罗斯帝国

由于东欧的偏僻、寒冷、人烟稀少,所以那里的文明起步较晚。而居住在黑海以北的第聂伯河流域到伏尔加河流域一带的广大地区的东斯拉夫人,直到公元 9 世纪才结束氏族部落生活,联合建立起了许多小国家,称之为公国。公元 862 年,留里克率兵攻占了诺夫哥罗德,建立了诺夫哥罗德公国。留里克之后的王公奥列格是个野心勃勃的家伙,公元 882 年,他沿第聂伯河南下,征服了其他公国,以基辅为中心,建立了基辅罗斯公国。基辅罗斯的统治者则被称为"罗斯大公"。

13 世纪上半叶,莫斯科公国在各势力的夹缝之中孕育而生,首都莫斯科城建于 1147 年。由于莫斯科公国位于东北罗斯中央,四周有许多小公国作屏障,不易受蒙古、立陶宛等国的直接威胁,因此,经济发展迅速。此外,莫斯科公国的历代统治者利用蒙古统治者的势力,欺压其他公国,壮大自己的力量。公元 1328 年,莫斯科王公伊凡一世用重金贿赂金帐汗国的王公贵族,将负责为金帐汗国征集贡赋的"弗拉基米尔及全罗斯大公"头衔争到了自己头上。人们称他为"伊凡·卡里达"(卡里达意为钱袋)。在伊凡的统治时期,莫斯科成了全罗斯最强大的公国。

莫斯科公国的强大引起了金帐汗国的不安。在伊凡之孙季米特里·伊凡诺维奇执政时,双方开始产生冲突。随着金帐汗国内部产生分裂,莫斯科公国在伊凡三世的带领下摆脱了蒙古长达 200 余年的统治。随后,伊凡三世分别于 1487 年和 1500 年,彻底击败了波兰和立陶宛,夺得德斯纳河流域的广阔土地,为俄罗斯的独立和统一奠定了坚实的基础。伊凡三世的儿子瓦西里三世即位后,先后于 1510 年和 1521 年,将普斯科夫和里亚赞并入莫斯科版图。最终完成了俄罗斯的统一大业。拜占庭帝国灭亡后,一向与拜占庭帝国关系良好的俄罗斯帝国自视为罗马帝国的继承者,首都莫斯科号称“第三罗马”。

阿拉伯帝国

公元 7 世纪,穆罕默德创立了伊斯兰教,并用了 20 年时间,通过伊斯兰教的影响力将分散的阿拉伯部落联合起来,建立起了政教合一的国家。

公元 632 年穆罕默德逝世,阿拉伯贵族推举艾卜·伯克尔任第一任哈里发。哈里发意为“先知的代理人”,同时又是集军事、政治、宗教大权于一身的阿拉伯国家元首。艾卜·伯克尔在位期间,平息了部落反抗,基本统一了阿拉伯半岛。在以后几任哈里发统治时期,阿拉伯人发动了大规模的对外战争,领土扩张到亚、非、欧各洲的广大地区。他们首先向东罗马帝国统治下的叙利亚、巴勒斯坦和埃及发动进攻,占领了大马士革、耶路撒冷和开罗。同时又进攻波斯,占领两河流域,夺取了巴格达,北达高加索山。公元 651 年,阿拉伯人灭亡了波斯人的萨桑王朝,将整个伊朗并入了自己的版图。

公元 8 世纪初,阿拉伯人再一次大举征伐。在占领北非全境以后,他们越过海峡,进入欧洲,占领了西班牙。在东方,阿拉伯人又征服了中亚细亚,把疆界推到中国唐朝的边境,还攻占南亚的印度河流域。经过约 100 年的扩张,阿拉伯人的国家成为地跨亚、非、欧的封建军事大帝国。中国历史上将这个庞大的帝国称为“大食”。

公元 8~10 世纪,是阿拉伯帝国最兴盛的时期。可是到了公元 10 世纪中叶,阿拉伯帝国出现了内忧外患的局面,哈里发的势力严重衰落,其领地仅剩下巴格达及其近畿一带。公元 1055 年,塞尔柱突厥人人攻入巴格达,成为阿拉伯帝国疆域内的实际统治者。到了公元 1258 年,第三次西征的蒙古大军荡平了巴格达,杀死了统治者哈里发,灭亡了阿拉伯帝国。

保罗派运动

公元 6~7 世纪,在亚美尼亚产生了一个基督教异端派保罗派。该派接受了摩尼教的二元论思想,认为有两个神,即善神(上帝)和恶神(魔鬼)。他们反对正统教会,要求废除教阶制和修道士制,简化宗教仪式,再建成员平等的早期基督教公社。他们曾支持破坏圣像运动。

公元 7~9 世纪,保罗派在小亚细亚和亚美尼亚的农民和城市平民中传播,成为他们反封建的组织手段。公元 8 世纪中叶,保罗派教徒从亚美尼亚和小亚细亚一带移居巴尔干半岛。并在帝国东部边境一带修筑城堡,建立公社,武装自卫,曾多次重创拜占庭军队。公元 872 年,拜占庭皇帝巴西尔一世大举进攻,彻底打败了保罗派,幸存者被迁移到色雷斯,并逐渐同鲍格米勒派合流。

玛雅文化

玛雅文化发源于中美洲的洪都拉斯、危地马拉、墨西哥一带。约公元前 2500 年至公元 250 年,玛雅人过上了定居的农耕生活。他们从野生植物中培育出马铃薯、玉米、南瓜、番茄、棉花、辣椒、可可和烟草等多种农作物,学会了养蜂取蜜,饲养家畜,并能制造各种石制工具和金银饰品。

玛雅文化的卓越成就在天文历法、数学、文字、建筑等方面都有所表现。由于种植的需要,玛雅人很早就注意观测天象,能推算出月亮、金星和其他行星的运行周期以及日食、月食的时间。他们发明太阳历,得出一年为 365.2420 天的精确数据,和现在的 365.2422 天相差只有万分之二。玛雅人在数学上创造了二进位制,各种数目只用三种符号表示:黑点是 1,短线是 5,贝壳图形是 0。玛雅人使用“0”的概念比欧洲人早 800 余年。

玛雅人早在公元初年就创造了自己的象形文字,这种文字既表音又表意,每个字都用方格式环形花纹围起来。玛雅人还用毛发制笔,用榕树皮做纸,写下了大量书籍,内容有诗歌、历史、神话、戏剧、天文历法等,后大多被西班牙殖民者焚毁。玛雅人还有立碑记事的传统,各邦每隔 20 年竖一块石碑,把发生过的重大事件记刻下来。已发现的记年碑刻表明,玛雅人这一传统保持了 1200 多年,直到西班牙入侵才中止。

英格兰的统一

英国在公元 5 世纪前称“不列颠”。公元前 1 世纪,不列颠被恺撒征服,成为罗马帝国的一个行省。在日耳曼民族大迁移的浪潮中,不列颠又成了盎格鲁—撒克逊人的地盘。盎格鲁—撒克逊人在确立自己的统治地位的过程中,同当地的米特人以及后来的不丹人、诺曼人等长期结合而形成英格兰民族。在这一民族融合过程中,曾出现许多小国,各国互相争雄,战事频繁。到公元 5 世纪,不列颠大体上由 7 个小王国分治,它们分别是:诺森伯利亚、麦西亚、东昂格利亚、埃塞克斯、肯特、苏塞克斯和威塞克斯。这便是英国历史上著名的“七国时代”。七国时代延续了 300 多年,直到公元 827 年,威塞克斯国王埃格伯特统一了各王国,形成了统一的英格兰。

诺曼王朝

公元 9~10 世纪,居住在斯堪的纳维亚半岛和波罗的海沿岸的诺曼人(与丹麦人属同一种族)向外大举扩张。其中一些诺曼人入侵英格兰东北部,而另一些则侵入法兰西的东北部。公元 911 年，诺曼人首领罗伦侵占法国部分领土，建立了诺曼底公国，并得到了法国的承认。诺曼人也承认对法国的附庸关系。到 11 世纪，诺曼人的文化基本上是以法兰西文化为主了。公元 11 世纪初，英格兰与诺曼底关系密切，英王爱德华的母亲是诺曼底的贵族，而他自小也是在诺曼底长大的。公元 1066 年爱德华去世，因死后无嗣，英国贵族哈罗德与诺曼底公爵威廉展开了王位争夺战。

威廉率军扫平了英格兰境内的反对力量，进驻伦敦。公元 1066 年的圣诞节，威廉在威斯敏斯特教堂被加冕为英国国王。诺曼征服战争以威廉的胜利而告结束，从此开始了英国历史上的诺曼王朝。这次征服将西欧大陆的封建制度移植到英国，为英格兰王权的确立奠定了强大的物质基础和阶级基础，并使王权的统治范围扩大到了全国。公元 1086 年，威廉一世完成了对全国土地赋税状况的调查、登记和造册工作。这一举措，确立了英国的封建领地均受自国王的观念。他同时还确立了不同于其他国家的封建原则：英国的大小封建主都要直接受命于国王，直接为国王服役，禁止封建主之间发生争斗。

为了加强王权的统治，威廉一世将教会的审判权严格控制在有关灵魂的案件之内，禁止教会插手其他事务。到亨利二世时，王室的司法权又进一步扩大到教会和领主的某些领地、辖区。王室法庭审理的范围不仅包括重大案件，一般的民事案件的审理也被纳入王室法庭的权限范围。同时，亨利二世还广泛采用陪审制，使司法审判更趋合理。随着王权不断得到加强，到公元 12 世纪末，英格兰的封建化过程宣告完成。

"奥尔良姑娘"

贞德是英法百年战争时期法国抗击英军的女英雄。在英法百年战争后期，法国国王查理五世死后，他的继承人查理六世因病不能治理国家。法国的两大封建主集团趁机争权夺利，结果给英国造成了可乘之机。

公元 1415 年 8 月，英国 6 万大军进攻法国，并迅速占领了法国北部和巴黎。法国王子查理率领一部分军队退到了南方。

公元 1428 年，英军围攻通往南方的门户奥尔良，形势十分危急。就在这时，法国东北部一个十几岁的农家姑娘贞德挺身而出，她连夜赶来求见王子，要求带兵去解奥尔良之围。查理答应了贞德的要求，给了她一支军队。

公元 1429 年，贞德率领军队开赴奥尔良，法军突破英军的重重包围，冲进城内。贞德的英勇行为，鼓舞了奥尔良城内外成千上万的法国人，法军士气大振，终于击退了围攻的英军。从此，这位奥尔良战役中的女英雄被人们亲切地称为"奥尔良姑娘"。

奥尔良战役使法国抗英斗争开始走向胜利。当贞德正准备继续前进，光复法国全部国土的时候，法国封建主阴险地出卖了她。

公元 1430 年 5 月下旬，贞德在康边城附近跟英军和勃艮第贵族作战时，被勃艮第贵族所俘，他们把贞德交给了英国人。

公元 1431 年 5 月 30 日,贞德被英国人以"女巫"的罪名,在鲁昂的广场上活活烧死。当时,她还不满 20 岁。贞德死后,法国人民十分悲痛,他们把贞德当作爱国主义的象征,称她为"圣女"。在贞德精神的鼓舞下,法国军民连续收复失地。

卡诺莎事件

卡诺莎事件是由于神圣罗马帝国皇帝和罗马教皇间长期争夺授予教会封地和神职的叙任权而产生的,因公元 11 世纪的这次事件而激化。公元 1076 年,亨利四世在沃姆斯召开帝国会议,并向罗马教皇发出一封信,宣布废除教皇。教皇格列高利七世给予回击,在拉特兰宫召开宗教会议,宣布执行基督徒最可怕的破门律,开除亨利四世的教籍,解除其臣民对皇帝的效忠,德国诸侯也纷纷反对亨利四世。

公元 1076 年 10 月 16 日,德国世俗封建主向亨利四世递交最后通牒,宣布他如一年内不能恢复教籍,教皇将成为德国的统治者。亨利四世孤立无援,被迫于公元 1077 年 1 月翻越阿尔卑斯山,到意大利的卡诺莎向教皇请罪。据说,亨利四世身穿罪服在城堡下顶风冒雪等候了 3 日,才得到教皇的赦免。但他回国后积蓄力量,于公元 1084 年 3 月再度宣布废黜格列高利七世,并任命了新教皇。

德意志骑士团

德意志骑士团全称为圣玛丽医院的条顿骑士团,1198 年在耶路撒冷国王的支持下成立。因为该团主要由德意志骑士组成,所以又称德意志骑士团。

公元 1211 年,骑士团返回欧洲,在东欧帮助匈牙利国王安德烈二世驱逐库曼人。公元 1226 年应波兰马佐维亚公国康拉德公爵之召进攻普鲁士。这之后,骑士团便在索恩建立要塞,并逐步征服和控制了普鲁士。骑士团在普鲁士建筑城堡,招揽德意志农民入境开垦土地,并得到教皇的允许经营商业,建立起强大的骑士团国家,控制着普鲁士和波罗的海东部地区。公元 15 世纪,骑士团支持汉萨同盟,保护同盟所属的城市。

骑士团势力的日益扩大引起波兰和立陶宛的敌视。公元 1408 年,萨摩吉提亚发生了反对骑士团的暴乱。公元 1410 年 7 月,立陶宛、俄罗斯和波兰联军在格伦瓦尔德附近的战役中大败骑士团。此后该团的军事力量、政治权威和经济地位急转直下。

公元 1466 年,骑士团被迫签订和约,承认自己为波兰的藩臣。公元 1525 年,骑士团团长阿尔伯特改信路德教,并宣布普鲁士成为世俗的世袭公国,自任公爵。公元 1809 年拿破仑将其解散。

西班牙的强大

公元 1516 年,查理一世继承西班牙王位。公元 1519 年,又继承神圣罗马帝国的王位,称查理五世。那一年,那不勒斯爆发了反对西班牙的起义,但遭到西班牙军队的强烈镇压。此后,米兰、那不勒斯、西西里、萨丁等处均被西班牙占领。

西班牙在意大利的势力迅速扩张,引起了法国国王弗朗西斯一世的不满,他决定与西班牙人在战场上一决胜负。于是公元1522年,战争在意大利北部城市帕维亚爆发。这就是持续了几十年的"帕维亚战争"。

公元1527年5月,西班牙国王查理五世派遣一支由15万日耳曼人组成的火绳枪队突袭了罗马。意大利人在强大的火绳枪队面前显得惊慌失措,毫无招架之力,罗马城遭到了火绳枪队肆无忌惮地破坏和掠夺。

在罗马遭到恐怖袭击之后,弗朗西斯一世的军队才到达意大利。但这时反西班牙同盟大势已去,法军分别在伦巴底及拿波利塔诺被打败,又一次成为西班牙人的手下败将。

公元1547年,法王弗朗西斯一世去世,他的儿子亨利二世继位。5年之后,西班牙国王查理五世也把皇冠交给了自己的儿子菲力普二世。虽然两国都改朝换代,战争却没有停止,两个年轻的国王继续大战,惨烈的战争又持续了10年之久。

公元1557年8月10日,西班牙军队终于在圣奎提诺打败法军。两年之后,他们签订了《卡托坎布雷西斯和约》,法国在意大利彻底认输,承认了西班牙的胜利。

在与法国争霸意大利的长期对抗中,西班牙没有丧失任何领土,而且建立了几乎囊括整个意大利的专制政权,西班牙国王菲力普二世成为当时欧洲势力最大的统治者。

达·伽马开辟新航路

由于造船技术的发达,中国的罗盘针在航海中的应用,使越来越多的人开始对新航路进行探索。最先探寻通往东方航路的是葡萄牙人。1415年,葡萄牙人攻占了直布罗陀海峡南岸的休达城,建立了第一个殖民地。在后来的70年间,他们一直沿非洲西海岸向南探险,并先后到达佛得角、几内亚湾、加纳海岸、刚果河口和安哥拉,为通航印度作了充分的准备。

在葡萄牙人迪亚士发现好望角后,航海家达·伽马开始了更远的航行。1497年7月8日,达·伽马率领4艘帆船和170名船员从里斯本出发,在绕过好望角后,又沿非洲东海岸向北航行。次年3月,他们抵达莫桑比克,并在当地找到了一个阿拉伯水手做引航员。4月,他们从肯尼亚的马林迪出发,经过一个月的航行后,终于抵达印度。

达·伽马首先在印度南方最重要的

达·伽马像

贸易中心卡利卡特上岸,会见了卡利卡特国王。这一次见面唯一的成果是,国王同意葡萄牙人在当地贩卖带来的货物。然而,没有上等的货物就不能交换香料,两个月过去了,达·伽马带来的黄油、蜂蜜、红帽子、衬衫等货物还未脱手,条纹布堆放在货栈中,无人问津。最后他们只能用铜、水银和珊瑚等来交换香料。

1499 年 9 月初,达·伽马终于历尽艰险回到葡萄牙。历时 26 个月,170 个船员最后只剩下 55 人,达·伽马的弟弟也不幸罹难。

达·伽马像凯旋的英雄一样受到曼努尔国王的隆重欢迎。探险队从印度运回的香料、丝绸、宝石、象牙等商品到国内高价脱手后,纯获利为此次航海费用的 60 倍。至此,达·伽马开通了欧洲直达印度的航路。

哥伦布发现新大陆

就在葡萄牙人沿非洲海岸探寻通往印度的新航路的同时,西班牙人也另辟蹊径,向西寻找通往东方的航路,结果哥伦布发现了"新大陆"——美洲。

哥伦布是意大利热那亚的一个水手,他对远航探险活动十分痴迷,并坚信当时盛行的地圆学说,认为从欧洲海岸向西航行可以直达亚洲的印度。多年来,哥伦布一直想组织一支西航印度和中国的探险队,为此,他先后向葡萄牙、英国、法国等国国王请求资助,但都遭到拒绝,于是,他转而求助于西班牙国王。西班牙国王斐迪南二世最终采纳了他的建议,派他以西班牙王室的名义去寻找通往印度和中国的航路。

1492 年 8 月 3 日,哥伦布携带了西班牙国王致中国皇帝的国书,率 87 名船员分乘 3 艘帆船从巴罗斯港出发,开始了探索横渡大西洋航路的第一次远航。船队在经过两个多月的航行后,没有任何收获。就在船员们几乎绝望了的时候,在前方发现了一块陆地。哥伦布欣喜地宣布这里是西班牙的土地,并将这个岛屿命名为"圣萨瓦尔多"。他以为已经到达了印度,因此没有继续向西航行,而是由此南下,到达了附近的古巴和海地。哥伦布到达海地以后,在那里建立据点,开始了对当地人民的血腥统治和疯狂掠夺。但令哥伦布失望的是,这里并没有他想象中那么多的黄金和香料,只有许多他们从来没有见到过的动植物和风土人情。尽管如此,哥伦布还是带着已经抵达"印度"的成就开始返航了。

1493 年 3 月 15 日,哥伦布带着掠夺来的财富和 10 个印第安人回到西班牙,向欧洲人宣布他已经找到了通往印度的航路。这在欧洲引起了轰动,哥伦布得到了西班牙国王的礼遇,成为西班牙的贵族。此后,西班牙国王大力资助哥伦布,在之后的 8 年时间里,哥伦布先后又到达了牙买加、波多黎各诸岛及中、南美洲的加勒比海沿岸地带。就在哥伦布探险远航期间,佛罗伦萨人韦斯普奇于 1499 年随哥伦布前往"印度"考察,断定那里根本不是东方的印度,而是一片"新大陆"。

虽然哥伦布发现了新大陆,但新大陆却并不富饶,没有给西班牙国库带来巨大的财富。哥伦布因此招致人们的误解、谩骂,国王还剥夺了他的财产。1506 年 5 月20 日,哥伦布在穷困潦倒中死去。哥伦布一直把他所发现的新大陆误认为是印度,后来人们就以他的名字命名这个新大陆为"亚美利亚洲"。

麦哲伦的第一次环球航行

葡萄牙贵族麦哲伦深受哥伦布等人探险的影响,在西班牙国王的支持下,进行了人类的首次环球航行。

1505 年,麦哲伦作为一名海军士兵,跟随葡萄牙首任驻印度总督阿尔梅达参加了对东方的殖民掠夺战争。八年的越洋征战,使麦哲伦掌握了航海知识,熟悉了东方的情况。在对苏门答腊、爪哇、印度尼西亚和摩鹿加群岛(今马鲁古群岛)的考察和游历中,麦哲伦得知摩鹿加群岛以东是一片汪洋大海,由此他想到这片大海的东边离摩鹿加群岛不远的地方应该就是哥伦布发现的美洲大陆。于是,麦哲伦萌发了环球航行的想法。为此,他阅读了大量的航海资料和地理书籍,还拜访了航海家列什波亚、天文学家法利罗等人,最终确定了环球航行的路线。

在西班牙国王查理一世的资助下,麦哲伦经过一年多的准备,于 1519 年 8 月 9 日从塞维利亚的圣罗卡港出发,开始了西航绕过美洲驶向摩鹿加群岛的计划。11 月底,到达巴西东北海岸。随后沿海岸南下,12 月 13 日,进入里约热内卢湾,然后继续扬帆南航。次年 10 月,船队终于在南美洲南端发现了一条海峡。这条狭窄而又曲折的海峡后来被命名为"麦哲伦海峡"。穿越过海峡后,麦哲伦终于进入了他朝思暮想的"南海",这时,他的船队只剩下 3 艘船了。由于没有做好应有的准备,探险队经历了从未有过的饥饿、干渴和坏血病的煎熬。幸好在这三个月的时间内没有遇上大的风暴,因此,麦哲伦将"南海"命名为"太平洋"。

1521 年 3 月 6 日,麦哲伦一行在关岛土著那里得到了淡水、粮食和蔬果。10 天后发现了较大的陆地——盛产热带水果的锡亚高岛。1521 年 3 月 17 日是圣拉萨罗节,于是麦哲伦将他发现的土地命名为"圣拉萨罗群岛",后来改名为菲律宾。不幸的是,麦哲伦在圣拉萨罗各岛考察时卷入了当地的一场民族冲突。1521 年 4 月 27 日,麦哲伦被当地土著居民杀死。

麦哲伦的同伴们继续航行。1521 年 11 月,他们在马鲁古群岛的一个香料市场停泊,以廉价的物品换取了大批香料。次年 5 月,他们绕过非洲南端的好望角,此时船员已减少到 35 人。1522 年他们返抵西班牙,终于完成了历史上的首次航行。这时船上出发时的 234 人只剩下了 18 人。

麦哲伦的环球航行是一次具有重大意义的航海行为,它证明了人类居住的地球的确是一个圆球体,使得人们不再对此产生怀疑。麦哲伦的航行同时还证明了世界各大洋相互连通,而且海洋的面积明显要比陆地的面积大,从而消除了海洋小于陆地的误解。

"殖民主义的先驱"葡萄牙和西班牙

葡萄牙和西班牙不仅是新航路的最早开辟者,而且也是殖民主义的急先锋。在新航路开辟的同时,葡、西两国就开始了殖民掠夺。在百余年的时间内,伊比利亚半岛上的两个小国就建立成了庞大的殖民帝国。

　　葡萄牙的殖民活动比西班牙开始得早,始于 15 世纪初在非洲西海岸的探索航行。自达·伽马到达印度后,葡萄牙在印度半岛开辟了多处殖民地,并占领了香料贸易中心及战略要塞马六甲,接着又侵占了科伦坡以及印尼的苏门答腊、爪哇、婆罗洲和摩鹿加群岛等地。1553 年,葡萄牙殖民者以欺骗的手段定居于中国的澳门,1557 年后将其窃据为殖民地。到 16 世纪中叶,葡萄牙建立了一个势力扩及西非的几内亚、安哥拉,东非的莫桑比克、蒙巴萨至亚洲的阿拉伯半岛、印度沿海地区以及斯里兰卡、马来半岛、婆罗洲和印尼等地的强大的殖民帝国,印度洋成为其内海,欧亚间的贸易为它一手所垄断。此外,还在南美的巴西奠定了统治基础。

　　哥伦布发现美洲,揭开了西班牙殖民者远征美洲的序幕。从 15 世纪末到 16 世纪初,西班牙人首先把加勒比海和西印度群岛纳入自己的势力范围,先后在海地、牙买加、波多黎各等地建立殖民据点,并以此为基地开始对中南美洲的广大地区进行武力征服。1521 年,墨西哥沦为西班牙的殖民地。1533 年,西班牙冒险家皮萨罗率军占领了印加人的首府库斯科,随后又相继征服了厄瓜多尔、乌拉圭、玻利维亚、哥伦比亚、阿根廷等地。到 16 世纪中叶,除葡属巴西外,整个中南美洲几乎全部成为西班牙的殖民地。

　　葡、西两国在殖民征服过程中掠夺了大量财富,使本国封建统治阶级有了牢固的物质基础,当西欧其他国家的封建制度日趋解体时,葡萄牙和西班牙的封建制度却一度得到加强。两国将掠夺所得的金银财宝大部分用于维持庞大的官僚机构和对外的征服战争中。同时,王室、贵族和商人将大量的钱财花在进口各种商品上,以满足其奢侈的生活享受。因此,这些钱财不仅没有在两国起到资本原始积累的作用,反而打击了本国工业,延缓了资本主义发展的进程,使其很快丧失了殖民优势。

尼德兰革命

　　16 世纪的尼德兰是欧洲资本主义经济最发达的地区之一。当时的尼德兰是指荷兰、泽兰、卢森堡、阿瓦图等 17 个省,因为这一带地势比较低平,故称为“尼德兰”,是西班牙哈布斯堡王朝的领地。

　　尼德兰的富有使它成为西班牙国库的主要收入,它被西班牙国王看成是“王冠上的一颗珍珠”,并对它严加控制和搜刮。军事占领、民族奴役、宗教迫害、多种经济压榨措施,严重阻碍了尼德兰资本主义经济的发展,导致尼德兰商业衰退,工场倒闭,成千上万的人失业,阶级矛盾和民族矛盾激化,各阶层的反抗情绪日益高涨。

　　1565 年,一部分资产阶级化的贵族和不满西班牙统治的贵族人士,结成了“贵族同盟”。1566 年 8 月,贵族同盟领导的大规模的反对天主教会的圣像破坏运动揭开了尼德兰资产阶级革命的序幕。起义很快席卷了尼德兰 17 个省区中的 12 个,参加人数达几万人。在革命风暴的冲击下,西班牙在尼德兰的统治面临着严重危机。

　　为了镇压革命,腓力二世派残暴凶狠的阿尔发公爵到尼德兰任新总督。阿尔发一到任,立即对尼德兰革命进行血腥镇压。在阿尔发的高压统治下,尼德兰遍布绞刑架和断头台,许多新贵族和资产阶级人士被迫逃往国外。

面对西班牙的残暴统治,荷兰省总督奥伦治亲王威廉召集军队与西班牙作战。尼德兰人在南方密林中组织"森林乞丐"游击队,在北方沿海组成"海上乞丐"游击队,进行武装斗争。

1572 年 7 月,在北方七省会议上奥伦治亲王威廉被推举为总督。12 月,北方七省陆续取得独立。1581 年,北方成立联省共和国。由于荷兰在共和国各省中地域最大,经济也最发达,是共和国的政治中心,所以又称联省共和国为荷兰共和国。从此,尼德兰分裂为两部分,北部形成独立的国家,南部仍处在西班牙的统治之下。

腓力二世派兵扑灭南方革命后,继而向北方进攻荷兰共和国,但遭到抵抗。西班牙的"无敌舰队"被英国海军彻底击溃后,丧失了海上的霸权地位。腓力二世死后,西班牙完全衰落,再也无力进攻北方了。

1609 年,新继位的腓力三世和荷兰共和国签订了《十二年前停战协定》,事实上承认了共和国的独立。尼德兰革命在北方获得了胜利。尼德兰南部十省恢复了西班牙的统治,后来形成了比利时和卢森堡两个国家。

尼德兰资产阶级革命是人类历史上第一次成功的资产阶级革命。它推翻了西班牙的专制统治,在欧洲建立了第一个资产阶级共和国,打击了欧洲的封建堡垒——西班牙和罗马天主教会,为荷兰成为"17 世纪标准的资本主义国家"奠定了基础。

罪恶的奴隶贸易

15 世纪初,西方殖民者纷纷进行海外扩张。随着殖民扩张的发展,掠夺黑人进行奴隶交易的活动开始出现。到 15 世纪中叶,随着美洲被发现、种植园的创建、金银矿的开发,罪恶的奴隶贸易愈演愈烈。最早掠卖黑奴的是葡萄牙和西班牙殖民者。

奴隶贸易大致可分为三个阶段:15 世纪中叶至 16 世纪 80 年代是初期阶段,以海盗式的掠卖为主要特征;16 世纪 80 年代到 18 世纪下半叶是以奴隶专卖组织垄断为中心的全盛时期;18 世纪末到 19 世纪末是以奴隶走私为特点的"禁止"奴隶贸易时期。

奴隶贸易为西方殖民国家聚敛了巨额财富,成为资本原始积累的重要来源。它对美洲的开发起了极大的促进作用,但对非洲却是一场深重的灾难,曾是人类文明发源地之一的非洲大陆因此失去了大量人口,社会生产力遭到严重破坏。非洲人口占世界总人口的比重,由 1500 年的 11% 下降到 1900 年的 6.8%。非洲各国或部落之间经常发生争夺奴隶的战争,许多村庄被劫,城镇衰落,生产力遭到严重破坏,非洲社会的历史倒退了几百年。这是人类历史上最为黑暗、最为可耻的一页!

19 世纪初,工业资本主义最发达的英国在世界范围内带头掀起了废除奴隶制的运动。从此,废奴运动在世界各地风起云涌,形成一股不可阻挡的历史潮流。

海地、美国和巴西分别于 1803 年、1863 年和 1888 年废除奴隶制,古巴大约也在 1888 年废除奴隶制,此后还有一些别的国家相继废除奴隶制。广大被压迫的奴隶迎来了他们的新生。尽管如此,世界范围的贩奴运动并没有完全停止,断断续续的贩奴活动又持续了很多年,直到 19 世纪末才基本结束。

海盗德雷克

英国资产阶级原始积累的主要方式是圈地和海盗抢劫。海盗在伊丽莎白一世时代最为嚣张,达到前所未有的规模。在女王的默许下,海盗抢劫的主要对象是西班牙,在海上打击西班牙船队,夺取西班牙在美洲获得的财富,伊丽莎白一世不仅包庇和鼓励海盗抢劫,还多次投资参与其中。

德雷克就是海盗中最为出名的一个人,他的声名一直是和海盗活动联系在一起的。早在 1566 年,他就跟随他的表兄霍金斯从事贩卖黑人奴隶的三角贸易。1568 年,当他们满载财物从西印度群岛返航时,在墨西哥湾遭到西班牙人的袭击,几经奋战,德雷克才逃离险境。这次历险使女王伊丽莎白一世记住了德雷克的名字,他得到女王的召见,之后得到了女王的重用。

1579 年 7 月,德雷克指挥"金鹿"号向西横渡太平洋。这一年的 11 月,他们到达了东方的摩鹿加群岛。在那里,他们又装上香料,然后经印度洋,绕过好望角,于1580 年 9 月返回普利茅斯港。为了庆祝远征的胜利,英国女王伊丽莎白一世欣然登上"金鹿"号,授予德雷克"爵士"称号,命令将这艘海盗船保存下来,作为永久的纪念。

此后,德雷克又几次奉命出海,袭击西班牙在美洲的殖民地,抢劫的财物不计其数。据说,英国从海盗活动中掠夺的财富,总计达 1200 万英镑之多。这使西班牙声威扫地,损失惨重。

1596 年,在一次出航中,德雷克染上了可怕的传染病,死在他自己的船上,葬身大海。他一生以海盗抢劫为业,为英国建立海上霸权、加快原始积累立下了赫赫战功。

美利坚民族的形成

公元 17 世纪初,英国伦敦的一个公司在北美的弗吉尼亚地区建立了殖民地。弗吉尼亚殖民地的管理机构,是由一名总督和一个 13 人的参事会组成的地方政府。总督和参事由伦敦公司的董事会任命。公元 1619 年,总督根据公司的指示,成立了一个代议制的议会。议会有权制定地方法规,但不能违背英国法律,还须经设在英国的公司批准。公元 1619 年的弗吉尼亚议会成为世界上最早的一个代议制机构。从那时起,民主政体尽管受到限制或遭到挫折,却一直成为英属殖民地和后来的美利坚合众国的一项基本原则,也为法制建设开辟了道路。

公元 1620 年,一群在荷兰流亡了 10 年的清教徒决定移居美洲。他们乘坐"五月花"号漂洋过海,于初冬时节到达北美,却发现他们的登陆地点不在弗吉尼亚殖民地辖区内。面对眼前的荒凉沙丘和身后的茫茫大海,却没有一个人退缩。他们虽然只有 101 人,但为了防止内讧,团结一致地战胜困难建立新的家园,就按照教会组织的契约原则,在船上共同订立了一项公约,后人称这项公约为《"五月花"号公约》。他们登岸后,建立了普利茅斯殖民地。根据公约精神,召开全体居民大会,选出一名总督和几名助理,任期一年,由他们负责市镇的公共事务。《"五月花"号公约》与弗吉尼亚议会一起,被称为美国政治制度的两大基石。

由于弗吉尼亚和普利茅斯殖民地开拓的成功,诱使英国的一些社会显贵和富有的商人纷纷涌向北美,开发新的殖民地。到公元 18 世纪初为止,英国人在北美大西洋沿岸地区共建立 13 个殖民地。这 13 个殖民地分为北、中、南三个地区。

殖民地居民十分关心教育。因为要崇敬上帝,就必须人人能够阅读《圣经》。在每个村镇,都设有一所初级小学,教授识字和简单的算术。在较大的市镇,按照英国标准开办了公立中级文法学校,用税款供给经费。男孩子八九岁时进入这种学校,学习拉丁文、希腊文,其他课程开设的很少,学期六年,期满后就有资格升入大学,其中最早的大学是公元 1636 年建立的哈佛学院。

北美殖民地的建立与发展的过程,是人与自然斗争的过程。人改造了自然,也改造了自己。北美殖民地的居民与在封建桎梏下生活的英国人大不相同,他们追求平等,向往自由,既有个人主义的奋斗,又有团队互助的精神,他们已形成了一个新的民族——美利坚民族。

阿兹特克文明

阿兹特克人原在墨西哥西部的海岛上居住。据传说战神曾给他们这样的启示"如果看到一只鹰站在仙人掌上啄食一条蛇",那就是他们定居的地方。后来,祭司按照神意带领族人定居在墨西哥的特斯科科湖西岸,阿兹特克人称该地为"墨西哥",意为战神指定的地方。鹰吃蛇的图案也成了墨西哥的国徽。

1325 年,阿兹特克人在湖中的小岛上建立了都城——特诺奇蒂特兰城(今墨西哥城)。至蒙特苏马一世(1440~1469 年在位)时期,阿兹特克人已经控制了整个墨西哥盆地,形成了早期奴隶国家。阿兹特克国家的权力机关是"最高会议",由 20 名氏族首领组成,从中选出两名执政,一个管民事,一个管军事,后者权力较大,被视为神的化身。土地仍为村社公有,但土地私有和贫富分化现象已经出现,战俘和负债人沦为奴隶的现象普遍存在。阿兹特克人的文化受到玛雅文化的影响。农业是主要的经济形式,他们注意引水灌溉,并用在水中打桩和在木筏上铺湖泥的办法扩大农田和菜园的面积,这种地被称为"浮动园地"。阿兹特克人也能制造金银制品和铜器。他们制造的铜器造型美观,以褐底黑纹为特征。衣料多用棉花和各色羽毛混合织成,色彩艳丽夺目。他们用珍贵的鸟羽和贝壳编织、镶嵌成各种精美的饰品,以其工艺之精巧闻名于世。

阿兹特克人的历法和象形文字与玛雅人的相似。他们将一年定为 365.06 天,分成 18 个月,每月 20 天,每周 5 天。每天都有特定的名称,如猴日、雨日、海兽日等。阿兹特克人的象形文字的书籍与玛雅人的几乎遭受了同样的命运,多被西班牙殖民者焚毁,保存下来的只有两部"贡赋册",它是了解阿兹特克人社会生活的宝贵资料。

首都特诺奇蒂特兰城集中体现了阿兹特克人的建筑艺术。城市建在两个小岛上,有三条宽阔的长堤与湖岸相连,其中一条长达 11 千米,长堤上架有可以阻敌的吊桥。城内街道整齐,花园遍布,供水系统完备,居民超过 10 万人,比当时的伦敦、巴黎还要大。全城共建有金字塔神庙 40 座,位于中心广场的最大的一座高达 35 米,有 144 级台阶。富人的住宅都涂成白色或红色,极为宏伟壮观。1521 年,西班牙殖民者占领了这座城市,将其摧毁。

印加帝国

印加在 13~15 世纪时,还处在部落联盟阶段。1438~1533 年,印加逐步发展为统一而强大的奴隶制帝国,它的版图以秘鲁为中心,疆域北起哥伦比亚,南至智利中部,西濒太平洋岸,东至亚马孙丛林和阿根廷北部,人口约 1000 万。

印加帝国有着比较完善的奴隶制统治机构。国王被视为太阳之子、神的化身,权力至高无上;贵族和祭司享有特权,靠剥削农民和奴隶为生。全国分为四个区,每个区下辖几个省。社会的基层单位是"艾柳",即农村公社。村社土地分为三种:"印加田"归国家所有,"太阳田"归祭司或宗教所用,"公社田"属村社所有。三种土地都由农民耕种。除此之外,农民还要向国家纳税、服劳役。

印加人对人类农业文明的发展做出过巨大贡献。他们培育的农作物约有 40 多种,其中有番茄、草莓、菠萝等,许多作物都是当时其他大陆所没有的。印加人在建筑和交通方面创造了许多奇迹。首都库斯科的殿堂、庙宇一律是由巨石砌成的,巨石之间不用任何泥浆,却丝缝严密,薄刃难进。城内的太阳神庙是全国的宗教中心,庙内大殿正面的墙壁上是用黄金绘制的太阳神像,当太阳照在上面时,就会放射出万道金光。大殿外有一个献给太阳神的"黄金花园",园中的各种花鸟草木、走兽爬虫都是用金银制成的,做工精巧,足可以假乱真。印加人还修筑了遍布全国的交通驿道,两条主干道长达四五千米,贯通全国。驿道沿线设有驿站,建有烽火信号系统,信息传递极为快捷,无论是建设水平还是长度都超过了古代的罗马帝国。印加人有自己的度量衡,从墓葬中出土过骨、木及银制的天平秤。在医学上,他们也有极高的成就,能制作木乃伊,会从古柯中提取麻醉药,甚至会施行开颅术。印加人没有文字,他们用"基普"——一种结绳记事法来记载历史神话传说。

1532 年,皮萨罗率领西班牙殖民者入侵印加帝国。第二年,他们诱捕了印加王阿塔瓦尔帕,在骗取了印第安人的大量赎金后,又残忍地杀害了他,印加帝国从此灭亡。

朝鲜半岛的统一

早在公元前 4 世纪至公元前 3 世纪,朝鲜北部就出现过一个古朝鲜。公元前 195 年,燕人卫满灭古朝鲜建立卫氏朝鲜。公元前 108 年,汉武帝灭卫氏朝鲜,在该地区设置了乐浪、玄菟、临屯、真番四郡,并派驻太守进行统治。公元 3 世纪初期,东汉王朝灭亡,朝鲜北部的高句丽趁机兴起,并于公元 4 世纪初灭了乐浪郡,在其北与中国展开领土之争,在其南与百济、新罗长期争战不休,形成朝鲜历史上的"三国时代"。就在高句丽与百济争雄时,地处朝鲜半岛东南一隅的新罗乘机与中国联合。因此当高句丽与百济发现新罗已构成对它们的威胁时,便联合向其展开进攻。新罗于是求助于当时的唐朝,在唐朝的协助下,公元676年,新罗完成了朝鲜半岛的统一。

朝鲜半岛统一后,类似于中国的封建制度便很快建立了起来。他们首先形成了土地国有制,公元687年又颁布禄邑制,由国家对文武官员授予一定数量的收租地作为禄邑。

高丽农民起义

公元10世纪末到公元12世纪初,中国北方的契丹族和女真族先后入侵高丽。高丽的国力在战争中逐渐被削弱,社会矛盾也激化起来。

首先是统治集团内部争权夺利的斗争加剧。公元1126年,外戚李资谦一度专权。公元1170年和公元1173年,武将曾两度发动政变,出现武人专权的局面。其次是土地兼并加剧。封建官僚、贵族、地方土豪和寺院利用中央集权衰落的机会,大肆兼并土地。到公元12世纪时,田柴科制已无法继续推行。耕田面积日减,政府财政困难。农民无地、失地的情况严重,许多农民被迫沦为封建主的佃农或奴婢。社会矛盾日趋激化,人民起义斗争在全国此起彼伏。

公元1176年1月,南方爆发了以亡伊、亡所伊领导的农民起义。起义军攻克京畿道的骊州、镇州、牙州等地,控制了京畿道南部的大部分地区。直到次年7月,高丽统治者在暴力镇压的同时,采用欺骗的手段诱捕了起义领袖,这样才使起义军逐渐解体。公元1177年5月后,西北地区爆发了城市贫民和农民的大起义,起义者曾一度占领西京平壤。一年后,在统治阶级的分化收买下,起义失败。公元1198年,首都开城酝酿奴隶起义,后因叛徒的告密而流产。公元1199年,江原道爆发大规模的农民起义,起义者曾占领东南沿海一带。公元1200年,南方晋州爆发了大规模的奴隶起义,起义者惩处了6000多名官吏。这些大规模的起义均沉重打击了高丽王朝的封建统治。

帖木儿帝国

帖木儿帝国的创建者帖木儿(公元1336~1405年)出身于西察合台的一个突厥化蒙古贵族家庭。他经常结伙拦路抢劫,一次去阿富汗抢掠牲畜,右足被打伤了,人称跛足帖木儿。

公元1370年,他联合其他军事贵族击杀西察合台汗国苏丹,并占领撒马尔罕,自立为苏丹,宣布自己是成吉思汗的继承人,决心做世界的君主。14世纪80年代征服波斯、花剌子模等地。公元1390年以后多次进攻钦察汗国,攻陷其都城萨莱。公元1398年,又挥戈侵占印度,斩杀10万余人。公元1399年,侵占小亚细亚一带地区。公元1402年在安哥拉附近与奥斯曼帝国军队激战,双方出动军队约百万人,结果奥斯曼帝国全军覆没,苏丹巴耶塞特一世被俘,死于狱中。至此,帖木儿建立了一个仅次于蒙古的大帝国。帖木儿甚至梦想征服中国(明朝)。他不顾年迈之身,率领 20 万精兵出征。但到阿姆河时染病,不久(公元 1405 年)死于军中。公元 15 世纪后期,帖木儿帝国陷于分裂,西部形成黑羊王朝和白羊王朝两个独立政权,帖木儿的后裔只保留伊朗的东部地区。公元 1507 年,北方游牧部落乌兹别克人占领帖木儿帝国全境,帖木儿帝国灭亡。

"医中之王"阿维森纳

阿维森纳由于医术高超、医德令人称叹而被人们赞誉为"医中之王"。

公元 980 年,阿维森纳生于古波斯布哈拉附近的一个小村庄。他的父亲是一个受过教育的小官吏,信仰伊斯兰教,很喜欢讨论神学问题。在阿维森纳很小的时候,他的父亲就把他交给了有名的教师培养。阿维森纳从小聪明好学,10 岁左右就已熟知阿拉伯和波斯文学,他还熟悉神学、哲学、自然科学和医学。18 岁时,阿维森纳已成为有名的医生和学者。

布哈拉的苏丹身患重病,经阿维森纳的治疗,一个月以后就完全恢复了健康。因此,阿维森纳被特准可以进出王室图书馆查阅资料,这使阿维森纳如虎添翼,医术更加高明了。

32 岁那年,阿维森纳来到了波斯的哈马丹。在哈马丹,他又治好了一个国王的病。国王因为感谢他,任命他做了大臣。后来,因为宫廷内讧,他遭诬陷被囚禁,经王子搭救才获释。王子很器重他,任命他为侍臣和科学顾问。

51 岁那年,阿维森纳随军与突厥人作战,途中患病。靠着高明的医术,阿维森纳把自己的死期推迟了 6 年,直到公元 1037 年才离开人世。今天,在伊朗西北部的哈马丹,人们还可以看到他的坟墓。

莫卧儿王朝

巴卑尔是帖木儿的第五代孙,他机智、勇敢、力气过人。巴卑尔几次率兵征战,打败德里的苏丹军队。1526 年,巴卑尔以一支 12000 人的精锐骑兵部队击败了土耳其苏丹易卜拉欣的 10 万大军,杀死数千名俘虏,占领德里,建立了莫卧儿王朝。

莫卧儿帝国到了阿克巴大帝时代达到鼎盛。"阿克巴"意即"最伟大的",是印度人对穆罕默德的称呼。他是巴卑尔的孙子,是一个优秀的骑士,喜欢玩马球,并发明了会发光的马球以便夜间也能进行这项运动。他 14 岁那年,被伊斯兰教教士请去,用弯刀砍掉一个俘虏的首级,由此得到了伊斯兰教武士头衔——"异教徒的刽子手"。

在他统治时期,继续向外扩展疆界,经历一连串的战争,征服了次大陆,建立了一个空前庞大的帝国。当时莫卧儿帝国的版图包括:北自克什米尔,南至哥达瓦利河上游,西起喀尔,东到布拉马普特拉河的广大地区。1566 年,帝国首都迁至阿格拉。阿克巴建立了一套行之有效的官僚制度和法律制度。政府对全国的土地重新丈量和分类,并根据土地类型按新税制征税。在文化上,莫卧儿王朝推行伊斯兰教,但为了统治广大印度教徒,统治者对他们也大加任用。

阿克巴大帝死后,其子查罕杰即位,继续推行阿克巴的政策。在从阿克巴大帝到其孙子沙贾汗的大约 100 年的时间内,帝国版图又有所扩大。但到了莫卧儿王朝的奥朗则布皇帝时期,由于奥朗则布对伊斯兰教的虔诚,使得他推行褊狭的宗教政策,毁坏印度教神庙来改建清真寺,致使各地怨声载道,战乱不断,各地独立势力增强,帝国出现衰落的迹象。1707 年奥朗则布去世,王朝又经历了几个君主,但时间都很短。这时的莫卧儿帝国实际控制的范围已经很小,后来仅限于德里王宫周围的一小片地区。最后,莫卧儿王朝沦为英国殖民者的附庸,名义上存在到 1857 年。

近代篇

英国资产阶级革命

1603 年,伊丽莎白女王去世。随着都铎王朝(1484~1603)统治的结束,英国进入了斯图亚特王朝统治时期。国王詹姆士一世和他的继承者查理一世在政治上都相信"君权神授",认为"除上帝外,国王不对任何人负责"。他们实行专制,经常触犯资产阶级的利益;又实行宗教专制,迫害反映资产阶级要求的思想意识——清教,掀起了"清教运动",从而导致了政治上的紧张局面。终于在 1640 年爆发了英国资产阶级革命。

英国资产阶级和新贵族的力量因国内资本主义经济的发展而不断增强,在国会中形成了与专制王权对立的反对派,国会同国王之间的矛盾和斗争不断激化。1628 年国会通过了限制王权的《权利请愿书》,国王查理一世为得到国会拨款而勉强批准了。但当国会抗议国王随意征税时,查理一世宣布解散国会,王权同国会之间的矛盾日趋尖锐。

1640 年 11 月,查理一世被迫重组新国会,标志着英国资产阶级革命的开始。1642 年 1 月,查理一世离开革命形势高涨的伦敦,北上约克城组织保王军队,准备以武力镇压国会派的"叛逆"行为。8 月 22 日,他在诺丁汉树起了王军旗帜,宣布讨伐国会内的叛乱分子,从此拉开了英国内战的序幕。

内战初期,国会军队连打败仗。后来,资产阶级和新贵族的代表克伦威尔组织了"铁骑军"和"新模范军",才扭转了局势,并于 1645 年取得了决定性的胜利。查理一世逃往苏格兰,但被苏格兰扣留。英国国会出资 40 万英镑将他赎回,并加以囚禁。

革命取得了初步胜利,但反封建阵营和军队内部却开始分裂。查理一世趁机逃出囚室,并纠集保王党的力量卷土重来。面对复辟势力的威胁。革命阵营内部各派暂时联合起来,终于粉碎了保王党的阴谋。公元 1649 年 1 月,由 135 人组成的特别最高法庭判处查理一世死刑,克伦威尔亲自草拟并签署了死刑执行令。5 月,国会宣布英格兰为共和国,共和派掌权。

公元 1640 年开始的英国资产阶级革命,开创了资产阶级的时代,也标志着世界近代史的开端。

查理一世上了断头台

英国内战以资产阶级和新贵族的胜利而告终,国王查理一世被国会军俘虏,关押在伦敦郊区古老的温莎城堡内。

1649 年 1 月 20 日下午,在伦敦进行了对查理一世的公开审判。由部分国会下院议员和高级军官组成的最高法庭特设的审判大厅的大门打开后,最高法庭庭长、伦敦著名大律师布拉德肖率领最高法庭的成员们,神情严肃地步入大厅,各就各位。

查理一世被押到最高法庭后,态度仍然十分傲慢。在听完起诉书后,他更是暴跳如雷,拒绝承认审讯的合法性和权威性。在 22 日和 23 日的审讯中,他仍然在法庭上咆哮,引起了在场军官和士兵们的愤怒。27 日,最高法庭宣判"查理·斯图亚特作为暴君、卖国贼、杀人犯和人民公敌,应斩首"。

1649 年 1 月 30 日,是查理一世的末日。下午 1 时,查理一世被押上断头台。随着一声令下,查理,身首异处,昔日不可一世的专制暴君得到了应有的惩罚。

查理一世像

这是英国近代史上,也是世界近代史上第一个被处决的国王。英国保王党和欧洲一些封建国家的政府曾竭力营救查理一世;英国上院许多贵族曾公开反对审判查理一世;下院议员中也有一些人不赞成审判和处决查理一世,法定由 135 人组成的最高法庭,自始至终参与审判过程的不到 60 人。因此,审判和处决查理一世,是英国反封建斗争中的一个伟大胜利。同年 5 月,共和国宣告成立。至此,英国资产阶级革命到达了顶点。

君主立宪制的确立

查理一世被斩首后,克伦威尔掌握了共和国的大权,成为"护国主"。但是,克伦威尔很快就走上了独裁的道路。1658 年 9 月,克伦威尔逝世,他的儿子理查·克伦威尔继任护国主。庸碌无能的他不到一年就被迫辞职,国家政权落到了高级军官集团手中。一片混乱的政局让大资产阶级更加恐慌,于是恢复斯图亚特王朝的统治应运而生。

1660 年 2 月,保王党分子、英国驻苏格兰军队司令蒙克率军进驻伦敦,并召开了以长老派和保王党分子为主的新国会。会议决定请查理一世的儿子查理·斯图亚特回来当国王,称查理二世(1660~1685)。就这样,斯图亚特王朝复辟了。查理二世一上台就对革命进行了疯狂的反攻倒算。他大力捕杀参加革命的人,还挖出了克伦威尔的尸体,吊在绞刑架上示众。他不顾国内人民的反对,把克伦威尔从西班牙人手中夺得的敦刻尔克卖给了法国,引起了资产阶级及人民的不满。

1685 年,查理二世去世,他的弟弟詹姆士二世即位。詹姆士二世是个狂热的天主教徒,他比查理二世更加反动。他的一些措施严重损害了资产阶级和新贵族的利益,也遭到了广大人民的反对。到了 1688 年,反抗运动相继兴起,詹姆士二世却仍然残忍地迫害清教徒。资产阶级新贵族和广大人民的愤怒情绪日益高涨,预示着新的革命的到来。资产阶级和新贵族最终发动了一次政变,结束了詹姆士二世的统治,并向詹姆士一世的女婿威廉发出邀请,请他立即到英国来继任王位。1688 年 11 月 5 日,威廉来到英国。他的到来受到了贵族和乡绅们的支持,许多高级军官亲自到威廉的驻地表示支持。众叛亲离的詹姆士二世无奈地逃往法国。

1689 年 2 月,议会宣布威廉为英国国王,玛丽为女王,实行双王统治。随后,议会又通过了著名的《权利法案》和《王位继承法》,它们都有利于保护资产阶级的利益。1688 年的政变,是一次没有经过流血而完成的政变,所以又称"光荣革命"。"光荣革命"彻底结束了英国的专制主义统治,英国从此开始了君主立宪制的统治。

伦敦大瘟疫

1665 年的夏季,在斯图亚特王朝复辟不到五年的时间里,一场特大瘟疫在英国首都伦敦爆发了。这场俗称"黑死病"的瘟疫席卷了伦敦这座千年古城。

查理二世带着王公贵族和大臣们首先撤离了伦敦,迁往牛津。富人们也竞相逃命,伦敦城内只剩下无处可逃的穷人。昔日繁荣喧闹的古城伦敦,很快变成了一座鸦雀无声的死城。

伦敦的这场瘟疫主要是由圈地运动使无家可归的人进驻城市,越来越多的穷人形成了破烂不堪的贫民区而引起的。这些低矮简陋的房子密集地挤在一起。屋外的排水沟又浅又窄,其中的污泥无人清理,在烈日的暴晒下,发出阵阵恶臭。堆积在街面上的垃圾和粪便更是令人作呕。

面对如此恶劣的卫生状况,以查理二世为首的斯图亚特复辟王朝不闻不问。他们把主要精力都放在了进行反攻倒算和纵情享乐上面。为了控制疫情,人们将患病者所住的房子封死,严禁任何人出入。每天只在固定的时间由专人从窗口送进食物和饮用水。就这样,在没有任何医治的情况下,伦敦市区死了一万余人。

黑死病也使伦敦的社会秩序达到了空前的混乱状态。盗贼猖獗,谋财害命的事时有发生。

随着寒冬的来临,这场伦敦大瘟疫才慢慢远去。据不完全统计,伦敦全城丧生于这场大瘟疫的人达 10 万之多。

然而,就在伦敦人民在黑死病的折磨下处于水深火热之中时,躲在牛津的查理二世及其王公大臣们,仍然恣意享乐,过着骄奢淫逸的生活。他们对伦敦灾民的疾苦熟视无睹,没有采取任何措施来阻止瘟疫的扩散。斯图亚特复辟王朝的残忍和腐朽,深深地铭刻在了人民的记忆之中。

护国主克伦威尔

奥列弗·克伦威尔是17世纪英国资产阶级新贵族的代表人物、独立派的首领。1599年4月,克伦威尔出生在英国亨丁顿郡的一个绅士家庭。在读小学的时候,由于受家庭的影响,他开始接受清教的思想。后来,克伦威尔就读于锡德尼·苏萨克斯学院,此后又到伦敦学了两年法律。1628年,他当选为国会议员,开始登上政治舞台。他以对查理一世反动统治的抨击在社会上引起了强烈的反响,赢得广大人民群众的支持,开始在政治舞台上崭露头角。

1642年,英国的第一次内战爆发。全国分为两大阵营:以国会为首的革命阵营和以国王为首的保王党阵营。克伦威尔加入了革命阵营,参加反对国王查理一世的战斗。战争初期,议会军节节败退,克伦威尔非常焦急,决定建立一支强有力的骑兵。他从剑桥、亨丁顿等郡招募了一支主要由自耕农组成的千人骑兵队。这支军队纪律严明,英勇善战,屡建奇功,因此获得了"铁骑军"的称号。

1644年7月,克伦威尔率领"铁骑军"在英格兰北部的马斯顿草原与国王的军队展开激战,最后取得了胜利。这次胜利扭转了国会军队在战争初期屡屡失利的被动局面。克伦威尔因此威名远扬,赢得了国会的信任,开始担任革命军的总指挥。他以"铁骑军"为榜样改组军队,组成了"新模范军"。新模范军在与国王军的战役中全歼了国王军的主力,基本结束了第一次内战。

1649年1月30日,查理一世被送上了断头台。共和国成立后,克伦威尔很快就掌握了英国的统治权。他于1649年被任命为爱尔兰总督和远征军总司令,开始远征爱尔兰。克伦威尔依仗强大的兵力,残酷地镇压了爱尔兰的起义。后来,他又远征苏格兰,镇压了苏格兰统治集团的叛乱。克伦威尔的胜利使他在欧洲有了"常胜将军"的称号。

随着军事上的胜利,克伦威尔的野心逐渐膨胀,开始独揽大权。他先是用武力解散了议会,随后又建立了军事独裁的统治。1653年12月16日,在伦敦的盛大典礼中,克伦威尔接受了"英格兰、苏格兰及爱尔兰护国主"称号,从此英国资产阶级革命进入护国主统治时期。护国主为终身职位,他有权指定自己的继承人,并且集立法、行政和军事大权于一身,成为实际上的军事独裁者。后来克伦威尔又改护国主为家族世袭,成为没有国王头衔的国王。1658年9月,克伦威尔去世,终年59岁。

欧洲启蒙运动

17~18世纪的欧洲,处于从封建社会向资本主义社会过渡的时期。随着西欧各国资本主义经济的发展壮大,资本主义同腐朽的封建制度的矛盾日益尖锐。在这种形势下,一批先进的思想家掀起了一场思想启蒙运动。启蒙运动兴起于西欧,其中心在法国,很快波及欧洲大多数国家,并影响到全世界。欧洲中世纪占统治地位的思想是宗教思想,因此启蒙运动的思想家们首先把矛头指向宗教神学。

英国学者在启蒙运动中占有重要地位,培根、霍布斯、赫伯特等思想家都对宗教思想提出了批判。法国的思想家们把启蒙运动推向了高潮。18世纪,法国还处在封建专制主义的黑暗统治下。启蒙运动的先驱培尔以全面怀疑的态度批判封建宗教,无情地驳斥了正统的基督教信仰;伏尔泰提倡"君主和哲学家的联盟",拥护开明专制制度,主张建立自由、平等、幸福的王国;孟德斯鸠猛烈抨击专制制度,认为专制主义统治下的法国是极不合理、极不公平的社会;经济学家杜尔哥指出,人类社会的历史就是人类理性进步的历史;哲学家孔多塞主张人类要不断前进,消灭阶级间和民族间的不平等。法国启蒙运动的杰出代表还有以百科全书派为中心的一批唯物主义思想家:拉梅特里发挥了唯物论和无神论的精神;霍尔巴赫对宗教进行了无情的讽刺,指责基督教违反理性和自然;爱尔维修攻击一切以宗教为基础的道德;狄德罗终生为自由、真理和社会进步而奋斗,写了一系列唯物主义哲学著作。

在法国启蒙运动中,小资产阶级民主派的代表人物是卢梭,他主张天赋人权、主权在民、自由平等,在政治上他拥护共和国。他的政治思想对18世纪末法国大革命产生了重大影响。

启蒙运动不仅波及整个欧洲,还扩展到亚洲、非洲、拉美地区。启蒙运动的思想家们勇于为真理和正义而斗争,沉重地打击了封建教权和王权的统治。他们的著述描绘了未来"理性王国"的蓝图,启发并培养了一代革命者。启蒙运动为摧毁腐朽的封建制度、确立资本主义制度做了思想上和理论上的准备。启蒙思想家所宣传的自由、平等、民主和法制的思想,对1775~1783年的北美独立战争、1789年的法国大革命以及19世纪欧洲爆发的一系列资产阶级革命都产生了极大的影响。

业余数学家之王

费马以其诸多的猜想和大胆的创造,被后世数学家赞誉为"业余数学家之王"。
费马生于法国南部,在大学里学的是法律,以后以律师为职业,并被推举为议员。费马的业余时间全都用来读书,哲学、文学、历史、法律均有涉猎。他30岁时迷恋上了数学,直到64岁病逝,一生中有许多伟大的发现。不过,他极少公开发表论文、著作,主要是通过与友人通信来表露他的思想。在他死后,由他的儿子通过整理他的笔记和批注挖掘他的思想。好在费马有个"不动笔墨不读书"的习惯,凡是他读过的书,都有他的圈点,页边还有他的评论。

费马提出了一个数学难题,使得后来的数学家一筹莫展,直至1995年始获解决。这道题是这样的:当 $n>2$ 时,$x^n+y^n=z^n$ 除了 $xyz=0$ 外,没有其他的整数解。在数学上被称为"费马大定理"。

费马对数学的贡献包括:与笛卡儿共同创立了解析几何;创造了作曲线切线的方法,被微积分发明人之一的牛顿奉为微积分的奠基者;通过提出有价值的猜想,指明了关于整数的理论——数论的发展方向。他还研究了掷骰子赌博的输赢规律,从而成为古典概率论的奠基人之一。

"太阳王"

公元 1643 年,法国国王路易十三逝世,他的长子、年仅 5 岁的路易十四即位。其母摄政,首相马萨林执政。

在未执政的时候,路易十四整天出外狩猎,或流连于巴黎社交界,直到公元 1661 年首相马萨林逝世,23 岁的路易十四亲自执政,才停止下来。

路易十四决定把自己变成"职业的国王",让整个朝廷和大臣都俯首听命。路易十四没有任命首相,决定亲自治理国家。大臣们要向他作详细汇报,国家的任何事务他都要亲自决定。国家的文件都要他亲自签署,不准大臣们反驳他。他剥夺了巴黎高等法院和各地方法院的权力,把巴黎法院的某些法官流放。

路易十四采取重商主义政策,推动工商业发展。他还废除了《南特敕令》,宣布新教非法。认为"朕即太阳",发动了一系列战争。

法国投石党运动

投石党运动指公元 1648～1653 年反对专制王权的政治运动。

第一阶段是高等法院投石党运动。公元 1648 年 8 月,法军战胜西班牙的消息传来,政府认为自己的力量已经足够强大,便逮捕了两个提出监督政府财政的法官。为此,巴黎人民发动起义,要求政府释放法官。政府不得不在两天后给予释放。

公元 1649 年 1 月,首相马萨林和王室逃离巴黎,将宫廷迁至圣日耳曼,随即派孔代亲王路易二世围攻巴黎。高等法院感到恐惧,决定向宫廷妥协。3 月 11 日,他们与马萨林签订和约,从而结束了"高等法院投石党运动"。

第二阶段是公元 1650～1653 年的亲王投石党运动。孔代亲王想谋取首相马萨林的职位未成,便联合对宫廷不满的贵族,密谋推翻马萨林政府。公元 1650 年 1 月,马萨林下令拘捕了孔代亲王。亲王的拥护者在外省掀起了一系列暴动。

公元 1650 年底,在孔代亲王支持者和巴黎党人的联合行动下,孔代亲王获释。他获释后同西班牙结盟与政府军展开了激战,使国王和马萨林再次逃离巴黎。但亲王投石党运动缺乏民众支持,内部又争权夺利,很快就被宫廷分化瓦解了。10 月 21 日,国王胜利返回巴黎。公元 1653 年 2 月,马萨林也回到巴黎。之后许多贵族遭到流放,不准高等法院干涉王政,投石党运动遂告结束。此后,专制王权在法国日趋巩固。

普鲁士王国

普鲁士是德意志邦国,原为古普鲁士人居住地,13 世纪被条顿骑士团征服,始称普鲁士。1466年臣属波兰。1525年成为普鲁士公国。1618年普鲁士和勃兰登堡合并。1660年摆脱波兰的宗主权。1701年,勃兰登堡大选帝侯腓特烈三世支持奥地利哈布斯堡王朝向法国波旁王朝宣战,借以换取国王称号。1月18日,腓特烈三世在柯尼斯堡加冕成为普鲁士国王腓特烈一世,并从此展开了普鲁士王国200多年的显赫历史。

18世纪后半叶的七年战争和三次瓜分波兰,使其获得奥地利的西里西亚、波兰的西普鲁士等地,逐渐成为封建军事大国。19世纪,资本主义得到进一步发展。1848~1849年爆发了资产阶级革命,但最终失败。1862年俾斯麦就任首相后,通过战争击败了主要竞争对手奥地利和法国,实现了德意志的统一。1871年建立以普鲁士王国为中心的德意志帝国,帝国皇帝和首相分别兼任王国国王和首相。帝国变成中央集权统治,普鲁士王国失去了"国家"的含义。1919年德国的十一月革命推翻了帝制,建立共和国,普鲁士王国的名称消失。

俄国的彼得一世改革

俄国沙皇彼得一世为强化中央集权和巩固农奴制,开始在国内进行一次全面的改革。改革的主要内容有:在军事方面,他建立了一支20万人的正规陆军,并创建了海军舰队,更新装备,严格训练军官。在经济方面,彼得一世大力发展各类手工工场,实行重商主义,他还允许工场主大量购买农奴作为劳动力。同时,还建设了通商口岸,发展国内贸易,并实行保护关税政策,奖励输出,限制输入。文化教育方面,彼得创办了各级学校,培养各类专门人才。同时派遣留学生到西欧学习,规定贵族子弟必须接受教育,必须学会算术和一门外语。他还建立了俄国的第一个印刷所、博物馆、图书馆以及剧院。政治上,彼得一世把宗教权掌握在自己手中,改革了行政管理制度,加强了中央集权。社会生活方面,彼得要求俄国人的生活西化,强迫俄国人剪掉引以为傲的长胡须。要求贵族男女们按照西方礼节交往。这些改革改变了俄国生产力水平低、工商业和文化不发达的局面,为俄国跻身于欧洲强国之列奠定了基础。

"女皇大帝"叶卡捷琳娜二世

沙俄叶卡捷琳娜二世女皇,史称"凯瑟琳大帝"。真正获得"大帝"称号的,第一个是彼得一世,第二个就是叶卡捷琳娜二世。她也是世界历史上唯一的女大帝。

叶卡捷琳娜二世,是德意志奥古斯特公爵的小公主。原名索菲亚·弗里德里克·奥古斯特。1744年随母到俄。第二年,与被沙俄伊丽莎白女皇立为王储的外甥卡尔·彼得结婚。伊丽莎白讨厌"索菲亚"这个名字,因为同她父亲彼得一世争权的那位姑妈也叫索菲亚。为了纪念自己的母亲,就给她取了一个俄国名字——叶卡捷琳娜。

索菲亚不会说俄语,更不懂俄国的规矩。但是她聪明伶俐、勤奋好学,很快就学会了俄语,并研究了俄国的历史文化和风俗习惯。她善于察言观色、讨人欢心,所以宫廷里上上下下都非常喜欢她。

婚后的叶卡捷琳娜很不快乐，因为丈夫整天在外面寻欢作乐，对自己的妻子不但不关心，还经常责骂、挖苦。叶卡捷琳娜忍受着一切的委屈和屈辱，她表面上对婆婆伊丽莎自女皇显得恭顺而孝敬，侍奉丈夫也显得体贴入微，经常说"愿做沙皇最下贱的奴隶"，但她内心深处却感到十分痛苦和寂寞。为了排解压抑和孤寂，她手不释卷，博览群书 18 年。结果，成为博学多才、足智多谋的世界女皇之一。

公元 1761 年 12 月 25 日，伊丽莎自女皇去世，卡尔·彼得接替皇位，称彼得三世，叶卡捷琳娜成了皇后。这时她的野心逐渐显露出来，她抓紧时机培植拥护自己的势力，暗中紧张地策划政变，夺取皇位。1762 年 7 月 9 日，在近卫军奥尔洛夫兄弟的帮助下，她发动了宫廷政变，秘密处死了彼得三世，登上了皇帝的宝座，开始了她长达 34 年的统治。

叶卡捷琳娜二世上台之初，为了稳固政权，她先后赐给支持她的军官和贵族的农奴达 80 余万人。为了维护农奴主的利益，取悦贵族，她禁止农奴向政府申诉，并残酷地镇压了普加乔夫领导的起义。由于叶卡捷琳娜竭力维护贵族利益，被人们称为"贵族的女皇"。

1796 年 8 月，叶卡捷琳娜病入膏肓，临死前她曾野心勃勃地说道："我要建立一个包括六个都城的大帝国，它包括彼得堡、莫斯科、柏林、维也纳、君士坦丁堡、阿拉斯特罕……如果我能活到 200 岁，那么整个欧洲就会落到俄国脚下……把我的孙子取名为亚历山大吧，我希望他像古希腊马其顿的亚历山大大帝一样，建立一个横跨欧亚的大帝国——大俄罗斯帝国。"

俄国普加乔夫起义

普加乔夫于 1742 年出生在顿河沿岸齐莫维斯克镇的一个贫穷哥萨克家庭。由于家庭境况贫困，年少时他终日为生活奔波。18 岁时，刚结婚不久的普加乔夫就去参加了七年战争。战争结束后，他回家继续务农。

公元 1768 年俄土战争爆发后，普加乔夫再度应征入伍。由于作战勇敢，他很快被提升为少尉。后来因为患了严重的瘰病病，他请求退役未准，于是开始了逃亡生活，成了流浪的哥萨克。

当时，在顿河和雅克河（后改名乌拉尔河）的哥萨克中有一个谣传，说彼得三世并没有死，他就在哥萨克中。1773 年 9 月 17 日，普加乔夫自称皇帝彼得三世，聚集了一支由 80 名哥萨克组成的队伍，并公布檄文，宣布将古时哥萨克享有的优惠与特权赐给曾在亚伊克军中服役的哥萨克、鞑靼和卡尔梅克人。

这支起义军组织起来后，深得民心。不出几个月，起义队伍迅速扩展为 2000人，直逼奥伦堡城下，围困奥伦堡达半年之久。后来在与政府军戈利岑的部队作战时，终因力量相差悬殊而失败了。当他带着队伍转战南乌拉尔和巴什基尔一带时，这里的农民、工人纷纷起义，补充了队伍，起义军很快增加到 2 万人。力量重新壮大后，普加乔夫决定率军向喀山挺进。

普加乔夫智取喀山，起义迎来全盛时期。随后沙皇军队重重包围了他们，在战斗中,起义军损失惨重,喀山失守,整个起义由盛转衰。普加乔夫带领残余队伍南下进军察里津,想在那里发动哥萨克起义,重建军事要地。

由于政府军早有准备,顿河哥萨克没有响应普加乔夫起义。沙皇政府趁机大军迫近,此时起义军内部却发生了叛乱,几乎被完全击溃。最后普加乔夫带领剩下的200余人逃往草原地带。逃亡途中,最后只剩下45人。在沙皇政府的诱惑下,普加乔夫被叛徒出卖。

公元1775年,普加乔夫被押往莫斯科。由叶卡捷琳娜二世亲笔核准,法庭宣布将普加乔夫"砍去头和四肢,并把头捅在尖木橛子上,身体各部分运往莫斯科的四个方向,用车碾碎,在原地烧掉"。

普加乔夫起义虽然失败了,但这次起义沉重地打击了俄国农奴制,动摇了农奴制国家的基础,使女皇叶卡捷琳娜二世不得不改变统治策略,加强与贵族地主的政治联盟。俄国诗人普希金曾给予他很高的评价,称他的檄文和命令是"人民的善于辞令的绝妙范本"。

海上马车夫

17世纪,欧洲的资本主义经济得到较大的发展,各国之间的贸易往来日益增多。当时,世界各国间的贸易通道主要在海上,而当时荷兰的商船来往于五大洲、三大洋,承揽了世界海上大部分运输,是世界上最强大的海上霸主,因此号称"海上马车夫"。

荷兰没有取得独立以前,只是西班牙属地尼德兰的一个省。"尼德兰"意为低地,是莱茵河入海处一大片低地的总称,包括今天的荷兰、比利时、卢森堡和法国东北部的一部分地区。尼德兰是个富饶的地方,当年西班牙帝国的一半税收来自这里。西班牙国王查理一世把它看作是自己"王冠上的一颗珍珠"。16世纪末,尼德兰普遍兴起了反对西班牙统治的政治运动和武装起义。1581年,尼德兰北方七省成立"联省共和国",其中以荷兰省最大,所以又称荷兰共和国。

荷兰独立后,依靠捕鱼业迅速积累了大量的资本,他们把这些资本投入到造船业中。荷兰人利用低成本、低运输费和低关税进口的大量木材来造船,使荷兰成为世界上造船业最发达的国家,成为西欧强国。

荷兰的造船技术是世界上最先进的,欧洲许多国家都到荷兰订购船只。1650年,荷兰拥有的商船数居世界第一,几乎垄断了海上贸易。当时的阿姆斯特丹是国际贸易的中心,港内经常停泊着2000多艘商船。

荷兰的军舰几乎超过了英法两国海军的一倍。它们在世界各大洋游弋,保护本国商船,从事海外殖民掠夺。在亚洲,1595年荷兰人首次绕过好望角,到达印度、爪哇。不久,荷兰舰队便在爪哇和马六甲海峡两次打败葡萄牙舰队,并不断追捕、抢劫中国商船,垄断了东方贸易。1602年,荷兰成立东印度公司,专门控制这一地区的贸易。在美洲,荷兰于1621年成立西印度公司,把持西北非洲与美洲之间的贸易,并在北美侵占了一块殖民地,建立了以新阿姆斯特丹(即现在的纽约)为中心的新荷兰。在非洲,荷兰在东西方交通的咽喉——南非的好望角,修筑要塞、营建殖民地,在那里开辟种植园,保证过往船只淡水、粮食的供应。

到了 17 世纪下半叶,随着英法等国的崛起,英国同荷兰在海上展开了三次争夺霸权的战争,并逐渐取得了海上的优势。后来,法国也参与了进来,法荷战争席卷了荷兰本土,最终以荷兰的惨败而告终。荷兰从此一蹶不振,丧失了世界霸权地位。

英国工业革命

公元 17 世纪时,英国资产阶级通过革命确立了自己的统治,为资本主义的发展扫清了道路。到了公元 18 世纪中叶,英国已具备了工业革命的基本条件:大量的资金、大批的自由劳动力和广阔的国内外市场。

所谓工业革命,又称"产业革命",是指资本主义的手工工场向大机器生产过渡,以及随之产生的社会生产关系的大变革。英国工业革命首先是从资金周转快、获利丰厚的棉纺织业开始的。公元 1733 年,凯伊发明了飞梭,提高了织布能力,使得棉纱供不应求,造成了所谓的"纱荒"。公元 1767 年,纺织工人哈格里夫斯发明了以他妻子名字命名的"珍妮纺纱机"。与传统的手纺机相比,"珍妮纺纱机"可同时纺 16~18 根纱线,后来更提高到 80 根线,极大地提高了劳动生产率。所以。它被认为是工业革命的第一台机器,工业革命以此为起点轰轰烈烈地展开了。

后来,织工克朗普顿在上述基础上进一步改革,制成了"骡机"。"骡机"同时可转动三四百个纱锭。纺纱技术的革新倒过来又推动了织布机的改革。公元 1785 年,棉纺厂开始使用蒸汽机做动力。

纺织工业的不断推进,使得动力问题成为工业革命的下一个目标和关键。公元 1782 年,瓦特制造并改进了蒸汽机。这一划时代的发明,完成了从工作机到动力机的改造,实现了以机器取代手工劳动,同时极大地推动了矿产、冶金、交通、运输等部门的发明和创造。公元 1807 年,美国人富尔敦发明了蒸汽机轮船,英国利用这一技术制造出自己的轮船。公元 1814 年,英国人史蒂芬孙研制出实用的火车机车。到公元 19 世纪中叶,英国工业革命基本完成。

法国大革命

公元 18 世纪晚期,法国把全国居民分为三个等级:第一等级是教士,第二等级是贵族,他们是统治阶级。他们人数不多却霸占着大片的土地,拥有特权。第三等级包括广大的农民、城市平民和新兴的资产阶级,他们受到统治阶级的残酷压榨,政治上无权,因而十分痛恨封建专制制度。

公元 1789 年 5 月,路易十六为了解决财政危机,在新任财政总监内克的敦促下被迫召开三级会议。三级会议在凡尔赛开幕。第三等级代表提出取消等级区分,遭到拒绝。7 月 9 日,第三等级的代表宣布把会议改为制宪会议。路易十六气急败坏,调集大批军队,准备驱散制宪会议,血洗巴黎。消息传开后,巴黎全城敲响了警钟。7 月 14 日,巴黎人民爆发武装起义,攻占巴士底狱,革命爆发。

1789 年 8 月 26 日,制宪会议通过《人权宣言》,确立人权、法制、公民自由和私有财产权等资本主义的基本原则。议会还颁布法令废除贵族制度,取消行会制度,没收并拍卖教会财产。革命初期,代表大资产阶级和自由派贵族利益的君主立宪派即斐扬派取得政权。斐扬派制定了《一七九一年宪法》,召开立法会议,维护君主立宪政体,反对革命继续发展。1792 年 8 月 10 日,巴黎人民再次起义,推翻君主立宪派的统治,逮捕了国王路易十六(后被处死)。

9 月 21 日召开国民公会,次日宣布成立法兰西共和国。但当政的吉伦特派代表工商业资产阶级利益,既阻止革命深入发展,又不坚决抗击欧洲君主国家的武装干涉。1793 年 5 月,巴黎人民第三次起义,推翻吉伦特派统治,建立以罗伯斯比尔为首的雅各宾派的革命专政,颁布了《雅各宾宪法》。1794 年 7 月,罗伯斯比尔的敌对势力利用革命政权群众基础薄弱的缺点,发动政变,推翻雅各宾专政,建立热月党人统治。

这次革命摧毁了法国封建专制制度,促进了法国资本主义的发展;也震撼了欧洲封建体系,推动了欧洲各国革命。

《马赛曲》的诞生

1791 年 8 月 27 日,在俄国和英国的怂恿、支持下,普鲁士国王和奥地利皇帝发表了联合声明,号召欧洲各国君主联合起来,共同采取“最有效措施”,恢复法国国王的“君主统治”。当时,路易十六正因国内的大革命而出逃在外。1792 年 4 月 20 日战争爆发后,路易十六和王后设法延误法军战机,阻止军需的运送,并暗中派人把作战计划和军事机密送给普奥军队。对法军部署了如指掌的普奥联军一路杀来,法国军队连连失利,奥地利军队侵入法国领土后,很快就打到了巴黎附近。法国革命处于危急之中。

这时,全国各地纷纷组织了义勇军,奔赴巴黎前线抵抗入侵的敌人,保卫首都、保卫祖国。在斯特拉斯堡市,市长迪特里希让工兵上尉鲁日·德利尔谱写了一首《莱茵河军队战歌》,不久就传遍了全国。马赛地区的革命队伍唱着这首歌曲浩浩荡荡地开进巴黎,《马赛曲》因此而得名。

1792 年 9 月 20 日,法国义勇军与普鲁士军在瓦尔密高地的决战中大获全胜。当天国民会议在巴黎开幕,宣布废除君主制度,建立共和政体。22 日,法兰西第一共和国正式宣告成立。两个月后,敌军被全部赶出法国。1795 年 7 月,法兰西共和国国民公会通过决议,把《马赛曲》定为法兰西共和国国歌。

“人民之友”马拉

马拉是法国大革命时期的社会活动家、政论家、学者,雅各宾派的领导者之一。他于 1743 年 5 月出生在瑞士的一个设计师家庭。16 岁时随父亲来到法国,在巴黎攻读医学,取得优异成绩。1774 年,他来到伦教,并发表了《奴隶制的锁链》,抨击了君主制,提出了武装起义和革命专政的思想。1775 年,获爱丁堡大学医学博士学位。

1777年,马拉弃医从政。在法国大革命爆发后,马拉全力投入到革命洪流之中。1789年9月,他创办了《人民之友》报,向封建势力和革命的敌人发起猛攻。由于触怒了大资产阶级,马拉被投入监狱。出狱后,马拉继续同大资产阶级做斗争。1790年再遭通缉,被迫流亡伦敦。不久,又秘密返回法国。

他在《人民之友》报上大声疾呼:穷人和富人同样是国民,为什么穷人就要被虐待? 马拉的疾呼喊出了广大中下层人民的心声,得到广大群众的无比信任。因此,人们称他为"人民之友"。

1792年9月22日,法兰西第一共和国诞生后,马拉当选为国民公会代表。在是否审判国王路易十六的争议中,马拉挺身而出,在会上大声呐喊:"要挽救祖国,必须砍掉暴君的头。"并无情地揭露和反对吉伦特派的妥协政策。路易十六被送上了断头台,但马拉却成为吉伦特派的仇人。

吉伦特派操纵的国民公会陷害马拉,在公开审判中,巴黎人民从四面八方赶来营救,最后马拉被宣布无罪释放。为了推翻吉伦特派的统治,马拉和雅各宾派的其他几位领袖决定举行起义。最后。雅各宾派取得斗争的胜利,法国大革命进入雅各宾派革命民主专政时期。

被推翻的吉伦特派并不甘心退出历史的舞台,于是向雅各宾政权疯狂反扑。当时马拉全身患有严重的湿疹,在家中边休息边工作。一个名叫夏洛蒂·科黛的吉伦特派的狂热拥护者,冒充爱国女革命家,两次前往马拉寓所,但未被接见。1793年7月13日,她第三次前往,在同马拉交谈时,乘马拉不备,把藏在怀中的匕首拔出,刺入了马拉的胸膛,马拉当即身亡。

马拉之死震动了整个法国。7月16日,巴黎人民为他举行了隆重的葬礼。马拉的一生都与法国革命紧密相连,他以其大无畏的精神始终站在革命的最前列。他始终关心人民疾苦,从人民的利益出发,不愧是真正的"人民之友"。

热月政变

巴士底狱的沦陷拉开了法国大革命的序幕。随后,巴黎出现了一批革命团体。其中,雅各宾俱乐部等在革命中发挥了巨大作用。但是,在革命的过程中,资产阶级内部不断出现分裂。1792年8月10日,巴黎人民举行第二次武装起义,推翻了波旁王朝,结束了立宪派的统治。同年9月22日,法兰西第一共和国成立,吉伦特派上台。1793年1月21日,国民公会经过审判,以叛国罪处死路易十六。之后,吉伦特派把主要力量用于反对以罗伯斯比尔为首的雅各宾派。最终,雅各宾派战胜了吉伦特派,建立起雅各宾派专政。

雅各宾派执政后,新政权面临着严峻的形势。雅各宾派政权联合人民群众,采取了强硬的措施。1793年6月24日,新政府公布法国第一部共和制的民主宪法;7月,改组并加强救国委员会;9月,国民公会把"恐怖"政策提上议事日程。这些措施使形势迅速好转。1793年底到1794年初,外国干涉军全部被赶出国土,国内的叛乱基本平息。

随着国内外形势日趋好转，雅各宾派内部却出现了分裂，分为丹东派、罗伯斯比尔派、埃贝尔派几股政治力量。罗伯斯比尔察觉反对他的人越来越多，便采用更为残酷的恐怖政策。先后把反对他现行政策的埃贝尔、丹东等人送上了断头台。他的恐怖统治，导致了一切反对他的资产阶级议员在国民大会中迅速联合起来，很快成为一股反罗伯斯比尔的势力。

热月政变

1794 年 7 月 27 日，在国民议会的一次会议上，反罗伯斯比尔的议员不给罗伯斯比尔任何讲话的机会，就逮捕了他和圣茹斯特、安东等雅各宾派的核心人物，第二天就把他们送上了断头台。这一年是法国共和历的"共和二年"，时值热月 9 日，所以历史上把这次政变称为"热月政变"。这场政变标志着雅各宾派的革命专政的结束，也结束了法国革命的上升阶段。法国资产阶级革命进入了政治上的反动时期。

雾月政变

热月政变之后，热月党人上台执政。热月党人原是各派的暂时结合，并无统一纲领，国内的政局一直都动荡不安。正是在这种情况下，拿破仑·波拿巴登上了历史舞台。

青年时期的拿破仑以卓越的指挥才能充分显示了他卓越的军事天才。法国国民革命军政府非常欣赏他的才能，大胆任用他到各地带兵，拿破仑也不负厚望，对欧洲封建势力进行了有力的打击。

1796 年 3 月，26 岁的拿破仑被任命为法国意大利方面军总司令，1798 年，拿破仑率军远征埃及。当时埃及被英国占领，在英国的支持下，受到入侵的埃及、叙利亚人民对法国入侵者给予了有力打击。拿破仑进退维谷，难以立即做出决断。正当他陷入困境之时，沙皇俄国军队在沙皇本人的带领下，组织欧洲其他反法的国家，结成第二次反法同盟，向法国发起进攻，试图把法国革命彻底消灭。另外，法国国内保王党人活动猖獗，企图从内部推翻资产阶级统治，督政府政权岌岌可危。

拿破仑在得知情况后，抛下法国远征军，只率少数随行人员，偷偷地离开埃及，急匆匆赶回巴黎。回到巴黎的拿破仑受到了各界人士的狂热支持，也成了资产阶级争取的对象。由于资产阶级不满督政府软弱无力的统治，军功显赫的拿破仑便成为他们新的代言人。巴黎的大银行家出资 50 万法郎给拿破仑作为发动政变的军费。

1799 年 11 月 9 日，拿破仑开始行动，他派军队控制了督政府，接管了革命政府的一切事务。这一天是法国共和历雾月 18 日，所以，历史上称拿破仑在这天发动的政变为"雾月政变"。第二天，拿破仑把法国议会——元老院和 500 人院全部解散，夺取了议会大权，并宣布成立执政府。在执政府中，他自己担任第一执政官，大权独揽,自此,拿破仑开始了为期 15 年的独裁统治。

《独立宣言》的意义

《独立宣言》是 18 世纪美国反英独立战争中的资产阶级革命文献。由杰弗逊等人起草,1776 年 7 月 4 日在费城第二届大陆会议上通过。它首先概述了新兴资产阶级的民主主义原则,宣称"人人生而平等"。每个人都享有"造物主"赋予的某些不可转让的权力;政府的权力来自被统治者的同意,任何政府如果损害"天赋人权",人民就有权推翻旧政府,建立新政府。接着它从北美民族的利益出发,列举了英王乔治三世及其殖民政府的种种暴政。最后庄严宣告:北美 13 州"解除对英王的一切隶属关系",建立"自由独立的合众国"。在它的初稿中,原有谴责奴隶制的条文,后因南部奴隶主代表的坚决反对而被删除。《独立宣言》是北美殖民地人民反英斗争的政治纲领,在动员和组织革命力量、促进独立战争的胜利中,起了进步作用。它在历史上第一次以官方文件的形式宣布了"主权在民"的原则。马克思称之为"第一个人权宣言"。它的通过和发表,标志着美国的诞生。后来,7 月 4 日被定为美国的国庆日。《独立宣言》的发表对法国资产阶级革命和拉丁美洲民族独立运动都产生了积极的影响。

美国的领土扩张

1783 年,美国独立战争结束,英国正式承认美国独立,并宣布放弃密西西比河以东的其他领土。这一片广袤的土地并入了美国的版图。当时,美利坚合众国的领土只限于大西洋沿岸的 13 个殖民地。它们被分为美国最初的 13 个州,领土面积仅约 94 万平方千米。它的北面是英国的殖民地加拿大,西面和南面分别同西班牙的殖民地路易斯安那和佛罗里达接壤。

18 世纪末,老牌殖民主义国家西班牙已日渐衰落。1800 年,法国强行从西班牙手中夺得了路易斯安那。1803 年,法国同英国为了争夺海上霸权爆发了战争。同时,法国的殖民地海地爆发了黑人起义,前往镇压起义的法军全军覆没。正当法国焦头烂额之时,美国乘机向法国提出,以 1500 万美元的低价,从法国手中"买"下了面积 200 多万平方千米的路易斯安那。这样,美国的领土一下子就扩大了一倍多。从这时起,美国开始了大规模的领土扩张。

1810 年起,美国把扩张的目标指向西班牙属地佛罗里达半岛。当时的西班牙政府早已没有能力来与美国争夺这片海外殖民地,最终只得于 1819 年把这个半岛"卖"给了美国。1846 年,美国挑起了对墨西哥的战争,最终兼并了墨西哥一半以上的原有领土。同年,美国从英国手中争得了俄勒冈。1867 年,美国从沙俄手中购得阿拉斯加和阿留申群岛。1898 年,美国又吞并了夏威夷。在不到一个世纪的时间里,美国领土总面积达到 936.3 万平方千米,约占北美大陆的一半,仅次于加拿大,占世界第四位,相当于英国本土面积的 40 倍左右,比欧洲面积略小些。这片广袤的土地,为美国资本主义的发展提供了丰富的物质条件。

法兰西第一帝国

拿破仑发动雾月政变,成为第一执政官后,他对自己"第一执政"的权力并不满足。他认为自己的威望与权力还不相称,为了改变这一局面,他先后两次修改宪法,把第一执政的职务变为终身执政,直至加冕称帝。

1804年5月18日,在拿破仑的授意下,元老院宣布拿破仑·波拿巴为法兰西世袭皇帝,号称拿破仑一世,法国为法兰西帝国。历史上称之为法兰西第一帝国。1804年12月2日,罗马教皇在巴黎圣母院为拿破仑主持了盛大的加冕典礼。在加冕典礼仪式上,教皇刚刚捧起皇冠,拿破仑就把皇冠从他手中夺了过去,迫不及待地戴在了自己的头上。然后,他让教皇退席,宣誓效忠自由与和平。在"皇帝万岁"的欢呼声中,法兰西进入了第一帝国时代。

拿破仑帝国代表大资产阶级的利益,拿破仑对内实行多项改革,巩固和发展了法国革命的成果,建立了资本主义的秩序,同时镇压民主运动,防止革命的发生;对外不断进行战争,多次粉碎反法联盟的干涉,打击了欧洲的封建势力。拿破仑帝国不断同英、俄争霸和掠夺欧洲。在1812年侵俄战争中遭到惨败,英、俄、普、奥等国组成反法联盟,1814年3月攻入巴黎,4月拿破仑一世被迫退位。1815年3月,拿破仑一世返回巴黎复位。6月18日,拿破仑一世在滑铁卢战役中失败,再次退位,第一帝国覆灭。

维也纳会议

俄、英、奥、普等欧洲各反动君主国打败拿破仑帝国后,从1814年10月到1815年6月,在奥地利首都维也纳召开了处理战后事务的国际会议。这次会议被称作"维也纳会议"。会议的主要目的是重新瓜分欧洲和殖民地领土,复辟旧王朝,镇压各国革命运动。俄、英、普、奥等少数大国操纵会议。围绕波兰和萨克森问题,英、奥与俄、普之间形成了尖锐的对立。法国不愿俄国称霸欧洲,而站到了英、奥一方,1815年1月3日,法、英、奥三国结成秘密同盟,与俄、普相对峙,最终在1815年2月11日就波兰—萨克森问题达成协议。

正当欧洲封建列强为分赃明争暗斗不休之时,拿破仑从厄尔巴岛返回巴黎,不发一弹便重登皇位。欧洲封建列强慌忙重组反法同盟联军对付拿破仑,并在维也纳会议上做出妥协,于1815年6月9日匆忙签署了《最后总决议案》。

根据会议总决议,奥地利占有了萨尔斯堡、提罗尔、达尔马提亚沿海地区、伦巴第、威尼斯和波兰的加里西亚等地区。俄国占有大部分波兰领土、芬兰和比萨拉比亚。普鲁士占有波兰的波兹南和但泽、荷兰的欧庞和马尔梅迪、原属瑞典的波美拉尼亚、萨克森的2/5领土和莱茵地区与易北河沿岸的一些要塞。英国占有了法国、荷兰、西班牙的许多殖民地,包括锡兰、马耳他、特立尼达、塞舌尔等等。总决议还决定建立德意志邦联。但是,德意志邦联不过是个松散的政治联盟,实际上仍保持分裂局面。意大利又恢复了原来的四分五裂的局面。罗马教皇也恢复了对所辖地的统治。

1815年9月26日,在沙皇亚历山大一世的倡议下,俄、奥、普三国首脑在巴黎共同发表宣言,缔结"神圣同盟",以维护维也纳会议所建立的欧洲封建统治秩序。不久,所有欧洲大陆封建君主都先后参加了这个同盟。但到1830年,逆历史潮流而行的"神圣同盟"就彻底瓦解了。

神圣同盟

1814年,当拿破仑被送往厄尔巴岛禁闭起来后,以俄国沙皇为首的反法联盟国家在维也纳开会,欧洲各个主要的君主国都参加了会议。主宰会议的是俄国、英国、奥地利、普鲁士。他们在地图上重新划分势力范围,竭力恢复法国大革命前的欧洲旧秩序,并乘机洗劫法国。路易十八被扶上法国王位,波旁王朝复辟了。

1815年9月,在俄国沙皇亚历山大的提议下,俄、奥、普三国君主在巴黎举行会议,建立起了"神圣同盟"。这些欧洲的封建君主公开宣称,要以军事力量共同保卫君主政体。随后,几乎所有的欧洲君主都加入了这个同盟,"神圣同盟"成了欧洲封建君主的大本营和保护伞。由于当时沙俄的封建残余最为严重,因此它对于新生的资本主义制度也最为仇视,因而在"神圣同盟"中扮演了最凶恶的角色。只要哪里发生资产阶级革命,它就派兵前往镇压,所以,沙俄在当时被称作"欧洲宪兵"。1820年,"神圣同盟"镇压了意大利的革命运动;1823年,"神圣同盟"又出兵干涉西班牙革命;后来,"神圣同盟"还企图干涉拉丁美洲的独立运动。

19世纪是资产阶级革命运动高涨的时代。欧洲革命蓬勃发展,列强间矛盾加剧,1822年后"神圣同盟"名存实亡。在1830年法国七月革命和1848年欧洲资产阶级民主革命的冲击下,"神圣同盟"瓦解。

拿破仑退位与百日王朝

拿破仑执政时期,通过内政外交方面的努力,使法国迅速走向强盛,开始走上了对外扩张的道路。由于拿破仑侵略俄国大败而归,再加上在莱比锡大战中被欧洲第六次反法同盟击败。1814年,以俄国沙皇亚历山大一世为首的联军攻入法国巴黎。4月6日,拿破仑下诏退位,被反法同盟囚禁在地中海的厄尔巴岛上。5月3日,原法国波旁王朝国王路易十六的弟弟路易十八即位,建立复辟王朝。5月30日,反法同盟与复辟的波旁王朝签订《巴黎和约》,规定法国恢复到1792年战争开始前的边界,放弃全部在战争中占领的土地。

1815年2月26日夜,拿破仑乘复辟的波旁王朝在国内统治不稳,逃亡贵族纷纷归国,人民群众深感恐惧与不安,反法同盟各国在维也纳会议上因利益分配问题矛盾重重之际,经过周密的准备,偷偷地率领官兵1050人逃出厄尔巴岛,在法国南部儒安港登陆,随后进入巴黎。3 月 20 日拿破仑重登皇位,组成新内阁,恢复了法兰西帝国的统治,宣布废除波旁王朝危害革命的法令,允诺进行广泛的政治和社会改革。英、俄、法、奥立即组成第七次反法联盟,以 70 万~80 万军队围攻法国。拿破仑迅速组织起 12 万人的军队。1815 年 6 月 18 日,法军与反法联盟军队在比利时的滑铁卢决战,法军大败,联军再次占领巴黎。6 月 22 日,拿破仑宣布再次退位,被流放到大西洋南部的圣赫勒拿岛,并在那里结束了生命。由于拿破仑在第二次统治法国历时近百天,故名"百日王朝"。

最后的滑铁卢

1815 年 3 月 20 日,拿破仑的铁骑进入巴黎,法国国王路易十八闻讯色变,不敢迎敌,仓皇逃遁,拿破仑重新登上皇位。为了支持路易十八,英国、俄国和普鲁士等国家组成反法同盟,大举围攻巴黎。拿破仑亲自率领 12 万大军迎战,联军不敌,撤退到比利时。这一仗,拿破仑取得辉煌战果,奠定了他在法国的统治地位。过后,拿破仑乘胜追击,率军继续挺进,直逼比利时的边境,以迅雷不及掩耳之势,迅速插入英、普两军防线之间,割断两军的联系,并打败了布吕歇尔领导的普军。但逃散的普军在瓦弗方面重新集结,对法军构成了新的威胁。

击溃了普军的拿破仑转攻英军,威灵顿听到布吕歇尔战败,害怕孤军作战,便迅速撤退到滑铁卢方向。拿破仑也尾随英军至滑铁卢附近。6 月 18 日,大决战在滑铁卢展开了。滑铁卢位于比利时南部,离首都布鲁塞尔不远。清晨,下起滂沱大雨,拿破仑的 270 门大炮只有一小部分进入阵地。上午 11 时 30 分,天气转晴,拿破仑下令出击。法军越过低洼地带,向英军驻守的山冈奋勇冲去。英军顽强抵抗,炮弹像骤雨般落在法军的阵地,法军死伤惨重,不得不撤兵。下午 1 时,法军第二次进攻英军阵地,还是无法成功。

由于普军在布吕歇尔的率领下及时赶到,拿破仑不得不从预备队中抽出 2 个骑兵师迎击布吕歇尔。在英法两军都疲惫不堪的时候,增援的普鲁士军队的到来使英军士气高涨,精神振奋,威灵顿立即命令部队做最后反击,英普联军大败法军,而拿破仑下令增援的格鲁希却不知道去了哪里。拿破仑只好率领残兵败将逃出战场,仓皇离去。

1815 年 6 月 21 日,拿破仑败归巴黎,第二次宣布退位,结束了他的"百日王朝",被流放到位于大西洋南部、远离欧洲大陆的圣赫勒拿岛。拿破仑在岛上度过了他最后的 6 年时光,1821 年 5 月 5 日,不可一世的拿破仑在抑郁中死去。

七月革命

拿破仑帝国灭亡后,波旁王朝复辟,重新上台的路易十八于 1824 年去世,他的弟弟查理十世继位。查理十世是流亡贵族的头目,他的复辟狂热度和专制程度非常强烈。

1830 年 7 月 25 日,查理十世颁布敕令:修改出版法,限制新闻出版自由;解散新选出的议会;修改选举制度。敕令破坏了 1814 年《宪章》的精神,劳动群众和自由资产者对此十分气愤。当天下午,反对派主要报刊的编辑和记者在《国民报》编辑部集会,起草抗议书。他们拒绝承认解散议会,宣布政府已经失去合法性,但并不否认王权。27 日,几千名工人和手工业者走上街头,与军警发生冲突。28 日黎明,起义开始。工人、手工业者、大学生和国民自卫军建筑街垒,夺取武器库,攻占市政厅。以银行家拉法耶特为首的大资产阶级温和派力主与国王谈判,但查理十世和首相波利尼亚克拒绝谈判。7 月 29 日,起义者控制了巴黎,占领卢浮宫和杜伊勒里宫,外省发动的起义也取得胜利。起义群众及其领导者要求宣布成立共和国。在巴黎市政厅成立了以拉菲特和国民自卫军总指挥拉法耶特为首的市政委员会。

查理十世此时不得不收回敕令,命令蒙特马尔公爵组织政府,但已无法挽回局势。30 日,拉菲特召集 60 名议员开会,决定委任奥尔良公爵路易·菲利浦为摄政官。31 日,路易·菲利浦在拉法耶特的陪同下,手举三色旗出现在王宫的阳台上,接受摄政官称号。8 月 2 日,查理十世将王位让与其孙波尔多公爵。路易·菲利浦拒绝承认。8 月 7 日,众议院召路易·菲利浦即位,建立了金融资产者统治的"七月王朝"。

法兰西第二共和国

七月革命后,法国建立了以奥尔良公爵路易·菲利浦为国王的"七月王朝"。政权落到金融大资产阶级手里。在七月王朝的内阁中有一名大臣,名叫基佐,后来当上了首相。基佐上台后,坚持推行反动政策,为了保护一小撮大资产阶级的利益,限制任何改革。他还实行高额财产资格的选举,继续压迫、剥削工人和农民。当时,在全国 3600 万居民中,只有 20 万人享有选举权。基佐的这一做法引起人们的憎恨,在 1848 年二月革命中,巴黎人民在提出"打倒基佐"后,又提出了"打倒路易·菲利浦",并把国王的宝座搬到巴士底狱广场烧毁了。

二月革命后,法国建立了共和国,历史上称为第二共和国。掌权的资产阶级对法国工人阶级在起义中所表现出来的力量十分恐惧。他们一边假意答应满足工人的一些要求,一边又在暗中积聚武力,并故意挑拨农民、手工业者和工人的关系。6 月 23 日,巴黎爆发了无产阶级"六月起义",但随后立刻被镇压。

1848 年 11 月 12 日,制宪会议公布了宪法,即《1848 年宪法》,12 月 10 日举行总统选举,路易·拿破仑·波拿巴当选为总统。

英国宪章运动

19 世纪 40 年代,英国工业革命基本完成。在工业革命过程中,无产阶级的力量迅速壮大,工人运动日趋高涨。1836 年,工人们在洛维特领导下成立了"伦敦工人协会"。次年,他们提出了致国会的请愿书,并在 1838 年以"人民宪章"的名义公布。宪章共 6 条,中心内容要求实行普选制,如规定凡年满 21 岁的男子都应享有普选权,对当选的议员应当支付薪金,废除议员候选人的财产资格限制等等。历史上将这场为实现宪章内容所做的斗争称为"宪章运动"。

宪章运动曾掀起过三次斗争高潮。第一次是 1838 年至 1839 年,在请愿书上签名的有 128 万人;第二次是 1842 年,签名者多达 330 万人;第三次是 1848 年,签名的有 197 万人。在第二次斗争高潮中,除了原有的要求外,工人们还提出了废除《新贫民法》、提高工资、缩短工时等要求。各地工人纷纷集会,群起响应。但是,三次请愿均遭到了国会的否决。广大工人随即进行罢工,并进行示威游行,致使许多工厂和市政设施陷于瘫痪。但是,罢工遭到了英国政府的镇压,运动领袖被抓捕。1848 年以后,宪章运动进入低潮。

英国宪章运动是英国无产阶级第一次独立的政治斗争,列宁评价英国的宪章运动是"世界上第一次广泛的、真正群众性的、政治性的无产阶级革命运动"。宪章运动标志着英国无产阶级开始作为一支独立的政治力量登上了历史舞台,揭开了同资产阶级争夺政治权力的斗争的序幕。

圈地运动

圈地运动是地主贵族用暴力大规模夺取农民土地的一种方式。圈占土地是为了养羊,所以这次运动被称为是羊"吃"掉了人。

圈地运动最为典型的是英国。15 世纪末以后,英国的羊毛纺织业发展非常迅速,养羊业有暴利可图。地主贵族开始用暴力赶走农民,烧毁村庄,强占大片土地,围上篱笆,让土地长草,以便放牧羊群。农民丧失了赖以养家糊口的土地,扶老携幼,成群结队外出流浪。因此,英国空想社会主义者托马斯·莫尔把这种现象比喻为"羊吃人",他说:"你们的绵羊本来是那样的驯服……现在据说变得很贪婪很凶蛮,甚至可以把人吃掉。"

英国的圈地运动是一场自上而下进行的资产阶级性质的土地改革。这种资产阶级土地革命的特殊形式,并不是用消灭封建地主土地所有者的办法,而是采取剥夺农民的土地、保存大地主所有土地的途径来进行,并在此基础上发展资本主义。但这种方式极其残酷,使得农民迅速丧失生产资料,而地主和农业资本家却得以顺利地积累大量的原始资本。

尽管在 17 世纪由于农民的反抗,圈地运动的事态有所回落,但在 17 世纪以后又开始回升。到了 18 世纪,英国的圈地运动发展得更加迅猛。英国国会甚至以立法的方式扩大了圈地规模,整个 18 世纪共圈地近 1.3 万平方千米。到了 18 世纪末,英国的小土地所有者已经基本被消灭殆尽。

圈地运动是资本主义原始积累的典型形态。它破坏了"快乐的英格兰"固有的宁静生活。在地主贵族逐渐向资产阶级转化的同时,背井离乡的贫苦农民成了廉价的劳动大军,为资本主义的发展创造了条件。

空想社会主义

空想社会主义是科学社会主义产生以前出现的带有空想性质的社会主义学说。随着资本主义生产关系的产生而出现。19 世纪初,资产阶级与无产阶级的矛盾开始显露,空想社会主义思想因而盛行。空想社会主义者以法国的圣西门、傅立叶和英国的欧文为主要代表,他们尖锐批评资本主义制度,对资本主义经济发展中的种种弊病进行分析,力图找出资本主义罪恶的根源;提出了对未来社会的一些积极的主张和设想,首次将社会主义作为新生产体系提出,论证社会主义制度下生产组织和劳动生产率将优越于资本主义;并预见到共产主义社会的一些特点,如消灭城乡对立,消灭脑力劳动与体力劳动的对立及妇女解放等。它是马克思主义的三个来源之一,但是它没有阐明资本主义剥削制度的本质,未能发现资本主义发展的规律,也没有找到社会主义创造者的社会力量。

马克思主义的诞生

工业革命不仅推动了社会生产力的发展,同时还引起了生产关系的巨大变化,整个社会分裂为两大相互对立的阶级——资产阶级和无产阶级。随着经济危机的发生,广大工人为了改善自身的处境,19 世纪 30~40 年代,欧洲爆发了三次大规模的工人运动。这三次工人运动,标志着无产阶级反对资产阶级的斗争进入了新的阶段。虽然这三次起义最后都失败了,但它使越来越多的人感到无产阶级革命迫切需要科学理论的指导,这就为马克思主义的产生提供了充分条件。

马克思、恩格斯是马克思主义理论的创立者。在长期的革命实践和理论研究中,他们一方面深入工人群体,揭露并分析资本主义制度的弊端;另一方面,他们广泛汲取人类优秀文化成果,特别是对当时出现的德国古典哲学、英国古典政治经济学、英法空想社会主义加以批判性地继承,从而创立了马克思主义理论。

1847 年 6 月,"正义者同盟"在伦敦召开第一次代表大会。马克思虽因经济困难未能出席,但大会根据马克思的提议,将"正义者同盟"改名为"共产主义者同盟"。以"全世界无产者联合起来"代替了"人人皆兄弟"的口号。大会委托恩格斯草拟《共产主义者同盟章程》。"同盟"的改组宣布了世界上第一个无产阶级政党的建立,它是无产阶级国际团结的最初组织形式,为第一国际的建立奠定了基础。

1847年11月29日，马克思和恩格斯出席了在伦敦召开的共产主义者同盟第二次代表大会，并受大会委托起草同盟纲领，这就是1848年2月发表的《共产党宣言》。

《共产党宣言》运用生产力决定生产关系这一唯物史观的原理，剖析了资本主义生产方式的产生、发展的历史过程，揭示了资本主义必然灭亡、共产主义必然胜利的客观规律；对资本主义社会各阶级的历史地位和无产阶级的特性做了科学的分析，论证了无产阶级作为资本主义的掘墓人和共产主义建设者的伟大历史使命；总结了人类历史上阶级斗争的经验，总结了无产阶级反对资产阶级的斗争经验，论证了无产阶级革命和无产阶级专政是无产阶级获得解放的根本道路。《共产党宣言》的发表，标志着马克思主义的诞生。从此，它成为无产阶级进行斗争和改造世界的强大思想武器。

共产党宣言

1847年12月，共产主义者同盟在伦敦召开了第二次代表大会。经过激烈的辩论，绝大多数代表都同意了马克思、恩格斯的观点，通过新的《共产主义者同盟章程》和制定纲领，并受大会委托起草同盟纲领。大会结束后，马克思和恩格斯全身心投入到宣言的起草工作之中，通宵达旦，不遗余力。一个月后，宣言写好了，马克思和恩格斯给它起了一个响亮的名字——《共产党宣言》。

《共产党宣言》包括引言和四章。引言扼要地勾画了早期共产主义运动的图景，描述了共产党人在形形色色的敌人的咒骂、围攻中成长的进程，以及发表《宣言》的目的。

第一章《资产者和无产者》，着重论述阶级斗争的学说，这也是贯穿全书的一条线索。说明了阶级斗争是阶级社会发展的动力；详细分析了资产阶级产生、发展的过程；阐明了无产阶级的发展和它的伟大历史使命；推翻资产阶级统治，解放全人类，最终解放无产阶级自己。

第二章《无产者和共产党人》，首先说明了共产党的性质和特点，规定了党的基本任务和奋斗目标。明确说明共产党是无产阶级的政党，最终要消灭阶级，实现共产主义。

第三章《社会主义和共产主义的文献》，马、恩揭露和批判了当时流行的形形色色的非科学的社会主义和空想社会主义，深刻分析了这些思潮的社会阶级根源和各自代表的阶级利益，从而阐明了科学共产主义同它们在性质上的根本区别。

第四章《共产党人对各种反对党的态度》，阐明了共产党的基本策略思想，要求党在反对资本主义制度的斗争中必须把眼前利益和长远利益、当前斗争同实现共产主义的伟大目标结合起来。

《宣言》的最后，马克思和恩格斯满怀激情，以豪迈的革命气魄，向全世界宣称：让统治阶级在共产主义革命面前发抖吧！无产者在这个革命中失去的只是锁链，他们获得的将是整个世界。

《共产党宣言》是无产阶级革命政党第一个完整的理论和实践纲领,也是国际共产主义运动史上第一个光辉的革命宣言。它的发表,标志着马克思主义的诞生。

1848年2月,《共产党宣言》在伦敦用德文正式发表。不久,一场席卷整个欧洲的革命来临了。随着无产阶级革命运动的广泛开展,它被翻译成多种文字,在全世界广为传播,成为一个划时代的伟大宣言。

俾斯麦统一德国

德意志在历史上曾经是一个长期分裂的国家,境内诸侯林立。维也纳会议后,德意志分成34个邦国和4个自由市,名义上组成德意志邦联,实际上依然各自为政。其中奥地利和普鲁士是最大的两个邦国。

1861年,威廉登上普鲁士王位,称威廉一世。1862年,奥托·冯·俾斯麦出任普鲁士宰相兼外交大臣。他们决心由普鲁士来统一德意志。俾斯麦当上宰相的第一周,就在普鲁士议会宣称:"今天的重大问题不是说空话和多数派决议所能决定的,必须用铁和血来解决!"他主张以普鲁士为核心,用武力打败阻碍德意志统一的一切势力,俾斯麦推行的这一政策被称为"铁血政策"。

俾斯麦先是联合奥地利打败丹麦,把原属丹麦的日耳曼人聚居的什列斯维希和霍尔施坦两公国并入普、奥。然后联合意大利,结成反奥联盟,并利用外交手段稳住了法国。这样普奥战争爆发了。后来在法国的调停下奥地利退出德意志邦联。普鲁士获得霍尔施坦、汉诺威和法兰克福等地。1867年,以普鲁士为首建立了北德意志邦联。

为了完成德意志统一大业,俾斯麦在经过充分准备后,于1870年发动普法战争,大获全胜。1871年1月,普鲁士军队开进巴黎附近的凡尔赛,普法停战议和。普鲁士国王威廉一世在凡尔赛宫镜厅加冕为德意志帝国皇帝,兼普鲁士国王,俾斯麦为首相。德意志的统一完全实现。

俾斯麦的"铁血政策"使德国最终走上统一之路。德意志的统一符合德意志历史发展的潮流和德意志人民的愿望。在英、法等欧洲国家都已通过资本主义走向富强后,德国的经济发展已刻不容缓,它的统一是大势所趋,人心所向。统一后的德国逐渐强大起来,但是"铁血政策"也随之得到加强,最后发展成为军国主义势力,成为世界战争的策源地,进而发动了第一次世界大战。

三皇同盟

1873年10月,俄国、德国、奥匈帝国三国皇帝缔结的同盟,称为三皇同盟,也称三帝同盟或新神圣同盟。三皇同盟条约规定:如果在具体国际问题上发生分歧,三国必须互相协商,以防止这些分歧"超越最高一级的考虑";一旦发生他国进犯的危险时,三国皇帝必须彼此商定"共同的行动方针"。三皇同盟是一个协商同盟,而且内部矛盾重重。德国打算通过三皇同盟在俄奥之间搞平衡,防止它们与法国结成新的考尼茨同盟,并伺机彻底毁灭法国;奥匈帝国希望凭借三皇同盟来壮大自己的力量,以赢得争夺巴尔干半岛的主动,并最终夺得土耳其的波斯尼亚和黑塞哥维纳;俄国则指望借助三皇同盟阻止英奥、英德结盟,以便自己争夺君士坦丁堡和博斯普鲁斯海峡、达达尼尔海峡。1875 年与 1877 年,欧洲先后出现两次德法战争危机,出于对德国日益强大的恐惧,俄国与英国化敌为友,达成暂时的妥协,共同阻止德国"铁血宰相"俾斯麦的好战行为,使三皇同盟两度受到打击。在 1875~1878 年的近东危机中,由于英国首相迪斯累里巧妙地利用三皇同盟内部固有的分歧和矛盾,成功地采用拉拢德国、引诱奥匈帝国、打击俄国的方式,从内部分化、瓦解三皇同盟,致使德、奥两国都站在英国一方,共同要求俄国修改俄土《圣斯特法诺和约》,使俄国吐出从对土战争中获得的大部分胜利果实。至此,三皇同盟正式瓦解。1881 年曾两次续订同盟条约,直至 1887 年。

法兰西第三共和国

1870 年夏,西班牙王位继承问题成了普法战争的导火线。法国向普鲁士宣战,普法战争就此爆发。战争开始后,普军长驱直入,所向披靡。法军不堪一击,一触即溃,总指挥拿破仑三世率军逃到色当。9 月初,普法双方在色当展开激战。普军在用七百门大炮向色当城内轰击下,色当城内一片火海,法军损失惨重。第二天,拿破仑三世在中央塔楼上竖起白旗,率将帅和 8 万多名士兵向普军投降。

当法国在色当投降的消息传到巴黎后,1870 年 9 月 4 日巴黎人民起义,推翻了法兰西第二帝国,建立了法兰西第三共和国。新政权开始时,由资产阶级共和派与保王派联合组成国防政府,梯也尔力图建立保守共和国,但遭保王派与共和派的反对,被迫辞职,极端保王派人麦克马洪当选总统,直接着手恢复君主制。共和派为确立共和制进行长期而激烈的斗争,国民议会终于通过 1875 年宪法,以法律的形式肯定共和制。在 1876 年众议院选举和 1879 年 1 月参议院选举中,共和派取得稳定多数,在人民群众支持下,终于确立共和派的共和国。掌权的资产阶级制定和完善了一些资产阶级制度。二战中 1940 年 5 月 10 日巴黎被占领,6 月 22 日法国投降,成立维希政府,法兰西第三共和国宣告终结。

欧洲 1848 年革命

1848 年 1 月 12 日,在意大利西西里岛的首府巴勒莫爆发了人民起义,起义军打败了政府军,建立起自由派政府。2 月 22 日,巴黎人民举行大规模示威游行,后来示威游行演变为武装起义。24 日,起义者夺取了巴黎的所有重要据点,占领了王宫,国王路易·菲利普被迫逃亡英国,奥尔良王朝被推翻。随后,革命者宣布法国废除君主制,组成以拉马丁为首的资产阶级临时政府,建立法兰西第二共和国。

法国的二月革命揭开了欧洲 1848 年革命的大幕。

1848 年 3 月 13 日,普鲁士王国的首都柏林爆发大规模群众示威游行,并同政府军展开战斗。面对强大的起义队伍,国王腓特烈·威廉四世被迫宣布立即召开立宪会议,改组政府,释放政治犯和撤走军队。5 月,普鲁士国民议会召开,自由派资产阶级取得多数席位。同一天,奥地利首都维也纳的学生和工人也举行示威,要求实行宪政。起义迫使奥地利皇帝斐迪南一世被迫罢免宰相梅特涅,同意召开国民议会和制定宪法。6 月,新选举法颁布,规定在奥地利实行普选和一院制,资产阶级获得参加立宪会的权利和其他一些政治权利。

哈布斯堡家族统治下的匈牙利和捷克也发生了革命。1848 年 3 月 12 日,匈牙利首都布达佩斯的人民举行集会,在诗人裴多菲的领导下,匈牙利人民举行起义,起义者迅速控制全城。17 日,匈牙利首届责任内阁成立,颁布军事、政治独立的一系列法律,在全国废除农奴制。1848 年 3 月 11 日,捷克首都布拉格的人民举行集会,奥地利军队开进布拉格,宣布实行戒严。6 月 12 日,布拉格人民举行起义,与奥地利军队进行巷战。附近地区的农民组织起队伍,也来援助首都的起义。由于自由资产阶级反对起义,起义在坚持 5 天后,最终遭到失败。

1848 年 3 月 18 日,意大利米兰爆发反对奥地利统治的起义,但由于其内部不统一而导致失败。欧洲 1848 年革命在迅速发展后不久,就遭到反动势力的反扑,陷入低潮。

巴黎公社

拿破仑三世在普法战争中战败投降,巴黎人民爆发革命,推翻第二帝国。胜利果实却落入资产阶级共和派右翼和帝制派奥尔良党人之手,成立了“国防政府”。1871 年 2 月 17 日,梯也尔出任法国政府首脑。28 日签订法德和约,法国割让阿尔萨斯、洛林大片领土给德国,并赔款 50 亿法郎。梯也尔政府的丧权辱国行为激起了人民群众的极大愤慨。巴黎民众纷纷要求成立公社,以监督政府。3 月 15 日,国民自卫军 251 个营队的代表选出中央委员会。3 月 18 日晨,梯也尔政府出动军队袭击蒙马特尔和梭蒙高地,企图夺取国民自卫军的 417 门大炮,逮捕国民自卫军中央委员会成员,从而触发武装起义。当晚国民自卫军控制巴黎所有政府机关和塞纳河上的桥梁。梯也尔政府成员及其军队、警察和官吏仓皇出逃凡尔赛。3 月 26 日巴黎进行选举,3 月 28 日正式成立巴黎公社。

逃到凡尔赛的梯也尔同俾斯麦签订了丧权辱国的《法兰克福条约》,梯也尔在普军的帮助下很快对巴黎形成了包围。巴黎公社在与敌人经过几昼夜的奋战后,由于内奸的策应,梯也尔率军闯进巴黎。为保卫公社政权,公社战士奋起抗敌,他们在街道和广场筑起街垒,同敌人进行殊死的战斗。最后,因为寡不敌众,在公社战士坚守的最后一个街垒陷落后,梯也尔占领了巴黎。

梯也尔重新统治巴黎后,随即开始进行疯狂的血腥屠杀,整个巴黎陷入一片白色恐怖之中。先后有 3 万人被屠杀,被逮捕监禁的有 5 万多人,其中有许多人被流放异乡,还有成千上万的公社社员被迫逃往国外。巴黎居民减少了 10 万人左右。很多住宅都无人住,很多行业在巴黎绝迹多年。

在巴黎五月流血周的第二天,公社诗人、坚强的战士鲍狄埃怀着对阶级敌人的无比愤恨和对共产主义必胜的信念,在敌人的死亡威胁下创作了一首气势磅礴、惊心动魄的诗篇——《国际歌》。后来,法国工人作曲家狄盖特为《国际歌》谱上曲,从此,这首无产阶级的战歌传遍世界,成为无产阶级反抗统治阶级压迫的号角。

巴黎公社起义虽然失败了,但它作为世界无产阶级第一次伟大的革命运动,有着非同寻常的意义。这次革命,是无产阶级推翻资产阶级统治,建立无产阶级政权的首次尝试,沉重地打击了资产阶级,也为以后的无产阶级斗争留下了宝贵的经验和教训。

美国南北战争

18 世纪独立战争后,美国建立了联邦制的国家,由资产阶级与种植园奴隶主联合执政。但是两方面都各行其道:南方在种植园经济基础上发展黑奴制,而北方则发展了资本主义的自由雇佣制。不同的经济体制导致了矛盾的产生,到了 19 世纪中叶,这两种对立的经济制度之间的矛盾发展到了不可调和的地步。

1860 年,以呼吁维护联邦统一、反对奴隶制扩张而著称的林肯当选为美国第十六任总统。南方奴隶主感到大权旁落,于是开始制造分裂,蓄意发动叛乱。南部蓄奴州相继宣布脱离联邦,并于 1861 年 2 月 8 日联合成立"美利坚诸州同盟"(简称"南部同盟")政府,定都里士满。另选杰弗逊·戴维斯为总统,制定宪法,公开分裂国家。

美国南北战争

4 月 12 日,南方叛军炮击联邦军驻守的萨姆特要塞,公然挑起国内战争。4 月 15 日,林肯被迫宣布南方各州为叛乱州,征召 7.5 万名志愿军,为恢复联邦统一而战。

战争初期,由于资产阶级的妥协,使北方一度失利。为了鼓舞人民的参战热情,林肯政府采取了各种积极措施:1862 年 5 月颁布了《宅地法》;9 月又发表了《解放黑奴宣言》。这些法令都大大提高了工人、农民和黑人的参战积极性。此后,战事开始逐渐利于北方。

1863 年,北方在军事上出现转机。同年 7 月 1 日北方最高统帅格兰特率军取得葛底斯堡大捷,成为内战的转折点。战争的主动权转到北方军队手中,北方军队开始转为反攻。1865年4月,南部联军战败投降,内战结束。南北战争维护了联邦国家的统一,废除了黑人奴隶制度,扫除了资本主义发展的最后障碍,使美国迅速赶超英、法等先进资本主义国家。

拉丁美洲的独立运动

在美国独立之后不久,随着拉丁美洲人民民族意识的觉醒,他们也开始了摆脱西班牙殖民者统治的独立运动。拉丁美洲的独立运动于1791年8月爆发在加勒比海地区的海地。不足2万人的海地起义军在杜桑·卢维图尔等杰出领袖的领导下,与广大黑人和混血人一道,经过12年的浴血奋战,打败了法国、西班牙和英国,赢得了民族解放和独立。1804年1月1日,海地正式宣告独立,揭开了拉丁美洲独立运动的序幕。

墨西哥起义首先爆发在墨西哥矿区瓜那华托镇,但是起义军在建立政权后,没有提出符合人民群众利益的政治、经济纲领,而且起义政权各自为政,力量分散。后来西班牙依靠神圣同盟的帮助,加强了对殖民地的镇压。墨西哥起义领导人莫雷洛斯被捕牺牲,但墨西哥人民仍然进行了不屈不挠的斗争,终于在1824年成立了墨西哥联邦共和国。

南美北部地区的独立运动领袖西蒙·玻利瓦尔建立的解放军在1817年至1818年间解放了委内瑞拉大部分的领土,接着于1819年12月成立了大哥伦比亚共和国,玻利瓦尔任总统。1821年,厄瓜多尔宣布独立,加入了大哥伦比亚共和国。南美洲北部沿海地区和安第斯山一带全部解放。

在拉普拉塔地区、阿根廷布宜诺斯艾利斯地区于1810年5月爆发了起义。随后,巴拉圭、乌拉圭等地纷纷发动起义。于1816年建立独立的"拉普拉塔联合省"。1826年,联合省改组为阿根廷共和国。1818年,阿根廷民族英雄何塞·圣马丁率领起义军解放智利。1823年,玻利瓦尔率军进入秘鲁,于1824年6月在胡宁平原大败敌军。12月9日,在阿亚库乔的决战中,革命军取得决定性胜利。接着,革命军乘胜东进。1825年8月25日,上秘鲁宣布独立。为纪念玻利瓦尔,上秘鲁改名为玻利维亚。1826年1月23日,西班牙军最后的残余力量投降。至此,西班牙在拉丁美洲的殖民统治全部垮台。

巴西则是通过另一条途径走上独立的道路。1807年,拿破仑率领法国军队占领了葡萄牙本国,葡萄牙国王逃到巴西避难。葡萄牙王室在巴西实行重税政策,1816年又发动入侵乌拉圭的战争,这激发了人民的反抗情绪。1822年9月7日,彼得罗宣布巴西独立,自立为皇帝。但是,独立后的政权依然保留着种植园奴隶制度。后来,巴西人民经过几十年的艰苦斗争,终于在1889年推翻帝制,建立了巴西联邦共和国。

"拉美独立第一国"海地

1697年,法国在海地岛西部建立殖民统治后,从非洲输入大量黑奴,发展种植园经济。殖民者残酷压榨黑奴,歧视混血种人和自由黑人。18世纪末,在美国独立战争、特别是法国大革命的影响下,黑人奴隶反对奴隶制度的斗争、混血人和自由黑人争取公民权的斗争汇合在一起,促成了海地革命的爆发。

1790年10月,海地爆发武装起义,因未发动黑人奴隶参加,很快被镇压。1791年8月22日,海地奴隶举行武装起义。10月,杜桑·卢维图尔率领1000余名奴隶加入起义军,革命烈火迅即燃遍海地北部。1793年春,海地岛东部的西班牙殖民当局勾结英国殖民军,乘机入侵海地岛西部。杜桑·卢维图尔等领导起义军先后加入西班牙军,联合攻打法军,占领海地北部的大片土地。起义军要求西班牙废除占领区的奴隶制度,遭到拒绝。法国雅各宾派执政后,宣布废除海地奴隶制,1794年5月6日,杜桑·卢维图尔转而同法军联合,将西班牙军逐出海地北部,宣布废除占领区的奴隶制度。1796年杜桑·卢维图尔被任命为法军的副总督。1798年起义军向盘踞在海地西部的英军发动进攻,直逼太子港,赶走英国干涉军。同时,杜桑·卢维图尔率领起义军进攻法国殖民首府海地角,迫使法国总督和特派员离开海地,使海地基本上摆脱了法国的殖民统治。1801年1月,起义军攻入西属圣多明各(海地岛东部),占领圣多明各城,驱逐西班牙殖民总督,统一整个海地岛。

1801年7月1日海地颁布第一部宪法,宣布永远废除奴隶制度,居民在法律面前一律平等,私人财产不可侵犯,提倡贸易自由。杜桑·卢维图尔任终身总统并有权选择继承人。12月,法国派远征军远征海地。为了摆脱法军的包围,起义军撤退到内地和沿海山区。杜桑·卢维图尔被迫与法军议和。1802年6月,勒克莱尔施计将杜桑·卢维图尔逮捕并押送到法国。海地人民发动强大攻势,痛歼法国远征军。1803年11月18日攻陷法军最后一个堡垒佛悌埃斯,法军被迫投降。11月29日,海地正式公布《独立宣言》。次年1月1日,德萨林在戈纳伊夫正式宣布海地独立,并将圣多明各改为印第安人的传统名称海地。德萨林任终身总统。

海地革命的胜利,标志着海地在拉丁美洲第一个砸碎奴隶制枷锁,建立了拉丁美洲第一个独立的国家。

多洛雷斯呼声

在海地独立的鼓舞下,1810年9月16日,墨西哥独立运动领导人伊达尔哥在多洛雷斯镇敲响教堂的大钟,召集印第安人教徒,发动了反对西班牙殖民者的起义。人们愤怒地高喊:"绞死殖民强盗!""独立万岁!"这就是墨西哥历史上著名的"多洛雷斯呼声"。多洛雷斯呼声标志着墨西哥独立战争的开始。9月16日被定为墨西哥的国庆日。伊达尔哥领导的起义军占领了墨西哥中部的重要城市瓜拉哈拉,并建立了自己的政权。革命政权颁布一系列法令,宣布收回被殖民者夺去的土地,废除奴隶制度,取消各种苛捐杂税等。伊达尔哥后来被叛徒出卖,被俘牺牲。莫洛雷斯继续领导独立运动,于1813年11月宣布墨西哥独立,建立共和国。

马赫迪起义

1881年,在非洲大陆的东北部,爆发了一场惊天动地的苏丹马赫迪反英大起义。马赫迪起义的领导人是穆罕默德·艾哈迈德。他出身于贫苦造船工人家庭,从小过着流浪生活。1871年,他开始在民间宣传他的政治宗教理想。1881年8月,艾哈迈德自称为马赫迪,号召人民反对英国在苏丹的统治,建立自己的共和国,得到苏丹人民的热烈拥护。

马赫迪起义军在击败前来讨伐的第一批英埃军队后,迅即从阿巴岛转移到科尔多瓦省境内的卡迪尔山区,在那里建立根据地。全国各地人民纷纷涌到卡迪尔根据地,加入起义队伍。1883年1月,起义军攻下苏丹第二大城市乌拜伊德。11月,起义军在乌拜伊德附近全歼希克斯统领的英国侵略军。1884年初,起义军解放了整个南部地区。2月,又解放了红海沿岸地区。3月,马赫迪派遣起义军开始围困英国驻苏丹总督的所在地喀土穆,杀死了总督,解放了喀土穆。

1885年6月,马赫迪病逝。阿卜杜拉成为马赫迪的继承人,领导起义军。同年9月,马赫迪国正式宣告成立,定都于恩图曼,除沿海的萨瓦金港外,苏丹全境宣告解放。

就在马赫迪死后不久,以阿卜杜拉为首的新兴的封建贵族集团,逐渐背弃马赫迪提出的社会平等原则和改革政策,恢复英埃统治时期的官僚机构和税收制度,给予封建贵族和奴隶商种种特权。这种做法使马赫迪国内部发生阶级分化,而统治集团内部争权夺利的斗争日益剧烈,破坏了起义军内部的团结,削弱了全国的抗战力量。1885~1889年,英国唆使埃塞俄比亚进攻苏丹,双方激烈斗争,造成惨重伤亡,严重削弱了马赫迪国的战斗力。

1896年,英国派克其纳亲率2万大军侵略苏丹,阿卜杜拉领导苏丹人民坚决抵抗。1898年4月,起义军和英军激战于柏柏尔地区的阿特巴拉河畔,起义军失败后被迫退守喀土穆地区。9月,英军攻入恩图曼,阿卜杜拉退到科尔多瓦打游击战。1899年,阿卜杜拉在战斗中牺牲,起义军被彻底消灭了。马赫迪起义虽然还是以失败而结束,但坚持20年之久马赫迪起义,鼓舞了非洲各国人民的反殖民反帝斗争。

日本明治维新

19世纪中叶,日本遭到西方列强的侵略,面临着严重的民族危机。日本人民仇视外国侵略者,更痛恨与侵略者相勾结的幕府政权。因此,中下层武士、商人、资本家和新兴地主中的改革势力兴起了"倒幕"运动。

1867 年,江户幕府已日趋衰落,末代幕府大将军德川庆喜在"倒幕"运动的强大压力下,被迫将政权交还给天皇,但实际上他仍掌握日本军政实权。在萨摩、长州、土佐等藩的倒幕派的策划下,1868 年 1 月 3 日,以明治天皇的名义召开了倒幕派代表参加的御前会议。会议发布废除幕府的号令,确定天皇为国家首脑,改年号为"明治"。

1868 年 1 月 27 日,幕府军和新政府军在京都附近的鸟羽、伏见发生激战。双方兵力虽相差悬殊,但倒幕军士气旺盛,装备精良,训练有素,并得到广大人民群众的有力支持。倒幕军击败了幕府军队,德川逃往江户。倒幕军的胜利,宣告在日本维持了近 7 个世纪的封建幕府制度终结。

明治天皇掌权后,于 1868 年 3~4 月先后颁布了《五条誓文》和《政体书》,命令大名"版籍奉还"——取消封地,取消各大名对各藩的统治权,在全国设了 3 府 72 县。1872 年,天皇废除了禁止土地买卖的法令,承认土地私有权和买卖自由,颁发土地执照,地主取得了合法地位;天皇实行土地改革,将实物地租改为货币地租;扶植资本主义工商业,破除封建主义旧文化;另外还进行教育改革,实行义务教育,发展科学技术等等。这一系列的维新措施,大大巩固了资产阶级的统治,加速了日本资本主义的发展。由于这场维新运动是从 1868 年(明治元年)开始的,所以历史上称之为"明治维新"。

明治维新使日本走上了发展资本主义的道路,资本主义生产力飞速发展。在国家实力不断增强的情况下,日本和外国签订的不平等条约逐步被废除,收回了国家权益,摆脱了民族危机,成为亚洲唯一独立的资本主义强国。

但是,明治维新是一次极不彻底的资产阶级革命,它没有完成资产阶级革命的任务,从上层建筑到经济基础,保留了许多封建残余,天皇制和半封建寄生地主制依然残存,军国主义也因而滋生,为日本后来发展成为一个对外侵略扩张的军事封建帝国主义国家埋下了伏笔。

近代日本国家的柱石

《日本人物史》中说,大久保利通"开创了一个和欧美国家平起平坐的国家"。明治天皇称誉他为"近代日本国家的柱石"。他是日本近代杰出的资产阶级革命家,明治维新的元勋。他与西乡隆盛、木户孝允被称为"维新三杰"。

大久保利通 1830 年出生在萨摩藩一个下级武士家庭,自幼受到家庭的熏陶,勤奋刻苦,习文擅武,学业超群。1863 年,他在萨摩藩抗英斗争中担任萨军总指挥,名声大振。

1866 年初,"萨长倒幕联盟"建立,在大久保利通等人的努力下相继签订了《萨土盟约》《萨土艺三藩约定》,扩大了倒幕统一战线,为倒幕维新大业奠定了基础。

1867 年 9 月,大久保利通相继同木户孝允和芸州的使者会谈,商定共同出兵倒幕。大久保利通在岩仓具视的帮助下,从明治天皇手中得到了"倒幕密敕"。

1868年1月3日,大久保利通和木户孝允等人联合宫廷倒幕势力,以萨摩藩兵把守皇宫,由天皇宣读了他们事先拟好的《王政复古大号令》。通过这场政变,建立了明治新政府,大久保利通任总裁局顾问。日本长达700年的幕府统治终告结束。

随后,大久保利通提出"迁都""改元""易服""剪发"的改革措施和"富国强兵""殖产兴业""文明开化"的建国纲领。他推行"版籍奉还"和"废藩置县",建立和巩固了中央集权的统一国家。他还着手改革了封建等级制度和旧时代留下的俸禄制度,取消了武士的特权。

1871年11月,明治政府派出使节团去欧美考察,大久保利通为副使之一。在这次考察中,他强烈呼吁日本要迅速建立大工业。

1873年,大久保利通与木户孝允等人通过"十月政变",迫使西乡隆盛下台,大久保利通自荐就任内务省第一任内务卿。

大久保利通任内务卿期间,创立了明治政府的中央官僚机构。他不问派系出身,起用年轻有为的人才,实行任人唯贤的政策。大久保利通注重引进西方近代先进的科学技术,重视对山林,河川进行改造。他提倡办邮电、修铁路、办工厂、开银行,设立各种学校、派遣留学生。

在对外政策上,大久保利通积极推行侵略扩张政策,侵略中国台湾,逼清朝政府付出50万两白银的"赔偿费"。他还侵略朝鲜,迫使朝鲜签订了不平等的《江华条约》。

1878年5月,大久保利通遭到不满士族(明治维新后武士改称"士族")的暗杀,终年49岁。

日本自由民权运动

自由民权运动是1874~1889年日本明治前期的资产阶级民主主义运动。

1874年1月,因在侵朝问题上的争论而失败下野的前政府参议板垣退助、后藤象二郎等人,联名向政府提出建议书,要求"设立民选议院",从而揭开了自由民权运动的序幕。他们强调农民的利益,从而使自由民权运动自1877年以后迅速扩展到全国。1877年6月,立志社向政府递交要求立即开设国会的建议书。该建议书第一次系统地提出了自由民权运动的三大要求——开设国会、减轻地税、改订不平等条约。政府一方面利用《集会条例》进行镇压,另一方面于1881年断然发动明治十四年政变,把主张早日召开国会的大隈重信等人赶出政府,同时颁布诏书,答应于1890年开设国会。由于政府的残酷镇压和下层党员的暴力行动,使自由党领导集团最终于1884年10月宣布解散,从此运动转入低潮。

1889年明治政府在镇压了自由民权运动的基础上颁布了钦定帝国宪法,翌年11月召开帝国议会。明治宪法的颁布,标志自由民权运动的结束。

朝鲜东学党起义

1860 年,朝鲜一个叫崔济愚的人为了对抗西方的基督教,糅合了中国古代传统的诸子百家学说,创立了东学,并以宗教的形式宣传平等思想,反对封建统治和外国侵略势力。在 19 世纪八九十年代,东学的思想深得民心,宣扬东学的宗教团体东学党影响遍及整个朝鲜半岛。

1893 年,朝鲜发生灾荒。1894 年 2 月,东学党领导人领导农民起义,攻占古阜郡衙,活捉郡守,并建立了革命政权"执纲所",提出"灭尽权贵""逐灭倭夷"的口号。3 月,农民军击溃前来镇压的政府军队。4 月底,农民军一举攻占南方重镇全州,起义浪潮席卷全国。

面对迅猛的农民革命风暴,李氏王朝惊恐万状,连忙请求清政府派兵协助镇压。因为当时的朝鲜是清政府的藩属国。清政府于 6 月初出兵朝鲜后,日本以保护在朝的日本侨民为借口,马上也派兵进驻朝鲜。

那时的日本在明治维新后,开始推行"大陆政策",实际上就是在东亚大陆实行扩张,其首要目标就是侵略朝鲜和中国。1876 年,日本迫使朝鲜李氏王朝签订了不平等的《江华条约》。从此,朝鲜逐渐沦为日本的半殖民地。

在这种复杂的形势下,农民军内部产生了分裂:一派主张直捣汉城,推翻李氏王朝,驱逐日寇;一派则宣扬儒道,提倡"仁爱"。在这种情况下,农民军受到严重挫折,起义也被镇压。

朝鲜沦为日本的殖民地

1894 年 2 月,朝鲜全罗道古阜郡的农民在东学党人的领导下,爆发了反封建反侵略的甲午农民起义,各地人民纷纷响应。他们占领郡城,建立革命政权"执纲所"。4 月底占领全州,逼近汉城。统治朝鲜的李氏王朝惊慌失措,向清政府求援。日本乘机强行占领汉城,发动政变,组织亲日卖国政府。朝鲜政府完全操纵在日本侵略者手中。1894 年 7 月日本挑起中日甲午战争后,10 万朝鲜农民军奋起反抗日本侵略者,12 月起义被镇压,日本侵略势力控制了朝鲜。1910 年 8 月,日本强迫朝鲜签订了《日韩合并条约》,规定朝鲜国王将统治权永久让与日本,从此朝鲜沦为日本的殖民地。

第二次工业革命

第一次工业革命后,在资本主义经济迅速发展的同时,自然科学也取得重大突破。为了追求更好的机器和动力来提高生产效率,把科学原理转化为技术和发明,并运用到生产中去,成为一股顺势所驱的浪潮。从 19 世纪 70 年代到 20 世纪初,科学技术的发展迎来了新的春天,取得了一系列大的突破和进展。世界由"蒸汽时代"进入了"电气时代"。这次科技进步被称为近代历史上的第二次工业革命。

这次工业革命以电力的广泛应用为显著特点。1866 年,德国人西门子制造出第一台交流"西门子发电机",从而引发了电灯、电报、电话等一系列以电为能源的工具的发明。1870 年,比利时的格拉姆发明了电动机。于是,电力作为一种新能源开始用来带动机器。电力的广泛使用,加大了电力的需求量,电力工业迅速发展起来。美国发明家爱迪生建成了第一座火力发电站,以及法国人马·德普勒发明远距离送电的技术,为电力工业的发展创造了条件。一时间,发电、输电和电力设备制造的工业纷纷建立起来。

第二次工业革命的另一项重大成果是内燃机的发明和应用。1876 年,德国人奥托制造出第一台以煤气为燃料的四冲程内燃机,效率大大高于以往发明的内燃机,颇受人们欢迎。1883 年,德国工程师戴姆勒又制成以汽油为燃料的内燃机,它具有马力大、重量轻、体积小、效率高等特点。1892 年,德国工程师狄塞尔研制成较前者更完善的内燃机,不久,便取代蒸汽机在生产中广泛使用。新的动力机械促进了石油的开采,使全世界的产油量达到年产 2000 万吨。

内燃机的发明还触发了交通领域的变革。1885 年,德国机械工程师卡尔·本茨制成第一台汽车,本茨因此被称为"汽车之父"。紧随着汽车的发明,内燃机车、远洋轮船、拖拉机和装甲车等一系列应用内燃机的交通工具都先后出现。1903 年美国莱特兄弟驾驶自己研制的飞机第一次飞上天空,从此,人类将翱翔天空的梦想变为现实。

化学工业也在这一时期兴起。无机化学工业、有机化学工业都相继建立和发展起来。纯碱、硫酸的生产,煤焦油的综合利用,促成了化肥、化学药品、人造染料、人造丝和人造纤维等一系列新发明和新产品的出现。炸药工业更成为化学工业的重要部门,瑞典人诺贝尔因发明火药和无烟火药而成为世界名人。

俄国的 1905 年革命

20 世纪初,俄国爆发一场经济危机。为了转移因经济危机所带来的各种矛盾,沙皇尼古拉二世对内施行高压政策,压制人民的不满情绪。对外则极力扩张,转移人民的视线阻止革命的发展,1904 年爆发的日俄战争不但没有缓解沙俄的矛盾,反倒加快了革命的到来。

由经济危机造成了物价上涨,工人的工资逐渐降低,大批农民被征集当兵而荒芜了土地,再加上日俄战争的失利,使人民越来越愤怒,许多大城市发生了反战示威。以列宁为首的布尔什维克在工人中积极活动,得到工人阶级的广泛支持。

1905 年 1 月 3 日(俄历),圣彼得堡普梯洛夫工厂的工人举行罢工,全市工人纷纷支援。不到几天,罢工人数增加到 15 万多人。沙皇政府做好了准备,派出一个名叫格奥尔基·加邦的牧师,经常出没在工人之中,到处游说、鼓动大家向沙皇政府请愿。在牧师的鼓动下，工人们决定前去冬宫进行和平请愿。

1月9日（俄历）是一个星期日，10多万工人排着长长的队伍，从郊区向冬宫进发。游行队伍高举着教堂的旗帜、十字架、圣像和沙皇的肖像，口里唱着祷歌，前去进行和平请愿。

结果，沙皇尼古拉二世下令开枪镇压，血洗街头，死伤3000多人。这一天被称为"流血的星期天"。人们对沙皇的幻想破灭了，工人们彻底明白过来，他们再也不相信什么救世主，纷纷行动起来，掩埋了同伴的尸体，在交通要道筑起了堡垒，拿起武器准备向沙皇讨还血债。这个消息迅速传遍了全国，其他城市的工人也掀起了罢工的浪潮，连手工业者和农民也被发动起来，向封建专制发动进攻。这就是俄国的1905年革命。

革命浪潮迅速波及全国。从1月到3月，罢工的总人数达到了80万。10月，俄国工人又掀起了全国性的政治总罢工，提出了"打倒专制主义，民主共和国万岁"的口号，并第一次出现了工人代表苏维埃。工人运动还促进了农民起义和士兵起义，沙俄黑海舰队的"波将金"号就举行了起义。但因孤军无援，在沙皇政府的镇压下失败了。可这次起义，动摇了沙皇政府的统治。

1905年的俄国革命是一次资产阶级民主革命。列宁称这次革命是俄国十月革命的总演习。

三国同盟

公元1870年的普法战争以后，法国战败，德国崛起。德国为了保住在欧洲大陆已经取得的霸权地位，竭力拉拢俄国和奥匈帝国，三国成立了"三皇同盟"，旨在孤立法国，防止它东山再起。但是，1877年，俄国在争夺巴尔干的斗争中，与奥匈帝国矛盾尖锐。因此"三皇同盟"迅速瓦解。1879年10月，德、奥在维也纳秘密缔结了针对俄、法的《德奥同盟条约》。其后，意大利因与法国争夺突尼斯失败，要求加入德奥同盟，1882年5月，德、意、奥在维也纳签订《德奥意三国同盟条约》。条约规定：如意大利受到法、俄进攻，德、奥须全部军队予以援助；如俄、奥发生战争，意大利将守中立；如德国受到法国进攻，意大利则站在德国一边参加战争。从此三国同盟正式形成，成为帝国主义战争的两大军事集团之一。

三国协约

第一次世界大战期间，英、法、俄三国为对抗德、意、奥军事集团，争取世界霸权组成的帝国主义军事同盟。19世纪，在争夺巴尔干的斗争中，法、俄为对抗共同敌人德国，日益接近，于1893年签订秘密军事协定，规定在遭受三国同盟进攻或威胁时互相支持。进入20世纪，因德、英矛盾发展，英、法亦为共同对德而接近，于1904年签订协定，就双方瓜分非洲等殖民地的事情达成协议。俄国在日、俄战争中失败,不再是英国的主要竞争对手。1907 年,缔结英、俄协定。至此协约国最终形成,成为帝国主义战争中两大军事集团之一。第一次世界大战期间,日本、意大利、罗马尼亚、美国等 24 个国家先后加入协约国。1917 年十月革命后,苏俄宣布退出。自 1918 年初起,英、法、美、日等帝国主义曾以协约国名义对苏联发动三次武装干涉,均被挫败。

巴尔干战争

巴尔干战争是 1912~1913 年间为争夺土耳其在巴尔干的属地而发生的两次战争。

第一次巴尔干战争的时间是从 1912 年 10 月至 1913 年 5 月,是巴尔干同盟对土耳其的战争。在意土战争后,保加利亚、塞尔维亚、希腊和门的内哥罗结成巴尔干同盟。1912 年 10 月,巴尔干同盟对土耳其宣战,第一次巴尔干战争爆发了。巴尔干同盟很快就取得一系列的胜利,土军惨遭失败,迅速向掩护首都伊斯坦布尔的防线退却。土耳其在巴尔干的领土几乎全部丧失殆尽。10 月底保加利亚的军队逼近伊斯坦布尔,土耳其政府被迫请求大国调停。在欧洲列强斡旋下,土耳其与四个交战国在伦敦开始议和谈判。1913 年 1 月 23 日,土耳其国内发生政变,新政府在德国的支持下,态度强硬,和谈破裂。2 月 3 日,战事再起。3 月 5 日,希军攻克亚尼纳。3 月 26 日,保、塞联军攻陷亚得里亚堡。4 月 22 日,斯库台土军投降。土耳其再次求和。5 月 30 日,土耳其与巴尔干四国签订《伦敦条约》。条约规定,土耳其在欧洲的领土除保留伊斯坦布尔及其附近的一小块地区外,其余的全部交给巴尔干同盟。第一次巴尔干战争彻底推翻了土耳其对巴尔干各族人民的封建统治和压迫。

第二次巴尔干战争的时间是从 1913 年 6 月至 8 月。第一次巴尔干战争结束后,塞尔维亚因没有获得亚得里亚海的出海口,要求从保加利亚所占领的马其顿领土中得到补偿,也就是要求修改《保塞同盟条约》。在瓜分马其顿的基础上,塞尔维亚和希腊于 1913 年 6 月 1 日签订了反对保加利亚的《希塞同盟》,罗马尼亚也参加了这个同盟。保加利亚方面,奥匈答应给予贷款,并保证它的领土完整。在德奥的煽动下,自恃强大的保加利亚先发制人。于 1913 年 6 月向塞、希两国发起进攻,挑起第二次巴尔干战争。就双方来说,这次战争都是非正义的王朝战争。门的内哥罗、罗马尼亚参加到塞、希一边,对保加利亚作战。战争以保加利亚的失败告终。1913 年 8 月签订了《布加勒斯特和约》。根据和约,保加利亚不仅丧失了第一次巴尔干战争的战果,而且还丢失了原有领土的一部分。而塞尔维亚却得到加强。这就加深了塞与奥匈帝国的矛盾,终于使巴尔干成为第一次世界大战的爆发地。

萨拉热窝事件

1914 年 6 月,奥匈帝国为了炫耀武力,在萨拉热窝组织了一次军事演习。在 6 月 28 日上午,奥匈帝国王储斐迪南携夫人索菲亚女公爵在城郊检阅军事演习之后,前往萨拉热窝巡视。萨拉热窝车站早有一队敞篷轿车等候在那里。斐迪南为了长期占领这块土地,想通过此行给波斯尼亚人民一点好感。因此,他不想在这座城市炫耀他的军事力量,只带了少数的卫兵进行防卫,连本城提供的宪兵和警察也不在意,安全措施极为马虎。这个不可一世的王储似乎过低估计了塞尔维亚人民的怒火。

斐迪南夫妇从列车上下来后,钻进第二辆轿车向市政厅进发。索菲亚坐在斐迪南的右边,波斯尼亚军政府总督奥斯卡·波蒂奥雷克将军坐在左边的位置上,司机旁边是侍从官哈拉希伯爵。就在车队通往市政厅的途中,埋伏在路旁的塞族青年察布里诺维奇,突然奋力向车队扔过一枚炸弹。司机见势不妙,加快车速。炸弹落在第三辆汽车前面,炸裂了那辆汽车的前轮胎,炸弹的碎片击伤了总督和大公几个副手。察布里诺维奇当场被捕。斐迪南夫妇故作镇静,挥手示意"继续前进",到市政厅参加欢迎仪式,然后略做休息,驱车前往医院看望受伤的随从。车队重新上路,驶向前去。

在驶向医院的路上,大意的斐迪南夫妇被从路边冲过来的普林西波开枪打死,奥皇储夫妇倒在血泊之中。

斐迪南夫妇的被刺,使本来就充满火药味的巴尔干"火药桶"一下爆炸了。各帝国主义国家紧张地进行阴谋活动,准备厮杀。奥匈帝国在取得德国的支持之后,于 7 月 23 日向塞尔维亚提出了极其苛刻的条件,限定在 48 小时内答复。塞尔维亚为了忍辱求全,除了奥方派员参与追捕审判凶手一项外,其余条件全数被迫接受。尽管如此,奥匈帝国仍以没有得到满意的答复为借口,于 7 月 28 日对塞尔维亚正式宣战。当晚,奥匈炮击塞尔维亚首都贝尔格莱德,致使 5000 多居民罹难。

紧接着,德、俄宣战,法、英对德宣战,奥匈帝国向俄宣战,这样,在短短几天内,欧洲各帝国主义大国都卷入了战争,第一次世界大战爆发了。

第一次世界大战

第一次世界大战是 1914~1918 年帝国主义各国为重新瓜分世界、争夺殖民地和霸权而进行的首次世界规模的战争。1914 年 6 月 28 日的萨拉热窝事件是第一次世界大战的导火线。7 月 28 日,奥匈帝国对塞尔维亚宣战。俄国为支持塞尔维亚,于 7 月 30 日宣布军事总动员。8 月 1 日,德国对俄宣战。8 月 3 日德国对法宣战。8 月 4 日英国对德国宣战。土耳其和保加利亚先后加入同盟国,而日本、意大利、罗马尼亚、希腊、美国、中国则加入协约国。战争规模不断扩大,超出了欧洲范围。1917年11月7日俄国十月革命取得胜利,首先退出战争。11月初,德国十一月革命爆发,帝制被推翻,11日投降。大战以协约国的胜利告终。战争给世界造成了巨大的损失,使帝国主义各国的力量对比发生了变化,也促进了各国的革命运动,对军事学术的发展产生了重大影响。

"施里芬计划"的破产

第一次世界大战不可避免地爆发了,它是帝国主义矛盾不可调和的产物。各帝国主义国家早就心怀鬼胎,预谋良久。德奥集团备战较早。德国早在1905年就由当时的参谋总长施里芬制订出第一次世界大战的计划,这个计划因此被称为"施里芬计划"。

"施里芬计划"的战略思想是采取"速决战"。德国设想在同俄法集团发生战争后,力求避免在东西两线同时作战,首先集中优势兵力,采用"闪电战术",在4~6星期内经比利时袭击法军后方,在英军给法国以有力援助之前迅速打败法国,切断英国与欧洲大陆的联系。然后回过头来,挥师东进同奥匈帝国一同对付俄国,在三四个月内打败俄国,结束战争。"施里芬计划"受到了德皇的重视,后又经过反复论证、补充和修改,成为德国发动世界大战的基本蓝本,由继任的参谋总长毛奇部署整个战争,并在一战中得以实施。

德军参谋总长毛奇基本上是按照"施里芬计划"来部署德国的战略。一边向比利时边境发动猛攻,一边在阿尔萨斯、洛林地区高筑深壕,按兵不动,只布置少数兵力以逸待劳,借以吸引法国部队,采取虚实结合的战略来迷惑法军。这一步是"施里芬计划"中的关键步骤,施里芬对此步骤十分看重,临死前还再三嘱咐说:"切莫削弱我右翼纵队!"然而,毛奇将军却一再向东线和西线左翼分兵,原计划放在右翼的70个师的兵力被削弱不少,致使在马恩河的战役中大受影响。

1914年9月5日,马恩河会战开始。双方投入兵力约150万人,轻重炮1000多门,在长达200公里的战线上,展开了激烈的阵地战,伤亡惨重,仅几天的时间,法军阵亡2万多人、受伤12万余人,德军损失更为惨重,共有4万多人阵亡,17万余人受伤。9月8日德军战败。这就是著名的"马恩河战役"。德军在西线的进攻被遏止,法国保住了巴黎,到年底,双方转入相持阶段,各自挖壕对阵。

马恩河战役也使德军遭受了前所未有的重创,战斗一结束,毛奇就哀叹道:"我们输掉了整个战争!"9月14日,毛奇被德皇撤职。至此,原本"完美无缺"的"施里芬计划"彻底破产了。

凡尔登战役

随着"施里芬计划"的破产,德军改变战略,决定集中力量先击败俄军,迫使其单独讲和,解除来自东方的威胁后,再来对付英法。但由于俄国幅员辽阔,气候寒冷,德军未敢深入腹地。1916年,德意志帝国决定把进攻重点再次转向西线,力图打败法国。德军统帅部选择法国的凡尔登要塞作为进攻目标。凡尔登是协约国军防线的突出部,对德军深入法国、比利时有很大威胁,它又是通往巴黎的强固据点和法军阵线的枢纽。1916年2月21日,德军集中前线所有大炮对凡尔登附近狭窄的三角地带连续轰击10多个小时,将这一小块地区的森林、山头、战壕夷为平地,随后以6个师兵力向前推进。法军总司令霞飞增派援军,任命贝当为凡尔登地区司令,组织法军拼死抵抗。双方出动飞机进行空战和轰炸对方的机场与补给线。德军首次使用光气窒息弹,杀伤大量法军并造成恐慌,但未能取胜。法英联军于6月底至11月中旬在索姆河一带对德军阵地发动强大攻势,英军首次使用新发明的36辆坦克,德军顽强抵抗,守住了防线。10~12月,法军在凡尔登调集部队,开始反攻,夺回大部分失地。德军战略进攻终于失败。12月28日凡尔登战役结束。这次战役是一战中规模最大、时间最长的战役,法军伤亡40多万人,德军伤亡近35万人。这次战役也是一战的转折点,德军战略计划破产,德意志帝国从此逐步走向最后失败。

马恩河战役

第一次世界大战期间,英法联军与德军于1914年和1918年在马恩河地区进行了两次会战。

第一次会战始于1914年9月4日英法军队撤过马恩河。9月5日~12日,英法联军以6个集团军66个师约108万人进行全线反攻。英法联军在宽达200千米的地带上,向前推进60千米,从而使西线转入持久的阵地战阶段。在这次会战中,德军伤亡约21万人,法军约14万人。这是一次高度机动的会战,是1914年西线战局中有利于英法联军的转折点。

第二次会战始于1918年7月15日,德军以3个集团军的兵力在马恩河突出部地区对英法联军发动进攻。7月18日,英法联军向德军发起反攻。在主要突击方向上同德军18个师展开激战,将德军打退到埃纳河和韦勒河一线。8月5日会战结束。德军损失12万人,英法联军损失近6万人。英法联军向前推进42公里,防线缩短45公里,消除了对巴黎的威胁,主动权转到协约国一方。

索姆河战役

第一次世界大战中期,英、法军队在法国北部索姆河地区对德军的阵地进攻战役。战役从1916年6月持续到11月中旬,其目的是突破德军防御,以便转入运动战,同时减轻凡尔登方向德军对法军的压力。当时战线由南向北,在亚眠以东50多公里的地方穿过索姆河。德军在该地区构筑了号称"最坚强的"防线,包括3道阵地和一些中间阵地。

在这次突破战役中,英军担任主攻,英、法共投入兵力为39个师(战役过程中增加到86个师),其中英军25个师,以第4集团军为主、第3集团军为辅,在索姆河北岸卡尔诺以北地区进攻,正面25公里;法军第6集团军14个师,跨索姆河在英军右侧进攻,正面15公里。英、法军炮兵和空军都占优势。采取对有限目标逐次攻击战法,企图通过消耗德军兵力达到突破的目的。为协调两军行动,规定每次进攻到达线不能自行超越。

从6月24日起,英、法军队进行了7天的炮火准备,7月1日半步兵在炮火支援下发起进攻。当天法军和主攻方向上的英军都突破了德军第一道阵地,但英军左翼则毫无进展。英军以密集队形前进,遭到德军机枪和炮兵火力的严重杀伤,第一天即伤亡近6万人。7月3日英军右翼和法军占领了德军第二道阵地。德军利用对方进攻的间歇,迅速调集兵力,加强纵深防御,并在一些地段上实施反击。英、法军队于7月中下旬再度发起进攻,南岸法军占领了第三道阵地,但未能发展为战役突破。9月3日,英军32个师、法军26个师第三次发起进攻,截至12日向德军纵深只推进了2~4公里。9月15日,英军在进攻中首次使用坦克的情况下,当天占领了第三道阵地的几个要点。

索姆河会战,是第一次世界大战中规模最大的一次战役。双方伤亡约134万人,其中英军45万余人,法军34万余人,德军53.8万人。英、法军队未达到突破德军防线的目的,但钳制了德军对凡尔登的进攻,进一步削弱了德军实力。

日德兰大海战

第一次世界大战中的1916年5月31日~6月1日,英、德在日德兰半岛附近发生的大海战。第一次世界大战爆发后,掌握着制海权的英国舰队对德国实行了严密的海上封锁,使德、奥的军舰长期被围困在波罗的海港口内。德国为了突破封

日德兰大海战

锁,扭转被动局面,决定和英国进行海上决战。5月30日22时许,英国前卫舰队和主力舰队分别从基地出航东驶。31日2时许,德国前卫舰队由亚德湾出航北上,主力舰队随后跟进。当日14时许,双方前卫舰队相遇并发生日德兰海战,不久,德

国的"公海舰队"主力和英国主力舰队都赶来参战。经过五六个小时的激战,德国察觉英军实力较强,乘夜退回,英国舰队害怕深入敌区遭到埋伏,也撤回基地。日德兰海战是整个大战期间最大的一次海战。此后,德奥的海运几乎全部被封锁,英国依然掌握着制海权。

巴黎和会

第一次世界大战以协约国获胜而告终。1919 年 1 月 18 日在巴黎凡尔赛宫召开了旨在建立世界和平体系的大会,其实是帝国主义列强着手拟定对德和约,重新瓜分世界的一场"盛宴"。27 个战胜国共有 1000 多名代表出席会议,其中全权代表 70 人。中国作为战胜国,当时北洋政府派外交总长陆徵祥等 5 人出席了会议。苏俄没有被邀请,德国作为战败国被拒之门外。

这次会议实质上由美、英、法、意、日 5 国各出 2 名代表组成的最高理事会控制,因而有"十巨头"会议的说法。而到了 3 月 25 日,决策的 10 人会议又缩减为"四巨头"会议:美国总统威尔逊、英国首相劳合·乔治、法国总理克列孟梭、意大利总理奥兰多。后因意大利在大战中贡献不大,再加上本国实力较弱,也被美英法冷落一边。实际上是"三巨头"操纵着大会的一切。英、法、美三大国各带着自己的一套方案来参加会议,都想损人利己,彼此矛盾重重。

1919 年 6 月 28 日,列强在尔虞我诈、钩心斗角的争吵中,勉强达成协议,在巴黎凡尔赛宫镜厅签订了《凡尔赛和约》。在人民群众的一片反战浪潮声中,与会各国提议建立国际联盟盟约。盟约规定:除德国集团国家外,其他国家都可申请加入。国联设有大会和行政院。行政院的权力最大,它由英、法、美、意、日 5 个常任理事国和 4 个选举产生的非常任理事国组成。

凡尔赛和约

《凡尔赛和约》共 15 部分,440 条。和约规定,阿尔萨斯和洛林归还法国。萨尔地区交国际联盟代管 15 年,法国有权开采萨尔煤矿。莱茵河西岸由协约国占领,东岸 50 公里宽的地带为不设防地区。德国东部的波兹南地区和西里西亚一部分划归波兰。但泽市为国联管理下的自由市。德国的全部殖民地形式上成为国联的委托统治地,实际上是战胜国的殖民地。巴黎和会决定把坦噶尼喀交给英国,喀麦隆和多哥由英、法瓜分,德属西南非洲交给英国自治领南非联邦,太平洋中部的岛屿归日本。德国强占的山东理应归还作为战胜国的中国,但是英、美、法却通过私下交易让与了日本。如此一来,作为战胜国的中国当然不会同意,中国代表顾维钧等人拒绝签字。

和约还规定:德国在 1921 年 5 月 1 日前交纳第一期赔款 200 亿马克,但没有具体确定总赔款额。限制德国军备:陆军不得超过 10 万人,不得拥有大口径的大炮,海军只能有 6 艘战舰和相应数量的其他舰只,不得拥有潜艇和军用飞机。

《凡尔赛和约》的这些条款是帝国主义重新瓜分世界的真实记录,而所谓的巴黎和会也没能真正给世界带来和平。对战败国德国的苛刻勒索,埋下了德国人复仇的种子。无怪乎法国元帅福煦事后说:"这不是和平,这是 20 年休战。"历史不幸被言中,就在距巴黎和会正好 20 年零两个月的时间,也就是 1939 年 9 月,希特勒在欧洲又掀起了第二次世界大战。

国际联盟的建立

1920 年 1 月 10 日,在瑞士著名的旅游城市日内瓦,一个新的国际组织正式宣告成立,这就是国际联盟,简称国联。国际联盟是美国总统威尔逊一手炮制的,但在国联中却没有美国的一席之地,这是为什么呢?

1918 年,当欧洲还在战火硝烟地进行第一次世界大战的时候,美国总统威尔逊在国会上发表一篇极其重要的讲演,陈述了美国对于结束战争和重建和平的构想,共计 14 点,得到国会议员的肯定。

第一次世界大战结束后,威尔逊率领代表团,乘坐"乔治·华盛顿"号邮轮离开美国纽约港,出席巴黎和会。在威尔逊的坚持下,巴黎和会通过一项决议,决定成立一个由 14 国代表组成的专门委员会,负责起草国联盟约,推举威尔逊为这个委员会的主席。

1919 年 4 月 28 日,巴黎和会举行第 5 次全体会议,正式通过国联盟约,并将它列入对战败国德国的《凡尔赛和约》的第一部分。国联盟约规定国联的宗旨是增进国际间合作并保持和平与安全,维持各国间公开、公正、荣誉之邦交。国联的主要组织机构为国联大会、理事会和秘书处。

就在威尔逊耗尽心血一手制造了国联的时候,美国人却认为,加入国联有损美国的主权,并把美国拖入欧洲或亚非的冲突。最后美国参议院两次表决,均未通过加入国联的议案。

国联建立后,它在国际社会中并没有起到它所标榜的维护国际秩序、捍卫国际正义、保卫世界和平的作用,它所做的第一件事就是瓜分战败国的殖民地,以委任统治的名义堂而皇之地将它们交给协约国各大国。它成为英国和法国维护自身利益及其霸权地位的工具。

20 世纪 30 年代,世界进入大危机时期,法西斯主义乘机四处点燃侵略战火,中国、埃塞俄比亚、西班牙等国先后遭到法西斯国家的侵略,国联对此并没有采取任何实质性行动。随着第二次世界大战爆发,国际联盟也从国际舞台上消失。

华盛顿会议

第一次世界大战后,美、英、日等帝国主义国家为重新瓜分远东和太平洋地区的殖民地和势力范围,由美国建议召开的国际会议,亦称太平洋会议,也称华盛顿会议。1921 年 11 月 12 日至 1922 年 2 月 6 日在华盛顿举行。有美、英、法、意、日、比、荷、葡和中国北洋政府的代表团参加。华盛顿会议实质上是巴黎和会的继续,其目的是要解决《凡尔赛和约》未能解决的帝国主义列强之间关于海军力量对比和在远东、太平洋地区特别是在中国的利益冲突,完善第一次世界大战后的帝国主义和平体系。在会议期间签订了《四国条约》《五国海军条约》《九国关于中国事件适合各原则及政策之条约》等。

凡尔赛—华盛顿体系

巴黎和会签订的《凡尔赛和约》《国际联盟盟约》,以及会后对其他战败国的和约,以条约和法律的形式,确立了战后资本主义世界政治、经济和军事的一般关系与制度,即凡尔赛体系。华盛顿会议签订的各项条约和通过的决议案构成了华盛顿体系。这一体系是在承认美国占优势的基础上,确定了凡尔赛体系未能包括的远东、太平洋区域的帝国主义国际关系体系,它是凡尔赛体系的补充。两大体系确立了战后帝国主义世界统治的新体系,即"凡尔赛—华盛顿体系"。

凡尔赛—华盛顿体系维系了一战到二战期间的国际关系。在这期间,资本主义世界的主要矛盾也在发生着变化:主要矛盾由英美争夺世界领导权演变为 20 世纪 30 年代世界反法西斯力量与法西斯扩张之间的矛盾。美国凭借其世界经济领导地位参与许多重要的国际事务的解决,并起到决定支配作用,从而代替英国成为资本主义主要矛盾的主要方面。资本主义世界由"英国时代"走进"美国世纪",该体系包含着各种矛盾的因素,潜伏着冲突的根源。20 世纪 30 年代,该体系彻底崩溃。

中国"五四运动"

1918 年 11 月 11 日,第一次世界大战以协约国的胜利而结束。1919 年 1 月,英、法、美、日、意等国在巴黎凡尔赛宫召开"和平会议"。中国作为战胜国参加会议。北洋政府代表在会上提出废除外国在华特权,取消"二十一条"等正当要求,遭到帝国主义国家拒绝。会议竟决定由日本接管德国在中国山东的各种特权。对这丧权辱国的条约,中国代表居然准备签字承认。消息传来,举国震怒,群情激愤。

1919 年 5 月 4 日,北京 3000 多名学生从四面八方汇集到天安门前。他们手持小旗、条幅,上面写着"取消二十一条""还我青岛",他们高呼"外争主权,内惩国贼""拒绝在和约上签字""抵制日货"等口号。这一运动得到工人和各阶层人士的声援和支持,上海、南京等地的工人纷纷举行罢工或示威。在全国人民的压力下,北洋政府被迫释放被捕学生,罢免曹汝霖等人的职务,并指令巴黎参加会议的代表拒绝在和约上签字。五四运动是一次彻底的反帝反封建的爱国运动,它促进了马克思主义与中国工人运动的相结合,造就了一批具有初步共产主义思想的知识分子,为中国共产党的建立做了思想上、干部上的准备。